Nancy Shields Kollmann

•

The Russian Empire

1450–1801

Oxford University Press

2017

Нэнси Шилдс Коллманн

•

Россия и ее империя

1450–1801

Academic Studies Press

Библиороссика

Бостон / Санкт-Петербург

2022

УДК 94(47)
ББК 63.3(2)4+ 63.3(2)5
К60

Перевод с английского Владимира Петрова

Серийное оформление и оформление обложки Ивана Граве

Коллманн Н. Ш.

К60 Россия и ее империя. 1450–1801 / Коллманн Нэнси Шилдс ; [пер. с англ. В. Петрова]. — СПб.: Academic Studies Press / Библиороссика, 2022. — 783 с. — (Серия «Современная западная русистика» = «Contemporary Western Rusistika»).

ISBN 9798897837199 (Academic Studies Press)
ISBN 978-5-907532-45-8 (Библиороссика)

В книге Нэнси Коллманн Россия раннего Нового времени рассматривается как «империя различий»: правительство управляло империей в условиях огромного культурного, языкового и религиозного разнообразия подвластных ему народов. Московские власти без колебаний использовали насилие для подчинения территорий, но также они кооптировали представителей местных элит в имперское дворянство и местные администрации и проецировали образ благосклонного царя, защищающего свой народ.

УДК 94(47)
ББК 63.3(2)4+ 63.3(2)5

ISBN 9798897837199
ISBN 978-5-907532-45-8

Предисловие к русскому изданию

Для меня большая честь — представить российским читателям свой труд по истории России и ее империи в раннее Новое время. Это исследование, касающееся основных политических, социальных и экономических институтов России, не является москвоцентричным. Я стремилась продемонстрировать в первую очередь этническое и религиозное разнообразие империи, показывая, как созданная московскими властями система управления (то, что я называю «империей различий»), вступала во взаимодействие с многочисленными народами внутри империи.

Такой подход начал формироваться еще в годы моего обучения в аспирантуре, где у меня было два блестящих наставника — Эдуард Л. Кинан (1935–2015) и Омельян Прицак (1919–2006). Оба они читали историю России и Украины, как я поняла позже, в умеренно-евразийском духе. Отвергая русский национализм и геополитический империализм евразийцев, Кинан и Прицак, подобно им, стремились к широкому географическому охвату. Нас, аспирантов, они побуждали не замыкаться в государственных границах, а изучать глобальное взаимодействие, определявшее облик мира на пороге раннего Нового времени: торговые пути, культурные контакты, связи в религиозной сфере, завоевания, переселения. Чтобы не было перекоса в сторону традиционного сравнения России с Европой, они предлагали смотреть на восток и на юг, узнавать о связях России с Османской империей и Персией, о дальневосточной торговле. Они приобщили нас к медленным ритмам лесов, степи, Шелковых путей, соединявших народы и культуры, служивших для торговли. Я попыталась хотя бы отчасти показать, как эта историческая энергия проявлялась в экспансии и институциональном развитии многочисленных народов и территорий, входивших в состав России.

Читатель наверняка обратит внимание на то, что в списках литературы, приложенных к каждой главе, даются в основном работы на английском языке. Это сделано по просьбе издательства «Oxford University Press». Я не стала ничего менять, решив, что русскому читателю известны исследования на его родном языке, а труды на английском могут послужить интересным дополнением к ним.

Я посвящаю свою книгу Эдуарду Л. Кинану, блестящему исследователю Московского государства XVI–XVII веков. Он делал так, что история оживала, знакомя нас с повседневной реальностью взаимодействия цивилизаций, происходившего благодаря — а иногда и вопреки — языку, религии и культуре. Мне очень не хватает его.

Введение

Русская империя, 1450–1801

Как описать империю раннего Нового времени, если речь идет о более чем трехвековом периоде? Множество регионов, экономических укладов, этнических групп — и изменений, происходивших в течение этого срока. К 1801 году русская империя простиралась от Польши до Тихого океана, от Арктики до Каспийского и Черного морей и была населена десятками народов, культурное наследие и исторический опыт которых чрезвычайно различались между собой. В задачи правителей России — великих князей до 1547 года, царей до 1721 года, императоров после этой даты — входили расширение территории государства для приобретения производительных ресурсов (людских и материальных) и поддержание стабильности, достаточной для того, чтобы мобилизовывать приобретенные ресурсы. Им приходилось сталкиваться со всевозможными проблемами. Главной из них были расстояния («враг империй», пользуясь емким выражением Фернана Броделя), к которым добавлялись яростные бунты, постоянное бегство податного населения, сопротивление элит некогда суверенных государств. Однако правителям страны удавалось решать задачи, связанные с имперской экспансией, мобилизацией ресурсов и управлением, и в результате Россия на протяжении рассматриваемого периода превратилась из покрытой лесами области на окраине Европы и Евразии в крупнейшего геополитического игрока на обоих этих пространствах. Наша цель — выяснить, как московские правители добились этого, уделяя должное внимание громадному этническому, религиозному, социальному и политическому разнообразию их империи. Мы исследуем не только то, каким образом империя достигла могущества и как она управлялась, но и то, кем были ее многочисленные подданные и как страна пришла (если пришла) к социальному и политическому единству.

Подвести концептуальную базу под такой масштабный проект, охватывающий период протяженностью более трех столетий и территорию в тысячи квадратных миль, нелегко — велик риск представить постоянно менявшуюся реальность как нечто застывшее или наложить на прошлое современные категории. Применительно к России и то, и другое делали часто: в раннее Новое время, начиная с XVI века, страну клеймили как «деспотичную», а ее народ — как «нецивилизованный», преимущественно в сравнении с Европой. Эти эпитеты, ставшие нормативными, являются еще и либо телеологичными (предполагается, что Россия шла по тому же пути, что и европейские страны, но отставала от них), либо эссенциалистскими (предполагается, что русские никогда не смогут усвоить западные ценности). К счастью, недавние исследования дают возможность избежать упрощений, говоря о государстве и обществе в России раннего Нового времени. С 1970-х годов авторы научных трудов (преимущественно в США) начали изучать механизмы функционирования самодержавия, и образ всемогущего царя был отвергнут. Стало ясно, что политический процесс протекал и при самодержавии — монарх проводил совещания с наиболее влиятельными персонами и их семействами; их мнение учитывалось при принятии решений, и в целом управление государством держалось на этих семействах. Таким образом, для власти самодержца имелись неявные ограничения, связанные как с религиозной идеологией, так и с объективными факторами — географией, расстояниями, редким населением. Новый импульс исследованиям русской империи придал распад Советского Союза: в Европе, США, постсоветских республиках появились ценные труды, посвященные сообществам, жившим в этой империи. Эти новые работы хороши отсутствием телеологичности, согласно которой империя непременно должна превратиться в национальное государство, отсутствием стандартной критики империи как таковой и помещением русской империи в евразийский контекст. Их авторы вовсе не утверждают, что политика, основанная на консенсусе, как-либо подрывала безраздельное полновластие царя, однако заставляют нас трезво рассмотреть силы, с помощью которых самодержавный центр управлял страной.

Для наших целей особенно плодотворной оказалась модель «империи различий», созданная несколькими учеными: Джейн Бербанк, исследовавшей Россию, Фредериком Купером, изучавшим Африку, и Кэрин Барки, специалистом по Османской империи. Все эти империи управлялись из единого центра, но на языки, этническую принадлежность и верования покоренных народов никто не покушался — в них видели залог социальной стабильности. Эта концепция не нова. Не кто иной, как Никколо Макиавелли, в своем «Государе» (опубликованном в 1532 году, через пять лет после его смерти) указал на три варианта действий, доступные завоевателю в том случае, если «завоеванное государство с незапамятных времен живет свободно и имеет свои законы»[1]. «Первый — разрушить; второй — переселиться туда на жительство; третий — предоставить гражданам право жить по своим законам, при этом обложив их данью и вверив правление небольшому числу лиц, которые ручались бы за дружественность».

Именно такой подход взяли на вооружение русская, Османская, Сефевидская, Могольская и Китайская империи, возникшие после заката империи монголов. В этих обширных континентальных государствах, крайне разнообразных по этническому, конфессиональному и языковому составу, власть соразмеряла выгоды от контроля со стороны центра с выгодами от сохранения внутриобщинной стабильности. Для разработки идеологий и стратегий, служивших основой правления, использовалось наследие чингизидов в сочетании с заимствованиями из других культур (в России — из византийской, в Османской империи —

[1] Здесь и далее цитаты из «Государя» даются в переводе Г. Муравьевой.

византийской и исламской, в Китае — конфуцианской и буддистской, в могольской Индии — индуистской). Том Олсен напоминает, что такие империи раннего Нового времени являлись «громадными коллекторами, которые улавливали, накапливали и хранили инновации, порожденные различными народами и культурами». В свою очередь, Альфред Рибер выявил общие стратегии управления и идеологии, возникавшие вдоль «евразийских границ», от Венгрии до Китая. В империях, о которых идет речь, обнаруживаются одни и те же военные технологии, методы делопроизводства, языки, коммуникационные сети, идеологии и подходы к управлению, основанные на уважении к различиям.

Россия развивалась как часть Евразии, благодаря чему познакомилась с разнообразными примерами проведения «политики различий» и строительства империи. Приобретенные ею территории можно представить как три полосы — южная, степная и область северных лесов; они простирались с востока на запад и отличались друг от друга в геологическом и историческом отношении: на этих землях проживали народы, ставшие соединительным звеном между Европой и Азией. Самая южная полоса, которая простиралась от Средиземного и Черного морей на восток, была регионом с большими, густонаселенными городами и плотной сетью торговых путей. Для удовлетворения потребностей местных обществ в продовольствии, предметах роскоши и, главное, невольниках служили издавна существовавшие маршруты — как морские, так и сухопутные. Наиболее известным из всех был Великий шелковый путь, пересекавший степную зону в широтном направлении (и имевший меридиональные ответвления): он использовался для перемещения людей и товаров, распространения идей. Сама степная зона представляла собой вторую полосу, располагавшуюся севернее «цивилизованного» городского мира. К ней примыкала третья — область северных лесов, изобиловавших ценными ресурсами, такими как невольники и меха. Реки, которые текут с севера на юг, обеспечивали связь между тремя полосами — «лесной», «степной» и «городской» — еще с гомеровских времен, когда янтарь с Балтики уже поступал в Средиземноморье и Причерноморье.

Земли, в конечном счете оказавшиеся под контролем России, стали представлять интерес для евразийских империй в IX веке, с прокладыванием торговых путей между Балтикой с одной стороны и Каспийским и Черным морями — с другой. В этом регионе возникло крупное княжество под названием Русь с центром в Киеве — городе на Днепре, по которому проходил важный торговый путь в Византию. Время его наивысшего политического могущества пришлось на XI век. В XII–XIII веках оно, как и многие средневековые государства, распалось на более мелкие княжества в связи с перемещением торговых путей. Этих наследников Киевской Руси притягивали перспективы торговли на западе, в регионах Балтики и верхней Волги. Именно в последнем и возникло Московское княжество, сделавшееся в XV веке региональной державой. Подъем русской империи в какой-то мере обозначил новую стадию имперского строительства в Евразии. Ранее в Средиземноморье, на Ближнем и Среднем Востоке, на евразийских просторах, на Дальнем Востоке возникало множество империй, но все они исчезали с течением времени. Римская и Монгольская империи, различные китайские династии могли служить примером успешной экспансии и долговечности, но обычным для Евразии явлением — особенно в степи — были постоянно меняющиеся коалиции, претендовавшие на контроль над частью степной зоны или над сравнительно небольшими регионами. Начиная с XV века обширные континентальные империи стали более эффективно удерживать власть и контролировать степь, благодаря усовершенствованиям в коммуникациях, бюрократическом аппарате, военном деле. С XV по XVIII век империи с оседлым крестьянским населением — Османская, Габсбургская, Сефевидская, Могольская, русская, Цинская — постепенно подчинили себе степь. На страницах нашей книги мы рассмотрим, какую роль сыграла Россия во время этого исторического поворота.

Для создания империи был необходим жесткий контроль со стороны центра, для поддержания ее единства — гибкость в управлении, подразумевавшая целый набор средств (принуждение, привлечение к сотрудничеству, идеология). Крайности встречались нечасто, но и без них имелось множество механизмов мобилизации, если речь шла о властях, и приспособления, если речь шла о подданных. Чарльз Тилли определяет эти средства так: «принуждение, капитал и обязательства» — именно эта формула послужит структурной основой для нашей работы. На практике необходимо было соблюдать баланс между ними. Принуждение было главным средством, оно использовалось постоянно и широко — как для установления контроля (жестокое завоевание, подавление оппозиции), так и для его последующего удержания (взятие заложников, телесные наказания, смертная казнь, создание постоянной угрозы). Однако империям раннего Нового времени не хватало людских ресурсов, чтобы осуществлять контроль при помощи одного принуждения, поэтому на вооружение принимались и другие стратегии, позволявшие утвердить свою легитимность и управлять страной.

Для формирования имперской легитимности решающее значение имела способность утверждать, что такая легитимность уже наличествует. Империи «транслировали» свое могущество, заявляя о своем контроле намного более решительно, чем могли действовать их представители на местах. В имперском центре выковывалась наднациональная идеология, которая обычно ассоциировалась с религией правителей и узкого круга элиты: то была попытка выработать обязательства (пользуясь выражением Тилли). Судя по тому, что отмечают Кэрин Барки и Джеффри Хоскинг в отношении соответственно Османской империи и России, такая наднациональная идеология не идентифицировалась исключительно с иерархами и институтами господствующей религии (если же это происходило, то в ущерб тем и другим). Ее творцы уважали религиозных вождей, конструировали свои ритуалы и свой символический словарь вокруг преобладающей религии, но оставляли идеологический контроль за собой. В этой идеологии правители часто наделялись качествами религиозных лидеров, как и многими другими, династия состояла из харизматических героев, способных защитить царство от врагов, а своих подданных — от несправедливости. Согласно евразийской традиции, справедливость и милосердие, проявляющиеся в судебных решениях и в щедрых дарах, были главными атрибутами имперских правителей. Мы рассмотрим все эти способы легитимизации идеологии и политической практики в том виде, в каком они существовали в России.

Помимо идеологии, для удержания власти в империи необходимо соблюдать хрупкий баланс между сплоченностью и контролем — Тилли называет это капиталом. Государство создает институты для упорядочения работы рынков, сбора налогов, контроля над населением, пополнения рядов армии и чиновничества, присвоения ресурсов, распределяемых затем между представителями господствующих классов, чтобы вознаградить их или привлечь на свою сторону. Сплоченность среди элиты сохраняется благодаря раздаче денег, поступающих от сбора налогов, и земель, предоставлению разнообразных привилегий. Такие институты, как судебная система и административный аппарат, обслуживают население и одновременно используются для контроля над ним. Подданные могут «приспособиться», по выражению Альфреда Рибера, поступив на военную или гражданскую службу либо выбрав путь культурной ассимиляции. Но в то же время имперский центр старается не допустить слишком большой сплоченности (слишком высокой степени интеграции внутри местных сообществ). Правители империй, как русской, так и Османской (которую изучала Кэрин Барки), стараются идти по среднему пути, привлекая кого-либо к сотрудничеству, поддерживая вертикальные каналы связи между собой и различными общинами, более или менее изолируя последние — и их элиты — друг от друга. Барки называет эту модель «ступица и спицы», Джейн Бербанк говорит об «имперском режиме прав»: правители заключают с каждой группой особую «сделку» (термин принадлежит Брайану Беку) относительно ее обязанностей и прав.

Таким образом, «политика различий» приносит центру прямую выгоду. Если говорить о России, то здесь предметом «сделок» были налоговые ставки, военная служба, сохранение местных религиозных практик, местного самоуправления и элит. Группы, с которыми приходилось иметь дело, были чрезвычайно разнообразными — конные дворяне и их крепостные, донские и украинские казаки, сибирские оленеводы, кочевники-степняки, прибалтийские помещики-юнкеры немецкого происхождения. Каждая находилась в вертикальном подчинении у царя и имела связи в правящих кругах. В теории у подданных не было никаких причин для установления горизонтальных связей за пределами своего класса или территориального сообщества, посредством которых они могли бы наладить взаимопомощь, организовать управление и, что самое важное, сформировать оппозицию режиму. Таким образом, страна оставалась единой, хотя это единство было не слишком прочным, в ней сохранялась внутренняя стабильность. Чтобы максимально эффективно применять эту стратегию, режим должен был проявлять гибкость, постоянно возвращаясь к обсуждению условий «сделок» ввиду меняющихся обстоятельств.

Россия раннего Нового времени заимствовала практики управления из множества источников. Сильное влияние в этом смысле оказали монголы. На протяжении нескольких столетий, последовавших за принятием христианства киевскими князьями (988), различные практики в политической, судебной, культурной, идеологической сферах, а также ритуалы и символические представления перенимались у Византии и у других православных стран. Центральная власть искусно обуздывала народы, крайне непохожие друг на друга в этническом, религиозном и языковом отношении.

И последний вопрос, который мы затронем во введении: почему Россия приступила к строительству империи? В наши дни среди историков задавать его не принято: любой ответ имел и до сих пор имеет политическую окраску. Экспансия России оказалась чрезвычайно масштабной и быстрой. В течение одного лишь XVII века ее первопроходцы промчались через азиатский континент с запада на восток, и Россия поставила под свой контроль всю Сибирь, а также дальневосточное побережье и Аляску. На юге у Османской империи была отвоевана часть побережья Черного моря, на западе Россия вместе с европейскими партнерами осуществила три раздела Речи Посполитой.

В работах времен холодной войны эта экспансия рассматривалась как мессианская, конечной ее целью считалось покорение всего мира. Одни исследователи связывают буйный экспансионизм России с «византийским наследием» (неверно понимая византийскую идеологию), другие вспоминают о призывах Маркса к установлению социализма по всем мире или подхватывают его осторожные замечания об азиатском пути к социализму, развивая на их основе теорию «азиатского деспотизма», третьи указывают на концепцию «Москва — третий Рим» («Москва — третий Рим, а четвертому не быть») как доказательство намерения Москвы управлять всем миром, хотя данная фраза почти не имела хождения при дворе и получила некоторое распространение лишь в XVII веке в консервативных кругах.

При таком нормативном подходе не учитывается тот факт, что и соседи Московского государства строили империи — Османскую, Могольскую, Сефевидскую, а европейские державы обзаводились колониями в Новом Свете, Южной и Юго-Восточной Азии и захватывали земли в самой Европе. Что касается Европы, там основанием для экспансии служили религиозные соображения (XVI век), затем меркантилизм (XVII век) и, наконец, смесь реальной политики и только начинавших появляться националистических и расовых теорий (XVIII век). Государства расширяли свою территорию, как только это становилось возможным благодаря усовершенствованиям в мореплавании, военном деле, административном контроле, системе сбора налогов.

Россия создавала империю по тем же причинам, что и ее соседи, а именно — чтобы добиться выгод для правителя и элиты и заполучить ресурсы для государственного строительства, которое было одним из главных отличительных признаков раннего Нового времени в Европе и Евразии. Для России это означало захват прибыльных торговых путей — речных и сухопутных, — городов и портов, покорение богатых ресурсами областей (таких как Сибирь), продвижение на юг с его пастбищами на плодородных землях, которые хорошо подходили для земледелия, и к Великому шелковому пути, и на запад, к балтийским портам. Эти завоевания сопровождались самой разнообразной риторикой:

возвращение «отчих земель», борьба с «неверными» (XVI век), погоня за славой (XVIII век). Однако если внимательно посмотреть на направления и хронологию российской экспансии, становится ясно, что в каждом случае для нее имелись экономические и политические мотивы.

Утверждения о российском «деспотизме» выглядят устаревшими, но все же многие историки могут оспорить предложенный здесь подход, указав, что Россия была «унитарным» государством, где действия властей не сдерживала ни одна сколь-нибудь заметная политическая автономия. На принуждении со стороны центра особенно склонны делать акцент те, кто изучает историю различных народов, входивших в состав империи: теперь, после распада СССР, это можно делать беспрепятственно. Точно так же в постсоветской России отдельные исследователи сосредотачиваются на власти правителя, не принимая во внимание недавних работ, где подчеркивается, сколь важны были для придворной политики родственные и дружеские связи. В подобных трудах имеющиеся факты истолковываются не так, как в этой книге: я полагаю, что в раннее Новое время сильный центр не мог эффективно осуществлять контроль без значительных уступок элите, а длительный контроль с помощью силовых методов был вообще невозможен: для этого попросту не хватало коммуникаций и людских ресурсов. Таким образом, мы утверждаем, что могущество и стабильность России как империи были следствием синергии между сильной центральной властью и властью местной, которой во многих случаях предоставляли существенную свободу. Государство располагало неделимым суверенитетом, когда речь шла о принципиальных вопросах, связанных с управлением: об уголовном праве, налогообложении, наборе войска, обороне. Как мы покажем, русская империя упорно стремилась сохранять за собой контроль на этом уровне, вводя единое для всей обширной страны законодательство и создавая единый административный аппарат, в то время как европейские державы не препятствовали складыванию местной знати и формированию локальных центров власти. Но для того, чтобы сохранять равновесие внутри этой идеологической и административной структуры, империя разрешала местным сообществам самостоятельно решать многие повседневные проблемы и зависела в этом от них. Если примерить к России той эпохи современный термин «великая держава», то придется признать, что она *была* ею — именно благодаря сильному центру, допускавшему локальные различия и контролировавшему их.

Итак, наш подход заключается в том, чтобы проследить за формированием русской империи как «империи различий». Он требует предельного внимания к практикам управления, но одновременно — учета различий между народами, населявшими страну. От нас также потребуется гибкость: исследуя, каким образом Москва осуществляла свою власть и как это отражалось на ее подданных, мы попытаемся рассмотреть взаимодействие между ними, проследить за разработкой и применением различных политик для различных регионов, выяснить, как государство меняло политику по отношению к подданным в связи с появлением новых экономических реалий, геополитических нужд и идеологий. Кроме того, евразийскую империю невозможно понять вне глобального контекста, в который входят торговые пути и геополитическое взаимодействие; мы будем постоянно держать в уме этот контекст.

При описании того, как московские великие князья и цари подчиняли себе региональную власть, мы будем применять хронологический подход, делая отступления тематического характера. Несмотря на существование множества работ на русском, украинском и других языках постсоветского пространства, мы включили в библиографию преимущественно англоязычные труды как самые доступные для наших читателей. Тем не менее, в ней присутствуют важнейшие труды на русском, упоминаемые в тексте.

В части I дается описание территорий и народов, которые русская империя вобрала в себя с XV по XVIII век. В части II мы рассмотрим имперский центр и структуры управления в период их формирования, то есть в XVI и XVII веках, подробно остановимся на ключевых институтах и практиках в таких сферах, как идеология, государственная администрация, экономика и торговля, религия, общественная жизнь. В части III, посвященной 18-му столетию, самому блестящему для империи, мы коснемся классического водораздела в русской истории. Считается, что Петр I (годы правления 1682–1725) совершил настоящую революцию. Мы так не полагаем — при нем сохранялась преемственность в базовых аспектах государственного строительства (имперская экспансия, институты управления, мобилизация ресурсов, терпимость к различиям). Но это столетие выделяется своим динамизмом: население страны заметно увеличилось за счет как естественного роста, так и территориальных приобретений, наблюдался бурный экономический рост, благодаря Просвещению появились новые дискурсы, модели управления и культурные образцы. Мы увидим, как обновлялся официальный имперский дискурс, как стратегии управления менялись в зависимости от новых завоеваний и появления новых идей, как возникали новые социальные категории и роли. В конце мы рассмотрим представления правителей и литераторов относительно значения империи и идентичности в том виде, в каком они сложились к 1801 году.

* * *

Есть несколько превосходных трудов, посвященных русской империи, в которых проводятся неявные параллели с государствами Европы и Нового времени: Lieven D. Empire: The Russian Empire and its Rivals. London: J. Murray, 2000; Hosking G. Russia: People and Empire, 1552–1917. Cambridge, Mass.: Harvard University Press, 1997. Авторы, стремящиеся к ценностно-нейтральному подходу: Becker S. Russia and the Concept of Empire // Ab Imperio. 2000. № 3–4. P. 329–342; Miller A. The Value and the Limits of a Comparative Approach to the History of Contiguous Empires on the European Periphery // Imperiology: From Empirical Knowledge to Discussing the Russian Empire / Ed. by K. Matsuza. Sapporo: Slavic Research Center, Hokkaido University, 2007. P. 19–32; The Romanov Empire and Nationalism: Essays in the Methodology of Historical Research. English edn. rev. and enl. Budapest: Central European University Press, 2008, особенно глава «The Empire and Nation in the Imagination of Russian Nationalism», p. 161–179. По широте охвата и синтезу выделяется труд: Rieber A. The

Struggle for the Eurasian Borderlands: From the Rise of Early Modern Empires to the End of the First World War. Cambridge: Cambridge University Press, 2014.

О клише «деспотизма»: Poe M. A People Born to Slavery // Russia in Early Modern European Ethnography, 1476–1748. Ithaca, NY: Cornell University Press, 2000; Kollmann N. The Concept of Political Culture in Russian History // A Companion to Russian History / Ed. by A. Gleason. Oxford: Wiley-Blackwell, 2009. P. 89–104. Обзор современных взглядов на придворную политику см. в дискуссии между Валери Кивельсон и Маршаллом По: Kritika: Explorations in Russian and Eurasian History. 2002. № 3. P. 473–499. О концепции «Третьего Рима»: Poe M. Moscow, the Third Rome: The Origins and Transformations of a «Pivotal Moment» // Jahrbücher für Geschichte Osteuropas. 2001. № 49. P. 412–429.

О концепции империи: Barkey K. Empire of Difference: The Ottomans in Comparative Perspective. Cambridge: Cambridge University Press, 2008; Burbank J., Cooper F. Empires in World History: Power and the Politics of Difference. Princeton: Princeton University Press, 2010; Burbank J. An Imperial Rights Regime: Law and Citizenship in the Russian Empire // Kritika: Explorations in Russian and Eurasian History. 2006. № 7. P. 397–431; Stanziani A. Bâtisseurs d'empires: Russie, Chine et Inde à la croisée des mondes, XVe–XIXe siècle. Paris: Raisons d'agir, 2012.

О ранних империях: Allsen T. Pre-modern empires // Bentley J. The Oxford Handbook of World History. Oxford: Oxford University Press, 2011. P. 361–378. Прасенджит Дуара считает, что империи раннего Нового времени и Нового времени сущностно различались между собой (Duara P. Modern Imperialism // Bentley J. The Oxford Handbook of World History. Oxford: Oxford University Press, 2011. P. 379–395), но Бербанк и Купер (Empires in World History) настаивают на их преемственности в эпоху становления национальных государств.

О широком понятии империи в России: Kivelson V. Cartographies of Tsardom: The Land and its Meanings in Seventeenth-Century Russia. Ithaca, NY: Cornell University Press, 2006. О «сепаратных сделках»: Boeck B. Imperial Boundaries: Cossack Communities and Empire-Building in the Age of Peter the Great. Cambridge: Cambridge University Press, 2009.

Ч. Тилли о государственном строительстве в раннее Новое время: Tilly C. States, State Transformation, and War // Bentley J. The Oxford Handbook of World History. Oxford: Oxford University Press, 2011. P. 176–194; Тилли Ч. Принуждение, капитал и европейские государства. 990–1992 гг. М.: Территория будущего, 2009.

Об Османской империи: Barkey K. Empire of Difference: The Ottomans in Comparative Perspective. Cambridge: Cambridge University Press, 2008; Kafadar C. Between Two Worlds: The Construction of the Ottoman State. Berkeley: University of California Press, 1995. О восприятии монгольских и индийских традиций Великими Моголами: Wink A. Postnomadic Empires: From the Mongols to the Mughals // Tributary Empires in Global History / Ed. by P. Bang, C. Bayly. Oxford: Palgrave Macmillan, 2011. P. 120–131; Wink A. Akbar. Oxford: One World, 2009. О Китае: Brook T. The Troubled Empire: China in the Yuan and Ming Dynasties. Cambridge, Mass., and London: Belknap Press, Harvard University Press, 2010.

Пролог
Хронологические рамки

В нашей работе мы будем придерживаться тематического подхода, при этом темы мы будем рассматривать в хронологическом порядке, а подробное изложение событий останется на заднем плане. Иногда оно будет встречаться внутри глав: так, например, в главах 7 и 13, посвященных имперской идеологии, мы прервемся, чтобы рассказать о превратностях наследования престола, скрывавшихся за уверенными притязаниями на богоданную власть, которая беспрепятственно передается преемнику. В некоторых случаях события и институции упоминаются для того, чтобы читатель мог получить базовый запас знаний. Пролог же представляет собой краткий обзор истории России в раннее Новое время, данный по хронологическому принципу и сосредоточенный на политических обстоятельствах: сначала мы касаемся внутренних событий, затем внешней политики.

ВНУТРЕННИЕ СОБЫТИЯ

Великое княжество Московское — современные англоязычные исследователи часто пользуются термином «Muscovy», «Московия», применительно к России до 1700 года, что отражает английское словоупотребление XVI века, — сделалось региональной державой в XIV веке вследствие ослабления Монгольской империи, которая с 1240-х годов господствовала на пространстве, ныне занятом Европейской Россией. Восточнославянские княжества подчинялись самому западному улусу этой империи, столицей которого был Сарай в низовьях Волги; правильное его название — Кипчакский каганат, самое распространенное — Золотая Орда. С начала XV века московские великие князья, опираясь на приближенных, упрочивали свою власть и покоряли близлежащие княжества (великое княжество Тверское, Новгород — крупный торговый центр), о чем подробно говорится в главе 2. Налоги, собираемые князьями с крестьян, проживавших на этих редконаселенных территориях, были невелики — необходимо было дополнять их поступлениями от транзитной торговли, которая велась вдоль крупных рек. По этой причине территориальная экспансия происходила постоянно. Расширение владений в направлении основных центров торговли, речных путей, территорий, богатых ресурсами (меха, полезные ископаемые, плодородные почвы) являлось неизменным императивом для Московского государства, которое в XVI веке приобрело Поволжье и часть Сибири, в XVII — бóльшую часть Сибири вплоть до Тихого океана, земли у Черного моря и в прикаспийских степях, в XVIII веке установило контроль над северным побережьем Черного моря, Крымом, Северным Кавказом, землями, сегодня относящимися к Украине, Белоруссии и Литве, и даже обзавелось владениями в Северной Америке, на другом берегу Тихого океана (см. карты 2–5).

Московские великие князья (с 1547 года именовавшиеся царями) правили страной, где всегда не хватало людей для армии и бюрократического аппарата и тем более — для производительного труда, обеспечивающего налоговые поступления. Государство всецело сосредоточилось на мобилизации скудных ресурсов, поэтому общественное устройство в раннее Новое время долго оставалось очень примитивным (см. главу 9). Офицерский корпус армии состоял из представителей землевладельческой элиты; крестьянская экономика была настолько автаркичной, ориентированной на внутренние нужды, а внешняя торговля так жестко контролировалась государством, что городской средний класс сформировался лишь в малой степени. Начиная с Ивана III (1462–1505), власть оказывала элите поддержку, раздавая конным воинам земельные наделы и крестьян, а взамен требуя службы; эти наделы назывались поместьями. На протяжении следующих столетий крестьяне постепенно закрепощались, чтобы военная элита располагала трудовыми ресурсами (см. главу 10). Государство создало на всей своей территории сильную, хотя и слаборазветвленную бюрократическую систему; представители конной элиты стали появляться не только в армии, но и в местных государственных учреждениях, опираясь на канцелярских служителей. Каждый подданный великого князя был обязан служить государству, платя налоги и предоставляя услуги (крестьяне и горожане) либо участвуя в военных и торговых предприятиях (землевладельческая элита, крупные купцы).

В то время как в XV веке происходило расширение и укрепление контроля над соседями и внутри правящей семьи, XVI век был периодом административной организации и завоевания важных неславянских торговых центров. Иван IV, царствовавший в 1533–1584 годах, заслужил прозвище «Грозный», и не случайно: историки до сих пор поражаются его жестокости, символом которой стала опричнина (1564–1572). Разделение страны, войска и элиты на две части привело к хаосу, усугубленному долгой Ливонской войной (1558–1581). Династия угасла вместе с сыном Ивана IV, Федором Иоанновичем (1584–1598). Отсутствие правил наследования вызвало политический кризис, который, в свою очередь, привел к социальным потрясениям и иностранному вторжению — «большие люди» и боярские семейства целое десятилетие не могли договориться между собой относительно того, кто станет законным правителем. Смутное время (1598–1613; см. настоящий раздел и главу 6) стало периодом кратких царствований, причем смена власти не всегда была мирной: Борис Годунов (из московских бояр; 1598–1605), Лжедмитрий I (претендент на престол, 1605–1606), Василий Шуйский (из московских бояр; 1606–1610), захват поляками Кремля и переговоры с польским королем Сигизмундом Вазой и его сыном Владиславом (1610–1613). После этого бояре пришли к соглашению, трон заняла династия Романовых, и вскоре государство смогло восстановить стабильность в стране.

Стремясь к стабильности, новая династия сохранила прежние государственные институты (централизованный бюрократический аппарат, крепостное право, пристальный контроль над ресурсами), элиты (бояр и поместную конницу) и цели (территориальную экспансию). Были произведены военные реформы, начались социальные преобразования, происходил экономический рост. Господствующая культура и господствующая идеология по-прежнему основывались на учении Русской православной церкви, и на протяжении XVII столетия формы, в которых находила свое выражение культура, оставались явно «средневековыми», если сравнивать Россию и значительную часть ее европейских соседей. Светского искусства, как и письменности или науки, не существовало; культурное самовыражение определялось в основном религией — это касалось искусства, архитектуры, агиографии, истории. Книгопечатание не приветствовалось ни церковью, ни государством; Россию не затронула бурная протестантская Реформация XVI века, хотя к концу XVII века она нашла здесь кое-какой отклик и оказала определенное влияние (см. главу 13). Но за фасадом традиции шли перемены. В XVII–XVIII веках империя постепенно становилась многоэтнической и многоконфессиональной: ее населяли мусульмане, буддисты, католики, лютеране, иудеи, говорившие на самых разных языках, включая украинский, белорусский, татарский, языки народов Сибири, польский, немецкий. Из Украины проникали новейшие европейские тенденции в области искусства, архитектуры, политической мысли.

Петр I (1672–1725) рос в атмосфере перемен, которые сделали возможными прославившие его имя реформы. За одно поколение он произвел культурную европеизацию элит, заимствовал из Европы одну из разновидностей «абсолютистской» политической мысли, создал громадные по размерам армию и флот, ориентируясь на европейские образцы, реорганизовал центральные государственные институты. Все это было призвано служить долгосрочным политическим целям России — расширению империи и мобилизации ресурсов — без угрозы для самодержавной власти или православной веры. Петр совершил небольшие, но очень важные территориальные приобретения и добился геополитического господства в Центральной Европе, которое затем укрепил, приняв титул императора и предпочтя название «Россия» слову «Русь», что подчеркивало многоэтнический характер империи. В XVIII веке наблюдались колоссальный экономический рост и грандиозные культурные изменения; идеи европейского Просвещения в их различных вариантах — немецком и французском, камералистском и либеральном, религиозном и светском — проникали в небольшую, но все более активную европеизированную элиту, состоявшую из помещиков. Распространялись светские формы культурного самовыражения — создание портретов, написание мемуаров и од, рассказов и романов. В течение всего столетия деятели науки пытались изобрести более гибкий литературный язык. Книгопечатание получило поддержку государства, церкви и общества; в 1724 году Петр Великий основал Академию наук, членами которой становились иностранные, а впоследствии и русские этнографы, картографы, филологи, историки и другие ученые. Екатерина II, царствовавшая в 1762–1796 годах, стала своего рода образцом российского монарха XVIII столетия — приверженца самодержавия и территориальной экспансии, решительно настроенного укреплять российское могущество в Европе и Евразии, сторонника камерализма в государственном управлении, просвещенного правителя, когда речь шла о культуре. Покровительствуя сатирическим журналам и театру, она и сама сочиняла нравоучительные пьесы. Ее сын Павел I (1796–1801) отвергал все, что было связано с матерью и ее проектами, но сохранил основные направления территориальной экспансии России (западное, южное, восточное), централизованное управление и оказавшийся долговечным сплав европейско-ориентированной культуры и православия.

РОССИЯ И МИР В XV–XVII ВЕКАХ

Этот беглый обзор внешней политики по XVII век включительно не претендует на то, чтобы быть исчерпывающим: даже в эти столетия, до малопонятных альянсов XVIII века, основанных на «балансе сил», она порой бывала головокружительно сложной. Мы ограничимся общими тенденциями. В московский период у России было немного постоянных проблем, требовавших решения. Среди них обеспечение выхода к Балтийскому морю, которое привело к столкновению с западным соперником, Великим княжеством Литовским и (на протяжении этих столетий — в меньшей степени) со Швецией, могущество которой росло; сдерживание набегов степняков — крымских татар, Большой Орды, ногайцев и других; захват крупнейшего центра торговли на Средней Волге — Казани и установление контроля над торговыми путями, которые вели от нее в Сибирь и к низовьям Волги.

Для европейских и евразийских соседей России она только-только начала представлять интерес. В XV веке центральноевропейские державы мало что знали о Великом княжестве Московском — путешественники начали посещать его и записывать свои впечатления лишь в конце этого столетия. В 1486 году Максимилиан I, император Священной Римской империи, профинансировал поездку — в своем роде разведывательную — Николая Поппеля. Узнав от Поппеля, что Иван III — монарх, с которым следует считаться, Максимилиан в 1489 году отправил его обратно, уже в качестве официального посла. Европейские правители интересовались Россией по двум причинам. Священная Римская империя хотела заручиться ее поддержкой против Польши и Литвы и одновременно против Османской империи, тогда как папство стояло за религиозную унию с Римом и/или антитурецкий крестовый поход. Инициативы такого рода выдвигались в течение всего XVI века.

Первое заметное вмешательство России во внутриевропейские международные отношения состоялось в 1472 году, когда Святой Престол предложил Ивану III вступить в брак с Софьей Палеолог, племянницей последнего византийского императора. Воспитанница папы, она выросла в Риме, и ее православная вера, возможно, испытала влияние католицизма; папа надеялся сформировать антитурецкий союз, а также некую религиозную унию наподобие Ферраро-Флорентийской 1444 года, которую Россия отвергла.

Иван III принял предложение, которое сулило престиж и доступ к накопленному Западом техническому опыту, но ничего более существенного Рим не получил.

При Иване III Москва и сама активно стремилась к заключению международных союзов против Польши и Литвы. В 1470-х годах Россия установила связи с Молдавским княжеством, дочь молдавского господаря стала супругой сына московского правителя (1483). Иван III не стал сразу же отказываться от антипольского союза, предложенного Максимилианом I, но испытывал сомнения — император выдвигал слишком много условий. Вероятно, самым значительным его союзом стал союз с Крымским ханством (1480) — Москва и Крым намеревались вместе противостоять Польше с Литвой и Большой Орде, еще одной могущественной силе на просторах степей. Крымчане напали на Великое княжество Литовское, а московские войска сошлись с ордынскими на реке Угра; результатом стало малоинтересное стояние, которое тогдашние летописцы расценивали как поражение, а более поздние русские историки объявили «концом монгольского ига». Но в конце XIV века стал разрушаться Кипчакский каганат, а к середине следующего столетия громадная империя монголов распалась на несколько крупных государств, включая Китай, Индию и Персию; независимость получили и части бывшего Кипчакского каганата (Большая Орда, Крымское, Сибирское, Казанское ханства). Союз Крымского ханства с Москвой против Польши и ее союзника — Великого княжества Литовского — существовал до 1513 года.

В отношении Швеции дипломатия Ивана III действовала неудачно. Он вступил в союз с Данией против Швеции (1496), что привело к недолгой войне без определенных результатов. Наконец, в 1508 году было заключено 60-летнее перемирие, что позволило России сконцентрироваться на борьбе с Литвой за Балтику. Конфликт с Литвой никогда не затухал; в 1480–1490-е годы многие князья, исповедовавшие православие, покидали литовского великого князя, чтобы служить московскому государю, так что последнему доставались стратегически важные приграничные земли. Иван III попытался установить мир между обоими государствами, выдав свою дочь Елену за великого князя Александра (с 1501 года — короля Польши), но войны все же велись — в 1500–1503 годах и в 1512-м. Согласно перемирию, положившему конец военным действиям (1522), Москва получила контроль над территориями, которые принадлежали переметнувшимся православным князьям (Новгород-Северский, Чернигов, верховья Оки), и над городами, захваченными в боях, в том числе Смоленском и Брянском.

Сигизмунд фон Герберштейн, выдающийся дипломат, служивший Габсбургам, побывал в Москве в 1526 году, проведя переговоры относительно продления перемирия и вступления России в антитурецкий и антипольский союзы, но никаких формальных договоренностей достигнуть не удалось. Точно так же не увенчались успехом и папские инициативы насчет участия Московского государства в антитурецком крестовом походе (конец 1490-х и 1510-е годы).

Что касается вожделенного торгового пути по Волге, то здесь Москва в конце XV и первой половине XVI века вмешивалась в казанские династические распри (этим же занималось и Крымское ханство). В 1513 году Крым, обеспокоенный ростом могущества Москвы, перешел на сторону Великого княжества Литовского — и стал грозным врагом, совершавшим набеги на южной границе, а также соперником за влияние в Казани. В конце концов Россия покорила Казань (1552) и Астрахань (1556), о чем подробнее говорится в главе 3. На протяжении двух последующих веков ей приходилось сооружать защитные линии: против степняков — в Приволжье, против башкир, калмыков и казахов — в прикаспийских степях. Одновременно с этим русские войска, часто следуя за зверопромышленниками, проникали в Сибирь и к концу XVII столетия дошли до Тихого океана.

Менее блестящим эпизодом царствования Ивана IV была Ливонская война (1558–1581), в которой участвовали крупнейшие балтийские державы — Россия, Швеция, Речь Посполитая (существовавший с 1569 года союз Польши и Литвы, до этого уже связанных между собой династически), Дания: все они стремились к захвату Ливонии, которая примерно соответствует современным Эстонии и Латвии. Эти земли в Прибалтике, находившиеся под властью Ливонского ордена, стали уязвимыми в 1561 году, когда рыцари решили секуляризировать орден и признали свою вассальную зависимость от Польши и Литвы. Вначале Россия сделала территориальные приобретения, но потом потерпела ряд поражений от Швеции и Польши с Литвой; Иван IV был вынужден капитулировать и попросил иезуита Антонио Поссевино, папского представителя, уже установившего контакты с другими воюющими сторонами, стать посредником на мирных переговорах, которые завершились в 1582 году. Условия Ям-Запольского перемирия оказались тяжелыми для России: ей пришлось вернуть все завоевания в Ливонии, бóльшая часть которой отошла к Речи Посполитой. В 1583 году было заключено перемирие со Швецией, оставившей за собой Эстляндию (сейчас в составе Эстонии) и вновь захваченные земли, примыкавшие к Финскому заливу — от Нарвы до Ладоги.

Российская внешняя политика в XVI веке была осмотрительной и целенаправленной, удар по ней нанесла лишь опричнина, приведшая к хаосу в стране (1560-е годы). Но уже в начале XVII столетия можно было наблюдать все что угодно, кроме хорошо отрегулированной, продуманной внешней политики. Конец династии (1598) открыл дорогу к Смутному времени. В 1604 году в страну вторглись личные отряды польских магнатов, поддержавших первого «претендента» на престол; польский король официально объявил войну в 1610 году, после того как царь Василий Шуйский (1606–1610) пошел на союз со Швецией и та прислала свои войска (1609). К тому времени как ситуация успокоилась (1613), Россия потеряла территории в пользу обеих держав.

По Столбовскому трактату, заключенному со Швецией в 1617 году, Россия уступила ей новые земли на южном берегу Финского залива, но сохранила Новгород и другие города в глубине континента, ранее занятые шведами. Сложнее оказалось добиться прочного мира с Речью Посполитой. Деулинский трактат 1618 года провозглашал 14-летнее перемирие, но польско-литовское государство не отказывалось ни от занятых территорий

(Смоленск, Северские земли), ни от претензий на российский престол, предъявлявшихся королевичем Владиславом. В 1630-е годы, когда срок перемирия истек, Россия попыталась заключить против Речи Посполитой масштабный союз с участием Швеции, Крыма и даже Османской империи. Из этого ничего не вышло, как и из войны, начатой Россией с целью отвоевания Смоленска: мирный договор 1634 года дал России лишь отказ Владислава (к тому времени ставшего польским королем) от претензий на трон, а приобретения, совершенные Речью Посполитой в 1618 году, были подтверждены.

В течение следующих двух десятилетий Романовы старались сохранять нейтральные отношения со Швецией и Речью Посполитой, сосредоточившись на строительстве оборонительных линий против крымчан и удерживая донских казаков, своих вассалов, от открытого противостояния с Османской империей. Когда казаки захватили турецкую крепость Азов (1637), Россия приказала оставить ее (1642) и до конца столетия препятствовала, как могла, набегам на турецкие земли — в частности, увеличивая денежные субсидии и поставки продовольствия казакам, а также ужесточая военный контроль над ними.

Вторая половина столетия — о чем мы поговорим в главе 3 — была отмечена войнами, толчок к которым дало восстание Богдана Хмельницкого в «русских» (украиноязычных) землях Речи Посполитой, начавшееся в 1648 году. Нашествие следовало за нашествием: Россия вторглась в Литву (1654), Швеция — в Польшу и прибалтийские земли (1655), вслед за чем Россия объявила войну Швеции (1656), рассчитывая получить часть балтийского побережья. Последний конфликт был улажен сравнительно быстро: по условиям Кардисского мира (1661) Россия уступала Швеции занятые ею территории в Ливонии (Динабург, Юрьев/Дерпт). Османская империя также вступила в борьбу, начатую Хмельницким, желая удержать свои вассальные княжества — Молдавию и Валахию — и недавно приобретенную Подолию. Русско-турецкая война (1676–1681) завершилась Бахчисарайским перемирием 1681 года, фактически ничьей: казаки Хмельницкого, занявшие левый берег Днепра с Киевом, оставались под контролем России, но сохраняли существенную автономию, тогда как запорожские казаки попали в вассальную зависимость от Турции.

Главным фронтом войн XVII века для России был польско-литовский, и здесь она добилась решительного успеха. По Андрусовскому перемирию (1667) Речь Посполитая признавала потерю Левобережной Гетманщины и уступала обширную полосу земель, принадлежавших Литве, с белорусскоязычным населением, включая Смоленск, Новгород-Северский, Чернигов. Таким образом, Россия возвратила то, что утратила в Смутное время. Это было закреплено «Вечным миром» (1686): польский король Ян Собеский дал согласие на него, рассчитывая вовлечь Россию в антитурецкую Священную лигу. До этого Россия отвергала подобные предложения, но теперь согласилась, считая, что Османская империя и Крым в достаточной мере ослабли. Образовался союз в составе Речи Посполитой, Австрии, Венеции и России; последняя выполнила свои обязательства, совершив походы в Крым (1687, 1689) — правда, неудачные. Азовские походы Петра I, предпринятые в 1695 и 1696 годах (крепость была взята, но возвращена Турции в 1711 году), стали еще одной попыткой достичь успехов на традиционном направлении — южные степи, Черное море, — при соблюдении в то же время условий союза.

В конце XVII века позиции России были прочными, несмотря на неудачи в Крыму. Начиная с «Вечного мира» 1686 года, она стала могущественнее Речи Посполитой, а политические неурядицы в последней создавали новые возможности для удовлетворения территориальных притязаний России в отношении Балтийского побережья и южных степей.

РОССИЯ И МИР В XVIII ВЕКЕ

В течение XVIII века внешнеполитические задачи России определялись долгосрочными устремлениями и сиюминутными возможностями. Бум на европейских рынках означал, что борьба за Балтику продолжится, а внимание России по-прежнему будет сосредоточено на Черном и Каспийском морях. В это столетие преобладала внешняя политика, основанная на «балансе сил», и Россия стала одним из европейских геополитических игроков. Общее противостояние польско-литовскому государству и одновременно — Османской империи привело к союзу с Австрией; Пруссия также враждовала с Речью Посполитой, но оказалась менее надежным партнером. Кроме того, Россия обычно выступала на стороне Великобритании — обе страны вели оживленную торговлю.

Петр I, царствовавший в 1682–1725 годах, впервые выступил как дипломат инкогнито, предприняв вместе с Великим посольством путешествие по Европе, во время которого брал на службу инженеров и военных специалистов и встречался с монархами в Бранденбурге, Лондоне, Дрездене, Вене, стараясь втянуть их в антитурецкую коалицию. Сделать это не удалось, но Саксония, по мысли Петра, могла принести пользу в кампании против Швеции. В конечном счете образовался союз России, Польши и Дании, к которым присоединились менее значительные державы — Пруссия, Ганновер и Саксония. Противником их был молодой и энергичный Карл XII, располагавший самыми современными сухопутными и морскими силами в Балтийском регионе. Во время Великой Северной войны (1700–1721), как ее стали называть позже, крупнейшие державы (Османская империя, Великобритания, Голландия, Франция) поддержали Швецию, Габсбурги же остались вне конфликта, пребывая в нервном ожидании. Россия выполнила свои обязательства, проведя несколько сражений со Швецией на море и на равнинах польско-литовского государства. Судьбоносным событием стало поражение Карла XII под Полтавой (1709) — с ним в основном завершилось участие России в Великой Северной войне, и в 1710-е годы она велась на других фронтах. Все завершилось Ништадтским миром (1721). Россия получила Ливонию (Лифляндию и Эстляндию) и часть Карелии, включая побережье Финского залива, на котором Петр I в 1703 году основал Санкт-Петербург, что было смелым поступком. В 1721 году он принял титул императора, и в течение нескольких десятилетий Россия добивалась признания этого титула со стороны европейских стран: Пруссия и Голландия сделали это сразу, Швеция — в 1723-м, Саксония — в 1733-м, Османская империя — в 1741-м, Австрия и Великобритания — в 1742-м, Франция и Испания — в 1745-м. Польша держалась до 1764 года.

Великая Северная война сделала Россию главной силой в Центральной Европе и обозначила начало упадка Швеции в геополитическом смысле. Последующие шведско-русские войны (1741–1743 и 1788–1790) принесли России небольшие территориальные приобретения в Финляндии, незначительные с точки зрения региона. Успехи на Балтике скрывали неудачи Петра в Причерноморье и Прикаспии. Так, к примеру, в самый разгар Северной войны (1710) Петр стал угрожать Османской империи войной, если та не выдаст раненого Карла XII, укрывшегося в Стамбуле. Турки распознали блеф и в следующем году нанесли России тяжелое поражение на реке Прут, заставив Петра отказаться от Азова и прав на него (1711). Такой же кратковременной, как и приобретения на Черном море, была борьба с непрочной Сефевидской империей. В 1715 году Россия направила в Персию торговую миссию, а в 1722-м объявила ей войну, заняв Дербент и Баку, а также южное и юго-восточное побережье Каспийского моря. Но все это пришлось вернуть в 1733 году в обмен на поддержку Персии во время очередной русско-турецкой войны (1737–1739) — первой в этом столетии.

При преемниках энергичного Петра военная активность России снизилась — следовало привести в порядок государственный бюджет. При этом не останавливалось покорение Сибири, усиливался контроль над Башкирией и степными областями. Но самые жаркие события происходили на западе. В середине XVIII века российские правители отвлеклись на защиту своих династических связей в Центральной Европе, установленных Петром, особенно с герцогами Голштинии и Мекленбурга. Союзы постоянно видоизменялись — европейские державы искали равновесия в смысле распределения территорий и регионального влияния. В 1720–1760-е годы Россия, как правило, являлась близким союзником Австрии; обычно противниками были Швеция, Франция и Османская империя, но коалиции постоянно варьировались. В 1750-е годы Россия была втянута в Семилетнюю войну (1756–1763), выступив вместе с Саксонией, Австрией и Францией против недавно возникшего британско-прусского союза, который нарушил баланс сил в Европе. Война закончилась плохо для Пруссии, европейские державы успокоились — внезапного претендента на господство удалось сдержать. Однако в самый разгар военных действий (1762) Петр III поставил все с ног на голову, выйдя из войны и заключив союз с Пруссией. Это обуславливалось как династическими связями (Голштиния), так и экономическими соображениями (расходы на войну были непосильными). Его преемница Екатерина II извлекла пользу из создавшегося положения, хотя внешнеполитическая конфигурация была уже другой. Благодаря русско-прусскому союзу Австрия и Франция не смогли совершить чрезмерно большие территориальные приобретения, а баланс сил на континенте сохранился; помимо этого, он послужил русским интересам на Балтике и на западе. Почти до самого конца столетия Екатерина проводила крайне успешную «реальную политику»: союзы с Пруссией и Габсбургами облегчили расширение страны за счет Речи Посполитой и завоеваний в Причерноморье.

Россия извлекла огромную выгоду из ослабления Речи Посполитой. Последняя, пошатнувшись во второй половине XVII века из-за вторжений и войн, уступила России Левобережную Гетманщину, а ее надломленная политическая система создавала возможности для вмешательства извне. Россия, Бранденбургско-Прусское государство, находившееся на подъеме, Габсбурги и Франция стремились повлиять на решения сейма (парламента), который выбирал короля. Целью было не дать Польше превратиться в эффективное современное государство, сильное в военном отношении; для этого Россия, начиная с Петра I, прямо вмешивалась в процесс выборов монарха. Так, в 1717 году, чтобы Россия могла навязать сейму свою программу, смысл которой состоял в подрыве могущества короля, армии и дворянского правительства, место проведения собрания окружили русские солдаты — это собрание получило название «Немого сейма». Далее Петр стал заключать договоры о сотрудничестве с Пруссией (1720), Турцией (1720), Швецией (1724) и Австрией (1726), чтобы помешать внутренним реформам в Речи Посполитой, под циничным предлогом защиты ее «золотых вольностей», препятствовавших централизации страны и приводивших к параличу власти. Таким образом, никакие существенные преобразования там были невозможны. В течение всего столетия Россия и другие державы манипулировали королевскими выборами и подкупали дворянские партии, стараясь сохранить парализующее liberum veto в сейме и разжигать мятежи («конфедерации»), которые соответствовали интересам России. Русские послы в Варшаве систематически создавали препятствия для политических и экономических реформ.

Антипольскую политику России охотно поддерживала Пруссия, заинтересованная в том, чтобы соединить две географически разобщенные части страны — герцогство Бранденбургское и собственно Пруссию — и отнять у Речи Посполитой «королевскую Пруссию», Гданьск и Самогитию на Балтике, а также плодородные земли в центральной Польше. Для этого она совершала умелые дипломатические ходы. В 1657 году ей удалось покончить с вассальной зависимостью от Польши, убедив Габсбургов присвоить бранденбургскому герцогу титул «короля Пруссии» (1701). С 1770 года Пруссия активно вмешивалась в польскую политику, взаимодействуя с Австрией и Россией, и получала свою долю во время каждого из трех разделов Речи Посполитой (1772, 1793, 1795). Что касается Австрии, то Речь Посполитая не была для нее ощутимой угрозой, однако она сотрудничала с остальными двумя державами, чтобы получить территории и поддержку против Османской империи.

Российская политика, нацеленная на контроль над Речью Посполитой, была действенной в течение всего столетия; политические силы внутри последней к 1760-м годам оказались настолько разобщенными, что Россия и Австрия воспользовались войной с Османской империей, перекинувшейся на территорию Речи Посполитой, и осуществили первый раздел Польши (1772).

В 1788 году, когда три имперские державы отвлеклись на войны и революции в других местах, либерально-реформистские силы Речи Посполитой ухватились за эту возможность — лучшую за весь XVIII век, — чтобы навести порядок в государственных делах. Созвав сейм и удлинив срок его полномочий — четыре года вместо обычных двух (1788–1792), — а также произведя манипуляции с правилами работы парламента, они добились принятия радикальной по характеру конституции от 3 мая 1791 года. Предполагалось, что результатом реформ станут современный налоговый режим, централизованное государство, постоянная армия, эффективные республиканские представительные институты. Сочтя конституцию «якобинской», Россия и Пруссия послали свои силы для воспрепятствования реформам (второй раздел Польши, 1793 год). Тадеуш Костюшко поднял восстание, за которым сразу же последовали новое вторжение и третий раздел (1795). Польша перестала быть суверенным государством, Россия получила всю нынешнюю Беларусь, земли, населенные литовцами, и бóльшую часть современной Украины.

На традиционном для России южном — степном — направлении экспансии основное внимание приходилось уделять Османской империи. Все более уязвимая, она уже в конце XVII века утратила Венгрию и Трансильванию в пользу Габсбургов, а по Карловицкому миру (1699) — также Подолию, недавно отнятую у Речи Посполитой. На протяжении XVIII века в империи происходили такие процессы, как ослабление центральной власти, рост государственного долга, возникновение региональных центров власти. Три масштабные войны с Россией (1735–1739, 1768–1774, 1787–1792) завершились уничтожением турецкого флота при Чесме (1770) и потерей контроля над черноморским побережьем от Днестра до Кубани, согласно Кючук-Кайнарджийскому (1774) и Ясскому (1792) трактатам. Россия получила важные порты на Черном море и право провода своих кораблей через Босфор, что заложило основы для динамичной экспортной экономики.

Все эти территориальные приобретения Россия сделала, прикладывая большие усилия для мобилизации ресурсов и установления контроля над ними, а также извлекая выгоду из возможностей, представлявшихся на региональном уровне. Вероятно, строки Уильяма Батлера Йейтса «Все рушится, основа расшаталась // Мир захлестнули волны беззаконья» лучше всего говорят о том, в какой обстановке Россия прокладывала свой курс. В эти столетия Речь Посполитая и, до какой-то степени, Османская империя «рушились»: власть центра ослабевала, ресурсы присваивались сильными людьми в провинции, реформы буксовали, соседи опережали их в построении современного государства. Но российские правители следили за тем, чтобы «основа» не «расшаталась», соблюдая баланс между традицией и новаторством, шла ли речь об имперской идеологии, местном управлении, верховной власти или культуре.

Часть I

СОЗДАНИЕ ИМПЕРИИ

Глава 1
Земля, население и глобальный контекст

В XVIII веке Российская империя занимала обширные, покрытые лесом и степями территории — от Восточной Европы до Тихого океана и от Белого моря до Черного. Начиная с середины этого столетия, европейские и русские картографы проводили границу Европы по Уралу, однако современные исследователи предложили термин «Евразия» для обозначения и политического пространства, раскинувшегося в Европе и Азии, и географического положения этой части мира. В настоящей главе мы рассмотрим базовые материальные характеристики Евразии — топографию и климат — и социально-экономические связи, придавшие ей знакомый нам облик.

ГЕОГРАФИЯ И КЛИМАТ

Северное расположение Российской империи и ее отдаленность от океанов, источников тепла, делают ее холодным и негостеприимным местом (карта 1). До проникновения в степную зону (конец XVII–XVIII век) бо́льшая часть империи находилась выше 50-й широты, к северу от границы леса и степи, идущей от окрестностей Киева на восток, к Уралу и Западной Сибири. Даже продвижение к Черному морю вывело ее к 45-й широте, не далее. Стоит вспомнить, что бо́льшая часть территории США (не считая Аляски) лежит к югу от 49-й параллели. Москва находится севернее самого северного из крупных канадских городов — Эдмонтона, а Петербург стоит на той же широте, что южная Аляска.

Положение усугубляется топографическими особенностями местности. Лесные и степные области России являются продолжением равнины, которая начинается от Атлантики и тянется — с перерывом на старые Уральские горы (высота от 900 до 1800 метров, протяженность — 2500 километров) — вплоть до впечатляющих массивов близ Тихого океана. С юга равнина окружена горами: это Карпаты, Кавказ, Памир, Тянь-Шань, Алтай (в Центральной Азии вершины достигают 4,5–5,5 километра), Саянский и Становой хребты к северу от Монголии и Китая, Анадырский хребет на крайнем северо-востоке континента и вулканы Камчатки. Дуга из горных цепей не пропускает теплый тропический воздух и, наоборот, задерживает холодный арктический. Океан помогает мало: Черное море дает сколько-то тепла окрестным землям, но в целом территория России слишком удалена от Атлантики, чтобы на нее влиял Гольфстрим, согревающий Западную Европу.

Такое географическое положение привело к тому, что эти лесные и степные области отличаются резко континентальным климатом (рис 1.1.): сравнительно короткие, но теплые весна и лето, долгие морозные зимы. Средняя температура января в Европейской России и Южной Сибири составляет от 0 до минус 17 градусов, в остальной части Сибири — от минус 17 до минус 35. Для сравнения, в Западной Европе и Северной Америке средняя температура зимой колеблется в пределах от 0 до плюс 10 градусов. Посевной сезон относительно недолог: около Петербурга — четыре месяца (с середины мая по середину сентября), возле Москвы — примерно пять с половиной (с середины апреля по конец сентября), на плодородных степных землях южнее Киева — до шести месяцев. А в Западной Европе, благодаря воздействию Гольфстрима и Средиземного моря, он продолжается от шести до девяти месяцев.

Короткий посевной период означает, что можно собирать лишь один урожай в год. Выращивались немногочисленные твердые зерновые культуры (овес, рожь, ячмень) и корнеплоды, урожай-

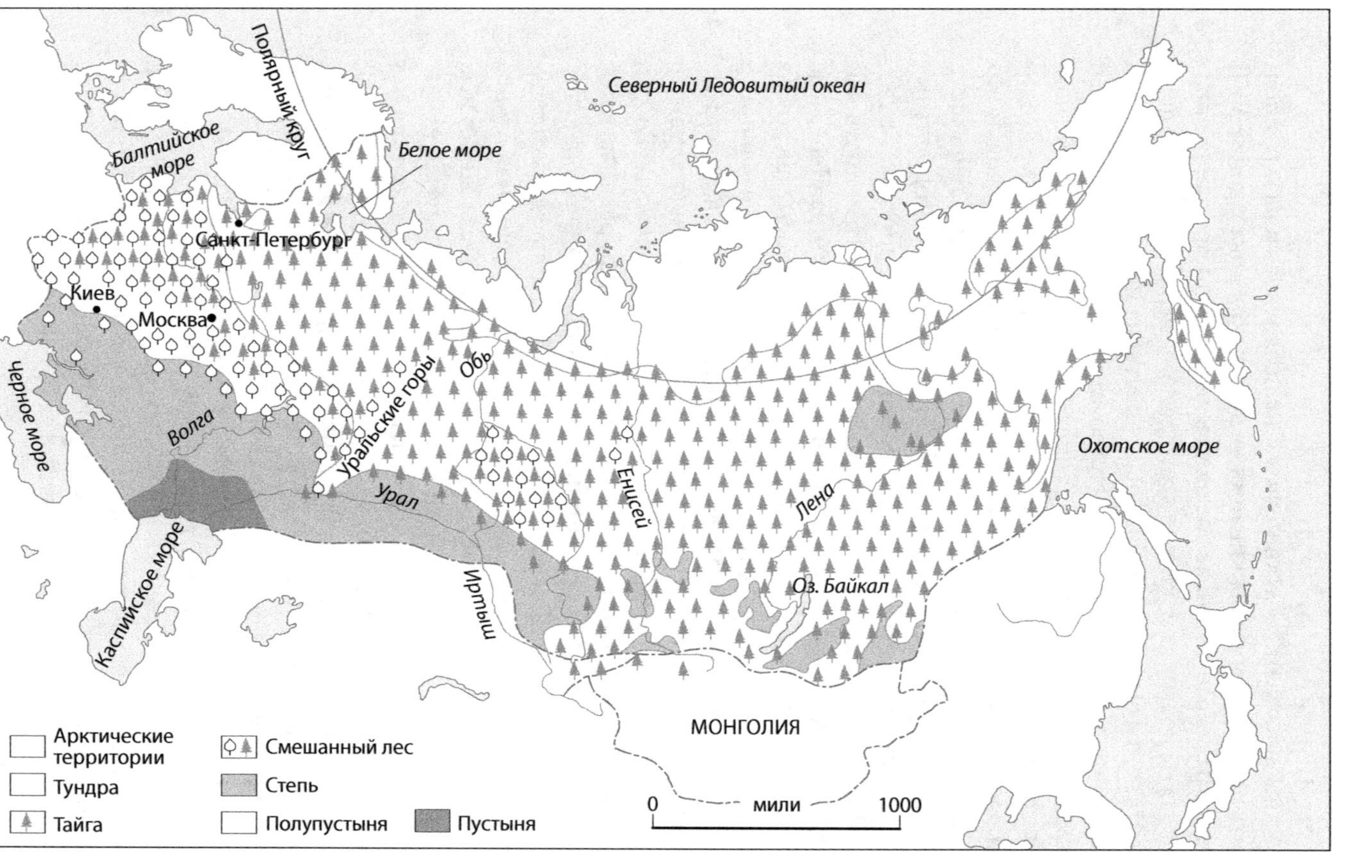

Карта 1. Зоны растительности. Российская империя, около 1790 года. С карты, приведенной в книге: Chew A. An Atlas of Russian History: Eleven Centuries of Changing Borders, rev. edn. New Haven: Yale University Press, 1970. Map 35

ность зависела от качеств почвы и не позволяла сильно приподняться над уровнем выживания — до тех пор, пока в конце XVII и в XVIII веке империя не обзавелась черноземными территориями. Из-за долгих зим жители этого региона держали мало домашнего скота и он был слабосильным: крестьяне могли выделить для него лишь ограниченное количество зерна и сена, а в течение всей зимы животные пребывали в стойлах. Из-за этого в центральной России поля плохо унавоживались, а мясо и молоко редко входили в крестьянский рацион, что уравновешивалось белковой пищей, получаемой из леса. В XVIII веке положение улучшилось благодаря приобретению черноземных областей, благоприятных как для скотоводства, так и для выращивания зерновых.

На исторически русских землях почвы и растительность выступали в качестве главного отличительного фактора. Через всю Европу и Евразию с запада на восток тянутся полосы, каждой из которых свойственны особое сочетание почвы, растительности (в зависимости от широты) и динамики теплых и холодных воздушных потоков. Это, в свою очередь, определило характер расселения и экономику. На Крайнем Севере Европейской России и в Сибири, к югу от покрытой льдами Арктики, располагается тундра площадью около четырех миллионов квадратных километров — край вечной мерзлоты с двухмесячной летней оттепелью, где растут только мхи, лишайники, кустарники, трава, карликовые деревья и нет древесного покрова. Из животных встречаются в основном лишь северные олени. Эти земли неблагоприятны для проживания людей — исключение составляют эскимосы и лапландцы, обитающие на побережье.

Южнее простирается территория площадью более десяти миллионов квадратных километров, покрытая тайгой — от полярного круга до северного Подмосковья в Европейской России (мы будем называть эту зону «севером») и от Скандинавии до восточных пределов Сибири. Это крупнейший в мире хвойный лес (сосны, ели, лиственницы), который обширнее целой Канады. Из-за сосновой хвои почва делается кислой, а весной, после таяния снега, из нее вымываются питательные вещества. К тому же местность топкая и болотистая — под почвой лежит твердый подстилающий пласт. Поэтому редкое население жило за счет не сельского хозяйства, а охоты, рыболовства и собирательства. Зерновые выращивались в небольшом количестве, при этом господствовал подсечно-огневой способ земледелия, что выглядит разумным выбором, учитывая изобилие земли. Более или менее расчистив участок путем сжигания растительности, крестьянская община обрабатывала его не больше десяти лет — пока почва не истощалась. Затем люди перебирались на новое место. Урожайность составляла максимум сам-3, хотя крестьяне сеяли даже тогда, когда надеялись всего лишь на сам-2, дополняя полученное за счет продуктов из леса.

К западу от Урала южнее тайги располагался смешанный лес из лиственных (дубы, березы) и хвойных пород. Он стал местом первоначального расселения русских и образования русского государства, которое мы будем называть «русским центром». Занимаемое им пространство в форме треугольника простиралось от сегодняшних Петербурга и Киева на западе до западной границы Южного Урала на востоке; зима здесь лишь ненамного мягче, а лето — лишь ненамного теплее, чем в тайге. Благодаря лиственным деревьям почва становится более плодородной и не настолько кислой, а также более рассыпчатой и менее болотистой. Чем дальше, тем больше лиственных, цвет почвы меняется с коричневого на серый, плодородность растет. Вокруг Владимира находится уникальный массив земель с лёссовым грунтом (Владимирское ополье), ставший историческим центром расселения русских в верховьях Волги. При достаточном количестве дождей в посевной сезон здесь можно выращивать рожь и лен, как минимум обеспечивая себе существование (урожайность сам-3), особенно при использовании двуполья и трехполья со вспашкой, позволяющих селиться более компактно. Но и в этом случае деревни были небольшими — крупными считались те, где проживало более 20–30 человек. В прошлом обитатели этих территорий совмещали сельское хозяйство с использованием лесных ресурсов и производили кое-какие изделия для домашних нужд.

Далее на юг смешанный лес переходит в лесостепь и, наконец, в степь. Лесостепь (см. рис. 1.1) простирается с запада на восток от Киева до Западной Сибири. На западе ширина лесостепной полосы составляет около 120 километров, сужаясь затем в районе Волги. Эти области стали первыми в империи, дававшими излишек урожая (районы вокруг Калуги, Орла, Тулы, Рязани, Курска, Тамбова, Воронежа, Пензы). Деревья в этой зоне уступают место лугам и степям, почва делается все более черной и плодородной. Черноземный край — это нынешние Украина и Молдова, Северный Кавказ, низовья Волги, территории к югу от Урала и в Казахстане, самый юг Сибири. Степь заканчивается у Алтайских и Саянских гор, через которые пролегали маршруты Шелкового пути: в Китай, Индию, на Ближний Восток. В степи с незапамятных времен обитали кочевники-пастухи, выращивавшие табуны лошадей и стада другой живности, переходя с летнего на зимнее место и затем возвращаясь. Эти земли стали распахиваться и давать урожай лишь после того, как аграрные империи обрели достаточное военное и административное могущество, чтобы подчинить себе кочевников — процесс, который начался в XVI веке. Глубина черноземных почв составляет от 60 сантиметров до 3,5 метра, они могут давать урожай сам-10, если в год выпадает достаточно осадков (что случается не везде, самый яркий пример — степи Центральной Азии).

Такими были почвенные зоны в Российской империи в середине XVIII века. После приобретения черноморского побережья добавились субтропические климатические области Крыма. К середине XIX века империя расширилась до максимальных пределов, завоевав Кавказ и Среднюю Азию, и у нее появились новые «горизонтальные» полосы — пустыни и полупустыни в Средней Азии, высокие горы на Кавказе.

На эту обширную равнину, покрытую лесом, накладывалась плотная сеть рек и озер. Поскольку заметных возвышенностей здесь нет (самая высокая точка к западу от Урала не превышает 350 метров, в Сибири — 200 метров), Евразия является идеальным местом для региональной и международной транзитной торговли, а также для передвижений народов. В то время, когда территория империи была наибольшей, в ней насчитывалось 13 рек протяженностью свыше 2000 километров и столько же рек

Рис. 1.1. Статуя Великого князя и святого Владимира (1853), принявшего православие в 988 году, смотрит на левый берег Днепра и бескрайнюю степь Евразии. Фото Джека Коллманна

длиной около 1000 км, включая шесть крупных речных систем. На юг текли могучая Волга (впадает в Каспий), Дон (впадает в Азовское море), Днепр (впадает в Черное море неподалеку от Крымского полуострова). Верховья каждой из них располагаются в зоне смешанных лесов, там, где начиная с XIV века формировалось русское государство. Менее значительные речные системы служили для перевозки людей и грузов в широтном направлении: Западная Двина течет через сегодняшнюю Беларусь, впадая в Балтийское море близ Риги, Северная Двина несет свои воды к Белому морю через Холмогоры и Архангельск. В Сибири крупнейшие реки текут на север, к Северному Ледовитому океану, но зимой, когда они замерзают, по ним можно легко передвигаться в любом направлении. В их верхнем течении (Южная Сибирь) с конца XVI века воздвигались крепости, на которые опиралась российская мощь. Перечислим их, начиная с самой западной: Обь (с Иртышом), Енисей, Лена. Всего же в Российской империи насчитывалось более 100 тысяч рек и более 20 тысяч озер, что позволяло перемещаться без особого труда даже до строительства каналов, предпринятого в XIX веке.

КЛИМАТИЧЕСКИЕ УСЛОВИЯ

Расположение Российской империи в Евразии и на Восточноевропейской равнине обуславливало характер доставшихся ей почвенных и климатических зон. В те столетия наиболее ощутимой тенденцией было похолодание на обширной территории, известное как Малый ледниковый период и затронувшее северное полушарие от Гренландии и Исландии до Китая. Оно началось около 1300 года и длилось до XIX века. Это было самое продолжительное похолодание после Великого ледникового периода, но оно представляло собой неоднородное явление. Особенно суровым климат оказался во второй половине XVII — начале XVIII века, когда замерзли Балтийское море, реки в Северной Европе и Англии, а в 1622 году — даже Золотой Рог и часть Босфора. Как правило, зимы были длиннее и холоднее обычного, длительность посевного сезона сократилась на 15–20 %. В XVIII веке наметился конец ледникового периода, однако он сменился сильнейшими колебаниями: иногда случались кратковременные потепления, а иногда климат опять становился чрезвычайно холодным (в 1740-е годы). Ряд бурных извержений вулканов во второй половине XVIII и в начале XIX века также привел к ухудшению климата, особенно активность вулкана Лаки в Исландии (1783–1784): выброшенная в атмосферу двуокись серы достигла Средней Азии и Аляски, и в 1786 году температура была заметно ниже нормы.

Этот долгий период был отмечен социальной напряженностью и экономическими изменениями. Наиболее полные данные имеются для Европы. В Англии, северной Франции и Германии перестали возделывать виноград; ледники уничтожили сельскохозяйственные угодья в Швейцарских Альпах и Исландии. Жителям последней пришлось перебраться в прибрежные рыбацкие деревни, но и улов трески постепенно уменьшался — похолодание океана гнало рыб на юг. Урожаи падали, цены на зерно росли, следствием чего стал голод (унесший в 1690-е годы более 10 % населения в некоторых областях Франции, Норвегии, Швеции, Эстонии, Финляндии), люди чаще становились жертвами эпидемий. Куда более частыми стали миграции — деревни пустели, их обитатели устремлялись в места с более благоприятными климатическими условиями или экономическими возможностями.

Однако тяготы, связанные с Малым ледниковым периодом, продолжались столько времени, что их нельзя приписать воздействию одного фактора. Местные общины с течением времени научились реагировать на меняющиеся обстоятельства. Обедневшие норвежские рыбаки занялись экспортом древесины и кораблестроением. На Балтике началась оживленная торговля зерном, чему способствовали усовершенствования в технологии постройки судов, на суше активно развивались перевозки зерна, пива, скота и т. д. из Восточной Европы в западноевропейские города. Страны, которые вели международную торговлю, — Англия, Португалия, Испания, Нидерланды — в случае нужды могли рассчитывать на импорт продовольствия через свои опорные пункты в Африке, Азии и Новом Свете. Там, где торговля была исключительно внутренней, использовали всю доступную землю: в Нидерландах и Англии улучшились методы восстановления земель, в Китае стали возделывать поля в пограничных районах. Колониальная экспансия европейских стран — от Англии до России — также вела к притоку новых земель или рабочей силы на внутренний рынок. В XVIII веке в Западной Европе растущая плотность населения и изменившиеся климатические условия вынуждали внедрять новые способы обработки земли и новые культуры; результатом стали интенсификация и диверсификация производства, увеличение урожаев. Власти озаботились строительством зернохранилищ для крупнейших городов, войска или важнейших групп населения. Китай на протяжении всей своей истории вкладывал средства в создание запасов зерна, в Европе же такие усилия предпринимались с конца XV века, но стали ощутимыми и эффективными лишь к XVIII веку.

О том, как жилось в России на протяжении Малого ледникового периода, нам известно меньше (лучший источник — летописи, создававшиеся в региональных центрах), но последствия его ясны. Эти столетия характеризовались климатической нестабильностью и экстремальными температурами. В дополнение к чрезвычайно холодным зимам, лето часто выдавалось очень сухим, а осень — слишком дождливой; следствием был неурожай, за которым наступал голод. Летописцы XV века из городов центра зафиксировали 48 лет, когда приходил голод — по крайней мере, в ту или иную область, — и более 150 необычных климатических событий: непрерывные дожди, наводнения, поздние снегопады, сильнейшие бури, засуха и даже землетрясения. Первая половина XVI века оказалась сравнительно теплой, но в последующие годы (примерно до 1570-го) погода отличалась непостоянством, холодные зимы чередовались с мягкими, снежные — с бесснежными. Едва ли хоть один год проходил без экстремальных климатических явлений в каком-нибудь из регионов Центральной России. Такие же колебания наблюдались в 1573–1584 годах, относительно благоприятных; за ними последовало ухудшение климата — вплоть до конца столетия. В таких обстоятельствах неурожаи приводили к повышению цен на зерно. Бремя, ложившееся на население, в эти десятилетия усугублялось ростом налогов, Ливонской войной (1558–1581) и опричниной (1565–1572). Особенно тяжелая ситуация сложилась к северо-западу от Москвы, вокруг Новгорода, Пскова и Твери; в Новгороде в 1570 году от голода скончалось больше людей, чем от безжалостного захвата города Иваном IV. Возникали эпидемии, осенью 1570 года чума отмечалась в 28 городах.

К началу XVII века в России сложились катастрофические климатические условия. В 1602 году из-за дождей и летних заморозков цены на рожь взлетели в шесть раз; в 1603-м они выросли в 18 раз по сравнению с 1601-м. Великий голод 1601–1603 годов, усугубленный политическими и социальными волнениями Смутного времени, вызвал огромные потери населения (по некоторым оценкам — 100 тысяч человек). В первой половине столетия некоторые годы отличались более мягкой погодой, но начиная с середины века — во время так называемого Минимума Маундера (1675–1715), когда холода усилились, по всей видимости, из-за уменьшения количества солнечных пятен — опять установился холод. О тенденции к похолоданию свидетельствовало усиливающееся обледенение Северного Ледовитого океана. До середины XVII века по нему можно было плавать, не встречая льдов, далеко за устье Енисея — до Колымы и Берингова пролива. Этот проход покрылся льдом в 1650–1660-е годы. Кроме того, во второй половине столетия 33 года характеризовались такой засухой, что в 1663 году царь лично молился о дожде. Двадцать пять лет из 40 (60 %), составлявших Минимум Маундера, выдались голодными. Всего же в Европейской России на протяжении климатически нестабильного XVII века 48 годов были засушливыми, 25 раз выдавалось слишком дождливое лето и 32 раза — свирепая зима, продолжительный голод наблюдался 64 раза. Таким же неустойчивым оказалось и следующее, XVIII столетие: 18 раз — крайне суровая зима, 39 раз — засуха, 19 годов с сильными дождями и наводнениями. Зимы были суровыми 40 раз, мягкими — 22 раза; 33 раза отмечался небывалый весенний паводок. Голод в тех или иных областях, а иногда — и во всей стране, засвидетельствован для 68 лет, самыми серьезными были вспышки в начале 1730-х годов, в 1760-е, в начале 1770-х и в конце 1780-х.

От всех этих перечислений захватывает дух. Вряд ли можно установить причинно-следственную связь между этими климатическими условиями и конкретными историческими событиями — восстаниями, всплесками преступности, закрепощением крестьян. Но суровый климат, разумеется, означал колоссальные страдания для людей, создавал контекст для социальных волнений и кризисов, подчеркивал выгоды от постоянной экспансии России, нацеленной на более плодородные, богатые ресурсами и/или отличающиеся умеренным климатом области. Государство и землевладельцы могли обращать свои взгляды на юг по торговым соображениям, но и крестьяне охотно устремлялись туда — в поисках лучшей жизни.

БОЛЕЗНИ

Помимо глубинных климатических тенденций, Россию объединяли с Европой и Евразией инфекционные заболевания. Чума, оспа и другие инфекционные заболевания, как правило, не зарождались в России: лишь немногие вирусы способны пережить суровую зиму. Инфекции приходили с запада (проникая через Германию и Польшу в Смоленск, Псков, Новгород) и через черноморские порты. Нередко болезни распространяли солдаты — особенно во время вооруженных конфликтов — и торговцы. Довольно часто вспышки в Европейской России случались через несколько месяцев или лет после эпидемии в другом месте. Так, к примеру, чума распространилась по Западной Европе в 1473 году и сильно ударила по Новгороду (ведшему регулярную торговлю с балтийскими купцами) в 1478-м; европейская эпидемия чумы 1482 года эхом отозвалась во Пскове в 1486–1487 годах. То же самое можно сказать о чуме 1506–1508 годов в Пскове и Новгороде: ей предшествовали вспышки заболевания в Германии, Голландии и Италии (1500–1508). В XVII веке, когда на западных рубежах постоянно велись военные действия, в Европейской России часто случались эпидемии (обычно чумы и оспы): 1521–1522 — Псков, 1521 — Москва, 1527 — Новгород, 1532–1533 — Псков и Новгород, 1552 — Псков, Новгород, Смоленск и русские военные лагеря близ Казани. Чума выкосила население многих городов (Полоцк, Великие Луки, Смоленск, Новгород, Псков) в 1566–1568 и 1570 годах и вернулась в Новгород и Псков в 1592-м.

Современники говорили об инфекционном заболевании, пришедшем в Москву через Польшу и Смоленск в Смутное время (1598–1613) вместе с иностранными захватчиками. После этого до 1650-х годов Москва не знала крупных эпидемий; чуму, обнаружившуюся в Крыму (1636), удалось не допустить в столицу благодаря введению карантина в пограничных городах. Такие же карантинные меры, принятые в районе Вязьмы, помогли остановить распространение «сибирской оспы» в 1643 году. Но на протяжении 1650-х годов в Москве и центральной России свирепствовала чума. Она явилась в Россию летом 1654 года и продолжалась до конца 1657-го, опустошив в это время часть Германии, Голландии, Англии и Испании на западе и Астрахань на востоке. Узнав о ее приближении, царь с семейством и тысячи горожан выехали из Москвы; эпидемия началась там в августе. Те, кто покинул город, устремились в самых разных направлениях и достигли Киева, Нижнего Новгорода и Великого Новгорода, осев в 35 регионах площадью более 30 тысяч квадратных километров. В Москве чума унесла множество жизней — по оценкам К. Г. Васильева, скончались от 300 до 350 тысяч человек. Васильев также считает, что некоторые города (Звенигород, Калуга, Переяславль-Залесский, Переяславль-Рязанский, Суздаль, Тверь, Тула) потеряли до половины населения, их округа также сильно пострадала. Но в последующие десятилетия XVII века благодаря жестким карантинным мерам эпидемии больше не достигали глубинных районов страны.

Нашествия чумы были внезапными и опустошающими, но много людей гибло и от хронических инфекционных заболеваний. К XVII веку оспа стала для Европы обычным явлением — предполагалось, что ею переболел едва ли не каждый. Смертность была высокой, а в колониях европейских стран — зачастую ужасающей. После появления испанцев на островах Карибского моря и в современной Мексике чума выкосила местное население; то же самое произошло после прихода русских в Сибирь. В неясных упоминаниях о заразных болезнях в России до XVII века, возможно, речь идет об оспе; помимо хронической формы, она проявляла себя в виде вирулентных пандемий, которые вспыхивали каждые пять-семь лет и уносили 10–30 % населения. Первые ясные свидетельства об оспе в России относятся к Сибири: с начала XVII столетия по ней проносились эпидемии этого заболевания, вероятно, приходившего из России. В 1630-х годах оспа быстро распространилась среди остяков и самоедов, в 1650-х была замечена по ту сторону Енисея и к концу века уничтожила 80 % якутов и тунгусов. По существующим оценкам, от оспы в XVII веке скончалась половина коренного населения Сибири. Другими опустошительными болезнями, принесенными в эти края, были венерические заболевания, корь, скарлатина и тиф.

Фиксировались также территориально ограниченные вспышки малярии и тифа. Иван IV будто бы перенес тиф в 1558 году; принц Иоганн Шлезвиг-Гольштейнский, жених дочери Бориса Годунова, умер от него в 1602 году. Особенно большие бедствия тиф причинил войску: во время Азовских походов (1690-е годы) от него скончалось больше солдат, чем погибло в бою, и в XVIII веке он по-прежнему оставался бичом русской армии.

НАСЕЛЕНИЕ

Несмотря на эпидемии, в эти десятилетия наблюдался экономический рост. Особенно бурным он был в Европе, к западу от линии Триест — Петербург (включая Скандинавию). В XIV веке были преодолены последствия опустошительной эпидемии бубонной чумы, разразившейся в середине XIII века и унесшей треть населения Европы. Около 1400 года в Западной Европе, по существующим оценкам, проживало 52 миллиона человек, затем происходил непрерывный рост примерно до 1700 года, когда население достигло 85,5 миллиона (14 % от мирового). Но в XVI веке рост замедлился под влиянием многих факторов. Одним из них была низкая рождаемость вследствие принятия европейской модели брака в Англии, Франции, Нидерландах, некоторых частях Германии; она подразумевала позднее вступление в брак и значительный процент неженатых/незамужних. Другим фактором были мальтузианские ограничения: во многих местах жителей стало больше, чем доступных ресурсов. Наконец, третьим фактором послужили внешние обстоятельства — голод и чума в Средиземноморье, Тридцатилетняя война в Центральной Европе. Рождаемость падала, смертность увеличивалась, количество населения оставалось прежним до начала XVIII века — но за этим последовал впечатляющий рост. Между 1750 и 1800 годами население крупнейших европейских стран выросло на 50–100 %, достигнув 122,2 миллиона человек — благодаря внедрению новых продовольственных культур (например, картофеля), более интенсивному ведению сельского хозяйства и усложнению региональной системы распределения продовольствия в некоторых областях.

В империях Евразии население также росло, причем рост этот был в большей мере естественным, нежели в Европе: контрацептивные практики систематически не применялись. Сложнее восстановить демографическую обстановку в России на протяжении раннего Нового времени, так как источников недостаточно. Опираясь на результаты подворной переписи 1678 года, специалисты по демографии считают, что в 1500 году Европейская Россия — та ее часть, которая находилась под властью московских великих князей, — оправилась от чумной катастрофы XIV века, и впоследствии население устойчиво росло. Оценки на 1678 год, принадлежащие Я. Водарскому и Б. Миронову и основанные на итогах подворной переписи, дают цифру от 10,5 до 11,2 миллиона. Статистика XVIII века, базирующаяся на данных относительно подушной подати, более надежна: население выросло с приблизительно 15,6 миллиона в 1719–1724 годах до 23,2 миллиона в 1762-м и 37,4 миллиона в 1796 году. Этому способствовала территориальная экспансия, но наибольший вклад вносил естественный прирост. Как указывается в главе 17, в разных регионах процесс шел неодинаково: в центре России, особенно к северо-западу от Москвы и в белорусских землях, отмечался дефицит земли ввиду перенаселения, а коренное население Сибири увеличивалось медленно из-за эпидемий.

Демографический подъем в России был частью общеевропейского явления. В XVI веке (1520–1580) в землях, составлявших ядро Османской империи (Юго-Восточная Европа, Анатолия), рост населения составил примерно 60 %, а в крупнейших городах — до 83 %. На конец XVI века для обширной территории империи имеются следующие данные: около 7,5 миллиона человек проживало на Балканах и в Анатолии, приблизительно 8,5 миллиона — в Северной Африке, 12 миллионов — на Ближнем Востоке. В XVII столетии население всех стран Средиземноморья сократилось, но в XVIII веке число обитателей Османской империи увеличилось с 25 до 32 миллионов (в 1800 году). По Китаю имеется не так много данных, но есть косвенные указания на рост населения. Так, при династиях Юань и Мин (1279–1644) в Китае насчитывалось от 1127 до 1173 уездов с числом жителей от 50 до 500 тысяч в каждом. Рост прекратился в XVII веке из-за восстаний и смены режима, но следующее столетие выдалось сравнительно спокойным: в 1762 году население составило более 200 миллионов человек и удвоилось к 1834 году.

Применительно к раннему Новому времени, наряду с количеством населения важен и такой показатель, как его плотность. Плотное расселение создавало как возможности для урбанизации и экономической диверсификации, так и предпосылки для голода и мальтузианских ограничений. В эти века бóльшая часть Западной Европы была населена куда плотнее России. Согласно данным П. Маланимы, к 1500 году самой населенной областью Европы была Бельгия — 43 человека на квадратный километр, за ней следовали Италия (30), Нидерланды (29), Франция (28), Британия (23), Германия (20), владения Габсбургов (18). В Польше приходилось в среднем 8,3 человека на квадратный километр, в России — 2,8. Около 1800 года, после демографического бума XVIII столетия, этот показатель достиг в Бельгии 97, в Нидерландах — 63, в Англии — 61, в Италии — 60, во Франции — 53, в Германии — 45, во владениях Габсбургов — 39, в Польше — 18, а в Европейской России — 6,5.

Параллельно с ростом населения в Западной Европе шла урбанизация. В XVI веке число городов, где проживало свыше 40 тысяч человек, почти удвоилось — с 26 до 40, а в некоторых обитало более 150 тысяч жителей (Константинополь, Неаполь, Париж, Лондон, Милан, Антверпен, Палермо). К XVII веку горожане составляли 40 % населения Голландской республики, 25–30 % населения Италии, 20 % населения Франции и Англии. К 1700 году в Европе имелось 43 города с населением более 40 тысяч человек, а количество тех, где проживало более 100 тысяч, достигло 12 (в 1790 году население Вены составляло 270 тысяч человек). Однако преобладали (особенно в Восточной Европе) «малые города» (2–3 тысячи жителей или меньше) — прежде всего там, где аграрное население было закрепощено, а обмен продуктами — ограничен. К примеру, крупнейший город Венгрии, Пресбург (ныне Братислава), насчитывал в начале XVII века всего 29 тысяч жителей. В Богемии, согласно данным

1790 года, из 244 городов лишь Прага и Пильзен перешагнули десятитысячный рубеж. То же самое, как мы увидим дальше, относилось к малым городам России.

Для обширных империй — русской, турецкой, китайской — статистика по плотности населения труднонаходима, к тому же проблема осложняется региональными различиями. Цифры Бориса Миронова для конца XVII и XVIII столетий свидетельствуют о том, как сильно колебалась плотность населения в пределах России. В 1646 году — после установления господства над половиной Сибири, но до существенных приобретений на территории нынешних Украины и Беларуси — общая плотность, согласно Миронову, составляла 0,5 человека на квадратный километр при населении в 7 миллионов. Впоследствии, вслед за новыми приобретениями, плотность медленно увеличивалась (0,8 в 1678 году; 1,1 в 1719-м; 1,6 в 1762-м; 2,3 в 1796-м), но одни регионы были заселены намного плотнее других. В целом для всех территорий, вошедших в состав России между 1646 и 1796 годами (Сибирь, степные области, современные Украина и Беларусь), плотность населения оставалась примерно одинаковой (5–5,4), но разрозненные цифры по Европейской России показывают, насколько более урбанизированными и успешными в плане сельского хозяйства и промышленности были эти области. Там плотность выросла с 1,7 человека на квадратный километр в 1678 году до 3,5 в 1719-м, 5,2 в 1762-м и 7,5 в 1796 году. Миронов обнаружил, что в эту эпоху бурного роста населения рассматриваемый показатель резко увеличился для лесостепного (4,1 в 1678-м, 7,7 в 1719-м, 25,8 в 1856 году) и черноземного (0,3 в 1678-м, 0,4 в 1719-м, 7,1 в 1856 году) регионов. Но сравнение с Европой и Османской империей показывает, как редко была заселена Россия, даже когда плотность достигла максимума.

Что касается Османской империи, там плотность населения была высока в городах и минимальна на Анатолийском плато, в малообитаемых ближневосточных пустынях, причерноморских степях и кавказских горах. Иналджик оценивает плотность населения ее европейских владений в 41 человека на квадратный километр для XVII века; к его концу демографическое давление в центре страны привело к бегству жителей в города, голоду и росту цен на зерно. Одновременно в азиатской части империи этот показатель равнялся всего 20. Если говорить об урбанизации, то в окраинных областях имелись лишь редкие военные форпосты; по всей империи были разбросаны небольшие торговые города, но существовали и динамичные, процветающие метрополии, известные с античных времен: в Египте (Каир), на западе европейской части (Бурса, Стамбул, Белград, Эдирне), в Сирии (Алеппо, Дамаск), в Ираке (Багдад) и на побережье Черного моря. Население Константинополя, переименованного в Стамбул после его захвата османами (1453), быстро увеличивалось, в основном за счет иммиграции. Сюда стекались крестьяне из перенаселенной Анатолии, тогда как султаны стремились вновь сделать город центром торговли, раздавая привилегии торговцам и привлекая ремесленников. Соответственно, число его жителей выросло в XVII веке более чем на 80 %.

Похожая ситуация сложилась в Китае: аллювиальные равнины близ восточного побережья и в дельтах Янцзы и Жемчужной реки были крайне перенаселены и веками подвергались интенсивной сельскохозяйственной эксплуатации. Земли же вдоль северной и северо-восточной границ были заселены слабо. В целом, тенденции так же важны, как числа. В раннее Новое время людям удавалось преодолевать тяготы, связанные с Малым ледниковым периодом, войнами и болезнями. Изобретались политэкономические системы, позволяющие выживать; в России положение облегчалось еще и наличием многочисленных лесов, дававших возможность заниматься сельским хозяйством и охотой. Рост стимулировался и поддерживался, среди прочего, глобальным взаимодействием, в котором участвовали Россия и европейские страны.

ГЛОБАЛЬНОЕ ВЗАИМОДЕЙСТВИЕ

В течение тысячелетий Европа и Азия были связаны за счет так называемой Афро-евразийской зоны, которая простиралась от Китая до Северной Африки и Средиземноморья, вдоль знаменитого Шелкового пути, пролегавшего в широтном направлении. Если точнее, путей было несколько: эти дороги обслуживали различные центры торговли, направление их менялось в зависимости от политической и религиозной обстановки в том или ином регионе. Пути проходили по Китаю и Средней Азии, затем, как правило, шли в Индию и — огибая Каспийское море с юга — в Персию, на Аравийский полуостров, к Черному и Средиземному морям. Историки утверждают, что Шелковые пути позволили создать единую «мировую систему», предназначенную для переправки предметов роскоши и рабов, уже за два тысячелетия до нашей эры. От них отходили меридиональные ответвления, которые обслуживали транзитную торговлю и местные рынки. В той части света, где находилась Россия (иногда ее называют Западной Евразией), к X веку возникли торговые пути по Волге, Каме и Днепру, которые использовались для перевозки даров леса с Балтики и из западной Сибири в Византию, на Ближний Восток, в Китай и Индию.

На протяжении столетий Шелковые пути менялись вслед за степью. В лучшие времена степные империи создавали стабильные условия для торговли, наподобие легендарного «римского мира» — pax Romanorum. «Монгольский мир» существовал примерно в течение столетия на пространстве от причерноморских «понтийских» степей до Китая. Однако нормой были кочевнические конфедерации меньшего размера, господствовавшие над каким-нибудь участком степи. Иногда они объединялись, чтобы обеспечить бесперебойную торговлю, иногда (пример тому — Средняя Азия в XVII веке) начинали кровопролитные войны, из-за которых караванные перевозки нарушались и смещались торговые пути.

В XV веке Москва сделалась важным региональным центром и в последующие столетия играла все более значительную роль на международной арене, став участником и бенефициаром нового глобального миропорядка. Как заявляет Джерри Бентли, глобальная торговая система, существовавшая между 1400 и 1800 годами, была новой и необычной, «глобальной системой раннего Нового времени»: она существовала на территориях от Китая до Европы, от Северной Африки до европейских колоний в Новом Свете. Согласно Бентли, этот глобальный мир был единым на всех уровнях исторических изменений, описанных великим французским историком из школы «Анналов» Фернаном Броделем: на уровне longue durée (большой длительности), где меняются климат и взаимосвязанные торговые пути, старые и новые; на уровне институций, где меняются торговые и религиозные системы, имперские и дипломатические институты; на повседневном уровне, где идет взаимодействие, мирное или конфликтное, через торговлю, путешествия, завоевания, войны.

Обсуждение взглядов Бентли на глобальные связи в раннее Новое время стало частью оживленной дискуссии относительно характера глобализации в эту эпоху. Исследователи спорят о том, когда мир действительно сделался глобальным, и в центре этих дебатов обычно находятся европейские морские империи. Как отмечает М. Романьелло, для некоторых этот момент приходится на 1571 год, когда Испания стала способна отправлять продукцию из Америки (прежде всего серебро) в Европу благодаря подчинению Манилы; другие указывают на появление крупных каравелл — после этого стало возможным осуществлять быстрые и дешевые перевозки куда большего количества товаров. Но есть и те, кто утверждает, что глобальное взаимодействие было налажено куда раньше и опиралось на давно существовавшие региональные торговые пути, сухопутные и морские. И все соглашаются, что даже в раннее Новое время заморские сети перевозок, созданные Испанией, Португалией, Голландией и Англией, по мере построения колониальных империй и глобальных систем транспортировки грузов включали в себя местные сети.

Романьелло, Джон Ричардс и другие напоминают о том, что связности глобальной экономике в XVI–XVIII веках добавляли все более могущественные политические объединения — империи, федерации, зарождающиеся нации. Развитие глобальной экономики шло параллельно с государственным и имперским строительством. Государства раннего Нового времени регулировали торговлю с целью максимально увеличить государственные доходы, защищая промышленность своих стран и облагая пошлинами ввозимые из-за границы товары. Полученные деньги тратились на создание армий, защищавших интересы государства за его пределами или помогавших захватить новые территории ради приобретения производительных ресурсов или торговых факторий. Москва, как мы увидим далее, соответствовала этой модели, характерной для раннего Нового времени: она проводила протекционистскую налоговую политику и энергично осуществляла военные реформы.

Издержки глобальной экономики были высокими, и Россия не могла их избежать. Как уже говорилось, туземные народности становились жертвами эпидемий, когда империи присоединяли их к себе, а производство потребительских товаров и специй, доставлявшихся с азиатских и американских рынков, было основано на рабском труде. В России не меньшие страдания причиняло крепостничество, введенное ради содержания армии. Колониальная экономика и демографический рост приводили к катастрофическим последствиям для окружающей среды. Относительно Российской империи Д. Мун замечает, что крестьяне из числа восточных славян, как правило, уничтожали леса, чтобы расчистить место для поля, добыть строительный материал или дрова. В большинстве центральных областей леса исчезли в XVIII веке, и по мере того как крестьяне славянского происхождения продвигались в степь, они сжигали там траву и распахивали землю, что в XIX веке привело к эрозии почвы.

В XVI–XVIII веках глобальное влияние ведущих европейских стран возрастало, то же происходило и с Россией. Между Европой и евразийскими империями возникло «великое расхождение» (в смысле индустриализации и глобального могущества). Кеннет Померанц утверждает, что оно обнаружилось уже в эти столетия, другие же полагают, что превосходство Европы стало прочным лишь в XIX веке. В раннее Новое время — период, который мы рассматриваем, — имелось несколько крупных игроков, инициировавших динамичные перемены; Россия противостояла европейским державам, Османской империи и Китаю посредством торговли и войн.

Рассмотрим отношения русской империи с ее глобальными соседями, торговыми партнерами и соперниками. Когда Россия в XV веке начала становиться региональной державой, Сибирь была обширным редконаселенным лесом, где проживали многочисленные племена и народы, разделенные необитаемыми областями. Эти территории находились под слабым контролем Сибирского ханства, властители которого причисляли себя к чингизидам. В степи к востоку и югу от России существовали союзы кочевых племен, состав их часто менялся. Многие, как Сибирское ханство, откололись от монгольской орды. Среди них были могущественные ханства с оседлым населением — Крымское, Казанское — и непрочные союзы в причерноморских и прикаспийских степях. Каспийское море и Средняя Азия были дальними целями имперской экспансии; Россия вела торговлю с Востоком через купцов из Волжской Булгарии.

Из непосредственных политических соперников России главным был западный сосед — Великое княжество Литовское. С 1387 года оно состояло в династической унии с Польшей, а в 1569 году образовало с ней конфедерацию — Речь Посполитую. Под ее властью находились земли, ныне входящие в состав Беларуси и Украины, до границы со степью. С точки зрения Москвы, княжество преграждало ей путь к Балтике. С точки зрения Литвы, находившееся на подъеме русское государство было привлекательным объектом для экспансии в восточном направлении. Итогом стали почти постоянные вооруженные столкновения на западных рубежах России в раннее Новое время. Наподобие России и польско-литовского государства, империя Габсбургов имела степную границу и с 1526 по 1699 годы была вынуждена защищать или отвоевывать свои венгерские земли у Османской империи; для России Австрия являлась полезным союзником, который мог атаковать Польшу с другого фланга. Как блестяще заметил Альфред Рибер, все три державы в раннее Новое время соперничали за «евразийское пограничье».

Сильным соперником виделась Османская империя, намного превосходившая Россию по богатству и куда активнее осуществлявшая в то время свою экспансию. Династия Османов воспользовалась ослаблением позиций Византийской империи в Анатолии в конце XIV века и на протяжении XV столетия существенно усилилась, овладев Анатолией, Болгарией и некоторыми территориями на Балканах. До 1453 года господствующее положение на северном побережье Черного моря занимали итальянские торговые колонии — Тана на Азовском море и Кафа в Крыму, — а также крымские торговые порты Перекоп и Очаков. Захват османами Константинополя в 1453 году позволил им начать экспансию в этом направлении, и к 1475 году они уже господствовали на берегах Черного моря; итальянским, еврейским, армянским и прочим немусульманским купцам пришлось покинуть эти места или стать подданными Османской империи. Крым, где правили чингизиды из династии Гиреев, принял вассалитет от Османской империи в 1478 году. В XVI веке османская держава достигла максимального территориального расширения, завоевав Египет, Сирию, другие области Ближнего Востока и совершив новые приобретения на Балканах, включая большую часть Венгрии (1526).

Османская империя — интересный для сопоставления пример империи раннего Нового времени. Она пользовалась теми же стратегиями «политики различий», что и Россия и другие подобные империи: контроль со стороны центра, наднациональная идеология, терпимость к различным религиям и этническим общностям, баланс между принуждением и введением в органы власти. Ее султаны, мусульмане-сунниты, исповедовали патриархальную идеологию, похожую на российскую: абсолютная власть султана умеряется его справедливостью и милосердием. Нацеленность России на экспансию в направлении степи и Черного моря привела к тому, что ее взаимодействие с Османской империей в XVIII веке чаще приобретало форму вооруженного конфликта, чем торговых отношений.

Россия поддерживала торговые связи с другими своими евразийскими соседями — Персией и Индией. К востоку от Османской империи находился Иран, где в 1501–1736 годах правила шиитская династия Сефевидов. После бурных событий XVI века, когда османы-сунниты соперничали с Сефевидами за территории и влияние в исламском мире, при шахе Аббасе (1587–1629) в Персии настало время политического и культурного процветания. В сефевидском Иране — благополучном, обладавшем высокопроизводительной экономикой, расположенном между Дальним Востоком, Ближним Востоком и Европой — имелось несколько динамичных центров торговли. Это был давний торговый партнер России. В XVII веке Иран приходил к политическому упадку, и в начале XVIII века Россия нацелилась на его каспийские порты (но до следующего столетия в целом не добилась успеха).

Восточнее Персии лежала Индия, большей частью которой правила династия Моголов (1526–1858). Преемники Монгольской империи, Моголы вели свое происхождения от мусульманина Бабура, претендовавшего на роль наследника и тимуридов, и чингизидов. Как показал Андре Винк, Моголы, особенно при энергичном Акбаре (1542–1605), приспособили степные обычаи к условиям Индостана, где преобладал оседлый образ жизни. Как отмечает Джон Ричардс, Моголы властвовали над «чрезвычайно продуктивной, богатой и густонаселенной» страной, активно участвовавшей в региональной и международной торговле, экспортировавшей драгоценные камни, пряности, чай, хлопок и шелк. Он полагает, что Индия при Моголах и Европа развивались параллельно: эффективная власть, добившаяся централизации, умелое развитие систем международной торговли, введение новых культур и технологий. На пике своего могущества династия контролировала большую часть Индостана, но к началу XVIII века это ее могущество было подточено междоусобной борьбой, которая открыла дорогу неуклонно усиливавшейся Британии. Для России индийский хлопок был важным предметом ввоза, и индийские купцы занимали прочные позиции в русской торговле благодаря своему подворью в Астрахани.

Самым отдаленным политическим и экономическим партнером России был Китай. В те столетия, когда шло возвышение Москвы, там успешно правили две династии — Мин (1370–1644) и Цин (1644–1917). Несмотря на различия — Мин была собственно китайской династией, при которой территория империи сжалась до домонгольского уровня, Цины были маньчжурами, при которых пределы империи максимально расширились, — между ними существовала преемственность в главном, как указывает Тимоти Брук. При обеих династиях происходило поступательное развитие экономики. С начала XVI века, когда в Южно-Китайском море появились европейские торговцы, Китай активно участвовал в мировой торговле, хотя и не играл ведущей роли в международных морских перевозках. Плотность населения была высокой, численность его непрерывно росла, что вынуждало власти тратиться на социальное обеспечение в условиях почти мальтузианского перенаселения. Государство оставалось централизованным и автократическим, им управляли чиновники, отбираемые по меритократическому принципу. И минские императоры, и маньчжурские ханы претендовали на неограниченную власть, но она, как и в случае московских князей, ограничивалась нехваткой пространства и ресурсов, а также доминирующей в стране культурой «трех учений» — конфуцианства, даосизма и буддизма. Россия получала китайские товары через страны, находившиеся на Шелковом пути, но постоянно стремилась обрести более прямой доступ к ним, начав в XVII веке прокладывать караванные маршруты через Южную Сибирь. Результатом этих усилий стали Нерчинский (1689) и Кяхтинский (1727) договоры, сделавшие возможной прямую торговлю России с Китаем и содержавшие механизмы урегулирования пограничных споров.

В это время проложенные европейцами морские пути перехватили часть транзитной торговли предметами роскоши, но не вытеснили полностью сухопутных дорог, несмотря на утверждения об обратном. М. Россаби и С. Леви показали, что в середине XVI века нестабильность, воцарившаяся в Османской, персидской, индийской и Цинской империях, а также в степях Средней Азии, привела к упадку караванной торговли, но последнюю заменили перевозки по более коротким маршрутам, осуществлявшиеся между Китаем, Индией, Средней Азией, Россией и Европой. Эти дороги пролегали в меридиональном и широтном направлениях севернее Шелкового пути — на юге Сибири и на севере Средней Азии.

Как мы предположили, следствием появления морских путей, связавших европейские страны с торговыми зонами Южной Азии, Юго-Восточной Азии, Малайского архипелага, Китая, стало формирование глобальной мировой экономики с конца XV века. Начало процессу положили португальцы, захватывавшие с конца XV столетия торговые фактории в Персидском заливе, Индийском океане и на Малайском архипелаге. Британцы, французы и голландцы относительно поздно стали участвовать в азиатской торговле, но в XVII веке сделались полноправными игроками (особенно голландцы). В первой половине этого столетия голландцы вытеснили португальцев с большей части островов Малайского архипелага, а британцы повели борьбу с голландцами за контроль над торговлей на архипелаге и в Азии — относительно безуспешную; затем они обосновались в Индии, где занимались прибыльной торговлей тканями и опиумом, что позволило заложить фундамент будущей Британской империи. Франция также участвовала в индийской торговле с начала XVIII века. Дальние морские маршруты, проложенные европейцами, начинались в портах Китая, Малайского архипелага, Индии. Их изменения отражали эволюцию европейских империй: в XVI веке всеевропейским центром торговли колониальными товарами был Лиссабон, в XVII веке его сменил в этой роли Амстердам, который затем, в конце столетия, уступил ее Лондону.

В раннее Новое время Россия боролась с претензиями всех европейских держав — Англии, Голландии, Швеции, Франции — на монополию в торговле, которая велась внутри России и через нее. Для этого она создавала систему торговли восточными товарами, в которой доминировало государство; пути проходили по Сибири и Волге. Развивались и связи с европейскими рынками, опиравшиеся на балтийские и черноморские порты, причем Россия вслед за своими европейскими партнерами вводила протекционистские меры, прежде всего тарифы. В XVIII веке русские приобретали колониальные товары у голландских и английских купцов, прибывавших в порты Балтийского и Белого морей, так же часто, как и у торговцев, пользовавшихся традиционными маршрутами — южными и восточными.

Судя по всему, общение торговцев и местных жителей во всех этих торговых пространствах приводило к обмену идеями, техническими новинками, информацией о достижениях и стилях искусства. Здесь мы лишь кратко коснемся этого плодотворного культурного взаимодействия — подробнее о нем будет сказано ниже. Если говорить о религии, эти столетия ознаменовались появлением неортодоксальных течений, возрождением и триумфом ортодоксии: речь идет о Реформации и Контрреформации в Европе и появлении новых, более энергичных течений в исламе и буддизме. В христианском, исламском и буддистском мирах получили популярность апокалиптические пророчества. Европейские монархи, воспользовавшись религиозным расколом, принялись создавать национальные церкви; османские султаны покровительствовали как суннитам, так и суфиям, чтобы сохранить привлекательность власти для неоднородного по составу населения, и под лозунгом противостояния шиитам-Сефевидам пытались осуществить завоевательную программу. В польско-литовских землях заметные успехи делало протестантство, как, впрочем, и Контрреформация, в результате которой часть украинцев и белорусов стали склоняться к союзу с папством (Брестская уния 1596 года). Все эти бурные перемены коснулись и России. В религиозных сочинениях и религиозном искусстве XVI века преобладали апокалиптические настроения, поддержанию которых способствовали раскольники XVII века. Православная церковь приступила к реформам, которые частично были вдохновлены конфессиональным строительством, осуществленным Украинской православной церковью; эти реформы вызвали недовольство среди традиционалистов и церковный раскол.

Усовершенствование вооружений — артиллерии и стрелкового оружия — стимулировало и сделало возможным более масштабные военные кампании. Торговля оружием, в широком смысле, вызвала приток специалистов и военного снаряжения в Османскую империю и Россию, способствовала прогрессу местной военной промышленности и фортификационного искусства, начиная с XV века. Европа с XVI века развивала книгопечатание и книготорговлю и быстро догоняла Китай, где печатное дело было известно уже много столетий, но Россия и Османская империя приняли это новшество лишь выборочно. Сначала книгопечатание было отвергнуто (белорус Иван Федоров, выпустивший несколько религиозных книг в 1560-х годах, был вынужден уехать из Москвы и увез с собой печатный станок), но в XVII веке церковь и власти стали осторожно пользоваться новой техникой для издания государственных документов и религиозных текстов. Даже когда Петр I дал книгопечатанию зеленый свет, оно продолжало контролироваться государством вплоть до конца XVIII века. Распространение грамотности и средств коммуникации в большей части Европы (Франция, Англия, Германия, северная Италия) способствовало становлению политически значимой публичной сферы. Институты социального взаимодействия (кофейни, пабы, салоны, театры, газеты) в Европе, городах Османской империи, а с конца XVIII века — также в столицах и крупнейших провинциальных городах России порождали пространства для общественных дискуссий, хотя европейские и евразийские правители использовали средства коммуникации — грамотность, газеты, прокламации — в своих целях.

В эти века появляются новые идеологии правления, призванные подкрепить государственное строительство. Некоторые были укоренены в традиции: в Китае, России и Османской империи разнообразные формы коммуникации (письменные тексты, портреты, архитектура, ритуал, одежда) транслировали претензии государства на легитимность в проверенных временем терминах («поставленный Богом» монарх). Другие династии — Моголы в Индии, крымские и прочие ханы, отколовшиеся от монгольской Орды, китайские Цины — в поисках легитимности возводили свое происхождение к таким легендарным фигурам, как Чингисхан и Тимур. В Европе с XVI века заявления о необходимости централизованной монархической власти («хорошо упорядоченное полицейское государство», абсолютизм) обосновывались не только ссылками на богоданность правителя, но и утверждениями о его обязанности служить «общему благу» и умножать это благо — идеи, громко звучавшие и в России

XVIII века. В новой философии правления, ставшей популярной преимущественно в Европе, концепции сильного государства противопоставлялась теория представительного правительства. Но все, кто высказывался на эту тему, соглашались, что для легитимизации власти необходим общественный договор.

Одним из главных направлений развития европейской политической теории в раннее Новое время была разработка комплексных политэкономических концепций, отражавших и поддерживавших укрепление государственной власти. В Европе распространилась меркантилистская идея о важности приобретения производительных ресурсов — земли и населения. Все эти теории, помимо прочих стимулов, в XVI–XVIII веках способствовали территориальной экспансии внутри Европы, имперской экспансии и появлению колониальных владений, как заморских (у Испании, Англии, Франции), так и примыкавших к метрополии (у государства Габсбургов, Османской и Российской империй). Этой же цели служило множество экономических реформ: устранение внутренних таможенных барьеров, протекционистские тарифы, упразднение монополий на торговлю теми или иными товарами, выданных иностранцам, сооружение дорог и каналов, постройка морских судов. Все они проводились в России с XVII века. Для Евразии было характерно строительство империй, но оно имело место и в поствестфальской Европе, где основные игроки были одновременно протонациональными государствами (если рассматривать ситуацию на континенте) и торговыми империями с заморскими колониями (если рассматривать ситуацию в мировом масштабе).

Возвышение русской империи в раннее Новое время происходило на фоне этих бурных перемен. С середины XV и до конца XVIII века московские правители неизменно расширяли подвластную им территорию за счет тех областей, где пролегали торговые пути, имелись ресурсы и плодородные земли. Они совершенствовали свои вооруженные силы, чтобы действовать на обоих направлениях экспансии, степном и европейском, приспособили абсолютистскую идеологию к особенностям российского самодержавия, стимулировали экспортную и транзитную торговлю, осуществлявшуюся при помощи сибирских караванов и через порты Белого, Балтийского и Черного морей, проявляли внимание к новейшим религиозным и культурным течениям. Иными словами, они делали бо́льшую часть того, что полагалось делать правителю государства с глобальными интересами в раннее Новое время.

* * *

О торговле в раннее Новое время: Romaniello M. Trade and the Global Economy // The Oxford Handbook of Early Modern European History, c. 1350–1750, 2 vols. / Ed. by H. Scott. Oxford: Oxford University Press, 2015. Vol 2. P. 307–333; Richards J. Early Modern India and World History // Journal of World History. 1997. № 8. P. 197–209; Richards J. The Unending Frontier: An Environmental History of the Early Modern World. Berkeley: University of California Press, 2003; Bentley J. Early Modern Europe and the Early Modern World // Between the Middle Ages and Modernity: Individual and Community in the Early Modern World / Ed. by J. Bentley and C. Parker. Lanham: Rowman & Littlefield, 2007. P. 13–31. О глобальной взаимосвязи: Fletcher J. Integrative History: Parallels and Interconnections in the Early Modern Period, 1500–1800 // Journal of Turkish Studies. 1985. № 9. P. 37–57; Lieberman V. Beyond Binary Histories: Re-Imagining Eurasia to c. 1830. Ann Arbor: University of Michigan Press, 1999. P. 289–316. О степных империях: Golden P. Central Asia in World History. Oxford and New York: Oxford University Press, 2011.

О «великом расхождении»: Pomeranz K. The Great Divergence: Europe, China, and the Making of the Modern World Econom. Princeton: Princeton University Press, 2000; Rosenthal J.-L., Bin Wong R. Before and Beyond Divergence: The Politics of Economic Change in China and Europe. Cambridge, Mass.: Harvard University Press, 2011.

О Малом ледниковом периоде: Fagan B. The Little Ice Age: How Climate Made History 1300–1850. New York: Basic Books, 2000; Lamb H. Climate, History and the Modern World. London: Routledge, 1995; Richards J. The Unending Frontier. Chap. 2 (особое внимание уделяется Европе и Китаю). О его последствиях для Китая: Brook T. The Troubled Empire: China in the Yuan and Ming Dynasties. Cambridge, Mass., and London: Belknap Press, Harvard University Press, 2010. Chap. 3.

О климате в России: Borisenkov Y. Climatic and Other Natural Extremes in the European Territory of Russia in the Late Maunder Minimum (1675–

1715) // Climatic Trends and Anomalies in Europe 1675–1715 / Ed. by B. Frenzel. Stuttgart, Jena, New York: Gustav Fischer Verlag, 1994. P. 83–94; статьи Чернавской и Борисенкова в кн.: Climate Since A.D. 1500 / Ed. by R. Bradley and Philip D. Jones. London and New York: Routledge, 1995 (p. 73–81, 171–183). Важный труд на русском языке: Борисенков Е., Пасецкий В. Экстремальные природные явления в русских летописях XI–XVII веков. Л.: Гидрометеоиздат, 1983.

Об эпидемиях в раннее Новое время (Европа и Евразия в целом): Crosby A. Ecological Imperialism: The Biological Expansion of Europe, 900–1900. Cambridge: Cambridge University Press, 2004. P. 29–39; McNeill W. Plagues and Peoples. New York: Anchor Books, 1976; Diamond J. Guns, Germs, and Steel: The Fates of Human Societies. New York: W. W. Norton & Company, 1999. Классическая работа на русском языке об эпидемиях в России: Васильев К., Сегал А. История эпидемий в России (Материалы и очерки). М.: Гос. изд-во мед. лит-ры, 1960.

О демографическом росте в Европе: Malanima P. Pre-Modern European Economy: One Thousand Years (10th–19th Centuries). Leiden: Brill, 2009; de Vries J. Population // Handbook of European History, 1400–1600: Late Middle Ages, Renaissance and Reformation. Vol. 1: Structures and Assertions / Ed. by T. Brady, H. Oberman, J. Tracy. Grand Rapids: Wm. B. Eerdmans Publ. Co., 1994. P. 1–50. О Китае: Brook T. The Troubled Empire. Chap. 2. Об Османской империи: Inalcik H., Quataert D. An Economic and Social History of the Ottoman Empire, 1300–1914. Cambridge: Cambridge University Press, 1994. P. 25–41, 646–657.

О демографии и плотности населения в России: McEvedy C., Jones R. Atlas of World Population History. Harmondsworth: Penguin Books, 1978; труд, подтверждающий расчеты Водарского: Миронов Б. Социальная история России периода империи (XVIII — начало XX в.). В 2-х т. СПб.: Дмитрий Буланин, 2003; Mironov B. The Standard of Living and Revolutions in Russia, 1700–1917. London: Routledge, 2012; Malanima P. Pre-Modern European Economy: One Thousand Years (10th–19th Centuries). Leiden: Brill, 2009. Классические труды на русском: Горская Н. Историческая демография России эпохи феодализма. (Итоги и проблемы изучения.) М.: Наука, 1994; Водарский Я. Население России за 400 лет (XVI — начало XX в.). М.: Просвещение, 1973.

Об обезлесении и деградации окружающей среды: Moon D. The Russian Peasantry, 1600–1930: The World the Peasants Made. London: Longman, 1999; Moon D. The Plough That Broke the Steppes: Agriculture and Environment on Russia's Grasslands, 1700–1914. Oxford: Oxford University Press, 2013.

О европейских морских империях: Tracy J. Trade across Eurasia to about 1750 // Bentley J. The Oxford Handbook of World History. Oxford: Oxford University Press, 2011. P. 288–303; The Rise of Merchant Empires: Long-Distance Trade in the Early Modern World, 1350–1750 / Ed. by J. Tracy. Cambridge and New York: Cambridge University Press, 1990; Tracy J. The Political Economy of Merchant Empires: State Power and World Trade, 1350–1750. Cambridge: Cambridge University Press, 1991; Reinhard W. The Seaborne Empires // Handbook of European History, 1400–1600. P. 1–50, 637–664; Roberts J. The New Penguin History of the World. London: Penguin, 2007; van der Wee H. Structural Changes in European Long-Distance Trade, and Particularly in the Re-export Trade from South to North, 1350–1750 // The Rise of Merchant Empires: Long-Distance Trade in the Early Modern World, 1350–1750 / Ed. by J. Tracy. Cambridge and New York: Cambridge University Press, 1990. P. 14–33.

О торговле по Великому шелковому пути и евразийской империи: Christian D. Silk Roads or Steppe Roads? The Silk Roads in World History // Journal of World History. 2000. № 11. P. 1–26; Rossabi M. The «decline» of the Central Asian Caravan Trade // The Rise of Merchant Empires: Long-Distance Trade in the Early Modern World, 1350–1750 / Ed. by J. Tracy. Cambridge and New York: Cambridge University Press, 1990. P. 351-370; Tracy J. Trade across Eurasia to about 1750; Curtin P. Cross-Cultural Trade in World History. Cambridge: Cambridge University Press, 1984; Levi S. India, Russia, and the Eighteenth-Century Transformation of the Central Asian Caravan Trade // India and Central Asia: Commerce & Culture, 1500–1800 / Ed. by S. Levi. Oxford: Oxford University Press, 2007. P. 93–122; Rieber A. The Struggle for the Eurasian Borderlands: From the Rise of Early Modern Empires to the End of the First World War. Cambridge: Cambridge University Press, 2014.

О Моголах: Richards J. Early Modern India and World History // Journal of World History. 1997. № 8. P. 197–209; Richards J. The Unending Frontier: An Environmental History of the Early Modern World. Berkeley: University of California Press, 2003. Chap. 1; Wink A. Postnomadic Empires: From the Mongols to the Mughals // Tributary Empires in Global History / Ed. by P. Bang, C. Bayly. Oxford: Palgrave Macmillan, 2011. P. 120–131; Wink A. Akbar. Oxford: One World, 2009. О Китае: Brook T. The Troubled Empire: China in the Yuan and Ming Dynasties. Cambridge, Mass., and London: Belknap Press, Harvard University Press, 2010. Об Османской империи: Kafadar C. Between Two Worlds: The Construction of the Ottoman State. Berkeley: University of California Press, 1995; Imber C. The Ottoman Empire, 1300–1650: The Structure of Power. Basingstoke: Palgrave, 2002.

Глава 2
Империя де-факто
Возвышение Москвы

В конце XVIII века Россия поразительным образом сделалась одной из главных геополитических сил Европы. Это случилось благодаря сочетанию ряда факторов — географическому расположению, изобилию природных ресурсов и удачным хронологическим совпадениям. Россия смогла обеспечить поставки сырья и дорогостоящей пушнины именно тогда, когда североевропейские города и государства предъявляли на них высокий спрос. Ее правители создали стабильную политическую систему, способную выдержать политические потрясения, сформировать армию и использовать ее для захвата и удержания территорий, развернуть необходимые налоговые и административные структуры. Московское государство начало становиться региональной державой в XIV веке, но его становление как «государства раннего Нового времени», обладающего реформированной армией, бюрократией и центральными органами власти, началось около 1450 года. С тех пор, в течение примерно столетия, московские великие князья и элиты управляли небольшой территорией в центре и на севере современной России, населенной в основном — но не исключительно — крестьянами восточнославянского происхождения. Можно сказать, что даже в те века, когда шло образование государства, Москва уже управляла империей — многонациональной и многоконфессиональной страной, — поскольку подданные великого князя около 1450 года относились к восточнославянским, финно-угорским и тюркским народностям, исповедовавшим православие, ислам и анимизм. В этой главе мы проследим за тем, как Москва на протяжении этих столетий сделалась региональной державой.

НАСЛЕДИЕ МОСКВЫ

Великое княжество Московское было одним из нескольких княжеств, возникших вследствие распада Киевской Руси. Последняя образовалась в IX столетии благодаря международной торговле. Называвшие себя «русами» торговцы, которые впоследствии приняли титул «великих князей киевских», создали ответвление от Великого шелкового пути, протянувшееся с севера на юг. То были отряды викингов различной национальности — представители североевропейских, преимущественно скандинавских народностей, охотно ассимилировавшие кого угодно, в нашем случае — вождей местных племен. (Исторически эти земли, которые включали ядро современной Украины, именовались «Русью»: отсюда произошло соответствующее латинское слово, давшее затем английское Ruthenian.) Целью их было получение от племен, обитавших в лесах на территории нынешних Украины, Беларуси и центральной России, ресурсов, на которые существовал спрос в городах Средиземноморья и Ближнего Востока — мехов, янтаря, но прежде всего рабов. Томас Нунен напоминает нам, что не следует романтизировать этот процесс: «Князья-русы и их дружинники систематически присваивали меха, воск и даже тела покоренных ими подданных, обменивая все это в Константинополе на предметы роскоши, которые не попадали на Русь иными способами. Этот процесс... обычно называют торговлей или коммерцией. На деле же это была лишь разновидность колониальной эксплуатации». Торговцы-русы вместе с союзными славянскими племенами переправляли свою добычу по Днепру в византийские торговые фактории на Крымском полуострове, или по Волге — в перевалочные пункты на Каспии. Взамен они получали серебряные монеты — арабские, византийские и прочие. В наше время периодически находят клады с этими монетами, некогда образовывавшие что-то вроде банковской системы для транзитной торговли.

Первоначально торговцы-русы совершали ежегодное путешествие с Балтийского моря на Черное, возвращаясь через Европу. В X веке одна группа торговцев обосновалась в Киеве, на Днепре, стремясь заполучить контроль над разбросанными среди восточноевропейских лесов торговыми факториями, которые посещали русы — в первую очередь такими, как Новгород (в глубине материка, но с удобным выходом к Балтике), Смоленск (в верховьях Днепра), Ростов (в верховьях Волги) и т. д. Претендуя на суверенную власть, они создали типичную средневековую монархию, кое-как сохранявшую единство благодаря родственным связям между потомками первого вождя (историки называют их Рюриковичами, по имени полулегендарного основателя династии, жившего в IX веке). Члены династии установили иерархию княжеских престолов, на верхних ступенях которых располагались Новгород и Киев — в последнем сидел великий князь. В XI веке представителям семейства удавалось на протяжении нескольких поколений поддерживать так называемый лествичный порядок наследования, при котором князья переезжали из города в город. Система рухнула, когда княжеский род разросся и различные его ветви обособились внутри отдельных княжеств, сохраняя, однако, лояльность по отношению к Киеву.

Киевские великие князья правили лесными областями к северу от линии, разделяющей лес и степь. Эти области были колонизированы крестьянами славянского происхождения: восточные славяне пришли в них с юга и запада, западные — с побережья Балтийского моря. Славянский язык, принадлежавший к индоевропейской семье, распался на три подгруппы по мере того, как славяне двигались из первоначальной области расселения на территории современной Украины (по иронии судьбы, она располагалась возле нынешнего Чернобыля). Западные славяне устремились на запад и северо-запад, разделившись на чехов, поляков и другие народы; южные славяне направились на Балканы, где образовались сербы, хорваты и прочие народности; восточные славяне; восточнославянская общность распалась на украинцев, белорусов и русских. Некоторые славяне, жившие в Новгородской земле, принадлежали к числу западных славян, что видно по новгородским диалектам русского языка. Стекавшиеся с разных сторон в северные леса крестьяне славянского происхождения оказывались в районах, издавна заселенных угро-финскими народностями, которые жили за счет леса, занимаясь охотой, рыболовством, собирательством и бортничеством. Славяне же не только эксплуатировали лесные ресурсы, но и практиковали сельское хозяйство: таким образом, они разрушали среду обитания угро-финнов, расчищая леса под пашни. Со временем они вытеснили или ассимилировали столько угро-финских племен, обитавших в лесной зоне, ныне называемой Европейской Россией (до Урала), что о былом присутствии последних стали напоминать только географические названия — например, «Москва». Отдельные народности, тем не менее, продолжили существовать на границе расселения восточных славян: это современные эстонцы, финны, карелы, коми, удмурты, марийцы, мордва, ханты и манси. Кроме того, на севере западные славяне были вынуждены уступить место восточным.

Аналогично с IX по XI век торговцы-русы, выходцы из Скандинавии, были ассимилированы элитой восточнославянских племен — процесс, который прослеживается по документам. В договоре 907 года названы имена тех, кто сопровождал русского князя Олега: Карл, Фарлоф, Велмуд, Рулав и Стемид. А сыновья великого князя Владимира, правившего с 980 по 1015 год, уже носили славянские имена: Святополк, Изяслав, Ярослав, Мстислав, Борис, Глеб, Станислав, Судислав. Когда русы сделались постоянными правителями, экспроприация сменилась налогообложением, а поездки с целью сбора дани — контролем над земельной собственностью. Великие князья на Руси раздавали своим приближенным земли с проживавшим на них населением, положив тем самым начало многовековому процессу складывания землевладельческой элиты, которую обслуживали зависимые, но пока еще (в домосковский период) не закрепощенные крестьяне: с них требовали оброк и барщину, как и во всех традиционных аграрных экономиках Европы.

Киевская Русь была не более сплоченной, чем другие средневековые монархии (например, империя Карла Великого), распавшиеся через несколько сотен лет под влиянием множества факторов, включая увеличение числа членов династии. В случае Руси свою роль сыграло и изменение торговых путей вследствие упадка Византии, завершившееся к 1100 году. Киевские великие князья больше не могли сохранять контроль над боковыми ветвями династии. Развивались центры княжеств — Смоленск, Полоцк, Чернигов, Владимир-Волынский, Ростов, Владимир, Тверь, Суздаль, Москва. Такие центры, как Новгород (см. рис. 2.1) и Псков, так обогатились за счет балтийской торговли, что население этих городов освободилось из-под власти князей: в XII веке они стали самоуправляющимися республиками. Представители боковой ветви, которые управляли землями в междуречье Волги и Оки, вдоль быстро развивавшегося волжского торгового пути (Владимирская или Владимиро-Суздальская земля), приняли титул великих князей владимирских. В 1253 году честолюбивые галицко-волынские князья, чьи владения располагались на торговых путях в Венгрию, Польшу и Западную Европу, получили от папы королевский титул. Но титул великого князя киевского по-прежнему сохранял привлекательность, и местные князья, нередко вступавшие в союз с кочевниками, боролись друг с другом за него, а не за физическое обладание Киевом. Так, Андрей Боголюбский, великий князь владимирский, взяв Киев в 1169 году, разорил город. Земли бывшей Киевской Руси утратили даже ту минимальную военно-политическую сплоченность, которой обладало это государство прежде, так что монголы во время походов 1223 года и 1237–1240 годов заняли их без труда.

Новгороду удалось не попасть под власть монголов, но большинство восточнославянских княжеств оказались в подчинении у западной части монгольской империи, которую обычно называют Золотой Ордой (правильнее было бы говорить «Кипчакское ханство»). В русских источниках мы встречаем одно лишь слово «Орда». Столица ее, Сарай, располагалась неподалеку от устья Волги. Орда выкачивала из русских земель ресурсы в виде дани, рабов и ремесленников. На протяжении XI и XII веков в этих

Рис. 2.1. Новгородский Софийский собор, построенный в 1045–1050-х годах греческими мастерами, отражает статус города как второй княжеской резиденции Киевской Руси и крупного балтийского торгового порта; в XI веке Новгород отказался от княжеского контроля и стал республикой. Фото Джека Коллманна

краях строились прекрасные каменные соборы (в Киеве, Новгороде, Владимире, Боголюбове, Юрьеве-Польском), но затем на территориях, подвластных монголам, каменное строительство прекратилось как минимум на столетие. Князья Суздаля, Рязани, Нижнего Новгорода, Твери и Москвы соперничали между собой за милости Орды, предоставлявшей весьма выгодные права: сбор дани, возможность обращаться к монголам за военной помощью, титул великого князя владимирского. Одним из первых региональных лидеров стала Тверь, символом успехов которой стал каменный собор (1285). Чтобы не допустить дальнейшего подъема Твери, Орда в начале XIV века поставила Москву в привилегированное положение, доверив ей сбор дани (следствием этого стала замена деревянного Успенского собора в Кремле на каменный в 1320-х годах).

Покровительство со стороны монголов было одним из четырех факторов, которые, согласно знаменитому историку В. О. Ключевскому, способствовали становлению Москвы как региональной державы. Перечислим остальные три: переезд митрополита Киевского в Москву (1320-е годы); постоянный переход власти к одному наследнику, при том что владения соперников дробились; и, наконец, выгодное географическое положение. Реки, на которых стоял город (Москва, Яуза, Неглинная), позволяли легко добраться до Каспия по Волге, до Новгорода по верхней Волге и малым рекам, кое-где пользуясь волоками, и до Черного моря по Дону. Тверь тоже отличалась хорошим расположением, но не имела удобного выхода к Дону.

Кипчакское ханство со столицей в Сарае прочно контролировало нынешнюю центральную Россию с середины XIII до конца XIV века. Многие позднейшие историки считали этот период определяющим для хода русской истории и даже для формирования русского национального характера. Монгольское «иго», согласно их представлениям, привело к прекращению оживленных отношений между центрально-русскими княжествами и Западной Европой, характерных для киевского периода (киевские принцессы выходили замуж за европейских королей, активно велась торговля). Монголы будто бы несли ответственность и за установление централизованного самодержавного режима; некоторые утверждали, что присущие им «азиатские» обычаи сделали русских грубыми варварами (по сравнению с европейцами). Эти стандартные упрощения не выдерживают критики.

Монголы были кочевниками, говорившими на языках тюркской семьи, и неизменно обитали в степи (в лесах центральной России не обнаружено татарских захоронений). За исключением нескольких первых поколений, монгольские сборщики дани и чиновники почти не попадали на север; Сарай правил через посредство русских князей. Таким образом, представители восточнославянских и финно-угорских народностей редко вступали в контакт с монголами (если их, к несчастью, не угоняли в рабство). Все они были земледельцами и христианами или анимистами, монголы же — кочевниками-мусульманами. Славяне и финно-угры не говорили на монгольских и тюркских языках, которыми пользовались монголы и их степные сателлиты. Как следствие, между теми и другими заключалось мало браков и почти не происходило культурного взаимодействия: это касалось и низов, и элиты. В той мере, в какой историки способны оценить «влияние» монголов, оно оказывается вполне ожидаемым — все сводилось к контактам князей с Ордой. Проникновение тюркских слов в русский язык в течение этих столетий связано почти исключительно с общением между правителями: заимствовались термины военного, финансового и бюрократического порядка. К примеру, тюркские корни имеют русское слово «деньги», ряд терминов для обозначения оружия (саадак, сабля, тюфяк[1]) и командных должностей (атаман, есаул), множество слов, относящихся к конному делу. Представители русских княжеских родов и элиты, вынужденные часто ездить в Сарай на поклонение и оставлять там сыновей, несомненно, заимствовали монгольские практики и концепции в области государственного управления и, в свою очередь, делились с монголами убедительными идеями относительно политической власти и саморепрезентации, порожденными внутри православия.

ВОЗВЫШЕНИЕ МОСКВЫ В УСЛОВИЯХ РЕГИОНАЛЬНОГО ВАКУУМА ВЛАСТИ

Политическая сплоченность Кипчакского каганата стала ослабевать в 1360-е годы, когда началась внутренняя борьба, приведшая в середине XV века к его распаду на несколько враждовавших между собой каганатов. Этот долгий процесс создал вакуум власти, и началась ожесточенная борьба за лидерство в регионе. В то время активно развивалась торговля на Балтийском и Черном морях (междоусобицы в Орде уменьшили значение Волги). Сухопутные торговые пути на территории современных Беларуси и Украины, проходившие через центры княжеств — Великие

[1] Здесь имеется в виду тип огнестрельного оружия. — *Примеч. пер.*

Луки, Торопец, Смоленск, Вильно, Витебск и Полоцк — играли ведущую роль в отношениях Востока с Западом. Города, стоявшие на путях, которые вели к Черному морю, также становились центрами торговли: Чернигов (на Десне), Смоленск, Переяславль, Киев (все на Днепре). В конце XIV века черноморская торговля оживилась благодаря генуэзским колониям (Судак, Кафа), связанным караванными дорогами с восточнославянскими землями. В междуречье Волги и Оки стали прокладываться пути на юг: через Коломну и Рязань (города на Оке) к Десне, Днепру, Дону и Волге.

В середине XIV столетия Москва располагала крупнейшими военными силами в центральном русском регионе, но имела грозного соперника в лице Литвы, где правила династия Гедиминовичей (основатель, князь Гедимин, скончался в 1341 году). Воспользовавшись слабостью Орды, Литва принялась энергично захватывать территории нынешних белорусских и украинских земель. В 1360-х годах ее экспансия остановилась с занятием степных земель недалеко от Киева. Литовцы, говорившие на одном из языков балтийской группы (индоевропейская семья) и остававшиеся язычниками, подпали под власть христианских восточнославянских княжеств, которые вели свое происхождения от Киевской Руси. На Балтике Великое княжество Литовское столкнулось с Ливонским орденом, активно проводившим политику захватов. Гедиминовичи обратились за помощью к Польскому королевству и в 1387 году заключили с ним союз. Литовская элита стала обращаться в католичество, но они не пытались навязать новую религию украинцам и белорусам — как знати, так и крестьянам. С течением времени литовская знать все больше пропитывалась польской культурой, заимствовав, в частности, польские дворянские и городские учреждения. Династический союз привел к образованию полноценной федерации — Речи Посполитой (1569). Польские земли и земли Великого княжества Литовского ощущали на себе влияние европейских культурных тенденций, последовательно сменявших друг друга (Ренессанс, Реформация, Контрреформация, Просвещение). В свою очередь, исповедовавшая православие образованная элита Великого княжества, начиная с конца XVII века и на протяжении всего XVIII столетия, немало способствовала проникновению европейских идей в Россию.

В середине XV века, пока Москва была занята упрочением своего господства над соседними княжествами, произошел распад Орды, который изменил обстановку в низовьях Волги и на пространстве степи. Образовавшиеся в результате государства — Казанское ханство (1445), Астраханское ханство (1460-е годы) и другие — установили контроль над старыми центрами торговли. Правители их считали себя наследниками харизматического Чингисхана. Хан Гирей, из числа чингизидов, к 1443 году распространил свою власть на Крым и прилегавшие к нему причерноморские степи. Казанское и Астраханское ханства получали стабильный доход от торговли мехами и восточными товарами, перевозившимися, соответственно, вниз и вверх по течению Волги. Крымские же татары практиковали традиционные занятия степняков — набеги и сухопутную торговлю, играя первостепенную роль в работорговле, которая активно велась в этом регионе. Крымские торговцы везли рабов с Кавказа в свои торговые фактории, а каждый набег на восточнославянские земли доставлял им тысячи невольников. Дальше на восток располагалась Ногайская Орда, которая в начале XVI века простиралась от Азовского моря до Аральского, контролируя степи по обоим берегам Волги. Ее отношения с Москвой точно так же сводились к набегам и торговле; ногайцы ежегодно пригоняли в Московское государство тысячи лошадей на продажу. Южнее находилась Великая Орда, образовавшаяся после окончательного разорения Сарая Тимуром (Тамерланом) в первые годы XV столетия. Ее обитатели, как и ногайцы, совершали набеги и занимались торговлей, по мере того как Россия на протяжении XVII и XVIII веков продвигалась вглубь степи; однако Великой Орде, в отличие от трех остальных ханств, не удалось создать постоянной политической структуры. Как мы увидим, ее правители позднее стали переходить на службу к российским государям. Но в XV–XVIII веках все они так или иначе извлекали выгоду из транзитной торговли по Волге, Дону и Днепру — или препятствовали этой торговле. В Западной Сибири возникло Сибирское ханство — не такое могущественное, как Казанское или Крымское, — правители которого также возводили свой род к Чингисхану.

Московские князья, как и их соперники Гедиминовичи, присоединяли новые территории в условиях существовавшего в XIV и XV веках вакуума власти, преследуя определенные политические и экономические цели. Новгород, располагавшийся к северо-западу от Москвы, являлся для них препятствием и желанной добычей (рис. 2.2.). Основанный в IX веке, он был вторым по важности городом Киевской Руси. Новгородская торговая элита уже к середине XII века освободилась из-под влияния русских князей и установила городскую республику; основой государственного устройства были собрания граждан на местном и общегородском уровне. С течением времени представители элиты взяли в свои руки все выборные должности, так что многие считали Новгород олигархией, а не республикой. Город процветал благодаря торговле мехами, особенно в XIV веке, став членом немецкого Ганзейского союза, куда входили торговые порты. Новгородское государство постоянно расширялось на восток, в конце концов достигнув Урала. Ближайшие окрестности Новгорода служили для него источником продовольствия. В основном же он играл роль поставщика беличьих мехов на европейский рынок.

В конце XIV века Москва начала посягать на торговлю мехами, которую вел Новгород. Московское княжество на северо-востоке граничило с территориями угро-финских племен, плативших дань Новгороду или Сараю. В 1328 году Москва овладела Устюгом, важным городом, стоявшим на Северной Двине (Сухоне), по которой пролегал торговый путь. Позднее, в том же XIV столетии, она расширила свои владения от Устюга на восток, вплоть до рек Вымь и Вычегда в землях, населенных коми-пермяками. Деятельность миссионеров во главе со Стефаном Пермским, позднее канонизированным, привела к основанию там в 1380-е годы епископской кафедры: с этого момента власть Москвы над пермскими племенами в бассейне Вычегды стала принимать реальные очертания. По мере ослабления Сарая московские купцы и по-

Рис. 2.2. Церковь Спаса Преображения на Ильине в Новгороде (1374) — превосходный по стилю однокупольный храм, в который делали пожертвования богатые торговцы со всего города. В нем сохранились остатки фресок Феофана Грека, выполненные в соответствии с учением исихазма. Фото Джека Коллманна

сланники начали требовать дань в виде мехов и даров леса; эти товары отсылались вниз по Волге, где обменивались на соль, шелк, пряности, драгоценности и серебро. Но Москве, как и прежде, не удавалось заполучить прямой выход к Балтике.

В первой половине XV века и Москва, и Великое княжество Литовское стали жертвами внутренних распрей, связанных с престолонаследием, к середине же столетия положение в обоих государствах стабилизировалось. Литва занимала огромную территорию, и ее могущество росло по мере укрепления союза с Польшей. Московское княжество было сравнительно небольшим по площади, но прочным изнутри: власть князя укрепилась в ходе династической войны (1430–1440-е годы), в которой столкнулись сторонники престолонаследия по прямой и боковой линиям. Именно наследование по боковой линии традиционно практиковалось в русских землях. В Московском княжестве власть де-факто передавалась по прямой линии из-за превратностей рождения и эпидемий, но династическая война позволила закрепить эту практику, обеспечивавшую устойчивость центральной власти. Наследование по боковой линии привело бы к постоянной ротации элит — братья боролись бы между собой за титул великого князя. При передаче же власти от отца к сыну те семейства, которые входили в элиту, процветали на протяжении многих поколений. К середине XV века Москва обратила свой взгляд на оставшихся соперников из числа восточнославянских государств (в основном на Тверь и Новгород), по-прежнему стремясь добиться преимуществ в торговле на Балтике и Волге.

ЭКСПАНСИЯ МОСКВЫ С СЕРЕДИНЫ XV ВЕКА ПО 1580-Е ГОДЫ: НА ЗАПАД, К БАЛТИКЕ

В середине XV века энергичные московские князья (историки называют представителей этой династии Даниловичами, по имени ее основателя князя Даниила Александровича, скончавшегося в 1303 году), как и анатолийские Османы, добились господствующего положения, представляя собой группу вооруженных людей в поисках богатства и власти, и в середине XV века они стали претендовать на суверенный статус. В случае Османов основанием для имперских претензий стал захват Константинополя в 1453 году: они выставляли себя «новыми Константинами» и одновременно — правоверными защитниками ислама. У Даниловичей таким основанием была победа в династической войне, а кроме нее — сразу несколько различных по характеру событий. Одним из них стал отказ русских православных иерархов от унии с Ватиканом (договоренность, достигнутая на Ферраро-Флорентийском соборе 1438–1445 годов), другим — объявление независимости русской церкви от Константинополя (провозглашение автокефалии), сделавшее московских князей вождями мирового православия. Помимо этого, великий князь Иван III добился намного большей, чем раньше, известности за границей благодаря браку с Софьей Палеолог, племянницей последнего византийского императора, заключенному при посредничестве Святого Престола.

Карта 2. Европейская Россия около 1750 года. С карты, приведенной в книге: Chew A. An Atlas of Russian History: Eleven Centuries of Changing Borders, rev. edn. New Haven: Yale University Press, 1970. Maps 13, 15, 19. Печатается с разрешения Oxford University Press

Историки часто характеризуют экспансию Москвы за счет соседних восточнославянских княжеств не как строительство империи, а как невинное «собирание земель», отсчитывая начало создания «империи» с завоевания территорий, населенных неславянскими и неправославными народностями — Казанского и Астраханского ханств в 1550-е годы (карта 2). В этом они следуют русской националистической историографии, основывающейся на утверждениях, восходящих к XVI веку: московские великие князья будто бы возвращали свое династическое «наследство», и не более того. Эта хитроумная интерпретация требует принять как данность прямую преемственность между Киевской Русью и Москвой — в отношении как династии, так и суверенитета. При этом игнорируется тот факт, что элиты, княжеские династии, религия, культура и основы национальной мифологии, появившиеся в Киевской Руси, были унаследованы не только народами, позднее вошедшими в число русских, но также будущими украинцами и белорусами. Россия как политическое образование возникла с возвышением Москвы, и приобретение населенных восточными славянами территорий, продолжавшееся с XIV по XVI век, было не «собиранием», а завоеванием и территориальной экспансией.

Во второй половине XV века Василий II (1425–1462) и его сын Иван III (1462–1505) упорно и очень успешно улучшали позиции России на международных торговых путях, связывавших Балтику с Волгой. Там располагались княжества, образовавшиеся после распада Киевской Руси и долгое время являвшиеся небольшими региональными центрами. В некоторых (Рязань, Тверь, Ростов) была епископская кафедра и имелись богатые многовековые традиции летописания, позволявшие сохранять собственную историческую память; князья этих городов обладали суверенной властью и содержали небольшое конное войско. Для их покорения Москва применяла множество стратегий, в том числе заключение браков, подкуп, запугивание и, наконец, прямой захват. Это касалось Рязани (подчинена в 1456–1521 годах), Ярославля (1463), Ростова (1463, 1474) и особенно Твери (1485).

Вплотную интересуясь Балтикой, Москва все время противостояла Новгороду, который, в свою очередь, искал поддержки у Литвы. В 1453 году, желая покарать Новгород за его участие в антимосковском союзе во время династической войны, она заняла Белоозеро, важнейший торговый центр новгородцев, располагавшийся прямо к северу от Москвы. Так как Новгород оставался союзником Литвы, Москва в 1471 году подчинила его себе — не став, однако, завоевывать в непосредственном смысле слова — и установила контроль над новгородскими торговыми факториями: Вологдой (на северном торговом пути, который вел к Белоозеру) и Волоком Ламским (к западу от Москвы). В 1581 году Новгород вновь вступил в конфликт с Москвой. На этот раз он был захвачен вместе со всей прилегающей территорией; республиканские учреждения перестали существовать, власть перешла к назначаемому из Москвы воеводе. Для успокоения завоеванных областей победители прибегли к принудительному перемещению населения: сотни представителей знати, купцов, мелких землевладельцев были переселены в центр Московского государства, а бо́льшая часть земель новгородской элиты и значительная часть владений архиепископа и крупнейших монастырей подверглась конфискации. Используя новообразованный земельный фонд, московский князь перемещал на присоединенные территории своих слуг из центра и набирал местных жителей в дворянское конное войско; земли раздавались на правах условного держания (поместье).

Присоединение Новгорода с его владениями дало Москве плацдарм на Балтике, которую окружали динамично развивавшиеся страны. В это время североевропейская торговля претерпевала важнейшие изменения. Ганзейский союз в XV веке ослабевал по мере возвышения более сильных государств: Польско-Литовского, Нидерландов, Англии, Швеции. Торговля переместилась из Новгорода и близлежащего Пскова в порты Ливонии: Ревель (Таллинн), Дерпт (Тарту), Ругодив (Нарву) и Ригу. Иван III попытался извлечь свою долю выгоды из ливонской торговли, основав Ивангород (1492) неподалеку от Финского залива, напротив Нарвы, и закрыв ганзейскую контору в Новгороде (1494; контора не существовала затем в течение 20 лет) с изгнанием немецких торговцев, проживавших там в определенное время года. Ивангород так и не стал процветающим торговым центром, торговля вместе с купцами переместилась из Новгорода в шведский порт Выборг на Финском заливе и в ливонские города. Новгородская торговля оживилась лишь в следующем столетии; из этого города экспортировали такие товары, как лен, воск, пенька, сало, шкуры, мед и кожа.

Покорение Новгорода не принесло Москве богатства в виде мехов. Новгородский рынок мехов обрушился в XV столетии; причинами стали политическая нестабильность, упадок Ганзы, конец моды на беличий мех в Европе — между тем белка была единственным пушным животным, водившимся в новгородских лесах. Спрос же на дорогие меха как в Европе, так и в Османской империи (где драгоценные русские меха являлись частью регалий и знаков достоинства высших сановников) оставался высоким. Поэтому московские купцы устремились на север, к Белому морю, в земли, населенные финнами, карелами, шведами и лапландцами, но подлинно роскошные меха можно было добыть только за Уралом. Москве пришлось иметь дело с Сибирским и особенно Казанским ханством.

Казань была крупным центром волжской меховой торговли по меньшей мере с IX века, когда волжские булгары контролировали город и его богатые мехами владения в пермских и уральских землях к северу и западу от Казани. Во второй половине XV века Казанское ханство прочно удерживало этот старинный торговый город. Купцы из Османской империи, Персии и Средней Азии, с северного Кавказа и с просторов степи продавали здесь шелк, пряности, соль, скот, рис, орехи и масло, получая взамен европейскую шерсть, русский лен, кожаные изделия, шкуры, оружие, соль и предметы роскоши. Расположенная у слияния Волги и Камы, Казань контролировала доступ к уральским перевалам, через которые проходили пути к Тавде, Туре и Тоболу — по этим рекам попадали в богатую мехами Сибирь. Казанскому ханству платило дань Сибирское ханство, располагавшееся на западе Сибири. С 1380-х годов Москва расширяла свой контроль над пермскими, коми, вогульскими и югорскими племенами, проживавшими восточнее Уральских гор, и здесь столкнулась с Казанью;

процесс был долгим и кровавым, местные жители оказывали сильное сопротивление. В 1460–1480-е годы Москва покорила большинство пермских народностей, взяв в 1489 году ключевой город Хлынов (Вятку). В конце XV века народы, заселявшие Вычегодскую Пермь и Великую Пермь, вогульские и югорские племена, жившие далеко на северо-востоке, в низовьях Оби, и некоторые самоедские народности, обитавшие на Белом море, возле Печоры и служившие для Казани источником мехов, стали отдавать первоклассные меха в качестве дани уже Москве. Россия отныне господствовала не только над восточнославянскими крестьянами в центральных русских регионах, но и над обширными землями в глубине континента — лесистыми, населенными в основном угро-финскими народностями.

Поскольку Казань контролировала среднее и нижнее течение Волги, Москва стремилась отыскать сухопутные дороги, которые могли бы послужить для вывоза шкур соболей, чернобурых лисиц, горностаев. В течение важного, но очень короткого периода она имела точки соприкосновения с Крымским ханством, соперником казанцев, и заключила с ним союз (1480). Опираясь на поддержку Крыма, Москва напала на Литву и Большую Орду; кульминацией конфликта стало так называемое «стояние на Угре» в 1480 году, которое монахи-летописцы, впадая в анахронизм, позднее назвали «освобождением» от татарского господства (на самом деле последнее закончилось за несколько десятилетий до того). Намереваясь распространить свою власть на причерноморские степи, крымцы уничтожили Большую Орду (1502). Москва и Крым дестабилизировали положение в Казани посредством династических интриг: в 1487 году Менгли-Гирей женился на Нур-Султан, вдове казанского хана и матери Мехмеда Амина, которого вскоре сверг Иван III. После этого между Москвой, Казанью и Крымом на два десятилетия воцарился мир.

Московско-крымский союз распался в промежутке между 1505 и 1512 годами: Гиреи перешли на сторону Литвы, и затем более 100 лет угоняли в рабство жителей Московского государства и совершали набеги на его территорию. Москва продолжала вмешиваться в казанские престолонаследные дела, создав марионеточное татарское княжество со столицей в Касимове (конец XV века), чтобы подготовить боковую ветвь ханского рода к захвату трона. В 1520-е годы сложилось некое равновесие: Сафа-Гирей стал казанским ханом и царствовал, соблюдая интересы как Крыма, так и Москвы. Это равновесие существовало вплоть до его смерти в 1549 году.

С конца XV века Москва планомерно продвигалась на запад за счет Великого княжества Литовского, чему способствовали частые переходы на ее сторону православных государей, правивших в окраинных княжествах. Московские приобретения в верховьях Оки подтвердил мирный договор, заключенный около 1492 года и скрепленный браком дочери Ивана III с великим князем литовским Александром (1495). В 1500 году вновь разразилась война, к 1503 году Москва заняла Торопец и другие города в верховьях Оки — Стародуб, Брянск, Новгород-Северский, Чернигов (дававший Москве выход к Десне, крупнейшему притоку Днепра). Начались непрерывные московско-литовские войны, длившиеся почти столетие.

Успехи последовали быстро. В 1510 году Москва покорила Псков — городскую республику, — а в 1514 году Смоленск, что обеспечило ей контроль над несколькими торговыми путями, пролегавшими по суше: от Пскова к Нарве и другим городам Ливонии на побережье Балтики и Финского залива (современные Эстония и Латвия); через Торопец и Великие Луки к Полоцку и далее к Западной Двине и Вильно на территории Литвы; через Вязьму и Смоленск в Литву. В середине века у России появился удобный случай заполучить выход к Балтике. Последним небольшим государством на ее берегах был Ливонский орден, который окружали крупные, амбициозные державы — Швеция, Польша/Литва, Великое княжество Московское. Ордену принадлежали восточнобалтийские порты, где велась наиболее активная торговля — Нарва, Ревель, Рига; кроме того, Ливония располагала плодородными угодьями и вывозила пеньку, лен, зерно и другие товары. В 1557 году орден, в 1520-е годы сменивший вероисповедание на лютеранское, сделался вассалом Польши, причем часть Ливонии (Курляндия и Семигалия) становилась полунезависимым княжеством, а часть — литовской провинцией. На протяжении следующих двух десятилетий в регионе бушевала война, в ходе которой Польша и Литва образовали Речь Посполитую (1569). Сперва Россия заняла Дерпт, Нарву (1558) и Полоцк (1563), но после этого начались трудности. Крымские татары — теперь союзники Литвы — все время совершали набеги на южные границы, в то время как внутренне Россия была ослаблена из-за опричнины, введенной Иваном IV (1564–1572). Когда страсти поутихли, выяснилось, что главный проигравший — это Россия: ей пришлось уступить Швеции Эстляндию (включая Нарву и Дерпт) и побережье Финского залива по Плюсскому договору 1583 года, Ливонию и Полоцк — Речи Посполитой по Ям-Запольскому договору 1582 года. Опустошения, причиненные польско-литовским и шведским вторжением, были огромными и вызвали массовое бегство крестьян.

На фоне успехов и неудач в Прибалтике Россия неожиданно получила альтернативный торговый путь в Европу после случайного прибытия английских торговцев (1553). Белое море было уже отчасти знакомо европейским купцам; голландцы вели торговлю через Кольский полуостров с начала XVI века. Ричард Ченслор искал торговый путь в Индию, и его корабль причалил к беломорскому побережью (два других судна сели на мель). Ченслор прибыл в удачный момент — Московия стремилась устанавливать связи с Европой. Его хорошо приняли в Москве, разрешив завести склады для товаров в Холмогорах, Вологде и даже Москве. В 1557 году англичане уже покупали в Холмогорах канаты — самый желанный для них предмет вывоза, — а также сало, пеньку и воск, крайне необходимые для растущего британского флота. Англичане обладали фактической монополией на северную торговлю до 1581 года, когда Россия потеряла Нарву и больше не могла сохранять ограничения для европейских купцов. Голландцам позволили приставать к беломорскому побережью, и к концу столетия они превзошли британцев по объему торговли. В 1584 году был основан Архангельск, стоявший непосредственно в устье Северной Двины (Холмогоры находились в 75 километрах от моря, вверх по течению реки). Навигация была возможной лишь в пределах короткого летнего периода. К концу XVI века Россия и ее европейские партнеры сделали Архангельск самым быстрорастущим российским портом.

В течение столетия, с 1450 по 1550 год, Великое княжество Московское показывало себя могущественной державой, укреплявшей контроль над основными ресурсами и торговыми портами в таких важнейших регионах, как балтийский, приволжский и причерноморский. Население его уже было разнородным: в центре — православные крестьяне и земледельцы восточнославянского происхождения; ближе к Арктике и на Урале — восточные славяне и финно-угры, проживавшие в лесах — среди них были православные и оставалось много приверженцев анимизма. Фактически империя начала складываться еще до покорения Казанского ханства и Сибири.

* * *

О русском государстве: Pritsak O. The Origin of Rus'. Cambridge, Mass.: Distributed by Harvard University Press for the Harvard Ukrainian Research Institute, 1981. Chap. 1; Noonan T. The Flourishing of Kiev's International and Domestic Trade, ca. 1100 — ca. 1240 // Ukrainian Economic History: Interpretive Essays. Cambridge, Mass.: Distributed by Harvard University Press for the Harvard Ukrainian Research Institute, 1991 / Ed. by S. Koropeckyj. P. 102–146; Golden P. Aspects of the Nomadic Factor in the Economic Development of Kiev Rus // Ukrainian Economic History: Interpretive Essays. Cambridge, Mass.: Distributed by Harvard University Press for the Harvard Ukrainian Research Institute, 1991 / Ed. by S. Koropeckyj. P. 58–101; Franklin S., Shepard J. The Emergence of Rus', 750–1200. London and New York: Longman, 1996. Все эти труды основаны на современной «евразийской» концепции; о ее истоках см.: Riasanovsky N. The Emergence of Eurasianism // California Slavic Studies. 1967. № 4. P. 39–72.

О возвышении Москвы в XVI веке: Kollmann N. The Principalities of Rus' in the Fourteenth Century // The New Cambridge Medieval History. Vol. 6: c. 1300 — c. 1415. Cambridge: Cambridge University Press, 2000. P. 764–794, 1051–1058; Kollmann N. Russia // The New Cambridge Medieval History. Vol. 7: c. 1415— c. 1500. Cambridge: Cambridge University Press, 1998. P. 748–770, 976–984; Ostrowski D. The Growth of Muscovy (1462–

1533) // The Cambridge History of Russia. Vol. 1 / Ed. by M. Perrie. Cambridge: Cambridge University Press, 2006. P. 213–239; Martin J. Medieval Russia, 980–1584. Cambridge: Cambridge University Press, 1995; Crummey R. The Formation of Muscovy, 1304–1613. London: Longman, 1987.

О Новгороде: Birnbaum H. Lord Novgorod the Great: Essays in the History and Culture of a Medieval City-State. Columbus, Oh.: Slavica Publishers, 1981. Обзорные труда по Киевской Руси и территории современной Украины в раннее Новое время: Subtelny O. Ukraine: A History. 4th edn. Toronto: University of Toronto Press, 2009; Magocsi P. A History of Ukraine. Seattle: University of Washington Press, 1996). О торговле мехами: Martin J. Treasure of the Land of Darkness: The Fur Trade and its Significance for Medieval Russia. Cambridge: Cambridge University Press, 1986.

О происхождении монголов: Frank A. The Western Steppe: Volga-Ural region, Siberia and the Crimea // The Cambridge History of Inner Asia: The Chinggisid Age / Ed. by N. Di Cosmo, A. Frank, P. Golden. Cambridge: Cambridge University Press, 2009. P. 237–259. О монгольском влиянии: Ostrowski D. Muscovy and the Mongols: Cross-Cultural Influences on the Steppe Frontier, 1304–1589. Cambridge: Cambridge University Press, 1998; Halperin C. Russia and the Golden Horde: The Mongol Impact on Medieval Russian History. Bloomington: Indiana University Press, 1985; Halperin C. The Tatar Yoke: The Image of the Mongols in Medieval Russia. Corrected edn. Bloomington, Ind.: Slavica, 2009.

О работорговле: Eurasian Slavery, Ransom and Abolition in World History, 1200–1860 / Ed. by C. Witzenrath. Farnham: Ashgate, 2015.

Глава 3
Собирание империи

Первые века

История первых веков существования русской империи — приблизительно с середины XVI до конца XVII века — поразительна для стороннего наблюдателя: сильнейший напор плюс почти полное отсутствие идеологии, описывающей имперский проект и проникнутой саморефлексией. Источники — летописи, указы, ведомственная переписка — являются недостаточно прочной основой для формирования концептуальных подходов. «Крестоносная» идеология была нехарактерна для православия, хотя антимусульманская риторика является общим местом для всех летописей. Даже если православная церковь и желала активнее заниматься миссионерством, государство не поддерживало ее в этом. Так, например, изданные в XVII веке указы запрещали сибирским губернаторам насильно обращать туземцев в православие или притеснять их — так как это мешало стабильному сбору налогов. Ни идеология, ни представление о собственном культурном превосходстве также не служили движущей силой завоеваний. Признавалось, что нерусские подданные отличаются по языку, религии и культуре, но при этом они не считались неполноценными. Как замечает Валери Кивельсон, Московское государство благосклонно смотрело на разнообразие населяющих его народов, считая всех их превосходными творениями Господа и знаком божьей милости, снизошедшей на Россию.

Российский «имперский» опыт традиционно отсчитывается с покорения Казанского (1552) и Астраханского (1556) ханств, столицы которых издавна являлись крупными центрами торговли с многонациональным и многоконфессиональным населением. За этим последовали присоединение Сибирского ханства (1582) и продвижение в Сибирь. На протяжении всего XVII века экспансия продолжалась в нескольких направлениях — восточном, южном (степь) и, хоть и с большими трудностями, в западном. Мотивы были прагматичными: установить контроль над важнейшими торговыми путями и центрами складирования товаров, чтобы получать таможенные пошлины и обзавестись материальными ресурсами (меха, налоги). Таким образом, это можно назвать колониальной политикой: в эти ранние века существования империи Россия практиковала «политику различий», сохраняя местные культуры и институции в обмен на лояльность, человеческие ресурсы и уплату дани и налогов.

ВЗЯТИЕ КАЗАНИ

В середине XVI века Московское государство уже имело в своем составе восточнославянские и финно-угорские народы, но покорение Казанского ханства, где проживали мусульмане и анимисты, принадлежавшие к различным этническим группам, стало решительным шагом на пути к мультиэтничности и мультиконфессиональности. Пользуясь отсутствием твердого порядка престолонаследия и намереваясь покончить с крымским влиянием в Казани, Москва в 1551–1552 годах провела военную кампанию. Завоевание было жестоким: победители прибегли к массовому изгнанию населения — прием, уже опробованный в западных приграничных землях после разгрома Новгорода (1478). Таким образом, бо́льшая часть татар покинула город. Вожди и элиты были истреблены или высланы; их владения отошли к русской поместной знати, а в самой Казани обосновались русские купцы. Мечети были разрушены, на конфискованных землях строились русские церкви и монастыри. Сопротивление, однако, оказалось упорным — татары и черемисы (марийцы) восставали в 1570–1572 и 1581–1584 годах. Оба выступления были безжалостно подавлены.

Казань была космополитическим торговым центром, общественно-политическую элиту образовывали татары, говорившие на языке тюркской семьи и исповедовавшие ислам. Население также состояло из татар — ремесленников, торговцев, представителей духовенства, учащихся. Бóльшая же часть подданных хана проживала в сельской местности и исповедовала анимизм. Южнее Волги (в этом месте она течет с запада на восток), в лесостепи, обитали тюркоязычные чуваши и говорившие на финно-угорских языках мордовцы; они занимались земледелием, рыболовством, пчеловодством. К северу от Волги жили финно-угорские народы — черемисы (марийцы) и вотяки (удмурты), которые, помимо использования лесных ресурсов, занимались охотой.

Установив контроль над территориями, приобретенными в результате кровавого завоевания, московские власти приняли на вооружение типичный для колонизаторов раннего Нового времени подход, который Андреас Каппелер описывает как гибкость и прагматизм, выражающиеся в терпимом отношении к местной автономии везде, где возможно. Население Казани в значительной мере стало состоять из русских, но в деревнях вокруг нее сохранялся статус-кво, поддерживаемый лояльными Москве этническими группами. За местными элитами остались собственность на землю и экономические ресурсы (ульи, лес, бобровые плотины), а также господство в администрации и судах, которые, однако, в случае с тяжкими преступлениями подчинялись теперь русскому уголовному законодательству. Большинство споров решались шариатскими судами, хотя все, даже представители нерусских народностей, имели право обращаться в русские суды по уголовным делам (и пользовались этим правом). Татарские и чувашские конники влились в русское войско, образовав особые татарские подразделения; им предоставляли поместья, как и русским воинам, и из них отныне состояла бóльшая часть казанской знати. Татарским высокопоставленным князьям (мурзам) не требовалось переходить в православие, чтобы владеть землей и крестьянами, а также иметь привилегированный статус на службе; тем не менее, некоторые обращались в христианство и входили после этого в состав высшей московской элиты.

Коснемся налоговых вопросов. Нерусское население Казанского ханства — татары, черемисы (марийцы), чуваши, мордва и вотяки (удмурты) — продолжало платить дань (ясак), которую до этого столетиями направляло монгольским ханам, а затем их преемникам. Захватив земли, где правили чингизиды, русские цари заняли место ханов, собиравших дань (принятие московским князем царского титула в 1547 году степняки, видимо, воспринимали как его утверждение в качестве наследника чингизидов). По сравнению с налогами, которыми облагали восточнославянских православных крестьян, ясак был далеко не таким обременительным; когда же в начале XVIII века ввели подушную подать и рекрутскую повинность, они не коснулись туземных народностей. И все же ясак, часто взимаемый в виде мехов, немало увеличил царский доход. «Ясачные люди» — этнические группы, населявшие бывшее Казанское ханство, — считались государственными крестьянами и поэтому находились в ведении приказных людей; землевладельцам, как русским, так и татарам, не разрешалось закрепощать их или обращать в рабство.

В 1556 году Москва заняла Астрахань, порт вблизи Каспийского моря, что позволило ей контролировать волжский торговый путь (но не степные земли по обоим берегам реки). Опираясь на этот форпост, она попыталась распространить свое влияние на Северный Кавказ. Группа черкесов из Кабарды заключила недолговечный союз с Москвой (1557–1558), скрепленный в 1561 году браком недавно овдовевшего Ивана IV с кабардинской княжной Марией Черкасской. В XVII веке князья Черкасские вошли в число самых богатых и влиятельных русских бояр. В 1567 году был основан Терский острог — русская крепость на берегу Терека. Однако из-за противодействия со стороны Османской империи Москве не удавалось прочно закрепиться на Кавказе вплоть до XVIII века. Турки пытались вырвать Астрахань из рук России, но не добились успеха; при этом крымские татары, их союзники, совершали опустошительные набеги на русские земли, дважды дойдя до Москвы (1571, 1572).

ЛЕС И СТЕПЬ, ПОСРЕДНИКИ И СРЕДИННАЯ ЗЕМЛЯ

Ход русской истории задало взаимодействие леса и степи, выглядевшее порой как симбиоз, порой как противостояние. В степи жили кочевники-животноводы, как правило, говорившие на языках тюркской семьи, включая татарский (мы имеем в виду причерноморские и прикаспийские степи). В лесу обитали, пользуясь его ресурсами, финно-угорские народы, включая туземцев Сибири, и восточные славяне, занимавшиеся земледелием, но кроме того, рыболовством, охотой и собирательством. Торговля и общие интересы порождали симбиоз между лесом и степью. Различные товары — янтарь, меха, рабы — перевозились, по меньшей мере с IX века, через земли, покрытые лесами: с Балтики к Черному и Каспийскому морям, чтобы в конце концов оказаться в городах Средиземноморья и Ближнего Востока. Князья городов, расположенных в лесной зоне, объединялись с кочевниками-степняками для совместного ведения войны и торговли. Кочевники же создали «экономику набегов», ставшую дополнением для животноводства; их походы с целью захвата рабов в рассматриваемое нами время были настоящим бедствием. Как уже отмечалось, важнейший поворот в истории Европы и Евразии произошел тогда, когда аграрные империи с оседлым населением — государство Габсбургов, Речь Посполитая и Россия, самая успешная из трех, — смогли занять степные территории, пресечь набеги работорговцев, монополизировать торговлю и, главное, превратить пастбища в возделываемые поля. Этот процесс длился с XVI по XVIII век и потребовал долгого сотрудничества с посредниками.

Как мы уже видели, продвижение России на запад вызвало конфликт с Великим княжеством Литовским, Польшей, Швецией и Новгородской республикой. Все это были государства с оседлым населением, проблемы в отношениях с ними Россия решала при помощи войны и дипломатии. Когда Россия обратила свой взгляд на юг и на восток — на степь и сибирскую тайгу, — она обнаружила, что это совершенно другой мир. Исторически это была сфера влияния монголов, где легитимность власти гарантировалась происхождением от Чингисхана, а в дипломатии, переговорах, союзнических отношениях и войнах применялись выработанные монголами практики. С конца XIV века Монгольская империя, на пространстве от Кипчакского ханства до Китая, стала распадаться на ханства с непостоянными границами, каждое из которых возглавляли представители чингизидов. Самые сильные из них располагались там, где велась оживленная торговля (Крымское, Казанское), самые слабые — в лесах и степях (Ногайская Орда на нижней Волге, Сибирское ханство). В XVII–XVIII веках евразийская степь была изменчивым пространством: туда прибывали новые племена, оттесняя прежние, которым приходилось заниматься поиском других пастбищ. Так в конце XVI века ногайцы заставили откочевать прочь обитателей Большой Орды, но сами, в свою очередь, были прогнаны с этих земель калмыками в начале XVIII века. В первые десятилетия XIX века джунгары вытеснили казахов из Средней Азии в степи Западной Сибири и Предуралья и начали посягать на земли башкир. Все эти постоянные изменения давали импульс «экономике набегов» и затрудняли продвижение России в степь.

В XVIII веке, по мере того как Россия занимала степные области, она вошла в соприкосновение со «срединной землей» (middle ground). Это понятие сделалось широко известным благодаря Ричарду Уайту, изучавшему взаимоотношения между европейцами и аборигенами Северной Америки, его применяли также исследователи российской истории — Томас Барретт, Юрий Маликов, Уиллард Сандерленд, Майкл Ходарковский. «Срединная земля» — это зона контактов, неподвластная ни одному сильному государству, созданная в результате взаимодействия между народами, представляющими различные культуры и заинтересованными во взаимной торговле. Торговля бобровыми шкурами между ирокезами и французами, торговля соболями между сибирскими туземцами и восточными славянами создавали зоны взаимодействия. Стороны приспосабливались друг к другу, перенимая в той или иной степени чужой язык, рацион, одежду, оружие, даже верования. «Срединная земля» обычно не существует долго — какое-нибудь сильное сообщество в конце концов устанавливает контроль над ней и навязывает господствующую в нем культуру. В процессе этого, однако, ему необходимы посредники — для заключения союзов, охраны границ, доступа к культуре. Помня определение Уайта — «промежуточное место; в промежутке между культурами, народами, а также между империями и сельским миром, не знающим государства», — некоторые, например Майкл Ходарковский, утверждают, что Россия породила гибридную «срединную землю», так как продвижение в окраинные области осуществлялось по инициативе государства, а не независимых торговцев. И все же там происходило характерное взаимодействие, описанное Уайтом: по мере наступления России на окраинные территории образовывались десятки «срединных земель». Ведущую роль здесь играли казаки — важнейшая из всех «промежуточных» групп евразийской степи.

Казаки появились на границе леса и степи во время исторического поворота, о котором мы упоминали: управляемые бюрократией империи с оседлым населением начали продвигаться на юг и восток. Казаками стали отступники, бежавшие на рубежи государства, желая получить выгоду от торговли или уйти от налогов и закрепощения. С конца XV века они встречаются по всей «евразийской дуге» — от нижнего Дуная, находившегося за пределами габсбургских владений, к Днепру, южнее Великого княжества Литовского, далее к Дону, Кубани, Тереку, протекающим через причерноморские и прикаспийские степи, к Яику (сейчас Урал) и Иртышу в восточной Сибири. Кроме того, группы людей со схожим образом жизни углублялись в Сибирь в поисках мехов и других богатств. Именно образ жизни объединял всех казаков, в остальном же среди них наблюдалось потрясающее разнообразие: в Сибири это были свободные искатели приключений, на юге России — гарнизонные войска, в Украине — основатели суверенного государства (Гетманщины). Разумеется, было и множество других вариантов в том, что касается политического самосознания и степени автономии.

Все это были исключительно мужские сообщества, состоявшие из сухопутных или речных разбойников: само слово «казак», перешедшее в тюркские языки из арабского, означало «удалец».

Эти рыцари большой дороги, вооруженные и опасные, жили за счет грабежа и вымогательства, угона рабов и торговли. В военном отношении они подражали своим противникам: в степи это были легковооруженные, подвижные воины, которые пользовались луком и ездили на низкорослых быстрых лошадях; на Днепре, Доне, Волге, Каспии — опытные судоходцы, захватывавшие корабли и требовавшие выкупа в классической пиратской манере; в Сибири они плавали по рекам и пробирались через леса пешком или верхом. Их полувоенные лагеря обеспечивали относительную безопасность тем, кто бежал из мира оседлых поселенцев — крестьянам, тяготившимся крепостной зависимостью, рабам, жаждавшим свободы, религиозным раскольникам, спасавшимся от преследований, и просто людям, искавшим лучшей доли. Все они часто искали защиты в казачьих крепостях.

В классическом стиле «срединных земель», казачьи отряды перенимали язык, культуру, одежду, рацион, методы торговли у окружавших их сообществ. На Днепре казаки пользовались украинским языком, восточнее Дона и в Сибири — русским. При этом каждая группа отличалась этническим разнообразием: турки, татары, русские, украинцы, калмыки, ногайцы и другие сосуществовали друг с другом в атмосфере крепкого товарищества. К примеру, в реестре украинских казаков XVII века указано, что они происходят из 74 городов на территории Литвы и семи — на территории Польши; были также выходцы из Московского государства, германских княжеств и Сербии, крымские татары. Точно так же один отряд сибирских казаков в 1587 году включал 50 польских солдат, 100 польско-литовских казаков, 1000 татарских казаков, 300 башкир. Среди казаков Иртышской линии в Западной Сибири, помимо русских и казахов, были немцы, шведы и украинцы. Слово «казак» указывало на образ жизни, а не на этническую идентичность.

Хотя казачьи сообщества выглядели по-разному в зависимости от военных и политических обстоятельств, все они имели общие черты. Одной из них была экономика, основанная на грабеже. Гийом де Боплан, наблюдавший за днепровскими казаками в середине XVII века, отметил, что они работают ровно столько, сколько им нужно. Не привязанные к аграрному циклу, казаки наслаждались жизнью, пока им не требовались дополнительные средства, и тогда совершали очередной набег. К сельскохозяйственным работам они относились с откровенным презрением; по мере того как сообщества становились более организованными, казаки все же начали приобретать землю, но обрабатывали ее руками наемных рабочих. В некоторых областях казаки выращивали зерновые (бассейны Днепра и Дона), в других занимались виноградарством (Терек) или садоводством и животноводством (Иртыш).

Другой общей чертой для всех казаков Евразии было самоуправление, основой которого являлась шумная всеобщая сходка. Присутствовала групповая солидарность, характерная для военных отрядов: казаки выбирали лидера (атамана, гетмана) для ежегодной военной кампании, если же он не выигрывал сражения или возвращался со скудной добычей, мигом смещали его. Добыча от походов и набегов делилась поровну; казаки бились за честь своего имени, своего рода и своего отряда. По всей Евразии казаки гордились своей независимостью и братской верностью друг другу; их политическое сознание вмещало лишь конкретных людей и группу, в которую они непосредственно входили.

Казаки образовывали мир «срединных земель», взаимодействуя с народами степей и Сибири за многие десятилетия до того, как в этих краях появились представители русского государства. По мере своего приближения к границам степи Россия и Польско-Литовское государство стали нанимать казаков на службу, используя их в качестве наемной пограничной стражи для предотвращения набегов кочевников и защиты вновь построенных укрепленных линий. Некоторые попали в зависимость от России, получая оттуда зерно, оружие и боеприпасы. Но поскольку служба казаков имела крайне большое значение для России, в XVI и XVII веках многие группы смогли заключить «сепаратные сделки», по выражению Брайана Бека. Условия их включали политическую и военную автономию, свободу от уплаты прямых и многих косвенных налогов, право заниматься винокурением и продавать его продукты, пожалование земельных угодий (обрабатывавшихся коллективно), свободу от крепостной зависимости, право на ношение особой одежды, исповедование своей религии и другие культурные отличия. Казаки стали инструментом покорения степи и Сибири, но в то же время сделались подданными государства и были вынуждены отражать угрозы своей независимости, которую так ценили. Каждая группа делала это по-своему, так как в XVI–XVIII веках государства с оседлым населением нарушили в свою пользу политическое равновесие в «срединных землях», обладая очевидным превосходством: более совершенное огнестрельное оружие, бюрократические методы учета, более современные средства коммуникации. К концу XVIII века мир, служивший благоприятной средой для казачьих сообществ, в значительной мере распался, и казачество приобрело иной вид: многие отряды вошли в состав русских и польских воинских соединений и элит либо перестали существовать.

Возможно, первой «срединной землей» из тех, что позднее были включены в Российскую империю, стали новгородские владения, простиравшиеся до Сибири (карта 3). Северная их часть (бассейн Северной Двины, известный сейчас как Поморье) была населена в основном восточными славянами, восточная — пермские и вятские земли — тюркскими и финно-угорскими народами. Уже в XI веке славянские охотники и звероловы стали проникать туда в поисках мехов сразу с нескольких сторон: по Сухоне и Вычегде, по Вятке и Каме, по Оби и Иртышу, вдоль берега Белого моря. Как говорилось выше, Московское княжество стало проникать в пермские и вятские земли в 1380-х годах и через столетие уже крепко держало их в своих руках — тогда же, когда подчинило себе Новгород и присоединило его владения. Но завоевание и деятельность христианских миссионеров не смогли покончить с анимизмом, поклонением силам природы и шаманизмом.

После завоевания Казани в 1552 году Москва смогла приступить к более активным действиям за рубежами пермских земель, на Урале и в Сибири. Ногайская Орда и Башкирская Орда присягнули на верность России, как и сибирский хан Едигей (1555). Элита Сибирского ханства, состоявшая из татар-мусульман, властвовала над местными племенами, в том числе остяками (хантами) и вогулами (манси). В 1558 году московские власти предоставили Григорию Строганову, выходцу из семьи богатых новгородских купцов, монополию на различные промыслы (соль, меха, полезные ископаемые) в пермских землях, в верховьях Камы и за их пределами: так в срединных землях появился еще один посредник. Строганов располагал собственными вооруженными отрядами, включавшими казаков с Волги и Урала, которые пошли к нему на службу, надеясь получить выгоду от торговли мехами. Опираясь на них, Строгановы возводили остроги, покоряли деревни, устанавливали контроль над территорией. С молчаливого одобрения Москвы, Строганов снарядил экспедицию во главе с Ермаком, одним из казаков: ей удалось разбить войско Кучума (до того свергнувшего Едигера и отказавшегося подчиняться Москве). Вскоре регулярные российские части, прибывшие в Сибирь, низложили Кучума и — вместе с казаками, устремившимися туда в расчете на прибыль, — принялись сооружать остроги в Западной Сибири: Тюмень (1586), Тобольск (1587). На южной границе сдерживающим фактором являлись киргизы и другие кочевники, но на севере русские дошли до Арктики, основывая по пути остроги: Березов на Северной Сосьве (1593), Обдорск в устье Оби (1595), Туруханск в низовьях Енисея (1607). Туда стали прибывать караваны с хлебом, звероловы, военные отряды; дороги оставались ненадежными и опасными до 1660-х годов, пока западносибирская граница не была надежно защищена от кочевников. После этого стало возможным проложить более прямые пути, вырос поток восточнославянских поселенцев, некоторые северные остроги (Березов, Мангазея, Обдорск) обветшали. Будущее было за южной Сибирью.

После этого могущественные силы, действовавшие от имени царя, стали продвигаться по континенту с поразительной быстротой: в 1619 году был основан Енисейск, в 1628-м — Красноярск, в 1632-м — Якутск, появились остроги неподалеку от Байкала. Русские достигли Тихого океана в 1649 году (когда был

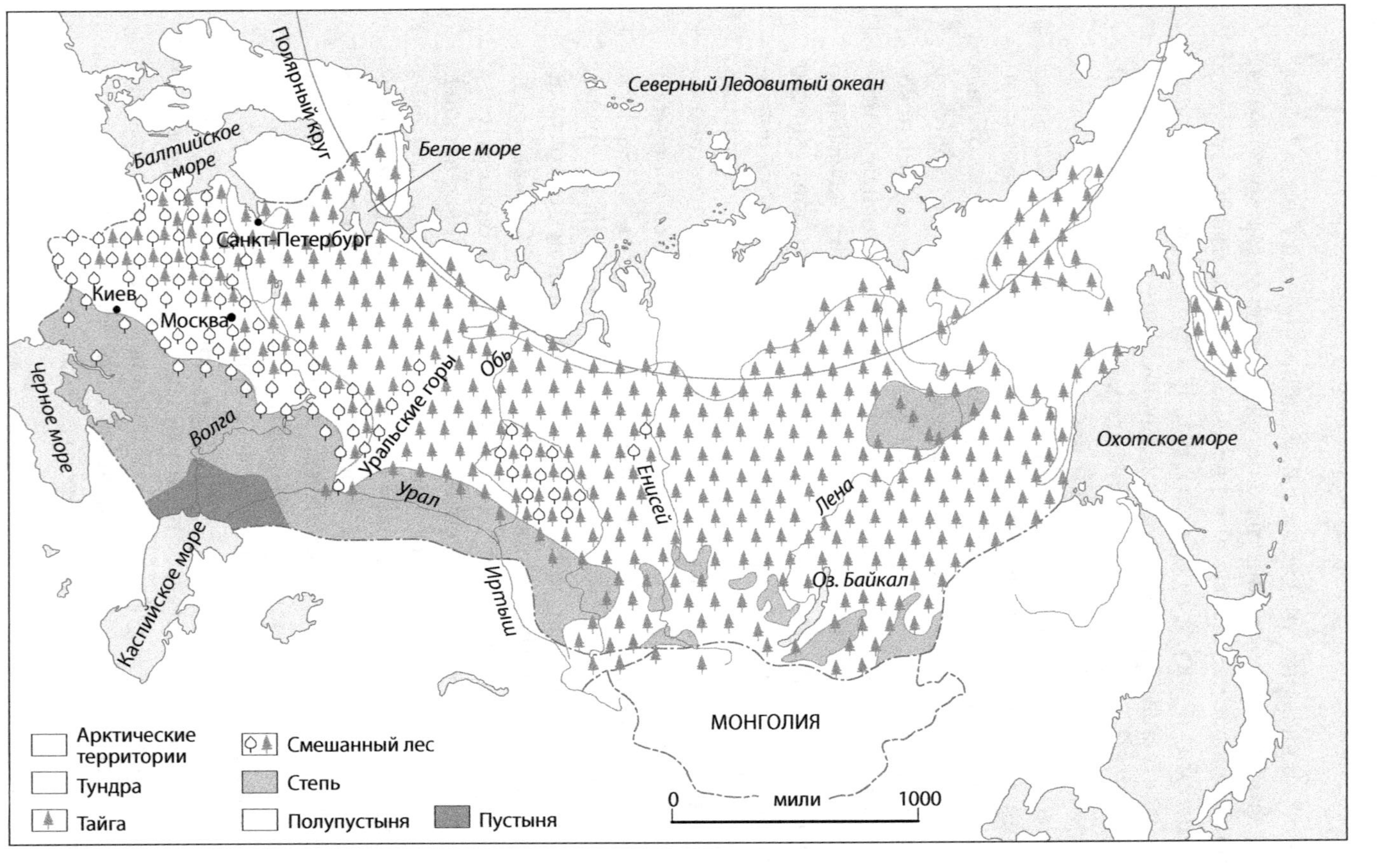

Карта 3. Русское завоевание Сибири в XVII веке. С карты, приведенной в книге: Chew A. An Atlas of Russian History: Eleven Centuries of Changing Borders, rev. edn. New Haven: Yale University Press, 1970. Map 34

основан Охотск) и в 1652 основали Иркутск близ берегов Байкала. Расстояние в пять тысяч километров было пройдено за 70 лет. Дело оказалось невероятно прибыльным для Москвы: уже в 1605 году сибирские меха давали 11 % государственного дохода, а если брать весь XVII век — от одной десятой до четверти (по разным оценкам). Считается также, что куда больше мехов попало к частным промышленникам, чем к государству. Одновременно Москва активизировала экспансию на сибирском направлении, желая установить прямые торговые связи с Китаем. С 1608 года отправлялись миссии, которым поручали договориться с восточносибирскими правителями о безопасном пропуске русских представителей в Китай. В 1618–1619 годах была совершена дипломатическая поездка в Пекин, а позднее (1675–1676) туда отправили посольство во главе с Николаем Спафарием. Однако вплоть до Нерчинского договора (1689) не удавалось заключить никаких соглашений. Между Пекином и русскими городами стали курсировать караваны (а также началась масштабная нелегальная торговля, стимулировавшая активность русских звероловов в северо-восточной Сибири), но доступ в Пекин жестко контролировался китайцами: в 1689–1727 годах туда разрешили прибыть всего 11 караванам, снаряженным русским государством.

Продвижение русских по Сибири оказалось быстрым, так как было безжалостным. Цель заключалась в том, чтобы собирать дань в виде мехов; в ходе этого воеводы и приказные люди рангом ниже, казаки и независимые торговцы, вымогали меха для себя. «Ясачные» ватаги казаков прочесывали всю Сибирь, наскоро возводя деревянные остроги, убивая и обращая в рабство местных жителей, оказывавших сопротивление, вымогая дань, ссорясь друг с другом из-за добычи, переходя на новое место, когда количество собольих, горностаевых, лисьих и куньих шкур уменьшалось. Обладая огнестрельным оружием, казаки уничтожали коренное население, располагавшее лишь луками и стрелами; сибирские племена были слишком небольшими и обитали слишком далеко друг от друга, чтобы эффективно сопротивляться этому. Создавая срединную землю, русские брали на службу представителей местных элит и играли на противоречиях между туземцами — к примеру, полки «служилых коми-зырян» из Березова и Тобольска использовали против других пермских народностей.

Не зависевшие ни от кого и не имевшие общей политической организации казачьи сообщества уже существовали в верховьях Камы и Яика, а также в западной Сибири, когда туда пришло русское государство. Они соглашались служить царю в обмен на привилегии и выгоды — самоуправление, военная автономия, добыча от набегов и доходы от торговли, выдача хлеба или земельные пожалования, рабочие руки, чтобы обрабатывать землю. Однако их преданность царю часто оказывалась шаткой; как утверждает Кристоф Витценрат, сибирские казаки действовали в своих собственных интересах, и московским воеводам стоило немало труда обуздать их. Судьбоносное столкновение Ермака с Кучумом стало следствием частного набега, который был предпринят Строгановыми и из которого Москва извлекла выгоду; в конце XVII века казаки в Приамурье, оставившие государственную службу, требовали дани и земель от имени царя, что вызвало военную экспедицию со стороны Китая и в конечном счете привело к заключению Нерчинского договора (1689). Нередко казаки вступали в противостояние с московскими приказными людьми или совершали самовольные походы. Примером может служить восстание забайкальских казаков, которое спровоцировало выступление бурятов и русских поселенцев против иркутского воеводы (1695–1697).

Покорители Сибири проявляли исключительную жестокость. Местные жители отвечали тем, что бежали на юг, где правили маньчжуры, или на север, где не было никакой власти. Кроме того, они упорно сопротивлялись. Столкновения с бурятами в Прибайкалье вылились в полномасштабную войну 1644–1646 годов. На севере, в якутских землях, туземцы совершили нападения на русские остроги в Красноярске и Якутске в начале 1640-х годов. В 1650-х годах русским пришлось отражать атаки маньчжурских войск и подавлять мятеж ламутов (эвенов) в Охотском остроге. Десятью годами позже (1666) эвенки напали на все тот же Охотск, заново отстроенный. Русские отреагировали крайне резко: взяли заложников (аманатов) из числа представителей местной элиты, чтобы гарантировать ее лояльность, сделали часть женщин своими наложницами, убивали всех без разбора. Человеческие потери среди местного населения были чудовищными: к погибшим в ходе военных действий прибавились жертвы оспы и других эпидемических болезней, принесенных незваными гостями. Многие обеднели из-за чрезмерно высокой дани; многие были вынуждены оставить прежний образ жизни, так как русские обратили пастбища в пахотные земли. Общие потери можно вывести из статистики: если в начале XVII века коренное население Сибири, по имеющимся оценкам, составляло 227 тысяч человек, то в 1795 году — всего 360 тысяч: весьма скромный прирост населения, с учетом того, что во всем мире в этом столетии наблюдался бурный демографический рост.

Сибирские народы приспосабливались к присутствию русских так, как это делали аборигены во всех колониях. Те, кто проживал в глухих таежных уголках и в Арктике, почти не ощутили изменений. Сибирские племена уже давно платили ясак своим хозяевам, русские были всего лишь очередными повелителями, а их колониальная политика выглядела прагматичной, как и в других местах. Местным жителем запрещалось владеть оружием, но отношение к внутриклановым и внутриплеменным связям было терпимым. Москва применяла принцип «разделяй и властвуй», приманивая с помощью подарков то или иное племя, чтобы привлечь его на свою сторону в борьбе против других племен. Якутские князья назначались воеводами, начиная с 1724 года, а в конце XVIII века якутская элита была настолько сплоченной, что стремилась влиться (правда, безуспешно) в русское дворянство. Русские не требовали обращения в христианство и не стали протестовать, даже когда большинство бурят в начале XVIII столетия приняли ламаизм. Россия не настаивала на переходе кочевников к оседлому образу жизни, но многим пришлось пойти на это по причине захвата пастбищ. В Сибири появление московских войск и приказных людей, как правило, не сопровождалось закрепощением: это касалось как ее коренных обитателей, так и русских поселенцев (правда, некоторые монастыри пытались форсировать данный процесс). При этом в различных местных сообществах сохранялось рабство. В Сибири, как и на средней Волге, плательщики ясака рассматривались как государственные крестьяне, но, в отличие от крестьян восточнославянского происхождения в центре, были свободны от налогов и повинностей (в XVIII веке, к примеру, они не уплачивали подушную подать и не подлежали отдаче в рекруты).

Население Сибири было крайне разнообразным по языку, обычаям и политико-экономическим системам. Здесь обитали народности тюркской, финно-угорской, тунгусо-маньчжурской, монгольской языковых групп, а также многочисленные племена, говорившие на палеоазиатских языках. Большинство туземцев Сибири исповедовали анимизм, причем религиозные обряды отправлялись шаманами. Исключение составляли татары-мусульмане в западной Сибири и буряты-буддисты в Прибайкалье. На побережье Северного Ледовитого и Тихого океанов имелись оседлые группы рыболовов и охотников на моржей и тюленей. Там же и чуть дальше вглубь континента, в тайге, проживали кочевники-оленеводы. Перечислим их с запада на восток: самоеды, тунгусы, народности, говорившие на палеоазиатских языках — чукчи, камчадалы, коряки. Дальше в тайге встречались преимущественно кочевые охотники и рыболовы — самоеды, остяки (ханты), тунгусы, якуты, юкагиры. Еще южнее, в лесостепи, охота и рыболовство дополнялись кочевым скотоводством и земледелием: в западной Сибири такой образ жизни вели сибирские татары и вогулы (манси). Среди кочевников-скотоводов крупнейшей по численности группой были монголоязычные буряты и тюркоязычные якуты, обитавшие в плодородных долинах среднего течения Лены.

Массовая колонизация Сибири восточнославянскими народами началась лишь в XIX веке; немногочисленные звероловы, казаки и приказные люди, прибывавшие сюда в допетровское время, были так или иначе связаны с добычей мехов. Большинство поселившихся здесь русских крестьян обеспечивали продовольствием приказных людей. Первоначально хлеб везли с севера, из Поморья и пермских и вятских земель, для нужд казаков, а также воевод и состоявших при них лиц, которые получали жалованье землей и зерном. В 1590-е годы московские власти начали насильственно переселять крестьян с верховьев Камы в западную Сибирь для выращивания неприхотливых культур, таких как рожь, ячмень, овес, горох, конопля — а где было возможно, и пшеницы. В 1680-е годы западная Сибирь уже обеспечивала себя хлебом, но к тому времени на нее легла обязанность снабжать области, находившиеся восточнее. Новые волны насильственных переселений последовали в 1630–1650-е и 1680-е годы: крестьян перемещали в верховья Лены и Ангары, окрестности Иркутска и Енисейска — самые северные области, где еще можно было заниматься земледелием. Те, кто переезжали добровольно, предпочитали более плодородный юг западной Сибири. Русское население Сибири выросло с 70 тысяч человек в 1660 году до 230 тысяч в 1709-м.

Часть переселенцев в XVII веке составляли ссыльные. Большая группа военнопленных, украинцев по национальности, обосновалась на берегах Лены в 1645 году, а в 1660-х годах ссыльных размещали вдоль течения Енисея, Ангары, Лены и в Прибайкалье. Как правило, это были преступники, в том числе политические, и военнопленные самого разного происхождения: украинские казаки, поляки, шведы, немцы. Они проживали в Тобольском, Томском, Енисейском, Иркутском, Красноярском, Илимском острогах и даже на далеком севере — в Якутске и Мангазее. Обычно им разрешали селиться на земле и выполнять повинности (лишь самых известных религиозных и политических преступников держали в заточении); в большинстве своем они вливались в местные сообщества, становясь ремесленниками, крестьянами, казаками, неся гарнизонную службу в качестве пищальников и т. д. Там, где возможно, они занимались земледелием, чтобы прокормить себя, но в основном жили за счет лесных ресурсов и торговли, параллельно выполняя свои повинности. Чтобы удержать ссыльных на месте, Россия полагалась преимущественно на большое расстояние и трудности путешествия; особо опасным преступникам, кроме того, оставляли отметки на теле. В XVII веке это означало клеймение (выжигали первую букву слова, обозначающего совершенное преступление) и отрезание пальцев или ушей. В начале XVIII века обхождение стало более мягким: клеймение осталось, но сопровождалось лишь вырыванием ноздрей. Каждый, кто носил на себе такие отметины, а затем бежал из ссылки и оказался в центральной части страны, мог быть казнен без суда: клеймо и увечья указывали на беглого опасного преступника. Если говорить о начале XVIII столетия, то ссыльных в Сибири насчитывалось немного — около 29 тысяч, при том что оценочная численность русских и других европейцев составляла 200 тысяч.

Со временем у восточных славян, переселившихся в Сибирь, появились заметные отличия по сравнению с теми, кто остался в центре. Так, казаки, будучи этнически неоднородными, тем не менее говорили по-русски и исповедовали православие, но после церковного раскола XVII века многие выбрали старообрядчество. Кроме того, многие старообрядческие общины нашли убежище за Уралом — на Алтае, на восточном берегу Байкала, среди бурят, в Якутии, в низовьях Оби. То были замкнутые сообщества со строгими правилами в отношении одежды и образа жизни, среди которых были, например, трезвость и почти монашеский молитвенный распорядок: вводя их, старообрядцы вдохновлялись идеализированным образом московского православия. Казаки «на линии» (служившей для оборонительных целей полосе земли на границе леса и степи в западной Сибири, где были способны селиться только казаки) выказывали большую сплоченность и последовательнее поддерживали традиционные практики и дух солидарности, чем «городские» казаки в острогах Якутии, Камчатки, Крайнего Севера, часто перенимавшие культурные особенности местного населения. Как и купцы, крестьяне и ссыльные восточнославянского происхождения, чьим местожительством стала сибирская тайга, они неизбежно женились на туземных женщинах, нередко сожительствуя с ними или же насильственно заставляя обращаться (поверхностным образом) в православие для заключения законного церковного брака. На Севере (Якутия, Камчатка) русские и вообще пришлые жили в наибольшей изоляции от своих соотечественников и стремились «отуземиться» по соображениям удобства и безопасности. Они ходили в теплой одежде туземного образца, охотились, землепашествовали, выращивали скот на местный манер, перенимали местную культуру и язык, вступали в смешанные браки, привносили элементы анимизма в православный обряд. Русские, проживавшие бок о бок с бурятами и якутами, даже держали, в соответствии с тамошними обычаями, рабов (ясырей).

Русские органы власти на этих территориях находились в зачаточном состоянии. Сибирь управлялась через Сибирский приказ, в 1637 году отделенный от Казанского: так продолжалось до петровских реформ, если точнее — до 1711 года. Воеводы управляли обширными территориями — разрядами (Тобольским, Томским, Ленским, Енисейским), делившимися на уезды, где правили еще более могущественные воеводы. Коррупция была повсеместной. В конце концов, расстояние, как напоминал Фернан Бродель, это «враг империй».

СТЕПЬ, ХОЛОПЫ, КОЧЕВНИКИ

Проникновение в редконаселенную Сибирь, где царь сменил хана в качестве верховного сборщика дани, не шло ни в какое сравнение с борьбой против хорошо вооруженных кочевников-степняков. Земли по обе стороны Волги были населены кочевыми народностями, образ жизни и экономика которых подчинялись господствовавшей в эти столетия логике симбиоза и конфликта. Те, кто выработал более высокие формы политической организации, формировали конфедерации, но эти степные «империи» были непрочными, возникая и исчезая в циклическом ритме. Последней из великих степных империй стала монгольская (существовавшая с середины XIII до конца XIV века); после ее крушения — а до того в промежутках между существованием империй — степь являлась пространством, где заключались непредсказуемые союзы.

Стоит сказать несколько слов о кочевниках, ибо они сыграли важную роль в истории России — в качестве покоренных народов или же соперников за господство над степью. Будучи скотоводами и охотниками, они вовсе не скитались с места на место, а приспособились к жизни в местности с ограниченными ресурсами (вода, трава, дичь), разработав методы сохранения пищи и развив средства транспорта, которые отвечали характеру окружающей среды. При необходимости кочевнические общины сознательно сдерживали рост численности населения и скота в зависимости от наличия ресурсов. Кочевники знали, где находятся и кому принадлежат те или иные пастбища и когда они доступны для выпаса, и передвигались соответствующим образом. Женщины выполняли бо́льшую часть домашней работы, дети занимались скотом, мужчины посвящали себя набегам и войнам.

Юрий Маликов дает превосходное описание обычаев кочевников-казахов. Россия впервые столкнулась с казахами в XVIII веке: этот народ делился на племена, в каждом из которых насчитывалось примерно 100 общин (аулов), выращивавших смешанные стада из овец и коз; лошадей использовали для передвижения и ведения войн. Скот пасли на территориях, входивших в зону русского влияния, и только в том случае, если было достаточно травы. Овцы и козы были для степняков важнейшими из всех одомашненных животных, поскольку они способны питаться любыми видами травы и потребляют ее меньше, чем крупный скот; получая от них молоко, мясо и шкуры, казахи создали самодостаточную натуральную экономику. Казахи циркулировали между пастбищами, используя в качестве жилья переносные юрты из прочного войлока; шарики высушенного кобыльего молока — кумыса — давали легкоусваиваемый белок; из шкур изготовляли одежду, емкости для хранения, веревки. Как правило, казахское племя вело оседлый образ жизни на зимней стоянке, четыре-пять месяцев в году. С приходом зимы начинался медленный переход на летние пастбища: племя следовало за травой, начинавшей пробиваться из-под тающего снега. Вперед посылались несколько человек, искавшие воду и траву и следившие за тем, чтобы остальные не сбились с пути. Племя разбивало лагерь в том или ином месте и пасло там скот, достигая летнего пастбища к маю или июню. Затем аулы разделялись на более мелкие группы для эффективного выпаса; медленно передвигаясь, племя могло сменить несколько стоянок. Так продолжалось до августа-сентября. После этого все опять собирались вместе, чтобы быстрее добраться до места зимнего проживания. Преодолеваемое расстояние зависело от наличия ресурсов (200–300 километров в южном Казахстане, до 1000 — в западном и центральном, в среднем 700 километров). Пути следования не были четко определены, но каждое племя знало границы зоны своего обитания и соблюдало их.

Кочевники евразийских степей зависели от торговли и набегов — пастбищное животноводство не давало всего необходимого — и грабили караваны, служившие источником товаров, а также вторгались на территории с оседлым населением, чтобы заполучить невольников. Исторически невольники были важнейшим фактором взаимодействия между лесом и степью на евразийских пространствах; рабство было, несомненно, одним из главных конструктивных элементов Киевской Руси в IX веке — торговцы-русы вступали в союз с местными племенами, что позволяло им отправлять рабов и товары на причерноморские и ближневосточные рынки. После принятия христианства (988) русы, отныне князья, стали осуществлять свое господство на определенной территории и с течением времени превратились, если говорить о работорговле, из хищников в жертв. С 1204 года и примерно до 1475-го невольничьим рынком заправляли итальянцы, затем их сменили крымские татары, отправлявшие рабов в Кафу, где их покупали греческие, армянские и еврейские купцы.

Статистика выглядит печально. Как пишет Халил Иналджик, крымские татары и другие степняки с целью захвата рабов ежегодно совершали набеги на Польшу, Литву, Черкесию и Московию — с начала XVI до середины XVII века, когда Москва стала эффективнее защищать границу со степью. Русские земли в составе Великого княжества Литовского страдали от этих набегов не меньше, а может, и больше, чем сама Россия. Эта торговля приобрела громадный размах. В 1578 году Кафа приняла более 17 тысяч невольников из стран Евразии; по еще одной оценке, между 1607 и 1618 годами было захвачено 100 тысяч рабов, а между 1632-м и 1645-м — 26 840. В турецком и персидском государствах рабы обрабатывали землю и занимались домашним хозяйством, получали должности в гареме и государственной администрации. Кроме того, в Османской империи они привлекались для службы в армии и выполнения строительных работ. Есть разрозненные упоминания о восточных купцах, которым удавалось покупать невольников в Москве и портах, находившихся под властью Московского государства, еще в XVII веке. Но это могли быть военнопленные и в любом случае таких сведений немного.

Одним из способов решения проблемы был выкуп попавших в неволю русских: для этого церковь регулярно собирала пожертвования. Существовал и другой, более эффективный: строительство оборонительных линий, чтобы преградить путь татарам: набеги были настолько регулярными, что на юг ежегодно высылали разведчиков — следить за приближением татарского войска. Линии служили защитой для оседлых крестьян, предотвращая бегство крепостных-налогоплательщиков[1] в центральные области. Кроме того, они врезались в пастбищные земли, нанося ущерб экономике кочевников и увеличивая их зависимость от русских товаров. Неумолимое наступление засек и валов было неспособно покончить с кочевниками, но помогало оттеснить их. Так, ногайцы в XVII–XVIII веках были вынуждены переместиться южнее — на Кавказ.

Московские власти начали сооружать оборонительные линии в черноземных землях — южнее долины Оки и западнее долины Днепра — уже в первой половине XVI века. Линии эти предназначались для защиты от ногайцев и волжских казаков, проживавших к югу от Казани и имевших слабую политическую организацию. К середине столетия появилась линия из поваленных деревьев,

[1] Мы пользуемся этим современным понятием для удобства изложения, но следует помнить, что те, кто платил налоги и нес повинности в пользу государства, именовались «тягловыми людьми» (от слова «тягло») до Петра I и «податными людьми» — начиная с петровской эпохи. Эти термины также будут периодически встречаться в тексте. — *Прим. пер.*

рвов и земляных валов к югу от Оки, в 150–350 километрах к югу от Москвы. Ее опорными пунктами служили Рязань, Тула, Козельск и Путивль. После завоевания Казани (1552) началось заселение территорий к северу от линии. Выселенные из мест своего обитания волжские народы — татары, чуваши, мордва — двинулись в сторону степи; русским дворянам и монастырям на этих землях жаловались поместья; туда насильно гнали дворцовых крестьян; туда стекались беглые русские крестьяне. Чтобы защитить всех этих поселенцев, Россия продолжала строить укрепленные линии.

Основывались крепости — на Волге (Самара в 1586 году, Царицын в 1588-м, Саратов в 1590-м) и к западу от нее, на границе леса и степи, в 350–650 километрах от Москвы: Белгород (1593), Валуйки (1599), Елец (1592), Ливны (1585), Старый Оскол (1596), Курск (1587). В Смутное время они претерпели некоторый упадок, но затем московские власти энергично взялись за возведение того, что впоследствии получило название Белгородской черты, построив для нее две новые крепости — Козлов и Тамбов (1635–1636). Вскоре эти пограничные области были заселены дворцовыми крестьянами из-под Рязани и татарами со Средней Волги. В 1650-х годах на черте насчитывалось до 22 крепостей и острогов. Таким образом, появилась сплошная оборонительная линия длиной в 800 километров, от верховьев Ворсклы на западе, где русские земли переходили в украинские, до Цны на востоке, близ мест проживания ногайцев и калмыков. Украиноязычные крестьяне и казаки получили надежное убежище; так возникла Слободская Украина. Сюда же стали прибывать государственные крестьяне из центральных районов России. Еще одна линия, сооруженная тогда же, протянулась от Козлова до Симбирска на Волге. Отныне граница России и «дикого поля» была прикрыта на всем ее протяжении.

Эти новые поселения снабжались хлебом из центра несколько десятилетий, пока местное производство не достигло нужного уровня. В крепостях и острогах служили казаки и все, кто мог, включая беглых крепостных — на протяжении всего XVII века в России упрочивалось крепостничество, — что создавало постоянное напряжение. Воеводы в окраинных областях были рады всяким рабочим рукам, пренебрегая приказами центральной власти о возвращении беглецов их хозяевам. На территории, прилегавшие к линии, прибывали крестьяне, включая беглых, крепостные, которых принудительно переселяли помещики, дворяне и государственные крестьяне, которых переселяло государство — часть последних поступала в формирования, охранявшие границу. Военные совместно обрабатывали принадлежавшие им земли, и в течение XVII столетия появились особого рода гарнизонные войска из оседлых мушкетеров и казаков, несших службу и одновременно занимавшихся земледелием. Все это способствовало социальной мобильности: в 1640-х годах были образованы «полки нового строя», куда брали местных крестьян, становившихся драгунами, конниками и пехотинцами, а в 1658 году на пограничье был создан Белгородский полк.

СЛОБОДСКАЯ УКРАИНА

С 1630-х украиноязычные крестьяне, стремившиеся избежать закрепощения, а также крестьяне и казаки, бежавшие от войны, которая бушевала в Украине в течение полувека после начала восстания Хмельницкого (1648), стали заселять черноземные области к востоку от Киева. Последние получили название Слободской Украины. В 1650-х годах их разрезала надвое Белгородская черта, обеспечивавшая защиту и тем стимулировавшая приток населения. Некоторые из новоприбывших поступали на гарнизонную службу, другие предпочитали землепашество. Стали возникать города: Сумы к северу от линии (1654), Харьков к югу от нее (1656). К концу XVII века мужское украиноязычное население Слободской Украины составляло 86 тысяч человек, в том числе 22 тысячи казаков.

Москва слабо контролировала этот беспокойный приграничный регион, предоставив тамошним обитателям широкую автономию. Казачьи полки сохраняли независимость, Россия выставляла их против крымских татар, посылая в походы или используя для обороны линии. В крепостях и острогах распоряжались воеводы, но в целом административная и политическая система этой области была скопирована с казачьего полкового самоуправления, действовавшего повсеместно в русских землях. Вся территория делилась на пять полков, которыми, в соответствии с казачьими обычаями, управляла казацкая старшина. Казаки пользовались такой автономией, какой не было ни у кого в центральных русских регионах: право на винокурение, право на использование наемного труда, свобода торговли, право на владение землей, право избирать лиц, занимающих официальные должности. В 1670-е годы была сооружена Изюмская черта (южнее Белгородской), призванная защитить Слободскую Украину и стать опорой для продвижения России к Черному морю. Она образовывала своего рода петлю, следуя вдоль Северского Донца в его нижнем течении и Оскола, проходя через Усерд и Валуйки; в вершине петли располагались Царев-Борисов и Изюм.

БАШКИРЫ

Первые сведения о башкирах, живших в лесостепи восточнее Волги, относятся к X веку. Традиционный ареал их проживания был ограничен крупными реками — Волгой на западе, Тоболом на востоке, Камой на северо-западе, Яиком (позднее — Урал) на юге. То были тюркоязычные кочевники, принявшие ислам еще до вхождения в состав Золотой Орды (которая, в свою очередь, стала мусульманской в XIV веке) и жившие согласно шариату и обычному праву. В северной, лесистой части зоны своего обитания они вели полукочевой образ жизни, занимаясь охотой, ловлей зверей, рыболовством, разведением пчел, а иногда и земледелием. Но большинство башкир были кочевниками-скотоводами, проживавшими южнее, в лесостепи; они разводили лошадей, овец и коз. После распада монгольской державы башкиры платили дань Казанскому ханству (на северо-западе), ногайцам (на юго-востоке) и Сибирскому ханству (на востоке).

После завоевания русскими Казани в 1552 году некоторые башкиры — на севере и западе — присягнули России (1557), но рассматривали это, согласно степным традициям, как отношения между равными и допускали возможность восстания, если партнер станет ущемлять их интересы. Вскоре начались конфликты. Русские землевладельцы и крестьяне, продвигаясь на восток, постепенно заселяли наиболее плодородные башкирские земли, а представители средневолжских «ясачных» народов — татар, мордвы, чувашей, черемисов — и беглые крестьяне восточнославянского происхождения стремились уйти из-под контроля Москвы. В 1574 году была основана крепость Уфа, в 1586 году ставшая городом. Тем самым русские власти способствовали дальнейшей колонизации этих земель, куда в принудительном порядке переселялись также ссыльные и служилые люди. Кроме того, государство начало селить там крепостных, которые работали на новооткрытых уральских рудниках и металлургических заводах. Башкиры периодически поднимали мятежи, недовольные появлением «строгановских» городков и острогов (1570–1580-е годы) и укреплением Уфы (1587). Наконец, вместе с другими народностями Средней Волги они участвовали в массовых антирусских восстаниях в Смутное время (1605–1613). Россия отвечала на это решительно и жестоко, усиливая свой контроль над Башкирией на всем протяжении XVII века.

Однако у башкир имелись основания и для сотрудничества с Россией: им доставляли беспокойство проживавшие в степи ногайцы, а затем вытеснившие ногайцев калмыки. Чтобы защититься от этих нападений, Россия в 1650-х годах соорудила Закамскую черту, которая шла параллельно Каме на юге от нее — от Белого Яра на Волге (южнее Симбирска) до Мензелинска на Урале. Для защиты линии привлекались местные башкиры (так называемые «верные башкиры») — благодаря этому башкирский народ упустил возможность объединиться, а Россия получила нужную ей военную помощь.

Был и другой способ, с помощью которого Россия пыталась привлечь башкир на свою сторону: он заключался в предоставлении социальных привилегий как народу в целом, так и его знати. Башкиры сохранили свои земли и пользовались различными льготами. Как плательщики ясака, они не подлежали прямому налогообложению и рекрутской повинности — и, кроме того, избежали закрепощения. Землевладельцы из числа башкир подчинили себе некоторые ясачные народы в среднем течении Волги: так образовалась этногруппа тептярей, зависимых сельскохозяйственных работников. Тем не менее, время от времени вспыхивали мятежи. В 1662 году российские власти приняли ряд мер для повышения доходов государства (включая обесценивание монеты, которая в центральных областях привела к массовым «медным бунтам»). Одной из них стало увеличение размера ясака. Башкиры восстали, причем у них имелись и другие причины для недовольства — незаконный захват пастбищ русскими поселенцами, коррумпированность приказных людей. Когда восставшие обратились за помощью к крымским татарам, калмыки, зажатые между Крымом и Башкирией (и с 1655 года состоявшие в союзе с Россией), помогли русским подавить это выступление. Еще одним поводом для волнений было наступление на ислам. В 1681–1683 годах башкиры поднялись в ответ на указ о насильственной христианизации (и вынудили Москву отказаться от нее), а в 1705–1711 годах — по случаю обложения мечетей и мулл новыми налогами, предав огню не менее 75 православных церквей. Власти сурово расправлялись с восставшими, после чего шли на некоторые уступки (снижение размера ясака, запрет русским селиться на башкирских землях). Целью России было создание устойчивого баланса сил в Башкирии и медленное подчинение местных жителей — это должно было помочь эффективно отвечать на набеги со стороны непокоренных степных народов — ногайцев, калмыков, а позднее и казахов.

НОГАЙЦЫ И КАЛМЫКИ

Русские впервые столкнулись с ногайцами и калмыками в степях нижней Волги, после чего установили с ними отношения, основанные на сложной взаимозависимости. В целом эти народы сохраняли независимость от русской администрации. Но Россия вступала с ними во взаимодействие, характерное для срединных земель, и иногда привлекала к сотрудничеству для достижения тех или иных целей. Восемнадцатое столетие стало для России временем выжидания: неспособная усмирить или подчинить себе степь, она искала компромисса.

Как показал Майкл Ходарковский, при взаимодействии с народами Евразии — коренным населением Сибири, калмыками, ногайцами, прочими кочевниками-степняками — Россия придерживалась обычаев, установленных чингизидами. Взяв на себя роль верховной власти, она соблюдала ритуалы взаимного уважения и обмена. К примеру, заключались договоры (шерть), предполагавшие братские и союзнические отношения между сторонами: последние ежегодно обменивались подарками (Россия считала то, что получала, данью). Предусматривался и аманат: одна из сторон отправляла другой заложников — отпрысков знатных семейств — в обмен на подарки, расцениваемые как дань. Принимающая сторона обязывалась хорошо обращаться с заложниками. Так, например, в XIV веке московские и тверские князья посылали своих сыновей в Сарай, столицу кипчаков, где юноши усваивали монгольские обычаи. Московское государство продолжило эти традиции, принимая молодежь из знатных родов в качестве заложников: то был символ ее власти над степными окраинами. По мере укрепления бюрократического аппарата и военной мощи России в этих областях (в большинстве случаев речь идет о XVIII веке), ее власти отказывались от сложных схем, вводя прямое налогообложение, прекращая обмен подарками и утверждая подчиненный статус местного населения. Россия использовала к своей выгоде практику обмена заложниками, воспитывая прибывавших юношей в русских традициях и определяя их на службу.

Обе стороны относились к подобным союзам прагматично, даже цинично, к тому же действенность их ослаблялась нестабильностью кочевнических государственных образований. Русские, в свою очередь, напирали на выгодные им положения договоров либо манипулировали их текстом: усилиями переводчиков русский текст выглядел так, что кочевники соглашались на зависимость от Москвы, а в тех экземплярах, которые получали они, говорилось о братских отношениях. Кочевники рассматривали посылаемые ими ежегодно подарки как знак взаимоуважения, Россия — как налог или дань. И все же этот прагматический подход обеспечил России стабильность на южных и восточных рубежах, в которой она так нуждалась на протяжении XVI и XVII столетий.

В начале XVI века тюркоязычные, исповедовавшие ислам ногайцы переселились в низовья Волги, на земли Большой Орды, уничтоженной крымскими татарами; четкой политической организации у них не имелось. Будучи отличными коневодами, они пригоняли летом в русские земли — порой даже в Москву — большие табуны лошадей для продажи. После взятия Казани ногайцы, зажатые между Московским государством и Крымом, присягнули в верности Москве (1557), но отношения с ней так и не стали прочными. Когда в 1630-х годах калмыки перебрались на левый берег Волги, большинство ногайцев поселились восточнее Азовского моря, оказавшись под покровительством крымских татар. Позднее, когда Россия стала продвигаться в сторону северокавказских степей, ногайцы стали для нее серьезным препятствием.

С 1630-х годов России приходилось считаться и с калмыками, оказавшимися в низовьях Волги, в прикаспийских степях. Это были монгольские племена, которые в результате междоусобиц оказались вытеснены в степи Центральной Азии. Ламаисты по религиозной принадлежности, они стали основывать монастыри, и занятая ими территория превратилась в оплот буддизма. В 1655 году они заключили союз с московским царем и участвовали в военных кампаниях на стороне России, получая взамен продовольствие, оружие и так далее. Но они не прекращали набегов, служивших основой их экономики, и на русско-калмыкской границе было неспокойно в течение всего этого столетия.

Защиту от калмыков обеспечивали яицкие и донские казаки. В отличие от небольших ватаг в Сибири, казачьи общины на крупнейших реках у западной оконечности Шелкового пути (Днепр, Дон, Яик) часто бывали многочисленными и могущественными — в этом случае рядом с ними охотно селились крестьяне. Присутствие казаков на территории от нижнего Яика до южной Башкирии фиксируется как минимум с 1591 года, когда некоторые из них приняли участие в военных действиях на стороне русских. Яицкие казаки были типичным многоэтничным и многоконфессиональным сообществом, включавшим немало мусульман и даже отдельных калмыков-буддистов. Судя по реестру начала XVIII века, там встречались выходцы из донских, запорожских, северокавказских казачьих общин, крымских, ногайских и астраханских татар; попадались также башкиры, чуваши, мордвины, калмыки, шведы и поляки. В конце XVII столетия появились старообрядцы, и казачье войско стало отождествляться с этими носителями консервативных убеждений. Для России яицкие казаки являлись типичными посредниками — жителями срединных земель: охраняя границу с калмыками, они пользовались значительной политической и военной автономией. Помимо совершения набегов, они вели лов рыбы на Яике и получали от России хлеб, оружие и прочие выдачи.

ДОНСКИЕ КАЗАКИ

Донские казаки в XVII веке защищали Россию от крымских татар и, в меньшей степени, от калмыков. Присутствие их в низовьях Дона отмечается с конца XV века; к XVII веку они уже образовывали многочисленную и могущественную группу, политически гораздо более сплоченную, чем яицкие казаки. Обитая на территориях между Российской и Османской империями, они сооружали крепости для защиты от набегов ногайцев, крымских татар и калмыков; жизнь самих казаков тоже проходила главным образом в набегах. Но они также поставляли Москве информацию в обмен на оружие и припасы, выполняя важные разведывательные функции по мере продвижения России на юг. К середине XVI века донские казаки установили с Россией прочные отношения, получая ежегодные зерновые выдачи — довольно крупные — и обладая привилегией вести торговлю в русских городах в обмен на участие в походах (казаки были в составе русских войск, бравших Казань и Астрахань) и совершение разведывательных миссий.

Земли, на которых проживали донские казаки, в XVI–XVII веках пользовались самоуправлением и делились на станицы, управляемые казацкими старшинами согласно казачьему праву. Казачьи атаманы умело вели переговоры с Москвой: донские казаки не платили России прямых налогов, сохраняли свою полковую организацию и свои политические институты, не допускали введения у себя крепостного права, пользовались личными свободами — такими, как право носить яркую одежду по образцу турецкой. Казаки были русскоязычными и в XVII веке формально исповедовали православие, к которому, однако, примешивались языческие практики; первая православная церковь в Черкасске, донской столице, появилась лишь при Петре I. Многие переходили в старообрядчество.

В XVII веке, с ростом внутренних трений, у вождей донских казаков появились общие с Россией интересы. Прибывавшие на Дон русские крестьяне считались казаками, но не имели права приобретать землю и жаловались на то, что пребывают в бедности и подвергаются плохому обращению со стороны более состоятельных казаков. Отвергая давнюю казачью традицию включать в состав общин всех новоприбывших, атаманы донских казаков солидаризировались с московскими властями, отвергая претензии переселенцев, желавших считаться казаками, и оказывая помощь отрядам, которые Россия отправляла для поимки и возвращения беглецов. После заключения Бахчисарайского мира между Россией и Турцией (1681) донские казаки соблюдали его условия, прекратив набеги на турецкую территорию и согласившись с границами, установленными договором. Как Брайан Бек, так и Питер Пердью отмечают, что это случилось задолго до того, как европейские державы установили такие же четкие границы. Когда беднейшие казаки поднимались на бунт (восстания Разина в 1670–1671 годах и Булавина в 1706–1709 годах), казацкая старшина вместе с царскими войсками участвовала в их кровавом подавлении: так, Разин был схвачен казаками и выдан Москве. Перед казнью Разина (1671) его провезли по улицам

Москвы, но лишь после того, как облачили в мешковину вместо яркого казачьего наряда. Проявляя лояльность, казачьи атаманы получали возможность отстаивать свои главнейшие вольности во время переговоров с Москвой.

СОВРЕМЕННЫЕ УКРАИНСКИЕ И БЕЛОРУССКИЕ ЗЕМЛИ

С еще одной могущественной группой казаков — речь идет о днепровских казаках — Россия столкнулась во второй половине XVII века. Однако для понимания той роли, которую эти казаки играли в русской империи, необходимо рассмотреть культурное и политическое развитие этих территорий. Как уже отмечалось, во второй половине XIV века, когда ослабление Золотой Орды привело к образованию вакуума власти, Великое княжество Литовское завладело белорусско- и украиноязычными землями, входившими в состав Киевской Руси. Населенные православными восточными славянами, они с XI века делились на мелкие княжества, где правили боковые ветви киевской династии. После их вхождения в Великое княжество Литовское местные князья сохранили влияние, заняв государственно-административные должности. В 1385 году великий князь Ягайло заключил унию с Польским королевством. Постепенно связь между двумя государствами становилась все прочнее, и в 1569 году они образовали Речь Посполитую. По условиям этого соглашения, южные земли — «Русь», согласно терминологии того времени, — отходили к Польше, тогда как за Литвой сохранялась территория нынешней Беларуси. Речь Посполитая имела единого монарха (фактически — еще с 1385 года, хотя иногда от этого правила отступали), единую систему представительных учреждений, в которых господствовала знать, и вела единую внешнюю политику. В то же время между двумя ее частями сохранялись заметные различия: продолжали существовать две правовые системы, две армии, два государственных бюджета.

На протяжении нескольких столетий после Кревской унии православная элита, говорившая на восточнославянских языках, сохраняла свой статус, свои владения и свою религию, но в то же время подвергалась политической и культурной полонизации. В XV веке, когда политические события стали принимать особенно острый оборот, она начинала требовать обширных прав и привилегий, а также институтов наподобие польских, включая представительные органы на местном и общенациональном уровне, выборов короля, исключительного или почти исключительного права владеть землями и крепостными, экономических льгот (в том числе права на винокурение), свободу от налогообложения, право законно сопротивляться королю, а также грамоты, подтверждающей все эти права. Для исповедовавших православие князей и дворян, как, впрочем, и для остальной польско-литовской знати, XV–XVI века стали временем процветания: Речь Посполитая сделалась крупнейшим экспортером зерна, скота и других товаров в быстрорастущие города Западной Европы. Дворяне продавливали через сейм (парламент) законы, способствовавшие закрепощению крестьян и ослаблению позиций горожан на рынках, хотя германоязычные города Балтийского побережья, от Данцига до Риги и Ревеля, процветали. Как показала Наталья Яковенко, автор исследования, посвященного менталитету православных князей, они разделяли общую для всей знати воинскую этику и культуру Речи Посполитой, но отчетливо осознавали себя «русью».

На польско-литовских землях отразились все культурные перемены, происходившие в католической Европе в Средние века и раннее Новое время. В XV веке там строились соборы в стиле высокой готики, в XVI–XVII веках — неоклассические ренессансные здания. Тесные связи с итальянскими университетами обеспечивали классический характер образования. Книгопечатание, пришедшее из центральной Европы, на протяжении XVI века быстро распространилось в Польше, а затем и в землях Руси. В официальных документах использовались польский, староукраинский и старобелорусский языки, заменившие латынь. Дворяне и состоятельные горожане были грамотными. Города получили самоуправление на основе Магдебургского права и других подобных кодексов. Значительную часть населения составляли евреи: их общины, которым были дарованы привилегии со стороны монарха, пользовались самоуправлением и свободой отправлять свою религию. Евреи по преимуществу жили в городах, но в XVII веке многие перебрались в украинские земли, где служили приказчиками у польских дворян-землевладельцев.

Шестнадцатое столетие для польско-литовского государства, как и для Западной Европы, стало временем религиозных конфликтов. Лютеранство уже в 1520-е годы стало распространяться на балтийском побережье, во владениях тевтонских и ливонских рыцарей, и вскоре стало религией большинства населения — дворян, горожан, крестьян. На протяжении XVI века и в Польше, и в Литве среди крестьян появилось немало горячих сторонников арианства (антитринитаризма), тогда как кальвинизм завоевал много приверженцев среди знати в Польше, Литве и на Руси (в 1572 году кальвинисты составляли большинство в Посольской избе, нижней палате сейма, а состав сенаторов, заседавших в верхней палате, был таким: 70 католиков, 60 протестантов, 3 православных). Католикам в это время принадлежала 21 типография, протестантам — 24. В 1564 году около двух третей глав воеводств — административно-территориальных единиц, на которые делилась страна, — были протестантами.

Примерно с 1580-х годов польский король Сигизмунд из шведской династии Ваза, католик по вероисповеданию, начал контрнаступление, пригласив в страну сотни иезуитов и прочих миссионеров, которые основывали школы и колледжи с передовыми образовательными программами: учащимся преподавали доктрины Контрреформации наряду с началами наук и живыми языками. Эта деятельность, вместе с отказом короля назначать некатоликов на приносившие большую выгоду высшие должности, вызвала волну обратного перехода в католичество. На рубеже XVI и XVII веков соотношение между католиками и кальвинистами в сейме составляло уже шесть к одному, и протестантизм стал уделом преимущественно низших классов. Некоторое число лютеран сохранилось на севере, антитринитариев — на территории современных Беларуси и Украины. Иезуиты и представители других католических орденов, активно занимавшихся миссионерством, обратили внимание и на православных. Знать Руси — княжеские семейства —

в большинстве своем действительно обратилась в католичество, как и значительная часть украинской шляхты. Всех их привлекали соображения политической целесообразности, а также культурное превосходство, с которым ассоциировался католицизм.

В землях Руси главным проигравшим оказалась православная церковь, лишившаяся представителей общественной элиты: православная знать стала обращаться сперва в кальвинизм, затем в католичество. Пытаясь восстановить влияние церкви, группа епископов заключила Брестскую унию с католиками (1596): православное священство соглашалось подчиняться римскому папе в обмен на сохранение обрядности (институт женатых священников, богослужение на старославянском). После этого польский король запретил православную церковь в своем государстве, передав ее имущество новообразованной церкви, которая получила название униатской или греко-католической (см. главу 20). Священники, не признававшие унию, лишались своих мест. Уния вызвала протест среди православных епископов и мирян, особенно среди церковных братств Львова и Киева (этот процесс прекрасно описан у Ярослава Исаевича). Началось движение за спасение православия. Стали возникать «славяно-греко-латинские» школы с системой обучения, заимствованной у иезуитов; цель состояла в воспитании истинных защитников веры. Самой известной была киевская, позднее преобразованная в «академию» и названная по имени митрополита Петра Могилы (1596–1646). Подражая деятелям католической Контрреформации, братства и православные монастыри обзаводились типографиями и выпускали религиозные труды на местных языках, в том числе катехизис Петра Могилы, сборники проповедей, жития святых и другие благочестивые книги. Православные интеллектуалы вели споры со своими оппонентами из числа католиков. В 1632 году польский король сделал уступку и вернул православию легальный статус, но отнятое имущество не было возвращено, а преследование православных не прекратилось.

В такой напряженной обстановке казаки играли чрезвычайно важную роль, поднявшись над своей воинской этикой, чтобы возглавить массовое восстание с целью произвести социально-экономические изменения. Казаки начали скапливаться в Приднепровье уже в конце XV века; в 1492 году упоминалось об отрядах казаков, служивших Польше и Литве в качестве наемников на границе леса и степи, чтобы защищать их от набегов крымчан. В конце XVI века на берегах Днепра, главным образом в районе порогов, жили уже тысячи казаков. Польско-литовское государство старалось держать в узде эту вольницу и для этого создало реестр казаков: те, кто вносились в него, получали привилегии в обмен на службу. Государство платило им жалованье, казаки образовывали особые полки и избирали верховного предводителя — гетмана; как и польские шляхтичи, они освобождались от налогов, не могли быть подвергнуты произвольному задержанию, имели право владеть землей. Хотя по своему положению казаки очень напоминали польскую знать, государство никогда не признавало за ними этого статуса, и большинство их оставалось вне реестра. В 1568 году насчитывалось лишь 1300 реестровых казаков, в 1625 году — 6000, в 1630 году — 8000. Между тем в Хотинской битве между поляками и турками (1621) участвовало более 40 тысяч казаков. Несмотря на усилия Польши превратить нереестровых казаков в крестьян, подлежащих налогообложению, они сохраняли свой образ жизни, ориентированный на ведение войны и совершение грабежей. В ходе своих набегов казаки доходили до Крыма и турецких портов, подрывая дипломатические усилия Речи Посполитой, стремившейся жить в мире с южными соседями. Попытки властей обложить казаков налогами и недовольство последних угнетением со стороны поляков вызывали частые восстания (1596, 1625, 1630, 1637). Все они жестоко подавлялись, вслед за чем на нереестровых казаков накладывались новые запреты.

Запорожская Сечь — колыбель казачества — стала тем центром, где пробудилось его политическое самосознание. Во главе с гетманом Петром Сагайдачным (годы правления 1614–1622) запорожские казаки поднялись на защиту интересов восточных славян против Речи Посполитой. В 1620 году казаки оказали вооруженную поддержку православному священству, и вся Сечь вступила в Киевское православное братство: таким образом, политическая позиция казаков стала более отчетливой. В 1648 году последовало восстание, спровоцированное бесчинствами одного польского магната — жертвой последнего стал запорожский полковник Богдан Хмельницкий (1595–1657; см. рис. 3.1). Вскоре его избрали гетманом. Восстание быстро ширилось, к нему присоединялись группы украинцев, у которых имелись свои причины для недовольства — религиозные, политические или социальные. Казаки требовали права владеть землей и сохранения своих льгот; православная церковь поднимала верующих против унии; украинская мелкая шляхта и горожане восточнославянского происхождения жаловались на социально-экономическое угнетение со стороны поляков; украиноязычные крестьяне протестовали против дальнейшего закрепощения. Побуждаемые ученым православным духовенством и шляхтой, хорошо знакомой с польской политической системой, Хмельницкий и казацкая старшина перешли от озвучивания жалоб казаков к широкой программе: восстановление православия, региональная автономия для украинских земель, сопротивление польскому владычеству.

На пике своего могущества (1648–1657) казаки во главе с Богданом Хмельницким контролировали обширные территории по обоим берегам Днепра. За восстанием последовали военные действия, продолжавшиеся полвека. Этот период остался в памяти украинцев как «Руина», поляки называют его «Потопом», а евреи — «Бездной отчаяния». События того времени часто называют борьбой за национальную независимость, но, вероятно, так считали только образованные идеологи из числа церковников и некоторые представители шляхты. По мнению Яковенко, в действительности конфликты отличались разнообразием и высокой динамикой. Казачьи отряды нападали по своему усмотрению, не заботясь о том, что скажут вожди восстания в Киеве, без разбора грабя православные монастыри, украинские и еврейские селения. Жертвы с обеих сторон исчислялись тысячами. Высшая украинская знать была привержена скорее дворянской воинской этике, чем идеям солидарности с соотечественниками или единоверцами. Казачья власть лишила собственности тысячи польских шляхтичей и евреев, раздав ее казакам и украинским крестьянам. Все это привело к роковому ослаблению Речи Посполитой и боль-

Рис. 3.1. Памятник Богдану Хмельницкому в Киеве (1888) стоит напротив величественной колокольни начала XVIII века, у входа в Софийский собор, возведенный в XI веке. В 1740-х годах колокольню перестроил петербургский архитектор Иоганн Готфрид Шедель. В ходе реконструкции она получила нарядный барочный фасад, выполненный украинскими мастерами.
Фото Джека Коллманна

шим переменам в украинских землях. Когда страсти улеглись, было подписано Андрусовское перемирие (1667), подтвержденное затем «Вечным миром» (1686). Приднепровские земли были поделены на Правобережье (оставшееся в составе Речи Посполитой) и Левобережье (где правил Хмельницкий, а затем его преемники). В 1654 году Хмельницкий заключил союз с Россией (Переяславский договор 1654 года), по условиям которого Левобережная Гетманщина поступала в зависимость от России. С востока к ней примыкала Слободская Украина, уже входившая в русскую сферу влияния, а с юга — все еще независимая Запорожская Сечь; тысячи украинских крестьян и казаков бежали в ту и другую в те десятилетия, пока продолжалась смута.

Правобережная Украина оказалась опустошена в ходе долгой войны, последовавшей за восстанием Хмельницкого: население сократилось, экономика была подорвана. В 1680-х годах польские власти разрешили казакам вернуться и возвратить свои земли, но одновременно позволили там селиться польской шляхте, заложив основы социальной напряженности, которая сыграла свою роль уже в следующем столетии. Сохранялись крепостничество и характерная для Польши структура общества. Под давлением католических иерархов православная церковь в Правобережье в начале XVIII века была вынуждена признать унию. Западнее Правобережья находились Галиция и Волынь, которые из всех земель с украиноязычным населением в наибольшей степени испытали польское влияние. Там не было казачества, основой экономики являлись крупные магнатские хозяйства, где применялся труд крепостных. Самым значительным городом был динамично развивавшийся многоэтничный Львов.

Казаки Гетманщины пользовались автономией в течение полувека. То была относительно плотно заселенная территория с 11 крупными городами и 126 малыми. Число жителей в конце XVII века составляло около 1,2 миллиона человек. Отстаивая казачью независимость и православную веру, гетманы упразднили униатскую церковь, изгнали польских землевладельцев, демонтировали польско-литовскую парламентскую систему с собраниями шляхты. Место последней заняло полковое устройство: полковники правили согласно казачьим обычаям. В Гетманщине так и не появилось официально признанных сословий — например, казачьего эквивалента дворянства, — но в течение одного-двух поколений была выстроена четкая социальная иерархия.

Первоначально в Гетманщине, как и раньше, без труда причисляли к казакам: крестьяне, горожане, выходцы из русской шляхты могли стать казаками с правом владения землей, свободой от налогообложения, возможностью участвовать в местном самоуправлении. К 1650 году численность казаков стала наибольшей за всю историю — 50 тысяч человек. Такое расширение общественной элиты, в контексте польской политической культуры с ее традициями представительства и в условиях колоссального роста сельскохозяйственного производства, быстро превратило казаков Гетманщины в слой привилегированных землевладельцев, внутри которого царило громадное социальное неравенство (тот же процесс шел на Дону). Казацкая старшина присвоила себе земли польской короны и шляхты, постепенно урезая права низшего офицерства и рядовых казаков (на владение землей, на занятие должностей, на участие в государственном управлении). Казачьи низы беднели, многие казаки погибли в войнах второй половины столетия. В 1669 году казаков насчитывалось всего 30 тысяч, в 1730-м — лишь 20 тысяч, причем многие из них впали в нищету.

Тем не менее, первые 60 лет существования Гетманщины считаются одним из самых благоприятных периодов в истории Украины, особенно гетманство Ивана Мазепы (1687–1709), культивировавшего свойственные раннему Новому времени формы национального самосознания. В культурной жизни ведущую роль играла Киево-Могилянская академия с передовым для той эпохи 12-летним курсом обучения, предусматривавшим преподавание языков (латынь, древнегреческий, церковнославянский), классических дисциплин (риторика, ораторское искусство, философия, богословие) и современных наук (астрономия, география, математика). В студентах, соответственно представлениям раннего Нового времени, пробуждали стремление к вовлеченности в дела общества, опорой которому служило возрожденное православие. Из академии вышли два самых влиятельных советника Петра I — Стефан Яворский и Феофан Прокопович, познакомившие Петербург с чрезвычайно убедительными идеями абсолютизма и политических и религиозных реформ. В Киево-Могилянской академии Прокопович сочинял школьные драмы, прославлявшие историю казаков и гетмана Ивана Мазепу. Сам Мазепа тоже окончил академию, после чего учился в варшавском Иезуитском коллегиуме, некоторое время провел при польском дворе. Обладавший светским лоском, он демонстрировал свое могущество и свою образованность, предпринимая дорогостоящие строительные проекты (церкви, монастыри и светские здания в так называемом стиле мазепинского барокко). В его дворце близ Батурина была изысканно украшенная комната для проведения досуга, где висели портреты тогдашних европейских монархов и помещалась библиотека, включавшая сочинения на латинском, немецком, украинском языках и коллекцию средневековых манускриптов. Это здание, также в стиле мазепинского барокко, носило следы итальянского влияния, напоминая виленские постройки той эпохи (фасад с колоннами), и продолжало местные традиции (цветные керамическое розетки, выполненные киевскими мастерами).

Киев по-прежнему был центром книгопечатания, которое отражало этническое разнообразие региона: из 13 типографий девять печатали книги на украинском языке, три — на польском, одна — на еврейском. Вопрос о политической идентичности остается спорным: Дэвид Фрик писал о том, с какой легкостью некоторые украинские богословы и полемисты (Лаврентий Зизаний, Мелетий Смотрицкий, Касьян Сакович) причисляли себя то к униатам, то к православным, перемещаясь — физически или интеллектуально — между Киевом, Римом и Москвой. Яковенко говорит об относительной религиозной терпимости высшей знати или, по крайней мере, ее безразличию к богословским спорам, между тем как православие оставалось важнейшим фактором для некоторых идеологов. В своем «Синопсисе» (1674) Иннокентий Гизель, ректор Киево-Могилянской академии, настаивал на единстве истории восточнославянских народов, утверждая, что Приднепровье стало колыбелью общей для всей русской империи православной цивилизации. Другие обращались в поисках идентичности к казачеству и Гетманщине: светские авторы сочиняли «казацкие хроники», чтобы увековечить память о войнах казаков, независимости Гетманщины и земель Руси, облик которых определяло православие. «Летопись самовидца» конца XVII века, приписываемая Роману Ракушке (ум. 1703), представляет собой драматический рассказ непосредственного свидетеля событий.

Во второй половине XVII века Россия употребляла свою власть над Гетманщиной сравнительно мягко, в соответствии с Переясславским договором 1654 года. Хмельницкий и казаки видели в нем двустороннее соглашение и военный союз, который позволит им сохранять относительную самостоятельность: он гарантировал казакам неприкосновенность их институтов, свободу от налогов, автономию в военном отношении — то есть широкую независимость при вхождении в сферу влияния русской империи. Но гетман и казаки были вынуждены принести присягу царю от имени своего народа, и при возобновлении договора Россия всякий раз пыталась ограничить автономию казаков. Самым ощутимым действием в этом смысле стало назначение воевод и отправка гарнизонов в пять городов (1659); позднее число таких городов увеличилось. Воеводы не должны были вмешиваться в городские дела, но на практике горожане с течением времени стали обращаться к ним, если вступали в конфликт с казачьей администрацией, и русское влияние постоянно росло. Тем не менее, Зенон Когут считает, что в 1672–1709 годах наблюдалось возрождение сильной гетманской власти, после того как период наиболее жестоких военных действий остался позади.

Еще одним локусом, при помощи которого Россия стремилась осуществлять контроль над Украиной, была православная церковь. В 1686 году киевский митрополит перешел в подчинение московскому патриарху вместо константинопольского. Постепенно усилиями Москвы его юрисдикция сократилась до Гетманщины, а некоторые епархии в белорусских землях перешли в ведение московского патриарха; те же, которые находились в Правобережье, приняли унию. Но первоначально киевский митрополит получил заверения в том, что он сохранит известную автономию: это касалось церковных судов, школ, типографий, управления обширными земельными владениями.

«Потоп», настигший Речь Посполитую, особенно территории бывшей Киевской Руси и Великого княжества Литовского, был назван крайне удачно: шведы вторгались в страну с севера, русские и запорожские казаки — с востока и юга, на западе в польские дела активно вмешивалось княжество Бранденбург-Пруссия. К концу столетия Россия, Бранденбург-Пруссия и Швеция были на пути превращения в сильнейшие державы Центральной и Восточной Европы, тогда как Речь Посполитая фактически утратила суверенитет и потеряла часть территории. Помимо приобретения вассала в виде Левобережной Гетманщины, Россия получила имевшую большое значение полосу земли на западных рубежах, тянувшуюся с севера на юг. В политическом, экономическом, социальном, культурном и религиозном отношении эти области сильно отличались от московского центра. Хороший пример этому — Смоленск. Москва отвоевала его у Литвы в 1514 году и удерживала до 1611 года, затем вновь заняла в 1654-м. К этому времени Смоленск стал непохож на русские города, сделавшись форпостом политического плюрализма, какого не знала Москва. Горожане пользовались самоуправлением согласно Магдебургскому праву, знать имела в своем распоряжении польские политические институты и законные привилегии, большинство жителей были униатами. В XVII веке Москва в своей колониальной политике практиковала принцип невмешательства, гарантируя социальные права и привилегии знати, магдебургские институты — городам, где они уже существовали. Но при этом она прибегала и к принуждению, принудительно переселив, например, 300 смоленских дворян и казаков на Закамскую черту и запретив униатскую церковь на новоприобретенных территориях. Крестьяне были крепостными еще при поляках, и их положение не изменилось.

* * *

В первые 150 лет существования империи территория России колоссально увеличилась. По оценке русского ученого Я. Е. Водарского, с конца первой четверти XVII века по 1700 год территория Европейской России (к западу от Урала) выросла с 2,8 до 4 миллионов квадратных километров, еще 12 миллионов дала Сибирь. В состав империи вошли народы, степень подчинения которой была неодинаковой. Казачья вольница в пограничных областях с трудом поддавалась контролю; район Казани и Среднее Поволжье подверглись русификации в результате миграции населения. Различные народы, перешедшие в подданство России, заключали «сепаратные сделки» благодаря принципу невмешательства, лежавшему в основе российской колониальной политики. Дань собиралась мехами или деньгами, восстания жестоко подавлялись, за тяжкие и государственные преступления полагались телесные наказания, увечья или смертная казнь. Но в целом местные сообщества сохраняли свои институты, язык, религию, элиту. То была «империя различий».

А еще — империя постоянного движения, в состав которой постоянно входили новые земли, культуры и народы. В раннее Новое время оборотной стороной имперской экспансии обычно была колонизация. Государство посылало чиновников для управления покоренными народами, оно же отправляло переселенцев для навязывания норм и культуры господствующего центра. Мы завершим главу размышлениями о том, как эти проблемы выглядели в российских условиях. Историки красноречиво описывают имперскую экспансию России, но при этом уделяют внимание по преимуществу беспрестанному движению русского крестьянства. Восточные славяне в раннее Новое время отличались высокой мобильностью, даже после окончательного установления крепостничества в середине XVII века. Великий русский историк В. О. Ключевский (1841–1911), развивая идеи своего учителя С. М. Соловьева (1820–1879), произнес известную фразу: «История России есть история страны, которая колонизуется». Он имел в виду способ ведения сельского хозяйства в северных лесах, когда крестьяне после истощения почвы уходили на несколько верст, расчищали от деревьев новый участок, и все начиналось сначала. Звероловы, в свою очередь, передвигались на новое место, когда в прежнем заканчивались белки, бобры и соболя. В XVII и XVIII веках, после присоединения черноземных районов, крестьяне могли также мигрировать, когда земля в перенаселенном центре, страдавшем от крепостничества, начинала давать скудные урожаи. Наконец, крестьяне постоянно бежали от крепостной зависимости, пытаясь строить новую жизнь в пограничье. Соловьев и Ключевский пренебрежительно относились к этой неустанной активности, приписывая ее отсутствию национального духа, привязанности к земле и стране.

Современные ученые задаются вопросом, не приводили ли эти странствия, которые осуществляли сплоченные общины — напрямую контролируемые государством, но в обход административной системы как таковой, — к колонизации. Многие возражают против этой теории, считая, как указал Уиллард Сандерленд, что континент, который Россия неуклонно подчиняла себе, мыслился русскими в ходе их движения как единое пространство: они не располагали термином, который соответствовал бы «колонизации», и не проводили резких различий между собой и коренными жителями. Скорее, новопоселенцы вступали с государством в самые разнообразные отношения. Одни сохраняли свой прежний статус (крепостные, обязанные платить налоги и нести рекрутскую повинность), другие же примеряли новую роль (крестьяне, из которых комплектовались приграничные гарнизоны). Общины переселенцев и туземцев, оказывавшиеся под контролем русского государства, как правило, пользовались административной и финансовой автономией, с особым набором льгот, который отличал их от других таких же групп. Государство так и не выработало единой, последовательной политики колонизации окраин; степь от Черного моря до Каспийского демонстрировала, особенно в XVIII веке, предельное разнообразие. Поскольку миграция русских крестьян происходила постоянно, а плотность и русского, и туземного населения на новоприобретенных территориях была невысока, кое-кто, вслед за Соловьевым и Ключевским, утверждает, что русским было тяжело самоопределиться как нации. Но можно возразить, что они воспринимали многоэтничную империю как русское пространство.

В связи с этим не так давно началась еще одна дискуссия. Некоторые ученые пользуются понятием «внутренняя колонизация», осуждая хищническое отношение российского государства к своим народам. Александр Эткинд указывает на иронию истории: государство возложило самое тяжкое бремя — крепостную зависимость, подушную подать, рекрутскую повинность — по большей части на русских, а позже и на других крестьян восточнославянского происхождения (украинцев, белорусов), тогда как с неславянских народов спрашивали намного меньше (ясак, военная служба на окраинах). Эти авторы ссылаются на труды Майкла Хектера, посвященные «внутренней колонизации» кельтской периферии Британии — Уэльса, Шотландии, Ирландии — в XVI–XVIII веках. Хектер понимает под этим методы, с помощью которых центральная власть превращает народы, проживающие на периферии страны с единой непрерывной территорией, в четко очерченные, подчиненные группы населения, которыми центр управляет при помощи силы. Эткинд утверждает, что российская власть обращалась так же с собственным крестьянством, высокомерно относясь к его примитивной культуре и не давая ему выйти за пределы устаревшей аграрной экономики.

Подчеркивая эту иронию истории — дополнительное бремя, возложенное на русское крестьянство по сравнению с нерусскими народностями, — Эткинд указывает на фундаментальную безнравственность имперской политики. Центральная власть не намеревалась защищать русских и эксплуатировать нерусских — напротив, она охотно эксплуатировала первых. В раннее Новое время национализм еще не стал определяющим фактором в политике. Российские правители и элита управляли таким образом, чтобы обеспечить стабильность своей власти и упрочить свои привилегии. Они обременяли податями и рекрутской повинностью тот народ, который было легче всего контролировать, который говорил на том же, что и они, языке, исповедовал ту же религию, имел тот же исторический опыт, обитал в том же месте, в центре страны. В большинстве своем это были православные христиане, и в армии проводились обязательные богослужения. Россия старалась не набирать жителей окраин в полевые войска — расстояние оказывалось слишком большим препятствием (брать в рекруты туземцев Сибири, чтобы отправлять их на польскую границу, вероятно, попросту не стоило труда). Обитатели окраинных областей несли службу в гарнизонах Сибири и в иррегулярных частях, составленных из представителей местных элит (таких как башкирская конница). В других империях дело обстояло иначе — к примеру, османы облагали немусульманское население более высокими налогами, чем мусульманское, — но все империи раннего Нового времени принимали решения, призванные сохранить существующую систему власти, а не обеспечить интересы нации (еще не родившейся).

В конце XVII века обозначились контуры русского имперского проекта: экспансия в сторону Тихого океана, Черного моря, Западной Европы. Следующее столетие стало эпохой расцвета империи, когда все эти устремления полностью реализовались.

* * *

Общие труды по имперской экспансии: Shaw D. Southern Frontiers in Muscovy, 1550–1700 // Studies in Russian Historical Geography, 2 vols / Ed. by J. Bater, R. French. London: Academic Press, 1983. Vol. 1. P. 117–142; Kappeler A. The Russian Empire: A Multiethnic History. Harlow, England: Longman, 2001; Khodarkovsky M. Russia's Steppe Frontier: The Making of a Colonial Empire, 1500–1800. Bloomington and Indianapolis: Indiana University Press, 2002. Понятие «срединных земель» впервые появилось в книге: White R. The Middle Ground: Indians, Empires, and Republics in the Great Lakes Region, 1650–1815. Cambridge: Cambridge University Press, 1991.

О холопстве: Eurasian Slavery, Ransom and Abolition in World History, 1200–1860 / Ed. by C. Witzenrath. Farnham: Ashgate, 2015; Fisher A. Muscovy and the Black Sea Trade // Canadian-American Slavic Studies. 1972. Vol. 6. №. 4. P. 575–594; Kurtynova-D'Herlugnan L. The Tsar's Abolitionists: The Slave Trade in the Caucasus and its Suppression. Leiden: Brill, 2010; Inalcik H., Quataert D. An Economic and Social History of the Ottoman Empire, 1300–1914. Cambridge: Cambridge University Press, 1994.

О взятии Казани и взаимодействии русских с мусульманами в Среднем Поволжье: Romaniello M. The Elusive Empire: Kazan and the Creation of Russia, 1552–1671. Madison: University of Wisconsin Press, 2012; Romaniello M. Grant, Settle, Negotiate: Military Servitors in the Middle Volga Area // Peopling the Russian Periphery: Borderland Colonization in Eurasian History / Ed. by N. Breyfogle, A. Shrader, W. Sunderland. London, New York: Routledge, 2007. P. 61–77; Martin J. Tatar Pomeshchiki in Muscovy 1560s–70s // The Place of Russia in Eurasia / Ed. by G. Szvak. Budapest: Magyar Ruszisztikai Intézet, 2001. P. 114–120; Martin J. Multiethnicity in Muscovy: A Consideration of Christian and Muslim Tatars in the 1550s–1580s // Journal of Early Modern History. 2001. № 5. P. 1–23; Martin J. Mobility, Forced Resettlement and Regional Identity in Muscovy // Culture and Identity in

Muscovy, 1359–1584 / Ed. by G. Lenhoff, A. Kleimola. Moscow: ITZ-Garant, 1997. P. 431–449.

О казаках: Longworth P. The Cossacks. New York: Holt, Rinehart and Winston, 1970; McNeill W. Europe's Steppe Frontier, 1500–1800. Chicago: University of Chicago Press, 1964. Статьи из журналов и материалы дискуссий о разнообразии казачьих общин в Евразии: Ab Imperio. 2002. № 2; Kritika: Explorations in Russian and Eurasian History. 2012. № 13. P. 983–992; 2014. № 15. P. 884–895. Свидетельство современника: Guillaume le Vasseur de Beauplan, A Description of Ukraine. Cambridge, Mass.: Distributed by the Harvard University Press for the Harvard Ukrainian Research Institute, 1993.

О продвижении в Башкирию, Казахстан и на Северный Кавказ: Malikov Y. Tsars, Cossacks, and Nomads: The Formation of a Borderland Culture in Northern Kazakhstan in the 18th and 19th Centuries. Berlin: KS, Klaus Schwarz Verlag, 2011; Sunderland W. Taming the Wild Field: Colonization and Empire on the Russian Steppe. Ithaca, NY: Cornell University Press, 2004; Barrett T. At the Edge of the Empire: The Terek Cossacks and the North Caucasus Frontier, 1700–1860. Boulder, Colorado: Westview Press, 1999; Donnelly A. The Mobile Steppe Frontier: The Russian Conquest and Colonization of Bashkiria and Kazakhstan to 1850 // Russian Colonial Expansion to 1917 / Ed. by M. Rywkin. London: Mansell, 1988. P. 189–207; Boeck B. Imperial Boundaries: Cossack Communities and Empire-Building in the Age of Peter the Great. Cambridge: Cambridge University Press, 2009; Noack C. The Western Steppe: The Volga-Ural region, Siberia and the Crimea under Russian Rule // The Cambridge History of Inner Asia: The Chinggisid Age / Ed. by N. Di Cosmo, A. Frank, P. Golden. Cambridge: Cambridge University Press, 2009. P. 303–330.

О продвижении в Сибирь: Witzenrath C. Cossacks and the Russian Empire: 1598–1725. London: Routledge, 2007; Gentes A. Exile to Siberia, 1590–1822. Basingstoke: Palgrave Macmillan, 2008; Lantzeff G. Siberia in the Seventeenth Century: A Study of the Colonial Administration. Berkeley: University of California Press, 1943; Hartley J. Siberia: A History of the People. New Haven and London: Yale University Press, 2014; Sunderland W. Russians into Iakuts? «Going Native» and Problems of Russian National Identity in the Siberian North, 1870s–1914 // Slavic Review. 1996. № 55. P. 806–825; Forsyth J. A History of the Peoples of Siberia: Russia's North Asian Colony, 1581–1990. Cambridge: Cambridge University Press, 1992; Armstrong T. Russian Settlement in the North. Cambridge: Cambridge University Press, 1965; The History of Siberia: From Russian Conquest to Revolution /

Ed. by A. Wood. London and New York: Routledge, 1991. См. также Sunderland W. Ermak Timofeevich (1530s/40s–1585) // Russia's People of Empire / Ed. by S. Norris, W. Sunderland. Bloomington, Indiana: Indiana University Press, 2012. P. 16–24. У Ли Нарангоа и Р. Крибба можно найти превосходные карты и обзор русской экспансии в восточной Сибири: Historical Atlas of Northeast Asia, 1590–2010: Korea, Manchuria, Mongolia, Eastern Siberia. New York: Columbia University Press, 2014.

О политике и идентичности в Украине в раннее Новое время: Plokhy S. The Origins of the Slavic Nations: Premodern Identities in Russia, Ukraine, and Belarus. Cambridge: Cambridge University Press, 2006; Plokhy S. The Cossacks and Religion in Early Modern Ukraine. New York: Oxford University Press, 2001; Sysyn F. Between Poland and the Ukraine: The Dilemma of Adam Kysil, 1600–1653. Cambridge, Mass.: Harvard Ukrainian Research Institute, 1985; Sysyn F. History, Culture and Nation: An Examination of Seventeenth-Century Ukrainian History Writing. Cambridge, Mass.: Ukrainian Studies Fund, 1988; Sysyn F. Concepts of Nationhood in Ukrainian History Writing, 1620–1690 // Harvard Ukrainian Studies. 1986. № 10. P. 393–423; Isaievych I. Voluntary Brotherhood: Confraternities of Laymen in Early Modern Ukraine. Edmonton: Canadian Institute for Ukrainian Studies Press, 2006; Frick D. Misrepresentations, Misunderstandings, and Silences: Problems of Seventeenth-Century Ruthenian and Muscovite Cultural History // Religion and Culture in Early Modern Russia / Ed. by S. Baron, N. Kollmann. DeKalb, Illinois: Northern Illinois University Press, 1997. P. 149–168; Frick D. Meletij Smotryc'ky. Cambridge, Mass.: Distributed by Harvard University Press for the Harvard Ukrainian Research Institute, 1995; Kohut Z. Russian Centralism and Ukrainian Autonomy: Imperial Absorption of the Hetmanate 1760s–1830s. Cambridge, Mass.: Distributed by Harvard University Press for the Harvard Ukrainian Research Institute, 1988.

О культурных тенденциях: Okenfuss M. The Rise and Fall of Latin Humanism in Early-Modern Russia: Pagan Authors, Ukrainians, and the Resiliency of Muscovy. Leiden: E. J. Brill, 1995; Mezentsev M. Mazepa's Palace in Baturyn: Western and Ukrainian Baroque Architecture and Decoration // Harvard Ukrainian Studies. 2009–2010. № 31. P. 433–470.

Польский писатель Генрих Сенкевич, нобелевский лауреат, посвятил «Потопу» свою трилогию «Огнем и мечом». О бедствиях евреев см.: Nathan Nata Hannover, Abyss of Despair: The Famous 17th Century Chronicle Depicting Jewish Life in Russia and Poland During the Chmielnicki Massacres of 1648–1649 = Yeven Metzulah. New Brunswick: Transaction Books, 1983.

О колонизации, внутренней колонизации и имперских идеях: Sunderland W. Empire without Imperialism? Ambiguities of Colonization in Tsarist Russia // Ab Imperio. 2003. № 2. P. 101–114; Etkind A. Internal Colonization: Russia's Imperial Experience. Cambridge: Polity, 2011; Hechter M. Internal Colonialism: The Celtic Fringe in British National Development, 1536–1966. Berkeley: University of California Press, 1975; Kivelson V. Claiming Siberia: Colonial Possession and Property Holding in the Seventeenth and Early Eighteenth Centuries, Boeck B. Containment vs. Colonization: Muscovite Approaches to Settling the Steppe // Peopling the Russian Periphery: Borderland Colonization in Eurasian History / Ed. by N. Breyfogle, A. Shrader, W. Sunderland. London, New York: Routledge, 2007. P. 21–40, 41–60; Kivelson V. Cartographies of Tsardom: The Land and its Meanings in Seventeenth-Century Russia. Ithaca, NY: Cornell University Press, 2006. Об освобождении от рекрутской повинности: Wirtschafter E. From Serf to Russian Soldier. Princeton: Princeton University Press, 1990.

Об установлении границ: Perdue P. Boundaries, Maps and Movement: Chinese, Russian, and Mongolian Empires in Early Modern Central Eurasia // The International History Review. 1998. Vol. 20. № 2. P. 253–286; Boeck B. Imperial Boundaries: Cossack Communities and Empire-Building in the Age of Peter the Great. Cambridge: Cambridge University Press, 2009.

Глава 4
Экспансия в XVIII веке

Сибирь и степь

За век своего расцвета русская империя существенно увеличилась и в смысле размеров, и в смысле внутреннего разнообразия. Около 1700 года ее площадь составляла приблизительно 16 миллионов квадратных километров; за 100 лет Россия приобрела приблизительно один миллион километров в европейской части и свыше одного миллиона — на территории нынешнего северного Казахстана. В стране проживали представители более чем 25 этнических групп. Рассмотрим кратко приобретения, совершенные в этом столетии, чтобы оценить их значимость. На сибирском направлении Россия проникла на дальневосточные полуострова, а затем на Аляску, лежащую по ту сторону Берингова пролива (где в 1818 году проживали лишь несколько сотен русских и представителей сибирских народностей). Надежды на приобретение территорий, прилегающих к Балтийскому морю, реализовались с основанием Санкт-Петербурга, расположенного на побережье Финского залива (1703). Кроме того, в ходе Северной войны (1700–1721) Петру I удалось приобрести Ливонию вместе с такими крупными торговыми городами, как Рига и Ревель. Разделы Польши (1772, 1793, 1795) дали возможность присоединить земли, входящие сегодня в состав Украины и Белоруссии, герцогство Курляндское и кое-какие территории, населенные литовцами. Победы были одержаны и на юге, но здесь Россия не смогла удержать порты и территории, прилегающие к Азовскому и Каспийскому морям — в 1735 году ей пришлось оставить Дербент и Баку. Однако при Екатерине II были достигнуты блестящие успехи. По итогам трех войн с Турцией (1735–1739, 1768–1774, 1787–1791) Россия удержала Крым и побережье Черного моря от Днестра (близ устья которого уже в 1794 году был основан новый порт — Одесса) до Северного Кавказа. В последней четверти XVIII века Россия, как и прежде, пыталась расширять свои владения за счет Предкавказья и Закавказья, которые частично входили в состав турецкой и персидской империй, а частично находились под их влиянием. Однако эти территории, обладающие крайне сложным политическим устройством и этническим составом, сопротивлялись русскому завоеванию. Единственным успехом здесь стало добровольное присоединение Грузинского царства (1801), окончательно же Кавказ и Средняя Азия были покорены лишь во второй половине XIX века. Кроме того, к России отошли значительная часть бывшей Польши (1815) и Финляндия (1810). Все эти земли имели большое стратегическое и экономическое значение. Территории, присоединенные в течение XVIII века (Прибалтика, Правобережная и Левобережная Украина, причерноморские степи) в 1826 году давали почти 29 % государственных доходов. В этой главе мы рассмотрим политики завоевания и контроля, применявшиеся в отношении восточных и прикаспийских земель, а также Северного Кавказа.

СИБИРЬ

В начале XVIII века Россия заявляла свои права на земли вплоть до Тихого океана и, кроме того, договорилась с Китаем об установлении границы по Амуру. Казаки, действуя от имени государства, продвигались на север и восток в поисках дорогих мехов — собольих и прочих. Кроме того, Петр I снарядил экспедиции для исследования Камчатки, дальневосточного побережья и Аляски. Витус Беринг в 1725 году доплыл до Аляски, но на берег не высадился; в 1741-м он вернулся и объявил ее владением России, что положило начало процессу безжалостного подчинения алеутских племен и уничтожения выдр, котиков и других морских млекопитающих. Петр I и его преемники также усилили эксплуатацию Сибири, особенно по той причине, что к концу XVII столетия в казну стало поступать намного меньше дорогих мехов. Новыми приоритетами стали расселение крестьян с целью ведения сельского хозяйства, обеспечение торговых связей с Китаем и развитие металлургии. Петр I послал немецкого ученого Даниэля Мессершмидта для исследования минеральных богатств Сибири. Промышленная добыча началась на Урале с его месторождениями железа и меди: туда были посланы тысячи крепостных, которым пришлось работать в невыносимых условиях. Как и ранее в случае Строгановых, государство сначала давало монопольные права промышленникам. Речь идет прежде всего о Демидовых, к 1730-м годам превративших юго-восточный Урал в важнейший горнодобывающий и металлургический регион страны. Примерно с 1704 года в районе Нерчинска началась добыча серебряных, а с 1730-х годов — и медных руд. В 1720-е годы Демидовы получили монополию на алтайские месторождения, дававшие железо, медь, цинк, свинец, серебро и золото. В 1744 году государство установило прямой контроль над алтайскими месторождениями, а позже — и над нерчинскими серебряными рудниками. Были упорядочены торговые сношения с Китаем (российским государственным караванам разрешалось прибывать в Пекин раз в три года), в то время как Кяхтинский договор (1727) установил границу между двумя странами.

По всей Сибири протянулась линия крупных острогов, охранявшихся казаками и туземными подразделениями (рис. 4.1). Иркутск защищали местные казаки; в 1720-х годах, помимо Иркутского, в восточной Сибири были созданы Тунгусский и Бурятский казачьи полки, которые возглавлялись представителями бурятской элиты; с 1760-х годов они комплектовались путем добровольного набора. Россия и здесь применяла свою политику учета местных особенностей — большинство туземных институтов и практик остались нетронутыми. Однако на протяжении XVIII века она предпринимала попытки искоренить рабство, существовавшее у местных народов — не только из че-

Рис. 4.1. Спасская башня (1667) из Илимского острога в Иркутском архитектурно-этнографическом музее «Тальцы»

ловеколюбия, но и в надежде сделать бывших рабов налогоплательщиками. Как правило, центральная власть чувствовала себя на сибирских просторах не очень уверенно. Вся Сибирь образовывала одну губернию с центром в Тобольске, делившуюся на пять провинций (Вятскую, Соликамскую, Тобольскую, Енисейскую и Иркутскую); в 1764 году из нее была выделена Иркутская губерния. Вся эта обширная территория слабо контролировалась из центра и славилась процветавшим в ней взяточничеством. Административная реформа 1775 года была применена к Сибири (1783) в урезанном виде. В Европейской России губернии стали намного меньше по размеру, в управлении ими власть опиралась на местное дворянство. Позднее в Сибирь (как, впрочем, и в Европейскую Россию) для лучшего контроля стали назначаться генерал-губернаторы. В 1783 году на ее территории появилась третья губерния — Колыванская: в нее вошли земли алтайского горнодобывающего региона, где наблюдался бурный рост населения. С учетом отсутствия местного дворянства и малонаселенности Сибири в целом, судебные и налоговые органы, предусматривавшиеся административной реформой 1775 года, вводились там в упрощенном варианте. Главами судебных органов становились чиновники, но при этом, в соответствии с реформой, появились суды низшей инстанции, где заседали представители местного населения, а дела решались согласно традиционным практикам. Во всей Сибири существовало всего 33 уезда и, помимо них, шесть областей на малонаселенных окраинах: в них сохранялось исконное местное самоуправление. Таким образом, контроль над Сибирью был усилен, но центральная власть оберегала местные особенности.

В этом столетии наблюдался приток переселенцев в Сибирь. В 1719 году крестьян восточнославянского происхождения и прочих выходцев из Европы насчитывалось 819 тысяч, а местных жителей, по оценкам, — около 360 тысяч (половина из них — буряты и якуты). Однако население распределялось неравномерно. Особенно нелегко приходилось тем, кто обосновывался в таежной зоне, прежде всего в ее восточной части. Русские поселения там были невелики по размерам: в начале XVIII века в долине Лены существовало всего 164 русских крестьянских хозяйства, в низовьях Енисея (данные на 1702 год) — 130. В 1697 году во всей Якутской провинции проживали лишь 1222 русских мужского пола, в 1775-м — 1932. Последняя крупная программа по переселению была осуществлена в 1790-е годы в районе русско-китайской границы, но на эти отдаленные рубежи согласились переехать всего несколько сотен человек. Кроме того, на восток теперь отправлялось намного больше ссыльных, чем в предыдущем столетии: Петр I и его преемники отдавали все большее предпочтение каторжным работам, а не смертной казни. Ссыльные не образовывали сколь-нибудь однородной группы: уголовных преступников обычно отправляли на поселение в Восточную Сибирь, где они работали на рудниках; старообрядцы на протяжении 1750–1770-х годов большими партиями присылались в район Иркутска и занимались крестьянским трудом; военнопленные представляли собой квалифицированную рабочую силу — важнейшим для Сибири событием стала присылка после Полтавского сражения 1100 шведских офицеров, солдат и матросов, которые немало сделали для развития городов и картографии. На востоке оказывались и известные политические заключенные — такие, как сподвижник Петра I Александр Меншиков (сослан в Березов, 1728) и Александр Радищев (сослан в Илимск, 1790). Но ссыльных было очень немного в сравнении с остальным населением, к тому же эти цифры не выдерживают сравнения с теми, которые относятся к следующему, XIX веку.

Государству с большим трудом удавалось заселять центральную часть Сибири; между тем южная часть Западной Сибири и территория современного Северного Казахстана — там, где лесостепь переходит в степь, — стремительно заполнялись выходцами из других областей страны. В первой половине столетия русские и представители народов, проживавших в Среднем Поволжье, хлынули на земли башкир (северный и южный Урал), а в 1740-е годы двинулись оттуда дальше на восток, следуя вдоль границы степи. Для защиты русских поселений от набегов казахов сооружались пограничные укрепленные линии, образовавшие сплошную дугу (карта 4). В Западной Сибири на протяжении 1740-х годов была построена линия, которая шла от Оренбурга вдоль реки Яик к Верхнеяицку (после пугачевского восстания они были переименованы, соответственно, в Урал и Верхнеуральск). В 1750-х годах линия была продлена на восток от Омска на Иртыше (основанного в 1715 году). Иртышская линия шла от Омска на юг вдоль этой же реки, достигая Усть-Каменогорска в алтайском горнодобывающем регионе и проходя через Семипалатинск, важный центр торговли (основан в 1719 году). Территории, защищенные этой укрепленной линией, стали активно заселяться во второй половине столетия. После разгрома войсками Цинской империи джунгар, проживавших к востоку и югу от Иртышской линии (1755–1757), и Китай, и Россия присоединили часть их исконных территорий. К концу столетия в окраинных областях проживало приблизительно 39 тысяч татар, в то время численность восточных славян там достигала 400 тысяч. Переселение в западносибирскую тайгу облегчилось в 1760-е годы благодаря прокладке к северу от Иртышской линии Московского тракта: он шел от Тюмени до Красноярска, располагавшегося в верховьях Енисея. Власти насильственно расселяли крестьян вдоль этого тракта, чтобы обеспечить продовольствием воевод с их аппаратом, казаков, пищальников, духовенство. За ними потянулись добровольные переселенцы. В 1689 году Петр I объявил о намерении построить дорогу из Восточной Сибири в Пекин, но работы начались лишь в 1730-е годы и затянулись на много десятилетий.

Крестьяне восточнославянского происхождения, прибывавшие в Сибирь, не подвергались закрепощению, но платили подушную подать и выполняли работы, требовавшиеся от всех государственных крестьян. К ним не применялась рекрутская повинность, так как государство было заинтересовано в увеличении населения Сибири, а не его сокращении; по этой же причине не брали рекрутов из числа местных жителей. Как и в центре, эти крестьяне создавали самоуправляющиеся общины; многие были выходцами из Поморья с его крепкими общинными традициями. Свои сообщества образовывали также горожане, возчики, купцы и казаки. Восточные славяне и прочие пришлые народы выработали в Сибири особую культуру, которой не знали центральные области. Здесь не существовало крепостного права и помещиков, до административных центров было далеко, жизнь была свободной, вмешательства властей почти не ощущалось, новоприбывшие руководствовались своими собственными чувствами и склонностями. Поселения были более разнообразны в этническом и культурном отношении, чем в центре, приезжие принимали на вооружение стратегии выживания, выработанные туземцами. Там, где населенные пункты были еще более изолированы друг от друга, особенно на Крайнем Севере, и в частности в Якутии, переселенцы из числа восточных славян, как уже отмечалось, нередко перенимали местные языки и местную культуру. И напротив, в крупных восточнославянских общинах старожилы сохраняли русские обычаи, им был свойствен независимый характер, который в последующие годы стал основой для мифа о свободной жизни на окраинах как воплощения истинно русского духа.

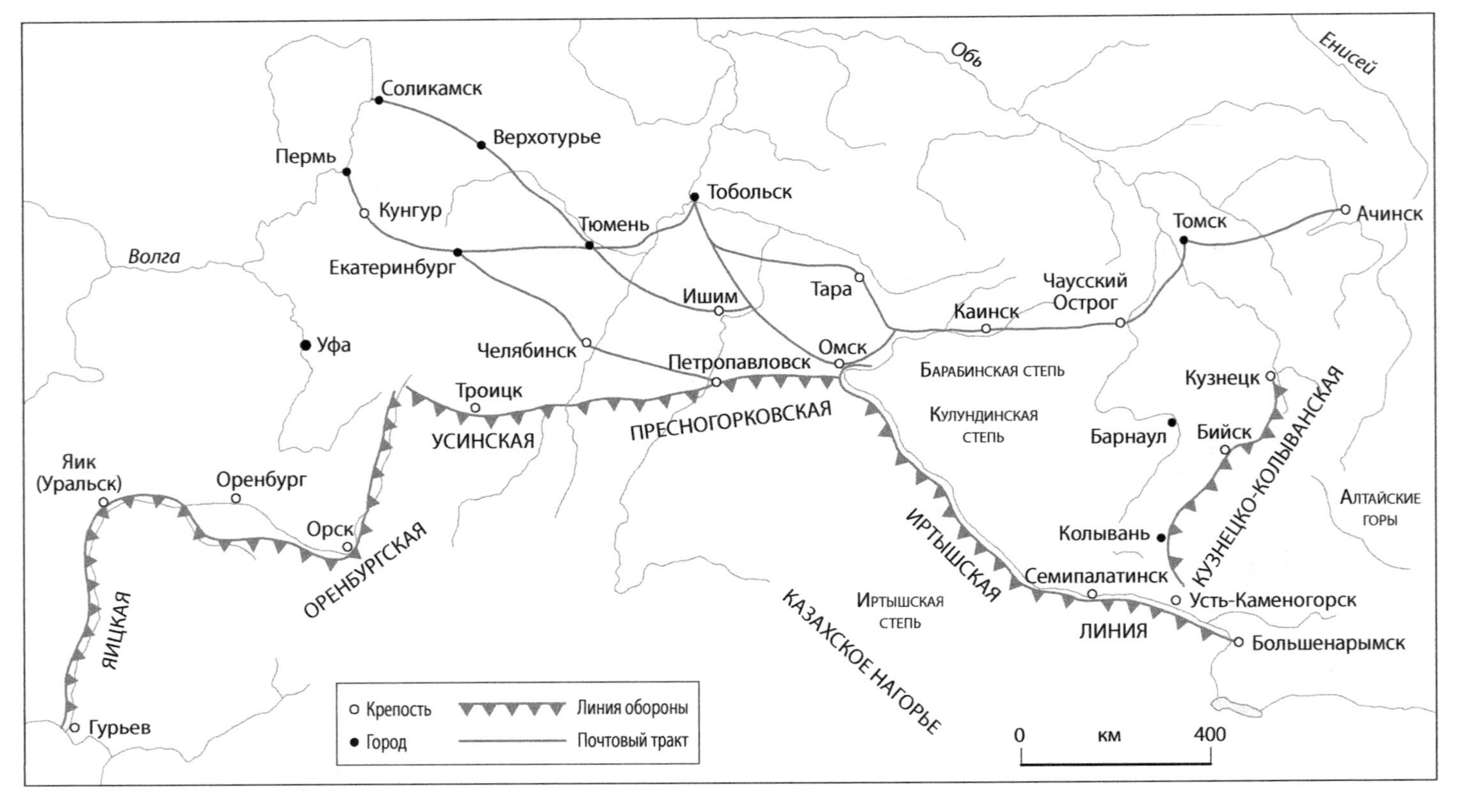

Карта 4. Уральские укрепленные линии и почтовые тракты в Западной Сибири середины XVIII века. Выполнена на основе карты, помещенной в издании: Studies in Russian Historical Geography. London: Academic Press, 1983. Fig. 7.4

СРЕДНЕЕ ПОВОЛЖЬЕ, УРАЛ, БАШКИРИЯ

Среднее Поволжье, раскинувшееся по обеим берегам реки — центром этой географической области, где лес переходит в степь, является Казань, — на протяжении XVI–XVIII веков стало ареной значительных демографических изменений. Население его — чуваши, черемисы (марийцы), вотяки (удмурты), проживавшие в лесах, и татары и мордва, обитатели лесостепи, — состояло в основном из плательщиков ясака. Не все они активно перемещались с места на место, что было отличительной чертой эпохи. Так, вотяки в XVIII веке по большей части не покидали своих исконных земель в Среднем Поволжье и на Северном Урале. Черемисы и чуваши оставались на территориях к северу и югу от Волги выше Казани, хотя некоторые все же переселялись на Урал начиная с 1760-х годов. Однако многие этнические группы пришли в движение и расселились далеко от первоначального ареала обитания. Казанские татары в XVII–XVIII веках оседали в более плодородном Нижнем Поволжье, на Северном и Южном Урале, а также в промышленном районе севернее Казани. В 1790-х годах татары составляли 14 % населения Оренбургской губернии на Южном Урале. Точно так же к середине столетия лишь половина мордвы проживала на своей исторической родине — в Среднем Поволжье, по берегам Суры, южнее Мурома. Остальные переместились в черноземный регион на правом берегу Волги и на Южный Урал; многие из тех, кто выбрал Урал, попали в зависимость от русских, татарских и башкирских землевладельцев, став тептярями.

Русская колониальная политика в Среднем Поволжье в течение этого столетия становилась все менее терпимой к местным особенностям. Сюда переселилось много русских, регион стал относительно близок к центру, границы империи отодвигались к югу и к востоку, государство стремилось навести единообразие в налогообложении и социальной политике. К 1740-м годам плательщики ясака перестали быть таковыми, на них распространили подушную подать и рекрутскую повинность — бремя, которое несли лишь немногие неславянские народы империи. Нетипичной была и насильственная христианизация (две волны — в самом начале столетия и в 1740-е годы). Большинство мордвинов, чувашей, черемисов и вотяков обратились в православие, но лишь поверхностно, сохранив анимистские культы; однако вместе с этим они постепенно подвергались русификации. Такому же обращению, насильственному и поверхностному, подверглись и сибирские народы: в Западной Сибири это были остяки (ханты) и вогулы (манси), в Восточной — якуты, тунгусы, буряты, чукчи, коряки.

Те, кто сопротивлялся обращению, подвергались экономической дискриминации. Землевладельцы-мусульмане (татары), отказывавшиеся переходить в православие, теряли свои угодья и становились однодворцами, а то и крестьянами-налогоплательщиками. К концу XVIII века татарская элита, ранее владевшая большей частью земель в Среднем Поволжье, в значительное мере утратила свои позиции; многие из тех, кто остался верен исламу, сделались купцами и предпринимателями в Казани, участвуя в торговле между башкирами, казахами и Российской империей. Этническое самосознание татар начало формироваться в 1760-е годы, когда Екатерина II отказалась от насильственной христианизации мусульман — как под влиянием гуманистической идеологии Просвещения, так и из желания видеть татарских купцов посредниками в торговле с Китаем и странами Средней Азии. Татары, принадлежавшие ко всем социальным слоям, от князей до крестьян, начали создавать по всей империи сети контактов, торговые и культурные; они образовывали немалое по численности меньшинство населения на Южном Урале и Северном Кавказе и большинство — в Крыму. Татарский культурный ренессанс в масштабе всей страны состоялся после вхождения в ее состав Крыма с татарским населением (1780-е годы), которое установило связи с казанскими татарами. Черемисы (марийцы) и чуваши, не принявшие православие, испытывали влияние татарской культуры, исламской по своей сути — независимо от того, оставались ли они в Среднем Поволжье или переселялись в район Оренбурга.

В Башкирии русские действовали примерно таким же образом, стремясь потеснить местных землевладельцев и поселить на этих землях лояльных России крестьян-налогоплательщиков. Настал расцвет металлургии: с 1699 по 1725 годы на Урале появилось 18 крупных заводов, к которым было приписано свыше 5000 крепостных. В 1721 году Петр I предоставил недворянам право владеть крепостными, чтобы покупать крестьян для работы на подобных предприятиях. Эти рабочие прибывали вместе с семьями, что привело к заметному росту численности неместного населения в Башкирии. В Башкирии размещались крупные склады, обеспечивавшие караванную торговлю со Средней Азией; на севере и западе имелись плодородные земли. Переселенцы прибывали и в Южную Башкирию, но большую часть ее территории по-прежнему занимали пастбища, где пасся скот кочевников.

Строительство укреплений в Башкирии преследовало разнообразные цели: обеспечить спокойствие вдоль торговых путей, ведущих в Среднюю и Восточную Азию, предотвратить бегство русских налогоплательщиков в степи, подорвать политическое единство башкир. Закамская черта, сооруженная в 1650-х годах, утратила свое значение, и к началу 1730-х годов возникла параллельная ей линия, проходившая южнее, в направлении северо-запад — юго-восток, от Красного Яра близ Самары до Мензелинска в среднем течении Камы: она разрезала надвое Северную Башкирию. В 1730-е годы была закончена большая оборонительная линия в форме дуги, которая пролегла через калмыцкие и казахские степи, в том числе через владения яицких казаков — от устья Яика до Оренбурга. Тогда же появилась Самарская линия, которая шла южнее реки Самары, вдоль нее, от Красного Яра до Оренбурга, где соединялась с линиями, простиравшимися в Западную Сибирь. В 1750-е годы, таким образом, уже существовали линии протяженностью 3500 километров от устья Яика до Алтая. Все эти колоссальные по объему работы финансировались за счет подушной подати, которой были обложены мордва и татары в Среднем Поволжье.

Россия пользовалась разногласиями между башкирами, чтобы окружить их на их же собственных землях. Как правило, башкиры, проживавшие на севере, более оседлые и нередко состоявшие на русской службе, были менее склонны к восстаниям, чем те, которые населяли южноуральские земли и вели преимущественно кочевой образ жизни. Но все они были способны объединиться, имея одинаковые причины для недовольства — чрезвычайные поборы, земельные захваты. Так, в 1705–1711 годах башкиры восставали в ответ на увеличение ясака и количества лошадей, которых у них забирали для ведения Северной войны. В эти же годы и по этим же поводам вспыхивали мятежи в Астрахани и среди донских казаков.

Оренбургская экспедиция (1734–1744) с первого взгляда могла показаться научным и картографическим предприятием, но в действительности она являлась мощным орудием политического угнетения. Возглавляемая картографом Иваном Кирилловым (1689–1737), она состояла из ученых, которым поручили составлять карты, описывать растительный и животный мир, создавать условия для прибытия новых поселенцев, а главное — основывать укрепленные города и линии, о которых говорилось выше. Все это было частью плана по окружению башкирских земель. Экспедиция основала Оренбург на берегах Яика (1735), в самом сердце области башкирских пастбищ (позднее, в 1741 и 1743 годах, он переносился ниже по реке), и начала работы по строительству укреплений. Настойчивые захваты земель, а также стремление сократить число мусульманских старейшин и усилить контроль русских властей над исламом привели к Башкирскому восстанию (1735–1737), которое Кириллов подавил с необычайной жестокостью. Более 300 башкирских деревень были сожжены, около 30 тысяч человек, включая женщин и детей, — убиты, посланы на каторжные работы либо зачислены в пехотные части, рассеянные по всей империи. По оценкам, речь идет о 12–14 % тогдашнего населения Башкирии. После разгрома восстания Россия стала более жестко контролировать систему самоуправления башкир и создала на их землях новую губернию — Оренбургскую. В 1743 году Оренбург стал основным таможенным постом для сибирской торговли, и караваны стали приходить туда вместо Астрахани. Таким образом, Россия вела систематическую работу по урезанию автономии башкир и установлению русского контроля над этими территориями, используя разнообразные стратегии, которые предусматривали перемещение населения, военные и административные меры.

Башкиры оказались окружены не только оборонительными линиями, но и переселенцами. Для защиты новых линий в 1755 году было создано Оренбургское казачье войско, объединившее казаков Самары и Уфы, поощрялось заселение территорий вокруг Оренбурга. Людей перемещали насильно или заманивали привилегиями в виде владения землей и крепостными. В эти края устремились русские дворяне на покое, обращенные в православие калмыки и джунгары, украинские и русские крестьяне, однодворцы с Гетманщины и Слобожанщины, польские шляхтичи из недавно занятого Полоцка. Происходила и миграция на добровольных началах: здесь оседали государственные крестьяне, однодворцы, беглые крепостные, а также татары, чуваши, мордва из Среднего Поволжья и с севера Башкирии. Чтобы привлечь в Оренбург татарских купцов из Казани и бухарских торговцев, их соблазняли различного рода привилегиями. Прибывали и русские землевладельцы — в 1649 году им запретили покупать башкирские земли, но они все равно делали это (или попросту захватывали их). Об этом пишет Сергей Аксаков в «Семейной хронике» (1858), полухудожественном повествовании, рассказывая о поселении своего деда в Башкирии.

К середине 1740-х годов в башкирских землях уже насчитывалось более 50 тысяч переселенцев восточнославянского происхождения. Затем процесс еще более ускорился, и в считаные десятилетия их число почти удвоилось. За 18-е столетие население Башкирии выросло на 64 % и стало этнически разнородным: башкиры, русские, татары, чуваши, черемисы, вотяки, мордва, бухарцы. Оренбург в это время был преимущественно русским городом. Русских землевладельцев насчитывалось вдвое больше, чем башкирских и татарских, вместе взятых. Крестьяне как Северной, так и Южной Башкирии участвовали в оживленной экспортной торговле зерном. Южный Урал же оставался в основном районом скотоводства, кочевого и оседлого: башкиры, уральские казаки и казахи разводили здесь лошадей, овец, коров, коз и верблюдов. Однако и в этих землях оседали крестьяне, занимавшиеся земледелием. Если в 1719 году башкиры составляли 71 % населения в историческом ареале своего обитания, то в 1795-м — всего 20 %, а доля русских выросла до 40 %.

Башкирам наносили прямой урон переселение извне и усиливавшийся политический, экономический и религиозный контроль России. Религиозная политика последней вела к росту напряженности. Комиссия, которой было поручено обращение в православие народов Среднего Поволжья и Урала, с 1731 по 1764 год оказывала давление на мусульман — она встречала сопротивление, прежде всего со стороны башкир, но не отказывалась от своих методов. В своих наказах Уложенной комиссии (1767) башкиры часто просили разрешить постройку новых мечетей и религиозных школ.

Тем не менее, в XVIII веке Башкирия была не так сильно интегрирована с центром, как Среднее Поволжье, различные социальные группы имели неодинаковый статус. В отличие от того, что наблюдалось у многих народов Среднего Поволжья, беднейшие башкиры и другие обитатели региона не были превращены в государственных крестьян (с последствиями в виде подушной подати и рекрутчины): они платили ясак, причем в меньшем размере, чем другие нерусские народности, и даже тептяри (нерусские, обрабатывавшие земли башкир) платили более легкий оброк, чем государственные крестьяне славянского происхождения. Башкирская элита сохранилась, действуя как посредник на «срединной земле». Россия дала ее представителям возможность сохранить свой статус: некоторые служили в милиции на Закамской оборонительной линии, не платили ясака и носили почетный титул тархана. Так называемые «верные башкиры» служили бок о бок с русскими в Оренбурге, как и мещеряки (мишари), татары, перешедшие на русскую службу после взятия Казани; многие селились возле Уфы, в центре Башкирии. Башкирские и мещерякские землевладельцы контролировали местное самоуправление, в которое московские власти почти не вмешивались.

Административная реформа 1775 года, осуществленная здесь в 1781-м, способствовала привлечению башкир на русскую службу. От обширной Оренбургской губернии отделили новую,

Уфимскую, в составе 12 уездов; обе находились под управлением генерал-губернатора. Как и в Европейской России, в Уфе и Оренбурге появились земские суды для элиты, судебные палаты по уголовным и гражданским делам, совестные суды. В них заседали жители башкирских деревень и представители других сообществ — как на высшем, так и на местном уровне. В десяти уездах создавались суды низшей инстанции (расправы) для башкир и других коренных народов, а также государственных крестьян. Основой для их деятельности служили шариат и местные обычаи. Одной из целей этого был подрыв могущества башкирских элит. Образованные в результате реформы полицейские и судебные органы обычно заполнялись офицерами, русскими и башкирами, так как русских землевладельцев в этих краях было немного (лишь в пяти уездах из 12 их оказалось достаточно, чтобы создать дворянские земские суды).

Еще одним инструментом привлечения местного населения на сторону России стало Оренбургское магометанское духовное собрание (1788), на самом деле находившееся в Уфе. Оно избирало главу всех мусульман России — муфтия и являлось посредником между российскими властями и мусульманским сообществом. Теоретически власть его распространялась на приверженцев ислама во всей империи — в Среднем Поволжье, на Урале, в Сибири, в степных областях и в Европейской России. Собрание и муфтий должны были наблюдать за брачными, разводными, наследственными делами, решать административные вопросы, содействовать формированию лояльности к государству и династии. Собрание издавало законы для мусульман, наблюдало за мусульманскими учебными заведениями, назначало мулл и религиозных учителей согласно единообразным процедурам; в свою очередь, государство финансировало строительство мечетей и медресе в Уфимской и Оренбургской губерниях. Благодаря этой реформе Россия получила административный доступ к башкирской общине и определила формы взаимодействия империи с проживавшими в ней мусульманами.

Наконец, Россия, как и везде, использовала военную администрацию для поиска и воспитания верных ей слуг. В 1798 году было создано Башкиро-мещерякское войско — воинское формирование казачьего типа, состоявшее в основном из мусульман. Для его комплектования образовывались башкирские и мещерякские кантоны. Как и оренбургские казаки, башкиры и мещеряки несли службу на укрепленных линиях и призывались на двухлетний срок. На Оренбургской линии выплачивалось ежегодное жалованье в размере 10–20 рублей, а на более подвижной Сибирской линии — 30–50. На 1767 год в Оренбургской провинции насчитывалось 195 тысяч башкир, 94 тысячи крестьян восточнославянского происхождения, 60 тысяч представителей аристократии, 10 тысяч отставных солдат и 49 тысяч казаков. Таким образом, хотя башкиры постепенно подвергались окружению и интеграции в общеимперскую жизнь, в XVIII веке они держались за свое традиционное занятие (военное дело) и за свои земли.

КАЛМЫКИ И КАЗАХИ

Оборонительные линии, протянувшиеся от места впадения Яика в Каспий до Усть-Каменогорска на Иртыше — это более 3000 километров, — стали границей между Россией и степными народами, с которыми она неустанно стремилась установить стабильные отношения, в перспективе подразумевавшие ее господство. Процесс шел, но в XVIII веке еще не завершился, так что граница стала, по сути, «срединной землей». Охранять ее помогали казачьи отряды, создававшие в то же время свои проблемы. Продвигаясь к Каспию, Россия преследовала те же цели, что и в предыдущем столетии, когда, приближаясь к причерноморским степям, строила укрепленные линии: защититься от набегов, добыть плодородные земли, подходящие для земледелия, предотвратить бегство крепостных.

Отношения с калмыками в XVIII веке были нестабильными и, более того, драматическими. Калмыки обитали на левом берегу Волги и с 1655 года состояли с Россией в неустойчивом союзе. Майкл Ходарковский прекрасно показывает, как Россия манипулировала этими отношениями и ужесточала свой контроль, невольно или намеренно ошибаясь в толковании условий договора. Калмыки, в свою очередь, оставляли за собой свободу действий и время от времени восставали, совершали набеги и даже объединялись с крымцами или ногайцами против России. К 1718 году русские закончили сооружать Царицынскую сторожевую линию, отрезав калмыков от их северных пастбищ: им оставили небольшой клочок степи, зажатый между земель, населенных донскими казаками (явными врагами), ногайцами и казахами. В 1720-е годы Россия употребила немалые военные силы для подчинения калмыков, раздувая к своей выгоде распри между ними. Кроме того, она стала открыто вмешиваться в их внутренние дела; в 1741 году калмыки приняли участие в составлении руководства по разрешению споров между калмыками и русскими, которое во многом основывалось на российских практиках и нормах.

Калмыцкие степи, как и Башкирия, активно заселялись русскими и украинскими крестьянами: в 1764 году калмыки составляли всего 67 % населения региона, в 1795-м — 48 %. В 1760-е годы Россия уже вмешивалась в их самоуправление, надзирая за избранием должностных лиц и повышая требования к военной службе; переселенцы из России захватывали пастбища. Поэтому, когда в январе 1771 года власти империи Цин предложили калмыкам обосноваться в Монголии, около двух третей народа тронулись с места. Русское военное командование, неспособное остановить этот массовый исход, стало подстрекать казахов к нападениям на калмыков; другие кочевнические племена тревожили их во время прохода по Средней Азии, так что тысячи человек скончались по пути. Ответ России был жестким: упразднение Калмыцкого ханства и помещение оставшихся калмыков под юрисдикцию астраханского губернатора. В 1780-е годы на этих территориях начала осуществляться административная реформа — в частности, создавались земские суды для калмыков. Численность и могущество волжских калмыков сократились, и они надолго сохранили кочевнический образ жизни, оставаясь ясачным народом на протяжении нескольких десятилетий XIX века.

Если говорить о подчинении казахов, Россия мало чего добилась на протяжении XVIII века. Между тем именно нападения казахов в первую очередь угрожали караванной торговле между русской Западной Сибирью и Средней Азией. Испытывая давление со стороны джунгар, в первой трети столетия две группы казахов двинулись из Средней Азии в прикаспийские степи. В 1731 году Малая Орда, занявшая степи по левому берегу Яика, между Каспием и Уралом, вступила в союз с Россией; в 1740 году ее примеру последовала Средняя Орда, обосновавшаяся в степях южнее Западной Сибири.

Во время своих первых контактов с Россией казахи являлись типичным среднеазиатским кочевым народом. Будучи тюркоязычными, они приняли ислам еще тогда, когда существовала Монгольская империя. Их религиозные обряды, однако, носили синкретический характер. У них не было ни мечетей, ни медресе, ни обучения арабскому языку, а исламские практики дополнялись шаманскими ритуалами, в основе которых лежали культ предков и анимистические представления. Казахи почитали духов солнца и луны, земли и животных, огня и воды. Как и все кочевые народы, они поддерживали устную традицию: клановая генеалогия и военные подвиги находили свое отражение в эпосе, прославлявшем опасности и традиции кочевой жизни. Циркуляция между летними и зимними пастбищами соответствовала описанной в главе 3. Казахи выращивали овец, коз, лошадей, на юге — верблюдов, питание было обычным в таких случаях: молочные продукты, баранина, конина. Кроме того, славились казахские соколы.

Договоры позволили привнести некоторую стабильность в казахско-русские отношения, хотя и непрочную: они нарушались чаще, чем соблюдались. Многие казахи присоединились к яицким казакам и башкирам во время Пугачевского восстания (1773–1775); в 1791–1794 годах вспыхнул уже чисто казахский мятеж, направленный против русских переселенцев, волнения продолжались и в XIX веке. России приходилось постоянно пересматривать отношения с казахами из-за отсутствия согласия между казахскими племенами, проживавшими на большой территории. Малая Орда подпала под влияние России раньше Средней. Когда в 1780-е годы в областях, граничивших со степью, начали осуществляться административные реформы Екатерины II, казахские земли еще не были частью империи. Но в 1784 году в Оренбурге появился суд для разрешения споров между русскими подданными и казахами Малой Орды, включавший по шесть представителей с каждой стороны. Он опирался на русские законы, но прислушивался к мнению местных народов. Россия также пыталась упразднить ханскую власть в Малой Орде, что встречало у казахов такое же сопротивление, как ранее у калмыков. Ей пришлось отступить и ограничиться усилением контроля. В начале XIX века Малая Орда все еще оставалась вне административных структур империи — например, таких, как генерал-губернаторства.

УРЕЗАНИЕ СРЕДИННЫХ ЗЕМЕЛЬ

Россия, как и в XVII веке, в своих многочисленных приграничных зонах зависела от казаков: последние играли роль посредников, отражали нападения кочевников и защищали русских поселенцев, укрепляя границы для преграждения потока беглецов из империи. Большие казачьи сообщества существовали на Днепре и Дону, в Причерноморье, на Северном Кавказе, в приграничной полосе вдоль калмыцких и казахских степей. Однако в XVIII веке Россия ужесточила свою политику в отношении казаков, начав систематически урезать их автономию и юридически закреплять их нахождение на русской службе. В 1721 году дела, касающиеся казаков, были переданы из Коллегии иностранных дел в Военную коллегию: символическое понижение статуса и знак долгосрочного стремления формализовать их службу. В разных местах этот процесс шел с различной скоростью. В 1774 году Екатерина II передала общее руководство всеми казачьими и другими иррегулярными частями своему блестящему сподвижнику Григорию Потемкину, генерал-губернатору Новороссии (только что завоеванных южных территорий); он приступил к реформам, затронувшим в первую очередь Запорожье, затем Гетманщину, Дон и Яик.

Яицкие казаки, охранявшие укрепленную линию, которая шла от Оренбурга до Каспия, находились на русской службе с конца

XVII века. Во многом они претерпели ту же эволюцию, что их донские собратья в предыдущем столетии. По мере роста населения и перехода от рыболовства к экономически более выгодному разведению крупного рогатого скота и овец выделилась элита — казачье офицерство, в большей мере зависевшее от России. В 1730-е годы Россия уже постоянно вмешивалась в дела яицких казаков и в 1738-м сместила их атамана; в 1770-е годы атаман назначался русскими властями, а за казачьим кругом надзирал оренбургский генерал-губернатор. Но подобные действия вызывали раздражение, и в 1772 году, в ответ на попытки сделать казаков регулярным воинским формированием и борьбу с преобладавшим среди них старообрядчеством, вспыхнуло восстание: казаки перебили русский гарнизон, включая командующего. Мятеж был подавлен, но всего через год яицкие казаки подняли еще один, перешедший в Пугачевское восстание (1773–1775). После его поражения яицкое войско было распущено и заменено новым, находившимся под управлением оренбургского генерал-губернатора. Увеличилось число русских гарнизонов. Само войско было переименовано в Уральское (а река Яик, соответственно, в Урал) и реорганизовано по единому для всех казачьих войск образцу: действительная воинская служба в течение определенного срока (обычно трехлетнего) где-либо в пределах империи, 17 лет местной службы, еще пять лет нахождения в полицейских частях. Таким образом, уральские казаки были рассеяны по всей территории государства, а трехлетний срок действительной службы нередко удлинялся.

Россия создавала в калмыцких и казацких степях и другие казачьи войска, по мере того как граница отодвигалась все дальше. Сооружая укрепленные линии, о которых говорилось выше — от устья Яика до алтайских копей, — Россия перенаправляла торговлю со Средней Азией к таможням по ту сторону границы, в Оренбурге и Семипалатинске. Эти города сделались, наподобие Астрахани, оживленными мультикультурными центрами, где встречались русские, татарские и бухарские купцы, где можно было видеть церкви и мечети. Россия создала — исключительно для казаков — так называемую Линию, зону плодородных пастбищ шириной в 16 километров между Оренбургом и Алтаем, куда не было доступа казахам и русским крестьянам (см. карту 4). Казаков привлекали для службы на Линии, давая земельные пожалования и торговые привилегии; так возникло новое, многонациональное казачье сообщество, называвшееся по-разному — оренбургские, сибирские или иртышские казаки. Эти войска с самого начала находились под надзором России, хотя и сохраняли самоуправление и особый жизненный уклад. В эти плодородные земли устремлялись люди самого разного сорта: православные русские и украинцы, иностранцы-военнопленные (литовцы и шведы), представители коренных народов Сибири (анимисты или мусульмане), казахи-мусульмане и калмыки-буддисты.

С 1770-х годов Россия начала привлекать казахов Средней Орды для службы на Иртышской линии в качестве линейных казаков. Обедневших казахов также приглашали селиться в удаленных от границы областях, предлагая им пастбищные угодья в обмен на милицейскую службу. К 1819 году более 12 тысяч казахов переселились в Омскую область, где, взаимодействуя с русскими и украинскими крестьянами, усвоили кое-какие особенности жизненного уклада восточных славян: вместо овец стали разводить крупный рогатый скот, добавили в рацион овощи и супы. Некоторые батрачили на русских крестьян и казаков; были такие, кто обращался в православие. Культурный обмен не был односторонним, как указывает Юрий Маликов. Линейные казаки пользовались русским языком в качестве местного лингва-франка, но (как и члены окружавших их сообществ) говорили также по-казахски; формально православные, они примешивали к своей религии анимизм или склонялись к староверию. Некоторые усваивали казахскую культуру: занимались торговлей, переходили на казахскую пищу (конина, кумыс), разводили овец, носили казахскую одежду, оттачивали соответствующие военные навыки. Заключались смешанные браки; казаки покупали казахских детей в качестве работников, хотя это было противозаконно. В случае конфликтов с казахами казаки прибегали к степным обычаям, вплоть до конца столетия отказываясь обращаться в русские суды.

Это был максимум контроля над казаками, которого смогла добиться Россия. Казачьи войска считались официальными русскими частями и возглавлялись русскими генералами, но сохраняли свое полковое устройство и во многом — изначальную автономию. Контроль со стороны России не изменил сути казачьей культуры. В Запорожье, на Дону, Яике, Кубани, Тереке, на Иртышской линии казаки хвалились своими вольностями и своим самоуправлением. Эти воинские формирования, мультиэтничные и мультирелигиозные, сражались во славу своего рода и войска, а не России. С конца XVIII века русские власти предпринимали попытки изменить ситуацию и внушить казакам по всей империи чувство лояльности к России. Для этого на Дону и Урале создавались школы, внедрялось православие, вводились воинские почести и знаки отличия, чтобы отмечать казачьи части, верные России. В 1827 году цесаревич Александр (будущий Александр II) был провозглашен атаманом Донского, Уральского и Терского казачьих войск. По мере того как казачьи верхи богатели, становились более оседлыми и приближались по своему статусу к русскому дворянству, они принимали для себя эту идентичность. В середине XIX века их представители принялись создавать тексты, в которых казаки изображались русскими и православными с самого начала. К концу XIX столетия миф о казаках как самых верных сынах России и самых ревностных защитниках царя сформировался окончательно, но он никак не соотносился с происхождением казаков, имевшим намного более сложный характер.

СЕВЕРНЫЙ КАВКАЗ

Хотя в XVIII веке Россия имела виды на Северный Кавказ — богатые территории с плоским рельефом и черноземной почвой к северу от Кубани и Терека, — он, как и казахское степное приграничье, оставался срединной землей, где проживало множество местных этнических групп, а притязания России на господство поддерживали в лучшем случае только казаки. Уже в XVI веке степи севернее Терека и долина этой реки были местом обитания казаков, промышлявших воровством и грабежами и служивших России тогда, когда им было удобно. Среди них встречались турки, персы, беглые украинские и русские крестьяне, дагестанцы, калмыки, грузины, армяне, ингуши, осетины. Из верований в ходу были анимизм, ислам, православие (нового и старого обрядов, а также грузинского толка). Центром казачьих земель являлся основанный в 1588 году Терский город, который номинально считался русской крепостью и в конце XVI столетия насчитывал, вероятно, около 20 тысяч жителей — преимущественно представителей местных народностей; казаков и русских было намного меньше. В XVI веке Россия начала заключать союзы с кавказскими государствами — Иван IV в 1561 году вступил в брак с кабардинской княжной, — а царский титул с 1594 года содержал слова: «Государь Иверские земли, Грузинских Царей, и Кабардинския земли, Черкаских и Горских Князей». Однако номинальное русское присутствие в Терском городе мало что давало в смысле реального господства.

Серьезное внимание на Северный Кавказ Россия обратила во время Персидских походов Петра I, вступив в борьбу за влияние в этой области с крымскими татарами и Османской империей, и на протяжении большей части XVIII века стремилась закрепиться там. Были основаны Кизлярская и Моздокская крепости с гарнизонами, составленными из местных казаков и из разного рода пришлых. В 1720-е годы тысяче семей донских казаков было велено переселиться на Северный Кавказ (вероятно, последняя из мер такого рода, принятых после подавления Булавинского восстания 1707–1708 годов). Кизляр стал центром для нескольких групп, собирательно именовавшихся терскими казаками. В 1721 году они, как и все остальные казаки в империи, были переданы в ведение Военной коллегии, но в то время Россия еще не утвердилась здесь как следует.

Российское господство стало более ощутимым в 1760-е годы, после успехов в войнах с турками и сооружения укрепленных линий против набегов чеченцев и кабардинцев. В 1760–1780-е годы была построена Кавказская линия, протянувшаяся от Азова к юго-востоку — до Ставрополя и Моздока на Тереке, далее вдоль левого берега Терека к Кизляру, расположенному близ впадения реки в Каспий. В целом линия описывала полукруг, проходя через весь Северный Кавказ. В 1794 году появилась новая линия, параллельная Азовско-Кизлярской: от Екатеринограда близ Моздока (западнее него) к Керченскому проливу. Для охраны этих линий в 1790-е годы на Кавказ переместили часть казаков из распущенного Запорожского войска; так возникло Черноморское казачье войско, располагавшееся севернее реки Кубань. Ногайцы, рассеявшиеся по причерноморским степям, также вступали в казачьи отряды на Северном Кавказе и на Дону. Все эти казаки несли гарнизонную службу, защищали русские территории от нападения, использовались в качестве посыльных и конвойных, составляли карты, строили дороги и мосты.

Их присутствие давало стабильность, необходимую для притока крестьян, которые, в свою очередь, обеспечивали тыл для воинских частей и укрепляли позиции империи в этих краях. В 1760-х годах Россия стала привлекать сюда осетин, предоставив им налоговые льготы в случае обращения в православие, а в 1780-х переселила около 68 тысяч государственных крестьян, преимущественно однодворцев. Помимо насильственного переселения, происходило и добровольное: на Кавказ устремлялись беглые крестьяне, староверы и многочисленные представители северокавказских этнических групп: Томас Баррет назвал это «великой перетасовкой кавказских народностей». Армяне, грузины, ингуши, осетины, чеченцы поселялись за русскими укрепленными линиями, чтобы заниматься землепашеством, выращивать виноград и шелковицу, вести торговлю.

Российская экспансия на Кавказе была обусловлена его стратегическим положением с точки зрения экономики; однако этот регион постоянно создавал для России проблемы этического характера. Со времен Геродота Кавказ поставлял невольников, оживленная торговля людьми не прекращалась, несмотря на то что контроль над Причерноморьем и рынками рабов переходил от одной империи к другой — от Римской к Византийской, а затем к Османской. Воинственные племена Северного Кавказа, как и грузинские князья и знать, не имея достаточных ресурсов, получали за счет этого необходимые им средства. Соседи регулярно совершали набеги на соседей, добывая невольников и скот: все это немедленно отправлялось по путям, которые вели в Крым — крупнейший центр работорговли. Многие из этих рабов были христианами, и с началом продвижения на Кавказ Россия столкнулась с этической дилеммой. Губернаторам было приказано защищать христиан, спасающихся от работорговцев, выкупать или отбивать силой всех рабов-христиан, которые им встретятся. После занятия Крыма в 1770-х годах он перестал служить базой для торговли людьми, но рынки всего лишь переместились в другие места; что же касается Кавказа, там Россия вела борьбу с работорговлей в течение нескольких десятилетий XIX века.

Восточные славяне, в XVIII веке начавшие селиться на Северном Кавказе, увеличили и без того значительное разнообразие этносов, культур и экономических укладов. Так, в Кизляре (1770-е годы) 92 % жителей были нерусскими, мечетей и армянских церквей насчитывалось больше, чем православных храмов. Наблюдалась экономическая специализация по этническому признаку: грузины и армяне занимались виноградарством и шелководством, горцы (ингуши, чеченцы, осетины) — неквалифицированным трудом или ремесленным производством; некоторые из них практиковали степное скотоводство. В черноземной долине Кубани возникли богатые земледельческие хозяйства. Долина Терека в его верховьях также была плодородной, там выращивали виноград и овощи, в прикаспийских областях разводили домашний скот, а чуть западнее сеяли хлеб.

По мере роста численности казаков и невоенных поселенцев им требовалось все больше батраков, и они прибегали к местной практике договорного рабства, существовавшей здесь еще долго после ее официальной отмены петербургскими властями (1718). Взаимодействие казаков с местными народами напоминало то, которое установилось между линейными казаками и казахами: они пересекали укрепленные линии, чтобы вести торговлю, перенимали местные технологии в области земледелия и животноводства. Русские власти предпринимали усилия по обращению северокавказских казаков в православие и их русификации, но на протяжении XVIII века не достигли особых успехов. Многие казаки-христиане были старообрядцами, некоторые исповедовали ислам; частыми были браки с представительницами местных народностей. С конца XVIII и в течение XIX века Россия — как и в случае с линейными казаками — стремилась упрочить в их сознании связь с Россией, империей и царем, создавая знаки отличия, знамена, штандарты, особые имперские полки, но терское и черноморское казачество сохраняло прежний независимый дух. Казаки пели песни о восстании Степана Разина и староверии, каждый отождествлял себя скорее с родной станицей, чем с регионом в целом и тем более — с Российской империей.

Главным центром притяжения на Северном Кавказе, если говорить о российских владениях, оставалась Астрахань, через которую по-прежнему велась крупномасштабная торговля, хотя в середине XVIII века Шелковый путь изменил направление и стал проходить через Оренбург. Ее окружали земли полунезависимых народов — калмыков, ногайцев, казахов. Население самого города было разнообразным по составу: здесь проживали армянские, татарские, индийские купцы, которые вели международную торговлю. Каждая этническая группа обладала собственными правами, включая особое законодательство, отдельную судебную и налоговую систему, но при этом имела доступ к русским судам; все это подробно описал немецкий натуралист Самуил Готлиб Гмелин, посетивший Астрахань в 1770 году. Русские горожане, не принадлежавшие к верхам общества, платили налоги, татарские — нет; армянская и индийская общины вносили единовременные взносы, освобождая себя от налогов и повинностей. Вокруг Астрахани существовало семь татарских городков, пользовавшихся привилегиями в отношении налогов и службы. Все это административное разнообразием заметно сократилось после екатерининских реформ. Уже в 1760-е годы был введен единый суд для всех нерусских народностей, заменивший отдельные суды для армян, татар и индийцев, однако к каждой группе по-прежнему применялись ее собственные законы. В 1780-е годы в Астрахани была реализована реформа 1775 года, появились верхние и нижние земские суды. Подушная подать распространилась на более широкие слои нерусского населения, не относившиеся к аристократии, армяне и татары из близлежащих городов столкнулись с увеличением налогов и дополнительными повинностями. Вне Астрахани была создана упрощенная система местных судов, центром которой стал Екатеринбург; как и на казахской границе, был создан суд для дел с участием подданных Российской империи и тех, кто проживал за ее пределами. В нем заседали представители туземного населения и применялись местные обычаи; апелляционная инстанция в Екатеринбурге состояла из русских и туземцев и разбирала жалобы согласно русскому законодательству. Таким образом, государство учитывало местные особенности, введя в то же время новую, единую для всей империи, административную систему.

ДОНСКИЕ КАЗАКИ

Донским казакам повезло больше, чем многим другим полуавтономным группам на периферии империи: они успешно избежали уничтожения, превращения в обычное провинциальное образование или растворения в русской регулярной армии (то, что происходило с запорожскими и яицкими казаками с 1770-х годов). На протяжении XVIII века донские казаки умело вели переговоры с Россией. В 1707–1708 годах Кондратий Булавин поднял их на восстание, в чем-то напоминавшее разинское (1670–1671). Обедневшие казаки на Верхнем Дону взбунтовались против казачьих верхов, которые содействовали русским властям, высылавшим бедняков с Дона или понижавшим их статус до крестьянского. Петр I, жестоко подавивший стрелецкий бунт в Москве (1698), десять лет спустя так же безжалостно расправился с булавинским восстанием. Как указывает Брайан Бек, он взял на вооружение политику выжженной земли — русские цари никогда не применяли ничего подобного по отношению к повстанцам-казакам. Более 90 % тех, кто проживал в верховьях Дона, погибли, их поселения были разорены, 2000 квадратных километров земли, принадлежавшей донским казакам, были конфискованы с расчетом на то, что туда прибудут русские. Однако с верными ей казаками Россия обращалась так же, как после измены Мазепы в 1708 году: награды и привилегии вместе с контролем Москвы над назначением атаманов и полковников. Петр назначил очередного донского атамана пожизненно (обычно эту должность занимали один-два года), и после этого Москва требовала представлять кандидатуру атамана ей на утверждение. С 1721 года донское казачество стало подчиняться Военной коллегии; кроме того, создавалось Собрание старшин для улучшения взаимодействия с Москвой и более активного привлечения казачьих верхов на русскую службу. В решающие моменты (1718, 1723) вожди донских казаков соглашались на требования России и низлагали избранных атаманов; в 1720 году они провели перепись для составления реестра и исключения новоприбывших из числа казаков, создав паспортную систему. Они действовали в русле внешней политики империи, не нарушая границу с Османской империей и не совершая набегов на ее территорию. Во время войн они действовали там, куда их послал царь: так было во время конфликтов с Польшей и Турцией и даже наполеоновского вторжения.

В обмен на это донские казаки сохранили важнейшие атрибуты независимости: самостоятельно действующие полки, местное самоуправление (под контролем России), свободу от тягла, исключительное право владения землей. Они превратились в замкнутую группу, привязанную к территории, которая уже в XVIII веке обозначала себя как «народ». Те, кто занимал самое высокое положение, стали богатыми землевладельцами и обращали в крепостную зависимость русских и украинских крестьян; право на занятие должности атамана фактически монополизировали представители нескольких семейств. Социальное неравенство между состоятельными верхами и несущими низами увеличивалось на протяжении всего столетия. В 1775 году, после того как донские казаки продемонстрировали свою лояльность во время Пугачевского восстания, вице-президент Военной коллегии Потемкин реорганизовал верховную власть на Дону: эти мероприятия отчасти воспроизводили административную реформу 1775 года, но содержали и отличия, которые обеспечивали Войску автономию. Потемкин создал Войсковое гражданское правительство, где дела обсуждались коллегиально, наподобие того, что существовало в российских губерниях. В него входили атаман и шесть казаков, получавших жалованье от государства и подчинявшихся генерал-губернатору, который фактически надзирал за военной организацией Войска, при том что номинальным главой числился атаман. Контроль со стороны Петербурга оставался достаточно сильным, но назначение выборных лиц из числа старшины позволило казакам сохранить некоторую самостоятельность. Потемкин разработал механизмы, призванные упорядочить доступ к должностям, и сделал шаги к уравнению казачьих верхов с русским дворянством — в духе реформы 1775 года, смысл которой состоял в опоре на местную знать. В 1796 году все представители казацкой старшины получили дворянское достоинство.

Донское казачье войско во многих отношениях добилось наибольшего успеха из всех, находившихся под контролем России: ему удалось сохранять свои культурные особенности и свою территорию на протяжении нескольких поколений. При Екатерине II был создан гвардейский казачий полк — средство вознаградить тех, кто остался верен ей во время Пугачевского восстания. Казаки следующего поколения уже слагали легенды про исконную верность Дона царю и империи. Оставаясь автономными в военном отношении, дончане храбро сражались на царской службе до самого конца империи, так что понятие «донские казаки» стало ассоциироваться с пламенным русским национализмом и преданностью царю. Но от изначальной самостоятельности и духа войскового товарищества мало что осталось. В течение XVIII века старшина богатела благодаря привилегиям, дарованным русскими властями, дворянскому статусу, земельным владениям, ее представители вели образ жизни, характерный для сельской аристократии. Рядовые же казаки нищали, становясь неспособными нести службу. Реформы 1830-х годов были нацелены на реорганизацию экономики Донской области и изменение порядка несения службы, что позволило сохранить войско как привилегированное воинское формирование, состоящее из иррегулярных частей.

Российская экспансия на восточном и степном направлениях требовала посредников на «срединных землях», осуществлявших контроль над этими территориями. Местные племена были подчинены и сориентированы на сотрудничество с Россией, казаки поставляли воинские контингенты и получили определенную автономию, туземные сообщества сохранили социальные и экономические привилегии. В XVIII веке государство стремилось усилить военный контроль над казаками, но казачьи части оставались иррегулярными и находились на особом положении. В то же время российские власти поощряли миграцию восточнославянского населения в эти окраинные земли и даже напрямую участвовали в данном процессе. В XVIII веке империя, как и прежде, удерживала господство над этими территориями при помощи разнообразных стратегий, но общей тенденцией было укрепление связей с ними.

* * *

Демографическая статистика: Mironov B., Eklof B. The Social History of Imperial Russia, 1700–1917. Boulder: Westview Press, 2000. В. М. Кабузан опубликовал на русском языке ряд демографических исследований, охватывающих период с XVIII по XX век, а в географическом плане — Новороссию, Дальний Восток, Крым, поселения немцев и молдаван. Его работы общего плана касаются всех народов империи: Народы России в XVIII веке: Численность и этнический состав. М.: Наука, 1990; Эмиграция и реэмиграция в России в XVIII — начале XX в. М.: Наука, 1998.

Общие труды, посвященные многонациональной русской империи: Kappeler A. The Russian Empire: A Multiethnic History. Trans. Alfred Clayton. Harlow: Longman, 2001; Slocum J. Who, and When, Were the Inorodtsy? The Evolution of the Category of «Aliens» in Imperial Russia // Russian Review. 1998. № 57. P. 173–190; Pallot J., Shaw D. Landscape and Settlement in Romanov Russia, 1613–1917. Oxford: Clarendon Press, 1990.

О внешней политике и экспансии России: LeDonne J. The Russian Empire and the World, 1700–1917: The Geopolitics of Expansion and Containment. New York: Oxford University Press, 1997; The Grand Strategy of the Russian Empire, 1650–1831. New York: Oxford University Press, 2004.

О продвижении на Урал и в прикаспийские степи: Ходарковский М. Степные рубежи России. Как создавалась колониальная империя. 1500–1800. М.: Новое литературное обозрение, 2019; Malikov Y. Tsars, Cossacks, and Nomads: The Formation of a Borderland Culture in Northern Kazakhstan in the 18th and 19th Centuries. Berlin: KS, Klaus Schwarz Verlag, 2011; Brill Olcott M. The Kazakhs. Stanford: Hoover Institution Press, Stanford University, 1986; Donnelly A. The Mobile Steppe Frontier: The Russian Conquest and Colonization of Bashkiria and Kazakhstan to 1850 // Russian Colonial Expansion to 1917 / Ed. by M. Rywkin. London: Mansell, 1988. P. 189–207; Donnelly A. The Russian Conquest of Bashkiria, 1552–1740. New Haven and London: Yale University Press, 1968. A Russian account provides great detail on the conquest of Bashkiria. Труд на русском языке, содержащий много сведений о завоевании Башкирии: Петрухинцев Н. Н. Внутренняя политика Анны Иоанновны (1730–1740). Москва: РОССПЭН, 2014. Отчет натуралиста о путешествии в Астрахань: Gmelin S. Astrakhan Anno 1770: Its History, Geography, Population, Trade, Flora, Fauna and Fisheries, trans. and ed. Willem M. Floor. Washington, DC: Mage Publishers, 2013. О заселении русскими Башкирии: «Детские годы Багрова-внука» — вторая часть (1856–1858) автобиографической трилогии С. Т. Аксакова. Об исламском возрождении конца XVIII в.: Frank A. Russia and the Peoples of the Volga-Ural region: 1600–1850 // The Cambridge History of Inner Asia: The Chinggisid Age / Ed. by N. Di Cosmo, A. Frank, P. Golden. Cambridge: Cambridge University Press, 2009. P. 380–391.

О донских и прочих казаках и Северном Кавказе: Barrett T. At the Edge of the Empire: The Terek Cossacks and the North Caucasus Frontier, 1700–1860. Boulder: Westview Press, 1999; Boeck B. Imperial Boundaries: Cossack Communities and Empire-Building in the Age of Peter the Great. Cambridge: Cambridge University Press, 2009; Menning B. The Emergence of a Military-Administrative Elite in the Don Cossack Land, 1708–1836 // Russian Officialdom: The Bureaucratization of Russian Society from the Seventeenth to the Twentieth Century / Ed. by W. McKenzie Pintner, D. K. Rowney. Chapel Hill: University of North Carolina Press, 1980. P. 130–161; Longworth P. The Cossacks. New York: Holt, Rinehart, and Winston, 1970; Transformations in Cossackdom 1650–1850 // War and Society in East Central Europe. Vol. 1 / Ed. by B. Kiraly, G. Rothenberg. New York: Brooklyn College Press, 1979. P. 393–407; Sunderland W. Taming the Wild Field: Colonization and Empire on the Russian Steppe. Ithaca, NY: Cornell University Press, 2004. О рабстве: Kurtynova-D'Herlugnan L. The Tsar's Abolitionists: The Slave Trade in the Caucasus and its Suppression. Leiden: Brill, 2010; Eurasian Slavery, Ransom and Abolition in World History, 1200–1860 / Ed. by C. Witzenrath. Farnham: Ashgate, 2015.

О Сибири: Gentes A. Exile to Siberia, 1590–1822. Basingstoke: Palgrave Macmillan, 2008; Witzenrath C. Cossacks and the Russian Empire, 1598–1725: Manipulation, Rebellion and Expansion into Siberia. London and New York: Routledge, 2007; Sunderland W. Russians into Iakuts? «Going Native» and Problems of Russian National Identity in the Siberian North, 1870s–1914 // Slavic Review. 1996. № 55. P. 806–825; Hartley J. Siberia: A History of the People. New Haven and London: Yale University Press, 2014; Forsyth J. A History of the Peoples of Siberia: Russia's North Asian Colony, 1581–1990. Cambridge: Cambridge University Press, 1992; Li Narangoa, Cribb R. Historical Atlas of Northeast Asia, 1590–2010: Korea, Manchuria, Mongolia, Eastern Siberia. New York: Columbia University Press, 2014; Jones R. Empire of Extinction: Russians and the North Pacific's Strange Beasts of the Sea, 1741–1867. Oxford and New York: Oxford University Press, 2014.

Глава 5
Западные окраины в XVIII веке

В 18-м столетии произошло головокружительное приращение территорий — на западе и на юге, в Причерноморье. Тем самым были достигнуты цели, которые давно преследовала империя. Петр I отодвинул российскую границу на Балтике, Екатерина II добилась приобретений за счет Османской империи и Речи Посполитой. Вдохновляясь идеями камерализма и Просвещения, императрица несколько упорядочила систему управления, но в целом XVIII век нельзя назвать столетием единообразия. Новоприсоединенные земли сохранили свою продуманную политическую систему, остались нетронутыми и общественные элиты. Несмотря на назначение русских чиновников, Ливония, Гетманщина, еврейские общины, города с магдебургским правом, герцогство Курляндское и Правобережная Украина заметно отличались от центра, если говорить о законодательстве, налогообложении, социальных благах и местной администрации. Экспансия на западном направлении больше чем на каком-либо другом показывает, насколько Россия была привержена политике учета местных особенностей.

К ЧЕРНОМУ МОРЮ

К середине XVIII века Российская империя набрала достаточно сил, чтобы претендовать на причерноморские степи (карта 5). Достигнув успехов в войне 1735–1739 годов — первой из трех, которые она вела в этом столетии против Османской империи и Крымского ханства, — Россия начала планомерную интеграцию этих территорий с остальной страной, урезая их автономию и заселяя их пришедшими извне колонистами, что давало военные и экономические выгоды.

Среди первых, кто понес крупные потери, оказались запорожские казаки. В 1709 году они связали свою судьбу с гетманом Иваном Мазепой, выступив против Петра I, и пострадали, когда тот потерпел поражение. Русские разрушили их хорошо укрепленную столицу Батурин, и казаки переместились в низовья Днепра, перейдя под покровительство османов. Однако накануне русско-турецкой войны 1735–1739 годов они добились от России возвращения своих территорий и полуавтономного статуса при общем контроле со стороны российских властей в Киеве (1734). Для защиты новой Запорожской Сечи Россия возвела третью укрепленную линию (1731–1740), от Орла до Северского Донца, протяженностью в 285 километров и с 20 крепостями. За этой линией началась активная колонизация, сюда устремились крестьяне и казаки как из Левобережной, так и из Правобережной Украины, а также русские однодворцы с востока. В 1762 году на обширном пространстве под властью запорожских казаков — от Южного Буга до Слобожанщины — проживали 33 700 казаков и более 150 тысяч крестьян. Здесь, как и в Гетманщине, ведущие позиции в земледелии, скотоводстве и торговле занимала казацкая старшина; трения между ней и рядовыми казаками непрерывно усиливались.

Как и башкиры, запорожские казаки стали жертвами политического маневра Российской империи, оказавшись в окружении новопоселенцев. В 1750-х годах Россия начала размещать военных колонистов в северной части земель, принадлежавших Сечи. Сербские, болгарские, молдавские и даже украинские крестьяне, сведенные в полки, занимались охраной границ и землепашеством: так возникли Новая Сербия (1752) и Славяно-Сербия (1754). Те, кто состоял в пограничных частях, не платили прямых налогов, а с государственных крестьян не брали подушную подать — только поземельную; крепостные же платили подушную

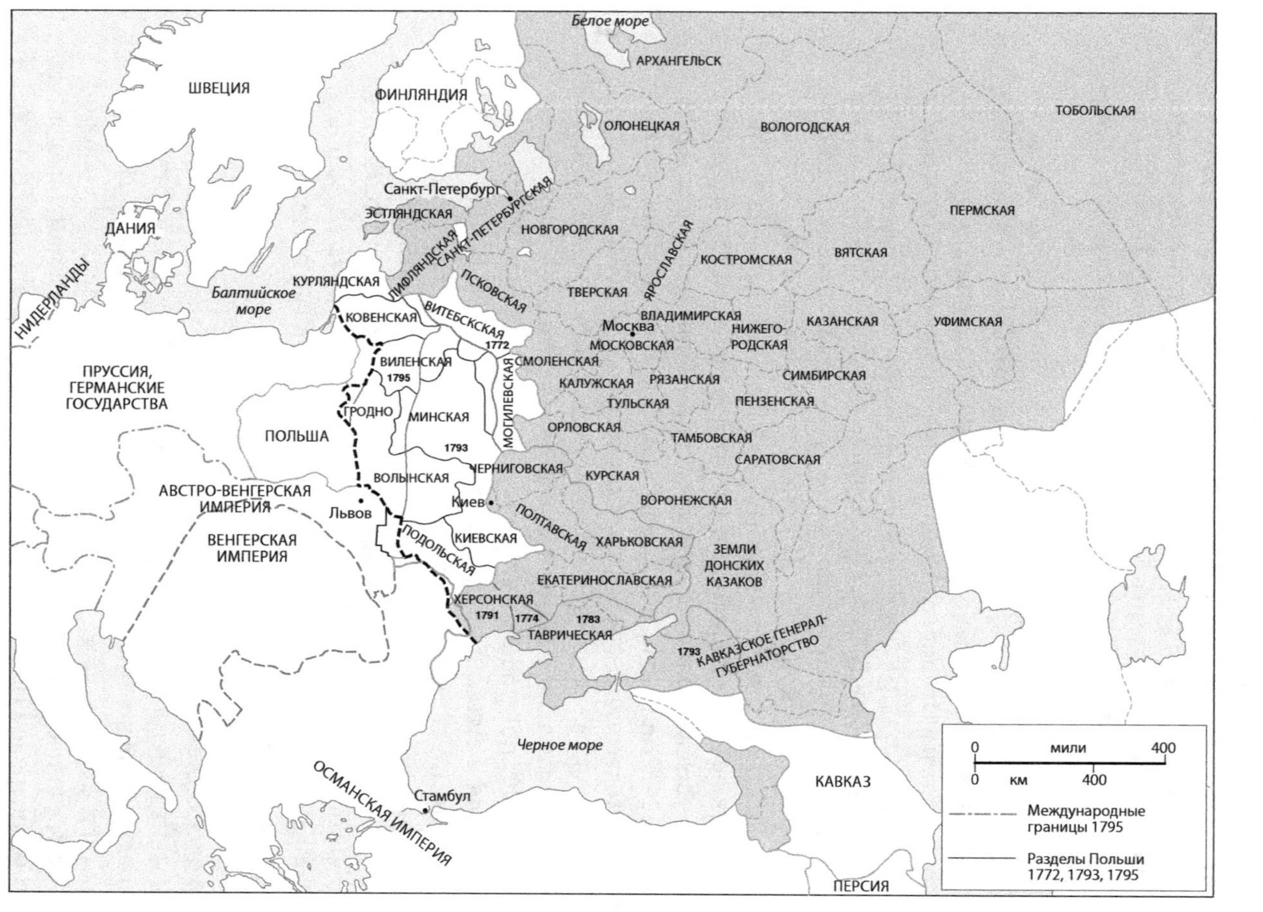

Карта 5. Административное деление Европейской России, завоевания в Причерноморье, разделы Польши. Около 1795 года. С карты, приведенной в книге: Matthews G. Ukraine: A Historical Atlas. Toronto: University of Toronto Press, 1985. Map 16

подать в половинном размере. Правда, в 1776 году для всех крестьян была введена рекрутская повинность. В 1764 году Екатерина II лишила Новую Сербию и Славяно-Сербию большей части привилегий и подчинила их генерал-губернатору Новороссии. Приток украинцев, русских и иностранцев усилился. Запорожских казаков переиграли.

Победа в русско-турецкой войне 1768–1774 годов дала возможность уничтожить Запорожскую Сечь как административный центр казаков. Встревоженная проявлениями недовольства — волнениями в Правобережной Украине, Новороссии и Запорожье в конце 1760-х годов, бегством калмыков в 1771-м, мятежом яицких казаков в 1772-м, Пугачевским восстанием 1773–1775 годов, в котором участвовали башкиры, ногайцы, яицкие казаки и уральские крестьяне, — Россия решила разделаться с казачьими войсками. Несмотря на то что запорожцы преданно сражались на стороне России в войнах с Турцией, в июне 1775 года русские войска, возвращаясь с полей сражений в Причерноморье, сровняли сечевую крепость с землей. Немало представителей старшины подверглись аресту, многие оказались в Сибири. Запорожцы массово зачислялись в русские казачьи войска в качестве рядовых казаков, некоторые стали свободными крестьянами, около 5000 пошли на службу к турецкому султану и осели в дельте Дуная. Земли, принадлежавшие выселенным казакам, были розданы русским дворянам, а также поселенцам — украинцам, русским, сербам. Некоторые запорожцы вернулись на русскую службу после войны с Турцией 1787–1791 годов, обосновавшись в Очаковской степи близ Херсона, однако в 1792 году, после победы, Россия переместила их на Кубань, где было создано Черноморское казачье войско.

После присоединения Крымского ханства его территория вошла в состав чрезвычайно обширного генерал-губернаторства, раскинувшегося от Днестра до Северного Кавказа и Саратова и включавшего три губернии — Екатеринославскую, Вознесенскую и Саратовскую, — а также Крым в качестве отдельной области. Донские казаки удержали за собой свои земли, находясь под контролем Потемкина, доверенного лица Екатерины II и умелого строителя империи. Во всех трех губерниях на протяжении 1783–1784 годов была осуществлена административная реформа 1775 года, появились нижние земские суды с избираемыми на местах членами, так как русских дворян в этих краях было немного. В 1796 году население Екатеринославской и Вознесенской губерний было на 80 % русским и украинским. Рабочей силы не хватало, поэтому землевладельцы не могли принудительно вводить здесь крепостное право, а повинности крестьян были более легкими, чем в центре.

Слободская Украина была интегрирована в течение XVIII века аналогичным образом. Ранее здесь существовало традиционное казачье самоуправление — пять территориальных полков, в которых все пользовались обычными для казаков правами (отсутствие подушной подати, свобода винокурения и торговли). Слободские казаки верно служили России, принимая участие в военных кампаниях против Персии, Речи Посполитой и Османской империи. Тем не менее, с 1730-х годов Россия начала ограничивать численность реестровых казаков в этой области, переводить рядовых казаков в разряд налогоплательщиков, размещать на Слобожанщине регулярные части. Параллельно с этим шел тот же процесс, что в Запорожье и Башкирии: пришлых становилось больше, чем слободских казаков. В конце XVII столетия там проживало 120 тысяч человек, а в 1773 году — уже 660 тысяч; прирост достигался в основном за счет крестьянской колонизации.

В 1763 году на Слобожанщине была введена подушная подать для крестьян, не принадлежавших к числу казаков, а в 1765-м Россия упразднила ее автономию. Вместо Слободской Украины возникла Харьковская губерния, в 45 уездах которой действовали российские законы и была введена российская судебная система: прокуроры, суды различных инстанций, четыре гражданские и уголовные палаты в качестве верхней инстанции. Города получили управление по российскому образцу. В 1770-е годы пять слободских полков были включены в регулярную армию, представителям старшины даровали русское дворянство, а 60 тысяч рядовых казаков и землепашцев стали солдатами или податными государственными крестьянами. В 1780-е годы здесь прошла административная реформа, стали действовать жалованные грамоты городам и дворянству. В 1783-м для всех крестьян ввели подушную подать, а для государственных крестьян и казаков — оброк. Фактически это означало закрепощение украинских крестьян, которые были прикреплены к своему месту жительства.

Совершенно другой была социально-экономическая история на правом берегу Днепра и на западе Украины: до 1790-х годов эти земли, от Галиции и Волынии до Днепра, входили в состав Речи Посполитой. В них происходили существенные изменения, политические и социальные. Казачье управление и землевладение было упразднено в интересах польских магнатов, выращивавших пшеницу и разводивших скот на экспорт. К середине столетия четыре польских аристократических семейства владели 80 % всех земель Правобережья и поощряли переселение туда украинских крестьян из Галиции и даже с левого берега, предлагая выгодные условия. Однако среди народа ширилось недовольство, вызванное религиозным, политическим и социальным угнетением. По истечении 10 или 20 лет новопоселенцы переставали получать налоговые льготы и займы, оказываясь в тяжелой крепостной зависимости — барщина отнимала до четырех дней в неделю. Кроме того, если в Гетманщине существовала система начальных школ, то в Правобережье польские магнаты старались не давать образования крестьянам. Позиции православной церкви систематически ослаблялись, приходы в Галиции и Волыни (Львовское, Перемышльское, Луцкое епископства) в 1690–1720-е годы были переведены в унию. Львовское братство, когда-то ревностно защищавшее православие, в 1708 году стало униатским. К 1760-м годам в Правобережье осталось лишь двадцать православных приходов и несколько монастырей. Недовольство, вызванное всем этим, вылилось в три крупных крестьянских восстания, участников которых называли гайдамаками: они расправлялись с униатами, евреями и поляками. В 1768 году весь регион погрузился в хаос из-за борьбы «русской» и «польской» партий. В самый разгар войны с Турцией русские войска в Гетманщине перешли на правый берег, чтобы подавить мятеж; это привело к первому разделу Польши.

Львов, главный город Галиции, был, как и Вильно на севере, оживленным центром, где смешивались различные культуры: польская, украинская, еврейская. Здесь процветали украинское образование и украинское искусство, особенно возникшая под польским влиянием барочная архитектура: в этом стиле строились соборы, магистраты, дома знати. Униатская верхушка развивала украинский язык и культуру, особенно после того, как Галиция отошла к империи Габсбургов в результате первого раздела.

Гетманщина на протяжении XVIII века оставалась автономным политическим образованием в составе Российской империи, несмотря на роковое решение гетмана Мазепы поддержать Карла XII во время Северной войны (1708). Обеспокоенный тем, как бесцеремонно Петр I обращался с казачьими полками за пределами Украины, Мазепа решил искать защиты у шведов и после их поражения под Полтавой (1709) едва не расстался с жизнью. Взбешенный этим «предательством», Петр назначил особого чиновника, который должен был наблюдать за гетманом и его окружением. Тысячи казаков были отправлены на каторжные работы, а остальные — обложены высокими пошлинами и податями, гетманское окружение подверглось чистке, Россия установила контроль над финансами и судебной системой Гетманщины. По окончании Северной войны (1721) Петр I навел порядок в отношениях России с различными казачьими войсками. В частности, Гетманщина была передана из Коллегии иностранных дел в новосозданную Малороссийскую коллегию — символический шаг, говоривший о намерении России теснее интегрировать Украину.

Но вскоре стало ясно, что осуществлять прямое господство над казаками с их особой системой управления нелегко, и так как эти пограничные области имели большое значение для войн с Османской империей, Россия в течение столетия колебалась между различными стратегиями. Как указывает Зенон Когут, «с 1727-го по 1760-е годы органы местного управления и судебная система Гетманщины функционировали без вмешательства со стороны Петербурга». Контроль над назначением гетмана в 1730–1750-е годы ослаб; императрица Елизавета (1741–1761) лично благоволила Гетманщине, и 1750-е годы стали «золотой осенью» ее автономии. Примером может служить налогообложение. Вплоть до конца XVIII века здесь не вводились российские прямые налоги и повинности, в первую очередь подушная подать и рекрутская повинность. Продолжала действовать прежняя — довольно запутанная — налоговая система. Различные корпоративные институты — гетманская администрация, монастыри, землевладельцы — взимали собственные налоги. Кое-какие налоги платили крестьяне и казаки, продававшие свой труд (фактически батраки) — один шел на содержание казачьего войска, другой — на содержание русских частей, размещенных в Гетманщине. Но все они взымались силами местных сборщиков.

Сохранялась и особая судебная система: имелись уголовные суды, которыми заведовала гетманская администрация, но кроме того, казаки из числа землевладельцев обладали широкими судебными полномочиями в отношении гражданских и мелких уголовных дел. Города и церковь располагали своими судами. Применялось различное законодательство: церковное право — для дел, рассматривавшихся церковными судами, Магдебургского право — для городов, которые обладали соответствующими грамотами, литовские статуты 1566 и 1588 годов, казачье и украинское обычное право, с 1648 года — также гетманские универсалы (указы). Когда Сенат в Петербурге рассматривал какие-либо вопросы, Россия, как правило, подтверждала местные нормы и законы. В 1743 году Гетманщина обзавелась обширным сводом законов, который, хотя и не был официально утвержден Сенатом, широко использовался: это резко контрастировало с неспособностью самой Российской империи кодифицировать свое законодательство, несмотря на попытки, предпринятые Петром, Елизаветой и Екатериной.

В XVIII веке неравенство среди казачества, обозначившееся уже в предыдущем столетии, усилилось. В основе административной структуры Гетманщины лежало традиционное казачье деление на полки, и казацкая старшина накапливала богатства благодаря доступу к власти. Возникло Значковое войсковое товарищество, сплоченное сословие привилегированных землевладельцев, делившееся на три социальные категории, в зависимости от занимаемой должности — в гетманской, центральной или полковой (провинциальной) администрации. Численность его составляла приблизительно 2000 человек. Товарищество принимало действенные меры, чтобы лишить рядовых казаков привилегий, связанных со статусом казака, а также монополизировало экономику: к 1735 году под его контролем оказалось около половины всех обрабатываемых земель Гетманщины. В культурном отношении украинская знать заметно европеизировалась на протяжении этого столетия и пользовалась почти дворянскими привилегиями: свобода от податей, торговые привилегии, право владеть поместьями и налагать на крестьян трудовые повинности, право производить алкогольные напитки, торговать определенными видами товаров, заседать в различных советах и учреждениях. Но в учреждениях Гетманщины не применялась Табель о рангах, а следовательно, представители местной знати не могли этим путем получить наследственное дворянство, как в России.

Параллельно подъему семейств, входивших в Товарищество, происходило разорение остальных казаков. Рядовые казаки беднели, так как были вынуждены нести службу и одновременно кормиться от земли; им не удавалось обеспечить себе военную экипировку. Число казаков, способных вести военные действия, снижалось: с 60 000 в 1650 году до 30 000 в 1669-м и 20 000 в 1730-м. Рассчитывая на помощь казаков в защите границ и войнах с Османской империей, Россия попыталась в 1720-х годах замедлить этот упадок, запретив казакам переходить в разряд крестьян, а представителям старшины — покупать усадьбы рядовых казаков. Масштабная реформа 1735 года была призвана облегчить бремя, возложенное на бедных казаков, малоземельных и безземельных: создавались категории казаков-«подпомощников» и казаков-батраков, которые сохраняли казачьи привилегии и статус, но постепенно обкладывались податями. В 1760-е годы казаки составляли 45 % населения Гетманщины, но большинство их принадлежало к одной из этих двух категорий. Значковое войсковое товарищество становилось сословием привилегированных землевладельцев, остальные же казаки беднели до того, что не могли нести службу — и, по словам Ореста Субтельного, к 1760-м годам казачество «перестало существовать на Украине», как в военном, так и в экономическом смысле.

Эти времена оказались трудными и для податного населения. Положение крестьян ухудшилось: старшина, церковные предстоятели и монастыри увеличивали свои владения за их счет, так что к 1760-м годам 90 % крестьян проживали на частновладельческих землях и были обязаны отрабатывать двухдневную барщину и нести другие повинности в пользу господ. Но имелись и различия по сравнению с русским центром. Позиции крестьян как землевладельцев были более устойчивыми. В России земля, обрабатываемая крестьянами, считалась находящейся в собственности либо общины, либо помещика; участки регулярно перекраивались, чтобы общине было легче выплачивать коллективные налоги. В Гетманщине и на землях бывшего Великого княжества Литовского нормой оставалось индивидуальное — семейное — землевладение, сложившееся под влиянием польских законов о собственности. Доступ к общим ресурсам (пастбищам, рыболовным участкам, лесу) и общественная жизнь в деревне регулировались общинными институтами. Кроме того, крестьяне Гетманщины не подверглись закрепощению. Они могли переселяться с места на место, хотя свобода перемещения была ограниченной. В 1721 году было установлено, что крестьяне, оставившие своего господина, лишаются земельного участка; с 1760 года для ухода требовалось разрешение землевладельца. В 1766 году представителям старшины разрешили приобретать деревни с крепостными. Но многие крестьяне бежали к южным рубежам, непрерывно отодвигавшимся.

Наблюдалась картина, типичная для Восточной Европы того времени: города отступали перед поместной экономикой. Землевладельцы из числа казаков и монастырей, не платившие налогов, имели преимущество перед купцами и горожанами; у них имелись собственные города, где они контролировали суд и администрацию. Лишь 12 городов в Гетманщине обладали муниципальной автономией согласно Магдебургскому праву, но и ее постепенно урезала местная казачья администрация. Чем больше процветала поместная экономика, тем меньше становилось городов: 200 в 1723 году, около 120 — в 1783-м. Горожане составляли ничтожное меньшинство населения Гетманщины (3,3 % в 1760-е годы), в Слободской Украине и Запорожье их было еще меньше (на Слобожанщине — 2,5 % в это же десятилетие). В 1767–1768 годах, когда Екатерина принимала наказы от жителей империи для подготовки нового Уложения, все эти проблемы отразились в выступлениях представителей городов Гетманщины. Они требовали подтверждения своих муниципальных и экономических прав, защиты от вмешательства казачьей администрации, обложения налогами всех, кто торгует в городах, не будучи горожанами.

Экономика Гетманщины в XVIII веке бурно развивалась. Выращивались разнообразные сельскохозяйственные культуры — пшеница, ячмень, овес, просо, табак, конопля, хмель. Производились крепкие напитки, пиво, табак, поташ, деготь, ткани и кожи. На экспорт шли зерно, скот, табак, алкоголь, ткани. Однако Россия стремилась переориентировать торговлю Гетманщины на Москву, Петербург и волжские порты вместо Балтики, между тем сеть дорог, рек и каналов, что вели в этих направлениях, была редкой. Поэтому зерно часто направляли на перегонку — Украина, Левобережная и Правобережная, стала основным поставщиком водки внутри империи. В конце столетия, с приобретением побережья Черного моря, где имелись торговые порты и основывались новые, в частности, Одесса (1794), Украина, как и начавшие заселяться причерноморские степи, стала крупнейшим экспортером пшеницы.

Экономический рост принес процветание казачьей элите и богатым церковным учреждениям; знать и церковные иерархи получали хорошее воспитание и образование, покровительствовали искусствам. Гетманщина вела оживленный культурный обмен с европейскими столицами. Культура здесь во многих отношениях была развита лучше, чем в России. Во многих крупных городах имелись средние школы и семинарии, в большинстве приходов — начальные школы; начальное образование было поставлено намного лучше, чем в России, даже после реформ Екатерины II. Киево-Могилянская академия оставалась ведущим образовательным учреждением Российской империи. Предлагая передовые для того времени программы, она выпустила в первой половине XVIII века несколько поколений светских лидеров, в том числе ученых-интеллектуалов: некоторые из них потом находились на службе в Петербурге. Левобережная Украина дала множество прекрасных писателей, драматургов и историков, включая поэта и философа Григория Сковороду (1722–1794). Возникла целая школа драматургов, выходцев из Киево-Могилянской академии, создававших произведения на религиозные и национальные темы. Во «Владимире» Феофана Прокоповича (1705) князь Владимир прославлялся как креститель Руси; драма заканчивалась панегириком гетману Ивану Мазепе, покровителю искусств. Во второй половине XVIII века курс академии стал больше напоминать семинарский, вобрав идеи Просвещения, чтобы выпускать современную церковную элиту. Большинство православных епископов империи в этом столетии (70 из 117) были украинцами или белорусами по происхождению, получившими образование в Киеве и других региональных центрах. Черниговский и Переяславский коллегиумы давали светское образование представителям украинской знати, готовя их к занятию административных должностей, в то время как русское дворянство гнушалось невоенной службой.

Продолжало развиваться — в различных направлениях — украинское национальное самосознание. Были те, кого волновали казачьи вольности: сразу после падения Мазепы Григорий Грабянка создал историческое сочинение «Действия презельной и от начала поляков кровавшой небывалой брани Богдана Хмельницкого гетмана Запорожского с поляки» (1710), положив начало культу Хмельницкого как верного слуги царя: это было попыткой отстоять традиционную автономию казаков в то время, когда Петр I гневался на Мазепу. Другие избрали более широкий подход: в «Сказании о войне козацкой з поляками» Самуила Величко

(1720) еще сильнее отразилось «этнонациональное» представление о Руси как о сердце восточнославянской христианской цивилизации, противостоящей ныне антиправославным силам в Речи Посполитой. Даже Феофан Прокопович в Петербурге создал драму (1728), в которой превозносил Богдана Хмельницкого и, неявно, украинскую автономию, оставаясь при этом полностью лояльным к империи. Исследовательница Фейт Хиллис назвала это «малороссийской идеей» — идеализированной версией автономии Руси и православного, восточнославянского единства, которая существовала до конца столетия. В 1767–1768 годах, когда Екатерина II собирала наказы для Уложения, казачьи делегаты Левобережья потребовали подтвердить традиционные политические и экономические права казаков, приравнять их к русским дворянам, защитить их владения, отменить введенные центром налоги: все это явно отражало идею автономного государства и особого этноса внутри имперской системы. Писатели из числа казаков развивали «малороссийскую» тему, примером чему может служить стихотворение (1762) Семена Дивовича «Разговор Великороссии с Малороссией», где «Малороссия» заявляет о своем братстве и равенстве с «Великороссией».

Процветало и изобразительное искусство. Как и в XVII веке, школы (одна в Глухове, гетманской столице, другая в Новороссии) являлись центрами, где создавалась религиозная музыка. Музыканты, получившие образование в Украине, занимали ведущие позиции при петербургском дворе, украинские художники также пользовались большим успехом в России. Так, портретист Дмитро Левицкий, родившийся и учившийся в Киеве, переехал в Петербург и заполнил целый зал в Царскосельском дворце своими сентиментальными картинами; кроме того, он стал автором великолепных портретов представителей русской знати. Странствующие бандуристы скитались по деревням, исполняя религиозные и народные песни, а также сочинения на исторические мотивы. Архитекторы, которым покровительствовали представители казачьей старшины, русские дворяне-эмигранты и религиозные учреждения, продолжали творить в стиле барокко, популярном при Мазепе; с течением времени он обогатился элементами рококо и неоклассики. Итальянские, немецкие, русские и украинские зодчие становились частью пестрого имперского мира.

Не следует, однако, сбрасывать со счетов и русское присутствие. В Левобережной Украине было расквартировано от 50 до 75 русских полков, поглощавших значительное количество местных ресурсов. Тысячи казаков посылались на театры военных действий. В 1755 году министр Петр Шувалов осуществил ряд камералистских реформ, включая упразднение внутренних тарифов и таможен во всей империи — в частности, на границе России и Гетманщины. Это снизило доходы последней, тогда как русские купцы оказались в выигрыше. Книгоиздание на украинском языке не запретили, но поставили под контроль. В наибольшей степени русское влияние испытала православная церковь, не желавшая, чтобы западные нововведения влияли на украинскую религиозную живопись, архитектуру, другие виды искусства.

В 1760-е годы энергичный гетман Кирилл Разумовский приступил к масштабной реформе судебной системы, стремясь приблизить ее к той, что существовала в Речи Посполитой — в частности, упорядочить иерархию судебных округов, упростить процедуры в соответствии с Литовским статутом, четче разграничить полномочия гражданских и уголовных судов. И гетман, и казацкая старшина были воодушевлены перспективой реформ армии и системы образования. Однако взошедшая на престол Екатерина II совершенно по-другому смотрела на империю и на данный регион. В ходе двух последовательных реформ она упразднила автономию Гетманщины: это был не акт возмездия за оппозиционные действия, а попытка упорядочить устройство империи в камералистском духе. В 1764 году была упразднена должность гетмана: его обязанности стала исполнять Малороссийская коллегия во главе с генерал-губернатором Петром Румянцевым. В следующее десятилетие, несмотря на то что России приходилось подавлять восстания в Правобережье и вести войну с Турцией (1768–1774), Румянцев все теснее привязывал Гетманщину к империи и все больше уподоблял казаков регулярным войскам. Он ввел единый для всех рублевый оклад, шедший на содержание русских войск, улучшил сбор налогов и установил бюджетные процедуры, завязанные на общеимперское казначейство, создал особые гвардейские подразделения и реформировал военную организацию казаков по русскому образцу.

Вторая стадия упразднения украинской автономии совпала с административными реформами Екатерины II; дополнительным толчком послужили волнения в приграничье в связи с ликвидацией Запорожской Сечи, о которых говорилось выше. Реформы были нацелены на усиление контроля со стороны властей: число губерний удвоилось, местных учреждений стало больше. В Гетманщине к реформе приступили в 1779 году, опираясь на результаты инициированной Румянцевым описи края (закончена в 1781 году). Вместо десяти полков создавались три территориальные единицы, названные не губерниями, как в России, а наместничествами (Киевское, Черниговское, Новгород-Северское); они делились на уезды, границы которых в большинстве случаев совпадали с границами старых единиц — повитов. Однако в них создавались финансовые, административные и судебные органы, предусмотренные реформой. Давняя украинская традиция выбирать должностных лиц посредством местных собраний была пресечена — отныне они назначались из центра или выбирались внутри какой-либо одной социальной группы.

Россия продолжала добиваться единообразия в военной и церковной сферах. В 1783 году казачьи полки были упразднены, рядовые казаки влились в регулярную армию. После начала войн с Турцией (1787) и Швецией (1788) в Гетманщине впервые была введена рекрутская повинность для всего податного населения — крестьян, горожан, рядовых казаков (1789). Принцип, согласно которому местные жители служили только в пределах Украины, пересмотрели — теперь их могли посылать в любую область империи. В 1786 году подверглись секуляризации обширные владения церкви — мера, принятая в России еще в 1764 году. Сорок два монастыря примерно с тысячью насельников были закрыты — осталось всего 19 с четырьмя сотнями монахов и монахинь. Церковные крестьяне стали государственными, взимаемый с них оброк отныне пополнял имперскую казну. Границы епархий были скорректированы в соответствии с новым административным делением. В результате всех этих реформ духовенство сделалось замкнутым сословием, как в России: в него могли вливаться только представители неподатного населения. Семинарское образование стало доступным только для сыновей священников, число приходских служителей алтаря жестко контролировалось. Получая образование в русских семинариях, украинское священство становилось не только более сплоченным, но и более подверженным русскому влиянию.

Помимо административных реформ, происходила перестройка сословной системы. Мелкие землевладельцы из числа казаков были понижены в статусе до податных крестьян, а согласно закону от мая 1783 года, всем налогоплательщикам следовало вносить подушную подать. Этот же акт вводил крепостное право, запрещая крестьянам уходить от своих господ. Изменились и городские институты — в результате административных реформ (1779) и появления Жалованной грамоты городам (1785). Ранее существовало десять магистратов (судов первой инстанции) и отдельный суд для влиятельной колонии греческих торговцев в Нежине. Последний был сохранен, но магистраты подверглись преобразованию по русскому образцу, в результате чего выиграло городское сословие Гетманщины: его статус был закреплен, уже существовавшая гильдейская организация без труда вписывалась в пореформенные институты, города продолжали использовать комбинацию русского права и Литовского статута, ставшую общепринятой в Гетманщине, даже там, где действовало магдебургское право. Реформа облегчила доступ в города Левобережья для иностранных купцов, включая евреев и русских, которые отныне оказались включены в те же социальные категории, что и местные горожане и торговцы: определяющим фактором теперь служило состояние, а не этническое происхождение. Русский постепенно становился языком городов и торговли, украинские горожане и купцы вливались в общеимперское городское сословие.

Однако самым примечательным обстоятельством было относительно безболезненное принятие реформ украинской элитой.

Конечно, раздавались голоса, призывавшие защищать автономию Украины, но немало было тех, кто видел ее равноправным партнером России и призывал к более тесному сближению. Самой сложной проблемой было включение местной знати в состав русского дворянства. Административные реформы привели к созданию сотен должностей, предназначенных для дворянства, и первоначально любой представитель украинской знати в воинском чине, предусмотренном Табелью о рангах, получал, в соответствии с ней, наследственное дворянство. Те, кто не служил, должны были — согласно либеральному подходу Румянцева, симпатизировавшего местной аристократии, — представить подтверждение своего статуса местному дворянскому собранию. В 1785-м действие Жалованной грамоты дворянству распространилось на Гетманщину, и украинская знать получила такие же привилегии, что и польское шляхетство (кроме политических прав и институтов). К 1790 году местные собрания возвели в дворянство 25 тысяч казаков и представителей украинской элиты, часто по довольно сомнительным основаниям. Это число уменьшилось наполовину после пересмотра 1795 года, когда были применены более строгие критерии, но все равно оставалось значительным. Многие представители украинской знати пошли на службу в полицию, судебные и административные учреждения южных окраинных областей (Новороссия, Правобережье, Грузия) и Петербурга. Некоторые достигли высших должностей: так, двое из шести екатерининских статс-секретарей, пользовавшихся огромным влиянием после реформ 1770-х годов, были украинцами — А. А. Безбородко и П. В. Завадовский. Разумеется, сохранялось преклонение перед образом былой Гетманщины, поддерживаемое потомками представителей казацкой старшины и украинской знати. Как указывает Сергей Плохий, в этих кругах была создана анонимная «История русов или Малой России» (1801–1804), где восхвалялись украинская культура и казачьи права и привилегии; она заметно повлияла на развитие украинского национализма в XIX веке. И все же в царствование Екатерины II, после более чем полувека самоуправления и автономии, Левобережье стало интегрироваться в империю.

ЗАСЕЛЕНИЕ НОВОРОССИИ

В течение этого столетия, по мере того как Россия подчиняла казаков и кочевые народы от Причерноморья до Урала, она неуклонно заселяла степь земледельцами. В первой половине века поселенцы направлялись преимущественно в низовья Волги, где губернаторы усиленно побуждали землевладельцев выписывать крепостных; крестьяне, как всегда, стремились бежать от крепостной зависимости. Крестьянское население Саратовской провинции (Астраханская губерния) почти утроилось к 1740-м годам. Во второй половине столетия государство начало привлекать сюда русских и украинских крестьян из перенаселенных районов при помощи разнообразных стимулов — денежных субсидий, временного освобождения от податей, раздачи земель. Однако условия для переселенцев из-за рубежа неизменно были более выгодными.

Как уже говорилось, в 1750-х годах, при Елизавете, власти начали привлекать иностранцев (сербов, болгар, молдаван, македонцев) для несения воинской службы, размещая их в поселениях вдоль северной границы Запорожской Сечи: в 1752 году возникла Новая Сербия, в 1754-м — Славяносербия. В обоих действовали налоговые льготы. Начиная с 1764 года, в течение царствования Екатерины, эти территории преобразовывались в русские губернии. В 1776 году местные землепашцы были приравнены к русским государственным крестьянам и крепостным — на них легла обязанность поставлять рекрутов и вносить подушную подать. В то же время создавались все новые колонии для иностранцев, десятилетиями сохранявшие свои привилегии.

В 1760-х годах Екатерина II поощряла иммиграцию из-за рубежа в соответствии с меркантилистскими представлениями: чем больше население страны, тем она успешнее. В своем «Наказе» (1767) императрица выражала беспокойство: «Россия не только не имеет довольно жителей, но обладает еще чрезмерным пространством земель, которые ни населены, ниже́ обработаны». В середине столетия правители по всей Европе старались привлечь в свои страны переселенцев, что часто раздражало их соседей. Так, Фридрих Великий активно заселял прусские земли протестантами и жителями других немецких государств. То же самое делали Габсбурги. Что касается Британии и Франции, то они пытались наладить приток европейцев в свои заморские колонии. Екатерина II в этом смысле ничем не отличалась от европейских монархов. Начиная с 1762 года, русские представители в Европе раздавали щедрые обещания: земли, свобода от налогов (на срок до 30 лет), свобода от рекрутской повинности, ссуды, гарантии свободы вероисповедания, самоуправление. Тем, кто намеревался заводить мануфактуры, даже разрешалось покупать крепостных. Крупные европейские государства высылали российских агентов, отказывались публиковать их манифесты, запрещали своим подданным переезжать в Россию. Поэтому переселенцы по большей части представляли свободные города и государства южной и западной Германии. Примерно 30 тысяч немцев прибыли в 1762–1775 годах, обосновавшись в семи-восьми колониях на западном берегу Волги, близ Саратова. Среди них было много моравских братьев, которых в России называли гернгутерами. В 1770-е на запорожские земли в низовьях Днепра прибыло несколько групп меннонитов. Благодаря единонаследию (тогда как у русских крестьян участки делились между сыновьями), свободе от военной службы, постоя и прямого налогообложения, гарантированных на много лет вперед, эти немецкие земледельцы быстро пришли к процветанию. В страну хлынули также тысячи других иностранцев — болгар, греков, румын. В начале XIX века раздача льгот иностранцам прекратилась — власти сочли ее дорого обходящейся и неоправданной. Субсидии перестали выдаваться с 1819 года. В 1780-е годы, когда в Саратовском наместничестве (бывшая Саратовская провинция), где проживала бóльшая часть немецких колонистов, и на остальных территориях южного приграничья началась административная реформа, права колонистов, связанные с языком и обычаями, были сохранены в судах низшей инстанции.

Между 1782 и 1795 годами 56 % всех, кто переселялся в империю, оседали в причерноморских степях, ставших особенно привлекательными после окончания войны с Турцией (1792).

Новороссия была разделена на две губернии: Херсонскую (восточнее Днестра, включая земли за Бугом) и Екатеринославскую (восточнее земель донских казаков). Поселенцы стекались со всех сторон. В Очаковской степи, помимо меннонитов, обосновались молдаване. В Новороссию прибывали крестьяне из Левобережья и Слобожанщины, русские, бежавшие от крепостной зависимости или перемещенные сюда помещиками из перенаселенного центра, староверы из-за рубежа, которым предлагали заселять степные районы. Крепостное право было здесь исключением, а не правилом; иммигранты получали привилегии, становясь колонистами или государственными крестьянами. Все это, плюс постоянный приток крестьян из Украины, привело к стремительному росту населения Новороссии, начиная с 1760-х годов.

Крупнейшим приобретением России в степной зоне стало Крымское ханство: из всех государств, образовавшихся на развалинах монгольской Орды, оно было наиболее организованным в политическом отношении и самым успешным. Крымские татары, говорившие на одном из тюркских языков и исповедовавшие ислам, были потомками степняков-кочевников, давно образовавшими землевладельческую элиту Крымского полуострова и причерноморской степи. Как чингизиды, они обладали довольно высоким статусом: став вассалами Османской империи, они тем не менее настаивали на своем сюзеренитете над Московским и Польско-Литовским государствами, требуя от них дань на протяжении значительной части XVIII века и получая ее. Ханы из династии Гиреев, потомки Чингисхана, правили, опираясь на многочисленную элиту, состоявшую из родовитых мирз и беев. Население полуострова было многонациональным, немалая его часть жила в городах (Кафе и других), включая греческих, армянских и еврейских купцов. В степях севернее Крыма и на самом полуострове разводили скот, занимались земледелием, в том числе виноградарством, и ремеслом. В сельском хозяйстве использовали, среди прочего, рабов. Часто говорится о том, что в 1769 году крымские татары совершили последний крупный набег на южные земли России, но и позже крымские невольничьи рынки пополнялись пленниками с Кавказа. После русского завоевания рабство было упразднено, невольничьи рынки закрыты. Однако работорговля близ южных границ России продолжалась и в XIX веке на протяжении нескольких десятилетий.

В 1774 году, после ожесточенной военной кампании, в ходе которой было уничтожено несколько городов и погибли тысячи людей, Россия установила протекторат над Крымским ханством. Первоначально Шахину, последнему хану из династии Гиреев, разрешили сохранить трон, строго наблюдая за ним, но вскоре из-за его интриг Россия взяла Крым под свой прямой контроль (1783). Это случилось в разгар административных реформ, проникнутых духом стандартизации, но в Крыму Екатерина II проводила политику, направленную на сохранение местных особенностей. В Тавриде (как стал называться полуостров) были подтверждены права (включая те, что касались пользования землей) и налоговые льготы татарской знати и других групп (греков, валахов, армян). Крымских татар освободили от подушной подати и рекрутской повинности. Конфессиональные права мусульман были закреплены с созданием Таврического магометанского духовного правления (1791). Аналогично Оренбургскому, созданному в 1788 году для Среднего Поволжья и Урала, оно задумывалось как орган надзора за религиозными институтами и связующее звено между мусульманами и российскими властями. На него, кроме того, возлагалась особая задача — наблюдение за странствующими муллами, подозревавшимися в разжигании протурецких настроений. Таврическое правление, как и Оренбургское, возглавлял муфтий, опиравшийся на религиозную иерархию: новосозданные институты, которых не было прежде.

Несмотря на многочисленные проявления прагматизма со стороны России, в 1780-е годы начался отток населения из Крыма. Еще до его присоединения в 1783 году русские власти переселили бо́льшую часть крымских христиан — армян и греков, живших в городах (более 30 тысяч человек) — на побережье Азовского моря, а большинство ногайских татар — в кубанские степи, где было создано казачье войско. В это же время более 200 тысяч татар переселились в Османскую империю. Новые волны эмиграции последовали после присоединения Крыма к России и русско-турецкой войны 1787–1792 годов, когда уехали тысячи человек, встревоженные мерами по разоружению татар, предпринятыми в ходе войны. Как утверждает Келли О'Нил, процесс «интеграции» Крыма шел не так, как в других местах, из-за тесного отождествления крымских мусульман с их единоверцами в Османской империи; территориальная близость и культурные связи приводили к тому, что многие попросту не стремились пополнить ряды русского дворянства, в отличие от казаков, прибалтийских немцев, грузин, поляков и прочих. Те же, кто остался, вынуждены были бороться за сохранение своего политического преобладания. В 1785 году, с обнародованием Жалованной грамоты дворянству, татарские мурзы первоначально были приравнены к дворянам, а их земельные права подтверждены, независимо от состояния. Около 5000 мурз были причислены к дворянству на своих местных собраниях. Но затем русская политика по всей империи ужесточилась, стало необходимо предъявлять подтверждающие документы. Отчасти это было связано с боязнью того, что нерусская знать (украинская, немецкая, польская, крымская) может численно превзойти русское дворянство. После этого крымские чиновники начали предпринимать проверки, и в 1820-е годы осталось менее 100 семейств мурз, официально принадлежавших к дворянству.

И все же татары по-прежнему господствовали на полуострове. Изначально Россия создала Таврическое областное правление, в котором основная роль отводилась местной знати — мурзам; общий надзор за его деятельностью осуществлял русский генерал-губернатор, в ведении которого оставались финансы и вопросы, связанные с безопасностью. Всего через год, в 1784-м, правление было распущено, и на полуострове стали реализовываться административные реформы 1775 года. Благодаря этой системе, при которой административные и судебные учреждения заполнялись местной знатью, многие должности оказались заняты родовитыми татарами. О'Нил указывает, что мирзы занимали лишь около 15 % высших должностей, но около 80 % должностей на уровне уездов и, таким образом, сохранили властные позиции в этом многонациональном сообществе. В период до 1802 года Россия ограничивала для татар доступ к административным должностям выше уездных, чтобы создать больше возможностей для русской, греческой, армянской и других элит. Кроме того, Россия старалась привлечь татар на военную службу в легкоконные части, предоставляя им земли и жалованье: эти иррегулярные войска действовали вместе с русской армией, наподобие казаков. Россия использовала их в войнах с Польшей и Наполеоном, но предусмотрительно старалась не посылать против турок.

Будучи таврическим генерал-губернатором, Потемкин старался уравновесить влияние татар, поощряя переселение в Крым государственных крестьян и православного духовенства из областей с русско- и украиноязычным населением. Прибывали и иностранцы — молдаване, валахи, шведы, поляки, немцы, греки, болгары, корсиканцы; образовалась меннонитская община. Все пользовались различными правами и привилегиями. Русские агенты в Европе даже зазывали в Крым торговцев и ремесленников, чтобы те заменили уехавших горожан и помогли возродить виноградарство, шелководство, скотоводство и другие отрасли экономики. Большинство их осели в степях к северу от полуострова, и доминирование татар в Крыму продолжилось. В абсолютных цифрах татарское население сократилось наполовину, но в 1795 году все же составляло 75 % от общего числа; русских было 4 %, греков, армян, украинцев и евреев — примерно по 2 %. Татарам пришлось принимать участие в деятельности имперских властных структур, многонациональных по своему составу, но они сохранили господство у себя на родине.

ПРИБАЛТИКА

После присоединения Ливонии (Эстляндии и Лифляндии), завоеванной у Швеции (фактически это произошло в 1710 году и было закреплено Ништадтским миром 1721 года), Россия оказалась обладательницей территорий с прочными социальными и политическими структурами европейского образца, которые образовались после захвата этих земель с эстоно- и латышско-

Рис. 5.1. Башня ратуши в Таллинне, построенная в XVI веке и долгое время бывшая самым высоким сооружением города. Фундамент башни сложен в XIII веке. Ратуша считается самым древним зданием подобного рода во всей Прибалтике и Скандинавии. Фото Джека Коллманна

язычными населением немецкими рыцарями-католиками (XIII век). После секуляризации земель Тевтонского ордена (в Пруссии) и Ливонского ордена Швеция, Речь Посполитая и Россия повели борьбу за эти ценные прибалтийские земли. Результаты Ливонской войны (1558–1583) оказались катастрофическими для России, ослабленной из-за событий, связанных с введением опричнины (1564–1572). Напротив, Швеция добилась крупных успехов, заняв Эстляндию (ядро современной Эстонии), столица которой, Ревель, была крупным портом на Балтике (рис. 5.1). Речь Посполитая сохраняла за собой Лифляндию и Курляндию — земли с латышским населением — до 1629 года, когда они также отошли к Швеции. Крупнейшими городами в них были Рига, столица Лифляндии, и Дерпт (Тарту, Юрьев).

При минимуме контроля со стороны шведского губернатора ситуация в Эстляндии и Лифляндии почти не менялась на всем протяжении XVII века. Знать, говорившая по-немецки и исповедовавшая лютеранство, заправляла в ландтаге, сословном органе дворянства, постановления которого имели обязательную силу, и правительстве из 12 ландратов. Ее представители также преобладали в судебных учреждениях, где применялось германское право, кодифицированное в 1740 году (хотя кодекс и не был утвержден Сенатом). Дворянство являлось замкнутым сословием землевладельцев, привилегии которого подтверждались в письменном виде Польшей, а затем Швецией. В Швеции не было крепостного права, но оно сохранялось в завоеванных ею прибалтийских землях. Однако крестьянская зависимость никогда не достигала таких крайних форм, как в России: согласно шведскому законодательству, крестьяне имели право обращаться в шведские суды и продавать излишки продукции. Кроме того, в 1686 году каждый приход должен был создать начальную школу, где обучение велось на местном языке. Интеллектуальная жизнь была насыщенной: на волне Контрреформации открылись коллегиумы в Риге (1566), Вильно (1579) и Дерпте (1583). При шведах последний был преобразован в университет (1632).

Петр I начал Северную войну как раз с целью утвердиться на Балтике. На шведских землях была основана новая столица России — Санкт-Петербург. Война опустошила Прибалтику: из-за голода (1696–1697, 1709–1710) и чумы (1710) число ее жителей в 1710-е годы сократилось в два раза. Правда, после этого наступил демографический подъем, и к 1790-м годам население удвоилось. Сильное недовольство вызвали массовые депортации из Дерпта и сельских районов Ливонии в 1708 году. Кроме того, русские власти, намереваясь усилить контроль над завоеванными территориями, закрыли Дерптский университет, который возобновил свою деятельность лишь в 1802 году. После жестоких мер, предпринимавшихся во время завоевания, настала очередь традиционной для России политики учета местных особенностей. Новая власть подтвердила права немецкого дворянства и не стала трогать его сословных институтов. Более того, она прекратила начатую шведами редукцию земель (отъем в пользу государства), отталкивавшую местную знать. Были подтверждены и права городов, живших по Магдебургскому кодексу. Сохранилось крепостное право. А. Плаканс предложил для всего этого термин «снисходительное самодержавие».

Прибалтика находилась в ведении двух российских органов центрального управления: Юстиц-коллегии лифляндских, эстляндских и финляндских дел, где заседали пять человек, в большинстве своем прибалтийские немцы, и Камер-конторы лифляндских, эстляндских и финляндских дел, где высшие должности также занимали прибалтийские немцы. На местах контроль со стороны России был минимальным. Назначаемый Петербургом генерал-губернатор редко присутствовал на подведомственных ему территориях, помощники же его избирались местной знатью. Лифляндское и эстляндское дворянство в 1720–1740-е годы максимально затруднило доступ в свои ряды, чтобы сохранить монополию на власть. Только его представители избирались в местные суды; апелляционной инстанцией служил ландрат. Крестьянские повинности — барщина и оброк — на протяжении столетия постоянно утяжелялись.

В 1710 году Россия также приобрела несколько сельских районов в Финляндии к северу от Петербурга; они образовали Выборгскую провинцию в составе пяти уездов. Юстицией на местах ведали судьи из числа знати, работавшие вместе с выборными заседателями из крестьян. Апелляционной инстанцией являлся окружной суд, назначаемый Сенатом. В общественной жизни использовались три языка — русский, шведский и немецкий.

Лингвистическая пестрота была свойственна не только землям вокруг Выборга, но и всему прибалтийскому региону, прежде всего потому, что Реформация дала здесь импульс развитию местных языков. В Лифляндии и Эстляндии немецкий был языком политической власти, но латышские и эстонские крестьяне (рис. 5.2) располагали начальными школами, где обучение велось на местном языке; уровень грамотности среди них непрерывно повышался. Появлялись переводы на эстонский и латышский языки; в 1739-м на эстонском был опубликован полный текст Библии. С 1730-х годов в этих землях росло влияние моравских братьев (гернгутеров), пиетистского направления в лютеранстве, представители которого проповедовали трезвость, высоконравственный образ жизни, утверждали достоинство личности, поощряли овладение грамотой и, более того, сочинение духовных текстов всеми христианами. Обеспокоенное такой конкуренцией, лютеранское духовенство обратилось к императрице Елизавете с просьбой о запрещении гернгутеров, что и было сделано в 1743 году. Однако Екатерина II вновь разрешила их деятельность (1764), и с тех пор они представляли собой пиетистскую альтернативу лютеранству.

Интеллектуальная жизнь в Прибалтике была активной, ее участники поддерживали тесные связи со своими коллегами в Речи Посполитой и городах Пруссии. К XVIII веку появилась заметная прослойка публичных интеллектуалов — как правило, это были дворяне, получившие проникнутое просвещенческим духом образование в университетах Германии (Геттинген, Росток, Галле, Лейпциг, Иена) и других стран Европы (например, голландский Лейден). Возвратившись в Ливонию и Эстонию, некоторые из них создавали сочинения, осуждавшие крепостничество, и разрабатывали серьезные проекты аграрных и социальных реформ, вызывавшие дружный отпор местной знати. Издательство Харткноха в Риге стало центром распространения идей немецкого Просвещения. Помимо брошюр на немецком, эти литераторы публиковали кое-что и на местных языках. Иоганн Готфрид Гердер, в своих более поздних философских и литературных трудах впервые четко обозначивший концепцию немецкой нации, в 1760-х годах преподавал в Риге, где начал разрабатывать учение о «народе» и коллективном духе, в котором выражаются этнос и культура. Там он собрал, а позже издал эстонские и латышские народные песни. Собиранием местного фольклора — песен и сказок — после него занимались и другие исследователи; стали появляться грамматики латышского языка, словари, этнографические энциклопедии Лифляндии и Эстляндии. По оценке Плаканса, в XVIII веке вышло более 220 книг на эстонском, на латышском же между 1755 и 1835 годами было опубликовано около 700 сочинений. При этом он указывает, что к концу столетия, в революционную эпоху, вся эта деятельность, сочетавшаяся со стремлением наладить образование для крестьян, стала вызывать подозрения властей

Рис. 5.2. В Эстонском музее под открытым небом близ Таллинна (ранее — Ревель) сохраняются крестьянские постройки. Фото Джека Коллманна

и знати, и кое-где (особенно в непротестантских областях) такие образовательные программы были сокращены.

Петр I и его преемники старались привлекать на службу прибалтийских немцев, и в 1710–1917 годах последние занимали немалую часть высших государственных должностей (одну восьмую). В XVIII веке более чем 3000 немцев было позволено обучаться в университетах Германии. Для некоторых своих реформ Петр I брал за образец прибалтийские страны, институты которых восходили к шведским. Это касалось, в частности, городских учреждений и провинциальных органов власти, где доминировали выборные представители из числа знати, наподобие ландратов. Разрабатывая административную реформу 1775 года, Екатерина II вдохновлялась прибалтийской системой — в русском центре главный ее смысл заключался в привлечении местного дворянства к управлению.

Реализация этой реформы в Прибалтике привела к наступлению на местную автономию. Несмотря на выступления прибалтийских немцев в Уложенной комиссии (1767), содержавшие решительные возражения против применения к их странам имперского законодательства, — а может быть, вследствие их, — Екатерина II приложила усилия к интеграции финансовых систем Лифляндии и Эстляндии в общероссийскую и приведению дворянских учреждений к новому общеимперскому стандарту. В 1780-е годы в Прибалтике в рамках проведения реформы появились прокуроры, судебные и налоговые палаты на губернском и местном уровне, — доступ в создаваемые учреждения был открыт для представителей незнатного и ненемецкого населения. Заседателями в местных судах могли быть даже государственные крестьяне. Были созданы дворянские собрания, участие в которых принимали все дворяне, независимо от национальности. Вводились подушная подать и рекрутская повинность.

В 1785 году в Прибалтике начали действовать Жалованные грамоты дворянству и городам, еще сильнее подорвавшие исключительное положение немцев. Вторая из них вводила иерархию горожан — купцов, лавочников, ремесленников, — основанную на имущественных критериях, а не социальном или этническом происхождении. В 1782 году были упразднены таможенные барьеры между Лифляндией и Эстляндией, с одной стороны, и остальной империей — с другой, что нарушило монополию купцов-немцев и привело к активизации торговли, которая велась через Ригу. Жалованная грамота дворянству создавала дополнительные возможности для занятия должностей и приобретения земли дворянами ненемецкого происхождения — русскими, польскими и другими. И все же немецкая знать по-прежнему занимала господствующие позиции в органах управления; русский язык использовался только в губернских учреждениях, на более низком уровне применялись немецкий язык и немецкое право. По словам Джона Ледонна, в Выборге реформа, как ни парадоксально, привела к еще большему сосредоточению власти в руках землевладельцев, занимавших выборные должности, и снизила роль заседателей из числа крестьян. Тем не менее, шведский язык употреблялся в местных судах еще в 1790-е годы. Прибалтийские немцы потеряли контроль над институтами, но сохранили господствующее положение на местах и не утратили сплоченности. Постепенно они стали частью общеимперского дворянства и чиновничества, образование которых и было одной из целей Екатерины.

Если брать Прибалтику, то от екатерининских реформ больше всего пострадали городские низы и крестьянство. Ливонских крестьян и горожан в 1783 году обложили подушной податью, заменившей прежнюю поземельную; ее уплата еще больше закрепила зависимое положение крепостных. Крестьяне поднимали восстания, но не смогли ничего добиться. При Павле I для крестьян Ливонии и Финляндии была введена рекрутская повинность, как и для некоторых народов Среднего Поволжья. Таким образом, они вошли в число тех немногих неславянских народностей, которых коснулись эти две повинности, отличавшие крестьян восточнославянского происхождения.

В ходе разделов Польши к Российской империи отошли новые территории, на которых проживали латыши и прибалтийские немцы — Латгалия (Инфлянтия) и Курляндия. Латгалия, столицей которой был крупный город Даугавпилс (Двинск) оказалась в составе России в 1772 году, после первого раздела, став частью Витебской губернии. То была аграрная юго-восточная часть Ливонии, присоединенная к Речи Посполитой в XVII веке; католическая знать различного происхождения (поляки, литовцы, украинцы) и немцы-лютеране держали здесь в крепостной зависимости латгальских (говоривших на латышском языке), польских и литовских крестьян. К услугам правящего сословия были польские шляхетские права, парламентские институты и польская культура; русские власти сохранили все это за ним. Население также было разнообразным по составу (оценочные данные на 1784 год): 62 % католиков, 31 % униатов, 4 % лютеран, 2 % иудеев, менее чем по 1 % других реформатов и старообрядцев.

Курляндское герцогство — основная его часть была расположена на полуострове, замыкающем с запада Рижский залив, — создал в 1561 году великий магистр Ливонского ордена Готхард Кетлер во время секуляризации орденских владений. Герцогство вошло в состав Речи Посполитой на правах автономии. Находясь под властью семейства Кетлеров, нередко вступавшего в конфликт с немецкой знатью, оно процветало благодаря судостроению, торговле и промышленному производству. Более того, в XVII веке Курляндия ненадолго обзавелась колониями в Африке и Вест-Индии. Крестьяне, преимущественно латыши, были крепостными. В XVIII веке герцогство, как и вся Речь Посполитая, постепенно втягивалось в зависимость от России. Петр I выдал свою племянницу Анну Иоанновну за курляндского герцога (1710); в 1711 году она овдовела и правила Курляндией, пока не стала русской императрицей (годы царствования 1730–1740). Как в Митаве, так и в Петербурге она опиралась на курляндских немцев. Взойдя на русский престол, Анна Иоанновна всячески покровительствовала Курляндии и после того, как в 1737 году пресекся род Кетлеров, сделала герцогом своего фаворита Эрнста Бирона. Герцогский двор в Митаве стал своего рода форпостом петербургской культуры; столицу украсили барочные здания, построенные Растрелли. После третьего раздела Речи Посполитой (1795) последний герцог подписал отречение, и Курляндия вошла в состав России. На ее территории сразу же начали осуществляться российские административные реформы, было введено деление на уезды, но местные должности стали занимать представители немецкой знати. Таким образом, на короткий период было обеспечено сохранение статус-кво — до тех пор, пока Павел I не стал отменять екатерининские реформы (с 1796 года). В 1801 году курляндских крестьян официально освободили от рекрутской повинности — еще одно свидетельство того, что с крестьянами различных национальностей на окраинах империи обращались по-разному.

РАЗДЕЛЫ ПОЛЬШИ: ПОЛЯКИ, ЛИТОВЦЫ И ЕВРЕИ

По итогам трех разделов — между Россией, Австрией и Пруссией — Речь Посполитая перестала быть суверенным государством. Бóльшая ее часть отошла к Российской империи. С 1772 по 1795 год последней достались более 460 тысяч квадратных километров территории и 7,5 миллиона новых подданных — украинцев, белорусов, литовцев, латышей, поляков и евреев, что существенно затруднило управление империей.

После первого раздела, осуществленного в 1772 году, Россия получила вертикальную полосу земли — часть Великого княжества Литовского — с такими городами, как Полоцк, Витебск, Мстиславль, Гомель, а также Латгалию, с совокупным населением в 1,3 миллиона человек, состоявшим в основном из белорусскоговорящих крестьян, но также горожан, евреев и представителей польской знати. Крестьяне, горожане и евреи были немедленно обложены подушной податью (1773), но положение высших классов не слишком изменилось. Привилегии польской шляхты были подтверждены, она по-прежнему собиралась на местные собрания (сеймики), удержала за собой исключительное право на винокурение и виноторговлю. Сохранилось городское самоуправление — часто основанное на магдебургском праве — и крепостная зависимость. На новоприсоединенных землях были образованы Псковская (в 1777 году разделенная на Псковскую и Полоцкую; в последнюю вошли бывшие владения Речи Посполитой), Витебская и Могилевская губернии с уездными комиссарами и земскими судами для решения гражданских и земельных споров. На губернском уровне языком администрации стал русский, были созданы палаты уголовного и гражданского суда, но в низших инстанциях разбирательства шли на польском языке и согласно польским законам — в той мере, в какой последние не противоречили российскому законодательству. В 1778 году, в соответствии с реформой 1775 года, появились губернские и местные финансовые, судебные и полицейские органы. Польская знать сохранила господствующие позиции, в частности, в дворянских собраниях, образованных после дарования Жалованной грамоты дворянству (1785). Закон от 3 мая 1783 года, вводивший для всех крестьян подушную подать и лишавший их свободы передвижения, применялся здесь так же, как в Левобережной Украине и Слобожанщине.

Разнообразие и обширность земель, приобретенных в ходе второго и третьего разделов (1793, 1795), затруднили управление империей. С 1770-х годов Екатерина старалась уравновесить традиционный подход, основанный на уважении к местным обычаям, усилиями по созданию общеимперской административной системы. Галиция отошла к Габсбургам, но остальные украинские земли оказались в составе России. Правобережная Украина и западноукраинские территории были разделены на три губернии — Волынскую, Подольскую, Брацлавскую. В оставшейся части Великого княжества Литовского создали Виленскую, Минскую и Слонимскую губернии, подчиненные генерал-губернатору Лифляндии и Эстляндии. Польские и немецкие суды постепенно упразднялись, их место занимали новые, созданные по российскому образцу 1775 года — гражданские и уголовные палаты на губернском и уездном уровне. Тысячи польских дворян, проживавших на этих землях, влились в русское дворянство, а для их крепостных вводились подушная подать и рекрутская повинность. Насильственное обращение униатов в православие увенчалось успехом в Правобережье, но униатские епископы на территории бывшего Великого княжества Литовского оказали сопротивление; тогда власти отказались от насильственных мер, вновь прибегнув к ним лишь в 1830-е годы. Как уже отмечалось, в Курляндии после отречения герцога (1795) стали создаваться институты, предусмотренные губернскими реформами 1770–1780-х годов, но немецкая знать сохранила политическое господство.

Этнические литовцы оказались в составе Российской империи после третьего раздела (1795), на территориях их проживания появились Виленская и Гродненская губернии. В этих землях издавна были распространены польская культура и польские институты, так как Литовское княжество находилось в унии с Польским королевством с 1387 года. Россия сохранила здесь статус-кво: Литовский статут 1588 года остался в силе, власти подтвердили права польского и литовского дворянства, исповедовавшего католицизм, но местное дворянское самоуправление было ограничено. Крепостничество существовало здесь в своем классическом виде — крестьяне по большей части были восточными славянами и исповедовали православие, — но Вильно и Ковно являлись крупными городскими центрами, где процветало этническое и культурное разнообразие. Вильно, основанный в Средние века, позже стал столицей Великого княжества Литовского, с королевским дворцом и университетом (1579), где развивались естественные и гуманитарные науки, а также католическое богословие. В этом городе, имевшем самоуправление согласно магдебургскому праву, сосуществовало несколько общин: польская и литовская (католики), немецкая (лютеране), украинская (православные), еврейская. Как показал Дэвид Фрик, все они взаимодействовали между собой по торговым и повседневным делам, и, несмотря на межконфессиональные границы, имел место также культурный обмен.

Особенно важной была роль Вильно как места сосредоточения евреев, что отражало их значительную долю в населении Великого княжества в целом. Евреи проживали в Польше с XIII века, а в Великом княжестве Литовском с XIV века, и были защищены королевскими грамотами, которые гарантировали им институциональную и религиозную автономию. Евреи Великого княжества имели многоуровневую систему самоуправления, похожую на ту, которой обладала польско-литовская знать. Местное собрание — кагал — целиком контролировало внутреннюю жизнь общины (безопасность, образование, суды и т. д.) и взаимодействовало с местными властями. Выборные лица от кагалов собирались на региональном уровне и посылали представителей в сейм (польский парламент, собиравшийся каждые два года), чтобы те отстаивали интересы евреев.

Благодаря защите со стороны государства жизнь евреев Польши и Литвы была отмечена стабильностью и достатком. В XVI веке появляется сеть высших учебных заведений (ешибот), достигших расцвета в середине XVII столетия: в этот период они существовали в Люблине, Кракове, Познани, Вильно. В них преподавали еврейское право, этику, толкования к Талмуду, учили мистическому сосредоточению и занимались исследованиями по этим предметам. Наибольшего размаха изучение Талмуда достигло в XVI веке благодаря выдающимся раввинам Моше Иссерлесу (1520–1572), Соломону Лурии (1510–1573) и Мордехаю Яффе (ок. 1530–1612), которые публиковали также разъяснения, касающиеся еврейского права. Вильно, с его еврейскими газетами и школами, называли «Северным Иерусалимом».

Первоначально евреи проживали преимущественно в городах, занимаясь торговлей и ремеслом. Однако после включения в состав Польского королевства бывших русских княжеств евреи, наряду с польскими шляхтичами, стали держать таверны и мельницы, поступать управляющими к магнатам с их обширными имениями. Еврейское население Волыни с 1569 по 1648 годы выросло на 400 % (с 3 до 15 тысяч); в Киевском и Брацлавском воеводствах на 1648 год насчитывалось, соответственно, 19 000 и 13 500 евреев, хотя в 1569 году их было всего несколько тысяч. В середине XVIII века две трети всех евреев Речи Посполитой жили в городах и одна треть — в деревнях. То был период демографического роста, и еврейское население также увеличивалось. Около 1500 года его численность составляла 10–20 тысяч человек; к 1600 году — 80–100 тысяч; к 1650-му — 150–170 тысяч и накануне раздела достигла 800 тысяч — примерно 10 % всех жителей Польско-Литовского государства. Евреи представляли собой четвертую по размеру этническую группу Речи Посполитой — крупнейшая еврейская диаспора в мире.

Поскольку евреям запрещалось селиться в Гетманщине после того, как Россия ужесточила контроль над ней (указы от 1717, 1731, 1740, 1742, 1744 годов), до разделов Речи Посполитой еврейское население России было незначительным (хотя некоторым евреям разрешили обосноваться в Новороссии на протяжении 1760-х годов). В 1772 году подданными русской императрицы стали 50 тысяч евреев, а в 1790-е годы — еще несколько сот тысяч (от 500 до 700, по разным оценкам). Все они обитали в Правобережье и на литовских землях. По замечанию Алексея Миллера, к началу XIX века «половина всех европейских евреев оказалась в Российской империи». Все это произошло в царствование Екатерины II, которая, в соответствии с духом Просвещения, была поборницей религиозной терпимости. К тому же в России не было средневековых традиций, связанных с «кровавым наветом» и еврейскими погромами. Православная церковь в раннее Новое время также не выступала — формально — с антисемитских позиций. Тем не менее, на новоприобретенных территориях существовал антисемитизм, имевший прежде всего экономические причины; он обострился в особенности на протяжении XVII века, когда восстание Хмельницкого повлекло за собой политическую нестабильность и упадок экономики. Евреи получали от польских шляхтичей на откуп винокурение и виноторговлю и поэтому не пользовались доверием русских властей и народа. Вклад же евреев в местную экономику не оценивался должным образом.

Официальная политика русских властей по отношению к евреям включала, с одной стороны, просвещенческие заявления о религиозной терпимости и усилия по интеграции евреев в общество, а с другой — введение ограничений, связанных с их участием в экономике и местожительством. Первоначально, при Екатерине II, сохранялись еврейские выборные органы, полезные для сбора налогов и взаимодействия с властями, но одновременно предпринимались попытки включить евреев в существующие социальные категории. Евреев относили к купцам или же горожанам, платившим подушную подать, их поощряли переселяться (и даже насильственно перемещали) из деревень в города. Представители низших классов подлежали рекрутской повинности, но могли откупиться от нее. В 1780 году всех евреев обязали записаться либо в городское, либо в купеческое сословие, что создало для них ряд экономических возможностей, особенно потому, что евреям разрешили свободно перемещаться по империи (чего не могло делать большинство торговцев). Жалованная грамота городам (1785) теоретически разрешала евреям избираться в органы городского самоуправления. В том же году Сенат постановил, что все польские законы, подразумевающие дискриминацию в отношении евреев, должны быть отменены. В 1787 году Екатерина II приказала не использовать в официальных документах оскорбительное слово «жид».

Однако в 1790-е годы политика властей по многим пунктам изменилась ввиду недовольства горожан и дворян христианского вероисповедания, а также появления в пределах империи значительного числа евреев после второго и третьего разделов Польши (1793, 1795). В 1794 году подушную подать для евреев удвоили. Даже виднейшие купцы отныне не могли въезжать в крупные города за пределами бывшей Речи Посполитой и некоторых причерноморских областей, недавно вошедших в состав России. Стремясь облегчить участь крестьянства на новоприсоединенных территориях, государство возлагало вину за их жалкое положение на евреев. Начала возрастать взаимная враждебность. В 1804 году вышло положение «О устройстве евреев», работа над которым началась в 1802 году. Согласно этому документу, для евреев сохранялась двойная подать, они не могли занимать управляющие посты, также окончательно оформлялась черта оседлости, вне которой проживание не дозволялось. Территория, ограниченная чертой, включала бывшие земли Речи Посполитой, а также Причерноморье (как сельские районы, так и города). Евреи по-прежнему могли держать харчевни и заниматься виноторговлей, но это порождало трения, продолжавшиеся в течение всего XIX века. Евреи — возможно, в большей степени, чем любая другая этническая группа, — сталкивались с враждебностью и дискриминацией, которые отражали настроения, царившие в большей части Польско-Литовского государства.

ИМПЕРИЯ В 1801 ГОДУ

К концу царствования Павла I (1796–1801) Российская империя была обширной и могущественной, охватывая всю Европейскую Россию и Сибирь вплоть до Тихого океана и ведя оживленную торговлю на Белом, Балтийском и Черном морях. Она стала одним из главных участников борьбы держав в Центральной Европе, свидетельством чему стали многочисленные победы над Османской империей и разделы Польши. Российская армия проявила себя в качестве грозной силы, и европейские страны опасливо наблюдали за ростом могущества ее флота, действовавшего в Черном и Средиземном морях.

Внутренняя политика империи характеризовалась постепенным упорядочением административной структуры, начало которому положила Екатерина II в ходе реформ 1770–1780-х годов. Однако Россия ни в коем случае не перестала быть «империей различий», что являлось ее ключевой особенностью. В следующих главах мы проследим за тем, в каких случаях екатерининские реформы вводили единые для всей империи практики, а в каких сохранялись местные особенности. В заключение же этой главы можно лишь отметить, что даже после того, как губернская реформа была распространена на всю империю, с пограничными областями обращались по-особому.

В приграничных степях к востоку от Волги, например, было создано несколько крупных генерал-губернаторств с не вполне четкой иерархией административных, судебных и финансовых органов. Казачьи войска, над которыми Россия постоянно ужесточала военный контроль, сохраняли автономию в том, что касалось управления территориями и жизни общин. Каждое имело свои особенности, отражавшие неоднородность и разнообразие военной и социальной организации в срединных землях. К 1801 году Россия имела особые соглашения с каждым из множества казачьих войск — Донским, Черноморским, Гребенским, Терским на Северном Кавказе, Оренбургским, Уральским и Сибирским на казахской «линии», небольшими группами казаков на Буге и Волге, полками казачьего типа — башкирскими, татарскими и т. д.

Западное пограничье, где можно было ожидать рационального переустройства на базе существующих административных единиц и государственных институтов, также сохранило свои особенности. Павел I счел, что Екатерина II зашла слишком далеко в деле уничтожения автономии прибалтийско-немецкой и польской знати: по его мнению, управление на этих территориях было организовано достаточно хорошо и не требовало такой радикальной ломки. Как будет показано в главе 14, большинство новоприсоединенных земель на западе, от Волыни до Выборга, в 1796 году получили особый статус; прибалтийско-немецким и польским элитам были возвращены многие традиционные права, особенно связанные с местным управлением. Неправославные религиозные общины, включая евреев, также вновь стали пользоваться отобранным ранее правами. Эти меры встретили особенно благоприятный прием в Прибалтике, где права немецкой знати были возвращены путем восстановления прежних институтов и частичной отмены Жалованной грамоты дворянству. Таким образом, польское и немецкое благородное сословие, принятое в состав российского дворянства и допущенное к государственной службе, удерживало власть на местах и в XIX веке.

* * *

Джон Ледонн является автором двух трудов, посвященных внешней политике и экспансии России и содержащих подробный анализ: The Russian Empire and the World, 1700–1917: The Geopolitics of Expansion and Containment. New York: Oxford University Press, 1997; The Grand Strategy of the Russian Empire, 1650–1831. New York: Oxford University Press, 2004.

О Гетманщине: Kohut Z. Russian Centralism and Ukrainian Autonomy: Imperial Absorption of the Hetmanate 1760s–1830s. Cambridge, Mass.: Distributed by Harvard University Press for the Harvard Ukrainian Research Institute, 1988; Stone D. The Polish-Lithuanian State, 1386–1795. Seattle: University of Washington Press, 2001; Subtelny O. Ukraine: A History, 2nd edn. Toronto: Published by University of Toronto Press in association with the Canadian Institute of Ukrainian Studies, 1994; Magocsi P. A History of Ukraine. Seattle: University of Washington Press, 1996. Об украинской национальной идентичности: Sysyn F. The Cossack Chronicles and the Development of Modern Ukrainian Culture and National Identity // Harvard Ukrainian Studies. 1990. № 14. P. 593–607; Plokhy S. The Origins of the Slavic Nations: Premodern Identities in Russia, Ukraine, and Belarus. Cambridge: Cambridge University Press, 2006; Plokhy S. The Cossacks and Religion in Early Modern Ukraine. Oxford: Oxford University Press, 2001; Plokhy S. The Cossack Myth: History and Nationhood in the Age of Empires. Cambridge: Cambridge University Press, 2012; Hillis F. Children of Rus': Right-Bank Ukraine and the Invention of a Russian Nation. Ithaca, NY: Cornell University Press, 2013.

Работы по социальной истории украинских земель: Dysa K. Witchcraft Trials and Beyond: Volhynia, Podolia and Ruthenia, 17–18th Centuries. New York: Central European University Press, 2011; Kononenko N. Ukrainian Minstrels: And the Blind Shall Sing. Armonk, NY, and London: M. E. Sharpe, 1998.

О Прибалтике: Plakans A. A Concise History of the Baltic States. Cambridge: Cambridge University Press, 2011; Thaden E., Thaden M. Russia's Western Borderlands, 1710–1870. Princeton: Princeton University Press, 1984; Kasekamp A. A History of the Baltic States. Houndmills: Palgrave Macmillan, 2010. Захватывающая книга, посвященная мультиэтничному городскому сообществу Вильно: Frick D. Kith, Kin, and Neighbors: Communities and Confessions in Seventeenth-Century Wilno. Ithaca, NY: Cornell University Press, 2013.

О евреях в Речи Посполитой и России: Polonsky A. The Jews in Poland and Russia. Oxford: Littman Library of Jewish Civilization, 2010; Hundert G. D. Jews in Poland-Lithuania in the Eighteenth Century: A Genealogy of Modernity. Berkeley: University of California Press, 2004; Miller A. The Romanov Empire and the Jews // Miller A. The Romanov Empire and Nationalism: Essays in the Methodology of Historical Research. Budapest: Central European University Press, 2008. P. 93–137. Классические труды: Baron S. A Social and Religious History of the Jews. Vol. 16: Poland-Lithuania 1500–1650. New York, London: Columbia University Press, 1976; Weinryb B. The Jews of Poland: A Social and Economic History of the Jewish Community in Poland from 1100 to 1800. Philadelphia: Jewish Publication Society of America, 1973.

Об экспансии в причерноморскую степь: Bartlett R. Human Capital: The Settlement of Foreigners in Russia, 1762–1804. Cambridge: Cambridge University Press, 1979; Shaw D. J. B. Southern Frontiers in Muscovy, 1550–1700 // Studies in Russian Historical Geography, 2 vols / Ed. by J. Bater, R. French. London: Academic Press, 1983. Vol. 1. P. 117–142; Stevens C. B. Soldiers on the Steppe: Army Reform and Social Change in Early Modern Russia. DeKalb, Ill.: Northern Illinois University Press, 1995; Davies B. Empire and Military Revolution in Eastern Europe: Russia's Turkish Wars in the Eighteenth Century. London: Continuum, 2011.

О Крыме: Lazzerini E. The Crimea under Russian Rule: 1783 to the Great Reforms // Russian Colonial Expansion to 1917 / Ed. by M. Rywkin. London: Mansell, 1988. P. 123–138; O'Neill K. A. Between Subversion and Submission: The Integration of the Crimean Khanate into the Russian Empire, 1783–1853. Ph. D. dissertation, Harvard University, 2006; O'Neill K. A. Rethinking Elite Integration: The Crimean Murzas and the Evolution of Russian Nobility // Cahiers du monde russe. 2010. № 51. P. 397–418. О рабстве: Kurtynova-D'Herlugnan L. The Tsar's Abolitionists: The Slave Trade in the Caucasus and its Suppression. Leiden: Brill, 2010; Eurasian Slavery, Ransom and Abolition in World History, 1200–1860 / Ed. by C. Witzenrath. Farnham: Ashgate, 2015.

Часть II

МОСКОВСКАЯ ИМПЕРИЯ В XVII СТОЛЕТИИ

Глава 6
Семена легитимности

Одна из наиболее примечательных характеристик империй раннего Нового времени — репрезентация ими своей легитимности, часто производимая посредством образов и текстов. Можно назвать ее «идеологией», но этот книжный термин плохо подходит к обществам раннего Нового времени, где уровень грамотности был низким. Джейн Бербанк и Фред Купер предложили более универсальное понятие «имперского воображаемого», охватывающее множество способов, при помощи которых государство транслировало собственный образ: ритуалы, символы, тексты, политическая практика, терминология. Правитель империи транслировал ее образ для различных аудиторий — других держав, подвластных народов и, что еще важнее, их элит, без поддержки которых невозможно было осуществлять господство в пределах империи. Распространение идеального образа правителя, элиты и общества было призвано внушить уважение и трепет, побудить к сотрудничеству и по возможности повысить социальную сплоченность, которая в то время не могла быть очень сильной.

Империи делали широковещательные, прямо-таки космические по своим масштабам заявления о собственной легитимности, сообщавшие им, по выражению Томаса Эллсена, «род бессмертия». Согласно этим заявлениям, правитель являлся источником «благодати» для своего царства; иногда он наделялся священным статусом, но чаще изображался как проводник божественной воли. В Средиземноморском регионе и в Евразии правители обычно стремились обрести легитимность, устанавливая связь с предыдущей имперской традицией (translatio imperii), заимствуя из нее терминологию, регалии, архитектуру, стиль оформления официальных документов и тому подобное. Россия пользовалась наследием сразу двух империй — Римской (благодаря связи с византийским православием) и монгольской. У монголов Россия взяла инструментарий практического свойства — словарь, институты, финансовые, военные и политические практики. Принимая титул царя в 1547 году, московский великий князь подчеркивал, что его легитимность происходит от чингизидов — в монгольских источниках слово «царь» обозначало и местных ханов, и византийских императоров. Как мы уже видели, взаимодействуя со степными народами в XVIII веке, русские применяли методы, выработанные чингизидами. Наконец, в 1480-е годы, ставшие решающими для формирования саморепрезентации Москвы, Иван III сознательно использовал монгольскую политическую символику в послании к главе Священной Римской империи, называя себя «белым императором». Но для европейских держав эта титулатура была малопонятной, и поэтому приближенные Ивана III прибегли к другой символике, основанной на православном наследии.

В этом Московское государство следовало примеру большинства империй, создавая наднациональную идеологию на основе господствующей религии — преимущественно, но не исключительно. Имперская идеология должна обращаться ко всем проживающим в государстве народам. Как напоминает Кэрин Барки, умелый правитель империи покровительствует господствующей религии, но не позволяет церкви заправлять всем. К примеру, в Османской империи султаны-сунниты открыто вступали в союз с суфиями, а мусульманские судьи-кади по всей империи должны были выносить решения на основе шариата, местных обычаев и султанских постановлений, безо всякой догматики. Точно так же и в России саморепрезентация государства основывалась на православии, но церковные интересы почти везде были подчинены политическим. Терпимость к местным верованиям, которую проявляли монголы, была воспринята не только русскими государями, но и османскими султанами — по выражению Барки, все народы в их империи были «разделены, неравны, защищены». На практике это означало, что только представители господствующей религии, будь то православие или ислам суннитского толка, могут заниматься обращением иноверцев; но соответствующие кампании проводились редко. Другим религиям присваивался более низкий статус. В Османской империи немусульмане платили более высокие налоги и носили особую одежду либо другие знаки различия; в России же неправославные часто уплачивали более низкие подати и освобождались от некоторых повинностей (например, от рекрутской), но имели ограниченный доступ к государственным должностям и, как уже говорилось, порой становились жертвами миссионерской активности, когда их земли становились предметом чьих-либо устремлений (Среднее Поволжье, Башкирия). В обеих империях представители господствующей религии рьяно преследовали тех, кого считали еретиками: в России — староверов и униатов, в Османской империи — шиитов.

Таким образом, Московское государство, обращаясь к византийскому православию, закладывало основы своего имперского воображаемого, но при этом не ограничивало себя. Византия предоставляла богатый набор средств для выдвижения претензий на легитимность: литературные произведения (хроники, жития святых), религиозные ритуалы, политические церемонии и регалии, иконы и фрески, церковная архитектура, развитая политическая теория, касавшаяся взаимодействия правителя, государства и общества. В конце XV — начале XVI века сочинители и художники при дворах великого князя и митрополита, пользуясь византийскими образцами, создавали образ Московии как могущественной и благочестивой державы. Этот образ воплотился в коронационных церемониях (1498, 1547), иконах, фресках, летописях. Были и заимствования из других источников. Так, при Иване III государственным символом стал римский двуглавый орел, взятый у Габсбургов, занимавших престол Священной Римской империи, а в 1510–1520-е года Россия, наравне с другими европейскими державами раннего Нового времени, стала пользоваться античным наследием. В «Сказании о князьях Владимирских», которое приписывается различным авторам, имевшим литературные или дипломатические связи с Европой, говорится о передаче императорских регалий от римского императора Августа византийскому императору, а от него — Владимиру Мономаху, великим князьям Владимирским и, наконец, московским правителям. К этому времени превосходный головной убор филигранной узбекской работы, попавший в Москву до XV века, был оторочен мехом, снабжен крестом и драгоценными камнями и получил название «шапки Мономаха» — он должен был подкрепить претензии на translatio imperii. «Сказание» имело широкое распространение и частично послужило основой для церемонии венчания на царство 1547 года. Особенно это касается сцены, в которой великий князь совещается со своими приближенными: ее с большим тщанием воспроизвели на «Мономаховом троне» — царском месте в Успенском соборе Московского Кремля.

«Сказание» не только обеспечивало связь России с римским имперским наследием — его можно рассматривать как попытку возвысить правящую династию Даниловичей, чья родословная помещена рядом с генеалогией их соперников — литовских Гедиминовичей, имеющих, как утверждает летописец, низкое происхождение. В первой трети XVI века главные военные и политические кланы (боярская элита) также принялись составлять свои родословные в связи с обострением соперничества за статус при великокняжеском дворе. Выводя свою легитимность из translatio imperii, некоторые изобретали мифических предков, живших в Европе или Орде. По-прежнему прилагались усилия к восхвалению династий: как показал Сергей Богатырев, ритуал венчания на царство в конце 1550-х годов был изменен таким образом, чтобы персона правителя выглядела еще более священной. Личная хоругвь, шлем наследника и коронационная шапка были призваны приумножать славу правителя и в конечном счете связывали имя Ивана IV с победой праведников в Откровении Иоанна. При этом следует заметить, что династическая тема, в сравнении с другими странами, развивалась в Московском царстве весьма слабо. Так, в Англии новая династия Тюдоров возвеличивалась посредством светской литературы, портретов и других изображений; короли заказывали повествования, прославляющие их род; роза Тюдоров встречалась повсеместно — в убранстве помещений, одежде, памятных подарках, документах. Монархи украшали общественные здания фресками, на которых они представали вместе с семейством, раздавали своим последователям собственные миниатюрные портреты, приказывали ставить свои изображения на официальные документы. При дворе османских султанов в XV–XVI веках имперское воображаемое включало в себя мусульманское благочестие и справедливость, практиковавшиеся султанами, с акцентом на династию. Составлялись сборники султанских портретов, медальоны с изображениями султанов имели широкое хождение, мастера фейерверков устраивали на площади перед дворцом Топкапы представления со сценами правления Сулеймана Великолепного и его предшественников. Русские Даниловичи были намного скромнее в саморекламе.

Как Тюдоры и Османы, русские правители в конце XV и XVI веке для проецирования своей легитимности прибегали к искусству и историческим сочинениям, но сосредотачивались не на династическом, а на религиозном аспекте. Россия не знала светской портретной живописи до последней четверти XVII века, когда этот жанр стал известен благодаря польскому влиянию, опосредованному Украиной. Как продемонстрировала Линдси Хьюз, он немедленно стал служить политическим целям. Портреты царей, патриарха Никона, сановников, часто с регалиями, выполненные в иконописном или реалистическом стиле темперой, маслом или гравировкой, сопровождаемые барочными панегириками, прославляли их благочестие, доблесть и мудрость. Самыми примечательными из всех являются портреты царевны Софьи в коронационном облачении. В России XVI столетия точно так же не было светской живописи, литературы и книгопечатания. Облечение чего бы то ни было в идеологическую форму, равно как и творческое самовыражение за пределами народного искусства, контролировалось церковью.

Церковные сочинители и художники способствовали легитимации власти, помещая государство и его правителей в контекст библейской истории и православной религиозности. В отсутствие светской элиты и политической философии, клирики не делали теоретических заявлений об отношениях между царем и народом, целях политической власти, правах и обязанностях подданных. Определенная идеология проглядывает между строк источников, необязательно создававшихся именно для этого: правитель поставлен Богом, царство является сообществом боголюбивых. Исторические сочинения представляли собой прекрасный инструмент для создания идеализированных образов правителя, государства и общества, но к ним следует применять критический подход. Незнакомые ни с античными историками, ни с их европейскими последователями раннего Нового времени (речь идет о текстах, в которых выстраивается убедительный нарратив, содержащий необходимые доводы и моральный посыл), московские авторы занимались летописанием. Русские летописи — это нанизывание событий, за которым не прослеживается авторской позиции, доводов, причинно-следственной связи. Целью было отразить судьбоносную работу Бога на земле и представить Россию с ее историей как часть христианского мира. Князья в этих текстах, разумеется, выглядели богобоязненными и справедливыми, но сам жанр — бессистемное нагромождение событий политической, религиозной и вселенской истории — делал затруднительным возвеличивание династии и правителя, а также отражение политической позиции. Все делалось исподволь. Разумеется, Москва пользовалась летописями для утверждения своей легитимности. По мере завоевания близлежащих городских центров с восточнославянским населением, где благодаря наличию епископских кафедр имелись собственные традиции летописания, московские власти начинают создавать «общерусские» летописи, обширные сборники, включающие тысячи фрагментов (иногда довольно больших по объему) из местных хроник. Кульминацией этого процесса стало появление Никоновской летописи, завершенной в 1520-е годы, колоссального «лоскутного одеяла»: изложение начиналось с библейских времен, затем шла история христианского мира, а после этого — главное: возвышение Москвы как региональной силы.

Выпуск исторических сочинений в единственном или ничтожном количестве экземпляров — с демонстративными целями — продолжался в середине века в Кремле, при дворах великого князя и митрополита. Три обширных труда должны были показать благочестие, могущество и историческую легитимность московских правителей; их связывают с митрополитом Макарием и новгородскими ремесленниками, последовавшими за ним из Новгорода, где он был архиепископом. Первый из этих трудов, Лицевой летописный свод, опирался на Никоновскую хронику и позднейшие добавления к ней, важнейшим новшеством были иллюстрации (более 16 тысяч при объеме в 20 тысяч страниц). Больше половины почти каждой страницы были заняты изображением, соответствующим данному фрагменту текста. Эти иллюстрации, выполненные в иконописным стиле мастерами по иконам и фрескам, представляют собой один из редких примеров светского изобразительного искусства эпохи Московского государства. Работа отличалась также и новизной общего замысла, отличаясь от византийских и восточнославянских иллюстрированных хроник, но и не подражая европейским трудам того времени, снабженным гравюрами. Возможно, создатели Свода отталкивались от православных икон и фресок, где также встречаются многоэпизодные элементы. Таким образом, новшества сочетались с традицией. Это же касается и другого крупного сборника, составленного при Иване IV по инициативе Макария: мы имеем в виду Великие Четьи минеи. Он представлял собой нечто необычное как по объему, так и по содержанию: 12 громадных томов (по одному на каждый месяц) с текстами благочестивого содержания, включая жития святых, особенно тех, которые были связаны с русской историей и великокняжеским двором. Но если говорить о посыле, он был традиционно провиденциальным, типичным для московских исторических сочинений: Русь — творение Бога, боголюбивая страна, устремляющаяся по пути спасения. В это время как при дворе, так и в церковных кругах получили определенное распространение апокалиптические идеи, отразившиеся в некоторых сложных по составу иконах и текстах новгородского и московского происхождения. Но в официальных исторических трудах и месяцесловах они не звучали в качестве ключевой темы. Третий из этих проектов, огромный по масштабу и посвященный династической теме, хорошо иллюстрирует ограничения, связанные с жанром: речь идет о Степенной книге, беспрецедентной для московской исторической традиции. Повествование, разделенное на главы, начинается со времен Киевской Руси и доходит до царствования Ивана IV; текст представляет собой компиляцию из фрагментов летописей, составленную так, чтобы перенести акцент на конкретных великих князей. Но отсутствие повествовательности и аргументации, характерное для летописей, так и не было преодолено.

Эти внушительные проекты, призванные подчеркнуть благочестие московитов и легитимность претензий Москвы, разумеется, предназначались для двора. Ни одно сочинение не было напечатано, и лишь немногие получили сколь-нибудь значительную известность. Копии Степенной книги были посланы в несколько монастырей; Четьи минеи имели более широкое хождение. Что касается Лицевого летописного свода, то он никогда не копировался, не был переплетен и в московский период не выносился за стены Кремля. Необъятные, трудные для восприятия, эти сборники, вероятно, имели скорее символическое, нежели познавательное значение. Как королевские сокровища по всему миру, они являлись физическими символами территориальной экспансии и идеологического контроля Москвы и были созданы для того, чтобы быть выставленными, максимум — для просвещения церковной и боярской элиты. Для тех грамотных людей, которые писали и иллюстрировали эти тексты — или обращались к ним, — они служили свидетельствами объединяющей роли и легитимности Москвы, которые основывались на божественном благословении, а также на благочестии и справедливости царя.

Получали распространение и другие жанры, которые транслировали для придворной элиты это же представление об объединяющей роли Москвы. Фрески и иконы кремлевских соборов связывали Москву и ее великих князей с библейскими текстами. В соответствии с византийской традицией, внутреннее убранство русских церквей говорило о связи небес с землей посредством последовательности изображений. Согласно О. Демусу, купол был местом обитания Бога, серафимов и ветхозаветных пророков; внутреннее убранство на среднем уровне рассказывало о воплощении Христа и его жизни; на нижнем уровне — на стенах и колоннах — располагались святые, олицетворявшие Божью благодать, которая изливается на землю. Образы правителей встречались редко (в отличие от Византии), исключение представлял Архангельский собор в Кремле — усыпальница великих князей. Там на фресках были помещены условные изображения каждого князя, с нимбом над головой. Обычно о правящем роде напоминали связанные с ним святые; в Москве это были митрополиты Петр, Алексий, Иона (XIV–XV века) и Филипп (ум. 1569). Посвященные им иконы занимали почетное место в иконостасе Успенского собора. В нем же находилась почитаемая Владимирская икона Божией Матери, созданная в XII веке в Византии и перевезенная в Киев (1125), затем во Владимир (155) и, наконец, в Москву (1395). Сначала это решение считалось временным, но в конце XV века икона заняла свое постоянное место в Успенском соборе (рис. 6.1).

Церковное убранство служило и политическим целям: речь идет об иконах популярных святых, находившихся в провинциальных центрах, завоеванных Москвой. Эти иконы, нередко «чудотворные», перевозились в Москву согласно особому церемониалу, где с них снимали копии, затем торжественно возвращались на место: так устанавливалась сакральная связь между центром и периферией. В середине XVI века церковь официально признала многочисленных местных святых, и их почитание стало еще одним видимым признаком единства империи.

Такие религиозные ансамбли демонстрировали могущество великого князя, укорененное в его благочестии и преданности вере и освященное Богом. Придворные церемонии и тексты подчеркивали блеск и величие идеального правителя, облекая их, однако, в риторику смирения. Во многих московских источниках XVI века (труды Иосифа Волоцкого, Четьи минеи) отразилась философия Агапита, византийского мыслителя VI века, напоминавшего правителям о том, что их власть подобна Божьей, а потому им следует быть смиренными и справедливыми, защищать свой народ. Так, в Степенной книге Василий III восхваляется за его справедливость: «...Всегда царское его сердце и ум бдя и мудрствуя, окормляя всех опасне во благозаконии, беззаконные же потоки крепце отгоняя... Поистине убо царь нарицашеся... венцом венчанный и порфирою правды облеченный». В летописях по всей русской земле великие князья восхвалялись за благочестие, покровительство церкви, сострадание к бедным, защиту своего государства и заботу о приближенных — но не за образованность, мужественность, изобретательность или какие-либо другие «светские» достоинства. Подразумевалось, что обладатели политической власти должны вести свой народ к спасению, подавать пример христианской любви, хранить традиции: это было неявным предостережением тем правителям и представителям знати, которые усердствовали в расширении своих владений и отстаивании интересов своего клана. «Поучение» Агапита имело хождение на протяжении всего XVII века: киевский митрополит Петр Могила напечатал его в 1628 году, в 1660 году это же издание вышло в Москве. Его экземпляр имелся у Петра I, который собрал довольно разнородную библиотеку из трудов европейских авторов, размышлявших об обязанностях абсолютного монарха.

Как убедительно показали Борис Успенский и Виктор Живов, в середине XVI века церковная риторика возвысила статус правителя еще сильнее. Принятие титула «царя», акцент на «властных» качествах — при неизменном следовании тезисам Агапита, — разработка чина венчания на царство и последующее его изменение (включение миропомазания): идеологи, которые стояли за всем этим, утверждали, что царская власть иномирна по своей природе, связана с Богом, не может никем оспариваться. Успенский и Живов подчеркивают, что «священный» образ царя следовало воспринимать метафорически, но в дальнейшем он часто воспринимался буквально, что расширяло теоретические границы царской власти. Можно заметить, что это расширение дополняло другие дискурсы и политические теории, проникавшие в Россию, особенно на протяжении XVII века, и правители, прежде

Рис. 6.1. Миниатюра из Лицевого летописного свода: великий князь Иван III молится в Успенском соборе перед Владимирской иконой Божией Матери. С разрешения издательства AKTEON

всего Алексей Михайлович, стремились расширить свою власть над обществом и церковью. Усиление «сакральной» риторики имело, как отмечает Успенский, еще одно следствие: единственным дискурсом о легитимности в Московском государстве стал самозванческий, поскольку он подразумевал наличие кровной связи с харизматическим правителем. Успенский расширяет само понятие «самозванец», применяя его к любому политическому соперничеству, но даже если взять это слово в самом узком значении, мы найдем множество примеров самозванчества на протяжении «бунташного» XVII века и позднее.

По мнению Изольды Тире, чрезвычайно много для легитимации государства делали женщины при дворе — царица, ее сестры и дочери (царевны). Прежде всего, они принимали участие в придворной политике — царицы закулисно устраивали браки, могли представлять интересы своих отцов и братьев, имели свой административный аппарат, свои владения и свой бюджет. Сохранилась уникальная подборка писем царя Алексея Михайловича к его супруге и сестрам (1654–1675): он относится к ним как партнерам по серьезным политическим делам. Царь сообщает им о ходе военных кампаний, поведении тех или иных бояр, просит позаботиться о семьях погибших в бою. Однако идеология отводила женщинам из царской семьи и более возвышенную роль. Они считались заступницами перед Богом, изливающим благодать на царство, и перед царем, проявляющим милосердие к подданным. В своих посланиях Алексей Михайлович просит у них молитв и приписывает свои военные успехи заступничеству женщин перед Господом. Царицам направляли челобитные, чтобы они попросили царя о чем-либо. Благочестие этих женщин имело для легитимности государства такое же большое значение, как благочестие духовенства.

От царя ожидали, что он будет прислушиваться к своим родственникам и духовенству, передававшим просьбы о заступничестве, от правителей же — что они будут слушать чьи угодно советы, если те окажутся справедливыми. Правитель, который не делает этого или слишком сужает круг своих советчиков, порицался, хотя в Московском государстве не существовало законных механизмов сопротивления тирану, более того, оно не предусматривалось даже теоретически. Обычно московские правители изображались внимающими советам духовенства, «лучших людей» и даже всего народа. На Стоглавом Соборе (1551) Иван IV просил церковных иерархов: «Помогайте ми и пособствуйте еси единодушно вкупе». В одной из летописей начала XVII века народ осуждается за «безумное молчание, еже о истинне к царю не смеюще глаголати о неповинных погибели». Царь и его народ должны были прилагать совместные усилия, чтобы царь оставался праведным; это не имело под собой никакой законодательной основы, речь шла о личных отношениях, подразумевавших приличествующее христианину сочувствие и праведные советы.

Центральное место в сочинениях идеологического толка занимали отношения между правителем и его приближенными. Можно было бы ожидать, что здесь будет развиваться тема военной доблести — с конца XV века и на протяжении XVII века московские великие князья и бояре занимались присоединением новых земель и государственным строительством. Великий князь и бояре вместе представляли собой в первую очередь военную дружину — небольшую сплоченную элиту, добивающуюся успехов прежде всего на поле боя. Храбрость и мужественность — черты, которые легли в основу многих имперских мифов: так, династия Османов продолжала позиционировать себя как передовой отряд воинов ислама (гази), даже при том, что одновременно заимствовала византийскую и персидскую имперскую символику. Но в большинстве русских источников московского периода (художественные произведения, исторические труды, жития святых, похвалы князьям) качества, свойственные воину — мужество, доблесть, умение вести бой — отходят на второй план по сравнению с благочестием, что видно по жизнеописаниям тех немногих князей-воинов, которые почитались на Руси (Борис и Глеб, Александр Невский). Но одна из составляющих этики военной дружины звучит в церковных источниках громко и отчетливо: обязанность правителя уважать своих приближенных, оказывать им честь и советоваться с ними. Текст, созданный в XII веке и включенный в московские летописи, гласит, что Владимир любил свою дружину и советовался с ней об управлении землями и войском, а в «Летописце начала царства» (середина XVI века) говорится о том, как великий князь Василий III на смертном одре сказал своим людям: «Вы же, бояре мои, с вами Русскую землю держах, и вас во чти дръжах, и дети ваши жаловах, и во всех странах славен бых».

На практике правители раннего Нового времени нуждались в поддержке элит; это в особенности касалось Московского государства, где отсутствовала сколь-нибудь сложная социальная структура (средние классы, мелкое дворянство и аристократия, профессиональные группы), при помощи которой европейские короли осуществляли свою власть. Ожидание того, что правитель будет пользоваться советами своего окружения, фиксировалось по всей Европе в Средневековье и раннее Новое время, а также в монгольской Орде, с которой московские князья были знакомы лучше всего. Османские султаны в XVI веке намеренно демонстрировали свою отстраненность — признак высокого статуса, — наблюдая за заседаниями дивана и дипломатическими приемами с потаенных возвышенных мест. В Московском же государстве ритуалы и текст неизменно изображали правителей, окруженных духовенством и боярами. В летописях рассказывалось, что бояре — «доброхоты» и дают правителю хорошие советы, и в то же время осуждались те, кто отказывался присутствовать на заседаниях совета, или действовал по собственной воле, или «не доброхотствовал». Важно, что во всех сценах совещаний нет ни одного упоминания о спорах, несогласиях или компромиссе, составляющих суть реальной политики; недвусмысленно утверждалось, что советы даются для достижения стабилизирующего ситуацию «единодушия». Так, во время дипломатических приемов великий князь сидел на высоком троне, но всегда в присутствии бояр, рассаживавшихся вдоль стен палаты. Есть свидетельство, что в 1488 году Иван III отказался разговаривать с одним из дипломатов без своих бояр. В хрониках и дипломатических документах постоянно подчеркивалось, что великий князь спрашивал совета у бояр, прежде чем принять решение. Знаки уважения приближенным оказывались во время обеда, когда великий князь лично повелевал раздавать им еду и напитки, а также ценные подарки.

Позднейшие историки сделали из этой системы консультаций целый институт — Боярскую думу, словно речь шла о постоянном протопарламентском учреждении. В таком виде она являлась скорее воплощением фантазии историков: совещания с боярами устраивались постоянно, но разговор с каждым велся по отдельности, и часы таких встреч были четко установлены только в конце XVII века: число советников выросло настолько, что потребовалось придать процессу определенную форму. Это число, действительно огромное (почти 150 человек), знаменовало собой конец традиционных московских отношений — предельно персонализированных — между царем и его приближенными. Личные советы теперь давались в ходе совещаний, на которых присутствовал царь, немногие доверенные бояре и царские родственники.

Такими же бесформенными были и собрания представителей различных сословий (исключая крестьян) и созывавшиеся для обсуждения неотложных государственных вопросов: выбор новой династии (1598, 1613), налогообложение, судебная реформа, объявление войны и заключение мира. Источники упоминают примерно о 30 соборах между 1540 и 1653 годами. «Земские соборы», как их окрестили историки XIX века, не обладали ни одним из признаков парламентов раннего Нового времени (установленные сроки созыва, разделение на палаты, где заседали делегаты от разных социальных групп, выборный и/или представительный членский состав, законодательное разделение сфер компетенций, финансовые, законодательные и прочие полномочия, ограничивающие права исполнительной власти). Эти собрания, скорее, давали властям дополнительную легитимацию при наступлении политических кризисов или важных событий. Земские соборы не только являли собой образ идеального, совещательного правления, но, вероятно, служили также средством коммуникации между властью и обществом, и особенно — между центром и окраинами. Не являясь конституционным органом, Земские соборы удовлетворяли идеологические ожидания московских правителей-вотчинников.

Обязанность правителя прислушиваться к своему народу отражалась в личностном характере коммуникации монарха с подданными. Каждый должен был обращаться к великому князю (царю) напрямую в уничижительной для себя манере, прося, чтобы он «смилостивился» и «пожаловал» что-либо. В том, что касается языка обращения к правителю и раболепного ритуала, Московское государство наследовало чингизидам. Податели челобитных называли себя «холопами» (знать), «сиротами» (тягловое население), «богомольцами» (духовенство); само слово «челобитная» происходит от выражения «бить челом», хотя земные поклоны совершались лишь в крайних случаях (рис. 6.2). Эта раболепная терминология и придворные ритуалы, служившие возвышению правителя, сбивали с толку европейских дворян в раннее Новое время. Привыкшие к ожесточенной борьбе за привилегии знати и политические свободы, разворачивавшейся на протяжении XVI–XVII веков во Франции, Англии, Австрии, Польше и других странах, они буквально воспринимали такие обращения, как «холоп твой» или «раб твой», и обличали Московское государство за деспотизм. Но зачастую московские правители и вправду обладали той полнотой власти, на которую претендовали: они считали, что все подвластные им земли являются их вотчиной, щедро раздавали деревни с крестьянами (а тем более — завоеванные земли) служилым людям и фаворитам, вводили крепостную зависимость для крестьян, чтобы бесперебойно получать налоговые поступления и всегда иметь в своем распоряжении рабочие руки. Но используемый язык — когда царь выражался смиренно, а знать раболепно — определял параметры политического взаимодействия.

Сложное соотношение между идеологией и политической реальностью нагляднее всего проявлялось в судебной сфере. Здесь правитель получал возможность действовать в соответствии со своими обязанностями: защищать свой народ от несправедливости, карать зло, творить справедливый суд. В Московском государстве активно использовались средства судебной защиты: подданные представляли иски (связанные с земельными спорами, преступлениями, военной службой, тяглом и т. д.), суд рассматривал их от имени правителя. Челобитные с жалобами на социальную несправедливость подавались не только в индивидуальном, но и в коллективном порядке. Жалобщики ожидали действий и нередко не обманывались в своих ожиданиях; волна коллективных челобитных привела к принятию Соборного Уложения (1649). За обязательством правителя защищать их от несправедливости подданные различали механизмы моральной экономики. В 1636 году жители одного города, действуя по справедливости, расправились с осужденными преступниками (ставшими настоящим бедствием в этих местах), поняв, что воевода не намерен делать этого, так как получил взятку. Бывали и еще более критические обстоятельства, когда правители сами выполняли требования покарать осужденных; порой речь шла о смертной казни. Дважды во время сильнейших бунтов в Москве — в 1648 и 1682 годах — правители (в первом случае царь Алексей Михайлович, во

Рис. 6.2. Церковные иерархи и светские правители завоеванного Новгорода преклоняют колена перед Иваном III – в буквальном смысле «бьют челом» (миниатюра из Лицевого свода, середина XVI века). Личная подача прошения правителю была стандартной формой взаимодействия с царской бюрократией. Публикуется с разрешения издательства AKTEON

втором случае регентша Софья, действовавшая от имени малолетних царей Ивана и Петра) приносили в жертву толпе продажных бояр, зная, что погасить народное недовольство можно только совершив акт в рамках моральной экономики. Поступая так, они осуществляли право на «священное насилие», к которому правитель мог прибегать в крайних случаях: совершить кровопролитие, чтобы защитить своих подданных от несправедливости какой угодно ценой.

Но по большей части московские правители выполняли эту обязанности более привычными способами. Общеимперский бюрократический аппарат выполнял также судебные функции (см. главу 7); воеводы и писцы были обучены ведению судебных дел, связанных с основными преступлениями, в соответствии с довольно схематичными Судебниками 1497, 1550, 1649, 1669 годов и царскими указами. В отправлении правосудия не было произвола. Как и во всех суверенных государствах, смертная казнь применялась за особо тяжкие преступления (убийство, ересь, измена), за более легкие преступления и проступки полагались телесные наказания и пени. Судьи неоднократно взывали к царскому милосердию, прося смягчить наказание, определенное по закону.

Общеимперская судебная система предоставляла всем подданным, независимо от религиозной или общинной принадлежности, средства судебной защиты в случае обвинения в тяжком преступлении, земельных споров, невыплаты жалованья и при возникновении других важных вопросов. Представители нерусских народностей выступали в уголовных делах в качестве истцов и ответчиков, свидетелей и поручителей. Вероятно, наибольший интерес представляют дела о защите чести. Люди самых различных сословий и национальностей, от холопов до бояр, от украинцев до якутов, могли рассчитывать на денежное возмещение (тем большее, чем выше был их статус), если их оскорбляли в словесной форме. Практики, во многом соответствовавшие тем, что наблюдались в Европе на протяжении Средневековья и раннего Нового времени, помогали сохранять внутриобщинную стабильность, правителю же доставалась признательность за то, что он защищал своих подданных от оскорблений. В конце XVII века жившие в Москве иностранцы стали устраивать — впервые в России — дуэли, однако последние тут же подверглись запрещению: обе стороны были обязаны обращаться в царские суды для защиты своей чести. Европейская дуэль сделалась популярной лишь в начале XIX века.

Таким образом, московское имперское воображаемое подразумевало мир, в котором правитель обладает широчайшими полномочиями, но их применение сдерживается его обязанностями как христианина: спрашивать совета, защищать подданных от несправедливости, оберегать веру и царство, вести свой народ к спасению. В конечном счете легитимность обеспечивалась тем, что правитель оправдывал эти ожидания. Но следовало также распространять сплачивающие общество идеи. В условиях низкой грамотности тексты были не так важны, как образы, относящиеся к искусству, ритуалу, городской среде.

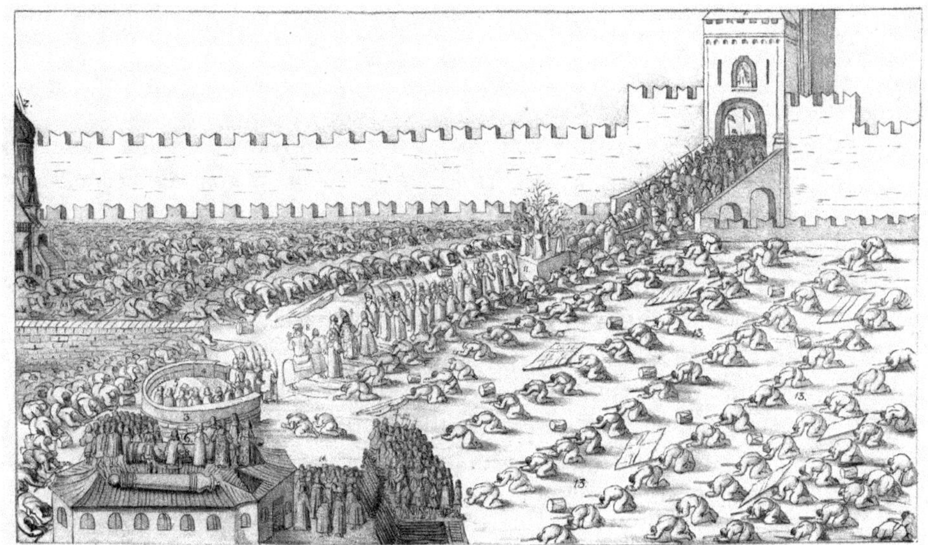

Рис. 6.3. Художник, совершивший в 1661 году путешествие вместе с послами Габсбургов Августином фон Мейербергом и Горацио Клавуччо, оставил эту поразительную зарисовку: царь и царица воспроизводят вход Господень в Иерусалим в Вербное воскресенье. То был один из нескольких ежегодных религиозных ритуалов с участием царя. Нью-Йоркская публичная библиотека, Отдел общих исследований

Религиозный ритуал демонстрировал благочестие правителя, Божью благодать, снисходящую на его царство, и его единение со знатью на глазах у толпы народа (рис. 6.3). В Кремле, где в роли слушателей выступали представители знати, московские правители выстаивали литургию во время главных христианских праздников — Крещения (январь), Пасхи и, наконец, Рождества. Те ритуалы, которые требовали от правителя и его свиты покидать Кремль, — крестные ходы в Москве, ежегодное паломничество в монастыри центральной России — давали ему возможность символически «вступить во владение» своей землей. Великий князь раздавал милостыню беднякам, даровал прощение узникам, обедал с местными воеводами и другими государевыми людьми, возносил молитвы в местных монастырях и храмах. Тем самым он показывал свое благочестие, преданность Церкви и сочувствие к народу. Его окружение демонстрировало политическую иерархию — духовенство, бояре, служилые люди более низкого ранга — а численность и роскошные одеяния приближенных великого князя говорили о его богатстве и власти. Мы не знаем, что ощущали зрители и участники подобных зрелищ, но цель их всегда заключалась в коммуникации того или иного рода. Эти ритуалы, как заметил бы Дюркгейм, имели катартический эффект и выполняли социальную функцию — укрепляли коллективные чувства и даже поддерживали социальную солидарность.

Некоторые ритуалы были откровенно политическими. Когда иностранные дипломаты прибывали в Москву, их кортежи встречали разнаряженные всадники, выстроившиеся вдоль улиц на протяжении многих верст, и бояре в сверкающих одеяниях. Зрелище было настолько ошеломительным, что даже искушенные послы из богатых стран с прочными структурами гражданского общества и развернутыми публичными ритуалами, по имеющимся у нас сообщениям, бывали потрясены. Отдельные ритуалы выполняли политические и религиозные функции одновременно: так, при смене монарха воеводы собирали всех его подданных, чтобы те принесли присягу новому царю. Православные делали это, целуя крест, то есть клянясь своей душой; этот обряд считался настолько серьезным, что в случае его использования в суде стороны предпочитали достичь соглашения и не губить свою душу. Неправославные подданные царя приносили присягу в соответствии со своими обычаями, но такую же торжественную.

Визуальная демонстрация легитимности была рассчитана главным образом на придворную знать, так как режим в первую очередь стремился заручиться ее поддержкой. Начиная с царствования Ивана III, в этом смысле определяющего, блеск придворных ритуалов непрерывно усиливался. Во время политического кризиса 1498 года впервые была применена византийская церемония венчания на царство, усложнившаяся еще больше в 1547 году, когда Иван IV принял царский титул. Местом ее проведения был Успенский собор и частично — два других кремлевских собора; архиерей напоминал правителю о его власти и обязанностях. С этого же времени отмечаются развитые свадебные ритуалы: четкое распределение ролей между мужчинами и женщинами служило признаком высокого положения. После своего воцарения (1613) Романовы подкрепляли собственную легитимность тем, что отдавали в переписку руководства и воспроизводили традиционные свадебные церемонии.

СИМВОЛИЧЕСКИЕ ЦЕНТРЫ И ГОРОДСКАЯ СРЕДА

Городская среда долгое время служила империям способом демонстрации своего могущества. Антрополог Клиффорд Гирц обратил внимание на то, как государства создают «символические центры». Часто в этой роли выступали столицы: в их архитектуре, предназначении публичных зданий, интерьерах проглядывает характер правителя и государства. В свою очередь, столицы порождали и затем распространяли по всему государству имперский стиль. Столичные города — Персеполис, Рим, Багдад, Константинополь/Стамбул — обычно заявляли о своей легитимности, накапливая внутри себя архитектурные сооружения и монументы различных эпох. В конце IV века византийский император Феодосий велел привезти в Константинополь древнеегипетский обелиск XV века до нашей эры, претендуя на то, чтобы возглавлять всемирную империю; после занятия Пекина ханом Хубилаем (1265) в городе возникает новый архитектурный стиль — смесь монгольского, китайского и исламского; османские архитекторы не тронули византийские памятники и православные церкви Константинополя, начав при этом строить дворцы и мечети, в наружном и внутреннем убранстве которых прослеживалось турецкое и персидское влияние. Символические центры являлись материальным воплощением имперского воображаемого. К примеру, в Османской империи мечети являлись центрами комплексов, в состав которых входили школы, больницы, дома для выздоравливающих: так султан выполнял свои обязательства, связанные с человеколюбием и благочестием. Московские правители во время путешествий по своим землям инициировали строительство монастырей, которым впоследствии покровительствовали — в Можайске (1563), Переславле-Залесском (1564) и других городах.

Как и главы других империй, московские правители создали символический центр, и располагался он в Кремле. Иван III (годы царствования 1462–1505) и Василий III (годы царствования 1505–1533) превратили эту крепость, возвышающуюся над Москвой-рекой, из скопления деревянных зданий, окруженных деревянной же стеной, в великолепный ансамбль из камня, с золочеными куполами-луковицами церквей, со зданиями, поражавшими своими размерами и разнообразием. Напоминая о московских завоеваниях, новые соборы включали элементы новгородской и псковской архитектуры, внутри находились иконы и фрески, выполненные в новгородском стиле. Итальянские зодчие подчеркивали вселенский статус Москвы, насыщая Кремль ренессансными деталями — такими, как характерные для Милана зубцы «ласточкин хвост» на кремлевских стенах, закомары Архангельского собора с венецианскими «раковинами», бриллиантовый руст Грановитой палаты, часовая башня (рис. 6.4). Аристотель Фиораванти из Болоньи возвел главный кремлевский собор, Успенский (1479), в соответствии с принципами «золотого сечения», принятыми у ренессансных мастеров, хотя и был вынужден, согласно пожеланию заказчика, взять за образец одноименный собор во Владимире. Последнее обстоятельство не только подчеркивало историческую преемственность между киевскими, владимирскими и московскими великими князьями, но и дало Москве храм, выполненный в достойном империи стиле. Соборы, подобные Успенскому, стали центральным элементом в ансамблях монастырей — Хутынского (Новгород, 1515), Новодевичьего (Москва, 1524), Троицкого Свято-Сергиевского (Подмосковье, 1559–1585) и главными храмами нескольких городов: Ярославля (1506–1516), Ростова (начало XVI века), Переславля-Залесского (1557), Вологды (1568–1570). Эти пятиглавые соборы повсюду обозначали имперское присутствие Москвы.

Рис. 6.4. Московский Кремль (подвергался реконструкции в конце XV и начале XVI века) с его величественными соборами является выражением идентичности Московского государства, центральными компонентами которой были могущество и православие. «Миланские» зубцы стен выдают руку итальянских архитекторов, а детали, заимствованные из новгородской и псковской архитектуры, говорят о покорениях русских княжеств Москвой. Фото Джека Коллманна

Однако Московское государство присоединяло к себе не только территории, населенные русскими, и в этих случаях возможность сделать архитектуру средством визуального выражения зависела от местных условий. Так, например, отвоевав Полоцк у Великого княжества Литовского (1562), Москва не стала использовать архитектурный язык, который радикально расходился бы со стилем православных храмов этого древнего города, издавна населенного восточными славянами. Вместо того чтобы приступить к новому строительству, Иван IV «освятил» город, пешком поучаствовав в крестном ходе и выстояв литургию в старинном Софийском соборе (1044–1066). В те недолгие периоды, когда Московское государство владело Нарвой, оно успело возвести мощную крепость (конец XV века) и православную церковь (1558), обозначив чуждое для этого города, где здания были выдержаны в немецком стиле, присутствие империи.

В середине XVI века началось завоевание Казанского ханства; сооружавшиеся там церкви и военные укрепления резко контрастировали с местными постройками. В 1551 году русские выстроили в Свияжске — городе, основанном ими неподалеку от Казани в качестве военной базы, — крепость, монастырь и прекрасный Успенский собор. После взятия Казани (1552) началась перестройка тамошней цитадели. Проживавшие в ней татары были переселены в другие места, мечети, минареты и укрепления разрушены, а сама крепость — перестроена по образцу Московского кремля (шатровые кровли башен, «итальянские» зубцы стен). Был освящен деревянный Благовещенский собор, вскоре перестроенный в камне и ставший пятиглавым (1561–1562); выписанные для его строительства псковские мастера украсили его привычным им кирпичным орнаментом. К концу столетия в кремлевском Спасо-Преображенском монастыре было два каменных храма. На окраинах Казани также основывались монастыри, возводились каменные и деревянные церкви для русских конников, стрельцов, ремесленников и ямщиков. Во всех этих сооружениях, от пятиглавого собора до скромных шатровых церквей, ясно читался московский стиль.

В XVII веке московские храмы стали настолько изобиловать традиционно русскими архитектурными деталями, что этот стиль принято именовать «московским барокко». Закомары-раковины, впервые примененные в Архангельском соборе, узоры, отсылающие к оформлению стен Грановитой палаты, скопления щипцов, напоминающих головные уборы русских замужних женщин — такими были новые элементы декора церквей, при том что конструктивно последние не изменились. В середине столетия патриарх Никон, творец церковной реформы, запретил шатровые завершения храмов (наследие сельской деревянной архитектуры), считая их недостойными культовых сооружений, — но вскоре шатры стали появляться на колокольнях. В результате храмовые комплексы приобрели характерные «кораблевидные» очертания: высокая колокольня, служившая также для входа — на западе, длинный неф и кубический купольный храм — на востоке (рис. 6.5). В конце XVII века оригинальное «московское барокко»

Рис. 6.5. Церковь Святителя Николая в Хамовниках (1679–1682) имеет «кораблевидный» силуэт, ставший распространенным после запрета шатровых наверший патриархом Никоном. Высокая шатровая колокольня на западе, служащая входом, соединяется с кубическим четырехкупольным объемом при помощи длинной приземистой постройки. Снаружи храм оформлен в стиле московского барокко. Фото Джека Коллманна

дополнилось «нарышкинским барокко», названным так по фамилии матери Петра I, которая благоволила этому стилю — являвшемуся, по сути, ответвлением украинского барокко. Выстроенные согласно этому канону церкви имели композицию с центральным куполом и выглядели устремленными вверх, а не приземистыми. Порой их фасады были более строгими, чем у храмов в стиле московского барокко, но все равно оставались богато украшенными, с закругленными углами, овальными окнами, затейливыми наличниками. Иногда (церковь Покрова Пресвятой Богородицы в Филях, 1690–1693) нарышкинское барокко становилось предельно декоративным: балюстрады со скульптурами (неизвестными в православной традиции), многочисленные лестницы, большое количество пилястр, обрамлявших окна и подчеркивавших структурные линии. Все это выдавало католическое влияние, которое транслировалось через Украину.

Эти стили распространились по всей империи, но с вариациями. Так, в Казани церковь Святого Варлаама Хутынского (XVII век) отличается простотой, заставляющей предположить влияние татарских мечетей с их скупым обликом — в отличие от пышных фасадов московских барочных церквей того времени. По мере продвижения России в степную зону и в Сибирь выяснилось, что городских центров для обустройства здесь почти нет — если не считать русских же укрепленных поселений. Лишь очень немногие местные постройки могли претендовать на участие в формировании символической небесной линии, особенно если учесть, что они даже не были каменными, и поэтому русское имперское присутствие было чрезвычайно наглядным. Чаще всего встречались деревянные остроги, но самыми значительными сооружениями были каменные церкви. Завоевание и заселение Сибири русскими привело к основанию городов в бассейнах Северной Двины и Камы, а также в пермских землях. Эти области, где активно развивалась экономика — здесь добывались соль и руда, велась торговля мехами, — породили особый архитектурный стиль, очень влиятельный. Строгановы пользовались монопольным правом вести торговлю, добывать соль и другие минералы на обширной территории в верховьях Камы. Покровительствуя музыке, живописи и архитектуре, они дали свое имя «строгановскому» стилю, испытавшему воздействие как московского, так и нарышкинского барокко. Процветавшие в то время города — Чердынь, Тотьма, Соликамск, Верхотурье — обзаводились на протяжении XVIII века каменными церквями, облик которых, однако, соответствовал московскому стилю предыдущего столетия. Примером может служить барочная Никольская церковь (1704) в Ныробе неподалеку от Чердыни: ее возвели в память о Михаиле Никитиче Романове, сосланном в Ныроб его соперником Борисом Годуновым и скончавшемся здесь в 1601 году. Тотьма также оказалась усеяна богато украшенными барочными

Рис. 6.6. Свято-Троицкий собор в Соликамске (1680-е годы) с «жучковым» орнаментом, который в следующем столетии приобрел популярность в Сибири. Фото Уильяма Брамфилда

храмами с резными картушами, которые затем распространились по Сибири. В двух основных торговых центрах, принадлежавших Строгановым, Усолье и Соликамске, было построено множество церквей в стиле декоративного барокко — например, Иоанно-Предтеченская церковь в Соликамске (1715–1721, перестроена в 1772 году) и Спасо-Преображенский собор в Усолье (1731). Отличительными чертами соликамского Свято-Троицкого собора стали наружные росписи, украшения из полихромных изразцов и так называемый жучковый орнамент — кирпичная кладка в виде буквы «Ж» (рис. 6.6).

Утверждать имперское могущество России через архитектуру в новоприобретенных западных землях, начиная с последних десятилетий XVII века, оказалось более трудным делом. Выполненные в русском стиле постройки дополняли уже сложившийся городской ландшафт. Так, на протяжении 1660-х годов в состав России вошли крупные центры с белорусскоязычным населением, где имелись старинные православные соборы, униатские и католические церкви, синагоги. Смоленск и его окрестности были заселены восточными славянами уже в XI веке, а с середины XIV века являлись частью Великого княжества Литовского. Несмотря на то что Россия владела Смоленском с 1514 по 1611 год и окончательно отвоевала его в 1666-м, городской ландшафт был сформирован во время его пребывания в составе Речи Посполитой, когда город сделался оплотом униатства. После взятия Смоленска в 1666 году русские власти отобрали у униатов Свято-Троицкий монастырь, сделав его резиденцией местного архиерея (1669). В 1676 году было закончено сооружение Троицкого собора, перестроенного в 1727 году в стиле московского барокко: богато украшенные наличники, восьмиугольные окна, фриз под крышей. В 1670-е годы началось строительство Успенского собора на месте старого, возведенного в XII веке и к тому времени обветшавшего. Однако работы затянулись и были закончены лишь в середине XVIII века.

В Украине возведенные русскими постройки в еще большей мере выглядели вкраплениями в существующий городской ландшафт. Во второй половине XVII века Гетманщина испытывала экономический подъем; гетманы, купцы, казацкая старшина, церковные иерархи и монастыри активно покровительствовали искусствам, и в частности архитектуре. Свидетельством процветания Киева в это время стали каменные соборы, воздвигнутые Мазепой в Печерске и на Подоле. Приданный им «мазепинский» стиль испытал влияние европейского, украинского и московского зодчества. Печерск стал религиозным центром Киева, и Софийский собор XII века был перестроен в иезуитском барочном стиле той эпохи. Троицкая надвратная церковь Киево-Печерской Лавры получила пышное барочное оформление и выполненные в том же духе иконы, фрески и резные иконостасы, благодаря которым украинские мастера получили известность по всей стране (рис. 6.7). В результате Киев выглядел намного более европейским городом, чем Москва; как уже говорилось, интеллектуалы из Киево-Могилянской академии, художники и архитекторы приносили в Москву новые идеи и веяния, включая декоративное барокко.

ПОЛИТИЧЕСКАЯ ПРЕЕМСТВЕННОСТЬ И ПРОБЛЕМЫ ЛЕГИТИМНОСТИ

Порядок престолонаследия является важнейшим фактором стабильности любой политической системы. Монгольская империя в этом смысле страдала от непредсказуемости — занятие престола происходило как в результате соперничества («танистри», пользуясь выражением Джозефа Флетчера), так и по наследственному признаку. В Оттоманской империи для устранения соперников служили братоубийство, гаремная система и наследственная преемственность. Как во многих европейских и евразийских странах, в Московском государстве соблюдался порядок наследования по старшинству: династия считалась богоизбранной, а следовательно, харизматической и неприкасаемой. Не существовало никаких традиций, письменных или каким бы то ни было образом юридически обязывающих, которые подразумевали бы участие народа или знати в наследовании престола, но при этом имели место различного рода совещания.

У московских Даниловичей, как некогда в Киевской Руси, наследование княжеского престола шло по мужской линии, но осложнялось наличием еще одной традиции: в боярских родах после кончины главы семейства его место занимал не сын, а брат. Этот порядок существовал и в Киевской Руси, где претендент на великокняжеский престол должен был дождаться смерти старшего родственника, чтобы продвинуться в иерархии наследования. Наследование по боковой линии играло дестабилизирующую роль: новый князь приводил с собой своих людей, и обновление элит шло в ускоренном темпе. Кроме того, этот принцип предполагает раздел наследства — каждый князь хотел получить свою часть территории государства. На практике в киевскую эпоху такой порядок соблюдался лишь в течение нескольких поколений, после чего представители боковых ветвей устали ждать своей очереди и взяли курс на сепаратизм.

Во Владимиро-Суздальской земле этот обычай соблюдался и великими князьями, и боярами, с тем же дестабилизирующим эффектом. Многочисленный род тверских князей был ослаблен

Рис. 6.7. Троицкая надвратная церковь Киево-Печерской Лавры, по обе стороны от которой тянутся стены XII века, имеет пышный фасад в стиле украинского барокко конца XVII–XVIII веков. Фото Джека Коллманна

внутренними усобицами и земельными разделами. Однако Москве повезло: с 1328 по 1425 год на престол всякий раз претендовал лишь один выживший наследник, не имевший братьев-соперников, и передача власти происходила безболезненно. Земельные разделы принимали чрезвычайно ограниченные масштабы, и боярские роды стремились обосноваться в Москве. После смерти Василия I в 1425 году этому счастливому обстоятельству пришел конец: у него были сын (единственный выживший из пятерых) и четверо братьев. Старший из них, Юрий Галицкий, оспаривал престол у Василия, сына Василия I, которому было всего десять лет. Однако боярская элита, поддержанная могущественным дедом юного наследника, великим князем литовским Витовтом, оказала ему сопротивление, и мальчик взошел на трон. После этого начались трения между новым князем и его дядьями и двоюродными братьями, а также между двумя группировками знати, что в 1433 году привело к династической войне, продолжавшейся — со все меньшей интенсивностью — вплоть до победы

Василия II (около 1453). Конфликт закрепил порядок наследования от отца к сыну, и с тех пор несколько поколений московских бояр могли рассчитывать на внутреннюю стабильность в государстве.

При этом, как и представители любой династии, Даниловичи по-прежнему сталкивались с вызовами со стороны родственников. Османы решили эту проблему силовыми методами, которые с течением времени становились все более жесткими. С конца XIV века они перестали делить территорию государства между наследниками; Мехмед II (1451–1481) стал практиковать братоубийство с целью устранения соперников; для ослабления и изоляции последних служили отказ султанов от официальных браков и содержание гарема с многочисленными наложницами, а также система девширме — воспитание мальчиков, принудительно изъятых из христианских семей, с целью занятия ими придворных должностей. В Московском государстве такой жестокости не проявлялось. Братьям великих князей, родным и двоюродным, давались уделы, где они пользовались ограниченными суверенными правами; начиная с середины XIV века этот порядок закреплялся в договорах и завещаниях, где использовались термины «большой брат» и «меньший брат», причем последний обязан был проявлять личную преданность по отношению к первому.

Существовали и более жесткие практики, ограничивавшие возможность родственников по боковой линии вступать в брак, а следовательно, и производить наследников. Из шести сыновей Василия II один взошел на престол под именем Ивана III, один умер, не успев заключить брак, двум другим было отказано в праве на женитьбу, еще двое обзавелись супругами сравнительно поздно. Из двух последних один скончался бездетным, другой же был посажен Иваном III в тюрьму, где и умер. Заточение было распространенным средством династической борьбы, так как в этом случае соблюдалась заповедь «не убий», которую особенно важно было выполнять по отношению к родственникам. Многие родственники великих князей скончались в темнице, обвиненные в измене, но их смерть не связывали с правителем.

Так, Андрей Большой, удельный князь Углицкий, о котором шла речь чуть выше, был схвачен и посажен под стражу вместе с двумя сыновьями в 1491 году, когда разразился политический кризис. Сам Андрей скончался в 1493 году, его старший сын — в 1522-м, младший — в 1540-м, будучи незадолго до этого выпущен из темницы в знак милосердия. Не менее жестокому обращению подверглись дядья Ивана IV — братья Василия III. Троим из четверых не было дозволено вступить в брак, а после смерти в 1533 году великого князя, оставившего наследником трехлетнего сына, бояре принялись действовать быстро, заточив в тюрьму старшего из них — Юрия Ивановича, удельного князя Дмитровского. В 1536 году Юрий скончался, и в следующем 1537 году в заключении оказался его младший брат Андрей Старицкий, также умерший в неволе; от него остался лишь один сын — малолетний Владимир. Остальные дядья Ивана IV не оставили наследников. Таким образом, у него осталась лишь одна боковая родственная ветвь — князья Старицкие, умерщвленные во время опричнины. После смерти Ивана IV у него осталось лишь двое родственников мужского пола, сыновья Федор и Дмитрий, что не предвещало ничего хорошего в будущем.

Нейтрализация родственников по боковой линии не означала прекращения борьбы за престолонаследие среди придворной знати, но в истории Московского государства такое встречалось редко. К примеру, в 1490-е годы на трон претендовали представители двух ветвей династии, образовавшихся в результате двух браков Ивана III — с Марией Борисовной Тверской (1452) и Софьей Палеолог (1472). Один из претендентов был венчан на великое княжение, причем церемония в целом соответствовала той, которую применяли в Византии для наследников престола. Затем верх взяли Василий III и его партия, трое из числа их противников (Патрикеевых) были насильно пострижены и один казнен. В годы несовершеннолетия Ивана IV (1530–1540-е) боярские группировки во главе с князьями Шуйскими, Бельскими и Мстиславскими вели борьбу друг с другом, стараясь навязать наследнику выбранных ими невест, что позволило бы данной партии занять первенствующее положение. Соперников отправляли в изгнание или в заточение, стараясь избежать излишнего насилия, но отдельные убийства все же имели место. Конфликт прекратился, когда было решено женить великого князя на невесте из рода Романовых, принадлежавшего к партии Бельских, но не игравшего значительной роли. Несмотря на победу Бельских и Романовых, равновесие сохранилось — Шуйским и Мстиславским были дарованы различные милости. В 1552 году вопрос о престолонаследии вновь обрел остроту — Иван IV тяжело заболел, и многие бояре отказались поддержать его малолетнего сына: кое-кто стал на сторону двоюродного брата царя, Владимира Старицкого, который уже достиг взрослого возраста. Однако Иван поправился. Существует мнение, что этот случай стал причиной его параноидальных выходок во время опричнины (1564–1572).

До царствования Ивана IV мало что делалось для легитимации престолонаследия через внутридинастическую передачу власти. Чин венчания на царство, присяга подданных, обращения, призванные подтвердить законность правления — все это появляется не ранее середины XVI века. Иван IV стал великим князем в трехлетнем возрасте (1533), без каких-либо легитимационных ритуалов или документов. Но когда он достиг совершеннолетия — после 20-летнего боярского правления — при дворе разработали сложный чин венчания на царство, причем впервые был употреблен титул «царь». Вместе с традиционной свадебной церемонией это свидетельствовало о том, что в придворных кругах установилась стабильность. Ритуал венчания на царство был разработан в соответствии с византийскими образцами, использовались регалии вроде тех, что описываются в «Сказании о князьях Владимирских». Важной частью обряда была проповедь митрополита Макария, напомнившего правителю о его высоком положении как главы империи и обязанности защищать Церковь, веру и свой народ. Как отмечает Сергей Богатырев, в 1550-е годы ритуал изменили, добавив миропомазание, чтобы еще сильнее подчеркнуть сакральность личности правителя.

Более откровенно легитимность демонстрировалась в ходе политических кризисов, которые происходили в период между прекращением династии Даниловичей (1598) и избранием новой династии (1613). Царь Федор Иоаннович скончался в 1598 году, не оставив наследников ни по прямой, ни по боковой линии — результат истребления великими князьями своих родственников в XVI столетии. Боярские группировки встали перед выбором: выбрать нового царя из своей среды или искать его за границей. На престол взошел Борис Годунов, шурин Федора Иоанновича и самый влиятельный человек во время его царствования (1584–1598). Это событие было легитимизировано посредством изощренного воскрешения традиции советов. Когда миновали 40 дней со дня смерти Федора Иоанновича и его сестра отказалась исполнять обязанности правительницы, в Москве был созван Земский собор в составе приблизительно 100 церковных иерархов, 50 бояр, 300 дворян и нескольких десятков горожан, представлявших тягловые сословия. Собор высказался в пользу Годунова и устроил шествие, чтобы упросить его взойти на престол. Лишь тогда Борис, чья власть теперь была легитимирована общественным консенсусом, согласился, подкрепив свою позицию тщательно продуманным ритуалом венчания на царство. Речь шла не о конституционных выборах, а о подтверждении факта путем традиционных для России совещаний. Однако после смерти Годунова (1605) боярские группировки отказались признать царем его сына; последовала почти десятилетняя борьба за престол. Династический кризис привел к наступлению так называемого Смутного времени: в страну вторглись шведские и польско-литовские войска, волжские казаки стали во главе крестьянских восстаний, направленных против центральной власти, среди боярской элиты наступил раскол, войско пришло в плачевное состояние.

Лишь в 1613 году, после того как в России были сделаны попытки установить легитимное правление с помощью самых различных средств, знать сумела договориться относительно будущего монарха. Легитимность отождествлялась исключительно с династической преемственностью, поэтому появилось множество претендентов на трон. Если не считать немногих бояр, понимавших суть польской парламентской системы, в Московском государстве не было никого, кто подразумевал бы под легитимностью что-либо иное. Таким образом, претенденты делали акцент на своем реальном родстве с правящей династией (как Василий Шуйский) или же попросту выдавали себя за одного из Даниловичей. Самозванчество не исчезало вплоть до XIX века — признак того, насколько глубокие корни пустила идеология «вотчинного самодержавия». В Смутное время одному из самозванцев, выдавшему себя за царевича Дмитрия, сына Ивана IV, и заручившемуся поддержкой Польши, удалось ненадолго занять престол (1605–1606). Среди наступившего хаоса возникли новые Лжедмитрии и другие претенденты на родство с Даниловичами. После Лжедмитрия I в Москве воцарился Василий Шуйский (1606–1610). Он попытался обосновать свою легитимность, выпуская манифесты с осуждением своего предшественника — «еретика» и, разумеется, самозванца. Кроме того, он подчеркивал, что происходит из древнего княжеского рода, и считал себя всенародным избранником. Василий Шуйский обещал не злоупотреблять властью — в частности, не задерживать никого без веских причин, а в случае задержания устраивать судебный процесс. Некоторые современные ученые видят в этом конституционное ограничение, другие же считают, что Шуйский желал восстановить согласие в среде бояр, нарушенное при Иване IV.

После взятия Кремля польским войском Шуйский был низложен и скончался в польском плену; могила его находится неподалеку от Варшавы. В 1610–1612 годах бояре вели переговоры с польским королем Сигизмундом Вазой с целью возвести на престол либо самого Сигизмунда, либо его сына Владислава, настаивая, среди прочего, на том, что представители знати не должны подвергаться аресту или плохому обращению. Собранное русскими войско изгнало поляков из Кремля в конце 1612 года, прервав тем самым переговоры. Избрание царем Михаила Романова продемонстрировало действенность традиционной идеологии: его легитимность основывалась на династической преемственности (Михаил приходился внучатым племянником Анастасии, первой супруге Ивана IV) и общенародном согласии. Сотни представителей от дворян, казаков и тягловых горожан были созваны в Москву для участия в избрании царя. В течение января и февраля 1613 года они обсуждали различные варианты, отвергнув в конце концов иностранные кандидатуры и остановившись на Михаиле Романове. Свою роль, безусловно, сыграли закулисные маневры, поскольку, с точки зрения знати, выбор был удачным: Михаилу было всего 16 лет, его отец, насильно постриженный при Борисе Годунове, находился в это время в Речи Посполитой. Бояре надеялись, что Михаил будет слабым царем. Речь шла, опять же, о традиционных совещаниях, а не о созыве конституционного органа. При короновании нового царя был применен новый ритуал, впоследствии сделавшийся обычным — народ клялся царю на верность (Елизавета I отменила эту клятву для крепостных крестьян, однако Павел I в 1796 восстановил прежнюю практику). В России вновь установилось самодержавное правление: Филарет, отец Михаила Романова, вернулся в Россию в 1619 году, став патриархом и фактическим соправителем. Монархи из новой династии всячески обхаживали знать и увеличивали ее численность, Земские соборы созывались все реже (и лишь для обсуждения самых насущных вопросов, связанных с объявлением войны и заключением мира). Для проецирования своей легитимности представители новой династии восстановили, насколько было возможно, судебные процедуры XVI столетия, жестоко расправляясь с недовольными. Через несколько десятилетий после воцарения Михаила вышел коронационный альбом, посвященный этому событию. В нем подчеркивается значение народного согласия — на одном из листов изображены тысячи людей, приветствующих Михаила при его вступлении в Москву в 1613 году (рис. 6.8).

Случайности, связанные с деторождением, заметно изменили характер наследования в XVII веке. Как правило, у монарха оказывался прямой наследник. Претендентами на престол считались только сыновья Михаила Романова; представителям боковых линий доставались земли, боярские звания, деньги и драгоценности — но ни в коем случае не уделы, подразумевавшие хоть какую-то суверенную власть, и не права наследования. Передача власти облегчалась благодаря тому обстоятельству, что выживали лишь немногие младенцы мужского пола, между тем как дочери имелись в изобилии. Из детей Михаила Романова (годы царствования 1613–1645) взрослого возраста достигли три дочери и лишь один сын, который и стал царем — это Алексей Михайлович (годы царствования 1645–1676). У последнего, в свою очередь, родилось десять дочерей — восемь дожили до взрослого возраста — и четыре сына, из которых трое пережили его. Чтобы не создавать соперничающие центры власти, сыновьям решено было не давать уделов, а чтобы не множить враждующие придворные партии, дочерей не стали выдавать замуж ни за русских подданных, ни за иностранных монархов. Благодаря долгим царствованиям передача престола вплоть до 1682 года происходила без проблем, с минимумом борьбы между боярскими группировками. Но затем царь Федор Алексеевич (годы царствования 1676–1682) скончался, не оставив потомства. Претендентами оказались два его брата, дети Алексея Михайловича от разных браков (с Марией Милославской и Натальей Нарышкиной).

Как и в период несовершеннолетия Ивана IV, ставки оказались настолько высокими, что между боярскими группировками начался ожесточенный конфликт. Позиции Милославских, выдвигавших 16-летнего Ивана против десятилетнего Петра, поддержанного Нарышкиными, были ослаблены из-за физических недостатков претендента. Первоначально патриарх созвал совещание с участием высшего духовенства и бояр, которые затем обратились к собравшимся у дворца представителям московского населения. Разумеется, это совещание было не таким авторитетным, как Земский собор, но все оставалось в рамках традиции. Петр был провозглашен царем. После этого Милославские, воспользовавшись недовольством московских стрельцов, принялись подстрекать их к мятежу, который быстро охватил широкие массы народа. Кремль был взят бунтовщиками, в городе начались пожары, были убиты некоторые бояре, в том числе Иван Нарышкин, дядя Петра. Победившие Милославские устроили, по выражению Линдси Хьюз, «импровизированное совещание, подобное тому, что избрало Петра». Его участники предложили

Рис. 6.8. Иллюстрированное описание избрания на престол и коронации первого представителя новой династии Романовых. Тысячи людей приветствуют 16-летнего Михаила Романова и его мать, направляющихся в Москву, что должно символизировать его легитимность в качестве монарха. Нью-Йоркская публичная библиотека, Отдел общих исследований

беспрецедентное решение: возвести на престол обоих мальчиков. Последовали присяга всего населения страны и коронация двух царей. Милославские энергично взялись за дело: регентшей при монархах провозгласили Софью Алексеевну, дочь Марии Милославской, а Петр и Нарышкины были изгнаны из Кремля.

В мае 1682 года началось фактическое правление Софьи, обладавшей многими выдающимися качествами, однако традиционная политическая культура дала знать о себе в 1689 году, когда Петр достиг совершеннолетия, что было закреплено его бракосочетанием в январе этого же года. Это обстоятельство, вместе с неспособностью Ивана произвести на свет наследника мужского пола, оживило былые трения, и осенью боярам стало ясно, к чему все идет. Они предпочли не прибегать к насилию и присягнуть Петру там, где он нашел укрытие, — в Троице-Сергиевой Лавре. Петр сместил Софью, но Иван оставался его соправителем до своей смерти в 1696 году. Нарышкины одержали верх над Милославскими. Несмотря на учащение вспышек насилия и усиление борьбы между группировками, порядок наследования на основе первородства более или менее соблюдался с XV века до 1689 года; отметим лишь кризис в связи с предполагаемой женитьбой Ивана IV (1533–1547) и конфликт между родственниками двух жен Алексея Михайловича в 1682 году.

В остальных же случаях данная политическая система редко порождала насилие. В этой связи можно вспомнить об опричнине, учрежденной Иваном IV. С 1564 по 1572 год внутри страны существовала территория, отведенная лично для царя, своего рода место укрытия. Остальная страна — «земщина» — управлялась боярами. Иван IV управлял государством из Опричного двора в Александрове, делая вид, что живет в собственном уделе. В опричнине имелись свой административный аппарат и свое войско, численность которой достигла 6000 человек: последнее пополнялось за счет мелкой знати и простонародья. Новые приближенные царя получали земли (отнятые у старых княжеских и дворянских родов) и щедрые льготы, тогда как старые уделы — и в меньшей степени льготы — ликвидировались. Позже, в 1575 году, все по тому же «удельному» принципу, Иван IV на 11 месяцев передал царский титул потомку астраханских ханов чингизиду Симеону Бекбулатовичу, а сам «удалился от дел».

Введение опричнины сопровождалось крайней жестокостью, даже если учесть, что иностранцы, не являвшиеся свидетелями событий, были склонны сгущать краски в своих рассказах. Знатные роды лишились своих владений, многие высокопоставленные люди были умерщвлены: опричное войско убивало без особого разбора. Источники говорят примерно о 4000 погибших, включая несколько сотен тех, кто стал жертвой разгрома Новгорода в 1570 году. Однако в опричном безумии невозможно отыскать метод. Целью не был конкретный институт, регион или класс общества; бич обрушивался на всех, и за этим сложно было разглядеть сколь-нибудь ясные социальные или политические цели. Не появилось никаких новых институтов или политических практик, хотя некоторые семейства, возвысившиеся в годы опричнины, пополнили состав знати. Когда все закончилось, Россия осталась с прежними институтами, прежней идеологией, прежними боярскими родами; при этом численность высшей знати выросла, экономика пришла в полный упадок (Ливонская война закончилась для страны катастрофой, налоги взлетели до небес), были нанесены глубокие психологические травмы на коллективном и индивидуальном уровне. Одним из последствий всего этого, как отмечает Андрей Павлов, было стремление нескольких последующих царей (Борис Годунов, Михаил Романов) предотвратить вспышки насилия среди знати. Другим — появление громадного числа исторических сочинений, авторы которых сосредоточились на вопросах тирании и легитимности.

В отсутствие рациональных объяснений опричнины историки помещают в центр своего внимания личность Ивана IV, предлагая различные мотивации, лежащие за пределами рационального — например, такую, как паранойя царя и его страх перед изменой бояр во время войны. Действительно, отдельные бояре попытались покинуть страну, хотя о существовании планов свержения царя ничего определенного утверждать невозможно. Некоторые, как Ричард Хелли, говорят о безумии Ивана; некоторые полагают, что причиной жестокостей стало его мессианское представление о самом себе как о несущем «священное насилие» в эпоху апокалиптических ожиданий. Последнее утверждение, похоже, направлено на рационализацию поведения царя, жившего во время, когда конец света казался близким. Однако теория «священного насилия», к которой отсылают эти авторы, не укладывается в модель, предложенную такими исследователями, как Рене Жирар и Джорджо Агамбен. По мнению последних, «священное насилие» есть исключительное право суверенов (или суверенных государств) употреблять насилие — вплоть до умерщвления людей — для поддержания или восстановления общественной стабильности. Иными словами, суверенная власть использует насилие в ритуализованной или регулярной форме (самопожертвование, справедливая война, смертная казнь). Однако насилие, практиковавшееся Иваном IV, находилось вне всяких норм, будучи произвольным, недолговечным и дестабилизирующим в своей основе. Теория «священного насилия» в данном случае неприменима. Любопытные подробности из жизни Ивана IV вскрылись в 1960-е годы при изучении его скелета; выяснилось, что он страдал от мучительных болей в спине и принимал ртуть, следы которой нашли в костях. Ртуть — ядовитое вещество, повреждающее мозг. Тело Ивана было деформировано; вероятно, он хромал. Последовали горячие споры о влиянии ртути на его поступки, о том, можно ли провести причинно-следственную связь между этой физической болью и учреждением опричнины. Но это свидетельство подтверждает наше понимание его сложного поведения. Видимо, правильнее всего будет признать, что жестокость Ивана вызывалась иррациональными мотивами того или иного рода, но эпоха опричнины с ее крайним насилием, разрушениями и конечной безрезультатностью еще не получила удовлетворительной научной интерпретации.

* * *

Завершая разговор об имперском воображаемом в России, подчеркнем следующее. Прежде всего, идеальный образ политики, воплощавшийся в искусстве, ритуалах, архитектуре и политической практике, не подразумевал никаких политических институтов — только отношения между правителем и народом, с одной стороны, и правителем и знатью, с другой. В теории, власть правителя была абсолютной, как власть отца в семействе, на практике же существовали ограничения. Как и отцу в патриархальной семье, правителю следовало проявлять строгость, но одновременно — справедливость и милосердие, уметь прощать, проявлять набожность и христианскую доброту. Правитель вел свой народ к спасению, служа ему примером благочестия. Он занимался «политикой», лично раздавая щедроты и выказывая милость. Не институты, а практики, связанные с литургией, церемониалом и спрашиванием советов, удерживали правителя на верном пути, а политическую систему — в равновесии.

Гибкость, внутренне присущая этой идеологии, позволяла быть усвоенной всеми подданными правителя обширной и разнородной страны. Он творил справедливость, обеспечивал порядок, призывал благословение на свой народ и свое царство. С учетом всего этого политические практики разрабатывались таким образом, чтобы соответствовать ситуации в той или иной части империи; Джейн Бербанк назвала это «имперским режимом прав». Любая группа внутри общества могла претендовать на защиту и благосклонность самодержца, но у каждой группы имелись свои «права», зависевшие от религиозной, национальной и сословной принадлежности. Предположение о том, что правитель должен откликаться на нужды своего народа — то есть представителей тех или иных основанных на родстве групп — порождала идеологию, в центре которой стоял патриархальный, набожный правитель.

Политическая обстановка была совсем не безоблачной, сильно отдаляясь от идеала — однако идеал взаимодействовал с реальностью, влияя на нее. В политике важнейшими понятиями были клан, брак, родство и клиентела. Знатные семейства были хорошо обеспечены (земли, крепостные, богатые подарки, статус) и не нуждались в гарантиях, которые дают право или институты (либо не владели языком, при помощи которого можно было бы сформулировать требование таких гарантий). На практике, как мы видели, существовал запрет на убийство правителя (таких попыток в России не было до Петра I), так как знать справедливо опасалась соперничества в верхах. Когда такое соперничество возникало, оно влекло за собой кровавые расправы и дестабилизировало внутреннюю ситуацию в те редкие моменты, когда стабилизирующий центр оказывался уязвимым (годы несовершеннолетия Ивана IV, Ивана и Петра Алексеевичей) или вовсе исчезал (как в 1598 году). Согласие и сотрудничество были необходимы для правильного функционирования системы, дававшей преимущества боярам, поэтому последние стремились выступать единым фронтом. Правители и знать видели свой долг в том, чтобы прислушиваться к советам, и политическая ситуация благоприятствовала этому — общеимперская судебная система была готова принимать прошения даже от самого ничтожного из подданных. Правители, церковные иерархи и бояре устраивали совещания, разные по составу: царь и ближний круг бояр; все бояре; бояре и церковные иерархи; широкое народное собрание. Бояре и правители могли не быть набожными лично, но охотно участвовали в религиозных ритуалах, демонстрировавших дарованную им Богом легитимность. Политическая жизнь протекала в соответствии с идеей государства как «сообщества благочестивых», пользуясь выражением Дэниэла Роуленда. Результатом стала политическая система, основанная на родстве и личных связях, чрезвычайно стабильная и прошедшая проверку временем.

И наконец — несколько слов о «деспотизме». Этот термин, предложенный Аристотелем и применявшийся европейскими путешественниками к России с XVI века, стал расхожим и зазвучал с новой силой во времена холодной войны. Но власть московского царя вряд ли можно назвать неограниченной. Даже если великие князья и цари считали всю страну своим уделом, на практике власть государства ограничивалась имперским воображаемым. Позиционируя себя в качестве православных правителей, московские цари были обязаны проявлять набожность, покровительствовать церкви, защищать свое царство, отправлять правосудие и — возможно, самое важное — оберегать свой народ от угроз. Именно это ожидание, в отсутствие конституционных гарантий или права на сопротивление, служило оправданием для народных низов, поднимавших мятеж против правителя, который не выполнял своих обязанностей. Лишь в редких случаях московские правители вели себя единовластно и деспотично, и поэтому зверства Ивана Грозного вызвали такое потрясение. Правители могли сколько угодно использовать принуждение, задействуя людские и материальные ресурсы империи, и более того, употреблять эти ресурсы в интересах немногочисленной элиты; достаточно было того, что они удовлетворяли ожиданиям не только в символическом пространстве (ритуалы), но и в реальном, обеспечивая справедливость и порядок. Это равновесие между теоретическими претензиями на безграничную власть и ее ограничениями на практике было характерно и для соседей России в раннее Новое время (стран, где европейские наблюдатели также обнаруживали «деспотизм»). Как отмечает Тимоти Брук, в минском Китае власть императора была ограничена, поскольку до того на протяжении нескольких столетий в стране складывалась система письменного права и создавался бюрократический аппарат. Дж. Кадафар перечисляет множество ожиданий, которые ограничивали власть османских правителей в первые века после воцарения династии — султан обязан быть набожным, справедливым, милостивым. Концепции легитимности отводили правителям определенные роли и устанавливали для них границы; для приобретения и сохранения легитимности следовало не выходить за эти пределы. Однако легитимность не означала нерешительности. Имперское воображаемое Московского государства ни в коем случае не удерживало царей от применения силы для достижения своих целей, связанных с завоеваниями, контролем, мобилизацией ресурсов. Московские правители захватывали территории, прикрепляли одних подданных к земле и перемещали других в массовом порядке, создавали общеимперские институты. И здесь мы переходим от власти абстрактного воображаемого к власти кнута, войска и бюрократии.

* * *

Сравнительные работы: Brook T. The Troubled Empire: China in the Yuan and Ming Dynasties. Cambridge, Mass., London: Harvard University Press, 2010; Kafadar C. Between Two Worlds: The Construction of the Ottoman State. Berkeley: University of California Press, 1995. О наследовании престола и политической символике в Османской империи: Peirce L. The Imperial Harem: Women and Sovereignty in the Ottoman Empire. New York: Oxford University Press, 1993; Necipoğlu G. Architecture, Ceremonial, and Power: The Topkapi Palace in the Fifteenth and Sixteenth Centuries. New York: Architectural History Foundation, 1991.

Теоретические труды принадлежат перу Джейн Бербанк, Фреда Купера и Кэрин Барки (см. «Введение»). О деспотизме как расхожем выражении применительно к России: Poe M. «A People Born to Slavery»: Russia in Early Modern European Ethnography, 1476–1748. Ithaca, NY: Cornell University Press, 2000.

О династической преемственности в историографии и искусстве Англии XVII века, при Тюдорах: Levy F. Tudor Historical Thought. San Marino, Calif.: Huntington Library, 1967; Sharpe K. Selling the Tudor Monarchy: Authority and Image in Sixteenth-Century England. New Haven: Yale University Press, 2009; Woolf D. From Hystories to the Historical: Five Transitions in Thinking about the Past, 1500–1700 // The Uses of History in Early Modern England / Ed. by P. Kewes. San Marino, Calif.: Huntington Library, 2006. P. 31–67; The Idea of History in Early Stuart England. Toronto, Buffalo, London: University of Toronto Press, 1990.

О династической преемственности и портретах правителей в Турции при османских султанах: Atil E. Süleymanname: The Illustrated History of Süleyman the Magnificent. New York: Harry N. Abrams, Inc., Publishers, 1986; Writing History at the Ottoman Court: Editing the Past, Fashioning the Future / Ed. by H. Erdem Cipa, E. Fetvaci. Bloomington and Indianapolis: Indiana University Press, 2013. P. 100–128; Fetvaci E. Picturing History at the Ottoman Court. Bloomington and Indianapolis: Indiana University Press, 2013; Tezcan B. Ottoman Historical Writing // The Oxford History of Historical Writing / Ed. by A. Feldherr, G. Hardy. 5 vols. Oxford: Oxford University Press, 2011–2012. Vol. 3 (2012). P. 192–211; The Sultan's Portrait: Picturing the House of Osman / Ed. by S. Kangal. Istanbul: ǏIşbank, 2000. P. 22–61.

О раннем периоде формирования идеологии Московского государства: Ostrowski D. Muscovy and the Mongols: Cross-cultural Influences on the Steppe Frontier, 1304–1589. Cambridge: Cambridge University Press, 1998; Alef G. The Adoption of the Muscovite Two-Headed Eagle: A Discordant View // Speculum. 1966. № 41. P. 1–21; Kollmann N. The Cap of Monomakh // Picturing Russia: Explorations in Visual Culture / Ed. by V. Kivelson, J. Neuberger. New Haven and London: Yale University Press, 2008. P. 38–41, Illus. 7.1. Сказание о князьях владимирских / Подг. текста и комм. Р. П. Дмитриевой; Пер. Л. А. Дмитриева // ПЛДР: Конец XV — первая половина XVI века. М., 1984. С. 422–435, 725–731. О генеалогии боярских родов: Kollmann N. Kinship and Politics: The Making of the Muscovite Political System, 1345–1547. Stanford, Calif.: Stanford University Press, 1987; Bogatyrev S. Ivan the Terrible Discovers the West: The Cultural Transformation of Autocracy during the Early Northern Wars // Russian History. 2007. Vol. 34. № 1–4. P. 161–188.

О внутреннем убранстве византийских соборов: Demus O. Byzantine Mosaic Decoration: Aspects of Monumental Art in Byzantium. Boston: Boston Book & Art Shop, 1955.

О политической символике в искусстве и архитектуре и о придворных ритуалах: Rowland D. Two Cultures, One Throne Room: Secular Courtiers and Orthodox Culture in the Golden Hall of the Moscow Kremlin // Orthodox Russia: Belief and Practice under the Tsars / Ed. by V. Kivelson, R. Greene. University Park, Pa.: Pennsylvania State University Press, 2003. P. 33–57; Rowland D. Architecture, Image, and Ritual in the Throne Rooms of Muscovy, 1550–1650: A Preliminary Survey // Rude & Barbarous Kingdom Revisited: Essays in Russian History and Culture in Honor of Robert O. Crummey / Ed. by C. Dunning, R. Martin, D. Rowland. Bloomington, Ind.: Slavica, 2008. P. 53–71; Rowland D. Military Imagery in the Political Culture of Early Modern Russia: The Blessed Host of the Heavenly Tsar // Medieval Russian Culture. Vol. 2 / Ed. by M. Flier, D. Rowland. Berkeley: University of California Press, 1994. P. 182–212; Flier M. Political Ideas and Rituals // Cambridge History of Russia. Vol. 1 / Ed. by M. Perrie. Cambridge: Cambridge University Press, 2006. P. 387–408; Flier M. The Throne of Monomakh: Ivan the Terrible and the Architectonics of Destiny // Architectures of Russian Identity, 1500–Present / Ed. by J. Cracraft, D. Rowland. Ithaca, NY: Cornell University Press, 2003. P. 21–33.

О понятии символического центра: Geertz C. Centers, Kings, and Charisma: Reflections on the Symbolics of Power // Local Knowledge: Further Essays in Interpretive Anthropology. New York: Basic Books, 1983. P. 121–146. О поездках царей на богомолье: Kollmann N. Pilgrimage, Procession and Symbolic Space in Sixteenth-Century Russian Politics // Medieval Russian Culture. Vol. 2 / Ed. by M. Flier, D. Rowland. Berkeley: University of California Press, 1994. P. 163–181.

О практике советов и политической идеологии Московского государства: Rowland D. The Problem of Advice in Muscovite Tales about the Time of Troubles // Russian History. 1979. № 6. P. 259–283; Rowland D. Did Muscovite Literary Ideology Place Limits on the Power of the Tsar (1540s–1660s)? // Russian Review. 1990. № 49. P. 125–155; Rowland D. Muscovy // European Political Thought, 1450–1700: Religion, Law and Philosophy / Ed. by H. Lloyd, G. Burgess, S. Hodson. New Haven and London: Yale University Press, 2007. P. 267–299. Работы, в которых идеология рассматривается в связи с придворной политикой: Kollmann N. Kinship and Politics: The Making of the Muscovite Political System, 1345–1547. Stanford, Calif.: Stanford University Press, 1987; Kollmann N. By Honor Bound: State and Society in Early Modern Russia. Ithaca, NY: Cornell University Press, 1999; Bogatyrev S. The Sovereign and his Counsellors: Ritualized Consultations in Muscovite Political Culture, 1350s–1570s. Helsinki: Academia Scientiarum

Fennica, 2000; Martin R. A Bride for the Tsar: Bride-Shows and Marriage Politics in Early Modern Russia. DeKalb, Ill.: Northern Illinois University Press, 2012. О параллелях с европейскими государствам эпохи средневековья и раннего Нового времени: Koziol G. Begging Pardon and Favor: Ritual and Political Order in Early Medieval France. Ithaca, NY: Cornell University Press, 1992; Conseils & Conseillers dans l'Europe de la Renaissance: V. 1450 — V. 1550 / Édité par C. Michon. Tours: Presses Universitaires François Rabelais de Tours, 2012.

О женщинах при дворе: Thyrêt I. Between God and Tsar: Religious Symbolism and the Royal Women of Muscovite Russia. DeKalb, Ill.: Northern Illinois University Press, 2001; Kollmann N. The Seclusion of Elite Muscovite Women // Russian History. 1983. № 10. P. 170–187; Kollmann N. Women's Honor in Early Modern Russia // Russia's Women: Accommodation, Resistance, Transformation / Ed. by B. Clements, B. Engel, C. Worobec. Berkeley: University of California Press, 1991. P. 60–73.

О портретной живописи в России в конце XVII века: Hughes L. Images of the Elite: A Reconsideration of the Portrait in Seventeenth-Century Russia // Von Moskau nach St. Petersburg: Das russische Reich im 17. Jahrhundert / Forschungen zur osteuropaïschen Geschichte. 2000. № 56. P. 167–185; Hughes L. Sophia, Regent of Russia, 1657–1704. New Haven and London: Yale University Press, 1990.

О «священном насилии»: Kollmann N. Crime and Punishment in Early Modern Russia. Cambridge: Cambridge University Press, 2012; Agamben G. Homo Sacer: il potere sovrano e la nuda vita. Torino, Einaudi, 1995; Жирар Р. Насилие и священное. М.: Новое литературное обозрение, 2010.

Об обращении в суды представителей нерусских народностей: Kollmann N. By Honor Bound: State and Society in Early Modern Russia. Ithaca, NY: Cornell University Press, 1999; Kollmann N. Russian Law in a Eurasian Setting: The Arzamas Region, Late Seventeenth–Early Eighteenth Century // The Place of Russia in Eurasia / Ed. by G. Szvak. Budapest: Magyar Ruszisztikai Intézet, 2001. P. 200–206.

Об архитектуре Северного Урала и Сибири в XVII веке см. серию книг У. Брумфилда «Архитектурное наследие в фотографиях», выпущенных издательством «Три квадрата»: «Тотьма» (2005), «Иркутск» (2006), «Тобольск» (2006), «Соликамск» (2007), «Чердынь» (2007), «Чита» (2008), «Бурятия» (2008), «Усолье» (2012); William C. Brumfield. Eastern Motifs in the Ornamentation of Eighteenth-Century Siberian Church Architecture // Journal of Siberian Federal University. Humanities & Social Sciences. 2016. Vol. 9. № 4. P. 745–774. Другие работы, посвященные провинциальной архитектуре России: Bukharaev R. The Kremlin of Kazan through the Ages. London: Curzon Press on behalf of Kazan Council of People's Deputies, 2000; Spārītis O., Krastiņš J. Architecture of Riga Eight Hundred Years: Mirroring European Culture. Riga: Nacionālais apgāds, 2005; Kyiv: History. Architecture. Traditions / Ed. by O. Druh, Iu. Ferentseva. Kyiv: Baltiia-Druk, 2011; William C. Brumfield, Eastern Motifs in the Ornamentation of Eighteenth-Century Siberian Church Architecture // *Journal of Siberian Federal University. Humanities & Social Sciences,* №4 (2016), P. 745–774.

О наследовании: Martin J. Medieval Russia, 980–1584. Cambridge: Cambridge University Press, 1995; Kollmann N. Kinship and Politics: The Making of the Muscovite Political System, 1345–1547. Stanford, Calif.: Stanford University Press, 1987; Pavlov A. Fedor Ivanovich and Boris Godunov (1584–1605) // The Cambridge History of Russia. Vol. 1 / Ed. by M. Perrie. Cambridge: Cambridge University Press, 2006. P. 264–285. О Смутном времени: Платонов С. Очерки по истории Смуты в Московском государстве XVI–XVII веков. М.: Наука, 2013; Dunning C. Russia's First Civil War: The Time of Troubles and the Founding of the Romanov Dynasty. University Park, Pa.: Pennsylvania State University Press, 2001; Perrie M. The Time of Troubles 1602–1613 // The Cambridge History of Russia. Vol. 1 / Ed. by M. Perrie. Cambridge: Cambridge University Press, 2006. P. 409–431. О политических переговорах в Смутное время: Crummey R. Constitutional Reform during the Time of Troubles // Reform in Russia and the U.S.S.R. / Ed. by R. Crummey. Urbana and Chicago: University of Illinois Press, 1989. P. 28–44; Torke H.-J. From Muscovy towards St. Petersburg, 1598–1689 // Russia: A History / Ed. by G. Freeze. 2nd edn. Oxford and New York: Oxford University Press, 2002. P. 55–86; Hughes L. Sophia, Regent of Russia, 1657–1704. New Haven and London: Yale University Press, 1990.

О сакрализации: Успенский Б., Живов В. Царь и Бог (Семиотические аспекты сакрализации монарха в России // Успенский Б. Избранные труды. Т. I. М.: Школа «Языки русской культуры», 1996. С. 205–337; Bogatyrev S. Ivan the Terrible Discovers the West: The Cultural Transformation of Autocracy during the Early Northern Wars // Russian History. 2007. № 34. P. 161–188. О теоретических аспектах самозванчества: Успенский Б. Царь и самозванец: самозванчество в России как культурно-исторический феномен // Успенский Б. Избранные труды. Т. I. М.: Школа «Языки русской культуры», 1996. С. 142–183. О политической практике: Perrie M. Pretenders and Popular Monarchism in Early Modern Russia: The False Tsars of the Time of Troubles. Cambridge: Cambridge University Press, 1995.

Истолкование поступков Ивана IV с точки зрения психологии и физиологии: Keenan E. The Tsar's Two Bodies (неопубликованная лекция, 1975); Keenan E. How Ivan Became «Terrible» // Harvard Ukrainian Studies. 2006. № 28. P. 521–542; Keenan E. The Privy Domain of Ivan Vasil'evich // Rude & Barbarous Kingdom Revisited: Essays in Russian History and Culture in Honor of Robert O. Crummey / Ed. by C. Dunning, R. Martin, D. Rowland. Bloomington, Ind.: Slavica, 2008. P. 73–88. Рациональные объяснения: Скрынников Р. Иван Грозный. 4-е изд. М.: АСТ; ОГИЗ; Хранитель, 2008; Pavlov A., Perrie M. Ivan the Terrible. London: Longman, 2003. Иван IV в связи с темой «священного насилия»: Madariaga I. Ivan the Terrible: First Tsar of Russia. New Haven: Yale University Press, 2005; Bogatyrev S. Ivan IV (1533–84) // The Cambridge History of Russia. Vol. 1 / Ed. by M. Perrie. Cambridge: Cambridge University Press, 2006. P. 240–263. Об историографии царствования Ивана IV: Rowland D. The Problem of Advice in Muscovite Tales about the Time of Troubles // Russian History. 1979. № 6. P. 259–283.

Глава 7
Как государство применяло свое могущество

Евразийские империи раннего Нового времени были способны по-разному применять свое могущество в пределах принадлежавших им территорий. Однако, делая это, они стремились скорее показать свою силу, чем добиться сплоченности. О сплоченности следовало договариваться особо. Конечно, имперское воображаемое было призвано демонстрировать картину сплоченности: правители и элиты транслировали идеальный, с их точки зрения, образ легитимности в надежде, что подданные примут его и даже станут отождествлять себя с ним. Сплоченность элиты являлась позитивной целью: правители, разумеется, хотели, чтобы элита выглядела именно так — сформированная на основе множества групп, объединенная лояльностью к правителю и империи. Но связывание империи воедино посредством единой идентичности не было ни целью, ни практикой — как и наведение единообразия в управлении или достижение культурной однородности. В какой-то мере сплоченности избегали.

Кэрин Барки называет евразийские империи раннего Нового времени «сильными государствами», состоящими из «слабых обществ». Слабых — поскольку общества, составлявшие империю, не были связаны между собой горизонтально, по территориальному или классовому признаку. Внутри империи существовали вертикальные связи, тянувшиеся от сообществ к центру. Барки уподобляет их спицам в колесе: каждый напрямую сообщается с центром, будь то имперские элиты или местные группы, но обод при этом отсутствует. Модель «имперской системы прав», которую предложила Джейн Бербанк, демонстрирует эту вертикаль: каждый вступает в прямые отношения с российским императором, располагая своим уникальным набором «прав». Империи раннего Нового времени проявляли терпимость к различиям в пределах своих территорий, мало чего требовали от подданных колоний, когда дело касалось повседневной жизни, ограничивая свои требования тем, что приносило государству наибольшую прибыль или затрагивало самые важные для него вопросы: извлечение и максимизация человеческих и денежных ресурсов, защита и расширение своих владений, отправление правосудия на высшем уровне.

Такой подход, разумеется, был приемлемым для Москвы. По мере складывания империи ей приходилось сталкиваться с трудностями. Ввиду климатических и географических особенностей бóльшая часть страны до XVIII века не могла похвастаться ни высокой плотностью населения, ни производством излишка сельскохозяйственной продукции. Налаживание коммуникаций внутри обширной империи было нелегким — во время весенней и осенней распутицы дороги на несколько недель становились непроходимыми (рис. 7.1). Путешествовать лучше всего было тогда, когда реки освобождались от льда или когда земля обретала устойчивый снежный покров (в последнем случае — при условии, что для лошадей запасено достаточно фуража). На коммуникациях плохо отражался также недостаток административного персонала: приоритет отдавался не расширению корпуса чиновников, а пополнению армии и поддержанию достаточного числа налогоплательщиков. Поэтому в провинции присутствие государства на протяжении раннего Нового времени ощущалось слабо. Некоторые говорят о русском государстве как плохо управляемом, но, возможно, правильнее сказать, что оно было слабо управляемым.

Это, однако, не означает, что государство проявляло пассивность. Империи раннего Нового времени проявляли терпимость к различиям, но без колебаний вмешивались в дела общества, когда речь шла о достижении их целей. Несмотря на такие про-

Рис. 7.1. Во время весенней и осенней распутицы передвижение по России сильно замедлялось. На этом снимке показана распутица в Новгородский области. Фото Джека Коллманна

блемы, как обширность территории и нехватка административного персонала, эти империи в случае необходимости применяли свое могущество на всех подконтрольных им землях. В процессе этого они прибегали к разнообразным средствам принуждения — от завоевания и перемещения населения до создания общеимперских институтов в таких сферах, как законодательство, армия и управление.

ПРИНУДИТЕЛЬНАЯ МОБИЛЬНОСТЬ

Добившись стабильности в центре, царь и политическая элита прибегали к принуждению, чтобы строить империю и поддерживать контроль над ней. Однако насилие должно использоваться государством умело, оно не может входить в число основных средств управления, особенно если говорить о раннем Новом времени. Обширные и редконаселенные империи, такие как

Россия, не имели ресурсов, чтобы обеспечить присутствие значительных сил охраны порядка, и не пришли к идее тотального контроля. Обычно они управляли при помощи силы и всегда могли озвучить реальную угрозу применения насилия. Там, где возможно, русские войска при завоевании не уничтожали производительные ресурсы — например, не сравнивали с землей города и деревни. Но перед убийствами Москва никогда не останавливалась. При захвате Новгорода в 1478 году город лишился своей политической элиты, несколько человек казнили. По мере продвижения русских войск вглубь Сибири они жестоко расправлялись с местным населением, сжигая по пути деревни. Оппозицию беспощадно подавляли, как мы видели это на примере регулярных бунтов татар в Среднем Поволжье и Башкирии. Когда же происходило организованное восстание — как, например, разинское (1670–1671) или пугачевское (1773–1775), вожаков казнили сотнями, а их тела долго висели на виселице для устрашения. На покоренных территориях размещались гарнизоны стрельцов или казаков во главе с воеводами.

Такое мощное средство контроля, как насильственное перемещение населения, Москва позаимствовала у монголов: те переселяли ремесленников и купцов в свои города (если говорить о Кипчакском каганате, то в Сарай) и обращали в рабство остальных. В процессе завоевания той или иной территории Москва производила насильственные переселения, по возможности завладевая ценным человеческим материалом. Первые примеры этого мы видим в XV веке. В течение десяти лет после подчинения Новгорода (1478) сотни тамошних купцов были высланы в различные города — Владимир, Переяславль и даже Москву. Их место заняли московские купцы, создавшие собственные жилые кварталы и так тесно связывавшие себя с Москвой, что даже столетием позже, когда Иван IV переместил в Москву около 100 новгородских торговцев, многие из них оказались потомками вынужденных переселенцев того времени. Та же участь постигла и дворян: примерно 80 % вотчин в Новгородской земле были конфискованы, собственники подверглись заключению или переселению, пополнив ряды дворян в центральных областях России. Сами же угодья были обращены в поместья — новый вид землевладения, — которые распределили среди представителей 1300 лояльных Москве родов: одни прибыли из центра, другие совершили восхождение по социальной лестнице.

В ходе последующих завоеваний применялся все тот же принцип: тверских купцов привезли в Москву после захвата города в 1485 году. Вслед за покорением Пскова (1510) более 1000 дворян из центра получили вотчины богатейших псковских землевладельцев, которых изгнали из города и поселили подальше от границы. Псковских купцов переместили в Москву, где для них был выделен особый квартал. После завоевания Смоленска (1514) местные купцы точно так же были переселены в Москву, где добились больших успехов — возможно, специализируясь на торговле с Польшей и Литвой — и образовали привилегированную группу в составе московского купечества. Рязанские купцы и дворяне поменялись местами с московскими после присоединения города в 1521 году.

В XVI веке население по-прежнему перемещали из центра на окраины и наоборот. Для поддержания контроля над Новгородом Москва переселяла местных купцов в центр — в 1546 году и во время опричнины. В ходе Ливонской войны (1560–1570-е годы) купцы из Пскова, Переславля, Вязьмы и Новгородской земли были отправлены во внутренние области. Кровавый захват Казани сопровождался выселением татарской знати, купцов и простолюдинов, место которых заняли торговцы и военные из Москвы, Устюга, Вологды, Костромы, Владимира, Переславля и Ярославля. Переселенцы из Пскова (1555) заняли целую городскую улицу, как ранее в Москве. В 1565 году представителей нескольких знатных княжеских родов, чьи владения были отняты при введении опричнины, переселили под Казань. В течение года с них сняли все обвинения, но многие не получили назад своих владений, их попросту переместили в центральную Россию, ближе к Москве.

Насильственные перемещения дворян и крестьян производились и при возведении укреплений и обустройстве новых окраинных территорий. Как мы видели, на Средней Волге происходило оживленное миграционное движение. С конца XVI века обитатели России и Среднего Поволжья постоянно двигались на юг, а также на Урал и далее в Башкирию. Уже в 1570-е годы тульских и каширских дворян начали селить в пограничье, в Веневе и Епифани; при сооружении Белгородской черты на земли под Воронежем стали переселять дворян для охраны границы. К XVIII веку переселенцы образовали особое сословие однодворцев, хорошо ощущавших свои отличия от других социальных групп (см. главу 17) и сопротивлявшихся превращению в тягловых крестьян. В 1668 году взятые в плен польские шляхтичи из Полоцка была перемещены к Закамской черте, получив земли и крестьян; в 1690-е годы они владели несколькими сотнями усадеб на северо-востоке Башкирии.

Самыми масштабными были насильственные перемещения крестьян. При строительстве Белгородской черты туда послали свыше 1000 человек, заселив ими город Царев-Алексеев (1647); то же самое происходило в более мелких городах. Часто это сопровождалось аналогичными переселениями, инициаторами которых были церковные иерархи и светские землевладельцы, а также притоком беглых крепостных и представителей степных народов, поступавших на русскую службу. Эти меры не всегда оказывались успешными: из более чем 1000 крестьян, посланных в долину реки Битюг под Воронежем (конец XVII века), 69 % через два года скончались, а 23 % бежали. Провалом закончились и попытки Петра I построить и заселить жителями новый порт на Азовском море между 1696 и 1711 годами: они привели лишь к смерти и бегству тысяч рабочих и членов их семей. Как отмечает Брайан Бек, государство старалось не допустить исхода населения и в то же время перемещало его. Власти, зная, что они не могут защитить и контролировать поселения за пределами укрепленных линий, активно уничтожали те, которые основывались далеко в степи, и возвращали их обитателей на границу. Укрепленные линии должны были не только сдерживать натиск кочевников, но и препятствовать оттоку крестьян.

Церковь также переселяла крестьян из центра на новоприобретенные территории: к концу 1550-х годов в Казани и близ нее насчитывалось около 20 православных церквей и несколько монастырей. Затем монастыри стали появляться вдоль Камы, часто становясь рассадниками крепостничества. Рассматривая церковь как полезного союзника в деле заселения новых территорий, государство раздавало ей земли и в XVII веке, и на протяжении значительной части XVIII века, хотя при этом ограничивало церковное землевладение (начиная с 1560-х годов) и конфисковывало в свою пользу монастырские земли (в XVIII веке). Таким образом, московские власти без колебаний перемещали своих подданных, распоряжаясь ими по своему усмотрению, чтобы совершать и закреплять завоевания.

ФОРМИРОВАНИЕ И СНАБЖЕНИЕ АРМИИ

Один из базовых актов государственной власти — реквизиция ресурсов путем обложения населения различными налогами и повинностями. Изъятие мехов у жителей Сибири часто производилось под дулом ружья; в центре, где крестьяне и горожане платили налоги столетиями, принуждение использовалось мало, так как в общинах царила круговая порука — налоговое бремя распределялось между семьями в зависимости от их платежеспособности. Разумеется, старейшины могли манипулировать процессом, увеличивая сумму для своих неприятелей и уменьшая ее для своих друзей. Однако существовала повинность, требуя которую государство напрямую применяло принуждение к своим подданным. Речь идет о комплектовании и снабжении армии.

В московскую эпоху набор рекрутов и связанное с ним бремя — постой войск — не были большой проблемой: войско состояло по преимуществу из конных дворян, которым раздавались поместья с крестьянами. Набор как таковой впервые начался в 1630-е годы с целью обеспечения войсками Белгородской черты — в те годы Московское государство начало создавать пехотные и драгунские полки «нового строя», формируя их из обедневших дворян, татар, казаков и представителей тяглового населения. В 1640-е годы власти стали набирать в войско государственных крестьян и крепостных — с определенного количества дворов поставлялся один рекрут — но не на постоянной основе: как пишет Кэрол Стивенс, «призванные возвращались домой через год, и на их место приходили новые, также призывавшиеся на год». В конце Тринадцатилетней войны (1654–1667) крестьяне призывались уже регулярно и в общенациональном масштабе, число их достигало 100 тысяч, но служба оставалась сезонной. Бремя рекрутчины — в 1658 году 25 дворов поставляли одного солдата, — разумеется, утяжеляло повинности крестьян и приводило к еще более интенсивному бегству последних, но не требовало масштабного принуждения. В условиях сезонной службы постой также не являлся таким тяжким бременем, каким он стал в следующем столетии.

Как указывает Чарльз Малер, в раннее Новое время «военная сила, способная на решающее воздействие» формировалась благодаря сплоченности, достигавшейся путем хорошего обучения и дисциплины и поддержания «системы приграничных укреплений и баз снабжения», позволявшей центру «демонстрировать силу в местах, удаленных от столицы». В XVII веке Россия начала приобретать соответствующие возможности, создавая логистические сети для снабжения войска, расквартированного вдоль степной границы, снабженной укреплениями, или находящегося на походе. На протяжении XVII столетия «радиус экспансии» Москвы был относительно невелик: в большинстве кампаний требовалось преодолеть лишь небольшое расстояние, двигаясь на запад или на восток (к Казани), продолжительность их обычно не превышала одного-двух летних месяцев. Войско, состоявшее приблизительно из 35 тысяч поместных дворян, возило припасы и снаряжение с собой либо посылало их в район будущего сосредоточения. Но во время похода представителям других родов войск — пушкарям, стрельцам, специалистам по фортификации — требовался хлеб или деньги для его покупки (или и то другое), и это представляло более серьезную проблему. Земли, в которых оказывались русские войска, даже на западе, были малонаселенными, и государство не могло рассчитывать на реквизиции или покупку продовольствия у местных жителей, которые совершались армиями в более населенной и процветающей Европе. Нехватка всего особенно остро ощущалась в степи, где имелся лишь корм для коней.

Поэтому Разрядный приказ был вынужден взять снабжение на себя. В XVI веке войско сопровождали обозные части во главе с высокопоставленными персонами; были устроены склады зерна в крепостях (Смоленск, Псков, Казань, Астрахань) и поселениях на новозавоеванных территориях (Воронеж, Себеж, Свияжск, Коломна, Пронск). В XVII столетии появились верфи для строительства речных судов — в Вологде, Устюжне-Железнопольской, Астрахани, Нижнем Новгороде, Казани, Калуге. Путь по реке от Москвы до Астрахани занимал 45–60 дней. Новые крепости на Волге снабжались настолько хорошо, насколько хватало возможностей государства. Самара (основана в 1586), Царицын (основан в 1588) и Саратов (основан в 1590) первоначально снабжались из центра — крестьян там не было. Но по мере того, как укрепленные линии продвигались к югу, государство заселяло эти области.

Продвижение вглубь степи и военные реформы XVII века усложнили логистику. Полкам «нового строя» и гарнизонам в городах требовались многие тонны зерна, как и вассальным степным народам (донским казакам, калмыкам). Уже в начале столетия были введены новые налоги, в том числе «стрелецкий хлеб»; в середине века он стал взиматься звонкой монетой, превратившись в «стрелецкие деньги», и, как и другие подобные налоги, шел на содержание всех подразделений. В промежутке между двумя войнами — Смоленской (1632–1634) и Тринадцатилетней (1654–1667) — создавались полки «нового строя» и сооружались укрепленные линии, так что проблема снабжения армии и приграничных гарнизонов встала очень остро. Чтобы доставлять продовольствие и фураж в войско летом, когда велись военные действия, Разрядный приказ децентрализовал сбор припасов: теперь на юге и на западе реквизиции осуществлялись местными военными учреждениями. Одновременно снабжение зерном в областях, близких к Москве, подверглось централизации, им теперь занимался Хлебный приказ (1663–1683); в Белгороде, Коротояке, Севске, Брянске появились хлебные склады. Запасы пополнялись за счет специальных налогов, взимавшихся деньгами или натурой. В 1640-е и 1670–1680-е годы систему налогообложения меняли с целью изыскать дополнительные средства для осуществления военной реформы и снабжения войска.

Некоторые области в центре были избавлены от реквизиций в пользу армии; «стрелецкий хлеб» и «стрелецкие деньги», собираемые на стратегических окраинах (Новгород, Казань), оставались там же; на юге из-за нехватки хлеба соответствующий налог вообще не взимался. После Тринадцатилетней войны основное внимание уделялось снабжению русских войск, стоявших в Киеве, Нежине, Переяславе и в других местах Левобережья. С 1668 года собирался особый «киевский хлеб» для прокорма русских сил в Украине, численностью от трех до пяти тысяч человек. Как подчеркивает Алессандро Станциани, в XVII веке Россия стала применять еще один способ снабжения: государство раздавало землю тем, кто служил в гарнизонных полках (стрельцам, казакам, даже солдатам в полках «нового строя») и гарнизонных частях, расквартированных в близлежащих деревнях. Все они превращались в полукрестьян, полувоенных, занимавшихся охраной границы: вооруженные силы, содержащие сами себя и существующие наряду с подвижной армией.

Несмотря на все усилия, органы военного управления оказались неспособны предотвратить поражение войск под началом князя В. В. Голицына в ходе двух крымских походов (1680-е годы). Двигаться пришлось по безлюдной степи, а следовательно, продукты питания, дрова, воду и прочие важнейшие припасы было необходимо везти с собой. В первой кампании армии численностью в 112 тысяч человек (плюс как минимум 20 тысяч во вспомогательных частях) потребовались такие громадные обозы, что она могла двигаться лишь с черепашьей скоростью — хотя все, что можно, было заранее послано на передовые склады. Когда войско дошло до Конской Воды, выяснилось, что татары подожгли степь перед ним, уничтожив траву, необходимую для питания лошадей и вьючных животных. Пришлось повернуть назад. Следующая кампания (1689) была спланирована лучше (более раннее начало, предварительные стратегические проработки), и части Голицына достигли Перекопа, за которым начинался Крымский полуостров. Но оказавшись перед сильными укреплениями и столкнувшись с недостатком припасов, они бесславно вернулись обратно. Эта проблема не была уникальной для Москвы: в XVI–XVII веках турецкие армии несколько раз возвращались с Дона и из Венгрии, когда дальнейшее снабжение становилось невозможным.

С 1580-х годов, чтобы обеспечить продвижение в Сибирь, русские власти изымали хлеб у жителей городов в бассейне Северной Двины и, кроме того, стали принудительно перемещать крестьян из северных областей России в Сибирь. Главной обязанностью сибирских губернаторов было нахождение пригодных к распашке земель и крестьян (ссыльных, беглых крепостных) для их обработки. Лишь в конце XVII века Сибирь начала снабжать зерном стоявшие в ней войска, после чего местные поселенцы были вынуждены посылать зерно дальше на восток.

Что касается гражданского населения, то оно в XVII столетии не было предметом заботы властей: это бремя возлагалось на общины. Отдельные домохозяйства и общины, как в городах, так и в деревнях, держали запасы зерна; в случае голода — подобного тому, что наступил в конце XVI века, — государство раздавало свои запасы, а помещики, как предполагалось, должны были оказывать помощь своим крестьянам. В XVII веке на южной границе появились государственные склады для раздачи зерна населению в экстренных случаях, но такое вспомоществование стало одним из важных направлений государственной политики лишь значительно позднее.

МОБИЛЬНОСТЬ НАСЕЛЕНИЯ

Государство настойчиво перемещало население, но последнее активно перемещалось и по собственной воле. Как уже отмечалось в главе 3, С. М. Соловьев и В. О. Ключевский создали устойчивый образ русского крестьянина, постоянно находящегося в движении, не питающего привязанности к земле (и к своей стране, как неявно подразумевалось). Мы не знаем, что крестьяне раннего Нового времени думали о стране, но относительно мобильности Соловьев и Ключевский правы: писцовые книги начала XVI века, как показал Борис Миронов, говорят о том, что 70 % крестьян уехали из тех мест, где родились их отцы, обосновавшись либо в том же уезде, либо за его пределами, даже если в это время не наблюдалось особых экономических трудностей. Потрясения, связанные с войной и опричниной (1560–1570-е годы) вызвали массовое бегство крестьян. В центре до 60 % крестьян сменили место жительства из-за войны, эпидемии или непосильных налогов. В XVII веке этот процесс продолжился.

В Сибири, как мы уже видели, территориальная экспансия не привела к значительному росту числа русских переселенцев, поскольку ее главной целью было добывание мехов. Восточные славяне приходили сюда для охоты на зверя и возвращались обратно со шкурами. К концу XVII века пришлое население более или менее сравнялось по численности с коренным, сильно сократившимся вследствие завоевания и эпидемий. Иначе обстояло дело в лесостепном и степном приграничье, привлекательном для беглецов благодаря удаленности от центра и более благоприятным условиям для земледелия. Чтобы ограничить возможности для такого бегства, государство предприняло попытки контролировать мобильность населения, что в раннее Новое время было довольно сложной задачей. Как и в европейских государствах того времени, власти не требовали документов, удостоверяющих личность; Натали Земон Дэввис рассказывает о том, с какими трудностями столкнулся в XVI веке французский суд, выясняя личность человека, называвшего себя Мартином Герром. Точно так же и русские подданные не имели опознавательных знаков для подтверждения их личности. Преступникам ставили клейма («вор», «тать» или обозначение места ссылки — «Тобольск» и др.). Государство требовало от каждого, путешествующего по торговым или служебным делам, особый документ — проезжую грамоту, которую выдавал помещик или вышестоящее лицо, причем получить ее было непросто. Те, кто путешествовал при помощи ямской гоньбы (государственной почтовой службы), предъявляли подорожную грамоту в знак того, что их поездка является «официальной».

Государство предпринимало также усилия по охране границ, следя за их переходом в обоих направлениях. Иноземцу, чтобы въехать в Россию, следовало получить на пограничном пункте разрешение от воеводы. Эти же пункты служили для того, чтобы крестьяне не оказывались в незащищенной степи. Когда донские казаки заняли Азов (1637) и предложили передать его России (1642), русские власти отказались, зная, что не смогут заселить и контролировать эту удаленную местность. Украинцам было позволено селиться в Слобожанщине, в отличие от русских, чтобы последние не уклонялись от налогообложения. В конце XVII века донские казаки, добиваясь благосклонности Москвы, согласились отсылать беглых крепостных обратно в центральные области России, что вызвало восстания Степана Разина (1670–1671) и Кондратия Булавина (1707–1708). И тем не менее, как уже было сказано, побеги были обычным делом на всей южной границе, от Причерноморья до Башкирии: беглецы пополняли казачьи отряды или местные сообщества, располагавшиеся рядом с Россией, но вне ее досягаемости.

В центре государство стремилось контролировать высокоподвижное население при помощи крепостного права. Крестьянских рук для дворянских поместий настолько не хватало, что с конца XVI века власти начали ограничивать право крестьян переходить к другому владельцу. К 1649 году процесс закрепощения завершился: всем представителям тягловых сословий, городских и сельских, запретили покидать место жительства (см. подробнее в главе 10). Закон вменял горожанам в обязанность сообщать обо всех новых поселенцах, приезжих и бродягах, под страхом телесного наказания. Удерживать подданных на одном месте можно было только насильственными средствами. Как утверждает Евсей Домар, чем выше был потенциал мобильности населения — по мере того, как становились доступными все новые земли, — тем больше контроля требовалось от государства. Оборотной стороной мобильности населения был автократический режим.

Теоретически, после того как, согласно Соборному уложению 1649 года, розыск беглых крестьян стал бессрочным, обязанность их выслеживания возлагалась на государство. Однако это постоянно противоречило интересам воевод, которым нужны были люди для пополнения и снабжения местных гарнизонов. Во второй половине XVII века наблюдались колебания государственной политики: воеводы принимали у себя пришлых без всяких вопросов, и в 1653 году было объявлено, что гарнизоны на стратегически важной Белгородской черте могут не возвращать беглых их владельцам. Но в 1656 году подход, в угоду дворянам-землевладельцам, изменился на прямо противоположный: законы стали угрожать карами, вплоть до смертной казни, тем, у кого будут обнаружены беглые крестьяне. В 1658–1663 годах были посланы 15 команд для сыска беглых, затем еще 22 — в 1660-е годы; до конца столетия каждое десятилетие посылалось еще столько же. Но эти усилия, если учесть размеры империи, были смехотворными. Проблема беглецов и трения, которые она вызывала, продолжали существовать на протяжении всего раннего Нового времени.

Дальнейшее закрепощение крестьян могло происходить только под угрозой помещичьего кнута и при наличии у царя возможности выслеживать беглых. Однако объектом мер принуждения в отношении крепостных чаще всего становилась крестьянская община в целом. Как показывают Стивен Хок и Трейси Деннисон, община предпочитала не допускать в свою среду помещичьих агентов, практикуя внутреннюю дисциплину. Старейшие по возрасту члены общины осуществляли власть, закрепляя полное подчинение женщин мужчинам и младших — старшим, назначая телесные наказания за мелкие преступления, отправляя рекрутов в армию, усмиряя непокорных. Но одновременно они занимались организацией помощи престарелым и овдовевшим крестьянам и вообще всем, кого постигло какое-либо несчастье. Существование деревни отличалось стабильностью благодаря такому саморегулированию. Как поместье, так и общину, возможно, следует рассматривать как уменьшенную копию русского государства. Насилие было суровой реальностью, угроза его применения постоянно висела в воздухе, но в повседневной жизни те, кто обладал властью, укрощали его посредством институтов — таких как община, административный аппарат и судебная система.

МОНОПОЛИЯ НА НАСИЛИЕ: УГОЛОВНОЕ ПРАВО

Как известно, Макс Вебер считал монополизацию средств насилия главным признаком суверенитета. Во многих отношениях речь идет об институционализации права суверена на употребление «священного насилия» ради сохранения стабильности в государстве, но эта теория появилась уже после смерти Вебера. Монополия на насилие может выражаться в единоличном контроле правителя над вооруженными силами и запрете частных формирований либо контроле над насилием, применяемым частными лицами, посредством системы уголовного права, когда вводится запрет на дуэли, драки, убийства. Чтобы суверенное насилие было легитимным, оно должно восприниматься как справедливое, а осуществляющая его система — как учитывающая потребности народа; в одних государствах эта легитимность обеспечивается конституционными и правовыми средствами, в других — милосердием и милостью монарха.

В Московском государстве уголовное право закрепляло монополию государства на насилие. Лишь царские суды имели право преследовать кого-либо за тяжкие преступления, применять пытки, назначать телесные наказания и смертную казнь. Если помещик, чей крестьянин совершил тяжкое преступление, самовольно принимался пытать и карать его, он подвергался наказанию: такого крестьянина следовало доставить в государственный суд. Точно так же можно было совершить убийство в целях самообороны, но если землевладелец схватил преступника на своей территории, он должен был отдать его в руки судей. Кровная месть по делам чести запрещалась — необходимо было обращаться в суд. Существовала система штрафов за бесчестье, обеспечивавшая защиту каждому, от холопа до боярина; исключение представляли лишь те, кто порвал связь со своей общиной.

«А татем, и разбоиникамъ, и зажигалщикам, и ведомым лихим людем безчестия нет», — указывалось в Судебнике 1589 года.

Исход соперничества между боярскими родами решался не путем дуэлей (последние начали устраиваться, под европейским влиянием, лишь с конца XVII века и оставались запрещены еще добрых сто лет после этого), а посредством местничества — сложной системы, в которой учитывались знатность рода того или иного лица и его старшинство внутри рода. Если, к примеру, кто-либо считал себя оскорбленным, когда его ставили под начало представителя другого рода, суд со всей тщательностью выяснял сравнительный статус обоих, опираясь на официальные генеалогические записи и сведения о военной службе. Но, как представляется, в XVI и XVII веках ни один подобный иск не был удовлетворен, так что эта практика служила скорее для спасения репутации и, возможно, для защиты родовой и индивидуальной чести путем установления прецедента, не ограничивая права царя совершать какие угодно назначения. В редких случаях, когда высокопоставленное лицо не желало признавать отказ в своем иске, царь обрушивал на него свой «праведный гнев»; Алексей Михайлович устраивал таким упрямцам суровую выволочку. В крайних случаях тех, кто шел против царской воли, подвергали публичному унижению, которое, согласно Виктору Тернеру, играло роль «социальной драмы», создавая пороговое пространство: внутри него обе стороны конфликта более или менее сохраняли свое достоинство, и в рядах расколотой элиты восстанавливалось равновесие.

Царские суды рассматривали наиболее серьезные дела, в том числе земельные споры, челобитные о вознаграждении за службу, тяжкие (неоднократное воровство и разбой, убийства) и политические преступления, причем в последнюю категорию включались и религиозные (ересь, колдовство). Церковь участвовала в расследовании дел, где была замешана ересь, но наказание выносилось государством. Последнее без всякого стеснения использовало судебную систему для защиты своих интересов: так, например, первые Романовы безжалостно боролись с малейшими признаками политического недовольства, разбирая случаи предполагаемой измены в ускоренном порядке. Эти разбирательства, проходившие по разряду «Слово и дело» (обвинения в измене), продолжались в течение первых четырех десятилетий после воцарения новой династии, но последствия были незначительными. Воеводы часто решали, что крестьяне были виновны всего лишь в необдуманных словах, сказанных по адресу царя в пьяном угаре. К середине века такие преследования стали более редкими, хотя ловкий тяжебщик мог выкрикнуть «Слово и дело», чтобы отсрочить разбирательство против самого себя.

Отправление правосудия и поддержание порядка на низшем уровне осуществлялись местными общинами, которые пользовались при этом своими языками и традиционными нормами: немецкие кодексы в Ливонии, восточнославянское обычное право в деревнях, шариат в Казани, казачье право на Дону и в Гетманщине, туземное право в Сибири и Башкирии. Церковь обладала юрисдикцией в отношении всех православных, когда речь шла о вере и религиозных практиках, а также разрешала мелкие тяжбы между зависимыми от нее мирянами. Кроме того, она ревниво отстаивала свое право судебного преследования духовных лиц, совершивших преступления нерелигиозного характера. В 1649 году для сбора налогов на содержание церкви и ведения гражданских дел, в которых были замешаны клирики, государство создало Монастырский приказ, но в 1669 году церковь добилась совместной юрисдикции в таких случаях. Обширные владения патриарха были особенно хорошо защищены от посягательств государства.

«Русская Правда», составленная в XII веке, представляла собой краткий свод восточнославянского обычного права и походила на соответствующие европейские кодексы эпохи Средневековья. В начале Нового времени она все еще имела хождение в Московском государстве, но судебники (1497, 1550, 1649, 1669) и указы великих князей и царей имели над ней преимущество в том, что касалось процедурных вопросов и назначения наказаний. Обширное светское законодательство Византии, основанное на римском праве, почти не было переведено на церковнославянский язык и не распространилось в древнерусских землях — в отличие от византийского церковного права. На протяжении XVII века, когда шел оживленный культурный обмен с украинско- и белорусскоязычными землями, особенно в духовной среде, кое-какие памятники византийского законодательства были воскрешены Москвой. Наряду с Литовскими статутами, оно повлияло на Соборное уложение (1649) и Новоуказные статьи о татебных, разбойных и убийственных делах (1669).

Судебная система Московского государства была малоразвитой, если сравнивать ее с тем, что существовало тогда в Византии и Европе: суды различных уровней, квалифицированный персонал, юридическая наука. Московские приказы и воеводы в уездах вместе составляли общеимперскую судебную сеть. Воеводы не обучались юриспруденции, но пользовались советами писцов, обученных в московских приказах. Не существовало ни профессиональных законников, ни нотариата, ни школ правоведения. В важнейших случаях сотрудники приказов наблюдали за тем, как ведут дела местные суды, от начала до конца. Все заседания фиксировались на бумаге, и этот документ служил основанием для приговора. В отправлении правосудия не было произвола. Наказания по уголовным делам местного уровня часто оказывались сравнительно несуровыми, так как при их назначении учитывалась репутация человека. Ссылаясь на «царскую милость», судьи регулярно смягчали наказания, предусмотренные писаным правом, принимая во внимание социальное положение обвиняемого или настроения на местах. Но если общине досаждали профессиональные преступники, особенно пришлые, местные жители приветствовали судебные приговоры. На высшем уровне государство, не колеблясь, прикладывало громадные усилия для борьбы с политическими преступлениями; В. Кивельсон задокументировала отвратительные примеры жестоких пыток при рассмотрении дел о колдовстве.

Как и в других странах Европы, писаные законы и судебная практика были пропитаны насилием. Отзвуком ренессанса римского права, который наблюдался в Европе на протяжении XVII века, стало введение своего рода инквизиционного процесса: государство осуществляло контроль над задержанием виновного, расследованием и вынесением приговора (в отличие от обвинительной процедуры, которая применялась к неуголовным делам). Но ввиду отсутствия юриспруденции в профессиональном смысле слова процесс был не настолько закрытым и в меньшей степени, чем в Европе, зависел от судей, законников и письменных документов. Как и в европейских государствах, суды прибегали к пыткам, чтобы выбить признания и получить сведения о сообщниках и умысле. Пытки были незамысловатыми: чаще всего обвиняемого били кнутом, обычно подвешивая на дыбе, но в самых серьезных случаях применялись также пытки огнем или водой. По уголовным делам могли назначаться штрафы и заключение на краткий срок (во время процесса человека обычно держали в застенке), но наибольшее распространение получили телесные наказания, особенно после принятия Соборного уложения 1649 года, испытавшего воздействие литовских норм. Это могли быть удары кнутом или палкой; последнее считалось более легким наказанием (рис. 7.2). Под влиянием византийского извода римского права наносить увечья в конце концов было запрещено (Судебник 1669 года), но этот запрет просуществовал недолго ввиду эволюции другого вида наказания — ссылки.

Ссылку стали широко применять в XVII веке после отказа от смертной казни за повторные тяжкие преступления. На протяжении XVI века ссыльными становились по преимуществу опальные сановники (иногда вместе с родней), которым это наказание назначалось вместо смертной казни. Местами ссылки были города и монастыри в центре России (Ярославль, Углич) и на севере страны (Пермь, Вятка). Однако к концу столетия, как в Европе, государство стало использовать ссылку (которой предшествовало битье кнутом) для пополнения своих трудовых ресурсов — даже за счет опасных преступников. Смертную казнь стали назначать лишь за самые тяжкие преступления, лишая жизни изменников, зачинщиков мятежей, колдунов и ведьм, нераскаявшихся еретиков, закоренелых злоумышленников. Ссыльные начали отправляться во все концы империи — в Томск, Уфу, Тобольск, на берега Лены, в южные пограничные города от Белгорода до Киева, в Казань, Среднее и Нижнее Поволжье

Рис. 7.2. Иллюстрации этнографического характера к отчету о путешествии Адама Олеария, секретаря голштинских посольств, прибывавших в Москву в 1630–1640-е годы, были основаны на его собственных зарисовках. Здесь изображены пять видов наказания кнутом, выносившегося по суду. Воспроизводится с разрешения библиотеки Дартмутского колледжа

вплоть до Астрахани, на Северную Двину и ее притоки, в Пустозерск, Холмогоры, Кольский острог, наконец, на Терек.

Ссыльных преступников не помещали в застенок — у воевод попросту не было соответствующих ресурсов. Как указывалось в главе 3, большинство сибирских ссыльных вместе с членами семьи крестьянствовали, занимались ремеслом и торговлей, служили в составе гарнизонной стражи. Воеводы рассчитывали на то, что большие расстояния удержат их от побега. В конце XVII века, чтобы преступников можно было сразу же отличить, им отрезали пальцы и уши; впоследствии использовался менее жестокий способ — клеймение. В законе прямо говорилось о том, что если человек с таким клеймом будет обнаружен за пределами Москвы, он должен быть немедленно казнен как беглый опасный преступник.

В Европе в это время смертная казнь принимала вид жутких «спектаклей страдания», играя роль царства ужаса, как показали Питер Спиренбург, Мишель Фуко и другие. В Московском государстве все было намного проще, чем в Лондоне или Амстердаме: ни затейливых эшафотов или помостов для зрителей, ни религиозных церемоний, предшествующих казни, ни последней трапезы, ни дополнительных пыток уже на эшафоте. Вероятно, в России расправа была страшна прежде всего своей быстротой: после вынесения приговора от имени царя — телесное наказание или смертная казнь — закон требовал от судьи сразу же привести его в исполнение, «не мешкая». Осужденному могли дать несколько дней, чтобы раскаялся (в Уложении 1649 года говорилось о шести неделях, но это положение исполнялось редко) и собрать народ, который предполагалось таким образом удержать от преступного поведения. Обычно приговор приводился в исполнение путем повешения или отсечения головы; мужеубийц закапывали заживо, колдунов и еретиков сжигали.

В Московском государстве с преступниками обращались так же безжалостно, как в Европе: пытки и наказания были мучительными и жестокими. К смертной казни со временем прибегали все меньше, но альтернативы — кнут и ссылка — были достаточно болезненными. В зависимости от того, какие указания судья давал палачу, тот мог обойтись с человеком мягко или забить его до смерти. Что же касается ссылки, то одни умирали еще в пути, другие — на новом месте, не выдержав суровых условий.

Россия раннего Нового времени постоянно уравновешивала государственное насилие милосердием. В уголовном судопроизводстве судьи регулярно смягчали приговоры, ссылаясь на царскую милость. Правители объявляли амнистию по особым случаям (рождение новых членов династии, праздники), подавали милостыню тем, кто желал совершить паломничество. Лучше всего об умеренном использовании насилия государством говорит то, каким образом карали участников мятежей. Ответом на крупные восстания 1648, 1662 и 1682 годов в городах центра страны был масштабный розыск подозреваемых, однако наказания соизмерялись с виной. Зачинщиков казнили на главных площадях, десятки людей были биты кнутом и/или отправлены в ссылку — все это «чтобы удержать других», на языке судебных дел. Но сотни рядовых участников не понесли никакого наказания — возможно, власти понимали, насколько бессмысленно задерживать всех: выгоднее было проявить милосердие. После грандиозного восстания Разина на нижней Волге (1670–1671) многих бунтовщиков повесили на площадях для устрашения и острастки, но в то же время жители многих деревень согласились вновь принести присягу на верность царю и были прощены. Московские правители стремились соблюсти равновесие между наказанием, с его сдерживающим воздействием, и прощением, позволявшим достичь большего согласия в обществе.

ВСЕИМПЕРСКИЙ КОНТРОЛЬ: БЮРОКРАТИЯ

Бюрократия, так же как армия и уголовное законодательство, представляет собой институционализацию права государства на контроль и принуждение. Каждая империя управляется бюрократией, объединенной сетями коммуникаций: так было задолго до создания прославленной Римской империи. Разумеется, в Европе и Евразии раннего Нового времени, в эпоху активного государственного строительства, важнейшее значение имел систематический учет материальных и человеческих ресурсов — то, что Энтони Гидденс называет «надзором». Европейские монархи и города заимствовали методы учета у католической церкви; в позднее Средневековье появились профессиональные законники и нотариусы. По мере развития государственного аппарата в Англии, Франции, Пруссии, других германских государствах гражданская служба стала достойным карьерным выбором, хотя военная все равно оставалась более престижной. Могущество государства в раннее Новое время зависело от мощи его бюрократии не меньше, чем от силы его войска.

Неудивительно, что возвышение Московского государства как региональной силы в конце XV века сопровождалось ростом аппарата, ведавшего финансами, людскими ресурсами и внешними сношениями государства. Первыми чиновниками, о которых мы встречаем упоминания, были казначеи Ивана III — Ховрины, а позднее Траханиотовы (и те, и другие — выходцы из Греции). От предшествующих веков сохранились лишь отдельные административные документы — завещания великих князей, договоры между членами правящего семейства, кое-какие уставные грамоты. В XVI веке при дворе уже велись важнейшие записи, связанные с войском: земельные кадастры поместий, количество которых постоянно возрастало, разрядные книги (списки назначений военачальников во время походов) и родословные книги наиболее знатных семейств. «Приказы» (административные органы, к которым отходила та или иная отрасль управления) упоминаются с начала XVI века — Посольский, Разрядный, Поместный. По мере государственного строительства и расширения империи их становилось все больше. Одни приказы были многофункциональными, ведая делами различных категорий (судебными, финансовыми, административными), так как в их подчинении находились отдельные области (бывшее Казанское царство, Сибирь, северные земли) или социальные группы (стрельцы, дворяне, полки нового строя). Другие же занимались однотипными делами в пределах всей империи (уголовное право, сбор налогов). Были приказы, просуществовавшие всего несколько десятилетий, были и такие, которые сохранялись на протяжении всего XVII столетия.

В середине XVI века Москва стала усиливать контроль над населением, пользуясь местными традициями коллективной ответственности. На места были переданы две важные функции: дворяне должны были задерживать и подвергать уголовному преследованию закоренелых воров и разбойников (губная реформа 1530-х годов), крестьяне — осуществлять сбор прямого земельного налога (земская реформа 1550-х годов). То и другое представляло собой неоплачиваемую службу в пользу царя, контролируемую центральной властью: губные старосты состояли под началом Разбойного приказа, применяя процедуры и законы, утвержденные великим князем (Судебники 1497 и 1550 годов и другие), земские власти не имели полномочий, чтобы тратить на месте собираемые ими налоги. Однако государство могло рассчитывать на такой неоплачиваемый труд ввиду существования среди восточных славян традиций коллективной ответственности (члены общины работали сообща, обслуживая местные интересы), а также благодаря тому, что такие институты удовлетворяли местные нужды. Губные учреждения проводили розыск на своей территории; крестьяне, занимаясь сбором налогов, распределяли их между собой так, как считали необходимым.

С середины XVI века начинает создаваться бюрократическая система, в целом просуществовавшая до конца XVIII века: воеводы (военные, исполнявшие эту должность в рамках своих служебных обязанностей), которым приходилось быть мастерами на все руки, и помогавшие им писцы, обладатели специализированных знаний в налоговой, административной или судебной области. У воевод имелось множество стимулов для исправного несения службы: они зависели от государства, предоставлявшего им землю, рабочие руки и денежные средства, кроме того, закон предусматривал суровые кары за злоупотребление властью. Государство старалось уменьшить коррупцию и не допустить превращения воевод в местных царьков, ограничивая срок их службы (обычно двумя годами), обеспечивая им достаточную материальную поддержку (за счет местных общин) и не назначая воевод в их родные места. В течение XVII века в ведение губернаторов перешли преследование уголовных преступников и сбор налогов, что упрощало контроль над ними со стороны центра.

Московские приказы надзирали за местными учреждениями и поддерживали их в работоспособном состоянии. Они вели тщательный учет персонала, благодаря чему мы можем наблюдать поразительную картину. Если в 1626 году насчитывалось 44 приказа, то в 1698-м их стало уже 55. Штаты, как и следовало ожидать, увеличились: в 1626 году — 656 дьяков, в 1698-м — 2762; соответствующие цифры для подьячих — 575 и 2648. Количество местных учреждений росло вместе с расширением империи: 185 в 1626 году, 212 в 1645-м, 295 в 1677-м, 302 в 1698 году. На протяжении XVII века их число оставалось неизменным в центре (54) и на севере (около 20), зато в северо-западном и западном приграничье (включая Украину) выросло с 25 в 1626 году до 45 в 1698-м; в зоне южных степей — с 44 в 1626 году до 84 в 1664-м и 95 в 1698-м; на юго-востоке, в Поволжье и Сибири, — с 42 в 1626 году до 77 в 1664-м и 87 в 1698-м. Таким образом, в западном приграничье число их умножилось почти вдвое, в южном, юго-восточном и восточном — более чем вдвое. Но все же в Кремле приказных людей было больше, чем во всех остальных местах, вместе взятых. В 1640-х годах в московских учреждениях числилось 837 человек, в провинциальных — 774 (всего — 1611), а в 1690-х соответственно 2739 и 1918 (всего — 4657). Иными словами, бюрократический аппарат за пять десятилетий увеличился в 2,4 раза, причем основная масса специалистов сосредотачивалась в центре. Российская бюрократическая система была невесомой паутиной, раскинутой на обширном пространстве.

Однако московские специалисты поддерживали систему в рабочем состоянии, находя способы присматривать за несведущими воеводами (а в XVII веке — за номинальными главами приказов, не обладавшими профессиональными знаниями). Одним из них было требование коллегиальности — административные и судебные решения принимались коллективно, воеводой и писцами или главой приказа и дьяками. На практике члены административного персонала служили дольше своих начальников (подьячие на местах — в среднем четыре года, тогда как воеводы — год-два) и могли делиться опытом и ценными соображениями. Писцы в центре и на местах были знакомы с законодательными актами, несложными и всячески распространявшимися. Судебники 1497, 1550 и 1589 годов представляли собой краткие своды положений о штрафах, санкциях и процедурах; Уложение 1649 года было куда более объемным и содержало разделы, посвященные политическим преступлениям, уголовному праву, владению землей, крепостному праву и судебному делопроизводству (самая длинная из всех глав). Оно существовало в печатном виде, было широко распространено и оставалось в силе более 100 лет.

Справляться с непрофессионализмом судей помогал и формат официальной переписки, которая была намеренно дидактичной и эффективной, хотя и основанной на бесконечных повторениях. Любой обмен посланиями между двумя учреждениями подразумевал воспроизведение — слово в слово — всех предыдущих писем и указаний, и только после этого следовала передача новой партии информации или принятие решения. Дела, записывавшиеся на свитках, становились все длиннее и длиннее, наподобие современных цепочек электронных писем. Писцы зачитывали вслух воеводам (зачастую неграмотным) распоряжения из центра во время слушания, а затем, перед вынесением приговора, — дело целиком, вместе с процедурами и нормами; так выглядело просвещение непрофессиональных судей. Кроме того, эти повторения обеспечивали преемственность в передаче сведений, если дело рассматривалось различными воеводами и их помощниками, сменявшими друг друга.

Распространение важнейших царских указов, а также новостей, в условиях низкой грамотности и почти полного отсутствия книгопечатания было нелегкой задачей. Печатные издания стали появляться лишь в середине XVII века, причем речь сначала шла почти исключительно о богослужебных книгах и правилах поставления церковнослужителей. Как отмечает Саймон Франклин, если говорить о светских изданиях, то в XVII веке был полностью напечатан лишь один административный документ — Соборное уложение 1649 года; с 1670-х начинают печататься некоторые жалованные грамоты. Воеводы распространяли царские указы и другими способами. На местах поступали так же, как в Москве, где главные указы объявлялись придворным в Кремле, а также в публичных местах, и, кроме того, копии их посылались в различные приказы. В провинции глашатаи выкликали указы и новости на площадях; в случае казни преступников собиралась толпа и приговор объявлялся вслух. Если предстояла смертная казнь, текст приговора помещался рядом с плахой или виселицей. Рукописные копии основных распоряжений выставлялись на рыночных площадях, прибивались к городским воротам и стенам, воеводскому дому и так далее. Каждое распоряжение, поступавшее из Москвы, фиксировалось на бумаге. Все эти средства коммуникации отличались недолговечностью, но при регулярном применении создавали ощущение постоянного присутствия царя.

Приказную систему управления часто критиковали за неэффективность в сравнении с современной веберовской моделью, согласно которой бюрократические учреждения являются однотипными и каждое из них «рациональным образом» выполняет лишь одну функцию. Несмотря на структурное и функциональное разнообразие, московская бюрократия была высокопрофессиональной благодаря серьезной подготовке, эффективному надзору и более или менее адекватному вознаграждению. Приказные люди в Москве обязательно проходили, один за другим, все установленные этапы карьеры, каждый из которых мог длиться несколько лет. Так, например, Поместный приказ создал школу подготовки приказных служителей, имевших дело с земельным правом. Приказы составляли своды бюрократических процедур и основных законов в своей области (в особенности это касалось уголовного права), впоследствии включенные в Уложение 1649 года.

Документация была высоко стандартизирована. Некоторые сведения (например, реестры) сводились в книги, но повседневные входящие бумаги подклеивались к свиткам по ходу рассмотрения дела. В XVI веке установился образец для челобитных — риторика их базировалась на прямом и личном обращении к правителю, чей развернутый титул непременно указывался в точности. Податель челобитной называл себя уменьшительным именем, далее шло «условное обозначение», зависевшее от сословия: как говорилось в главе 6, дворяне именовали себя «холопами», что в те времена было почетно, податные люди — «сиротами», представители духовенства — «заступниками». Родовитый князь Иван Михайлович, обращаясь к царю, подписывался «твой холоп Ивашко». В начале и в конце вставлялись стереотипные фразы, рассказывавшие о верной службе подателя, мучениях, понесенных им во время сражений, большой нужде в деньгах и так далее, заканчивалось же все прямой мольбой — «смилуйся». Другие документы также были стандартизированы — разрядные книги, писцовые книги, распросные речи и тому подобное.

Официальные документы составлялись на канцелярском языке, близком к русскому разговорному; в XVII веке использовался стандартный курсив (скоропись) с обильным использованием условных обозначений и сокращений. Орфография и пунктуация разнились, что было характерно и для европейских рукописей и печатных изданий того времени. На протяжении XVII века кремлевские приказные люди разрабатывали все более сложные системы соединения, проверки, подписания и регистрации документов, чтобы сохранить последние в целостном виде. Тщательно велись реестры входящих и исходящих документов, а также расходные книги. За подделку документов предусматривались суровые кары; писцам запрещалось брать работу домой, а во второй половине столетия для них были установлены часы работы. Покидая свое место, воевода был обязан обследовать состояние документов и финансов; воеводы подвергались регулярным проверкам. Слабым местом являлось архивирование документов: свитки было трудно идентифицировать, хранить и извлекать.

Власти старались вознаграждать представителей бюрократии в достаточной мере, чтобы предотвратить коррупцию. В теории, приказы выплачивали достойное жалованье, делали выдачи натурой, а высшие приказные чины могли владеть землей — право, которым в XVII веке обладали почти исключительно дворяне, составлявшие основу войска. Эти приказные чины считались «слугами» царя, а не податными людьми. Но власти не всегда выполняли свои обещания, касавшиеся земельных владений и жалованья: во второй половине XVII века денежные выплаты становились все менее регулярными, и письмоводители, особенно на местах, все больше полагались на доходы от штрафов и обязательные повинности местных общин (обеспечение продовольствием, жильем, рабочей силой). Такие «кормления» — форма коллективной ответственности общин — имели вид дара, создавая «экономику обмена», которой общины старались управлять к своей выгоде. Брайан Дэвис обнаружил случай, когда местное сообщество отказалось принять нового воеводу, отвергнувшего их дары — так, словно он ответил пренебрежением на великодушие местных. И наоборот, существование этой обязанности порой приводило к вымогательствам со стороны плохо оплачиваемых приказных людей, которым были посвящены обширные разделы судебников 1497 и 1550 годов, а также Уложения 1649 года. Тем не менее, жалобы на взяточничество слышались постоянно, преследования не помогали найти структурное решение проблемы. Бюрократия не находилась в центре внимания, главнейшими задачами было комплектование войска и поддержание необходимого для этой цели контингента налогоплательщиков.

Сотрудники центральных и местных учреждений были едва ли не единственными носителями светской образованности. Ремесленники и купцы знали грамоту ровно настолько, насколько это требовалось для их профессии, духовенство же пользовалось церковнославянским языком. Не существовало ни законников, ни официальных нотариусов, в отличие от Европы, Китая и Османской империи того времени; единственными исключениями были писцы при крупных вотчинах, светских и церковных, которые за плату оказывали услуги в городах и были сведущи в особенностях делопроизводства и административных процедурах. Для широкой публики они — наряду с подрабатывавшими на стороне приказными служителями — являлись единственными источниками знаний в сфере юриспруденции.

Дьяки московских приказов порой накапливали немалый опыт в конкретной области (законодательство, международные отношения, иностранные языки, сбор налогов), но в XVII веке стало ясно, что им не хватает достойного положения в обществе. Власть и почет доставались боярам и дворянам, несшим военную службу и владевшим поместьями. Приказные люди обслуживали их, но даже дьяки, максимально продвинувшиеся по карьерной лестнице, считались людьми второго сорта по сравнению с военной элитой. Такая ситуация была закреплена и на символическом, и на экономическом уровнях. До 1680 года дьяки не могли пользоваться отчеством — эта привилегия принадлежала только дворянам; при рассмотрении дел служители стояли, тогда как воеводы (бояре или дворяне) сидели. Канцелярские работники были исключены из системы местничества, бояре и дворяне отказывались заключать браки с выходцами из этой среды. На протяжении XVII века складывалось «чиновничество благородного происхождения», пользуясь выражением Роберта Крамми, — его представителям доставались приказные должности, дававшие максимум престижа, влияния или выгоды. Но все это не повышало статуса гражданской службы в Московском государстве.

Бюрократия осуществляла эффективный контроль во всеимперском масштабе, в частности благодаря тому, что местные должности не отдавались на откуп — как было, например, во Франции или Османской империи в XVIII веке. Таким образом, государство сохраняло рычаги воздействия на местах. Все области, центральные и окраинные, находились под управлением назначаемого Москвой воеводы, как бы мало ни ощущалась его власть в повседневных делах. Все подданные платили установленные царем налоги, ко всем ним применялись введенные царем уголовные законы и бюрократические процедуры. Отражением этого являлось единообразие делопроизводства: однородные документы, отделенные друг от друга десятилетиями и тысячами верст — от Белгорода до Иркутска, — создавались по одному и тому же шаблону, использовали один и тот же язык, выдавая руку московских профессиональных письмоводителей. Этот пристальный контроль со стороны центра являлся для Московского государства залогом влияния на местную власть.

КОММУНИКАЦИИ: КАДАСТРЫ И КАРТЫ

Как полагают специалисты по исторической социологии, в основе функционирования государств раннего Нового времени лежал «надзор» — систематический сбор информации о ресурсах страны. В течение XVII века Московское государство уделяло все больше внимания ресурсам, людским и материальным. Чтобы выявить их и поставить себе на службу, оно использовало переписи, кадастры, налоговые ведомости; все это базировалось на учете населения, хорошо знакомом московским князьям еще с тех времен, когда они собирали дань для Орды. Приняв на вооружение китайские методы, монголы в 1250–1270-е годы переписали все дворы в покоренных русских землях. Так возникло деление городского и сельского населения на «сотни» и т. д. (что дало имя и их представителями – «сотские», «пятидесятские», «десятские») — терминология, использовавшаяся московскими властями в XVII веке. Первые переписи населения были проведены в конце XV века на новозавоеванных территориях — в новгородских, ярославских, белозерских землях — с целью обустройства там поместий, необходимых для увеличения численности дворянской конницы. Земля делилась на три категории в соответствии с ее качеством и расположением, а участки нарезались исходя из этого. Впоследствии власти регулярно составляли описи населенных, пригодных к обработке земель и городских владений не только в недавно приобретенных областях, но и в центре. Целью было упорядочение сбора налогов и земельных пожалований за службу. В XVI веке использование кадастров ускорило переход к единой денежной единице (реформы 1530-х и 1590-х годов), а также к уплате налогов в денежной форме. Кадастры также способствовали дальнейшему закрепощению крестьян: начиная с 1580–1590-х годов, право городских и сельских налогоплательщиков покидать места, к которым они были приписаны, непрерывно ограничивалось. По окончании Смутного времени, в 1620-е годы, поземельные описи фиксировали уменьшение числа населения и площади обрабатываемых земель на северо-западе и в центре, где разорение оказалось наиболее сильным; жителей начали прикреплять к местам их обитания для удобства налогообложения.

Новые системы налогообложения порождали новые виды переписей. В 1646 году некоторые налоги особого назначения стали учитываться не на поземельной, а на подворной основе, что привело к подворной переписи. В 1679 году объектом прямого налогообложения стал не земельный участок, а двор; для учета использовались переписные книги, составлявшиеся с 1676 года. Регулярные переписи дворов в городах и деревнях совершались еще в начале XVIII века. Переписи населения как такового не проводились — не брались в расчет как лица, не являвшиеся налогоплательщиками (военные, духовенство), так и плательщики ясака и представители других нерусских народностей, для которых составлялись особые книги. Учет земли и населения велся и с другими целями, пример тому — перепись нетяглового населения в городах 1649–1652 годов, для уничтожения его привилегий, в соответствии с Уложением 1649 года. В 1680-х годах была начата тщательная и масштабная перепись дворянских земель, которая так и не была завершена.

Особое внимание уделялось военной разведке, прежде всего на окраинах. Воеводы в пограничных областях были обязаны следить за пересечениями границы, задерживать и допрашивать предполагаемых лазутчиков; на южных рубежах разведкой в пользу Московского государства занимались казаки. Питер Пердью отмечает, что экспансионистские усилия крупных евразийских империй в XVII веке привели к первым в истории случаям демаркации границ — между Османской империей, с одной стороны, и Сефевидским государством (1639), а также Габсбургами, с другой (1699); между Московским государством и калмыками, татарами, донскими казаками, турками. Договоры 1689 и 1727 годов установили границу России с Китаем по Амуру, и в таком виде она оставалась более столетия.

Россия занималась систематическим сбором информации об империи Цин. Дипломаты, воеводы приграничных областей, послы и торговцы писали отчеты, тайно вывозили китайские книги и карты. Некоторые выпускали описания своих путешествий, часто составляя их на основе записей о своих и чужих дипломатических беседах. Вся эта информация пользовалась огромной популярностью в Москве и европейских столицах, интересуя тех, кто хотел бы наладить сухопутное сообщение с Китаем и узнать больше о новой (маньчжурской) династии, пришедшей к власти в 1644 году. Так, послы Николай Спафарий (1674) и Избрант Идес (1692–1695) составили отчеты и карты, которые широко распространялись по всей Европе — в виде рукописей (материалы Спафария) и печатных изданий (материалы

Идеса). Характерным свидетельством оживленного обмена знаний между Москвой и Европой может служить деятельность Николаса Витсена, который проживал в Москве в 1664–1665 годах и затем занимался общественной и политической деятельностью в Амстердаме: он составлял и публиковал этнографические описания, иллюстрации и карты России и ее степного приграничья: результатом стала книга «Северная и Восточная Тартария» (1692).

Для расширяющихся империй карты имели огромное значение, способствуя покорению новых территорий и контролю над ними. Валери Кивельсон напоминает, что в эпоху политической централизации крупные политические образования «от Англии до Японии» стали наноситься на карты; особенно активно этот процесс шел на протяжении XV века в ведущих странах Западной Европы. Однако Московское государство до XVIII века, по словам Уилларда Сандерленда, «не имело цельной государственной идеологии, в рамках которой территория ценилась бы сама по себе». Картографирование в основном служило налоговым целям — новоприобретенные земли наносились на карты, чтобы облагать их налогами и выяснить, какие торговые пути пролегают по ним. Чертились планы, необходимые для планирования военных кампаний, и наброски, помогавшие разрешить земельные споры. Однако государство не вкладывало денег в создание собственной картографической службы наподобие тех, что существовали в Нидерландах, Англии и Франции, полагаясь в этом отношении на импорт. В XVI–XVII веках кремлевские правители собирали карты и атласы русских земель, выпущенные на Западе; среди книг, переведенных на русский в XVII веке, преобладали географические труды. Иностранные путешественники (Исаак Масса, Ян Стрёйс, Гийом де Боплан и другие) публиковали в своих отчетах карты, иногда составленные со слов их русских информаторов, а иногда являвшиеся плодом научного исследования — например, первые точные карты Каспийского моря, начерченные Адамом Олеарием в 1640-х годах.

С конца XVI века царский двор начал проявлять некоторый интерес к картографированию всей территории страны. В царствование Бориса Годунова Разрядный приказ составил «Чертеж всему Московскому государству» («Большой чертеж»). Это было первое собрание карт всей империи, включая Сибирь. После того как оригинал погиб в огне (1626), «Чертеж» восстановили с прибавлением карт новых территорий, на которые была направлена русская экспансия — причерноморские степи и западная граница с Речью Посполитой. Другие Приказы (Посольский, Приказ Казанского дворца, Сибирский и прочие) также занимались нанесением на карты подведомственных им территорий и городов, проявляя особый интерес к сибирской и китайской границам, имевшим стратегическое значение. Первая дошедшая до нас карта Сибири датируется 1666–1667 годами, а на рубеже веков великий сибирский картограф Семен Ремезов составил, по выражению Валери Кивельсон, «потрясающее собрание» карт Сибири. Посольский приказ в Москве, возглавлявшийся Андреем Виниусом, в конце XVII века выпускал довольно сложные карты, пусть они и не соответствовали современным стандартам. Богатые этнографическими сведениями, карты Московского государства не были однородны по масштабу, не содержали декартовых координат и других современных атрибутов. Работа над ними велась преимущественно из прагматических соображений (сбор налогов, определение торговых путей). Картографирование с целью заявить о принадлежности России тех или иных территорий началось только при Петре I.

КОММУНИКАЦИИ: ДОРОГИ И ЯМЩИКИ

Изречение Фернана Броделя «Расстояние — враг империи» напоминает нам о важности сухопутных сообщений. Карты могли изображать империю как целостную, непрерывную территорию, но для ее управления чрезвычайную важность имели коммуникации — дороги и реки, повозки и почтовые службы. Величайшие империи — Римская, Китайская, Монгольская — добились особых успехов в этом отношении; европейские и евразийские государства раннего Нового времени также прилагали соответствующие усилия. Реки и дороги связывали восточнославянские княжества и города еще со времен Киевской Руси, князья при необходимости отправляли гонцов. Монголы создали на просторах степи сеть почтовых станций, нанимая для службы на них местных жителей. С конца XIII века такие станции (ямы) начинают появляться и в русских княжествах, покоренных монголами, обеспечивая связь княжеств с Ордой и друг с другом. Для этого вводились специальные налоги и повинности.

Завоевания и дипломатические успехи Ивана III поставили вопрос об улучшении качества дорог. Отныне на крестьянские общины возлагалась обязанность сооружать дороги, включая зимники, и ежегодно чинить их. Что касается системы почтовых станций, то иностранные дипломаты отмечали ее существование начиная с 1480-х годов. Созданная по монгольскому образцу ямская служба предназначалась только для официальных гонцов и зарубежных посольств; и само слово «ям», и порядок взимания налогов на эти цели были заимствованы у монголов. За строительством дорог надзирали ямские дьяки, первоначально состоявшие в казначействе, а с 1516 года — в Ямском приказе. Поскольку направления определялись военными и дипломатическими нуждами, сначала приступили к строительству дорог, ведущих к городам западного приграничья — Новгороду, Пскову, Вязьме, Дорогобужу, Смоленску, Воротынску. С расцветом торговли на Белом море после прибытия английских купцов в 1550-е годы были улучшены имевшиеся дороги и проложены новые; почтовые дворы появились в таких отдаленных местах, как Вологда и Архангельск. Иностранцы были впечатлены дорожной системой Московского государства, как отмечает Джон Рэндольф: тот, кто отправлялся по государственным надобностям, мог за короткое время преодолеть значительное расстояние. Энтони Дженкинсон, английский путешественник середины XVI века, указывал, что почтовые дворы встречаются через каждые 20–50 верст. В конце XVI столетия был проложен тракт по Сибири, в это же время военные дороги дошли до южных приграничных городов (Тула, Белгород, Тамбов). По мере усиления контроля над степной зоной последние становились торговыми артериями. К XVII веку дороги с ямскими дворами, отстоявшими друг от друга на 40–50 верст, уже связывали Москву с Архангельском, Новгородом, Псковом, Смоленском, Нижним Новгородом и основными городами на южной границе. Ямская гоньба обслуживала прежде всего государство, путешествовавшие по своим надобностями должны были обходиться собственными средствами. Кроме того, система не распространялась на обширные области, включая большинство северных городов и большую часть Сибири. Здесь местные общины, по традиции, предоставляли лошадей, пропитание и тому подобное тем, кто ехал с государственным поручением, но были избавлены от налогов и повинностей, относившихся к ямской гоньбе.

Первоначально система состояла из станций с приписанными к ним ямщиками и содержалась посредством прямого налога (ямские деньги), собиравшегося в денежной форме с начала XV века, и повинностей, наложенных на общины. Ямщик обязан был потребовать лошадей у общины сразу же после прибытия гонцов, в обязанность же общины входило своевременное предоставление лошадей, съестных припасов и конского корма. Станции не являлись постоялыми дворами, единственной их функцией было обеспечивать быстрое и бесперебойное сообщение. Там, где имелась возможность, использовались речные пути, но предпочитались сухопутные — по соображениям скорости. Проще всего было путешествовать в сухие летние и ясные зимние дни (зимой — при условии наличия фуража), скорость же сильно колебалась. Некоторые иностранные путешественники XVI века (Герберштейн, Горсей), по их словам, проделывали 100 и даже 200 миль в день; слуга Герберштейна будто бы проехал 400 миль — от Новгорода до Москвы — за трое суток! Но речь может идти только об исключительных случаях. По другим оценкам, путь от Новгорода до Москвы обычно занимал пять дней зимой и семь-восемь — летом; Генрих фон Штаден, немецкий наемник, находившийся на службе у Ивана IV, утверждал, что добрался из Дерпта до Москвы за шесть дней, преодолев 200 миль. В конце XVII века почтовые отправления из Архангельска доходили до Москвы, по рекам и по суше, за восемь-девять дней летом и за десять-одиннадцать дней весной и осенью; расстояние составляло 700 миль. На практике, вероятно, путешествия оказывались более долгими. Плохая погода, недолжное содержание дорог, повозки-костоломы без рессор, ямщики с их ленью или мздоимством, хромые лошади — все это замедляло поездку.

В середине XVI века государство стало требовать с населения выполнения повинностей иного вида. Теперь общины должны были поставлять не лошадей, а «охотников», тех, кто занимается уходом за животными на почтовой станции. Население содержало и этих ямщиков, и лошадей, предоставляя также питание и провожатых для гонцов и всех, кто путешествовал по государственной надобности. Местные жители вместе с ямщиками выполняли разнообразные повинности — в частности, занимались починкой дорог и предоставляли дополнительных лошадей, а также повозки, когда через селение проезжали большие группы путешествующих (члены посольств, лица, сопровождавшие армейские обозы). Эти профессиональные ямщики доставляли официальным лицам коней, продовольствие, фураж, порой — возничих, провожатых и телеги; от проезжающих обязательно требовали показать подорожную. Станции различались по размерам: на одних было занято десять семейств, на других — до 70. Помимо жилых домов, там имелись конюшни, сенокосные угодья, пастбища, вереницы клейменых лошадей (животных возвращали на станцию, к которой они были приписаны). Крупнейшие ямы образовывали городские предместья, в Москве конца XVI века их насчитывалось семь — у ворот, откуда начинались дороги на Смоленск, Тверь и Новгород, Дмитров, Ярославль, Владимир, Коломну и Рязань. В такой обстановке, при множестве рабочих рук, ямщики жили совсем неплохо и могли посвятить часть времени прибыльным занятиям — торговле, изготовлению ремесленных изделий, частному извозу. Однако этот труд нередко бывал обременительным, особенно на небольших отдаленных станциях, где государство старалось удержать работников, стремившихся переселиться в город и тем облегчить себе жизнь.

Присоединение Сибири с ее громадными расстояниями создало для ямской службы серьезные проблемы: первые станции (1598–1601) комплектовались ямщиками, переселенными из северорусских городов и окрестностей Казани. В 1630-е годы сеть их протянулась через Верхотурье (главный таможенный пост до 1763 года) до Тобольска, но если говорить о территориях к востоку от последнего, то государство еще много лет требовало лошадей и повозки от местных жителей, будучи неспособно обустроить достаточное количество ямов. Полагаясь на местные общины в том, что касается перевозок для государственных нужд, Россия раннего Нового времени создала схематичную, но эффективную систему коммуникаций, соединявшую главные города и пограничные форпосты.

Эта система в тех или иных обстоятельствах дублировалась другими, также требовавшими насильственного перемещения населения. Одной из них была почтовая служба на перекладных, которая использовалась для передачи срочных сообщений из Москвы воеводам и командующим на местах, а также в обратном направлении. Она возникла во второй половине XVII века, когда Московское государство продвигалось вглубь степи, вело войны с Речью Посполитой и добилось контроля над Левобережной Гетманщиной. Разрядный приказ создал систему гонцов, которых набирали из стрельцов, пушкарей и даже дворян: их перемещали к границе на срок в один год, где они жили группами по четыре-шесть человек на уже существовавших или новосозданных почтовых станциях. Один всадник передавал другому документы, которые таким образом были в пути безостановочно и доходили в Москву из Тулы за 20 часов, а из Киева — за 114. Весной и летом, во время военных походов, почта отправлялась ежедневно, осенью и зимой — реже. После заключения союза с казаками (1654) и начала Тринадцатилетней войны (1654–1667) служба на перекладных появилась и в Украине. Менее срочная корреспонденция, люди и вещи перевозились с помощью ямской гоньбы — если ее удавалось наладить в неспокойном приграничье — или путем реквизиции лошадей у местных жителей. Служба на перекладных существовала лишь постольку, поскольку в ней была необходимость; когда в начале XVIII века Петр I переключил свое внимание с Юга на Балтику, она прекратилась в Украине и была создана на Балтийском театре военных действий.

В конце XVII века, по мере того как государство начало выписывать европейские газеты и активизировало дипломатические коммуникации с балтийскими портами, стала развиваться частная почтовая служба. В 1660-е годы иностранцы получили монопольное право на почтовое сообщение между Москвой и Вильно, а также Москвой и Ригой, но эти службы находились в жалком состоянии, пока в 1670–1680-х годах за них не взялся Виниус. Он наладил регулярное почтовое сообщение между Москвой и балтийскими портами, городами и крепостями Украины, южным пограничьем, Смоленском, Архангельском и даже Тобольском. Гонцы были одеты в белое, чтобы отличать их от ямщиков, которым полагалась одежда зеленого цвета, но виленская почтовая служба базировалась на системе почтовых станций, где всегда имелись стоявшие наготове лошади и всадники. При бесперебойном функционировании скорость доставки могла быть высокой: в 1690-е годы, в летние месяцы, почта из Москвы в Архангельск шла восемь-девять дней, из Москвы в Тобольск — два месяца.

Не следует, однако, преувеличивать значение этих коммуникационных сетей. Государство создавало их для военных и дипломатических нужд, почти не интересуясь обслуживанием основной массы населения. Жителям городов и деревень приходилось строить дороги и мосты за свой счет. Схематичность этой системы демонстрировала прагматичный подход государства к определению ее роли.

ОБЩЕСТВЕННАЯ ГИГИЕНА

Один из главных признаков того, что государство обладает реальной властью, — эффективная борьба с инфекционными заболеваниями. Как говорилось в главе 1, жители России становились жертвами эпидемий, распространявшихся по Европе и Евразии. Народной медицине до некоторой степени была известна их инфекционная природа, и в XVI–XVII веках, когда случалось несчастье такого рода, государство принимало элементарные ограничительные меры, особенно в случае чумы. Есть упоминание о том, что в 1552 году на дорогах, связывавших Новгород и Псков с Москвой, были расставлены посты стражи, чтобы воспрепятствовать передвижению людей во время эпидемии. Карантину подвергались отдельные дома и улицы (например, в Новгороде в 1570–1572 годах). Нарушителей запретов ждала суровая кара. На границе стояла стража, у воевод запрашивали информацию об эпидемиях в других странах, иностранцев расспрашивали о наличии чумы в тех местах, откуда они приехали, дипломатов разворачивали или сажали в карантин. Так, в 1636 году пошел слух, что в Крыму началась чума, вспышки которой были отмечены ранее в Италии и в том же году — в Голландии. В Ливнах и в Осколе — на двух главных дорогах, что вели в Крым, — были выставлены заставы, а крымским послам запретили въезд в Москву. В начале XVII века власти иногда запрещали ввоз зерна из мест, где бушевала эпидемия. Заразных больных должны были хоронить на особых кладбищах. Чума, поразившая Москву в августе 1654 года и не покидавшая ее окрестностей до 1657-го, доставила больше всего сложностей: царское семейство выехало из города, на всех дорогах вокруг Москвы разместились заставы, чтобы эпидемия не добралась до русского войска в Смоленске.

В 1640-х годах карантинные посты были выставлены вдоль всей дороги, шедшей из Москвы во Владимир, что позволял держать под контролем не только ее саму, но и девять перекрестков. На местное население возлагалось тяжелое бремя по сооружению этих постов и комплектованию их стражниками, а также по проверке всех подозрительных всадников и установлению карантина, если эпидемия вспыхивала в их собственном городе. Существовали правила, предусматривавшие обеззараживание домов и сжигание вещей зараженного. Но успех этих усилий зависел от местных властей, которые страдали от хронической нехватки людей и ресурсов. Особенно любопытными были меры по защите высших государственных чинов: в XVII веке официальные документы, составленные в зараженной местности, тщательно осматривались, чтобы не занести заболевание в Москву. Документы окуривались дымом можжевельника или шалфея — считалось, что эти растения обладают обеззараживающими свойствами, — и все, что предназначалось для кремлевских приказов или для царя, должно было многократно переписываться на листах чистой бумаги, прежде чем окончательный экземпляр отправлялся в столицу. Эффективность этих действий зависела от наличия рабочей силы и густоты сети карантинных постов.

Как бы то ни было, Московское государство в XVII веке показало, что оно способно эффективно применять силу для достижения своих целей. Оно использовало принуждение, чтобы покорять новые земли и подавлять сопротивление; как и власти европейских стран, оно вводило жестокие уголовно-процессуальные нормы и наказания. Для надзора за страной служили немногочисленные, но высокопрофессиональные бюрократы; государство отслеживало свои ресурсы при помощи кадастров и карт. Людские и материальные ресурсы мобилизовывались для строительства дорог, перевозок, создания хлебных запасов, заселения окраин. Немалая часть этих усилий была направлена на решение задач военного характера. Еще одной областью, где государство использовало свою мощь, было участие во внешне- и внутриэкономических процессах, а также управление ими. Об этом будет рассказано в главе 8.

* * *

Версия происхождения крепостничества, предложенная Евсеем Домаром: Domar E. The Causes of Slavery or Serfdom: A Hypothesis // Journal of Economic History. 1970. № 30, P. 18–32. Более подробная библиография, посвященная русскому крестьянству и крепостничеству, содержится в главах 10 и 17. Об эпидемиях в России см. библиографию к главе 1. Концептуальное осмысление империи, сделанное Барки, Бербанком и Купером, см. библиографию к «Введению».

Об уголовном процессе см.: Kollmann N. Crime and Punishment in Early Modern Russia. Cambridge: Cambridge University Press, 2012; Kollmann N. Ritual and Social Drama at the Muscovite Court // Slavic Review. 1986. № 45. P. 486–502; Kollmann N. By Honor Bound: State and Society in Early Modern Russia. Ithaca, NY: Cornell University Press, 1999. Валери

Кивельсон исследовала этапы процесса, включая пытки, в своих книгах: Kivelson V. Cartographies of Tsardom: The Land and its Meaning in eventeenth-Century Russia. Ithaca, NY: Cornell University Press, 2006; и Кивельсон В. Магия отчаяния. Моральная экономика колдовства в России XVII века. СПб.: Academic Studies Press, 2020. О ссылке см.: Kollmann N. Crime and Punishment in Early Modern Russia. Cambridge: Cambridge University Press, 2012; и Gentes A. Exile to Siberia, 1590–1822. Basingstoke: Palgrave Macmillan, 2008.

Судебники 1497 и 1550 годов: Судебники XV–XVI вв. М. — Л.: Издательство Академии наук СССР, 1952. Соборное уложение 1649 года: Тихомиров М., Епифанов П. Соборное уложение 1649 года. М.: Издательство МГУ, 1961.

Классические труды, посвященные «спектаклю страданий»: Фуко М. Надзирать и наказывать. Рождение тюрьмы. М.: Ad Marginem, 1999; van Dülmen R. Theatre of Horror: Crime and Punishment in Early Modern Germany / trans. Elisabeth Neu. Cambridge: Polity Press, 1990; Spierenburg P. The Spectacle of Suffering: Executions and the Evolution of Repression. From a Preindustrial Metropolis to the European Experience. Cambridge and London: Cambridge University Press, 1984.

Об устройстве и снабжении войска Московского государства: Stevens C. Soldiers on the Steppe: Army Reform and Social Change in Early Modern Russia. DeKalb, Ill.: Northern Illinois University Press, 1995; Stevens C. Food and Supply: Logistics and the Early Modern Russian Army / History of Warfare. Vol. 72: Warfare in Eastern Europe, 1500–1800 / Ed. by B. Davies. Leiden: Brill, 2012. P. 119–146; Smith D. Muscovite Logistics, 1462–1598 // Slavonic and East European Review. 1993. № 71. P. 35–65; Fuller W. Strategy and Power in Russia, 1600–1914. New York: Free Press, 1992; Keep J. Soldiers of the Tsar: Army and Society in Russia, 1462–1874. Oxford: Clarendon Press, 1985. О гарнизонной страже как альтернативной модели устройства армии см.: Stanziani A. Bâtisseurs d'empires: Russie, Chine et Inde à la croisée des mondes, XVe–XIXe siècle. Paris: Raisons d'agir, 2012. О невоенном снабжении: Gibson J. Feeding the Russian Fur Trade: Provisionment of the Okhotsk Seaboard and the Kamchatka Peninsula, 1639–1856. Madison: University of Wisconsin Press, 1969. Чарльз Майер об имперской власти: Maier C. Among Empires: American Ascendancy and its Predecessors. Cambridge, Mass.: Harvard University Press, 2006.

Почти все труды о дорогах, почте и ямской гоньбе написаны по-русски: Вигилев А. История отечественной почты. Издание 2-е, переработанное и дополненное. М.: Радио и связь, 1990; Кудрявцев А. Очерки истории дорожного строительства в СССР (Дооктябрьский период). М.: Дориздат, 1951; Катионов О. Московско-Сибирский тракт как основная сухопутная транспортная коммуникация Сибири XVIII–XIX веков. Новосибирск: Изд-во НГПУ, 2008; Alef G. The Origin and Early Development of the Muscovite Postal Service // Jahrbücher für Geschichte Osteuropas. 1967. № 15. P. 1–15. Джозеф Ферман исследовал международные пути, служившие для почтовой связи: Fuhrman J. The Origins of Capitalism in Russia: Industry and Progress in the Sixteenth and Seventeenth Centuries. Chicago: Quadrangle Books, 1972.

О насильственном перемещении населения: Boeck B. Containment vs. Colonization: Muscovite Approaches to Settling the Steppe // Peopling the Russian Periphery: Borderland Colonization in Eurasian History / Ed. by N. Breyfogle, A. Shrader, W. Sunderland. London, New York: Routledge, 2007. P. 41–60; Boeck B. When Peter I Was Forced to Settle for Less: Coerced Labor and Resistance in a Failed Russian Colony (1695–1711) // Journal of Modern History. 2008. № 80. P. 485–514; Martin J. Mobility, Forced Resettlement and Regional Identity in Muscovy // Culture and Identity in Muscovy, 1359–1584 / Ed. by G. Lenhoff, A. Kleimola. Moscow: ITZ-Garant, 1997. P. 431–449; Shaw D. Southern Frontiers in Muscovy, 1550–1700 // Studies in Russian Historical Geography, 2 vols / Ed. by J. Bater, R. French. London: Academic Press, 1983. Vol. 1. P. 117–142; Mironov B., Eklof B. The Social History of Imperial Russia, 1700–1917. Boulder: Westview Press, 2000.

О телесных наказаниях: Schrader A. Languages of the Lash: Corporal Punishment and Identity in Imperial Russia. DeKalb, Ill: Northern Illinois University Press, 2002. О клеймении ссыльных: Kollmann N. Crime and Punishment in Early Modern Russia. Cambridge: Cambridge University Press, 2012.

О картографировании: Goldenberg L. Russian Cartography to ca. 1700 // The History of Cartography, 3 vols. in 6 pts. / Ed. by J. Harley, D. Woodward. Chicago: University of Chicago Press, 1987–2007, 1852–1903; Постников А. Карты земель российских: очерк истории географического изучения и картографирования нашего отечества. М.: Наш дом — L Age d Homme, 1996; Kivelson V. Cartographies of Tsardom: The Land and its Meanings in Seventeenth-Century Russia. Ithaca, NY: Cornell University Press, 2006. Классические труды Лео Багрова: Bagrow L. A History of Russian Cartography up to 1800. Wolfe Island, Ontario: The Walder Press, 1975; Bagrow L. A History of Russian Cartography up to 1600 (неполный перевод обеих книг: Багров Л. История русской картографии. М.: Центрполиграф, 2005). Более специальные работы: Perdue P. Boundaries, Maps and Movement: Chinese, Russian, and Mongolian Empires in Early Modern Central

Eurasia // The International History Review. 1998. Vol. 20. № 2. P. 253–286; Seegel S. Mapping Europe's Borderlands: Russian Cartography in the Age of Empire. Chicago: The University of Chicago Press, 2012; Tolmacheva M. The Early Russian Exploration and Mapping of the Chinese Frontier // Cahiers du monde russe. 2000. № 41. P. 41–56. Уиллард Сандерленд исследовал понятие территориальности: Sunderland W. Imperial Space: Territorial Thought and Practice in the Eighteenth Century // Russian Empire: Space, People, Power, 1700–1930 / Ed. by J. Burbank, M. Von Hagen, A. Remnev. Bloomington: Indiana University Press, 2007. P. 33–66; Afinogenov G. The Eye of the Tsar: Intelligence-Gathering and Geopolitics in Eighteenth-Century Eurasia. Ph.D. dissertation, Harvard University, 2015.

Классическая работа о надзоре в европейских государствах раннего Нового времени: Giddens A. The Nation-State and Violence: Volume Two of A Contemporary Critique of Historical Materialism. Berkeley and Los Angeles: University of California Press, 1987. Классическая работа об идентичности во Франции раннего Нового времени: Дэвис Н. Возвращение Мартена Герра. М.: Прогресс, 1990.

О бюрократии в Московском государстве: Brown P. Bureaucratic Administration in Seventeenth-Century Russia // Modernizing Muscovy: Reform and Social Change in Seventeenth-Century Muscovy / Ed. by J. Kotilaine, M. Poe. London and New York: Routledge, 2004. P. 57–78; Brown P. How Muscovy Governed: Seventeenth-Century Russian Central Administration // Russian History. 2009. Vol. 36. № 4. P. 459–529; Brown P. Muscovite Government Bureaus // Russian History. 1983. Vol. 10. P. 269–330. Классическая статья: Plavsic B. Seventeenth-Century Chanceries and their Staffs // Russian Officialdom: The Bureaucratization of Russian Society from the Seventeenth to the Twentieth Century / Ed. by W. McKenzie Pintner, D. K. Rowney. Chapel Hill: University of North Carolina Press, 1980. P. 19–45. О жителях, враждебно встретивших воеводу, и взяточничестве: Davies B. The Politics of Give and Take: Kormlenie as Service Remuneration and Generalized Exchange, 1488–1726 // Culture and Identity in Muscovy, 1359–1584 / Ed. by G. Lenhoff, A. Kleimola. Moscow: ITZ-Garant, 1997. P. 39–67; Davies B. State Power and Community in Early Modern Russia: The Case of Kozlov, 1635–1649. Basingstoke: Palgrave Macmillan, 2004. Об обнародовании законов и указов в допечатную эпоху: Franklin S. Printing and Social Control in Russia 2: Decrees // Russian History. 2011. Vol. 38. P. 467–492; Franklin S. Mapping the Graphosphere: Cultures of Writing in Early 19th-Century Russia (and before) // Kritika: Explorations in Russian and Eurasian History. 2011. № 12. P. 531–560.

О реформах XVI века, затронувших уголовное законодательство и налоговую сферу: Crummey R. Reform under Ivan IV: Gradualism and Terror // Reform in Russia and the U.S.S.R. / Ed. by R. Crummey. Urbana and Chicago: University of Illinois Press, 1989. P. 12–27; Bogatyrev S. Localism and Integration in Muscovy // Russia Takes Shape: Patterns of Integration from the Middle Ages to the Present / Ed. by S. Bogatyrev. Helsinki: Academia Scientiarum Fennica, 2004. P. 59–127; Kollmann N. Frugal Empire: Sources of Russian State Power // Rethinking Russian History / Ed. by P. Bushkovitch (готовится к печати). О приказных людях из благородного сословия в XVII веке: Crummey R. Aristocrats and Servitors. The Boyar Elite in Russia, 1613–1689. Princeton: Princeton University Press, 1983.

Глава 8
Торговля, налоги, производство

В такой стране, как Россия, с ее суровым климатом и местоположением, невозможно обогатиться, лишь облагая налогом крестьянские хозяйства. Прямое налогообложение подданных давало регулярные поступления и формировало значительную часть бюджета, но государство всегда дополняло его доходами от экспорта и транзитной торговли. Именно перспективы транзитной торговли — вывоз товаров из восточноевропейских лесов и переправка их по Шелковому пути — привлекли торговцев-русов в IX веке, а установление ими контроля над центрами торговли и важнейшими речными путями определили направления территориальной экспансии Москвы. В эти годы шло становление по-настоящему глобальной экономики: европейские морские империи занимались тем, что соединяли уже оживленные в то время водные и сухопутные коммуникации, пролегавшие между Африкой и Азией, а также вдоль древнего Шелкового пути, во всемирную сеть, по которой переправлялись товары, люди и идеи. Глобализация не являлась исключительно европейским феноменом: количество товаров, перевозившихся через моря и континенты на быстроходных и вместительных европейских кораблях, росло в геометрической прогрессии, но торговцы из Европы пользовались существовавшими дорогами и центрами торговли. Давно опробованные, обеспеченные рабочей силой пути — евразийские караванные и водные, в Красном море и между Индией, Китаем и Юго-Восточной Азией — способствовали становлению коммуникационной системы, которую новые европейские корабли и навигационные достижения сделали по-настоящему глобальной. Проблема для Руси состояла в том, чтобы присоединиться к ней и занять сильные позиции.

Это было нелегко. Русь мало что могла предложить мировым рынкам — сырье, добываемое в лесах (меха, древесину), некоторые полуфабрикаты (пеньку, кожи) и стратегическое положение. Европейские купцы охотно пользовались волжским путем, обеспечивавшим быстрый и безопасный доступ к рынкам Ближнего Востока и более отдаленных стран. В XVII веке караванная торговля через Среднюю Азию прекратилась; Россия, усердно строившая крепости вдоль южной границы Сибири, предлагала, как указывает Мори Россаби, альтернативный маршрут. При этом она не являлась могущественной торговой державой из-за отсутствия в нужном объеме звонкой монеты, капитала, корпораций, инвестиций, банковской инфраструктуры и опытных торговцев; ей нелегко было конкурировать с теми, кто обладал всем вышеперечисленным. Поэтому московские правители решали проблему, делая то же, что и другие европейские монархи раннего Нового времени. Как отмечает Мэтью Романьелло, они претворяли в жизнь протекционистскую налоговую политику, стремясь привлечь в страну звонкую монету, ограничить права иностранцев и защищать отечественных торговцев и производителей.

Одновременно государство активно регулировало внутренние налоги, стараясь получить максимум дохода от натуральной аграрной экономики и диверсифицировать источники поступлений, развивая промышленность. Экономическая политика властей — протекционизм, когда речь шла о других странах, деятельное вмешательство государства, когда речь шла о собственных подданных, — в XVII веке заложила основы того, что некоторые исследователи называют «модернизацией» России. Этот термин следует применять с осторожностью — он отсылает к модели, которую критикуют как евроцентричную (поскольку она не учитывает гораздо большую мощь экономики евразийских и азиатских стран в раннее Новое время) и детерминистскую, так как торговля в раннее Новое время неизбежно вела к установлению капитализма современного образца. Разумеется, в России не случилось ни коммерциализации, ни открытия экономики вовне. Экономическая модель, как и политическая, создавалась государством и замыкалась на нем — как и положено в государстве, преследующем амбициозные цели в условиях крайней нехватки ресурсов. Транзитная торговля, экспорт, налоговая и промышленная политика, становление класса торговцев — все это зависело от государства и преследовало цель увеличения его доходов. Заняв такую позицию, Россия по максимуму использовала имевшиеся у нее ограниченные ресурсы — природные, человеческие, политические — и чрезвычайно успешно преследовала свои цели.

Внешняя торговля России в XVI–XVII веках относилась к типу «ориентированных на спрос», по выражению Ярмо Котилайне: Россия получала прибыль от продажи товаров на экспорт и взимания таможенных пошлин с транзита. Модель была несложной: почти весь экспорт состоял из сырья и по большей части находился в руках иностранцев. Торговый баланс был положительным — в эти столетия Россия не являлась крупным рынком для зарубежных товаров. Средств, которые можно было пустить на траты, имелось немного, деревни обеспечивали себя всем необходимым (чем дальше, тем больше — особенно после введения крепостного права в 1649 году), а в крестьянском производстве применялось местное сырье.

С XVI века резко увеличилась потребность в русском сырье, шедшем на нужды флота (лес, железо, канаты, сало, лен, кожи): его закупали страны Северной Европы и особенно Англия. Такие страны, как Англия, Франция, Нидерланды, строили торговые и военные суда и зависели от поставок материалов из России. Меха продолжали пользоваться спросом у европейцев — представителей растущего среднего класса; европейские регионы, производившие текстиль и кожи, процветали благодаря русскому сырью. Спрос на него поддерживался также за счет экономического роста и развития торговли в Османской империи, Персии, Китае. Россия извлекала разнообразную выгоду из торговли с другими странами: продавая товары, на которые имела монополию (это давало лишь несущественный доход), устанавливая протекционистские тарифы и продавая монопольные права иностранцам.

ТОРГОВЫЕ ПУТИ И ПРОДУКЦИЯ: СЕВЕРНАЯ ЕВРОПА

Торговля России с североевропейскими странами издавна шла через Новгород, но после его завоевания (1478) московские правители решили обустроить порт на Балтике, чтобы извлекать прямую выгоду из зарубежной торговли (см. карту 2). До 1700 года этого, однако, сделать не удавалось. Но случайное появление английских купцов в 1550-х годах дало толчок торговле с Северной Европой на крайне выгодных для России условиях.

Как указывалось в главе 2, после прибытия Ричарда Ченслора на берега Белого моря в 1555 году английская Московская компания получила право вести беспошлинную торговлю и держать склады в Холмогорах, Вологде и даже в Москве. В 1557 году англичанам уже принадлежала канатная мастерская в Холмогорах, купленная, чтобы производить самый востребованный экспортный товар. Покупались также сало, лен, воск и другие товары, необходимые для растущего британского флота. Россия сохраняла более или менее полную монополию на северную торговлю до 1581 года, когда потеряла Нарву, после чего она уже не могла препятствовать торговым операциям европейских стран. Голландские купцы также участвовали в беломорской торговле, и к концу столетия товары, вывозимые ими в Амстердам (а оттуда — в различные места, порой даже в итальянские порты) по объему превысили британский импорт. В 1584 году в России был основан Архангельск, порт на Белом море, призванный облегчить ведение торговли (Холмогоры, также стоявшие на берегу Северной Двины, были дальше от моря на 75 километров). При этом период навигации был коротким — в течение летних месяцев. К концу столетия Архангельск сделался самым оживленным из русских торговых портов.

В течение XVII века голландцы добивались освобождения от пошлин, ранее дарованного англичанам, но русские власти предусмотрительно отказывали им в этом. Как замечает Романьелло, продавая Московской компании (по выгодной цене) право беспошлинной торговли, Россия лишалась дохода от налога с продаж. Государство намеревалось получать прибыль от монопольных продаж определенных товаров, которые на протяжении всего столетия служили предметом соперничества между англичанами и голландцами. На севере это были прежде всего деготь, поташ и икра (на которую Россия постоянно повышала цену). Предоставляя эти монопольные права голландцам, Россия получала налог с продаж и деньги, уплаченные за саму монополию. К середине столетия англичане потеряли право беспошлинной торговли — политика России становилась все более протекционистской, — а к его концу доля голландцев в беломорской торговле превысила английскую. Кеес Бутербум констатирует, что на XVII век приходится пик глобального влияния Голландии, ее звездный час.

Вывозимые через Архангельск товары в большинстве своем поступали с территорий, образующих бассейн Северной Двины — их производили государственные крестьяне Севера. В середине XVII века от двух третей до трех четвертей экспорта приходилось на пять товаров: меха, юфть (обработанная кожа), поташ, сало и хлеб. Среди прочих продуктов, шедших из Сибири и с территорий, куда открывался доступ благодаря волжскому пути, следует упомянуть икру, воск, лен, шерсть, персидские шелка, шляпы и ревень. Государство периодически изменяло направления товарных потоков, переключая их с Балтики на Архангельск и обратно, в зависимости от колебаний цен и спроса, невзирая на расстояния и издержки. Так, например, при высоких ценах или благоприятных обстоятельствах конопля и лен из северо-восточных регионов направлялись в Архангельск водным путем (по рекам и озерам).

Русские купцы ввозили через Архангельск ткани (из Фландрии, Англии, центральной Европы), оружие и боеприпасы, бумагу, иглы, сельдь, вино. В XVII веке начали поступать и колониальные товары из африканских и азиатских владений Англии и Голландии, в том числе драгоценности, фрукты, красители, перец и пряности, но прежде всего — серебро, компенсировавшее неблагоприятный для европейцев торговый баланс. Тимоти Брук утверждает, что именно в этом столетии Европа стала полноценным участником глобальной торговли: к евразийской торговле, издавна соединявшей многие страны мира, прибавились связи с заморскими владениями европейских стран, которые установили над новоприсоединенными землями политический, экономический и культурный контроль.

Архангельск как один из главных центров российской торговли с середины XVI и до конца XVII века, несмотря на все сложности, процветал. Суда из Европы могли приходить сюда только в летнее время, путь из Амстердама при благоприятных обстоятельствах занимал четыре недели. Архангельская ярмарка продолжалась до конца августа, и в сентябре корабли уходили обратно. Большинство иностранцев не пытались совершать поездки вглубь страны, так как им запрещалось вести розничную торговлю, к тому же транспортные издержки и пошлины были слишком высокими. В самом Архангельске московские купцы (необязательно «гости» — самые богатые и известные) занимали первенствующее положение по сравнению с торговцами из более мелких городов, — в 1630 году они закупили более половины зарубежных товаров. Иностранные негоцианты получали немалую выгоду — таможенные пошлины были ниже, чем те, которые установила Швеция для своих балтийских портов, а отдаленность Архангельска приводила к тому, что с русскими купцами можно было успешно торговаться: они стремились распродать весь товар, иначе пришлось бы нести расходы на обратную перевозку и хранение.

Купленный в Архангельске товар везли по рекам в Вологду, где пережидали осеннюю распутицу; в XVII веке московские, голландские и английские купцы держали там дома и склады. Сегодня это сонное захолустье, но в годы расцвета города здесь появился огромный собор (1587; рис. 8.1), причем строительство велось под наблюдением членов царской семьи; в окрестностях было много монастырей, предприимчивые настоятели которых активно занимались торговлей. По зимнему первопутку товары

Рис. 8.1. Высокий Софийский собор (1568–1570) в Вологде, ныне глубоко провинциальном городе, некогда стоял на оживленном торговом пути между Москвой и Архангельском. Он является одним из многочисленных русских храмов, построенных в стиле московского Успенского собора и призванных символизировать могущество Москвы. Фото Джека Коллманна

доставляли на санях в Ярославль, откуда часть из них везли вниз по Волге, а часть — в Москву. Таким образом, Архангельск давал России кратчайший доступ к глобальным торговым коммуникациям, соединяя волжской путь и европейские морские пути.

В XVI–XVII веках Балтика оставалась средоточием русской торговли, несмотря на постоянные перерывы: по итогам Ливонской войны, завершившейся в 1582 году, Россия потеряла Нарву, свой единственный порт в этих краях, и была вынуждена использовать шведские порты (Ригу и Ревель), а после Смутного времени торговая активность там свелась почти к нулю. Однако Балтика была гораздо ближе Архангельска к тем странам Европы, где наблюдался рост населения, и сроки навигации на ней были дольше. На Балтике русский экспорт до 1680-х годов обслуживался в основном голландцами, пока англичане не опередили их благодаря разнообразию своих колониальных продуктов и более совершенным судостроительным технологиям. Как и в Архангельске, те и другие взаимодействовали с русскими купцами, обменивая европейские ткани и колониальные товары на лен, пеньку, шкуры и юфть, произведенные в Ливонии, Литве и западных областях России.

На Балтике местные торговцы проявляли больше активности, чем на Белом море. Согласно Столбовскому договору (1617; подтвержден Кардисским договором 1661 года), русским купцам разрешалось торговать в Стокгольме, Выборге, Ревеле и Нарве, и Россия попыталась наладить перевозки в эти порты. Было известно, что русские купцы обычно не решаются сами отправляться за границу (не имея капитала для приобретения кораблей, сравнимых с английскими и голландскими), но на Балтике они все же рискнули сделать это, перевозя на мелких судах товары на довольно значительные расстояния — например, в Стокгольм. Шкуры, сало, конопля и лен обменивались на шведский металл — медь и железо. Русские образовывали неформальные ассоциации (известные с 1640-х годов) для взаимопомощи и кредитования друг друга. Торговцы из Новгорода, Тихвина и Олонца с целью совместного ведения торговли в Стокгольме создали объединение, хотя и не очень прочное; псковитяне сотрудничали друг с другом в Нарве, Ревеле и Дерпте. Псковские и новгородские купцы извлекали немалую выгоду из этой торговли, занимаясь переправкой русских и транзитных (персидские шелка) товаров между портами Ливонии и центрами торговли, входившими в волжскую систему.

В XVII веке баланс русской торговли на Балтике был положительным, что обычно выражалось в притоке монеты, серебряной и медной, и слитков. В 1680–1690-е годы, накануне основания Петербурга (1703), объем балтийской торговли стал сопоставимым с объемом архангельской.

Сухопутная торговля с Речью Посполитой велась уже много веков и в XVII веке сделалась особенно динамичной благодаря демографическому росту в Польше и Европе в целом, при этом ее участники проявляли большую гибкость, приспособившись к перерывам в торговых сношениях, вызываемых войнами. Главным центром был Смоленск, занятый Россией в 1514 году. В XVI веке русские купцы посещали Вильно — где с 1503 года зафиксировано существование их гостиного двора, — привозя меха, шкуры, рыбу, мед и хмель и получая ткани, вино, изделия из металла (ножи). После потери Смоленска (1618) ведущим приграничным центром торговли с Речью Посполитой стала Вязьма. В 1667 году Россия отвоевала Смоленск, но торговые потоки переориентировались на Ригу, ввиду нестабильного внутреннего положения польско-литовского государства.

По результатам Тринадцатилетней войны (1654–1667) Россия завоевала часть земель, ранее принадлежавших Речи Посполитой, и укрепила связи с Гетманщиной. За этим последовал рост внутренней и внешней торговли. Правобережная Украина и польско-литовское государство погрузились в полувековую смуту, а торговля Левобережья переориентировалась на Россию. Украинские товары, ранее посылавшиеся в польский Гданьск, теперь шли в Москву через недавно возникшие города на Белгородской черте. Из Украины везли спиртные напитки, табак, крупный рогатый скот, овчины, ткани европейского и украинского производства, поташ (часто отправлявшийся в Архангельск для дальнейшего экспорта) и селитру (для производства боеприпасов, которое постоянно росло). Брянск с его ярмаркой и близлежащий Свенск стали оживленными центрами торговли — сюда съезжались украинские, греческие и армянские купцы, привозя товары из украинских земель и Турции. К концу столетия стоимость товаров, привозимых с Гетманщины, равнялась примерно трети стоимости балтийского и архангельского экспорта, а тех, котороые перевозились по ненадежному смоленскому пути, — примерно одной десятой.

ТОРГОВЫЕ ПУТИ: ВОСТОК

Драматические обстоятельства «открытия» России британцами в результате кораблекрушения не должны заслонять того факта, что торговля с Востоком, которая велась с давних пор, приносила России больше прибыли, чем связи с Европой — по крайней мере, в течение XVI и до середины XVII века. Выход на крупные восточные рынки — такие как Османская империя, сефевидская Персия, могольская Индия, Китай — давал крайне необходимые денежные поступления, о чем свидетельствуют постоянные попытки России обзавестись портами на Черном и Каспийском морях и установить контроль над степью. Некоторые русские купцы, привыкшие вести караванную торговлю, устремлялись гораздо дальше, чем это делали европейцы, — они путешествовали по Персии, Средней Азии, Индии, а порой и по Китаю. Но, как правило, восточные товары ввозились восточными же торговцами — армянами, индусами, турками, бухарцами и другими. Как отмечает Стивен Дейл, для купцов, обслуживавших Великий шелковый путь, Россия раннего Нового времени была «чрезвычайно малоразвитой, "периферийной" страной» — тем более, что она поставляла в эти страны, как и на север, сырье или товары, привезенные из Европы. Однако спрос на то и другое был постоянным.

Османская империя не являлась крупным торговым партнером России на Востоке: политические отношения с ней были напряженными: первое военное столкновение между двумя державами произошло в 1677 году в связи с восстанием Хмельницкого. После этого напряженность не исчезла — в 1680-х годах Россия дважды пыталась захватить Азов, но безуспешно. Поэтому турецкие купцы не приезжали в русские порты, а вели дела из оживленного торгового города Яссы в Молдавии. Некоторые доезжали до Киева, Вязьмы и даже Москвы. От Московского государства им были нужны предметы роскоши, на продажу которых существовала государственная монополия — моржовые клыки, охотничьи птицы, шкуры соболя и серебристой лисицы, а также ткани и кожи. В Россию везли шелк, хлопок, лен, обработанные шкуры, сабли, красители, пряности, драгоценные камни, а также турецких лошадей.

В XVII веке торговля с Востоком шла в основном через Астрахань, крупный торговый центр, являвшийся, согласно Новоторговому уставу 1667 года, местом взимания таможенных пошлин. На протяжении XVII века астраханская торговля по стоимости была сравнима с архангельской. В летнее время русские купцы из Москвы, Нижнего Новгорода, Казани и других волжских городов доставляли в Астрахань товары, плывя вниз по течению, а с конца лета пускались в обратный путь на гребных лодках, принадлежавших астраханским торговцам. Зиму пережидали в Нижнем Новгороде, некоторые товары везли по суше в Москву. Русские купцы продавали привычные местные товары (обработанные шкуры, лен, деревянную посуду, меха, мед и икру) и то, что они закупали из других стран (европейские шерстяные ткани, готовую одежду, кожаные изделия и головные уборы).

В Астрахани персидские, армянские и индийские купцы продавали персидские шелка и кожаные изделия, шелк-сырец (для дальнейшей его обработки московскими ремесленниками), ковры, ткани и бархат. Заботясь о создании хороших условий для торговли, русские власти с 1630-х годов держали флот вооруженных барж, чтобы торговцы с их товаром могли спокойно плавать по Каспию, не опасаясь казачьих нападений. Помимо гостиного двора для русских купцов, в Астрахани имелись три других — для индийских, армянских и мусульманских (персидских и среднеазиатских) торговцев.

Армяне играли особую роль в русской восточной торговле. Они веками, еще до образования Османской и Сефевидской империй, участвовали в волжской торговле, а после возникновения этих государств им была обеспечена религиозная терпимость и известная автономия. Астраханская колония впервые упоминается в 1616 году — вероятно, это были армяне, переселившиеся из Новой Джульфы (Персия). Шах Аббас (1587–1629) в разгаре войны с Османской империей за Армению (1604–1605) приказал переселить многих армян из Джульфы в Новую Джульфу близ Исфахана и предоставил им торговые привилегии. Будучи христианами, армяне поддерживали хорошие отношения с Россией. Так, в 1659 году известный джульфский негоциант из семейства Шахриманянов преподнес царю Алексею Михайловичу золотой трон, украшенный жемчужинами и алмазами и впоследствии использовавшийся для церемонии помазания на царство. В Астрахани армян было столь много, что они строили для себя каменные церкви. В середине XVIII века они составили торговый кодекс, который использовался судом армянской общины.

С появлением в России англичан они, как и другие иностранцы — голландцы, шведы, немцы — пытались добиться от русских властей исключительных прав на провоз товаров по Волге. В 1630–1640-х годах крупный немецкий ученый Адам Олеарий посещал Россию в составе посольства, посланного шлезвиг-голштинским герцогом Фридрихом III, который строил обширные планы и надеялся получить такую монополию для своего герцогства. В 1619 году персидский шах предоставил голландцам монополию на вывоз шелка через Россию, но последняя тщательно контролировала этот процесс: голландцам были отданы рынки Севера и Москвы, волжская же торговля через Астрахань осталась в руках русских купцов. Поэтому, когда в 1667 году армяне получили монополию на торговлю шелком и некоторыми другими товарами из Персии и Индии, от этого выиграли и голландцы. Россия пошла на это не только потому, что продажа монопольных прав приносила хороший доход, но и из желания сделать дружеский жест в отношении Сефевидов, чтобы вовлечь их в антитурецкую коалицию. Эта монополия прямо нарушала Новоторговый устав 1667 года в той мере, в какой армянским купцам было позволено совершать поездки по России и заниматься розничной торговлей в Астрахани, Москве и Архангельске, а также продавать персидские шелка своим голландским партнерам в Москве. Привилегии, предоставленные армянам, существовали впоследствии на протяжении многих десятилетий и были подтверждены и расширены в 1711 году.

Не менее важную роль на Волге играли индийские купцы, которые, как и армяне, участвовали в евразийской торговле с незапамятных времен. На Волге они появились в начале XVII века, и к середине столетия в городе образовалась индийская община. Если астраханские армяне были тесно связаны с Новой Джульфой, то индийцы представляли торговые дома из Исфахана, Кандагара, Бухары и индийских городов. В 1670–1680-е годы община насчитывала около 100 купеческих семейств, пользовалась свободой отправления культов и правом самостоятельного разрешения внутренних споров.

Индийские купцы в Астрахани продавали пряности, персидский шелк, индийские ткани, драгоценные камни и ювелирные изделия, покупали товары, ввезенные из Европы и произведенные в России — европейскую шерсть и другие ткани, русские кожи, меха лисицы и соболя, железо и иглы; все это отправлялось в Персию. Занимались они и ростовщичеством, что было важно в условиях ограниченного кредита — благодаря семейным связям и включенности в международную торговлю они располагали более значительными капиталами, чем их российские коллеги. Согласно Новоторговому уставу, для доставки товаров в Казань, Нижний Новгород и Москву они были обязаны пользоваться услугами армян или русских, и нам известно о многих таких «смешанных» караванах. Но эти протекционистские положения соблюдались не всегда: в 1684 году небольшой гостиный двор в московском Китай-городе служил местом сбора для различных торговцев с Востока — бухарцев, персов, армян и даже индийцев (21 человек). Русские купцы направили властям жалобу («И они де, индейцы, живучи в Астарахани, в их великих государей казну податей... не платят и служеб никаких не служат»), индийцы же в ответ указали, что приносят государству большой доход, уплачивая таможенные пошлины. Указы были подтверждены, но, как и прежде, исполнялись не слишком строго. Одновременно Россия начинает добиваться от восточных соседей привилегий для своих торговцев, но все посольства, которые она отправляла с этой целью — в Персию (1590, 1626), в Османскую империю (неоднократно), в Индию (1646, 1651, 1675), — не достигали цели вплоть до 1695 года.

Вторым по важности после Персии регионом для российской восточной торговли была Средняя Азия. Еще при монголах товары из Средней Азии и стран, лежавших к востоку от нее, доставлялись по Волге «бухарскими» купцами: так называли торговцев из Бухары, Хорезма и других среднеазиатских городов. Они привозили шкуры, седла, уздечки, овчины, лошадей, рабов, китайский текстиль и другие товары из Китая, колониальные товары, включая специи, табак, индиго, кожу тонкой выделки, ревень и драгоценные камни, покупали европейские шерстяные ткани, моржовые бивни, русские шапки, изделия из дерева, но главное, меха — по некоторым сведениям, в 1595 году их было приобретено так много, что персидский рынок оказался наводнен шкурами черных соболей и лисиц.

Бухарские купцы двигались из Средней Азии в Астрахань различными путями: либо по казахским степям, раскинувшимся между Аральским и Каспийским морями, либо (с 1630-х годов, когда русские власти стали снаряжать охраняемые караваны барж) по Каспию, отплывая из портов Караган и Кабаклы (см. карту 3). После завоевания Казани и Астрахани бухарские купцы развернули свою деятельность в некоторых приволжских городах — таких как Царицын, Саратов, Самара, Казань, — и в Москве; в конце XVI века им запретили торговать в Москве, но в Смутное время ограничения ослабли, и самые именитые бухарцы привозили в столицу большие партии ценного товара.

Помимо доставки товаров по волжскому пути из Астрахани, бухарские купцы налаживали маршруты в западной Сибири. Для поощрения торговли в 1590-х годах русские власти освободили их от уплаты таможенных пошлин; эту же привилегию даровали ногайцам, выращивавшим невысоких степных лошадей и тысячами продававшим их — так же, как делали казахи, калмыки, башкиры и представители других степных народов, — в Россию, Индию и Китай, для военных надобностей. Впоследствии государство стало урезать эти привилегии, но даже в 1622 году бухарские купцы все еще платили половину той суммы, которая взималась с прочих иностранцев. Сибирский путь проходил по Иртышу и Илиму. Бухарцы привозили китайские товары, пряности, чай, ревень (ценившийся в Европе как лекарственное средство) и драгоценные камни; на рынках Тюмени и Тобольска они покупали традиционные предметы российского экспорта — меха, текстиль — и товары из Европы.

В XVII веке Тобольск являлся крупнейшим центром торговли со Средней Азией, следующими по важности были Тара (ниже по Иртышу) и Тюмень. В начале XVII века бухарцы не только имели собственный гостиный двор в Тобольске, но и заселили там целое предместье. В этом городе снаряжались их караваны, направлявшиеся в Китай за местными товарами. Тобольские бухарцы также получили право путешествовать в Казань, Астрахань и Архангельск; к концу XVII столетия они развернули крупномасштабную торговлю в Красноярске, обосновались в Иркутске и других местах Восточной Сибири.

Караванная торговля по Шелковому пути была нарушена в середине столетия из-за нестабильной обстановки в северо-восточном Китае, уйгурских землях и Средней Азии. Сибирский маршрут отныне выглядел более надежным, и бухарские купцы были готовы обеспечить перевозки по нему. К этому времени Россия соорудила линию пограничных укреплений в южной части Сибири. В 1644 году бухарцы приобрели выгодную монополию (возобновленную в 1686 году) на торговлю между Китаем и Россией, позволявшую им привозить товары в Москву и торговать в городах вдоль всего пути следования. Бухарские караваны из Китая направлялись на север, из Пекина в Нерчинск (рис. 8.2), затем на запад, по Амуру, до Байкала и Иркутска, а оттуда — в Тобольск; в 1652 году русские власти присвоили себе преимущественное право покупки этих китайских товаров. Следуя в обратном направлении, русские купцы из Москвы и Великого Устюга доставляли товары в Нерчинск — их маршрут полегал из Верхотурья через Уральские горы в Тобольск, далее по суше до Енисейска, оттуда по Енисею до Иркутска и, наконец, через Байкал до Селенгинска и Нерчинска.

Благодаря бухарцам Россия играла значительную роль в мировой торговле, однако она стремилась заключать соглашения, предусматривавшие прямые торговые связи. Россия неоднократно отправляла посольства в Китай для заключения официального торгового соглашения — в 1618–1619, 1653, 1658, 1666, 1675 и 1684–1685 годах. Но ее усилия увенчались успехом лишь с подписанием Нерчинского договора (1689) — Китай согласился сделать это в обмен на обещание прекратить заселение русскими земель в бассейне Амура. Согласно договору, Россия отказывалась от территорий к югу от Амура, но при этом устанавливала прочные торговые отношения с Китаем. Теперь Россия могла ежегодно отправлять караваны в Пекин — снаряжаемые как государством для перевозки «монопольных» товаров, так и отдельными купцами. Китай оберегал свою торговлю еще более ревностно, чем Россия, и для взаимного обмена был назначен единственный город (первоначально — Нерчинск, с 1720-х годов — Кяхта). Положение сохранялось неизменным в течение всего XVIII века, число караванов было ограничено.

ТОРГОВАЯ ПОЛИТИКА

До XVIII века в основе торговой политики России не лежали какие-либо оформленные теории вроде меркантилизма — власти умело лавировали между различными целями, иногда противоречившими друг другу. С одной стороны, государство нуждалось в поступлениях — в частности, в звонкой монете — от таможенных пошлин, государственных монополий, продажи выгодных торговых и промышленных монополий иностранцам и своим подданным; с другой стороны, требовалось защитить отечественных производителей и торговцев. Иностранная монета была крайне необходима для военных реформ и государственного строительства, но, приобретая ее, Россия рисковала стать чем-то вроде торговой фактории для англичан, голландцев и персов. Поэтому, как уже говорилось, власти с большой осторожностью предоставляли торговые монополии: англичане получили ее в 1555 году, но их просьбы о ее продлении и расширении были отвергнуты, и к 1649 году все привилегии оказались потеряны. Несмотря на постоянные усилия, голландцы так и не обзавелись официальной монополией, хотя многим голландским купцам выдавали грамоты на ведение торговли и основание промышленных предприятий — это давало России немалый доход. Монополии получили армяне из Новой Джульфы (на торговлю шелком; 1667 год) и бухарцы (на торговлю с Китаем). Все это приносило деньги в государственную казну, к которым следует прибавить поступления в виде таможенных пошлин.

Государственная политика состояла в том, чтобы не допускать иностранцев к розничной торговле (вообще) и внутренней торговле (по возможности). Крупнейшие объединения иностранных купцов основывали предместья, склады и/или рынки в ос-

Рис. 8.2. За деревянной сельской часовней видна Ангара — единственная река, вытекающая из обширного озера Байкал. Неподалеку от этого места находятся Нерчинск и Кяхта, города, где были заключены русско-китайские договоры (1689 и 1727 годы соответственно), и центры оживленной торговли между двумя странами. Фото Джека Коллманна

новных центрах торговли, но занимались лишь оптовыми операциями. Тем не менее, во многих таких центрах проживало немало выходцев из-за рубежа. В XVII веке англичане располагали складами в Архангельске, Холмогорах, Вологде и Москве; шведам был открыт доступ в Москву, Новгород, Псков и Ладогу; голландские купцы имели склады в Архангельске, Холмогорах, Вологде, Ярославле (где находился основной таможенный склад) и Москве. Как указывалось ранее, в 1684 году Москва была крупным центром деятельности бухарских, персидских, армянских и индийских купцов; кроме того, бухарские купцы торговали в приволжских городах, персидские — в Казани и Нижнем Новгороде.

Иностранные купцы, как правило, образовывали общины, что со временем было закреплено официально. Уже в XVI веке к столице примыкали предместья, где проживали купцы из Польши и Литвы; в 1652 году появилась Немецкая слобода, в которой селились торговцы из протестантских стран Европы. Небольшие армянские общины фиксируются с 1640-х годов в Казани, с 1660-х — в Москве (где имелась армянская церковь), с 1710 года — в Петербурге. Обитатели таких предместий пользовались внутренним самоуправлением и свободой отправления культа (голландская реформатская церковь в Москве существовала с 1625 года). Такая практика была удобна и для государства, она облегчала сбор таможенных пошлин и контроль над торговлей.

Как и в большинстве государств раннего Нового времени, царь претендовал на монополии (в Европе это часто называлось «королевскими экономическими регалиями») или правом первоначального отбора многих товаров. Начиная с XVI века, дорогие меха, моржовые клыки, воск и мед продавались представителями царя, а вырученные деньги шли в казну. В 1653 году ввоз ревеня из Китая, осуществлявшийся в больших масштабах (в Европе это растение ценилось за слабительные свойства), был объявлен государственной монополией, на что указывает Эрика Монахен. В XVII веке голландцам даровали монополию на вывоз икры — в католических странах ее охотно потребляли во время Великого поста. Но не стоит преувеличивать роль государственных монополий: доля государства в экспорте составляла около 10 %, а товары, отбиравшиеся им по преимущественному праву — ткани, золото, драгоценности, шерстяные изделия, шелка и бархат, вино, персидские предметы роскоши, — составляли в том же XVII столетии лишь 1 % от всей архангельской торговли.

Тем не менее, в XVII веке русские купцы жаловались на недобросовестную конкуренцию со стороны иностранцев — возможно, потому, что последние легко обходили запреты на ведение розничной торговли. Челобитные 1627, 1635, 1637, 1646 и 1649 годов содержали просьбы об установлении преференциальных тарифных ставок и защите отечественной розничной торговли. Власти сперва ответили повышением сборов с иностранцев в Архангельске (1646), а в 1649 году лишили англичан оставшихся торговых привилегий и запретили им проживать внутри страны; эти меры являлись также актом протеста против казни

Карла I. Уложение 1649 года содержало пункты о запрете для иностранцев владеть лавками и заниматься розничной торговлей, кроме того, повышались тарифы на перевозки, таможенные пошлины и плата за лицензии.

После 1649 года торговая политика сделалась отчетливо протекционистской, но оставалась гибкой. Согласно указам 1653 года, упрощалась система всех налогов и пошлин, относившихся к торговле: для русских купцов вводилась базовая пятипроцентная ставка, иностранцы дополнительно уплачивали 2 % за перевозку товаров внутри России. Новоторговый устав 1667 года, принятый специально для того, чтобы снабдить государство звонкой монетой после успешной, но дорогостоящей Тринадцатилетней войны (1654–1667), содержал упрощенные и стандартизированные положения, направленные на исключение иностранцев из внутрироссийской торговли. Ограничения касались всех зарубежных купцов, никаких монополий не предусматривалось. Тарифы были подняты, суммы следовало вносить заранее, независимо от того, насколько хорошо шли дела впоследствии. Таможенные пошлины уплачивались золотом или серебром; пошлины на вывоз аннулировались, если иностранные купцы платили за товары звонкой монетой. Для иностранцев сохранялся запрет на розничную торговлю, поднимались пошлины на оптовую торговлю внутри страны, вводились ограничения на владение землей. Устанавливалась, в целях упрощения, плоская ставка на транзитную перевозку товаров. Теперь купцы из других стран могли совершать операции преимущественно в приграничных городах: голландцы и англичане — в Архангельске, шведы — в Новгороде и Пскове, восточные торговцы — в Астрахани, те, кто вел сухопутную торговлю с Прибалтикой, Польшей и Литвой, — в Смоленске, те, кто торговал с Левобережной Украиной, — в Путивле.

Последствия введения Новоторгового устава были многообразными. Он поспособствовал притоку монеты из-за рубежа, защите русских купцов и русской торговли. Позиции иностранцев ослабли в особенности на Волге — им было запрещено выезжать в города к северу от Астрахани. Зарубежным купцам отныне приходилось сотрудничать с русскими, когда речь шла о доставке товаров во внутренние области страны. В то же время резко вырос объем контрабанды. Самым ярким примером служит табак, продажу которого запретили в 1634 году: как отмечает Романьелло, власти посчитали, что ввоз такого популярного товара приведет к оттоку звонкой монеты, который не будет компенсироваться пошлинами. Однако нелегальная торговля продолжалась, табак поступал главным образом из Англии и Китая. В 1697 году его продажи узаконили, выдав нескольким британским торговцам выгодную для них лицензию. Когда речь шла о выгоде для государства, последнее могло отказываться от протекционизма: подтверждением служит тот факт, что ограничения Новоторгового устава, как правило, не действовали в Сибири. Бухарские купцы сохранили привилегии, связанные с китайской торговлей, и доступ на внутрироссийский рынок.

При этом московские купцы не смогли воспользоваться благоприятными для них обстоятельствами из-за нехватки кредита и капитала, отсутствия экономической инфраструктуры и слаборазвитого рынка труда. Из-за отсутствия достаточного капитала и опыта так и не был создан собственный торговый флот (за исключением судов малого водоизмещения, курсировавших между ливонскими и шведскими портами). Только европейцы обладали технологиями и ресурсами, необходимыми для постройки кораблей, способных ходить по Белому и Балтийскому морям. Над успешными русскими купцами постоянно висела угроза быть записанными, в интересах государства, в одно из трех купеческих сообществ, о чем подробнее говорится в главе 11. Торговые операции сулили большие прибыли, но если они не приносили требуемого дохода, появлялся риск конфискации капиталов властями. Купеческое ремесло в России с ее плохо развитой экономикой было сопряжено с опасностями.

Торговая политика России в XVII веке достигла целей, которые ставились перед ней: непрямые торговые пошлины давали 40 % поступлений в бюджет, к чему следует прибавить доходы от продажи монополий иностранцам. Этот процент стал еще больше к концу столетия. По утверждению Ярмо Котилайне, Россия манипулировала внешней торговлей, чтобы получить доход, в том числе в звонкой монете, необходимый для осуществления военных реформ, добиваться успехов в важнейших войнах и делать территориальные приобретения (особенно на западе и в Сибири), насыщать экономику деньгами, стимулировать производство продукции, пользовавшейся спросом в Европе, где активно строились флоты и развивалась промышленность. Отказываясь предоставлять европейцам право транзитной торговли с Индией и Китаем через территорию России, власти сохраняли для себя крупные доходы от экспорта. Принимаемые государством меры — ужесточение крепостного права для поддержания стоимости рабочей силы на низком уровне, государственные монополии, протекционистские пошлины — служили интересам России.

К концу столетия по России проходили несколько торговых путей общемирового значения: из Белого моря в Астрахань по Волге, из Балтики во внутренние области страны, наконец, те, которые вели на восток и соприкасались с украинской и приволжской торговыми зонами. Значение Балтики неуклонно возрастало. Были созданы условия для дальнейшего роста, поскольку спрос со стороны Европы постоянно увеличивался.

ВНУТРЕННЯЯ НАЛОГОВАЯ ПОЛИТИКА

Караваны верблюдов с шелками из экзотических стран, струги с дорогими собольими и лисьими мехами, устремляющиеся по могучим рекам, — все это звучит романтично, но российская экономика в раннее Новое время держалась преимущественно на прямых и непрямых налогах, взимаемых с горожан и крестьян, занимавшихся преимущественно сельскохозяйственным трудом. Именно они обеспечивали основную часть поступлений в государственный бюджет. Крестьяне производили многое из того, в чем нуждались в повседневной жизни, но им требовались ярмарки, рынки и города, чтобы продать излишки продуктов и изделий: полученные деньги шли на уплату налогов и покупку товаров, которые они не производили сами. По многим причинам, одной из которой была самодостаточность крестьянской экономики, русские города раннего Нового времени были более редкими и мелкими, а также менее «городскими», если сравнивать их с городами Европы. Но все же они существовали и выполняли свою главную функцию, обеспечивая обмен товаров. Благодаря налоговой и, шире, финансовой политике в целом государство самым прямым образом влияло на жизнь каждого подданного.

Внутренняя экономическая политика Московского государства была нацелена на получение дохода с целью финансирования военных действий и государственного аппарата, обеспечения выплат элитам и так далее. Великие князья довольно рано стали предпринимать усилия по насыщению экономики деньгами, чеканя монету и переходя к взиманию налогов в денежной форме. Собственная монета появилась у многих княжеств и городов в 1360–1370-х годах; после покорения Новгорода (1478), Твери (1485) и Пскова (1510) чеканка сосредоточилась в Москве. Денежная реформа 1534–1535 годов вводила новую стандартизированную монетную систему, вобравшую черты двух предыдущих — московской и новгородской; кроме того, были унифицированы меры и веса. Однако монета чеканилась в ограниченных количествах — собственные залежи серебра были открыты лишь в середине XVIII века. До этого серебряную монету получали, перечеканивая европейские талеры. Эксперименты по выпуску дешевых медных денег в 1660-е годы привели к массовым бунтам и вскоре были свернуты.

Если XVII век характеризовался, можно сказать, «модернизацией» российской экономики по европейскому образцу, то к XVI веку часто применяют такое понятие, как «централизация». В то время московские великие князья приступили к более систематическому, чем ранее, утверждению своей власти. Это включало, как мы видели, создание бюрократического аппарата и увеличение фонда земельных пожалований для дворян, служивших в войске. Основные централизаторские усилия были направлены на экономику. Уже в начале столетия многочисленные прямые налоги были сведены лишь к нескольким, появились и новые, предназначенные для финансирования новых воинских подразделений, расширения почтовой службы и строительства городских укреплений. Государство (и землевладельцы) старались по максимуму переводить налоги в денежную форму; к середине века была введена новая универсальная единица прямого земельного налогообложения — «московская соха», размеры которой колебались в зависимости от качества земли. Ставки налогов для дворян были более низкими, чем для монастырей. Вводились и непрямые налоги — так, например, еще в середине XV века была установлена государственная монополия на производство и продажу меда, пива и водки.

На протяжении XVI века центральное место в налоговой политике занимал вопрос освобождения от государственных налогов, вызывавший жаркие споры. Принимались усилия для того, чтобы уменьшить число пользовавшихся этим правом: в 1551 году многие лишились его, что позволило пополнить казну, а в 1572 и 1580 годах были ограничены земельные пожалования владельцам, обладавшим налоговым иммунитетом, — например, монастырям: целью являлось сохранение земельного фонда для последующих раздач дворянам (не только для поддержания боеспособности войска — крестьяне, жившие на этих землях, платили налоги). Но политика государства в этом отношении была непоследовательной. Были периоды, когда с налоговым иммунитетом шла борьба, были и такие (1530–1540-е, 1560–1570-е, 1590-е годы), когда монархи щедро раздавало льготы для вознаграждения фаворитов, обеспечения поддержки во время войны, поощрения торговли и заселения новых земель (пример — монополии и налоговые льготы, дарованные Строгановым на Урале). Льготы и земли, жаловавшиеся фаворитам, отрицательно сказывались на доходах государства в течение XVII века.

Самым противоречивым и, безусловно, самым разрушительным для страны аспектом экономической политики в XVI веке стало бездумное повышение налогов для покрытия расходов на государственное строительство и войну без учета платежеспособности населения. Российские правители вплоть до конца XVII века не предпринимали попыток составить государственный бюджет и еще столетие были не в состоянии осуществлять контроль над бюджетом в масштабе всей империи. С одной сохи — единицы налогообложения — в 1500 году брали пять рублей, в 1520-м — уже восемь; некоторое время эта сумма оставалась неизменной, затем резко возросла. Налоговая ставка увеличилась на 55 % с 1536 по 1545 год, на 286 % (по оценкам; с переводом налога в денежную форму) с 1552-го по 1556-й, еще на 60 % в 1560-е годы и на 41 % в 1570-е годы, достигнув 151 рубля. Землевладельцы выжимали все возможное из крестьян в годы опричнины и Ливонской войны, а также природных бедствий (чума, неурожай, голод), весьма частых во время Малого ледникового периода. В 1610–1620-е годы ставка поднялась опять, в связи с войнами Смутного времени и необходимостью восстановления хозяйства после них — до 1200–1600 рублей за соху. В 1630-е годы она уменьшилась до 500–560 рублей, но к середине столетия взлетела до 1700 рублей, при том что инфляция была сравнительно небольшой. Даже если учесть то обстоятельство, что в XVII веке налоги переводились из натуральной формы в денежную, эти ставки были непосильными. Результатом стали долги по выплате и заброшенные земли, за ними последовало закрепощение крестьян, о котором говорится в главе 10.

В XVII веке экономика процветала благодаря территориальной экспансии, денежным поступлениям от продажи сибирских мехов, неуклонному росту спроса на эти и прочие товары со стороны других стран. Однако войны и военные реформы съедали весь доход, и государственная финансовая политика переориентировалась на контроль над производительными ресурсами, введение косвенных налогов и усиление протекционизма. Государство получало значительные поступления от косвенных налогов, включая таможенные пошлины, налоги с продаж и монополию на продажу алкогольных напитков внутри страны (поместные дворяне могли производить их, но продавать такие напитки разрешалось только в лавках, принадлежавших государству или откупщикам). Сбор таких налогов имел смешанный характер: отчасти он осуществлялся под контролем государства (например, их собирали купцы, действовавшие от имени властей) и отчасти — откупщиками. Откупа чаще встречались в центре страны и в степном приграничье, чем на севере (где органы местного самоуправления назначали лиц, ответственных за сбор налогов). Гости — богатейшие купцы, имевшие право торговать с другими городами и странами, — обладали возможностью приобретать самые выгодные откупа (например, винные откупа в Москве). Более мелкие откупа (право держать харчевни, собирать провозные платежи и таможенные пошлины) отходили к людям самого разного положения — купцам, горожанам, казакам, солдатам, крестьянам. Большой проблемой для государства было мошенничество со стороны откупщиков.

Государство также стремилось упорядочить таможенные пошлины и налоги по всей стране, но с переменным успехом. Так, например, города при сборе провозных платежей и налогов с продаж обычно делали поблажки своим купцам; власти боролись против этого с конца XVI века, и в 1653 году такая практика была официально прекращена. Государство также объединяло различные таможенные пошлины, чтобы облегчить погрузку товаров в важнейших портах и увеличить свой доход. И все же в эти столетия по всей империи существовало множество различных налогов и провозных платежей, взимавшихся на границах регионов.

Если говорить о прямых налогах, то в XVII столетии к поземельному налогу прибавились и другие. В 1620-е годы, после Смутного времени, Романовы объявили о введении чрезвычайных сборов с целью профинансировать военную реформу и восстановление страны; позднее сборы стали ежегодными ввиду расходов на войны — Смоленскую (1632–1634) и Тринадцатилетнюю (1654–1667). Чрезвычайные сборы взимались еще в 1670-е годы, но уже к середине столетия государство начало пытаться проводить более последовательную финансовую политику. Уложение 1649 года заметно усовершенствовало прямое налогообложение, прикрепив сельское и городское население к местам его обитания и тем самым завершив процесс закрепощения. Кроме того, помещики лишались налоговых льгот, которыми пользовалась их собственность в городах, что, в принципе, давало жителям последних монополию на городскую торговлю.

Но это мероприятие оказалось трудно провести в жизнь, и льготы продолжали действовать на протяжении существенной части XVIII века. Государство также попыталось присвоить себе налоговые поступления от церковных крестьян, учредив, в частности, для этого Монастырский приказ, но после протестов со стороны церковников отказалось от такого шага (1677).

Конец 1670-х и 1680-е годы были ознаменованы энергичной реформаторской деятельностью: были предприняты усилия для формирования единого государственного бюджета, а в 1677 году единицей прямого налогообложения стало домохозяйство — в данном случае власти опирались на новые земельные кадастры. Государство также стремилось устанавливать ставки с учетом платежеспособности горожан и крестьян. Разумеется, Россия еще не пришла к сложным методам учета и последовательной финансовой политике, в отличие от более развитых и меньших по размеру государств, таких как Англия: Джон Брюер называет все это «мускулатурой власти» (применительно к Англии XVIII века), а Чарльз Тилли считает важнейшим элементом государственного строительства в раннее Новое время. Однако в последние десятилетия XVII века российские власти сознательно осуществляли реформы с целью усилить контроль над национальной экономикой.

ПРОМЫШЛЕННОСТЬ

Русское горожане не славились как искусные производители ремесленных изделий. Судя по отзывам иностранцев, качество изделий, производившихся в период раннего Нового времени, было низким — за редким исключением (тончайшие астраханские шелка, выходившие из рук армянских мастеров; ковры, иконы, ювелирные изделия, создававшиеся в кремлевской Оружейной палате). Не существовало гильдий, которые внедряли бы высокие стандарты, а иностранные товары были настолько дорогими и своеобразными, что у обычного ремесленника не было стимулов создавать что-либо подобное. Российская промышленность в это время давала по большей части не готовые изделия, а сырье и полуфабрикаты, над которыми работали полуквалифицированные крестьяне и горожане.

Российское производство до некоторой степени стимулировалось экспортной торговлей. Так, например, спрос на лесоматериалы и сельскохозяйственную продукцию в северных областях способствовал росту производства дегтя и поташа, использовавшегося для изготовления тканей, мыла, стекла. В 1615 году государство объявило своей монополией продажу дегтя, но последняя обычно сдавалась на откуп английским или голландским купцам. Иностранцы также вкладывали деньги в установки для свивания канатов — эти изделия были крайне необходимы британскому флоту. Спрос на юфть вызвал появление соответствующих мануфактур в Ярославле, Костроме, Нижнем Новгороде, имевших хорошую связь с портовыми городами Верхнего и Нижнего Поволжья, а через них — с Белым морем и Каспием соответственно. Юфть изготавливали и в новгородских и псковских землях для экспорта по Балтике. В этом же регионе, как и на западных окраинах, выращивали коноплю и лен, которые вывозились через Архангельск и балтийские порты.

Торговля между городом и деревней — ее вели крестьяне или мелкие торговцы — была оживленной, несмотря на самодостаточность крепостного хозяйства. Уже в XV веке региональное производство было достаточно развитым, чтобы обслуживать нужды городов и экспортной торговли: главными занятиями в лесных и озерных областях к северу и северо-востоку от Москвы (Поморье, Белоозеро, Ладога, реки Волхов и Шексна) были лов, сушка и засолка рыбы для последующей продажи. Богатые лесом север и северо-восток давали мед и воск. Крестьяне из многочисленных вотчин Кирилло-Белозерского монастыря производили соль, рыбу, сало и кожу для экспорта или продажи по всей России. Крестьяне крупных монастырей в центре, особенно Иосифо-Волоколамского к востоку от Москвы и Троице-Сергиева под Москвой, заготавливали дрова, рыбу, зерно и соль. Троицкий монастырь держал на Волге, Северной Двине и Белоозере суда, которые плавали с торговыми целями вплоть до Новгорода и Холмогор. Лен и конопля обрабатывались крестьянами на обширной территории, включавшей Ливонию, псковские, новгородские, смоленские, ярославские и можайские земли; в этих районах также производили текстиль и кожаные изделия на экспорт. Города центра и севера — Кострома, Вологда, Можайск, — где скотоводство давало больше дохода, чем земледелие, специализировались на выделке кож.

В этот период большое значение имело производство соли и железа. Солеварение требовало больших вложений и значительного числа рабочих, поэтому обычно им занимались крупные игроки — например, Соловецкий монастырь на севере и Строгановы на Урале. Первым центром солеварения в России стал Сольвычегодск: около 1570 года на десяти соляных варницах Строгановых было занято 6000 рабочих. Производство соли в меньших масштабах осуществлялось в бассейне Северной Двины и вблизи Астрахани. В XV–XVI веках железоделательная промышленность была еще довольно примитивной, но ею занималось множество мелких предприятий по всей стране — в Новгороде, Устюжне Железнопольской, Карелии, Ярославле, Твери, Вологде, Туле и Серпухове. Болотная руда всегда имелась в наличии, ее можно было обрабатывать при помощи поташа, получаемого из местного леса. Кузнецы изготавливали из железа плуги и косы, чайники, различные инструменты для собственного пользования или для продажи в городах.

Одновременно государство изо всех сил старалось создавать производственные мощности для военных нужд, охотно прибегая к помощи иностранцев. Уже в 1446 году русские мастера могли изготавливать бронзовые пушки (а также ядра для них, порох и заряды), которые использовались для устрашения противника. Именно артиллерия сыграла решающую роль в капитуляции Новгорода (1478). Пушечное дело получило сильный импульс после заключения брака между Иваном III и Софьей Палеолог в 1472 году; благодаря итальянским связям супруги великого князя государство смогло нанять специалистов в области артиллерии, архитектуры, фортификации. В 1479 году Аристотель Фиораванти основал Пушечный двор; итальянские инженеры в 1480-е годы перестроили стены Московского кремля и Новгородского детинца, но больше всего прославились кремлевскими соборами, которые сооружались с 1480-х годов до начала XVI века. Итальянцы применяли новшества в области архитектуры и строительства (железные подпорки, кирпичные конструкции, правильные пропорции, декоративные элементы), оказав сильное влияние на развитие этой сферы в России.

Государство продолжало привлекать иностранцев для обеспечения промышленного и культурного развития. При дворе Ивана IV последовательно работали несколько европейских врачей. Опытные наемники из-за рубежа (литовцы, крымские татары, украинцы, немецкие, голландские и шотландские офицеры) в XVI веке принесли немало пользы русскому войску. Настоящая же охота за иностранными талантами развернулась в XVII столетии. После того как столкновение с польской и шведской армиями, организованными и оснащенными лучше русской, в Смутное время едва не закончилось катастрофой, пришедшие к власти Романовы приступили к военной и промышленной реформам, активно нанимая зарубежных специалистов. Одним из главных направлений стало строительство военных сооружений: с 1630-х годов иностранцы перестраивали городские укрепления, улучшали дороги, возводили новые мосты и каменные здания светского назначения. Попытки создать собственное кораблестроение оказались не столь успешными: в 1630-е и 1670-е годы голландцев привлекали для строительства торговых судов на Волге и Каспии, но эти усилия ни к чему особенному не привели. Иностранный опыт и капитал в наибольшей степени использовались в металлургии, тесно связанной с военным делом: стали появляться заводы с доменными печами и водяными колесами, по мощности намного опережавшие небольшие местные предприятия.

Иностранным предпринимателям, готовым заняться добычей руды, выплавкой железа и стали, производством оружия, предоставлялись выгодные условия: займы на несколько десятилетий, налоговые льготы, доступ к крепостному труду, сырью и земельным угодьям. С 1620-х годов субсидии и грамоты выдавались тем, кто строил пороховые заводы; в 1630-е годы датский негоциант Андрей Виниус — его сын, тоже Андрей Виниус, был почтмейстером, переводчиком и советником по экономическим вопросам при Алексее Михайловиче и его сыне Петре — основал близ Тулы чугуноплавильные, железоделательные и оружейные заводы, где использовались водяные колеса. Государственную поддержку получали и состоятельные русские, например, Борис Морозов, советник и свояк Алексея Михайловича, а также другие родственники царя. Иностранцам разрешалось нанимать русских, более того, к их предприятиям для обеспечения рабочей силой приписывались целые деревни. Возникли и государственные заводы в Звенигороде и Туле, выпускавшие не только оружие, но и железные инструменты, необходимые для других производств (поташных, соляных), а также для строительства храмов и царских резиденций.

В XVII веке государство поощряло иностранные капиталовложения и в другие отрасли, но здесь успехи оказались не так велики. Были созданы предприятия по выпуску стекла, шелка, бумаги, дорогой кожи, однако их продукция была менее качественной или более дорогой, чем импортная. Тем не менее, все эти усилия привели к приезду в страну сотен европейских предпринимателей и искусных ремесленников; полученные навыки передавались русским в течение нескольких поколений до Петра I, особенно в металлургии. В 1725 году Россия являлась одним из ведущих европейских производителей железа.

В 1670-е годы в Москве насчитывалось приблизительно 3650 иностранных специалистов — около пятой части взрослого мужского населения города. Помимо предпринимателей и инженеров, приезжали офицеры, создававшие пехотные и конные полки «нового строя». Большинство из них были европейцами и жили в Немецкой слободе; в других «этнических» предместьях обитали в основном купцы. В Немецкой слободе имелись немецкая и датская школы, три лютеранские церкви, множество двухэтажных домов европейского вида, стоявших на по-европейски прямых и широких улицах. В Архангельске голландская церковь существовала с 1674 года. Как указывает Джозеф Фреман, некоторые иностранцы — такие, как

Виниусы, происходившие из голландского кальвинистского рода, — приняли православие, другие же, как Марселисы, тоже голландцы, остались верны кальвинизму и менее охотно усваивали русскую культуру. Как бы то ни было, представители обоих семейств служили царю в течение нескольких поколений.

В конце XVII века русская экономика — и та ее часть, которая обслуживала внутренний рынок, и та, которая ориентировалась на зарубежные страны, — подвергалась модернизации по европейскому образцу в той мере, в какой государство упорядочивало прямое и непрямое налогообложение, пытаясь осуществлять контроль над финансовой политикой, и принимало протекционистские меры для поддержки местных купцов и увеличения своих доходов. Экономика России имела колониальный характер — экспортировалось в основном сырье, а не готовые изделия, — и тем не менее, она накапливала возможности и денежные средства, позволявшие стране выдерживать конкуренцию на глобальном рынке и в геополитических противостояниях.

* * *

О международной торговле: Brook T. Vermeer's Hat: The Seventeenth Century and the Dawn of the Global World. New York: Bloomsbury Press, 2008; Romaniello M. Trade and the Global Economy // The Oxford Handbook of Early Modern European History, c. 1350–1750, 2 vols. / Ed. by H. Scott. Oxford: Oxford University Press, 2015. Vol 2. P. 307–333. О том, как европейцы «овладевали» новыми землями: Greenblatt S. Marvelous Possessions: The Wonder of the New World. Chicago: University of Chicago Press, 1991; Pagden A. European Encounters with the New World: From Renaissance to Romanticism. New Haven, Conn.: Yale University Press, 1993.

О британском финансовом аппарате в XVIII веке: Brewer J. The Sinews of Power: War, Money, and the English State, 1688–1783. Cambridge, Mass.: Harvard University Press, 1990. Чарльз Тилли о государственном строительстве: Тилли Ч. Принуждение, капитал и европейские государства. 1990–1992 гг. М.: Территория будущего, 2009. См. также ставший классическим сборник, выпущенный им вместе с Габриэлем Арданом: The Formation of National States in Western Europe / Ed. by C. Tilly. Princeton: Princeton University Press, 1975.

Карты, по которым можно проследить территориальный рост русской империи: Chew A. An Atlas of Russian History: Eleven Centuries of Changing Borders, rev. edn. New Haven: Yale University Press, 1970; Gilbert M. Atlas of Russian History, 2nd edn. New York: Oxford University Press, 1993. Ценные подробности приведены на картах, приложенных к изданию, которое в остальных отношениях устарело: Очерки истории СССР. В 9 томах. М.: Издательство Академии наук СССР, 1953–1958.

О политических и экономических изменениях в Московском государстве как «модернизации»: Modernizing Muscovy: Reform and Social Change in Seventeenth-Century Muscovy / Ed. by J. Kotilaine, M. Poe. London and New York: Routledge, 2004. См. также: Kotilaine J. Russia's Foreign Trade and Economic Expansion in the Seventeenth Century: Windows on the World. Leiden: Brill, 2005.

Из иностранных путешественников о торговом потенциале России писали Джайлс Флетчер (побывавший там в 1588 году) и Адам Олеарий (путешествия в Россию и Персию, 1633–1639, 1643): Флетчер Дж. О государстве Русском, или Образ правления Русского Царя (обыкновенно называемого Царем Московским): С описанием нравов и обычаев жителей этой страны / Пер. М. А. Оболенского. М.: Издат. группа URSS, Изд-во «Ленанд», 2014; Олеарий А. Описание путешествия в Московию и через Московию в Персию и обратно / Введение, перевод, примечания и указатель А. М. Ловягина. СПб.: Издание А. М. Суворина, 1906.

О русской торговле: Martin J. Treasure of the Land of Darkness: The Fur Trade and its Significance for Medieval Russia. Cambridge: Cambridge University Press, 1986; Martin J. Medieval Russia, 980–1584. Cambridge: Cambridge University Press, 1995; Bushkovitch P. The Merchants of Moscow, 1580–1650. Cambridge: Cambridge University Press, 1980.

Об индийских торговцах см.: Levi S. India, Russia, and the Eighteenth-Century Transformation of the Central Asian Caravan Trade // India and Central Asia: Commerce & Culture, 1500–1800 / Ed. by S. Levi. Oxford: Oxford University Press, 2007. P. 93–122; Dale S. Indian Merchants and Eurasian Trade, 1600–1750. Cambridge: Cambridge University Press, 1994 (включая челобитную 1684 года, направленную против индийских торговцев); Burton A. The Bukharans: A Dynastic, Diplomatic and Commercial History, 1550–1702. Richmond: Curzon, 1997. О турецкой торговле: Inalcik H., Quataert D. An Economic and Social History of the Ottoman Empire, 1300–1914. Cambridge: Cambridge University Press, 1994.

Об армянских торговцах: Matthee R. The Politics of Trade in Safavid Iran: Silk for Silver, 1600–1730. Cambridge: Cambridge University Press, 1999;

Aslanian S. From the Indian Ocean to the Mediterranean: The Global Trade Networks of Armenian Merchants from New Julfa. Berkeley: University of California Press, 2011; Curtin P. Cross-Cultural Trade in World History. Cambridge: Cambridge University Press, 1984.

О сибирской торговле в глобальном контексте: Rossabi M. The «decline» of the Central Asian Caravan Trade // The Rise of Merchant Empires: Long-Distance Trade in the Early Modern World, 1350–1750 / Ed. by J. Tracy. Cambridge and New York: Cambridge University Press, 1990. P. 351-370; Monahan E. The Merchants of Siberia: Trade in Early Modern Eurasia. Ithaca, NY: Cornell University Press, 2016; Monahan E. Locating Rhubarb: Early Modernity's Relevant Obscurity // Early Modern Things: Objects and their Histories, 1500–1800 / Ed. by P. Findlen. London: Routledge, 2013. P. 227–251. О табаке как товаре: Tobacco in Russian History and Culture: From the Seventeenth Century to the Present / Ed. by M. Romaniello, T. Starks. New York: Routledge, 2009.

О внутриэкономическом положении: Fuhrman J. The Origins of Capitalism in Russia: Industry and Progress in the Sixteenth and Seventeenth Centuries. Chicago: Quadrangle Books, 1972; Kotilaine J. Mercantilism in Pre-Petrine Russia // Modernizing Muscovy: Reform and Social Change in Seventeenth-Century Muscovy / Ed. by J. Kotilaine, M. Poe. London and New York: Routledge, 2004. P. 143–174; Shaw D. Towns and Commerce // Cambridge History of Russia. Vol. 1 / Ed. by M. Perrie. Cambridge: Cambridge University Press, 2006. P. 298–316; Hellie R. The Economy, Trade and Serfdom // Cambridge History of Russia. Vol. 1 / Ed. by M. Perrie. Cambridge: Cambridge University Press, 2006. P. 539–558.

Об иностранных специалистах в Московском государстве: Платонов С. Москва и Запад в XVI–XVII веках. Л.: Сеятель, 1925; Reger W. European Mercenary Officers and the Reception of Military Reform in the Seventeenth-Century Russian Army // Modernizing Muscovy: Reform and Social Change in Seventeenth-Century Muscovy / Ed. by J. Kotilaine, M. Poe. London and New York: Routledge, 2004. P. 223–246; Boterbloem K. Moderniser of Russia: Andrei Vinius, 1641–1716. Houndmills: Palgrave Macmillan, 2013.

Глава 9
Привлечение к сотрудничеству
Создание элиты

Одной из главных проблем империи было поддержание стабильности в мультиэтнической и мультиконфессиональной среде. Россия достигала этого, изолируя различные части империи друг от друга и подчиняя их центру. Государство стремилось поддерживать лишь минимально необходимый уровень сплоченности. Сплоченность обеспечивалась путем постоянного пересмотра — на двусторонней основе — отношений с элитами и простонародьем, конфессиональными и этническими группами, другими элементами, образовывавшими империю. Государство привлекало социальные группы, имевшие важное значение, для несения службы; жалуя статус, земли, деньги и привилегии, оно формировало военную элиту, составлявшую центр общества, которое, таким образом, может быть представлено в виде концентрических кругов.

КОНЦЕНТРИЧЕСКИЕ КРУГИ ОБЩЕСТВА

В Московском государстве не появилось никакой социально-политической философии, теории государственного устройства, подобной тому, что создала Европа в Средние века (представлявшей общество в виде человеческого тела). В этом смысле Московское государство не было «саморефлексирующим»; более того, трудно даже установить, какими были основные группы внутри общества. Разрозненные записи — результаты подворных переписей, списки тех, кто получил возмещение за бесчестие, списки участников военных смотров, подписи участников политических собраний или повествования о таких собраниях — позволяют нарисовать общую картину. На ум приходят некоторые визуальные аналогии. С точки зрения идеологии, правитель всегда располагается наверху или в центре народа, представляющего собой единообразную массу, поскольку в теории все равны перед царем. Все они — его дети, он ведет их к спасению, подавая личный нравственный пример. Все они обладают честью, оберегаемой судами правителя (кроме преступников, порвавших связи с сообществом). Все они служат — в Московском государстве не было независимых людей, живших за счет собственных доходов. Привилегированные служили в армии, или состояли в числе богатейших купцов, или молились за царя и царство в церкви. Прочие платили налоги и несли повинности (рекрутскую, трудовую и т. п.) — и то, и другое было неодинаковым для различных этнических групп, но не существовало подданных, которые не были бы должны ничего.

Однако русское общество, разумеется, являлось более дифференцированным, чем можно предположить, исходя только из теории, хотя дифференциация действительно не была жесткой. Эти не слишком определенные отношения хорошо отражает образ концентрических кругов. В центре помещается правитель, далее идут круги — социальные группы: чем дальше от правителя, тем более затруднителен доступ к нему, тем ниже статус, тем меньше экономических льгот. Хорошо видно, каковы у каждого из них возможности доступа к правителю. Первый круг — это ближайшее окружение: родственники, ближние бояре, другие непосредственные советники. Следующий круг — прочие бояре, церковные иерархи, проживавшие в Кремле, и прежде всего (если он не входил в ближайшее окружение) глава церкви — до 1589 года митрополит Московский, затем патриарх, а также, временами, некоторые из гостей (богатейших купцов) и думных дьяков, появлявшихся при дворе и имевших редкую привилегию в виде права владения землей. Ввиду многочисленных браков и расширения боярской элиты эти два круга активно взаимодействовали между собой.

Далее — все еще достаточно близко к правителю — шли военные, занимавшие старшие офицерские должности («государев двор» в середине XVI века, «московские чины» в XVII веке). Равными им по статусу были церковные иерархи (архиепископы, епископы, настоятели трех-четырех-пяти богатейших монастырей). Следующий круг образовывали провинциальные дворяне, состоявшие в локальных сообществах, центрами которых являлись города внутри страны. Эти дворяне служили в армии или назначались на должности воевод. Все, кто входил в вышеназванные круги, обладали наиболее высоким статусом и занимали наиболее выгодные экономические позиции; они могли иметь в собственности фамильные земли (вотчины), получать земли от государства на правах условного держания (поместья) и владеть крепостными. Кроме того, они имели право указывать в документах полное отчество («с вичем») и называть себя «холопами» при подаче прошений к царю.

Принадлежность к следующему кругу означала существенно меньшее количество социальных и экономических привилегий. Речь идет о полупривилегированных группах лиц, несших военную службу, не плативших налоги, но не имевших при этом права владеть землей и крепостными: инженерах, стрельцах, казаках гарнизонных полков, большинстве приказных людей в центральных и местных учреждениях. Как и представители перечисленных выше кругов, они называли себя «холопами» в челобитных царю, но не имели права писаться «с вичем». Вероятно, к ним следует причислить тех, кто входил в другие относительно привилегированные группы — европейцев, находившихся на военной службе, и менее состоятельных, но все еще не облагавшихся налогами купцов. Ниже стояли те, кто в челобитных называл себя царскими «сиротами» — разнообразные тягловые люди: горожане, крестьяне, принадлежавшие правящей династии и государству, крепостные светских и церковных землевладельцев. В этот круг входили ясачные народы Среднего Поволжья,

Сибири и степной зоны. Следующим, вероятно, был круг, включавший подневольных слуг — холопов: сословие, упраздненное в начале XVIII века. За пределами всех этих кругов (два исключения, сохранявшиеся в XVII веке) находились донские казаки и население Гетманщины: пользуясь самоуправлением, они находились в вассальной зависимости от царя, и местные жители обращались со своими проблемами и просьбами о помощи к атаманам или к гетману соответственно, а не к царю.

Такая система концентрических кругов предполагает ощутимые различия в состоянии, могуществе и престиже, но также фундаментальное равенство всех подданных перед царем. Законы не содержали юридического определения их имущественных или личных прав. Все несли службы, все обладали честью, все могли подать челобитную правителю, все — женщины, крепостные, невольники, представители нерусских народностей — могли участвовать в судебных разбирательствах в качестве истцов, свидетелей и поручителей. Все они были связаны с правителем, но каждая группа по-своему оформляла взаимоотношения с ним.

БЛИЖНИЙ КРУГ И БОЯРЕ

Лучше всех остальных устроилась придворная знать. В Московском государстве она состояла из бояр, наиболее могущественных людей государства, часто привлекавшихся к управлению в период возвышения Москвы — начиная с середины XIV века. Московское государство с самого начала было основано на сотрудничестве великих князей с боярскими родами. Бояре всегда были рядом с великим князем, заверяя его завещания и заключаемые им договоры, стоя рядом с ним во время дипломатических приемов; на миниатюрах Лицевого летописного свода они неизменно находятся подле него. Как указывается в главе 6, эта взаимозависимость правителя и его приближенных, имевшая фундаментальное значение, идеализировалась господствующей идеологией, согласно которой правитель обязан был спрашивать у них совета. Теоретически он должен был прислушиваться ко всем праведным людям, но постоянно получал советы лишь от лиц духовного звания и бояр (рис. 9.1). В Московском государстве представления о тирании и сопротивлении правителю были развиты очень слабо, но в исторических произведениях раз за разом повторяется один сюжет: о дурном правителе, который не прислушивался к хорошим советам и правил как ему заблагорассудится. Великие князья, как правило, женились на женщинах из боярских семей, входивших в ближний круг, и, разумеется, знали каждого боярина в лицо. Временами правители созывали более широкие собрания, которые символизировали всю землю, собравшуюся, чтобы дать совет монарху и вместе с ним прийти к согласию (так называемые Земские соборы).

Эти глубоко личные отношения между правителем и боярами сохранялись на протяжении значительной части XVII века. Боярство являлось наследственным — наследование по боковой линии внутри боярских родов касалось и боярского титула. В XIV веке и первой половине XV века существовало от 10 до 13 родов одновременно, бояр же как таковых могло быть и меньше, поскольку для получения этого чина необходимо было достичь известного возраста. Состав боярской элиты менялся, а численность ее росла — новые роды становились боярскими по мере дробления старых либо по воле великого князя и/или группы бояр. С 1462 по 1533 годы, в период укрепления военной мощи и бюрократического аппарата, число родов увеличилось с примерно 15 до примерно 24; около 1490 года был создан чин окольничего, чтобы облегчить доступ в круг знати. Основанная на наследовании система правления оказалась удивительно стабильной: формально великий князь обладал всей полнотой власти, фактически же бояре руководили войском, внешней политикой и т. д., так что возраст, здоровье и личные качества великого князя не имели решающего значения.

Стабильность и равновесие внутри боярства — как и среди элиты в целом — обеспечивались за счет щедрой раздачи благ и преимуществ: поместий, крестьян, подарков. Боярская элита

Рис. 9.1. Одна из иллюстраций к описанию бракосочетания Михаила Романова (1624), где он изображен советующимся с боярами (Описание в лицах торжества... Москва, 1810). Нью-Йоркская публичная библиотека, Отдел общих исследований

была структурирована пронизывавшими ее отношениями зависимости, дружбы и родства. Бракосочетания создавали прочные союзы и взаимные обязательства между родами, а также формировали иерархию родов. С середины XV века возникла традиция, согласно которой бракосочетание великого князя, часто с представительницей одного из знатных семейств (но редко — одного из наиболее могущественных), определяло состав ближнего круга, который после этого закреплялся браками бояр и боярынь с родственницами и родственниками новой великой княгини. Такой ближний круг мог существовать в течение двух-трех поколений, после чего в нем начинала доминировать другая группировка. Сперва (1345 — около 1433) ведущую роль играл род Вельяминовых — благодаря стратегически важному браку будущего Ивана II с Александрой Вельяминовой. Затем его вытеснила группировка, собравшаяся вокруг влиятельного семейства Патрикеевых (князей, выходцев из Литвы), а ее, в свою очередь — союз нескольких фамилий, в том числе Захарьиных (будущих Романовых) и Челядниных. Так продолжалось до кончины Василия III в 1533 году, когда на престол вступил трехлетний Иван IV, на протяжении полутора десятилетий после этого являвшийся несовершеннолетним. Борьба внутри боярства завершилась победой прежней группировки, в которую теперь входили князья Бельские и семейство Романовых (из него происходила первая супруга Ивана IV, сочетавшаяся с ним браком в 1547 году). Если говорить о наиболее разрушительных поступках Ивана IV, то к ним следует причислить его шесть браков (Анастасия Романова скончалась в 1560 году). Стратегия боярских родов на протяжении многих десятилетий состояла в том, чтобы поддерживать отношения с родственниками царя, частая же смена царских жен вносила хаос в систему определения статуса и могущества каждого семейства. После смерти Ивана (1584) был восстановлен старый, привычный ближний круг, в котором благодаря женитьбе будущего царя Федора Иоанновича на сестре Бориса Годунова ведущее положение занял род Годуновых.

Такая система придворной политики, основанная на взаимодействии между родами, не менялась из-за постоянного поиска равновесия: к примеру, после урегулирования политического кризиса вознаграждались и победители, и побежденные. В течение нескольких лет до и после бракосочетания Ивана IV (1547), после двух десятилетий борьбы, проигравшая группировка (Шуйские, Мстиславские) получила награды наравне с победившими Бельскими и Романовыми: представителям этих семейств были отведены почетные роли во время брачной церемонии монарха, дарованы боярские и окольничьи чины. К тому моменту, когда Иван IV достиг совершеннолетия, число наследственных боярских родов почти удвоилось (с 24 в 1533 году до 46 в 1555-м), окольничьих также стало намного больше — с 15 до 55. Все это отражало усилия правящей верхушки, направленные на примирение и поиск равновесия. Борис Годунов, фактический правитель страны с 1584 года и царь с 1598-го, примирился со своими соперниками, увеличив число родов и лиц, причисленных к высшим чинам. То же самое сделал первый из Романовых — Михаил Федорович в 1613 году.

Щедрая раздача благ и преимуществ (ставшая возможной благодаря расширению империи) помогла умиротворить знать в XV веке, когда государство лишило могущества некоторые известные роды. Одна из стратегий централизации подразумевала отъем привилегий, ранее предоставленных крупным землевладельцам (светским и духовным), с целью смещения административного персонала, неспособного как следует исполнять свои обязанности, и создать систему поддержки власти на местах. Такие пожалования выводили принадлежавшие землевладельцу угодья и зависимое от него население из-под финансовой, судебной или административной власти правителя. К середине XVI века централизация велась путем лишения финансовых и судебных льгот, по мере того как на места прибывали назначаемые царем воеводы. До того — или приблизительно до того — времени государство предоставляло знатным родам уделы с ограниченными суверенными правами. Получателями их были в основном Гедиминовичи, перебравшиеся из Великого княжества Литовского (Патрикеевы, Бельские, Голицыны, Мстиславские) и восточнославянские княжеские роды, ранее властвовавшие на занятых Москвой территориях (Шуйские, Ростовские). Точно так же в середине XV века был создан практически автономный удел для татарских князей — Касимовское ханство, где правила одна из ветвей казанских чингизидов. Ханство было упразднено в 1681 году; город Романов, отданный во владение ногайской знати, просуществовал в качестве такого же анклава до 1620-х годов. Эти два «татарских» удела представляли собой исключение: как уже говорилось в главе 6, большинство уделов были ликвидированы в XVI веке, а в XVII веке ни один представитель правящей династии не получил нового удела (удачное совпадение: лишь немногие ее мужские представители достигли взрослого возраста). В XVII столетии цари продолжали раздавать льготы своим фаворитам и церковным учреждениям, но каждый раз речь шла об отклонении от общей тенденции.

Политика, основанная на личных отношениях, хорошо подходила для ближнего круга в XV веке, все еще сохранявшем характер немногочисленной княжеской дружины, и наложила свой отпечаток на создававшиеся в следующем столетии государственные институты. Однако расширение империи и совершенствование войска требовали более многочисленного и разнообразного персонала, и система начала давать сбои. В начале XVII века насчитывалось четыре «думных» чина, которые могли носить царские советники: боярин, окольничий, думный дворянин и думный дьяк. Последний присваивался наиболее опытным канцелярским служителям: то были немногочисленные бюрократы внутри элиты, где все определялось статусом в войске. Всего для XVII столетия известно около полусотни думных дьяков, из которых 13 получили чин окольничего или боярина, ранее зарезервированный для представителей военной элиты.

Тот факт, что наиболее способные дьяки пополняли элиту, указывает на постепенную трансформацию последней. По мере роста империи и модернизации государства необходимо было укреплять контроль над территорией и улучшать механизмы мобилизации ресурсов, а это требовало увеличения бюрократического аппарата. Опытные бюрократы посягали на сферу, ранее отведенную исключительно для военных, но происходил и обратный процесс — появлялись те, кого Роберт Крамми назвал «чиновниками из рядов знати»: то были образованные люди, занимавшие должности в московских приказах и крупнейших провинциальных воеводствах. Некоторые набирали по нескольку должностей, чтобы увеличить свое влияние и доходы: так, в 1620-е и 1630-е годы князь И. Б. Черкасский одновременно возглавлял Стрелецкий, Иноземский, Аптекарский приказы, приказы Казенного Двора и Большой Казны. Были те, кто специализировался в конкретных областях: князь В. В. Голицын — на внешней политике, А. С. Матвеев и А. Л. Ордин-Нащокин — на экономической политике. На протяжении XVII века не менее 20 % думных чинов совмещали военную службу с гражданской, причем последняя обычно прибавлялась после долгой военной карьеры. Примерно 50 % думных чинов находились исключительно на военной службе, 10 % — только на гражданской. В целом, как показывает Крамми, 60 % всех представителей боярской элиты в какой-то момент сидели в том или ином приказе. Приказная служба была привлекательна, во-первых, тем, что подразумевала пребывание в Москве (это позволяло поддерживать тесный контакт с различными группировками и сетями влияния), во-вторых, возможностью получать взятки и подарки, и в-третьих, перспективой доступа к реальной власти. Это не означает, что военная элита превращалась в гражданскую: две сферы все еще давали различный статус и различные экономические льготы. Привыкшие к военной службе бояре, оказываясь во главе приказов, обнаруживали плохое знакомство с бюрократическими процедурами, но зато привносили в московские приказы «традицию лидерства».

Начиная с царствования Алексея Михайловича (1645–1676), и особенно вследствие военных реформ и бюрократизации, вызванных Тринадцатилетней войной (1654–1667), число думных чинов стало быстро возрастать. Прежде всего это касалось думных дворян: получив этот чин, представители незнатных семейств входили в состав элиты. В начале царствования Алексея Михайловича насчитывалось 45 думных чинов, в конце — 70. В последней четверти столетия политическое давление привело к тому, что рост перестал быть постепенным: с 1676 года до конца 1680-х шла борьба за престол, слабые правители раздавали чины, желая обеспечить себе поддержку. В начале 1690-х годов думных чинов стало уже около 160, что привело к девальвации их статуса и уменьшению полезности. Многие из тех, кто получали их, являлись, по выражению Крамми, «царедворцами». Чин боярина теперь был скорее почетным и не давал реального влияния на политику, процесс получения советов царем от окружения сильно усложнился, и в 1680-е годы были намечены (но так и не осуществлены) реформы с целью «проредить» элиту.

Параллельно с этими новшествами в средоточии власти сохранялись старые традиции. Так, ближний круг Алексея Михайловича образовался вокруг Бориса Ивановича Морозова, его наставника, взявшего в жены сестру царицы Марии Ильиничны

Милославской. После того как царь вступил во второй брак, с Н. К. Нарышкиной, произошло возвышение ее родственников и всех, кто группировался вокруг них, включая Артамона Матвеева, в семье которого воспитывалась будущая царица. Точно так же браки последующих монархов — Федора, Иоанна и Петра Алексеевичей — приводили к образованию соответствующих группировок (см. главу 6).

К концу XVII века боярская знать превратилась из небольшой дружины, куда входило полтора десятка родов, в обширную элиту примерно из 100 родов, что привело к девальвации боярского чина. В центральных учреждениях теперь сидели опытные бюрократы и некоторые «чиновники из рядов знати». Кроме того, царь мог поручать особые задания тем или иным лицам и, разумеется, по-прежнему полагался на ближний круг — своих родственников и друзей, которым доверял.

ДВОРЯНСКАЯ КОННИЦА И ВОЕННАЯ РЕФОРМА

Московские власти привлекали к сотрудничеству также поместную знать, предоставляя ей земли, крепостных и статус. Русские князья — такие как московский — традиционно выставляли конное войско, вооруженное луками и приспособленное для сражений со степняками. В нем служили представители семейств, владевших вотчинами — наделами, передававшимися по наследству; самые состоятельные из них являлись на сборы со свитой из своих клиентов и крестьян. По мере поглощения Москвой близлежащих княжеств возглавлявшие их князья вместе со своим окружением, а также местные знатные конники, вливались в московское войско. С учетом суровых природных условий, богатство землевладельческой элиты мало зависело от обработки земли, так что ее представители не стремились создавать региональные центры власти и не привязывались к определенной территории. Перспектива получить военную добычу выглядела более привлекательной, и они охотно участвовали в предпринимаемой Москвой территориальной экспансии. Московские власти предотвращали сопротивление со стороны покоренных ими князей и их свиты, щедро раздавая земельные наделы, деньги, подарки, чины. После захвата Новгорода (1478) образовался обширный земельный фонд, пригодный для условных земельных пожалований (поместий). Последующие завоевания принесли еще больше угодий, и, кроме того, государство давало в качестве поместий земли со свободными крестьянами. К концу столетия почти все свободные крестьяне в центре, где почва была достаточно плодородной, чтобы имелась возможность содержать землевладельца, были розданы конникам-дворянам. Последние поначалу не жили на дарованной им земле, а лишь получали с нее доход, но постепенно поместья стали местами обитания большинства провинциальных дворян.

Поместная система позволила Москве создать централизованное войско. До того военная организация оставалась дружинной: великий князь, бояре и их дружины, к которым присоединялись прочие знатные люди, тоже со своими дружинами (дядья и братья великого князя, другие удельные князья, силы, выставляемые богатыми церковными учреждениями). Тексты и иллюстрации, посвященные походам Ивана III против Новгорода в 1470-х годах, наглядно показывают состав этих разношерстных отрядов. Обильная раздача поместий дала возможность московским властям в первой половине XVI века распустить частные дружины и превратить войско в единую силу под началом великого князя (это происходило постепенно, по мере упразднения уделов). Некогда самостоятельные князья и отдельные их приближенные заняли офицерские должности в войске Ивана III, отныне подчиняясь непосредственно великому князю. Так как от этого выиграли все, сопротивление было минимальным. В середине XVI века основной базой войска являлись обладатели земель вокруг Москвы, образовывавшие «государев двор»; к ним присоединялись дворяне из крупнейших городов.

То было конное ополчение старого типа. Члены его имели право на ежегодную денежную субсидию для покупки снаряжения, но должны были заботиться о нем сами; они собирались в местные полки под руководством назначавшегося Москвой военачальника; отцы обучали сыновей военному делу. Дворяне собирались к началу летней кампании и возвращались домой в зимнее время. В 1556 году было введено правило о выставлении одного конного вооруженного ратника с каждых 100 четвертей (150 десятин) хорошей пахотной земли, будь то поместье или вотчина. По одной из оценок, в середине XVI века до одной трети войска составляли вооруженные холопы землевладельцев. Еще в 1681 году каждый из примерно 2500 человек, числившихся в царском полку, выставлял в среднем девять вооруженных холопов. Получались своего рода мини-дружины, хотя каждый служил непосредственно государю. Конное войско было относительно малочисленным: согласно Ричарду Хелли, с конца XVI века до 1660-х годов в нем насчитывалось около 25 тысяч ратников.

Благодаря поместной системе состояние войска сделалось стабильным. Различия между поместьями, даваемыми за службу, и передаваемыми по наследству вотчинами, которыми владели по преимуществу древние роды и церковь, постепенно стирались — и поместье, и вотчина отныне обязывали к службе, и оба вида землевладения сделались наследственными. Пока наследники были способны нести требуемую службу, поместье оставалось в роду. В XVII столетии законы уже разрешали обмен поместий, кроме того, последние на практике стали даваться в приданое и закладываться. В 1714 различия между поместьем и вотчиной были упразднены официально, все дворяне теперь должны были служить, получая за это денежное жалованье, а не землю. Но до того статус представителей элиты определялся именно количеством земли во владении и, что еще важнее, числом крестьян, которые обрабатывали ее.

Среди конников стали обнаруживаться различия – между высшими воинскими чинами и провинциальными дворянами. Первые, члены Государева двора, возглавляли войско, служили посланцами и воеводами в крупных городах. То были выходцы из семей, стоявших ровно на одну ступень ниже родов, откуда происходили царские советники; земли их располагались неподалеку от Москвы. Из них набирались военачальники, им жаловались крупные поместья и денежные суммы на ежегодных войсковых смотрах. Все они входили в так называемый «Московский список». Их становилось все больше по мере увеличения армии, расширения территории страны, умножения числа центральных и местных учреждений. Им присваивались почетные титулы (стольник, стряпчий, жилец и другие), один за другим, от низших к высшим. Правда, эти люди редко делались боярами, если только боярство не было наследственным в их роду. Число их выросло с 2500 в 1630 году до 6000 в 1681-м. Владения их нередко бывали разбросаны по всей стране; в XVII веке многие «московские дворяне» жили в провинциальных городах, получали там должности в ущерб местному дворянству и стремились объединить свои земли в данной местности.

В жизни провинциального дворянства важнейшую роль играли региональные центры, вокруг которых оно начало сплачиваться в XVII столетии, заключая браки на местах, объединяя свои владения, где возможно, занимая местные должности, даже если государство формально препятствовало этому (например, воеводские). Спрос на поместья был таким высоким, что у государства не было достаточно населенных земель для его удовлетворения, поэтому служилые часто получали меньше земли, чем полагалось в соответствии с их чином; объем ежегодных денежных и зерновых выдач также оказывался меньше положенного. Дворяне эксплуатировали своих крестьян интенсивнее, чем крупные землевладельцы (как светские, так и церковные) и стремились удержать их от бегства на окраины, где землевладельцы предлагали им лучшие условия. Начиная с 1630-х годов, дворяне постоянно подавали челобитные, иногда коллективные, от имени городского дворянского общества, прося защитить их от крупных земельных собственников («сильных людей»), требуя большей справедливости в местных судах и удлинения срок розыска беглых крестьян. Последний в первой половине XVII века был увеличен с 5 до 15 лет и наконец, по Уложению 1649 года розыск стал бессрочным. Крепостное право окончательно оформилось, в интересах дворянского сословия.

По иронии судьбы, дворянская конница в это время как раз начала сходить со сцены. Московская знать ответила на эти вызовы, сделав своей главной опорой земельную собственность и начав занимать высшие должности в центральных учреждениях, но у провинциального дворянства не было особого выбора. Несмотря на то что с середины XVI по середину XVII века насчитывалось 25 тысяч конных дворян, слабость этих формирований стала очевидной в ходе Смоленской войны (1632–1634), когда из стотысячной армии лишь 16 тысяч человек представляли конницу старого образца; не менее 10 тысяч провинциальных дворян, неспособных обеспечить себя снаряжением для полевых действий, были посланы для усиления местной или крепостной обороны. К моменту начала Тринадцатилетней войны (1654–1667) дворяне из провинции были записаны в рейтарские полки, где они проходили переобучение. При этом они сохраняли свой статус, проходя службу в полках, составленных исключительно из дворян, и могли владеть поместьями и крепостными (в отличие от обычных рейтаров, которые размещались на постой и получали жалованье). В 1678 году служить в полках старого образца разрешалось лишь богатейшим московским дворянам, имевшим от 24 крепостных хозяйств. Все остальные записывались в ряды легкой конницы либо даже пехоты (беднейшие дворяне). Тем самым подрывался сам смысл существования дворянства.

Поместную знать — особенно провинциальную — спасло от исчезновения то обстоятельство, что она играла видную роль в местном управлении и служила опорой самодержавию. Власть дворян над крепостными фактически сделала их главами местных административных органов, что избавляло государство от трат на создание разветвленного бюрократического аппарата и полицейских сил. В политическом отношении государство нуждалось в поддержке дворянства, испытывая постоянную нехватку людских ресурсов. Дворяне постепенно были включены в состав модернизированной армии, сохранив признаки своего положения и могущества: свободу от тягла, исключительное право владения землей и крепостными. В 1682 году было отменено местничество — порядок замещения должностей в зависимости от знатности рода и от должностей, занимавшихся предками (см. главу 7), изжившее себя за несколько десятилетий до того. Однако после этого стали составляться родословные книги для определения того, кто причислен к элите — первый шаг на пути формирования корпоративного дворянского сознания. В первом десятилетии XVIII века ополчение старого образца было преобразовано в легкую конницу, а полки, состоявшие из одних дворян, упразднены. В то же время московское боярство и дворянство оставались нетронутыми, что и предопределило петровские реформы.

БЮРОКРАТЫ КАК ПРЕДСТАВИТЕЛИ ЭЛИТЫ

Московские писцы и дьяки также привлекались государством к сотрудничеству, хотя и располагали меньшими привилегиями, чем военная элита. Отдельные дьяки продвигались достаточно высоко, добиваясь влияния на государственные дела и получая те же привилегии, что и бояре — в частности, право владеть землей и крепостными. Большинство же дьяков и подьячих, и в Москве, и в провинции, занимали отчетливо «срединное» положение, не неся тягла, но одновременно не имея права владеть землей. Должность давала им возможность получать вознаграждения и подарки. По этой причине бюрократия была довольно разнородной в социальном отношении. Должности в московских приказах по большей части являлись наследственными, но речь не шла о замкнутом сословии. По мере разрастания бюрократического аппарата на службу стали брать любых грамотных людей откуда только возможно. На протяжении XVII века государственные учреждения в центре страны пополнялись выходцами из духовенства и даже провинциального дворянства. На севере к службе привлекали государственных крестьян, в приграничье — местных дворян и служилых людей (казаков, стрельцов). Эту социальную мобильность хорошо иллюстрируют данные о подьячих Поместного приказа за 1707 год: 31 % были сыновьями приказных, 30 % происходили из духовенства, 14 % — из провинциального дворянства, 7 % — из холопов, 6 % — из тягловых городских сословий, 4 % — из ремесленников, работавших при дворе, 3 % — из служилых «по прибору», 2 % — из военнопленных.

Как указывалось в главе 7, помимо жалованья приказные служащие получали вспомоществование от местных общин в виде жилья, определенного количества продовольствия и подарков (вставая тем самым на скользкий путь, который вел ко взяточничеству). Общины также поддерживали тех своих членов, которые направлялись на службу в провинцию — воевод, соляных и винных откупщиков, переписчиков и т. п. Такая система называлась «кормлением» и продолжала существовать в XVIII веке — еще один способ для государства сэкономить на содержании войска и административного аппарата.

Во многих государствах раннего Нового времени, помимо военной элиты, появилась и гражданская, принадлежность к которой была знаком могущества и престижа — законники, нотариусы и прочие образованные персоналы («дворянство мантии», как их называли во Франции). В Московском государстве этого не случилось — лишь немногие подьячие становились дьяками, и их статус был существенно ниже, чем у дворян-воинов. Более того, происходило обратное: военные поступали на службу в центральные приказы, занимая в большинстве из них высшие должности, кроме тех, где требовались специальные знания — Стрелецкий и Посольский приказы, а также Приказ тайных дел, возглавлявшийся самим царем. Главами этих приказов, как и раньше, являлись опытные бюрократы. К 1680-м годам почти половина дьяков в центральных приказах происходила из московской приказной элиты, а в начале XVIII века их доля выросла до 60 %. Но дворяне, перешедшие с военной службы, презирали приказную и, отвергая скромные должности, стремились быть лидерами, а не знающими чиновниками. Гражданская служба по-прежнему оставалась малопрестижной.

НИЗШИЕ ВОЕННЫЕ ЧИНЫ

Государство постоянно испытывало трудности, стараясь найти людей для удовлетворения вновь возникавших потребностей в условиях ограниченных ресурсов, причем таким образом, чтобы не угрожать статусу верхушки общества. У него попросту не было достаточного количества земель и крепостных, чтобы раздавать их всем ратникам. Военные реформы приводили к образованию новых родов войск (артиллерия, стрельцы, гарнизонные казаки, пехота «нового строя»), и для тех, кто нес службу в них, был создан новый, промежуточный статус — ниже землевладельцев, выше тягловых людей. Освобожденные от податей, они не могли владеть землями и крепостными, зато получали денежное жалованье, хлебные выдачи, оружие, а некоторые (стрельцы, казаки) — и земельные наделы, которые выделялись общине в целом. Эти земли служили для них дополнительным источником продовольствия; кроме того, им разрешалось вести мелкую розничную торговлю. Система была удобной для государства и не требовала от него затрат. В экономическом отношении представители этих сословий стояли выше несших тягло крестьян и горожан и потому привлекались для несения государственной службы. Общее название для них звучало так: служилые [люди] «по прибору».

Вероятно, первыми, кто получил этот статус (Ричард Хелли называет служилых «по прибору» «низшим служилым сословием», а дворян — «средним служилым сословием»), стали ямщики, обеспечивавшие работы почтовых станций (см. главу 7). В XVI веке это занятие стало наследственным, ямщики отделились от сельских и городских тягловых людей; указы, выпущенные в 1556, 1580-х, 1619, 1627 и 1631 годах давали им полупривилегированное положение. Ямщики освобождались от большинства налогов и трудовых повинностей, не связанных с дорогами, и получали ежегодное денежное жалованье (в 1714 году они лишились его, как и чиновники, и стали жить за счет предоставления услуг и земледелия). Они получали наделы для ведения домашнего хозяйства и устройства конюшен, а также пахотные земли и пастбища, которые использовались коллективно всей общиной. Помимо налоговых льгот, ямщики в свободное от службы время могли заниматься перевозками в частном порядке. Ямщики образовывали сплоченные самоуправляющиеся общины, в которых правосудие вершили выборные представители; высшим органом для них был Ямской приказ.

По своему положению ямщики располагались между дворянами и тягловыми сословиями — крестьянами и горожанами. Большинство других групп, имевших такой же статус, объединяли военных. В конце XV века выделились пушкари и инженеры, которых обучали итальянские специалисты. Те и другие жили в городах, в особых слободах, получали небольшие участки для прокорма, не несли тягла (исключением были налоги на совершаемые ими торговые операции), не имели права владеть землей и крепостными.

Переворот в военном деле, совершенный артиллерией (1540–1550-е годы), привел к формированию стрелецких полков, набиравшихся из представителей тягловых сословий. К концу XVI века насчитывалось 20–25 тысяч стрельцов. Со временем они стали полузамкнутой кастой, стрелецкий чин переходил от отца к сыну. Стрельцы обучались владению мушкетом, саблей и пикой. Первоначально они получали денежное жалованье и хлебные выдачи, которые обеспечивались за счет нового сбора — «стрелецких денег». В провинциальных гарнизонах и городах стрельцы проживали в отдельных слободах и сообща обрабатывали свои земельные наделы. Под конец XVI века они уже могли вести беспошлинную торговлю ремесленными изделиями собственного изготовления, заниматься пивоварением, что еще больше привязывало их к своим огородам и торговым предприятиям и укрепляло внутриобщинные связи.

Стрельцы отвечали за огневую мощь во время сражения и несли круглогодичную гарнизонную службу в приграничных городах в промежутках между военными кампаниями. В середине XVII века, с появлением новых пехотных формирований, стрелецкое войско стало изживать себя; в Москве стрельцы охраняли Кремль, выполняли полицейские функции и в целом играли роль столичного гарнизона. В 1681 году в Москве стоял 21 стрелецкий полк — по 100 человек в каждом. К этому времени стрельцы превратились в замкнутую социальную группу, передавая свое положение по наследству, ревностно оберегая свои привилегии, и еще острее ощущали свою особость благодаря симпатиям к старообрядчеству. В 1680-е годы провинциальные стрельцы были зачислены в полки нового строя, что было унизительно для них, в Москве же и некоторых крупных городах (Астрахань, Казань) они отныне выполняли полицейские обязанности. Имея разнообразные причины для недовольства — краткосрочные (недостаточный размер жалованья) и долгосрочные (утрата статуса и свобод), московские стрельцы возглавили восстания 1682 и 1698 годов, после чего стрелецкое войско в Москве фактически перестало существовать. Некоторые подразделения сохранились и приняли участие в Северной войне, но после нового стрелецкого восстания (Астрахань, 1708) Петр I окончательно распустил их: к 1713 году часть влилась в состав пехотных полков, часть была записана в тягловые городские сословия.

Схожим было положение провинциальных казаков, которых не следует смешивать с независимыми казаками Дона, Запорожья, Левобережной Украины и Урала, полунезависимыми вассалами Москвы (см. главу 3). Провинциальные казаки напрямую подчинялись царю, неся гарнизонную службу в Сибири и вдоль южной границы, выбирали себе атаманов и вместе обрабатывали наделы, предоставленные общине. Некоторые такие полки участвовали в полевых сражениях в качестве легкой кавалерии, не смешиваясь с формированиями, обученными на европейский манер.

В числе разнообразных групп военнослужащих, объединенных общим статусом — все они не несли тягла, но не могли владеть землей, — были и возникшие в XVII веке соединения, которым отводилась важная роль. Войны с Польшей и Швецией на протяжении Смутного времени (1605–1613) продемонстрировали необходимость создания пехоты и легкой конницы европейского образца, обладающей огнестрельным оружием и хорошо обученной тактике ведения боя. Россия традиционно полагалась на конницу в большей степени, нежели соседние европейские страны (из-за близости степи), но тем не менее завела в начале XVII столетия полки «нового строя» и выписала из Европы несколько сотен офицеров, чтобы те командовали солдатами и обучали их. Уже во время Смоленской войны (1632–1634) в пехотные полки набирали тягловых горожан и крестьян; легкая кавалерия и драгунские части состояли из обедневших дворян, татар, казаков и представителей тягловых сословий. По оценке Ричарда Хелли, между 1651 и 1663 годами доля полков «нового строя» в войске выросла с 7 до 79 %. Увеличилась и общая численность последнего, что отражало общеевропейскую тенденцию к созданию массовых армий: с 1640-х годов осуществлялся подворный призыв государственных крестьян и крепостных. Как показывает Кэрол Стивенс, к 1663 году русские вооруженные силы насчитывали около 100 тысяч человек; активные реформы, которые велись с 1678 года и до конца 1680-х годов, довершили их модернизацию. Большинство провинциальных дворян были зачислены в рейтарские (легкоконные) полки, стрельцы (кроме московских полков), а сибирские казаки пополнили ряды пехоты.

Это все еще не была постоянная армия. Крестьяне, призванные в нее, часто служили лишь в летнее время, а на зиму возвращались домой. Предполагалось, что при нахождении в лагере или в походе они будут получать денежное жалованье и продуктовые выдачи: это привело к хронической нехватке средств на протяжении всего столетия, и для совершения выплат войску изыскивались различные способы. Прямое налогообложение крестьян и горожан в 1679 году стало из поземельного подворным; кроме того, с начала века государство стало вводить чрезвычайные сборы деньгами и зерном, которые затем стали постоянными. В 1662 году государство попыталось прибегнуть к девальвации, из-за чего в крупнейших городах разразились «медные бунты». Извечная нехватка денег для военных породила еще одно решение, придавшее московскому войску особый облик.

Помимо полков «нового строя», в XVII веке создавались постоянные гарнизонные силы для охраны степных линий. В них набирали людей самого разного происхождения: беглых крепостных, дворян из центра, нуждавшихся в дополнительных землях, дворян, принудительно перемещенных властями на новое место, отставных дворян, казаков. В приграничье они получали сравнительно небольшие наделы, которые обрабатывали сами — следствие нехватки в этих краях крепостных, хотя дворяне и сохраняли право владеть ими. Особенно сплоченные группы составлялись из тех дворян, которые служили в приграничных крепостях Черноземья — в районе Курска, Орла, Тамбова, Воронежа — и двигались на юг вместе с границей. Они ревниво охраняли свой статус, хотя почти (или вообще) не имели крепостных и сами обрабатывали землю. В конце концов их стали называть однодворцами (см. подробнее главу 17). Гарнизонные солдаты, включая этих бывших дворян, а ныне однодворцев, в 1679 году подверглись унижению, будучи приравненными к тягловым государственным крестьянам. Но еще в XVIII веке они боролись за признание своего особого положения: теоретически однодворцы имели право владеть крепостными и покупать или продавать земли, хотя редко пользовались им. Как отмечает Алессандро Станциани, создание пограничных гарнизонов, находившихся на самообеспечении, было единственным способом решить проблему содержания войска. Эти гарнизоны были способны проявлять тактическую гибкость, обучаясь приемам ведения боя, более подходящим для степного приграничья, чем те, которые разрабатывались для частей «нового строя», действовавших согласно европейской линейной тактике.

Таким образом, в Московском государстве возникло множество групп с привилегированным статусом, которые служили государству, не обременяя его. Все они, в сущности, обходились дешево. Наибольшими привилегиями располагали владельцы крепостных — от представителей знатных семейств, у которых имелись обширные угодья, до скромных провинциальных дворян. Приказные получали жалованье и другие вознаграждения, но государство возлагало на местные общины обязанности по их содержанию. Те, кто не владел землей, но и не нес тягла — стрельцы, казаки, гарнизонные ратники — сообща обрабатывали полученные от государства земли (в ущерб своей боеспособности). Власти старались обеспечить жалованье солдатам «нового строя», однако были неспособны содержать армию в течение всего года. И все же те, кто принадлежал к этим группам, имели больше экономических возможностей, отличались большей физической мобильностью и даже сохраняли шансы на продвижение по социальной лестнице.

БЛАГОРОДНОЕ СОСЛОВИЕ?

Правящую элиту России в раннее Новое время трудно было назвать «благородным сословием»: обычно эти слова вызывают ассоциацию с европейскими грандами, чьи права на владение собственностью и участие в политике были защищены письменными документами, реализовывались в парламентах и других политических институтах. Английское благородное сословие в XIII веке добилось для себя таких гарантий, что было закреплено Великой хартией вольностей (1215). Вскоре после этого аналогичную всеобъемлющую грамоту получило венгерское дворянство (1222), а на протяжении XIV–XVI веков — польская и богемская знать. В каждом случае общеевропейская традиция совещания короля со своим окружением благодаря усилиям благородного сословия подвергалась институционализации, и возникали парламенты, обладавшие реальной политической властью.

В Московском государстве привилегии элит, напротив, были никак не защищены, здесь не имелось встроенных в систему государственной власти институтов, позволявших элитам осуществлять политическую власть или отстаивать свои права. Но даже в отсутствие юридической защиты Московское государство, несомненно, располагало долговечной элитой — сливками общества, которые пользовались социальными привилегиями, обладали высоким статусом, доступом к должностям, богатством и политическим влиянием. Джонатан Поуис употребляет слово «аристократия» для обозначения таких элит, существующих долгое время без законных грамот или прав. По его утверждению, для возникновения и дальнейшего существования аристократии более важны общественные и политические практики: корпоративное сознание, порожденное общим для всех мифом; корпоративная солидарность, подкрепленная земельными реестрами или родословным книгами, которые помогают ограничить численность элиты; внутрисословные браки; монополии на должности или производительные ресурсы, такие как земля и крепостные; исключительное право практиковать определенные занятия, такие как военное дело; характерный образ жизни (образование, одежда, язык, культура, развлечения наподобие охоты на лис в Англии); способность приспосабливаться к переменам в политической обстановке. Еще в допетровскую эпоху правящая элита России прибегала к таким социальным и политическим стратегиям, чтобы не утратить свое положение.

Это касалось не всех. Полупривилегированные группы (провинциальные казаки, стрельцы, гарнизонные войска) боролись за сохранение своих привилегий и статуса во время военных реформ, непрерывно шедших на протяжении XVII века, многие же, особенно стрельцы, обедневшие дворяне и однодворцы, теряли свой статус и становились солдатами в войсках нового образца или тягловыми государственными крестьянами. Однако владельцы крепостных образовали прочную элиту. Думные и московские чины, а также провинциальное дворянство отличались от остальных тем, что служили в рядах конницы, владели землей и крепостными, не несли тягла. Становясь все менее полезными в военном отношении, они сохраняли свою значимость для государства и свои привилегии. В соответствии с категоризацией Поуиса, они поддерживали групповую сплоченность через внутригрупповые браки и крепкие дружеские отношения, основанные на браках и системе покровительства. Они занимали высшие, самые доходные должности — как военные, так и гражданские. Применительно к XVII веку трудно говорить о сложившихся корпоративной мифологии, образовании и образе жизни, но многие группы провинциального дворянства обладали достаточным самосознанием, чтобы сообща подавать челобитные относительно защиты своих прав. Они продолжали оставаться элитой — хотя в середине столетия их статус понизился в связи с зачислением в полки «нового строя», где они жили на жалованье от государства, — благодаря доступу к власти и способности инициировать реформы, направленные на сохранение их привилегий, даже если отводимые им роли менялись.

* * *

О понятии аристократии: Powis J. Aristocracy. Oxford: Basil Blackwell, 1984. О концентрических кругах общества (а также оказавшая большое влияния концепция придворной политики): Keenan E. Muscovite Political Folkways // Russian Review. 1986. № 45. P. 115–181.

О росте военной мощи и земельной политике: Hammond V. State Service in Sixteenth Century Novgorod: The First Century of the Pomestie System. Lanham, Md.: University Press of America, 2009; Hellie R. Enserfment and Military Change in Muscovy. Chicago and London: University of Chicago Press, 1971; Stevens C. Russia's Wars of Emergence, 1460–1730. Harlow: Pearson Longman, 2007; Keep J. Soldiers of the Tsar: Army and Society in Russia, 1462–1874. Oxford: Clarendon Press, 1985.; Stanziani A. Bâtisseurs d'empires: Russie, Chine et Inde à la croisée des mondes, XVe–XIXe siècle. Paris: Raisons d'agir, 2012.

О боярской элите в XV–XVI веках: Kollmann N. Kinship and Politics: The Making of the Muscovite Political System, 1345–1547. Stanford, Calif.: Stanford University Press, 1987; Bogatyrev S. The Sovereign and his Counsellors: Ritualized Consultations in Muscovite Political Culture, 1350s–1570s. Helsinki: Academia Scientiarum Fennica, 2000. Для XVII века: Crummey R. Aristocrats and Servitors. The Boyar Elite in Russia, 1613–1689. Princeton: Princeton University Press, 1983; Crummey R. The Origins of the Noble Official: The Boyar Elite, 1613–1689 // Russian Officialdom: The Bureaucratization of Russian Society from the Seventeenth to the Twentieth Century / Ed. by W. Pintner, D. Rowney. Chapel Hill, NC: University of North Carolina Press, 1980. P. 46–75; Poe M., Kosheleva O., Martin R., Morozov B. The Russian Elite in the Seventeenth Century. Helsinki: FASL, 2004. О местничестве: Kollmann N. By Honor Bound: State and Society in Early Modern Russia. Ithaca, NY: Cornell University Press, 1999, chap. 4. О браках московских царей: Martin R. A Bride for the Tsar: Bride-Shows and Marriage Politics in Early Modern Russia. DeKalb, Ill.: Northern Illinois University Press, 2012.

О дворянстве в XVII веке: Kivelson V. Autocracy in the Provinces: The Muscovite Gentry and Political Culture in the Seventeenth Century. Stanford, Calif.: Stanford University Press, 1996; Kivelson V. The Devil Stole his Mind: The Tsar and the 1648 Moscow Uprising // American Historical Review. 1993. № 98. P. 733–756; Berelowitch A. La Hiérarchie des égaux: la noblesse russe d'ancien régime (XVIe–XVIIe siècles). Paris: Éditions du Seuil, 2001. О военных формированиях, составленных не из представителей поместной знати: Hellie R. Enserfment and Military Change in Muscovy. Chicago and

London: University of Chicago Press, 1971; Stevens C. Russia's Wars of Emergence, 1460–1730. Harlow: Pearson Longman, 2007.

О политической структуре в XVII веке: Poe M. The Central Government and its Institutions; Brian Davies. Local Government and Administration // The Cambridge History of Russia. Vol. 1 / Ed. by M. Perrie. Cambridge: Cambridge University Press, 2006. О кормлении и рисках, связанных со взяточничеством: Kollmann N. Crime and Punishment in Early Modern Russia. Cambridge: Cambridge University Press, 2012, chaps. 4, 8.

О социальном происхождении представителей бюрократии: Plavsic B. Seventeenth-Century Chanceries and their Staffs // Russian Officialdom: The Bureaucratization of Russian Society from the Seventeenth to the Twentieth Century / Ed. by W. McKenzie Pintner, D. K. Rowney. Chapel Hill: University of North Carolina Press, 1980. P. 19–45; Brown P. The Service Land Chancellery Clerks of Seventeenth-Century Russia: Their Regime, Salaries and Economic Survival // Jahrbücher für Geschichte Osteuropas. 2004. № 52. P. 33–69. Фундаментальные труды на русском языке: Демидова Н. Служилая бюрократия в России XVII в. и ее роль в формировании абсолютизма. М.: Наука, 1987; Писарькова Л. Государственное управление России с конца XVII до конца XVIII века: эволюция бюрократической системы. М.: РОССПЭН, 2007.

Глава 10
Сельские налогоплательщики

Крестьяне и не только они

Население русской империи состояло по большей части из плательщиков налогов — в основном селян, но также горожан и представителей коренных народов, практиковавших различные виды деятельности: кочевое скотоводство, звероловный промысел, лесопользование. Для государства налогоплательщики были стабильным источником дохода и рабочей силы, и история империи — это во многом повесть о том, как осуществлялся контроль над ними, прежде всего над их мобильностью. Государство ввело впечатляющую систему надзора, ведя записи, собирая налоги, усиливая закрепощение крестьян, но плательщики налогов зачастую мало соприкасались с царскими властями, самостоятельно решая почти все вопросы, кроме наиболее серьезных. И здесь государство также «заключало сделки» с подданными: автономия служила противовесом эксплуатации.

КРЕПОСТНЫЕ И ХОЛОПЫ

В середине XV века Москва установила господство над лесистыми равнинными землями Восточной Европы, сделавшись региональной державой, но устройство общества оставалось крайне простым. Города встречались редко, и почти все из них, кроме Новгорода и Пскова, являлись скорее укрепленными поселениями, нежели центрами торговли, и жителей в них насчитывалось немного. Отсутствовали профессиональные классы, грамотность и уровень жизни были чрезвычайно низкими, социальная структура, развитие торговли, благосостояние общества не шли ни в какое сравнение с тем, что наблюдалось тогда в Европе или Османской империи. Элита была представлена конным офицерством, духовенство делилось на белое (женатые приходские священники) и черное (монахи и архиереи), бюрократия только зарождалась. Население было редким и состояло в основном из тягловых крестьян.

В XV веке крестьяне восточнославянского происхождения демонстрировали высокую мобильность. Многие (черносошные крестьяне) вели независимое существование, остальные проживали на землях светских или духовных владельцев и, как и крестьяне во всем мире, могли уйти от господина, отдав причитающуюся ему долю урожая, рассчитавшись с долгами и выполнив все необходимые повинности. Согласно обычаю, существовало несколько периодов в течение года, когда крестьяне могли перейти от одного владельца к другому — например, Великий пост и Масленица; чаще же всего переходы совершались в течение недели до Юрьева дня (день памяти святого Георгия, 26 ноября) и недели после него. Это правило зафиксировано в Судебниках 1497 и 1550 годов — эти первые из многих шагов на пути к ограничению свободы передвижения крестьян были предприняты для того, чтобы снизить текучесть рабочей силы.

Термин «закрепощение» лишь частично отражает процесс, поскольку он, как правило, используется для обозначения зависимости крестьян от землевладельцев. Такая судьба в XVI–XVII веках постигла примерно половину всех крестьян восточнославянского происхождения в России. Но в ходе этого же процесса все тяглецы были привязаны к местам своего проживания, зафиксированным в официальных документах. Государственное строительство, предпринятое московскими властями, требовало контроля над сельским и городским населением, которое платило подати, обеспечивало продовольствием войско и города, поставляло крепостных для дворян-конников. Эти процессы приобрели большой масштаб в конце XV века, когда государство стало вместо выплаты дворянам жалованья раздавать им населенные деревни (приобретенные в результате завоевания или присвоения деревень со свободными крестьянами) в качестве поместий. Земли, на которых проживали черносошные крестьяне, раздавались настолько щедро, что к концу XVI века помещикам не принадлежали только деревни, находившиеся в собственности правящей династии (с дворцовыми крестьянами) и на северных окраинах, где земледельцам было трудно содержать, помимо себя, еще и помещика.

Из-за социальных потрясений, обусловленных государственным строительством — раздача поместий была лишь одним из его составляющих, — тяглецы подвергались постоянному давлению. Как горожане, так и селяне были обязаны делать выплаты и нести повинности в пользу государства, снабжать продовольствием землевладельцев и выполнять для них повинности, обеспечивать существование клира и церкви. В то время в различных концах империи почти постоянно шли военные действия и возникали вспышки насилия — завоевание Казани и Поволжья (1550-е годы), Ливонская война (1558–1582), опричнина (1564–1572). В начале XVII века настало Смутное время (1605–1613), принесшее иноземное вторжение, мятежи и политический кризис. Непомерные налоги ложились на население тяжким бременем. Было необходимо изготавливать или покупать оружие, нанимать специалистов, кормить войско, чинить дороги, нести расходы на дипломатию, налаживать работу местных органов власти, поддерживать работу бюрократического аппарата и систему уголовного судопроизводства. Московское государство старалось по возможности использовать труд местных жителей, но все же нуждалось в деньгах. Как указывалось в главе 8, налоги возрастали безотносительно к платежеспособности населения.

Одним из последствий стало опустение к концу XVI века некогда населенных земель; отчасти это было связано с особенностями подсечно-огневого земледелия, но во многом — с социальными потрясениями. Крестьяне бежали, стремясь попасть к богатейшим землевладельцам, с которыми им было лучше, либо в приграничье, чтобы ни от кого не зависеть. В середине 1580-х 83 % всех поселений на северо-западе страны лишились жителей. Особенно сильно пострадали города: население посадов росло в первой половине XVI столетия, но сократилось на 61 % в 1550–1580-х годах и еще на 45 % в 1580–1610-х. Возьмем для примера Новгород: здесь в 1582 году, согласно переписи, числилось всего 122 обитаемые городские усадьбы, тогда как 1300 были заброшены из-за смертей и обеднения жителей.

Многие крестьяне оказывались должниками своих господ, и некоторые исследователи утверждают, что закрепощение было по преимуществу экономическим процессом, следствием неизбежного роста задолженности. Конечно, долги сыграли свою роль. Закладничество — выдача краткосрочных займов — широко распространилось в последние десятилетия XVI и начале XVII века; государство старалось бороться с этим явлением, запрещая дворянам и горожанам становиться закладчиками (заемщиками), так как первым это мешало нести воинскую службу, а вторым — уплачивать налоги. Были разновидности долговых обязательств, которые вели к фактическому порабощению — человек становился холопом. Заемщик попадал в кабалу на тот или иной срок и был вынужден отрабатывать долг личной службой. Согласно указам 1586 и 1597 годов, такое кабальное холопство прекращалось лишь со смертью заимодавца, что ухудшало положение должников, но зато стабильно обеспечивало дворян рабочей силой. Существовали и другие виды холопов, всего же, по оценкам историков, к этой категории принадлежало до 10 % населения Московского государства. Военнопленные также становились холопами, но в основном это были русские, отдававшие себя в кабалу из-за бедности. Ричард Хелли считает холопство в Московском государстве своеобразной системой социальной поддержки. Холопы использовались в качестве домашней прислуги, работали в поле, отправлялись вместе со своим господином на войну (даточные люди). Часто они жили бок о бок с крепостными, в деревне или усадьбе землевладельца, официально являлись собственностью своего владельца и не несли тягла, но при этом не смешивались с остальным населением. После введения подушной подати (1723) холопство было упразднено, а все холопы превращены в податных крепостных крестьян.

На упадок крестьянской экономики государство отреагировало ограничением мобильности крестьян, с 1580-х годов объявляя «заповедные лета» (года, в которые не мог совершаться переход к другому владельцу; ограничение мыслилось как временное) и устраивая с конца XVI столетия земельные переписи для регистрации городских и сельских тяглецов. «Заповедные лета» объявлялись регулярно, а с 1603 года стали фактически постоянными. Данные писцовых книг, начиная с 1592 года, послужили основой для указа 1597 года, согласно которому землевладелец мог разыскивать любых беглых крестьян, приписанных к его владениям в течение последних пяти лет. С 1590-х по 1640-е годы дворяне регулярно подавали коллективные челобитные, жалуясь на бегство крестьян и нечестное поведение крупных землевладельцев, приманивавших беглецов; в ответ на это государство продлило срок розыска до девяти лет, а в 1642 году — до 15. Согласно Уложению 1649 года, розыск стал бессрочным, что положило конец законным переходам крестьян.

Уложение не только прикрепляло крепостных к земле, но и привязывало горожан и крестьян, не принадлежавших к крепостным, к общинам, в которых они состояли. По иронии судьбы, дворянство получило привязанную к земле рабочую силу именно в то время, когда в военном отношении его стали оттеснять на второй план полки «нового строя», пешие и конные. Это решение было по своей сути политическим, а не экономическим, обеспечивая лояльность старой элиты и создавая — фактически — систему управления, охватившую самые густонаселенные области страны.

Для полноценной эксплуатации тяглового населения была изменена система налогообложения. Помимо новых налогов, которые шли на конкретные цели (для покрытия расходов на полки «нового строя» и укреплений, для выкупа пленников), вводились особые сборы (для финансирования военных реформ и войн) и государственные монополии (важнейшая из которых касалась продажи спиртного). До середины XVII века налоги взимались в зависимости от количества и качества земли, обрабатывавшейся членами одного домовладения, что обеспечивало некоторую гибкость при оценке размера выплаты для семьи. В 1647 году особые сборы стали взиматься подворно, а в 1679 году эту систему распространили и на прямые налоги, в связи с чем были составлены новые писцовые книги. В 1718 году произошел переход к более выгодному для государства подушному налогообложению, следствием чего стала перепись населения 1724 года (первая «ревизия»). Таким образом, после 1649 года крестьяне и горожане восточнославянского происхождения были прикреплены к владениям своих хозяев, царской фамилии либо государства.

ОБЩЕСТВЕННАЯ ЖИЗНЬ КРЕСТЬЯН

Жизнь крестьян, населявших лесистые территории и окультуренные степные земли, определялась сложным взаимодействием культурных, политических, экономических и экологических факторов. Как уже отмечалось, они несли нелегкое бремя различных выплат и повинностей. Крепостные вносили оброк (натурой или деньгами) или отрабатывали барщину в пользу своих хозяев, выполняли для них другие повинности (связанные с перевозками, строительством, военной службой); некоторые работали по дому или занимались квалифицированным трудом — ковкой, уходом за лошадьми, плотничеством. Помимо этого, все крестьяне совершали выплаты на покрытие общинных расходов, на содержание приходской церкви и духовенства, уплачивали налог государству (поземельный, ясак или другие прямые налоги, установленные для нерусских налогоплательщиков). Многих (в основном русских) забирали в армию, начиная с XVII века, когда распространилась эта практика. Все крестьяне выполняли общественные повинности — строительство дорог, предоставление транспорта для официальных лиц, ямской гоньбы и военных надобностей.

Несмотря на этническое многообразие, восточные славяне, говорившие на русском, украинском и белорусском языках, всегда составляли большинство населения империи. Первые непосредственные данные о населении относятся к XVIII веку — из них следует, что неславянские народы составляли всего 15 % жителей империи. Как видно, национальный состав был настолько пестрым, что на каждую из почти 20 остальных этнических групп приходилось не более 2 %. Итак, социальное взаимодействие внутри империи по большей части происходило в среде русского крестьянства, которому мы и будем уделять первостепенное внимание. Территории, ставшие объектом экспансии Москвы в раннее Новое время, в сельскохозяйственном отношении можно разделить как минимум на три области. В зоне хвойных лесов к северу от Москвы и в Сибири земледелие играло незначительную роль в экономике домашних хозяйств (если вообще присутствовало). На более плодородных землях, изначально занятых смешанными лесами (обширный треугольник, основаниями которого приблизительно служили Новгород, местность южнее Киева и «междуречье» Волги и Оки) выращивали неприхотливые зерновые культуры — рожь, ячмень, овес для лошадей. Урожайность здесь обычно достигала сам-3. Дополнением к рациону служили овощи — капуста, огурец, морковь, репа, свекла, лук, горох и фасоль (картофель появился только в XIX веке). Домашний скот зимой нуждался в помещениях и пище, поэтому животных было сравнительно немного, и мясо появлялось на крестьянском столе лишь время от времени. Источником белка служили дичь (лось, олень, медведь, кабан), рыба, яйца и сыр; грибы, дикорастущие растения, мед и ягоды собирали для длительного хранения; в расчете на долгую зиму готовили соленья. Как указывается в главе 17, по современным европейским стандартам это было полноценное питание.

Методы обработки земли варьировались в зависимости от географии и политических обстоятельств. В отсутствие ограничений, накладываемых государством или землевладельцами, сельские жители принимали рациональные решения, с учетом нехватки рабочей силы и обилия земли. Происходило то, что Дэвид Мун называет «экстенсификацией» сельскохозяйственного производства: семейства регулярно перемещались, осваивая но-

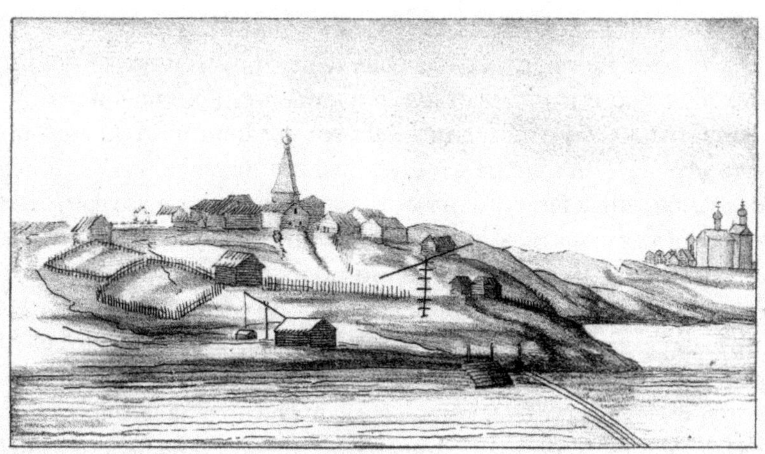

Рис. 10.1. К описанию путешествия Августина фон Мейерберга в Россию (1663) были приложены впечатляюще точные рисунки полей, домов и церквей, увиденных членами посольства на пути от Балтики до Москвы. На этой иллюстрации представлены большие деревни Спасское и Клин неподалеку от Москвы. Нью-Йоркская публичная библиотека, Отдел общих исследований

вые участки при помощи подсечно-огневого метода: расчищали поле, сжигали пни и обрабатывали землю в течение нескольких лет, пока почва не истощалась (рис. 10.1). После этого совершался переход на новое место. Из-за низкого плодородия почвы деревни были небольшими. Пока крестьяне могли свободно передвигаться, а земля всегда была доступной, такая политическая экономия выглядела осмысленной. Даже когда русские и украинские крестьяне начали переселяться на более плодородные степные земли, они осваивали их схожим способом: сжигали траву, несколько лет обрабатывали участок, затем переходили на новый.

Существовало множество практик, связанных с коллективным трудом. Члены общины вместе расчищали участки под поля, сеяли, снимали урожай, молотили зерно, подбирали колосья после жатвы. Источники воды, сенокосные луга, пастбища, лес для заготовки древесины, реки и пруды находились в ведении общины. Каждая семья обрабатывала собственный надел, но обычно он состоял из нескольких узких полос на общинном поле.

В XVI веке, по мере того как все больше крестьян оказывались во власти дворян-помещиков, а власть становилась все более требовательной в отношении налогов и повинностей, мобильность крестьян в центре страны ограничивалась. Из-за долгов или «заповедных лет» они не могли переселяться в другое место. В этих обстоятельствах многие перешли к двуполью или трехполью, системам, при которых одно поле ежегодно отдыхает под паром. При трехполье на одном из полей весной высевают быстрорастущую зерновую культуру (ячмень и овес на севере и в зоне смешанных лесов, пшеницу в степных областях) и собирают урожай в августе. В конце лета другое поле засевают озимой рожью, которую собирают год спустя, в июле. Третье поле остается под паром. Затем культуры чередуются между полями. С продвижением крестьян на юг и юго-восток, в степь, климат и почва становились более благоприятными, посевной период удлинялся — но не настолько, чтобы собирать на одном поле два урожая в год, как в Европе с ее более мягким климатом. В степи существовали свои риски — например, регулярные засухи. Поэтому крестьяне восточнославянского происхождения в большинстве случаев дополняли свой рацион дарами леса, а также, где это было возможно, занимались ремеслом, животноводством и торговлей.

Для тяглового населения Московского государства — как для крестьян (помещичьих, царских, черносошных), так для горожан — главной константой существования была община. Крестьяне восточнославянского происхождения традиционно объединяли свои силы в тех или иных ситуациях, но коллективное управление всей жизнью деревни появилось только в середине XVI века. Общинность, вопреки некоторым идеалистическим утверждениям, не является неотъемлемым свойством русского характера, она стала рациональным ответом на давление извне — от крестьян требовалось все больше зерна, размер налогов также постоянно повышался. В сельской местности мужчины, возглавлявшие домохозяйства, образовывали совет, управлявший жизнью общины. Практиковались общие сходы всех членов общины, на которых решения принимались единогласно. Совет старейшин занимался организацией коллективных работ, служившей выражением и гарантией моральной экономики общины, органом, контролировавшим самодисциплину, исполнявшим полицейские функции, обеспечивавшим взаимопомощь и служившим связующим звеном между общиной и помещиками, церковью и государством.

Община была патриархальной по своему устройству, ее представлял мужчина, глава домохозяйства, которое могло включать несколько семей. Домохозяйства увеличивались и уменьшались в размерах по мере изменения продолжительности жизни, но, как правило, объединяли представителей нескольких поколений: сын приводил жену в отцовский дом, оба растили там детей, затем отец передавал сыну власть над домохозяйством или умирал. Старший сын становился во главе домохозяйства, остальные сыновья отделялись и начинали вести свое хозяйство, далее цикл повторялся. В XVIII веке для русского крестьянства была характерна так называемая восточноевропейская модель семьи — в отличие от модели, которая сложилась около XVI века в экономически более развитых странах Западной и Центральной

Европы. Последняя подразумевала позднее вступление в брак — после 25 лет, поскольку мужчины и женщины откладывали деньги, чтобы иметь возможность завести свое хозяйство; многие вообще не обзаводились семьей. Ввиду высокого брачного возраста рождалось много незаконных детей, семья была нуклеарной и небольшой по размерам — из-за позднего вступления в брак и применения средств контрацепции. Согласно же восточноевропейской модели, заключение браков было повсеместным и происходило рано (для женщин — в 16–18 лет, для мужчин — в 18–20). Так как женщины выходили замуж совсем юными, незаконнорожденных насчитывалось немного, а рождаемость была высокой. Теоретически крестьянская женщина могла постоянно находиться в состоянии беременности, пока не выходила за пределы репродуктивного возраста (то есть более 20 лет), но кормление грудью препятствовало зачатию, и в среднем беременность у крестьянских женщин наступала от семи до девяти раз; столько же было и младенцев, если они выживали. Нуклеарные семьи не всегда были велики по размерам из-за высокой младенческой и детской смертности; напротив, восточноевропейское домохозяйство могло быть большим, если на протяжении какой-то части вышеописанного цикла под одной крышей вместе с главой домохозяйства проживало несколько его сыновей с женами и детьми.

В русской деревне женатая пара представляла собой рабочую единицу: домохозяйство не могло существовать, если в нем не было хотя бы одной сильной и здоровой четы (а лучше, если таких было несколько). Если женщина становилась вдовой, община в короткий срок подыскивала ей нового мужа, чтобы она не скатывалась в нищету и не становилась обузой для крестьянского мира. Все, включая детей, работали, задачи распределялись в соответствии с полом и возрастом. Мужчины пахали, боронили, сеяли, женщины возделывали огород, ухаживали за скотиной, готовили пищу и делали припасы впрок, шили и чинили одежду, следили за домашним хозяйством в целом. Самыми напряженными были летние месяцы, с конца июня по конец августа (а иногда и дольше), когда все трудились в поле: мужчины занимались жатвой, женщины — молотьбой. Глава домохозяйства пользовался абсолютной властью над патриархальным семейством, включая право на телесные наказания в отношении мужчин, которые были моложе его, и всех женщин, независимо от возраста. Женщина была особенно уязвима перед превратностями судьбы — потеря главы семейства, отсутствие сыновей или детей в целом могло привести к впадению в нищету. Крестьянские женщины имели определенные права на свое приданое и могли получить вдовью долю, часто в виде участка земли, равного наделу, который ей дали в приданое. Внутри стабильной семьи женщина могла добиться более или менее высокого положения. Жена главы домохозяйства повелевала более молодыми женщинами, в отдельных случаях вдова (с дееспособными сыновьями) могла возглавлять совет старейшин, являясь главой домохозяйства. Если женщина выполняла свои основные обязанности (рождение детей, участие в экономической жизни домохозяйства), она становилась ценимым и уважаемым членом общины.

Власть внутри общины осуществлялась по той же патриархальной модели, что и внутри домохозяйства. Всем занимался совет старейшин, назначавший лиц, ответственных за сбор налогов, совместные полевые и строительные работы, закон и порядок (рис. 10.2). Целью было обеспечить нормальное существование общины, то есть производить в достаточном количестве продовольствие для нужд самих крестьян и получать в достаточном количестве средства для выплат в пользу государства, церкви и помещика (если последний имелся). Общинные власти также являлись посредниками в отношениях общины с государством и/или помещиком. Должностные лица общины взаимодействовали с государственными чиновниками, когда речь шла о сборе налогов, наборе в войско, повинностях вроде починки дорог и мостов. Малоземельные помещики могли напрямую контролировать жизни деревни, в которой обитали (и в этом случае поборы часто бывали более высокими), но в большинстве деревень такого не было. Чем больше крепостных имел помещик, тем меньшим было бремя, ложившееся на каждое домохозяйство. Назначаемые помещиками управляющие, как правило, сотрудничали с общинами,

Рис. 10.2. Церковь святого Николая под Новгородом — пример того, как восточнославянские крестьяне в ходе общинного строительства превратили бесхитростный набор строительных приемов в искусство деревянного зодчества, церковного и светского. Фото Джека Коллманна

полагаясь на знание крестьянами сельскохозяйственного цикла и с пониманием относясь к их нежеланию идти на риск (из-за превратностей климата и налогового бремени). Кроме того, помещики оставляли за общиной охрану внутреннего правопорядка; управляющие вмешивались в случае кризиса или голода, порой участвовали в отборе рекрутов и других мероприятиях, требовавших внутриобщинной дисциплины и принуждения. Но в целом общины предпочитали справляться со всем сами за счет жесткой внутренней дисциплины.

Старейшины и должностные лица пользовались огромной властью, раздавая обязательства и задания, присуждая и перераспределяя участки, раскладывая налоговое бремя в соответствии с платежеспособностью каждого семейства, устанавливая сроки выполнения коллективных работ (жатва, вспашка), определяя, сколько дров, строительного леса, рыбы и других ресурсов положено каждому семейству. Общине принадлежали судебные полномочия в отношении любых споров и проблем — на рассмотрение государственных судов передавались лишь самые тяжкие преступления. Община назначала и приводила в исполнение наказания — порку, штраф, изгнание, карала своих членов, чтобы держать остальных в узде, следила за нравственностью и сексуальным поведением. На решение старейшин могли влиять борьба конкурирующих группировок и личное соперничество.

Картина повседневного существования русской общины, нарисованная Стивеном Хоком, сводится к тираническому господству мужчин над женщинами и старших над младшими. Мужчины держали в подчинении своих жен, дочерей, невесток; старшие держали в строгости молодых, благодаря внутрисемейной дисциплине или решениям схода. Глава домохозяйства сам решал, следует ему или нет «сдавать власть» в семье и в деревне, в то время как сыновья с нетерпением ждали этого момента. В начале XVIII века рекрутская повинность стала для крестьян настоящим бичом и постоянной угрозой, старейшины пользовались этим, чтобы отослать прочь строптивцев из числа молодежи и сыновей своих соперников. В обычных обстоятельствах жертвами становились семьи, где было несколько сыновей. Дополнением к этим полномочиям стал закон 1760 года, согласно которому помещики (через посредничество зависимых от них общин крепостных), государственные крестьяне и городские общины в качестве наказания для непокорных крепостных могли ссылать их в Сибирь или отдавать в рекруты.

В XIX веке российские и европейские исследователи и публицисты идеализировали общину, либо подчеркивая ее духовное превосходство над Западом с его индивидуализмом и конкуренцией (славянофилы), либо усматривая в ней альтернативу капитализму, базу для создания более справедливого современного общества (социалисты). Разумеется, у общины были свои плюсы: она поддерживала сирот, вдов, увечных, приходила на помощь семействам, страдавшим от смертей, болезней, пожаров, обеспечивала физическое выживание и социальную стабильность в экономической системе, характеризовавшейся скудостью ресурсов и контролем со стороны самодержавной власти. Это было сравнительно небольшое сообщество, основанное на постоянном тесном контакте его членов.

Тесный контакт имел и обратную сторону: община могла проявлять нетерпимость к чужакам, раздираться внутренними противоречиями, страдать из-за неравенства. Личное соперничество порой использовали в своих целях нечистые на руку должностные лица из крестьян. Жизнь в условиях, когда все знают о твоих делах, вызывала постоянное напряжение. Община была заинтересована в сохранении традиций и стабильности, но это ограничивало свободу ее членов, что отражалось на личной жизни, досуге, экономических перспективах. По утверждению Теодора Шанина, неприязнь к риску, традиционно пронизывавшая все существование русских крестьян, приводила к уравниловке: община сознательно препятствовала обогащению домохозяйств, требуя больше с тех, кто добивался успехов (назначая их на должности, взимая больше налогов, определяя молодых в рекруты). Интересы коллектива затмевали интересы не только отдельного человека, но даже отдельной семьи. Все эти социально-экономические факторы становятся видимыми при широком взгляде на ситуацию, но не следует безоглядно считать их определяющими для формирования психологии русских крестьян: было много тех, кто стремился, порой самостоятельно, порой вместе с семьей или целой деревней, изменить свою жизнь к лучшему.

ВОЛЕВЫЕ КАЧЕСТВА И АКТИВНАЯ ДЕЯТЕЛЬНОСТЬ

Общины не были заинтересованы в том, чтобы сопротивляться государству или помещикам — выживание крестьян зависело от ежегодного сельскохозяйственного цикла. Но при этом крестьяне проявляли выдающиеся волевые качества, оказывая сопротивление в повседневной жизни, как рассказывает Джеймс Скотт. Так, в России они настаивали на том, чтобы помещик не заставлял их работать по воскресеньям и в дни государственных и религиозных праздников. Как отмечает Дэвид Мун, к середине XIX века у русских православных крестьян было 95 нерабочих дней в году — намного больше, чем у представителей других конфессий внутри империи (38–48 у католиков и 13–23 у протестантов в Прибалтике, 13–15 у мусульман). Таким образом, нагрузка на крестьян была приемлемой, и в случае переработки они жаловались помещикам или властям.

Существовали конфликты на религиозной почве. Во время раскола в православной церкви (1660-е годы) многие русские крестьяне выбрали староверие. Одни считали его более совместимым со своими верованиями, предпочитая не плыть по течению, для других же оно становилось возможностью бросить вызов тем, кто господствовал в обществе. К примеру, казаки выбирали староверие именно для того, чтобы подчеркнуть свой статус и свои вековые традиции. Религиозное дистанцирование обычно сопровождалось перемещением в пространстве: старообрядцы бежали в приграничье и даже за пределы России, чтобы начать там новую жизнь.

Крестьяне сопротивлялись «без отрыва от работы»: браконьерствовали и рубили деревья в помещичьих лесах, вносили налоги не полностью, из-за чего накапливались недоимки, подкупали чиновников, чтобы избежать рекрутского набора, подпольно гнали водку. Они сопротивлялись также переменам, несмотря на то что в XVIII веке просвещенные помещики, полные лучших намерений, пытались вводить севооборот и новые культуры в надежде улучшить жизнь крестьян. Позволять себе новшества было попросту слишком рискованно. Сопротивление принимало и более открытые формы: крестьяне бежали от помещиков, пополняя число казаков и стражников пограничных гарнизонов. Кое-кто находил для себя занятие в городе, некоторые же ускользали даже от контроля со стороны государства, переселяясь в Сибирь или в степь, где их не могли настичь ни царские чиновники, ни тем более помещики — по крайней мере, в течение нескольких поколений. Был еще один способ избавиться от контроля, зачастую тоже на короткое время: уйти в разбойники. На больших дорогах и реках, там, где значительное расстояние между населенными пунктами делало путешествия опасными, орудовали шайки грабителей. Ставшие настоящим бичом для общин, эти разбойники редко идеализировались русским фольклором.

Крестьяне редко участвовали в массовых восстаниях — как правило, лишь тогда, когда недовольство становилось слишком сильным и находились лидеры из другой среды, организовывавшие выступления. На евразийском пространстве зачинщиками мятежей, способными обеспечить нужную организацию, чаще всего выступали казаки — такие, как Иван Болотников (восстание 1606 года), Степан Разин (1670–1671), Емельян Пугачев (1773–1775). Все они успели попутешествовать и благодаря этому были более искусны в политике, чем крестьяне. Обычно воспроизводилась одна и та же модель: мятеж вспыхивал на окраине, захватывая различные социальные группы, которые восставали либо против усиления государственного контроля (закрепощения, повышения налогов), либо, в случае казаков и коренных народов, утраты традиционной автономии. Войско Болотникова — дело было в Смутное время — включало крестьян, недовольных распространением крепостничества; Степан Разин поднял не только беднейших донских казаков, возмущенных угнетением со стороны казачьей верхушки, но и представителей нерусских народностей Нижнего и Среднего Поволжья, разгневанных захватом своих земель, введением новых налогов или закрепощением. Ни одно из восстаний не привело к изменению базовых институтов, но Разин и Пугачев стали героями пронзительных народных песен и сказаний, полных тоски по былой свободе на просторах приграничья, которая перекочевала в высокую литературу и искусство. Действие «Капитанской дочки» (1836) происходит во время пугачевского восстания; Суриков увековечил Степана Разина на своей известной картине (1906). В XVII веке государство последовательно подавляло эту оппозицию. В разгар борьбы тела мятежных вождей, подвешенные на виселицах (см. главу 7), выставлялись на всеобщее обозрение, а казнь Разина в Москве была тщательно срежиссирована. В отношении же основной массы восставших власти действовали осторожно, требуя присяги на верность и отправляя их домой. После этого начинались реформы, рассчитанные на то, чтобы впредь не допустить подобных событий.

ПРОЧИЕ НАЛОГОПЛАТЕЛЬЩИКИ

Принадлежавшие помещикам крепостные составляли около половины всех крестьян в стране; остальные состояли в прямых отношениях с государством (царские и черносошные крестьяне, коренные народы). К северу от Москвы, в бассейне Северной Двины и Поморье, где крепостничество не имело экономического смысла, у черносошных крестьян существовало сильное самоуправление. Деревни были невелики по размерам и объединялись, чтобы сообща решать юридические и экономические проблемы, а также отстаивать свои интересы перед местным воеводой. Крестьяне регулярно направляли в Москву челобитные относительно облегчения налогов, когда сталкивались с природными бедствиями, непомерными трудовыми повинностями, бесчинствами разбойников, — и добивались своего. Они умело заключали выгодные для них соглашения с центром. Многие, кто оказался (насильственно или нет) в Сибири, стали распространять там эти глубоко укорененные общинные традиции, способствуя складыванию образа «независимого» сибиряка.

К концу XVII века вследствие расширения империи возникли новые категории налогоплательщиков, и каждая подчинялась центру на особых условиях. Крестьяне восточнославянского происхождения, включая крепостных, которые некогда являлись литовскими подданными, были приравнены к русским крестьянам в том, что касалось налогов и повинностей. Иначе обстояло дело с неславянским населением, особенно плательщиками ясака, проживавшими на территориях, где ранее правили чингизиды. Этнический состав «ясачных людей» отражал разнообразие обширной империи: башкиры-кочевники на Урале, якуты в Сибири, оленеводы и охотники на моржей в Приполярье, татары и чуваши в Среднем Поволжье. Среди них обычно сохранялся племенной строй, иногда, как у бурят и якутов, существовали объединения племен. Ясак выплачивался, в зависимости от обстоятельств, натурой или деньгами, в Сибири — мехами, пока их запасы не истощились. Ясачных крестьян не брали в полки «нового строя», но некоторым приходилось выполнять трудовые повинности для близлежащих гарнизонов и других военных нужд.

Прямых налогов в XVII веке не платили жители полуавтономных областей — донские казаки, население Гетманщины и Слобожанщины, калмыки. Со всеми этими группами власти обращались по-разному: донские казаки и калмыки получали хлебные выдачи и подарки, жители Слобожанщины платили в казну таможенные пошлины и непрямые налоги, Гетманщина была обязана содержать русские войска и, кроме того, ее население платило некоторые налоги. Как уже указывалось в главах 3–5, все эти области пользовались самоуправлением, жили по своим законам, имели свою судебную систему, собирали и вводили свои налоги, не будучи интегрированы в судебную и финансовую системы империи.

Одним из сплачивающих факторов, которые действовали в империи, был внос прямых налогов, еще одним — система уголовного судопроизводства. Как отмечалось в главе 7, все подданные царя теоретически могли обратиться к нему напрямую, послав челобитную. Все (кроме наиболее опасных преступников), как считалось, обладали честью и могли защищать ее в суде; точно так же представители любой социальной группы, независимо от социального статуса, пола, религии или этнической принадлежности, могли возбуждать дела, давать показания, становиться поручителями, участвовать в работе судебной системы иным образом — и делали это. Даже холопы, обремененные долгами невольники, обращались в суды, хотя и не платили налогов.

Чтобы выполнять теоретически закрепленную за ним обязанность — защищать свой народ от зла — и решать практические задачи, то есть поддерживать закон и порядок, царь содержал особые суды для наиболее тяжких преступлений (повторно совершенных деяний, измен, ереси и других), а также суды для рассмотрения споров о земле и других продуктивных ресурсах. Наподобие кадийских судов в Османской империи, они обслуживали всех подданных правителя, которые могли обращаться в них индивидуально и коллективно. В многонациональной империи такие органы правосудия — воеводские суды в провинции, приказы в центре — разрешали межэтнические или межконфессиональные конфликты, укрепляя принадлежавшую царю монополию на насилие, чтобы не допустить кровной мести и частного насилия.

Представители неславянских народов обращались в царские суды наравне с восточными славянами. Дошедшие до нашего времени многочисленные судебные дела из Среднего Поволжья, относящиеся к XVII веку, демонстрируют, что татары, мордвины, другие коренные жители постоянно судились с русскими и не только русскими. Так, в 1674 году русского казака из Кадомского гарнизона обвинили в убийстве татарки; в 1670 году несколько торговцев-черкасов судились с русскими крестьянами, которые, по их словам, напали на них и ограбили. Порой иски подавали русские совместно с представителями других народов: в 1680 году один русский крестьян указал в качестве свидетелей по выдвинутому им иску своих соседей, татарина и мордвина. Когда судьи назначали общественные дознания для установления фактов и выяснения репутации обвиняемых, русские опрашивались наравне с нерусскими, причем первые клялись на кресте, а вторые — «по их вере».

Такой свободный доступ к судам был характерен не только для Среднего Поволжья: в Сибири плательщики ясака подавали в суд на русских и нерусских, если дело было достаточно серьезным. К примеру, в 1639–1640 годах местные уроженцы пожаловались на своего воеводу за то, что он не вручил им подобающих подарков и тем навлек на них позор; в 1673 году один якут обвинил другого в изнасиловании своей жены; в 1680 году двое татар, находившихся на русской службе (служилые татары), решали через суд спор, связанный с владением землей и бесчестьем. Если один представитель нерусской народности обвинял другого в тяжком преступлении, суд не принимал во внимание местные традиции — дело рассматривали в соответствии с общеимперскими процедурами и правилами назначения наказаний. Именно так разворачивались события, когда одна группа татар обвиняла другую в убийстве (два случая — 1675 и 1685 годы); этот принцип был четко сформулирован в деле об убийстве, слушавшемся около 1649 года. Тогда русский убил тунгусского князя, якобы из самообороны, и тунгусская община потребовала выдать его, «чтобы повесить или убить». Суд постановил, что виновный должен быть наказан согласно русским законам. Согласно решению Сибирского приказа, воеводе предстояло разъяснить тунгусам, что если бы какие-либо лица «сделали так с умышленья, и им бы за то умышленное дело довелося та же учинити смерть без пощады, а за безхитростное дело нашим руским людем довелось чинить наказанье, а не смертная казнь... Да и промеж их, тунгусов, не умышленные смертные убойства бывают, и убойцов они из роду в род не выдают же». Итак, суд подтвердил монополию государства на насилие и применил нормы, разработанные московскими приказными людьми.

Судебная система являлась объединяющим началом для всех подданных царя, благодаря ей они могли ждать от государства не только угнетения и требований о несении тягла. Царские суды защищали сообщества от разбойничьих шаек, карали убийц, пытались решить запутанные земельные споры, защищали честь человека, даже если речь шла о холопе. Кроме того, как уже говорилось в главах 3–5, менее тяжкие преступления рассматривались традиционными местными судами. Деревни, населенные восточными славянами, управлялись общинами, у мусульман были шариат и собственные судьи, у сибирских народов — свои традиции, у донских и левобережных казаков — собственные судебные системы. Крестьяне и прочие низшие сословия в XVII веке были обязаны нести тягло, крестьян восточнославянского происхождения, кроме того, прикрепили к месту проживания. Но, в соответствии с подходом, свойственным «империи различий», государство в этом столетии не стремилось унифицировать свое обращение с подчиненными народами.

* * *

О крестьянской экономике: Moon D. The Russian Peasantry, 1600–1930: The World the Peasants Made. London: Longman, 1999; Hoch S. Serfdom and Social Control in Russia: Petrovskoe, a Village in Tambov. Chicago: University of Chicago Press, 1986; Dennison T. The Institutional Framework of Russian Serfdom. Cambridge: Cambridge University Press, 2011; Миронов Б. Социальная история России периода империи (XVIII — начало XX в.). В 2-х т. СПб.: Дмитрий Буланин, 2003; Mironov B. The Standard of Living and Revolutions in Russia, 1700–1917. London: Routledge, 2012; Pallot J., Shaw D. Landscape and Settlement in Romanov Russia, 1613–1917.

Oxford: Clarendon Press, 1990. Классический труд, сохраняющий ценность: Blum J. Lord and Peasant in Russia: From the Ninth to the Nineteenth Century. Princeton: Princeton University Press, 1971.

О рациональности крестьянских практик обработки земли: Martin J. «Backwardness» in Russian Peasant Culture: A Theoretical Consideration of Agricultural Practices in the Seventeenth Century // Religion and Culture in Early Modern Russia and Ukraine / Ed. by S. Baron, N. Kollmann. DeKalb, Ill.: Northern Illinois University Press, 1997. P. 19–33. О крепостном праве: Blum J. Lord and Peasant in Russia: From the Ninth to the Nineteenth Century. Princeton: Princeton University Press, 1971; Hellie R. Enserfment and Military Change in Muscovy. Chicago and London: University of Chicago Press, 1971; Domar E. The Causes of Slavery or Serfdom: A Hypothesis // Journal of Economic History. 1970. № 30. P. 18–32.

Труд Ричарда Хелли о холопстве базируется на небольшом количестве дел, взятых лишь за определенный период, но содержит ценные соображения: Hellie R. Slavery in Russia, 1450–1725. Chicago: University of Chicago Press, 1982. Алессандро Станциани помещает русских крепостных и холопов в евразийский контекст: Stanziani A. Bondage: Labor and Rights in Eurasia from the Sixteenth to the Early Twentieth Centuries. New York and Oxford: Berghahn Books, 2014.

О сопротивлении крестьян: Scott J. Weapons of the Weak: Everyday Forms of Peasant Resistance. New Haven: Yale University Press, 1985; Avrich P. Russian Rebels, 1600–1800. New York: Schocken Books, 1972; Perrie M. Popular Revolts // The Cambridge History of Russia. Vol. 1 / Ed. by M. Perrie. Cambridge: Cambridge University Press, 2006. P. 600–617. О наказании крестьянских мятежников: Коллманн Н. Преступление и наказание в России раннего Нового времени. М.: НЛО, 2016.

Об обращении крестьян в уголовные суды: Коллманн Н. Преступление и наказание в России раннего Нового времени. М.: НЛО, 2016; Коллманн Н. Соединенные честью. Государство и общество в России раннего Нового времени. М.: Древлехранилище, 2001; Kollmann N. Russian Law in a Eurasian Setting: The Arzamas Region, Late Seventeenth–Early Eighteenth Century // The Place of Russia in Eurasia / Ed. by G. Szvak. Budapest: Magyar Ruszisztikai Intézet, 2001. P. 200–206; Кивельсон В. Картографии царства. Земля и ее значения в России XVII века. М.: НЛО, 2012; Кивельсон В. Магия отчаяния. Моральная экономика колдовства в России XVII века. СПб.: Academic Studies Press, 2020. О сильных северных общинах: Torke H.-J. Die staatsbedingte Gesellschaft im moskauer Reich: Zar und Zemlja in der altrussische Herschaftsverfassung, 1613–1689. Leiden: E. J. Brill, 1974.

Глава 11
Города и горожане

Восточнославянские крестьяне и горожане отличались друг от друга не так сильно, как можно было бы подумать. Развитие городов в России происходило иначе, чем в Западной Европе и Евразии: они были не настолько крупными, плотно заселенными и процветающими, как в других странах, и обычно не пользовались муниципальной автономией, как большинство западноевропейских городов. В этой главе мы рассмотрим «соглашения», которые имперские власти на протяжении XVII века заключали с городским населением, тягловыми людьми и стоявшими выше их купцами.

Русские города были малонаселенными, но занимали обширную площадь. Многие горожане жили в усадьбах, разводили сады и держали домашний скот, что увеличивало территорию города. В XVI веке Париж занимал около 500 гектаров, Москва же — более 2000. Если брать численность населения, все выглядело гораздо скромнее. На протяжении XVI века Западная Европа и большая часть Османской империи переживали «новую урбанизацию», крупнейшие города быстро росли, о чем кратко говорилось в главе 1. Число городов с более чем сорокатысячным населением в этих регионах увеличилось с 26 до 40, в нескольких (Неаполь, Париж, Лондон, Милан, Антверпен, Палермо) проживало около 150 тысяч человек. Самым населенным городом Европы и Ближнего Востока был Стамбул — не менее 400 тысяч человек и, вероятно, около 800 тысяч к концу XVI столетия. В Османской империи имелись и другие крупные города: Каир, Алеппо, Бурса, Эдирне. В конце XVII века не менее чем в 12 европейских городах насчитывалось свыше 100 тысяч жителей. Что касается России, то с ними можно было сравнить лишь Москву, где, по свидетельствам иностранцев, проживало около 100 тысяч человек в начале XVI века и около 140 тысяч по данным на 1730 год.

Доля горожан в населении России была меньше, чем в соседних странах. На 1678 год зафиксировано всего 185 тысяч горожан мужского пола, или 2 % от всего населения (в Западной Европе примерно тогда же — 12,4 %). Кроме того, русские города возникли сравнительно недавно. Города Османской империи вели свою историю с античных времен, европейские — со Средневековья, в центре России же древнейшие города возникли в XII веке, при этом постоянно основывались новые. На начало XVI века в Московском государстве было около 130 городов, а к концу столетия, в связи с покорением Казани, Астрахани и Западной Сибири, появилось более 80 новых. Все они поначалу являлись укрепленными форпостами, но постепенно стали локальными центрами торговли, обзавелись ремесленниками и рынками. Рост городов возобновился и ускорился после Смутного времени, к концу XVI столетия были основаны или приобретены в ходе территориальной экспансии 110 новых, в том числе в Сибири, но главным образом в южном и юго-западном степном приграничье.

В результате большинство городов империи были небольшими — менее 5000 жителей; 15-тысячный рубеж к концу XVII века перешагнула одна Москва. Этому способствовало наличие крепостного права: деревни производили почти все необходимое для помещика и собственных нужд, спрос на городские товары был невысоким. Русские города выполняли по преимуществу военные, а не торговые функции. Все они являлись административными центрами, служа местопребыванием воевод, следивших за сбором налогов, состоянием обороны, уголовным судопроизводством. В остальном же города имели главным образом военное значение, торговля и ремесла были слабо развиты и часто контролировались военными (стрельцами, казаками, пушкарями), а не горожанами в строгом смысле слова. Как показал Дж. Хиттл, население городов западного приграничья в XVII столетии на 71,2 % состояло из военных, на южной и восточной границах этот процент был еще выше (85,3 и 87,3 % соответственно). Города в центральных областях и на пересечении основных торговых путей являлись торгово-административными центрами, соответственно, доля военных среди жителей была ниже (23,6 % на севере и лишь 13,9 % в Центральной России).

В городах с хорошо налаженной торговлей насчитывалось множество лавок, где продавали товары, закупавшиеся оптом у мелких сельских торговцев или производившиеся в самом городе. Русские города раннего Нового времени отличались от западноевропейских тем, что здесь не наблюдалось тенденции к возникновению крупномасштабной промышленности; значительные мануфактуры появлялись в сельской местности, благодаря близости к источникам сырья, наличию рабочих рук и часто — покровительству помещиков. Мелкое ремесленное производство в городах было представлено многими направлениями: здесь работали плотники, портные, кожаных дел мастера, производители свечей и мыла, гончары, прядильщики. Товары обычно продавали в «рядах», каждый из которых имел особую специализацию: в Новогороде (1583) было 1800 лавок в 42 рядах, во Пскове (1586) — 1230 лавок в 35 рядах; в Казани (конец XVI века) — 368 лавок и 240 мелких торговцев. В крупнейших центрах торговли проживало немало ремесленников: в Москве — 2367, в Новгороде — 2000 (то и другое на 1638 год); в Ярославле, важном таможенном центре Верхнего Поволжья, в 1670-х годах насчитывалось около 2000 ремесленных дворов. Но в большинстве городов картина выглядела менее впечатляющей: Нижний Новгород, Вятка, Кострома, Вологда — около 1000 ремесленников или чуть больше, Серпухов с его железоделательными мастерскими — всего 331 ремесленный двор.

Большинство русских городов располагалось у слияния рек, что представляло удобство для торговли. Благодаря особенностям географии Евразии их было легко оборонять. Крупнейшие реки Центральной и Восточной Европы, а также Сибири (Влтава, Дунай, Днепр, Волхов, Москва, Днестр, Дон, Волга, Обь, Иртыш, Лена, Енисей) имеют возвышенный правый берег, где можно

Рис. 11.1. На карте Москвы, составленной Олеарием, виден концентрический рост города, начиная от Кремля. Отдельные части Москвы (Кремль, Китай-город, Белый город) разделены широкими пространствами, во избежание пожаров. С разрешения Государственного музея, Амстердам

возводить укрепления. На левом берегу, как правило низком, возникала торговая сторона (Прага, Будапешт, Новгород). Были города, где торговые кварталы вырастали за пределами городских стен, и образовывались все новые концентрические круги, центром которых была крепость. Классический пример этого — Москва (рис. 11.1), где предместья отделялись от города стенами и широкими огнезащитными просеками. Сердцем города был Кремль, далее шел Китай-город, средоточие торговли, за ним — Белый город, вокруг которого к концу XVI века возник Земляной город. В некоторых слободах жили только лица определенных профессий — Бронницкая (оружейники), Кузнецкая, Кожевническая. В XVI веке земляные валы, разделявшие вышеупомянутые районы города, заменили кирпичными стенами. В ходе перестройки 1584–1591 годов Китайгородская стена обзавелась

29 башнями и 11 воротами, в стене Земляного города насчитывалось не менее 50 башен. Некоторые пограничные города выглядели как прямоугольники, поскольку в центре их располагался четырехугольный деревянный острог.

В крупных городах кремль был обнесен мощной стеной, под защитой которой стояли церковь или собор (часто несколько), приказы, дворцы и дома, принадлежавшие воеводе, приказным людям, церковным иерархам. От кремля начинались главные улицы, которые часто переходили в основные дороги. В московских стенах было несколько ворот, названных по городам, к которым вели соответствующие дороги (Смоленск, Тверь/Новгород, Дмитров, Ярославль, Владимир, Коломна/Рязань). Прочие улицы были узкими и извилистыми, дома строились внутри усадеб, обнесенных деревянным забором, а не выходили на улицу, как в Европе того времени.

Русские города отличались своеобразием не только благодаря внешнему облику. Самое, пожалуй, интересное — внутреннее устройство — было скрыто от глаз. Сегодня мы привыкли к тому, что город представляет собой независимую муниципальную единицу, но в прошлом это было редкостью во всем мире. Этот тип города, образцом для которого стал греческий полис, возник в Европе в Средние века; с течением времени городам удавалось освободиться от господства владельцев, будь то церковные иерархи, местные феодалы или король. Европейские «полисы» являлись автономными в юридическом и физическом смысле единицами, отделенными в юридическом и политическом отношении от сферы частного правления и выступавшими в качестве независимых субъектов во взаимодействии с государственной властью. Город управлялся выборным советом, обычно состоявшим из граждан, владевших собственностью (хотя на практике управление часто захватывали богатейшие торговцы). Горожане могли свободно работать, вкладывать деньги, умножать свое благосостояние. Такие города существовали, например, в Польше и Литве на протяжении позднего Средневековья и раннего Нового времени: им было даровано самоуправление на основе магдебургского права и других немецких законов. Они платили налоги королю, но городской совет и жители были независимы от королевской власти. Когда города с магдебургским правом вошли в состав России — Смоленск (1514–1618, 1667), города западного приграничья (Тринадцатилетняя война 1654–1667), города, занятые в результате разделов Речи Посполитой (1772–1795), местные институты и привилегии, как правило, оставались нетронутыми, хотя в Московском государстве никогда не существовало их аналогов.

Изначально большинство городов находились в частном владении, то есть принадлежали помещикам, епископам, князьям или королям. Обитатели их находились в личной зависимости от владельца, который получал весь доход, генерируемый городом. Именно такого рода города мы видим в России раннего Нового времени, вплоть до конца XVIII века; они принадлежали частным лицам, и порядок владения был крайне сложным. Все жители города находились в личной зависимости от владельца, которому были обязаны повинностями и выплатами, точно так же как крестьянин — своему хозяину. Каждый русский город напоминал лоскутное одеяло, так как состоял из физических и/или условных кварталов, принадлежавших различным владельцам. На тех, кого мы обычно принимаем за городских жителей как таковых — ремесленников и торговцев, составлявших городское сообщество, или посадских людей, — приходилось около половины населения. В юридическом смысле они занимали то же положение, что и государственные крестьяне: вносили прямые налоги (тягло), налоги с торговли и плату за лавки (оброк). От них также требовали выполнения повинностей — не только связанных с поддержанием в должном виде городских объектов (улиц, колодцев, ворот, мостов), но и более специализированных (ведение счетных записей, сбор налогов, помощь в работе таможен и т. п.).

Городской ландшафт дополняло множество других сообществ, каждое из которых «договаривалось» с государством особым образом; почти всем им было разрешено вести торговлю на более выгодных условиях, чем обычным горожанам. Часть населения могли составлять стрельцы, выполнявшие полицейские функции и/или игравшие роль городского гарнизона, а также представители других родов войск, в зависимости от местных условий (инженеры, артиллеристы). Нередко они проживали в собственных слободах и не платили прямых налогов, хотя могли облагаться налогом на торговлю. Кроме того, в городе проживали крепостные и горожане, зависимые от частных владельцев — дворян, монастырей, епископов и других церковных иерархов; населенные ими «белые» слободы освобождались от тягла. Некоторые жители городов несли особые виды службы в пользу правителя — например, ямщики, освобожденные от прямых налогов, «кадашевцы», изготовлявшие высококачественные полотна для кремлевского двора. Были иностранцы — купцы, инженеры, офицеры, — которыми ведали соответствующие приказы. Многие из этих групп, хотя и не все, проживали компактно — стрельцы, казаки, ямщики, придворные ткачи, часто иностранцы.

Москва XVII века хорошо демонстрирует разнообразие юридических статусов городского населения. По оценкам, половину ее жителей составляли военные (стрельцы и другие). Из остальных четверть приходилась на посадских людей, проживавших в 25 самоуправляющихся слободах. В дворянских и боярских дворах проживало еще около 10 % от общего числа москвичей, на духовенство (обитавшее в 26 небольших поселениях) приходилось 5 %, на приказных людей — 4 %. Остальные были дворцовыми служителями, иностранцами и т. д. Городское самоуправление касалось только тягловых посадских людей: как и в деревне, они образовывали общины и собирались на сходы, чтобы решать вопросы, связанные с незначительными преступлениями, раскладкой и сбором налогов, прочими делами, затрагивавшими всех. Посадские подчинялись воеводе, а в Москве — Поместному приказу, и не имели собственных независимых исполнительных или финансовых органов. Главной заботой для посадских людей раннего Нового времени была нечестная конкуренция со стороны других жителей города — казаков, стрельцов, крепостных, принадлежавших светским и духовным владельцам: все они могли производить ремесленные изделия или доставлять товары из деревни и тем подрывали торговлю на рынках.

Как минимум в последние десятилетия XVII века, выдавшиеся трудными, горожане отказывались от своего статуса, так же как крестьяне, и бежали в другие места или добровольно подвергались закабалению, становясь холопами. Государство старалось сохранить городские общины, применяя меры как устрашения, так и поддержки. В 1580-х годах горожанам было запрещено продавать себя в холопы, а в 1591 году — покидать свои общины (как ранее крестьянам). Начиная с этого времени власти стремились записать в городское тягловое население всех гулящих людей некрестьянского и недворянского происхождения, хотя они и плохо подходили для этой роли. Между тем горожане постоянно (в 1627, 1629, 1637, 1646 и 1649 годах) подавали челобитные с просьбой избавить их от недобросовестной конкуренции со стороны иностранных купцов и местных жителей, а также от налогового бремени, которое становилось непомерным из-за бегства членов общины. В 1637 году московские посадские люди жаловались на то, что треть их находится в бегах; в следующее десятилетие было предпринято несколько успешных попыток выследить и вернуть беглецов, снова определив их под тягло.

Составители Уложения 1649 года также приняли во внимание эти жалобы, постаравшись сделать городское общество более сплоченным. Уложение упразднило привилегированные слободы нетягловых ремесленников и объявило, что городские ремесленники имеют исключительное право на производство и продажу изделий во всем Московском государстве. Но это положение было нелегко провести в жизнь: рост экономики и населения продолжался, и, как часто отмечали иностранные путешественники, чуть ли не каждый занимался торговлей. Помимо этого, согласно Уложению, посадские фактически подверглись закрепощению наравне с крестьянами — им было предписано оставаться в тех городах, где они, согласно записям, проживали на 1649 год. Мобильность горожан ограничили, но в остальном для экономического оживления городов не было сделано почти ничего.

На протяжении этих столетий в некоторых русских городах роль самоуправления была еще меньшей — посадских было совсем немного и каждый занимался торговлей. Международная транзитная торговля в Сибири находилась в руках «бухарских» (среднеазиатских) торговцев, богатейшие купцы из Москвы, Новгорода, Ярославля постоянно покупали и продавали товары в сибирских городах. Последние представляли собой примитивные форпосты. Эрика Монахен нашла в сибирских таможенных книгах упоминания о тех, кто занимался торговлей: солдаты, стрельцы, ямщики, казаки, бродяги, калмыки, крестьяне, священники — и ни единого горожанина как такового (посадского). Особенную активность проявляли гарнизонные казаки, участвовавшие даже в русских торговых миссиях, посылавшихся в Китай в 1680-е годы; во многих сибирских городах они составляли большинство населения. Таким образом, в эти столетия Россия располагала очень небольшим социальным капиталом, который мог бы дать начало местному «среднему классу».

Потенциальной основой этого класса являлись торговцы и ремесленники, старавшиеся накопить денег и начать торговлю между городами. Но и им было нелегко использовать свое богатство к своей же выгоде. По мере развития внутренней и международной торговли государство ставило купцов себе на службу, заставляя их вести масштабные коммерческие операции. Самые состоятельные из них — гости — упоминаются в Судебнике 1550 года; для 1590-х годов есть сообщения о менее крупных торговцах, образовывавших Гостиную сотню и Суконную сотню. Те, кто входил в эти три группы, действовали в интересах царя и были вынуждены бросать свои прибыльные коммерческие начинания примерно раз в пять лет. Ряды гостей и обе сотни пополнялись за счет посадских, добившихся успехов в торговле, что, разумеется, лишало тягловую общину ее наиболее платежеспособных членов.

Гости — виднейшие купцы — отправлялись за границу в составе посольств, занимались сбором таможенных пошлин в портовых городах, держали винные откупа, привозили товары, преимущественное право покупки которых принадлежало царю, и продавали те, которые составляли монополию государства. В обмен на эти услуги они получали существенные привилегии: свободу от прямых налогов, освобождение от многих выплат и таможенных пошлин, право владеть землей и крепостными (до 1666 года), подчинение приказу Большой Казны, а не Земскому приказу, в ведении которого находились посадские. Кроме того, они могли извлекать личную выгоду из возможностей, которые открывались в ходе их деятельности. Таких привилегированных купцов насчитывалось немного: в Москве — от 15 до 30 на протяжении XVII века. Московских гостей было больше, чем иногородних, по богатству и объему торговли они превосходили остальных, проживавших в оживленных центрах торговли, таких как Устюг Великий, Ярославль, Смоленск, Нижний Новгород, Великий Новгород, Псков. Купцы из Гостиной и Суконной сотен выполняли те же обязанности (сбор налогов и таможенных пошлин), но в менее ответственных местах, точно так же освобождались от прямых налогов и не подчинялись Земскому приказу. В XVII веке гостями становились и иностранцы — например, голландцы Маркус Фогелер и Андрей Виниус. К 1649 году власти расширили число гостей (до более чем 25) и купцов в обеих сотнях (до 274), к концу века гостей стало около 40.

Нам известны биографии двух московских купцов, проливающие свет на экономическую жизнь русского купечества. Сэмюэль Барон рассказал историю жизни Василия Шорина, развернувшего свою деятельность в Европейской России и знавшего немало взлетов и падений. Сын гостя, он сам сделался гостем около 1634 года и не вел торговлю каким-либо одним видом товаров, а пользовался любыми возможностями благодаря своему положению и контрактам с государством, особенно в 1650-е и 1660-е годы. Шорин приобрел выгодную монополию на рыбную ловлю в низовьях Волги, держал струги, чтобы доставлять рыбу по Волге в Нижний Новгород и Москву. Желая обеспечить сохранность рыбы, он начал, с помощью ссуды от властей, создавать соляные промыслы и приобрел монополию на торговлю солью в Среднем Поволжье. На Каме у него был собственный причал для судов, груженных солью, в Нижнем Новгороде — целый комплекс для отгрузки и погрузки соли и рыбы. Кроме того, Шорин активно занимался меховой торговлей, продавая в кредит соболей из царской сокровищницы, а также покупая и продавая менее ценные меха, на которые не распространялась казенная монополия. Шорин снаряжал караваны судов, привозя в русские поселения по всей Сибири одежду, кожу, скобяные изделия и инструменты, оружие, воск и свечи, бусы и безделушки — все это обменивалось на меха. Он доставлял товары русского производства в Архангельск и продавал их европейским купцам, которые не могли свободно перемещаться по стране. Шорин участвовал и в восточной торговле, имея склады и лавки в Астрахани. Наконец, он торговал зерном из своих поместий. В основном Шорин занимался оптовыми операциями, но у него были и розничные заведения в Москве и других местах, где можно было купить рыбу, соль, зерно, коноплю, предметы роскоши из Европы и Персии.

Василий Шорин выполнял важнейшие обязанности, возлагавшиеся на гостя, и дважды занимал прибыльную должность сборщика таможенных пошлин в Астрахани. Он также получал выгоду для себя как оценщик размера пятинных денег. Шорин от имени царя вел переговоры со шведскими и персидскими торговцами и имел неприятности из-за того, что слишком сурово обращался с иностранцами в Архангельске, строго взыскивая с них все таможенные платежи.

Несмотря на успехи, под конец жизни Шорин оказался в долгах. Он не смог решить проблем инфраструктурного характера, связанных с ведением дел в Московском государстве и статусом гостя, к которым прибавлялись риски, присущие крупным операциям. Шорин неоднократно терпел большие убытки, не имея страховки. В 1648 году повышение цены на соль навлекло гнев народа на Шорина и бояр, стоявших, как считалось, за всем этим; в Москве бунтовщики разграбили дом Шорина, сам же он избежал гибели, так как находился в Архангельске. Неустрашимый купец в 1650 году отправил караван в Персию и Индию, но потерпел полную неудачу: товары портились, становились добычей разбойников и продажных чиновников. По оценке Шорина, он потерял на этом 17 тысяч рублей.

Кроме того, он терпел убытки из-за дороговизны кредита в России — и как заемщик, и как кредитор. Он ссужал деньги, которые потом не удавалось вернуть, на общую сумму в 5000 рублей или больше и занимал, не имея возможности погасить задолженность. В 1655 году он задолжал свыше 28 тысяч рублей трем государственным учреждениям — за услуги, оказываемые им как гостем, или по взятым займам; благодаря связям в московской верхушке ему простили большую часть долгов, но все же он оставался в бедственном положении. В 1660 году он снарядил новый караван в Персию, и опять неудачно, а в 1662-м вновь едва спасся от московских бунтовщиков (как гость, он занимался сбором нового налога), дом его опять оказался разорен. В 1660-х годах еще несколько должников Шорина объявили о неплатежеспособности — как и он сам. В довершение всего, его имущество в Поволжье подверглось уничтожению в ходе восстания Степана Разина. В конце 1670-х годов часть его московского имущества была конфискована из-за долгов государству. У детей Шорина не было капитала, чтобы продолжить дело отца.

Гавриил Никитин, сибирский купец, также знал взлеты и падения, но его история, пожалуй, выглядит еще более впечатляюще, поскольку он происходил из низов. Сын черносошных крестьян с Вологодчины, он поступил приказчиком к московскому гостю Остафию Филатьеву и вел дела в Сибири. В 1670-х годах Никитин вел караванную торговлю, продавая в России восточные товары (ткани, особенно шелковые, драгоценности, пряности), а в 1674 году отправился в Пекин с купеческим караваном, возвратившись с «небольшим состоянием в виде экзотических восточных товаров» (по выражению Эрики Монахен). В 1680-х годах он уже числился членом московской Гостиной сотни и занимал все более видное положение в среде купечества, имея собственных людей в Сибири. Никитину принадлежали лавки в городах Западной (Ирбит, Тобольск) и Восточной Сибири (Енисейск, Мангазея, Нерчинск). Как сообщает Монахен, его торговая империя держалась на труде «наемных, должников, холопов», а также родственников. Перед смертью Никитина его чистый капитал составлял внушительную сумму — 30 тысяч рублей. Причины его падения были политическими, а не экономическими: он был арестован в конце августа 1698 года за то, что якобы непочтительно отзывался о Петре I — дело происходило сразу же после стрелецкого бунта. Никитин скончался в заключении в середине сентября того же года. Он стал жертвой политической напряженности, не имевшей никакого отношения к его успехам в делах.

Заниматься торговлей в России XVII века было нелегко, но тем не менее имелась возможность сделать состояние. Впрочем, в раннее Новое время любая торговля такого масштаба была рискованной, но существовали трудности, специфические для России. Государство — суровый распорядитель — устанавливало квоты и яростно требовало займов. Предпринимателям не были доступны ни кредит, ни страховка, которые могли бы придать стабильность системе, впереди всегда маячила катастрофа в виде бунта или разбойничьего нападения. Но успешных торговцев вроде Никитина было не меньше, чем банкротов вроде Шорина. Даже в тяжелых условиях Сибири, с ее большими расстояниями и опасными караванными путями, русским купцам удавалось получать прибыль. Как напоминают Пол Бушкович и Дж. М. Хиттл, некоторым гостям удавалось достичь ежегодного оборота в 100 тысяч рублей благодаря преимуществам, которые давал их статус. Гости знали, где открываются наиболее перспективные возможности, покупали лучшие рыбные ловли и соляные варницы, добивались права продажи товаров, составлявших государственную монополию, процветали благодаря денежным и товарным ссудам от государства. К примеру, гости регулярно продавали меха из государственной казны и делились прибылью с государством. Лишь немногим удалось основать долговечные династии, но это было характерно и для западноевропейских купцов, исключая самых состоятельных. Бушкович показал, что купеческие семейства в центральной и восточной Европе, как и в Московском государстве, существовали всего несколько поколений. Из-за этих структурных проблем московские купцы не могли сравниться с западноевропейскими, но все же они двигали экономику вперед.

Города и горожане — и тягловое население, и гости, — были отражением в миниатюре «империи различий» во всем ее многообразии. Каждый город представлял собой «лоскутное одеяло» из множества юрисдикций; у горожан не выработалось чувства общности, принадлежности к «гражданам» — все они были порабощены, как и крестьяне, являлись городскими налогоплательщиками, которым трудно было накапливать капитал и делать нововведения. Такие же сложности испытывали те, кто принадлежал к мелкому и среднему купечеству. Но расширение империи постоянно создавало новые возможности для транзитной торговли, а государственный протекционизм открывал перспективы для наиболее предприимчивых. Судьбы Шорина и Никитина служат иллюстрацией того, насколько динамичной была торговля в пределах империи.

* * *

О городах Московского государства: Hittle J. The Service City. State and Townsmen in Russia, 1600–1800. Cambridge, Mass.: MIT Press, 1979; Shaw D. Towns and Commerce // Cambridge History of Russia. Vol. 1 / Ed. by M. Perrie. Cambridge: Cambridge University Press, 2006. P. 298–316; Shaw D. Urban Developments // Cambridge History of Russia. Vol. 1 / Ed. by M. Perrie. Cambridge: Cambridge University Press, 2006. P. 579–599. О феномене малых городов: Bácskai V. Small Towns in East Central Europe // Small Towns in Early Modern Europe / Ed. by P. Clark. Cambridge and New York: Cambridge University Press, 1995; Pallot J., Shaw D. Landscape and Settlement in Romanov Russia, 1613–1917. Oxford: Clarendon Press, 1990.

Среди множества статей Сэмюля Барона, посвященных экономике и торговцам Московского государства, выделим следующие: «The Town in "Feudal" Russia», «The Weber Thesis and the Failure of Capitalist Development in "Early Modern" Russia», «Who Were the Gosti?», «The Transition from Feudalism to Capitalism in Russia: A Major Soviet Historiographical Controversy и Vasilii Shorin», опубликованные в сборниках: Baron S. Muscovite Russia: Collected Essays. London: Variorum Reprints, 1980; Baron S. Explorations in Muscovite History. Hampshire: Variorum, 1991. См. также: Bushkovitch P. The Merchants of Moscow, 1580–1650. Cambridge: Cambridge University Press, 1980.

Биографии Шорина и Никитина: Baron S. Vasilii Shorin // Baron S. Explorations in Muscovite History. Hampshire: Variorum, 1991; Monahan E. Gavril Romanovich Nikitin (?–1698) // Russia's People of Empire / Ed. by S. Norris, W. Sunderland. Bloomington, Indiana: Indiana University Press, 2012. P. 46–56. О казаках и представителях других сословий, занимавшихся торговлей в Сибири: Monahan E. The Merchants of Siberia: Trade in Early Modern Eurasia. Ithaca, NY: Cornell University Press, 2016; Witzenrath C. Cossacks and the Russian Empire: 1598–1725. London: Routledge, 2007.

Глава 12
Православие и его разновидности

Империи используют наднациональные идеологии для легитимизации своей власти, причем «имперское воображаемое» часто черпает содержание из уже существующей религии. Правители империй используют господствующую религию с осторожностью, выстраивая свой дискурс вокруг нее, но не отрицая того, что члены других религиозных групп могут быть лояльны к империи или имеют право исповедовать свои верования. В главах 3–5 и 19 рассматриваются религии народов, включенных в состав империи; в главе 6 мы обсудили то, каким образом московские правители выстраивали образ самих себя как ревностных защитников веры. Поскольку православие являлось религией большинства обитателей империи (восточных славян — русских, украинцев и белорусов) и предоставляло политической власти необходимый набор идей и средства визуального выражения, мы рассмотрим здесь православие во всех его разновидностях — как верование и как комплекс институтов.

ПУТИ ДУХОВНОСТИ

Христианство окончательно утвердилось среди восточных славян в 988 году, когда киевский великий князь Владимир сделал его государственной религией, заключив из прагматических соображений политический союз с Византией и отвергнув другие предложения — среди вариантов были католицизм, иудаизм, распространенный среди хазар на нижней Волге, и ислам, который исповедовали булгары в Среднем Поволжье. Литургические и душеспасительные тексты в переводе на старославянский (язык, созданный в IX веке на основе южнославянских наречий в ходе миссионерских усилий, предпринятых князем Великой Моравии) отправлялись в Киев и новгородскому архиепископу. Так начался процесс христианизации восточных славян, занявший несколько столетий.

В институциональном отношении православие представляет собой совокупность церквей, более или менее соответствующих политическим образованиям или этническим группам (сирийцы, копты, греки, болгары, грузины, русские), со священноначалием в виде пресвитеров, епископов, архиепископов и митрополитов. В отличие от католицизма (раскол между двумя церквями произошел в 1054 году), в православии нет первоиерарха наподобие римского папы. Из патриархов древнейших церквей (Антиохийской, Александрийской, Константинопольской и Иерусалимской) первым среди равных признается константинопольский, при этом он не имеет ни юридической, ни административной, ни священнической власти над остальными. В пределах каждой церкви епископы совещаются для решения повседневных вопросов, однако постановления первых семи Вселенских соборов (до 787 года включительно) считаются незыблемым основанием христианского учения; после них не созывалось соборов, которые обсуждали бы догматику.

Православие — это, с одной стороны, характерная религия книги. Свою задачу оно видит в сохранении догм и традиций, в том, чтобы не менять ничего. Оно руководствуется текстами раннехристианского периода — Ветхий и Новый Заветы, — канонами, решениями соборов и трудами отцов церкви, появившимися приблизительно до VIII века, житиями святых; центральное положение в нем занимают таинства, богослужение и иерархия. С другой стороны, важная роль отводится созерцательной стороне христианства, восходящей к практикам древних монахов-пустынников. Созерцание всегда являлось смыслом существования христианских монахов, но средневековые католические ордена развили традицию активного участия в мирской жизни с целью совершения добрых деяний: члены их занимались преподаванием, ухаживанием за больными и немощными, миссионерством. В России же монахи были сосредоточены на молитве, находясь в состоянии спокойного созерцания, и вели отшельническую жизнь, объединяясь в небольшие группы; при этом каждый мог иметь собственную келью, или же все они жили совместно (в киновия) — согласно правилам, в основе которых лежали монашеские уставы начиная с IV века. Миряне занимались молитвенным созерцанием даже во время литургии.

Как западная, так и восточная ветви христианства в основном придерживались одной и той же евхаристической литургии, которая делится на Литургию Слова (чтение отрывков из Ветхого и Нового Заветов, а также житий святых) и Литургию Причастия. Однако в католицизме на протяжении Средневековья Литургия Слова приняла нравоучительный характер, вобрав в себя проповеди и рассматривание произведений искусства; папа Григорий Великий около 600 года подчеркнул важность наставлений пастве, постановив, что религиозная живопись должна быть наглядной, понятной для необразованных. В православии же, напротив, религиозная живопись (иконы, фрески) выполнялась в условном стиле, представляя «божественное», а не мирское бытие. Именно такой подход к средствам визуального выражения обеспечил иконопочитателям победу над иконоборцами в IX веке. Рисованные образы и литургия были призваны вести человека к обожению, таинственному соединению с Богом (теозис). Созерцание и почитание образов (но не поклонение им) позволяли обрести Божью благодать и установить связь с возвышенным. Во время литургии все ощущения должны направлять человека к обожению: аромат воска и ладана, великолепие священнических одеяний и золотых икон, мерцание свечей, голоса хора и верующих, ощущение от прикосновения к иконе во время поцелуя, физические усилия, которых требуют поклоны и многократное крестное знамение, даже усталость от намеренно долгой службы и повторения молитв и прошений. Трехчастные живописные композиции внутри храма рассказывали историю воплощения Христа (рис. 12.1). Отрывки из Писания читались в первой части службы, но проповеди в раннее Новое время еще не до конца вошли в обиход; литургия состояла из повторяющихся молитв, песнопений и ритуалов. Как указывает богослов Джон Макгакин, все эти элементы, предусматривающие воздействие на чувства и совершение телодвижений, были призваны физически истощить тело верующего, чтобы он ощутил спокойствие, внутреннюю пустоту и готовность соединиться с божеством.

Помимо евхаристической литургии, были и другие ритуалы, направленные на соединение верующих с Богом. Православие было религией знаков в неменьшей степени, чем религией книги — не только из-за неграмотности народа, но и потому, что отправление культа подразумевало, наряду с чтением, слушанием и ответами на вопросы, физические, телесные действия (пение, целование икон, земные поклоны, крестное знамение). По этой же причине в праздники совершались крестные ходы вокруг церквей и через общественные пространства; церкви наполнялись иконами и фресками не столько в нравоучительных целях, сколько для того, чтобы служить окнами в иной мир во время молитвы; для этого же иконы держали в доме. Русское православие унаследовало раннехристианских и византийских святых, добавив к ним собственных; в почитании святых — которые нередко наделялись чудодейственной силой — большую роль играли иконы и различные реликвии.

Православию было свойственно постоянное противоречие между индивидуальной духовностью — стремлением достичь обожения посредством литургии, ритуала и молитвы — и церковью как институтом, с ее догматизмом и иерархией. Это противоречие порой принимало острые формы, когда часть верующих считала, что церковь слишком озабочена внешними вещами — тогда возрождался интерес к мистическим, созерцательными практикам. В XIV веке такое возрождение наблюдалось в Византии; следствием стало возникновение исихазма на основе учения Григория Паламы о нетварном свете. Исихазм включал особые практики медитации — повторение, наподобие мантры, Иисусо-

Рис. 12.1. Мозаики и фрески в киевском Софийском соборе (XI век) имеют трехчастную структуру: верхняя часть, с Христом Вседержителем, смотрящим вниз, символизирует небесное царство; средняя часть, с образами Богоматери, Христа и его учеников посвящена воплощению Христа; нижняя часть содержит образы святых, служащих примером праведной жизни. В абсиде обычно помещалась сцена Благовещения (архангел Гавриил, возвещающий Марии о будущем рождении ее сына). Фото Джека Коллманна

вой молитвы для достижения мистических видений и единения с Богом. В XV веке исихазм пришел в русские монастыри, но так и не стал неотъемлемой частью монашеской жизни, о чем будет сказано в этой главе. А во второй половине XVIII столетия Россия пережила период религиозного возрождения, в чем-то схожего с исихастским, но на этот раз испытавшего влияние католических и протестантских учений (см. главу 20).

ЦЕРКОВЬ КАК УЧРЕЖДЕНИЕ

В середине XV века Русская православная церковь пользовалась большим влиянием при московском дворе: с ее помощью великие князья оправдывали и репрезентировали свою власть. Москва являлась местопребыванием митрополита и большинства епископов; крупнейшие монастыри находились в Кремле.

Церковь была освобождена от налогов, взимавшихся с мирян, и выведена из-под власти светских административных и судебных органов, не считая уголовных преступлений; она ревностно оберегала свое право судить клириков почти во всех обстоятельствах. Кроме того, все жители подлежали церковному суду в тех случаях, когда речь шла о семейных отношениях, браке, разводе, изнасиловании, наследовании, выделении вдовьей доли и ереси; его юрисдикция также распространялась на церковных крестьян и служителей по делам о мелких преступлениях и различных спорах. Для этих целей Стоглавый собор (1551) постановил создать систему епископских судов. Когда в 1649 году государство создало Монастырский приказ, намереваясь упразднить иммунитет духовенства и распространить на клириков и зависимое от них население юрисдикцию светского суда (исключая религиозные преступления), церковь резко выступила против этого и в 1669 году добилась упразднения нового приказа.

Церковь выглядела централизованной и могущественной. Отказавшись принять унию с Римом, заключенную константинопольским патриархом по итогам Ферраро-Флорентийского собора (1438–1439) — впрочем, просуществовавшую недолго, — московский митрополит в 1448 году объявил о независимости от Константинополя. В 1589 году обретенная таким образом автокефалия была подкреплена принятием митрополитом — с согласия глав других православных церквей — патриаршего сана. Русская церковь предприняла это, предвидя заключенную через несколько лет (1596) Брестскую церковную унию, в соответствии с которой Киевская митрополия переходила в подчинение Риму; кроме того, тем самым признавалось, что Московское государство отныне является самой могущественной православной державой. Энергичные патриархи Филарет (1619–1633) и Никон (1652–1658) немало пополнили патриаршую казну; тем же самым занимались на местах епископы. На деле же в церкви отсутствовал центральный институциональный контроль. Каждый архиерей безраздельно правил в своих обширных владениях, то же самое делали монастыри. В России насчитывалось несколько сотен обителей, и большинство из них были мелкими и бедными, но некоторые стали настоящими источниками экономического и культурного влияния. Кирилло-Белозерский монастырь на севере, Иосифо-Волоколамский и Троице-Сергиев под Москвой и, кроме них, несколько московских монастырей (включая кремлевские) пользовались покровительством знати и царя, получая щедрые пожертвования. Оно обогащались за счет своих внушительных владений со множеством деревень; результатом стали великолепные сокровищницы, архитектурные ансамбли и культурная продукция — рукописи, иконы, фрески. Монастыри были выведены из юрисдикции не только царских, но и епископских судов; они выносили решения по делам, собирая для этого старейших монахов, и старались, насколько возможно, избегать передачи даже уголовных дел в светские учреждения. Параллельно с институциональным разнообразием существовала неразбериха в богослужебных текстах: едва ли не в каждом монастыре, соборе, приходской церкви использовались свои особые книги, так что с течением времени накапливались различия в порядке церковной службы и текстах молитв.

К проблеме автономии епископов и монастырей прибавлялась слабость церковной организации на приходском уровне. Монастыри, владевшие населенными землями по всей стране, уделяли приходам мало внимания. Епархии за пределами монастырских владений были очень велики. В середине XVI века в Русской православный церкви был один митрополит, два архиепископа, семь епископов; в 1672 году насчитывалось 17 архиереев, а Собор 1681–1682 годов, признав, что епархии должны быть меньше по размерам, создал четыре новых. Однако попытки усилить контроль путем создания дополнительных епархий наталкивались на сопротивление епископов, не желавших терять земли и ресурсы. В отличие от своих католических собратьев, русские епископы не совершали регулярные объезды епархий и правили при помощи подручных, больше известных мздоимством и притеснениями, чем пастырским попечением. Приходы были небольшими и отстояли далеко друг от друга; верующие сами выбирали священника и содержали его, выделяя земли и предоставляя продукты, а потому получали над ним существенный контроль.

Епископы же почти не следили за священниками и обращали мало внимания на отход общин от канонического вероучения и официально принятых практик.

ПРЕДСТАВЛЕНИЯ О ДУХОВНОМ

Мы неспособны проникнуть в духовный мир восточных славян XV–XVII веков и можем наблюдать лишь за внешними проявлениями духовности — например, выяснить, образцом чего служил тот или иной святой для авторов его жития, или определить, какой посыл закладывался в проповеди либо историческом сочинении. Эти проявления были, однако, довольно устойчивыми и менялись любопытным образом.

Главным локусом проявлений духовности стала монастырская жизнь — до такой степени, что некоторые даже считают монашеские идеалы отражением духовных устремлений основной массы населения. Мы не знаем, так ли это. Ясно лишь одно: в те столетия, когда Москва укрепляла свою власть (конец XIV века — рубеж XV и XVI веков), монастыри испытывали широкий приток насельников. Движимые жаждой духовных свершений или желанием материального обогащения (жертвователи щедро снабжали монастыри землями и деньгами), религиозные вожди основали в русских лесах более 250 обителей — не считая множества скитов, где жили отдельные монахи. Некоторые из основателей монастырей в той или иной мере связывали себя с московскими великими князьями, из чего церковь и государство извлекли максимум пользы, изображая правителей — в житиях святых и летописях — прислушивающимися к своим благочестивым советникам. Впоследствии российские историки распространили этот тип православной духовности, характерный для раннего периода истории страны, на остальные столетия. Безусловно, это связано с характером источников: летописи и жития создавались церковниками, оформлявшими также государственные документы (завещания, договоры), которые теперь служат нашими основными источниками по этому времени. Кроме того, как уже говорилось, московские великие князья покровительствовали Церкви, видя в ней средство легитимизации своей власти. Но мы должны разделить этот спроецированный образ и какие бы то ни было утверждения о личной духовности.

Можно выделить несколько тенденций в развитии духовности — той, которую распространяли образованные клирики, составлявшие жития святых, или крупнейшие монастыри. Одна носила откровенно политический характер, но преобладала другая, назидательная, направленная на поиск путей к Богу. С «политической» тенденцией мы уже сталкивались, говоря об имперском воображаемом: русская православная церковь превозносила себя и своих светских партнеров через жития святых и исторические сочинения. В XV веке некоторые епархиальные и политические центры (Новгород, Тверь, Ростов, Суздаль) и Москва создавали положительный образ себя путем составления летописей и житий, которые поддерживали их претензии на региональное политическое господство. Летописи были громоздкими, но изложение событий с библейской эпохи до настоящего времени позволяло тому или иному княжескому роду либо епископу показать, что его земли имеют важное значение для Божьего замысла. Каждая местная летопись включала более ранние, со времен Киевской Руси, а те содержали краткий обзор библейской истории; в итоге они делались достаточно объемными за счет включения локальных событий и обязательно содержали славословия правителям, епископам и другим известным людям, чья набожность и покровительство вере (авторы, в конце концов, были церковниками) были признаком господнего благословения, дарованного их стране. В таких княжествах, как Новгородское, Ростовское и Тверское, возникали пантеоны местных святых, часто являвшихся основателями монастырей. После вхождения всех этих земель в состав Московского государства местное летописание, не считая новгородского, по большей части пришло в упадок, в Москве же начали создаваться большие общерусские летописи, помещавшие ее в центр исторического процесса.

В XV веке церковь и государство также использовали жития святых, чтобы превозносить великокняжескую власть, сосредотачиваясь на культе трех святых епископов, тесно связанных с правящей династией — «московских чудотворцев»: митрополита Петра (ум. 1326), почитавшегося как основателя московской митрополии; митрополита Алексия (ум. 1378), наставника великого князя Дмитрия Донского, который вступил на престол в возрасте девяти лет и правил с 1359 по 1389 год; митрополита Ионы (ум. 1461), пользовавшего уважением за то, что он отверг Флорентийскую церковную унию 1448 года. Великий иконописец Дионисий написал две большие парные иконы Петра и Алексия со множеством сцен из их житий для новопостроенного Успенского собора в Москве; появились жития с подробным описанием их чудес. В летописях мы читаем о том, как великие князья перед сражениями посещали храмы, посвященные этим чудотворцам.

Другие тексты, вышедшие из-под пера клириков, были посвящены нравственности монахов и одновременно мирян, хотя в основном авторы обращались к элитной аудитории — монахам, их знатным покровителям, придворным, для которых предназначались проповеди епископов. В XV веке внутри монашества обозначились две тенденции. Одна заключалась в проповеди нравственности, касавшейся в основном публичного поведения — клеймились пьянство, сексуальная распущенность. Такие иерархи, как митрополит Даниил (ум. 1547), произносили пламенные проповеди, широко расходившиеся в народе, настоятели же монастырей, такие как Иосиф Волоцкий (1439–1515), основатель Успенского монастыря в Волоколамске, говорили об этом, давая наставления монахам. Иосиф Волоцкий (впоследствии канонизированный: местное празднование с 1579 года, общецерковное — с 1591-го) составил устав для общежительных монастырей (киновий), предусматривавший дисциплину и пасторское попечение, необходимые для сосредоточения мыслей на Боге. Этот устав, сделавшийся общепринятым для русских обителей в следующие два столетия, предписывал монахам проводить жизнь в трудах и молитве, воздерживаться от излишеств, проявлять смирение и требовательность к себе, в то время как сами монастыри накапливали деньги и земли — с точки зрения того же Иосифа, чтобы лучше служить Господу.

Другая тенденция в эволюции духовности — противоположная той, которую представлял Иосиф Волоцкий с его предпочтением общежительного уклада, — была связана с исихазмом, получившим немалое распространение среди русских монахов в XV веке. Как указывалось выше, исихазм знаменовал собой возрождение созерцательных духовных практик в Византии XIV века. Пол Бушкович продемонстрировал, что, восприняв исихазм в XV веке, русские монахи разработали его «региональный вариант», причем отбросили некоторые существенные элементы теории (учение Григория Паламы о нетварном свете) и практики (мистические видения), хотя и знали о них. Исихазм в России сыграл прежде всего роль толчка к возрождению созерцательной жизни в монастырях, которую вели в соответствии с раннехристианскими предписаниями: молчание, молитвы, упражнения в аскетике. Крупные духовные писатели прославляли великих духовных вождей: Епифаний Премудрый создал житие преподобного Сергия Радонежского (ум. 1392), Пахомий Логофет — житие святого Кирилла Белозерского. Оба описывали будущих святых как приверженцев аскетизма, которые вели строгую и смиренную жизнь, полную труда и молитв, и, отрекаясь от мирских страстей, искали уединения, чтобы наладить общение с Богом. Нил Сорский, основавший небольшой скит на реке Соре (конец XV века), в своих трудах более последовательно отражал исихастское учение. Для последователей Иосифа Волоцкого «освобождение от страстей» означало, к примеру, сдерживание сексуальных желаний; Нил Сорский вкладывал в эти слова тот же смысл, что и греки, имея в виду усмирение внутреннего смятения, борьбу с алчностью, гордыней, гневом. То была более «глубинная» нравственность, по сравнению с той, что проповедовали Иосиф Волоцкий и митрополит Даниил; в московский период русской истории Нил Сорский пользовался большим почитанием в монастырских кругах. Идея незримого союза с Богом, составлявшего конечную цель исихазма, нашла отражение в величайших произведениях русского религиозного искусства XV века — «неотмирных» иконах и фресках, созданных Феофаном Греком в Москве и Новгороде, Дионисием в Ферапонтовом монастыре под Белоозером, Андреем Рублевым во Владимире, Звенигороде и Москве.

Для монаха было необязательно вести созерцательную жизнь, обитая в уединенном скиту, но Нил Сорский ясно обозначил проблемы, связанные с противоположным выбором — существованием в большом монастыре, где собирание мирских богатств шло параллельно духовным поискам (рис. 12.2). Он утверждал, что при общежительном укладе монахи быстро становятся подвержены мирским порокам (жизнь за счет чужого труда, приобретение роскошной одежды, накопление сокровищ, создание архитектурных ансамблей). Иосиф Волоцкий, напротив, считал, что лишь крупный общежительный монастырь со строгим уставом является подходящим местом для молитвенного созерцания. Представления о том, что эти двое вели острую дискуссию о том, должны ли монастыри владеть землей, ныне отвергнуто; такие споры разгорелись лишь в середине XVI века. Как Иосиф Волоцкий, так и Нил Сорский преследовали одну цель — наладить монашескую созерцательную жизнь, — но выбирали для этого разные средства. Роберт Романчук рассказывает о том, насколько прилежно насельники Кирилло-Белозерского монастыря следовали созерцательным практикам двух видов: одна сводилась к чтению духовных сочинений, по примеру отцов-пустынников (духовных предшественников исихастов), другая была связана с более интеллектуальными занятиями — изучением и анализом текстов. Благодаря своему богатству монастырь собрал обширную библиотеку и давал монахам хорошее образование. Чтобы такие занятия не выходили из-под контроля, духовные наставники разрабатывали методы самодисциплины (устав Иосифа Волоцкого и другие) и постоянно обрушивались на самые возмутительные прегрешения против общественной нравственности.

Едва ли мы можем узнать, в какой степени эти идеалы и назидательные послания воспринимались мирянами. Они воплощались в житийной литературе, иконах, проповедях; собрания проповедей различных авторов, от величайших византийских святых (Иоанн Златоуст и другие) до московского митрополита

Рис. 12.2. Троице-Сергиев монастырь неподалеку от Москвы пользовался покровительством царского семейства и знатнейших бояр, процветая благодаря обширным земельным владениям. Толстые стены позволили ему выдержать осаду в Смутное время и приютить царскую семью в ходе драматических событий 1682 и 1689 годов. Фото Джека Коллманна

Даниила, были легко доступны. Но неграмотное в большинстве своем население не могло воспользоваться этим. Теоретически жития являлись хорошим средством для передачи как светских, так и религиозных идей, поскольку эти тексты ежедневно читались вслух на церковных службах. Помимо аскетов, основателей монастырей, культ которых поддерживался соответствующими обителями, в России почитались святые и другого рода — вероятно, в этом можно видеть проявление народной духовности. Так, в XV и XVI веках получили широкое хождение легенды о юродивых (Михаил Клопский, Василий Блаженный). Совершая подвиг юродства по примеру ранних христиан, они вели необычный образ жизни, отмеченный бедностью, лишениями и нелогичным поведением, часто рассчитанным на внешний эффект.

Юродивых боялись и сторонились, но также почитали за решительность, с которой они говорили правду сильным мира сего — браня тех, кто унижал их, или разоблачая продажных сановников. Судя по популярности таких святых, их предельная человечность и уязвимость находили отклик в народе, которого, вероятно, не получали деяния святых аскетического толка. Иконы до определенной степени давали модель идеальной святости: юродивые изображались всклокоченными, святые аскетического толка — облаченными в скромные одеяния, тощими и изможденными. Тем самым усиливалось воздействие обоих монашеских идеалов, исихастского и общежительного.

Мы, однако, все еще далеки от духовности мирян. Трудно сказать, насколько все эти идеи, зародившиеся среди монахов, проникали в толщу народа. Тем не менее, можно предположить, что в XVII веке народные верования испытали определенные перемены, о чем свидетельствуют новые акценты — в иконах, поклонении святым, житийной литературе, проповедях. После Смутного времени, по словам Пола Бушковича, вера становится более индивидуализированной. В ответ на закрепощение, увеличение тяглового бремени и усиление государственного вмешательства в экономику появляются жития новых святых — обычных людей, ведущих благочестивую жизнь, творящих добрые дела в своем доме и своей общине. Иулиания Муромская не была монахиней и стала святой благодаря тому, что вела существование жены и матери, занималась благотворительностью, заботилась о больных и бедняках. Житие полумифических Петра и Февронии приобрело значительную популярность за счет тем, близких народу: власть женщины, волшебство, супружеская любовь. В обоих этих житиях превозносилась духовная роль женщины, в них нашли отражение — в отличие от житий святых XVI века — представления о внутреннем, личном благочестии. Святой Сергий давал наставления князьям и творил чудеса в присутствии массы народа; Иулиания совершала добрые дела в своем домашнем кругу, облегчая жизнь конкретным людям. Этот же вид благочестия был свойствен местным святым, почитание которых началось в то время — они были знамениты не громкими деяниями, а целительством. В посвященных им храмах происходили чудеса; впоследствии они вошли в жития, наряду с теми чудесами, которые святые творили при жизни. В эти церкви стекались толпы людей: такие святые казались более доступными и человечными, чем строгие, отстраненные аскеты.

В ответ на этот всплеск благочестия церковь постаралась упорядочить все, что было связано со святыми и святостью, при том что Россия не знала формальных процедур канонизации, действовавших на католическом Западе. Периодически церковь признавала новых святых — множество их появилось в середине XVI века (в связи с приобретением Московским государством новых территорий) и в середине XVII века (когда некоторые местночтимые святые стали общенациональными). Но одновременно в XVII веке церковные деятели, охваченные реформаторским пылом, предприняли масштабный пересмотр местных культов и чудес, считая причиной их возникновения скорее желание обогатиться за счет притока паломников в тот или иной город либо монастырь, нежели очевидные признаки святости почитаемого заступника. Некоторые чудотворные иконы были признаны фальшивками, к недовольству местного населения.

Новые представления о своем «я», Боге и обществе, как и новые способы отражения духовного состояния, были заимствованы Россией из Украины в XVII веке и оказали влияние на религиозную жизнь как знатных людей, так и простых мирян. Как уже говорилось, с конца XVI века православной церкви в Украине угрожали, во-первых, протестантские миссионеры, действовавшие очень успешно, а во-вторых, иезуиты, посланные туда на волне Контрреформации и действовавшие еще более успешно. Многие магнаты из числа православных обратились в католичество (тем более что польские короли из династии Ваза отказывались предоставлять высшие должности некатоликам). В ответ на это православные — священники, горожане, представители мелкой знати — повели с иезуитами изощренную полемику и принялись возрождать церковную жизнь на приходском уровне. Чтобы привлечь верующих, они издавали богослужебные книги, катехизисы и благочестивые сочинения, привнося новые идеи, тексты и визуальные образы, взятые на католическом Западе. В первой половине столетия украинское духовенство и казацкие вожди, рассчитывая на помощь России, регулярно посещали Москву, знакомя русских со своей обновленной верой. После того как Левобережная Гетманщина перешла под покровительство России, культурное взаимодействие еще более усилилось.

В 1670–1680-х годах украинские, белорусские и русские церковные деятели (Симеон Полоцкий, Карион Истомин, Епифаний Славинецкий, Сильвестр Медведев) внушали царской семье (включая будущую регентшу Софью и будущего Петра I) и боярам новые понятия о духовности и своем «я», основанные на программах украинских школ, которые составляли иезуиты. Как отмечает Бушкович, они призывали вырабатывать более личные представления о нравственности, вытеснявшие принципы XVI века — осуждение публичной демонстрации излишеств — и сосредоточенные на таких грехах, как алчность, гордыня, отсутствие милосердия. В политическую сферу они привнесли идеи Аристотеля (обязанность правителя служить «общему благу») и ренессансные понятия гражданских добродетелей; тем самым поощрялись перемены и улучшения в обществе.

Средства визуального выражения — по крайней мере, в крупнейших городах — стали отображать более деятельный, «гуманистический» подход, который также проник в Украину с Запада. На иконах и фресках появлялись более реалистичные трехмерные изображения на основе истинной перспективы, лица стали выглядеть более правдоподобно — следствие знакомства с барочной живописью католических стран. Церкви украшались яркими, причудливыми барочными орнаментами, согласно вкусу влиятельных дарителей, включая родственников царя — Нарышкиных.

Придворное искусство и философия, вероятно, распространялись по преимуществу среди кремлевской элиты, однако более личная, «домашняя», духовность, которую проповедовала житийная литература XVII века, находила более широкий отклик. Но не следует думать, что все подданные царя были знакомы с этими новшествами; большинство прихожан жили далеко от своей церкви и редко посещали службы. В отсутствие приходских школ для мирян и семинарий для клириков, они могли вообще не разбираться в тонкостях вероучения. Те же, кто разбирался, и те, кто смотрел на крестные ходы и другие ритуалы, сталкивались с живой, пламенной верой, предусматривавшей преданность царю и государству, обличение прегрешений против нравственности, обращение внутрь себя в поисках духовного начала, достижение святости путем совершения добрых дел и облегчавшей беспокойство относительно болезней, смерти и тайн жизни.

НАДЗОР ВЕДЕТ К РАСКОЛУ

Церковь была постоянно обеспокоена тем, что миряне плохо понимали вероучение и неправильно совершали обряды. Контроль над вероучением в эти столетия принимал две формы: судебные процессы против тех, кого причисляли к еретикам, и реформы, направленные на улучшение положения дел в области религиозной жизни. В таких торговых городах, как Новгород и Псков, связи с Европой приводили к появлению вольнодумцев, «еретики» зафиксированы там начиная с XIV века. Некоторые из этих идей распространялись и среди московской знати, но не породили массовых народных движений. Среди «еретиков», подвергавшихся преследованиям, одни отрицали право церкви на совершение таинств (стригольники), другие осуждали ее притязания на светскую власть, третьи придерживались рационалистических, антитринитарных и антиклерикальных убеждений (за что были названы «жидовствующими»), четвертые выражали недовольство переменами в иконописании и так далее. Для суда над еретиками собирали иерархов, к которым часто присоединялись светские сановники, и если дело было серьезным, виновного без колебаний приговаривали к смерти. Однако Дэвид Голдфранк отмечает, что в XVI веке Церковь уже не так рьяно карала еретиков, предпочитая, к примеру, заточать совершивших религиозные преступления в монастырь. То же самое делалось и в XVII столетии, намного более бурном, как будет ясно из этой главы: те, кто соглашался встать на путь духовного исправления, получали прощение.

Усилия церкви, направленные на установление контроля над вероучением и усовершенствование религиозных практик путем реформ, в раннее Новое время оказались малоуспешными. Основные поводы для беспокойства и предложения были озвучены на Стоглавом соборе 1551 года, а затем повторены на церковных соборах 1620 года и 1650-х годов. Одним из поводов для беспокойства была визуальная репрезентация вероучения: Стоглавый собор отверг новшества в иконописании и изменение формы креста (высказавшись за восьмиконечный крест). Вызывал тревогу и церковный обряд: участники Стоглавого собора осудили многогласие (одновременное совершение разных частей богослужения), вынесли решение относительно некоторых вопросов (совершение крестного знамения двумя пальцами, сугубая (двукратная), а не трегубая (трехкратная) аллилуйя после псалмов, и так далее). Одной из главных проблем было исправление богослужебных книг для устранения расхождений. Ее наличие признали еще в 1518 году, когда в Москву с этой целью пригласили Максима Грека (Михаила Триволиса), ученого монаха с Афона. Предложения Максима Грека, сделанные в соответствии с тогдашними представлениями греческих ученых, были отвергнуты, а сам он подвергся осуждению как еретик в 1525 и 1531 годах и скончался, будучи заточенным в монастырь (1556). Стоглавый собор лишь подтвердил существование проблемы, но не предложил ничего.

Нравственность населения была предметов всеобщей озабоченности, начиная со Стоглавого собора, который заклеймил епископов за продажность в отношениях с мирянами, священников — за необразованность, пьянство и небрежное служение литургии, монастыри — за слабую дисциплину и сексуальные злоупотребления монахов и монахинь. С особенной силой собор обрушился на народные верования: и клирики, и миряне, по мнению епископов, привносили языческие суеверия в христианское вероучение и обряды. Осуждению подверглись половая распущенность, непристойные пляски и песни скоморохов в дни церковных празднеств, совпадавших с зимним и летним солнцестоянием и другими важными сезонными или сельскохозяйственными датами. Собор обозначил и кое-какие конкретные меры: о создании образовательной системы для духовенства (что предлагал еще в 1490-х годах новгородский архиепископ Геннадий) речь не шла, но было постановлено, что священники должны учиться у своих же более образованных собратьев. Было также решено сдержать аппетиты нечистых на руку сборщиков церковной десятины, но в этом смысле так и не было сделано ничего. Чтобы улучшить нравственность и духовную жизнь приходских священников, вводился институт поповских старост. Правда, он так и не стал полноценным до собора 1675 года, но и после этого контроль со стороны духовных управителей (как они стали называться к тому времени) был не слишком строгим.

В XVII веке некоторые предложения Стоглавого собора были проведены в жизнь. В первой половине столетия появились разнообразные стимулы для церковной реформы. После введения патриаршества (1589) греческие клирики стали снабжать Россию новыми книгами и идеями; в Смутное время знать вошла в тесное соприкосновение с поляками-католиками. В этом смысле отдельно отметим Федора Никитича Романова, отца царя Михаила: боярин, могущественный соперник Бориса Годунова, он был насильно пострижен в 1601 году и с 1610-го находился в польском плену, а по возвращении в Москву (1619) немедленно был избран патриархом, сделался фактическим соправителем своего юного сына (род. 1596) и являлся им до своей смерти в 1633 году. Став патриархом под именем Филарета, он не только проявил себя как умелый светский политик, но также всемерно заботился о сохранении и увеличении экономического могущества и политической автономии церкви. В это же время в Москве начало ощущаться влияние реформированной украинской православной церкви. Еще одним внешним стимулом стали приезды — в расчете на вспомоществование — православных патриархов и монахов из различных стран.

Все эти силы способствовали тому, что внутри Русской православной церкви на протяжении XVII века наблюдалось небывалое брожение, затронувшее как духовную, так и институциональную сферу. В результате около 1640 года в Кремле образовался круг духовных и светских лиц, известных как «ревнители благочестия». Внутри него в целом можно выделить две группы в соответствии с тем, какие задачи считались важнейшими (хотя это деление во многом условно). Первая группа была озабочена в основном нравственностью и религиозной жизнью мирян, о которой много говорили ученые приходские священники и пламенные проповедники (Аввакум, Иван Неронов, Даниил, Логгин). Они призывали внести изменения в литургию — например, включить в нее проповеди для наставления верующих, положить конец сокращению длинных служб (например, с помощью многогласия, из-за которого все становилось неразличимым). В отношении проповедей они добились своего, но прошло еще два века, прежде чем проповеди стали обычной практикой в церквях. Как и участники Стоглавого собора, они ополчались на народные верования и языческие обряды, скоморохов, пьянство, табакокурение и прочие прегрешения против нравственности, в чем заручились поддержкой Алексея Михайловича (указы 1640-х годов, направленные против скоморохов и посягательств на нравственность).

Если первую группу заботило улучшение нравственности, то вторая — самыми видными фигурами в ней были Алексей Михайлович, его близкий соратник Федор Ртищев, царский духовник Стефан Вонифатьев и отличавшийся космополитичными взглядами новгородский митрополит Никон — сосредоточилась на подготовке русского православия к обретению им законного первенства среди восточных церквей (в 1685 году Киевская митрополия стала подчиняться не Константинополю, а Москве). Контролируя возрожденный Печатный двор, они вернулись к главной проблеме, поставленной Стоглавым собором — необходимости устранить расхождения в богослужебных книгах. Перед ними стояла трудная задача: определить, какие тексты являются подлинными, с учетом того, что традиция насчитывала уже много веков. Все они прислушивались в первую очередь к грекоязычным советникам и патриархам, настойчиво предлагавшим взять за образец книги, имевшие хождение среди греческой диаспоры — зачастую напечатанные в Венеции и носившие следы посттридентского католицизма. Тексты, которые выпускали московские издатели, пользуясь этими источниками, часто противоречили постановлениям собора 1551 года, фактически отвергнутым Церковью в 1660-х годах.

В 1652 году Никон стал патриархом и энергично взялся за исправление богослужебных текстов. В 1653 году он выпустил обновленный «Номоканон», а в последующие годы — ряд других книг: Псалтырь, Часослов, Новый Завет, Деяния апостолов и так далее. Вместе с множеством указов это влекло за собой перемены в текстах и ритуалах, которые меняли если не православное вероучение, то богослужение — исподволь, но весьма существенно. Назовем некоторые из них: трехперстное знамение, греческий четырехконечный крест (вместо традиционного восьмиконечного), другое количество поклонов на великопостных службах, новое написание имени Христа (Иисус вместо Исус) и небольшие, но важные изменения в Никейском символе веры. Жесткий и честолюбивый Никон разослал новые книги во все приходы, соборы и монастыри, велев служить по ним под угрозой быть обвиненным в ереси (согласно указу 1656 года). Он не позаботился о том, чтобы подготовить почву для этого или объяснить отдаленным обителям и приходам логику изменений.

Проводя в жизнь эти реформы, православная церковь следовала сложившейся традиции, а цели этих мероприятий ставились церковными соборами с 1551 года. Но этот процесс имел параллели в католичестве и протестантизме, где с XVI века обозначился поворот к большей нравственной строгости, что было известно некоторым русским реформаторам. Новые книги Никона и стремление церкви контролировать нравственность мирян представляли собой ту же разновидность конфессионализации, которую осуществляли протестантские секты и католицизм в ходе Контрреформации. Конфессионализация подразумевает усилия институционализированной церкви, направленные на закрепление церковных догм в катехизисах и библейских текстах, переведенных на местные языки, наставление паствы в том, что касается вероучения и ритуалов, ужесточение контроля над нравственностью верующих и их приверженностью данному вероисповеданию. Однако в России этот процесс шел не так успешно, как внутри католичества, лютеранства и кальвинизма, по причине нехватки ресурсов. Новые книги Никона распространялись принудительно, но миряне почти не были вовлечены в реформу. Ее творцы даже не попытались внедрить основные элементы европейской конфессионализации: основание семинарий, улучшение образования клириков, открытие приходских школ, выпуск назидательных трудов на местных языках, насаждение грамотности среди мирян. Важным первым шагом могло бы стать создание более густой сети приходов, но усилия по дроблению епархий, предпринятые в 1680-е годы, вызвали сопротивление епископов, не желавших лишаться своего могущества. Однако многие миряне в любом случае выступили бы против реформ, менявших то, что для них было важнейшей составляющей веры — обряд.

Оппозиция, включавшая часть «ревнителей благочестия», появилась немедленно. Аввакум, Иван Неронов и прочие постоянно протестовали, указывая, что греческие книги не являются древними оригиналами, но были исправлены под влиянием еретиков-католиков, что обрядовые изменения не имеют прецедентов и суть православия — в сохранении священного наследия нетронутым; решения собора 1551 года, по их мнению, представляли подлинную отечественную традицию. Они сразу же отвергли Псалтырь 1653 года, а впоследствии — другие исправленные книги, чем навлекли на себя гнев церковных иерархов. Неронов в 1656 году был отлучен от церкви и сослан в монастырь, откуда бежал и продолжил пламенно выступить против реформ. Представ перед церковным собором 1667 года по обвинению в ереси, Неронов покаялся, но многие другие не сделали этого. Стойким противником реформы оставался, к примеру, Аввакум: высланный в Сибирь (1653), он продолжил проповедовать там и в 1664 году был возвращен в Москву. На соборе 1667 года он вместе с группой единомышленников отказался от покаяния, был сослан в Пустозерск и сожжен там в 1682 году. Между тем Никон сложил с себя патриарший сан (1658) из-за конфликта с царем — он считал церковь стоящей выше государства. В защиту своего тезиса он приводил две аналогии: в первой из них церковь и государство сравнивались с солнцем и луной, во второй духовная и светская власть представали «двумя мечами», — обе использовались средневековыми папами в их борьбе против европейских монархов. Однако к доводам Никона не прислушались.

Собор 1666–1667 годов, решающий голос на котором получили приглашенные греческие патриархи, стал поворотной точкой в истории Русской православной церкви. Низложив Никона, он подтвердил его реформы и анафематствовал их противников. Это вызвало открытое возмущение несогласных; сотни общин присоединились к тому, что получило название староверия. В 1684 году вышел царский указ, обрушивавший на раскольников всю мощь государства — инакомыслие рассматривалось как неповиновение властям. К староверам могли применяться любые меры, вплоть до смертной казни через сожжение.

Переход в открытую оппозицию церкви был нелегким шагом для рукоположенных священников, таких как Аввакум и Неронов, и оправдать его можно было только при помощи апокалиптического мышления. Милленаризм, достаточно распространенный в России еще в XVI веке, стал еще сильнее в следующем столетии из-за появления апокалиптических сочинений и иллюстративных материалов, созданных в Украине. Уже в 1620-е годы появилось раскольничье милленаристское движение под предводительством харизматичного вождя — инока Капитона, предвосхитившее многие идеи и структуры старообрядчества. Свою эпоху, принесшую небывалые социальные и экономические потрясения (закрепощение, усиление тягла, рост бюрократизации, религиозные преобразования), Капитон и его последователи считали концом времен, объявив Церковь и государство еретическими. Капитоновцы уходили в леса, где жили небольшими общинами вроде монашеских, подражая раннехристианским пустынникам с их предельным аскетизмом, осуждая государство как носителя языческого начала.

Старообрядчество в своем отвержении официальной церкви также опиралось на апокалиптические настроения. Раскольники утверждали, что никоновские реформы, осуждения со стороны церковных соборов и преследования властей — свидетельство того, что история христианства подошла к концу. В царе и патриархе видели Антихриста, тем более что Петр I стал насаждать европейскую культуру и радикально видоизменил институциональное устройство церкви. В ответ на требования отречься от своих убеждений старообрядцы демонстрировали приверженность православию: после того как их страстные проповеди не смогли пошатнуть церковь и государство, а их вождей принялись хватать, допрашивать, пытать, ссылать и казнить, большинство не поднялось с оружием в руках. Поначалу наблюдалось определенное сопротивление: как показал Георг Майклз, некоторые группы увидели в присоединении к старообрядчеству удобный повод для социального бандитизма и начали захватывать деревни; Соловецкий монастырь восемь лет выдерживал осаду царских войск (1668–1676). Однако за церковным расколом не последовала многолетняя религиозная война; обычным способом сопротивления раскольников было бегство. Некоторые делали страшный выбор, совершая массовые самосожжения, волна которых прокатилась по старообрядческим общинам в 1670–1680-е годы. Самоубийство рассматривается христианством как грех, но в данном случае оно оправдывалось чрезвычайными обстоятельствами — концом времен. Между тем вожди староверов начали выступать против самосожжений уже в 1690-е годы. Остальные же попросту пускались в бега и жили, ожидая Страшного суда, считая общество языческим и отвергая государство. К концу XVII века старообрядцы переселились в пограничные области империи: Крайний Север, Северо-Запад, Урал, Сибирь, Нижнее Поволжье, земли у границы с Польшей. Встала проблема: как устроить праведную жизнь вне церковных институтов, пока не свершился последний суд? В главе 20 мы рассмотрим, каким образом она решалась на протяжении XVIII века.

НАРОДНЫЕ ВЕРОВАНИЯ И СИНКРЕТИЗМ

Как это происходило со всеми разновидностями христианства в Европе раннего Нового времени, история церкви и даже крупнейшего раскола в ней — лишь часть истории. В течение всего европейского Средневековья миряне приспосабливали христианское вероучение и обрядность к народным обычаям. Реформация и Контрреформация проделали долгий путь к наведению единообразия в области веры и обрядов, но даже в Европе примеси народных воззрений, магия и суеверия сохранялись еще в XIX веке. В России христианство тоже было синкретичным, но не знало конфессионализации, как в Европе, и, таким образом, оставалось нереформированным в течение XIX века.

Уже в XVI веке европейские путешественники, попадавшие в Россию, резко критиковали русское православие. Предметы критики во многом зависели от отношения к Реформации: католики, например Сигизмунд фон Герберштейн в 1520-е годы, ничего не имели против литургии и таинств, протестанты же, как Джайлз Флетчер в 1580-е годы, выражали презрение к ним, а заодно к иконам, святым и монашеству. И те и другие были едины в своем осуждении русских за безнравственность (пьянство, сексуальная распущенность), но главное — за невежество и суеверность. Адам Олеарий, интеллектуал и эрудит, особенно сильно нападал на местное население за невежество и недоверие к науке. Как уже говорилось, церковный собор 1551 года также был обеспокоен этими проблемами, и прежде всего тем, что христиане следуют «языческим» обычаям. Но, ввиду отсутствия целенаправленных усилий по конфессионализации, русское православие вступило в современную эпоху с синкретической верой. Действительно, русские этнографы XIX века выяснили, что номинально православные люди привержены анимистским и языческим верованиям и обрядам. Стелла Рок даже утверждает, что этот религиозный синкретизм, или «двоеверие», представлял собой параллельную систему верований, противостоял церкви и государству, но для многих он являлся самым обычным православием.

В христианской Европе, как Западной, так и Восточной, принятие христианства влекло за собой ассимиляцию местных верований и обрядов. Святые заняли места различных божеств. У восточных славян Илья-пророк ассоциировался с Перуном; в почитании святой Параскевы можно разглядеть черты византийских культов и поклонения женскому божеству Мокоши; христианские праздники совпадали со многими важными датами аграрного и солнечного календаря. Кое на что церковь смотрела снисходительно: в сельских районах Франции, Германии и России священники участвовали в аграрных церемониях, анимистических по своему происхождению. В России крестьяне почитали «мать сыру землю», а основные даты сельскохозяйственного цикла отмечались при помощи ритуалов плодородия. В некоторых областях перед началом вспашки жители деревни молились перед иконой и куском хлеба и проводили первую борозду, прежде чем приниматься за все поле. Для начала жатвы выбирали деревенскую женщину, известную своими добродетелями: она зажигала свечи перед иконами, символически срезала первые снопы и укладывала их в форме креста; позднее священники благословляли собранное зерно.

Однако клирики хорошо сознавали риск того, что народные верования могут из безобидных традиций сделаться отклонением и даже ересью. Отцы церкви, восточные и западные, пользовались раннехристианскими святоотеческими творениями и постановлениями соборов, чтобы пресекать отклонения двух видов. Первое — иногда называемое «высокой» или «оккультной» магией — опиралось на обширную античную литературу по астрономии и астрологии, медицине и целительству, математике и другим наукам. Второе воплощало в себе не зафиксированные на письме народные традиции, шаманские и анимистические верования и обряды. В России раннего Нового времени как Стоглавый собор 1551 года, так и Домострой осуждали оккультные практики; составлялись списки запрещенных книг с использованием византийских источников. Но все это не было главной причиной религиозных отклонений в Московском государстве. Лишь очень немногие античные тексты по медицине, астрономии и прочим наукам были переведены на старославянский; некоторые из них проникли в Россию в XV–XVI веках из гуманистических кругов и еврейских общин Литвы, что вызвало процессы над еретиками. Но одновременно в конце XV века монах Ефросим из Кирилло-Белозерского монастыря составил сборник библейских, житийных и назидательных текстов, а также светских повестей, трудов по медицине и гаданию — безо всяких последствий. В целом же магия высокого уровня и оккультизм не нашли широкого распространения среди неграмотного населения Московского государства.

Более серьезной проблемой для клириков в это время были отклоняющиеся от нормы светские и даже церковные практики. Епитимийники, проповеди, послания содержали нападки на мирян, прибегавших к амулетам, заговорам, сборникам волшебных текстов. Участники собора 1551 года осудили церковников, разрешавших присутствующим на службах класть под алтарь различные предметы (соль, мыло и т. д.), чтобы тем самым благословить эти вещи. Осуждалось и веселье по праздникам, особенно в канун Рождества, Богоявления, Рождества Иоанна Предтечи и Троицы (совпадавших с зимним и летним солнцестояниями) и в основные даты сельскохозяйственного календаря. Были заклеймены скоморохи со своей «бесовской игрой», медведями и квазидуховной властью (считалось, что они отгоняют злых духов от свадебных процессий). Все эти нападки — в католической и протестантской Европе аналогом этому была борьба с магией и суевериями — были затем подхвачены «ревнителями благочестия» и старообрядцами.

Многие критические замечания, высказываемые официальными лицами, могли дословно цитироваться по византийским каноническим документам, но есть множество свидетельств — как относящихся к рассматриваемой эпохе, так и собранных позднее этнографами — того, что православие, исповедуемое мирянами в Московском государстве, было смешано с языческими верованиями и обрядами. Богослужебные книги в приходах содержали молитвы, возносимые духовными лицами и мирянами в случае какой-либо личной надобности и в повседневных ситуациях (болезнь, влюбленность, необходимость идти в суд); в таких молитвах христианское вероучение было тесно переплетено с анимизмом. Люди обращались к духам природы и к христианским святым, видя зло в дьяволе и других природных силах. Они взывали к ветхозаветным пророкам, святым, Иисусу, Богоматери, наряду с персонажами «народного иномирья», пользуясь выражением Ив Левин. Священные дубы, мифические острова и озера, лучи рассвета и заката соединялись с христианскими мотивами. Существовали культы местных святых — оставшимся от них реликвиям, мощам, посвященным им храмам и иконам с их изображениями приписывалась чудотворная сила, что вызывало беспокойство официальной церкви.

Жители Московского государства часто прибегали к магии, причем это касалось всех этажей общества, вплоть до царского двора. Московские правители, начиная с Ивана III, прибегали к услугам европейских врачей, которые часто применяли характерное для Европы раннего Нового времени сочетание различных способов лечения: античные целительские практики, снадобья и молитвы, астрология и астрономия, наконец, научные методы. Некоторые — например, состоявший при Иване IV Элизеус Бомелиус и Стефан фон Гаден, лекарь Алексея Михайловича, — погибли, обвиненные в занятиях черной магией, в ереси или в отравлении; большинство из них, однако, процветало, особенно после учреждения при Алексее Михайловиче Аптекарского приказа с целью заимствования западных врачебных практик и лекарственных отваров, ввоза книг по астрологии, приглашения специалистов в Россию. В XVII веке правители и знать проявляли ко всему этому немалый интерес: в покоях Алексея Михайловича и царевны Софьи стены были расписаны астрономическими символами; советники Софьи Сильвестр Медведев и князь Василий Голицын поддерживали отношения с колдунами. У Алексея Михайловича имелись травы для магических целей. Как он, так и его отец Михаил Романов содержали для своей защиты ведунов, хотя и постоянно опасались, что станут жертвой магических заговоров. В некоторых делах об измене конца XVII века фигурировали представители придворной знати (стольник Андрей Безобразов, Григорий Талицкий), покровительствовавшие обладателям волшебной силы.

Миряне обращались к магии в любовных делах — чародейство и различные отвары помогали женщинам найти хороших мужей, мужчинам — соблазнять женщин, супружеским парам — вновь обрести угасшее влечение друг к другу. Часто соответствующие заклинания были обращены к христианскому богу или святым и одновременно — к магическим силам. Магия использовалась прежде всего для целительства — этой цели служили полные духовного могущества (как предполагалось) снадобья, травы и заговоры, часто употреблявшиеся известными знахарями. Даже православные руководства по врачеванию часто предусматривали, наряду с телесным воздействием, произнесение заклинаний и совершение ритуалов. Такое целительство наблюдалось повсеместно, но те, кто прибегал к нему, могли предстать перед судом по обвинению в колдовстве, если причиняли кому-либо вред. Порой такие обвинения выдвигались, когда человек, семья или община становились жертвой необъяснимого бедствия. В Московском государстве, в отличие от Европы и Америки раннего Нового времени, подсудимыми на колдовских процессах являлись в основном мужчины. Как отмечает Валери Кивельсон, это может быть связано с тенденцией обвинять чужаков, в России же мобильность была свойственна по преимуществу мужчинам (солдаты, крестьяне, едущие на рынок или посланные в город, чтобы заработать денег на выплату тягла). Часто обвиняемыми становились священнослужители, обладавшие тайными знаниями и авторитетом в духовных вопросах. Светские суды рассматривали колдовство как уголовное преступление и выносили различные приговоры — от пеней и легких телесных наказаний до смертной казни, в зависимости от тяжести деяния.

Чего не было в России раннего Нового времени, так это «охоты на ведьм» и рассуждений об одержимости дьяволом, появившихся в Европе под влиянием инквизиции. Разумеется, выработанные православием представления о колдовстве происходили из тех же самых раннехристианских источников, и в русских источниках колдуны и ведьмы описываются как действующие по наущению дьявола. Однако европейский дискурс того времени был крайне сексуализирован (ведьминские шабаши как оргии с участием Сатаны) и вращался вокруг фигуры самого Сатаны. В России во время допросов колдунов эта тема не поднималась; кроме того, не считалось, что обладание магическими способностями как-то связано с этим — вплоть до принятия воинского устава 1715 года, где вводилось понятие «обязательства с сатаною», заимствованное из германских и шведских источников. Некоторое количество соответствующих обвинений действительно было предъявлено в XVIII веке, но интерес к колдовству как преступлению в этом столетии, отмеченном влиянием Просвещения и скептицизмом, сильно упал. При Екатерине II колдовство стало считаться уже не тяжким преступлением или ересью, а мошенничеством, и подобные дела отныне слушались в судах низшего уровня.

Что касается верований мирян, современные историки считают понятие двоеверия устаревшим, предлагая взамен другое — «живое православие». Разумеется, христианство глубоко проникло в общество, но приняло форму — сохранявшуюся еще в XIX веке, — которую Грегори Фриз назвал «русским разнославием» (Russian heterodoxy). С течением времени вероучение и обрядность впитывали местные обычаи, результатом становилось такое разнообразие, которое ученые церковники могли назвать отклонением или даже ересью, однако миряне считали правильным христианством. В XIX веке Россия, по мнению некоторых исследователей, являлась даже более христианской страной, чем европейские страны, где победила Реформация, поскольку в ней не пустили корни скептицизм и атеизм, ослаблявшие позиции христианства. В России его придерживались твердо, хотя с канонической точки зрения оно было неполноценным.

«Рехристианизация» русского православия (термин Грегори Фриза) по-настоящему началась в середине XVIII века и продолжалась как минимум столетие (см. главу 20). Просвещенные епископы стали заниматься такими вопросами, как приходское образование, наведение порядка в почитании святых, обязательное включение проповеди в литургию, стандартизация богослужебных текстов, улучшение подготовки священников и так далее. Прогресс был медленным: как указывает Эли Виртшафтер, лишь в 1770-х годах Церковь достигла цели, поставленной еще Никоном, и стала рассылать единообразные богослужебные книги по всей стране. Ввиду низкого уровня грамотности, слаборазвитых средств коммуникации и почти отсутствующего образования мирян последние еще в XVIII веке практиковали языческие, народные и неканонические верования и обряды, создавая собственные разновидности христианства.

«ХРИСТИАНИЗАЦИЯ БЕЗ ОБРАЩЕНИЯ»

Последнее, о чем следует сказать, — это взаимоотношения православной церкви с другими религиями в московский период русской истории. С одной стороны, несмотря на колониальную политику государства, проявлявшего «терпимость» к различиям (этническим, религиозным, культурным, языковым, административным), ни государство, ни церковь никогда не проводили политику религиозной терпимости. Как отмечает Гэри Хэмбург, русские авторы религиозных текстов редко поднимали этот вопрос до XVIII столетия. Оживленные дискуссии по этой теме в XVI и XVII веках шли в Украине из-за миссионерских кампаний, развернутых протестантами и католиками, но православная церковь в Московском государстве не подвергалась таким же прямым вызовам. Сталкиваясь с христианским вольнодумством, церковь и государство безжалостно клеймили его «ересью», и во время жаркой полемики, последовавшей за Расколом, представители обеих сторон (Полоцкий, Аввакум) не призывали к терпимости в отношении верований и обрядов, а лишь заявляли о превосходстве собственных верований.

С другой стороны, империи в московский период было свойственно религиозное разнообразие — по двум причинам. Во-первых, Русская православная церковь, опираясь на опыт византийской, от которой происходила, практиковала, так сказать, религиозную версию «политики различий», когда речь шла об обращении в веру. Пол Бушкович указывает, что современные исследователи часто рассматривают в качестве образца католическую церковь (особенно в ее посттридентском варианте, времен Контрреформации), но этот образец, современный по своему характеру, не определял отношение православной церкви к другим религиям. Церковь поступала более прагматично, по-византийски, не стремясь осуществлять насильственное обращение или устанавливать конфессиональное единство в масштабах всей империи. Изучив то, что церковные писатели говорили об исламе, Бушкович замечает: православная церковь не разработала терминов и традиций, связанных со священной войной или крестовыми походами против мусульман, ее антиисламская риторика основывалась на необходимости сражаться за веру. Византийские сочинения, направленные против иудаизма, были куда более резкими.

Далее, государственная политика, предусматривавшая сохранение местных религий на подчиненных территориях, была реалистичной. Майкл Ходарковский считает иначе (обращение, по его словам, было «неотъемлемой частью государственной политики»), но признает, что усилия по обращению редко где были успешными и обычно уравновешивались прагматичной терпимостью, особенно в приграничье. После взятия Казани русские власти конфисковали собственность мусульманских религиозных организаций и «христианизировали» центр города, поощряли обращение в православие, раздавая новокрещеным земли, военные должности, статусные привилегии. Но массового насильственного обращения не было. То же самое происходило в Сибири — Валери Кивельсон называет это «христианизацией без обращения»: захватывались земли, строились церкви, прославляющие правление христианского царя. Шла «христианизация земли и ландшафта способами, которые необязательно подразумевали обращение языческого населения». Часто крещение совершалось лишь для видимости, весь процесс определялся инструменталистской политикой государства: в приграничных областях, чувствительных к таким вопросам, воеводам приказывали не разжигать возмущение плательщиков ясака злоупотреблениями, взяточничеством или вмешательством, которое влекли за собой кампании по массовому обращению. В XVII веке Русская православная церковь не слишком активно занимались миссионерством; государственная политика, направленная на сохранение религиозных и культурных различий, обеспечивала империи стабильность.

* * *

О понятии конфессионализации: A. Brüning. Confessionalization in the Slavia Orthodoxa (Belorussia, Ukraine, Russia)? Potential and Limits of a Western Historiographical Concept // Religion and the Conceptual Boundary in Central and Eastern Europe: Encounters of Faiths / Ed. by T. Bremer. Houndmills: Palgrave Macmillan, 2008. P. 66–97. Православный теолог о духовности в православии: McGuckin J. Standing in God's Holy Fire: The Byzantine Tradition. Maryknoll, NY: OrbisBooks, 2001.

Об исихазме: Bushkovitch P. The Limits of Hesychasm: Some Notes on Monastic Spirituality in Russia 1350–1500 // Forschungen. 1986. № 38. P. 97–109; Nichols R. The Orthodox Elders (startsy) of Imperial Russia // Modern Greek Studies Yearbook. 1985. № 1. P. 1–30.

О церковной политике и духовных течениях: Meyendorff J. Byzantium and the Rise of Russia: A Study of Byzantino-Russian Relations in the Fourteenth Century. Cambridge and New York: Cambridge University Press, 1981; Romanchuk R. Byzantine Hermeneutics and Pedagogy in the Russian North: Monks and Masters at the Kirillo-Belozerskii Monastery, 1397–1501. Toronto: University of Toronto Press, 2007; Bushkovitch P. Religion and Society in Russia: The Sixteenth and Seventeenth Centuries. New York and Oxford: Oxford University Press, 1992.

О юродивых: Ivanov S. Holy Fools in Byzantium and Beyond. Oxford: Oxford University Press, 2006. О контроле над ересями и культами: Goldfrank D. Theocratic Imperatives, the Transcendent, the Worldly, and Political Justice in Russia's Early Inquisitions // Religious and Secular Sources in Late Tsarist Russia / Ed. by C. Timberlake. Seattle and London: University of Washington Press, 1992. P. 30–47; Thyrêt I. Muscovite Miracle Stories as Sources for Gender-Specific Religious Experience // Religion and Culture in Early Modern Russia and Ukraine / Ed. by S. Baron, N. Kollmann. DeKalb, Ill.: Northern Illinois University Press, 1997. P. 115–131.

О православном возрождении в украинских землях: Frick D. Meletij Smotryc'kyj. Cambridge, Mass.: Distributed by Harvard University Press for the Harvard Ukrainian Research Institute, 1995; Saunders D. The Ukrainian Impact on Russian Culture, 1750–1850. Edmonton: Canadian Institute of Ukrainian Studies, University of Alberta, 1985; Plokhy S. The Origins of the Slavic Nations: Premodern Identities in Russia, Ukraine, and Belarus. Cambridge: Cambridge University Press, 2006; Plokhy S. The Cossacks and Religion in Early Modern Ukraine. New York: Oxford University Press, 2001.

Об обращении и отношении к другим верованиям: Bushkovitch P. Orthodoxy and Islam in Russia 988–1725 // Forschungen zur osteuropäischen Geschichte. 2010. № 76. P. 117–143; Kivelson V. Cartographies of Tsardom: The Land and its Meanings in Seventeenth-Century Russia. Ithaca, NY: Cornell University Press, 2006; Khodarkovsky M. The Conversion of Non-Christians in Early Modern Russia // Of Religion and Empire: Missions, Conversion, and Tolerance in Tsarist Russia / Ed. by R. Geraci, M. Khodarkovsky. Ithaca, NY: Cornell University Press, 2001. P. 115–243; Hamburg G. Religious Toleration in Russian Thought, 1520–1825 // Kritika: Explorations in Russian and Eurasian History. 2012. № 13. P. 515–559.

Валери Кивельсон — автор фундаментальной работы о магии и преследованиях за колдовство в России: Kivelson V. Male Witches and Gendered Categories in 17th-century Russia // Comparative Studies in Society and History. 2003. № 45. P. 606–663. См. также: Кивельсон В. Магия отчаяния. Моральная экономика колдовства в России XVII века. СПб.: Academic Studies Press, 2020. Энциклопедический труд: Райан В. Ф. Баня в полночь. Исторический обзор магии и гаданий в России. М.: Новое литературное обозрение, 2006.

Ив Левин о магии и целительстве: Levin E. Healers and Witches in Early Modern Russia // Saluting Aron Gurevich: Essays in History, Literature and Other Related Subjects / Ed. by Y. Mazour-Matusevich et al. Leiden: Brill, 2010. P. 105–133. О скоморохах: Zguta R. Russian Minstrels: A History of the Skomorokhi. Philadelphia: University of Pennsylvania Press, 1978. О придворной медицине: Griffin C. The Production and Consumption of Medical Knowledge in Seventeenth-Century Russia: The Apothecary Chancery. Doctoral thesis, University College London, 2013.

О «двоеверии»: Crummey R. Old Belief as Popular Religion: New Approaches // Slavic Review. 1993. № 52. P. 700–712; Levin E. Dvoeverie and Popular Religion // Seeking God: The Recovery of Religious Identity in Orthodox Russia, Ukraine and Georgia / Ed. by S. Batalden. De Kalb, Ill.: Northern Illinois University Press, 1993. P. 31–52; Levin E. Supplicatory

Prayers as a Source for Popular Religious Culture in Muscovite Russia// Religion and Culture in Early Modern Russia and Ukraine / Ed. by S. Baron, N. Kollmann. DeKalb, Ill.: Northern Illinois University Press, 1997. P. 96–114; Rock S. Popular Religion in Russia: «Double Belief» and the Making of an Academic Myth. London: Routledge, 2007.

О церковной реформе: Haney J. From Italy to Muscovy: The Life and Works of Maxim the Greek. Munich: W. Fink, 1973; Kollmann J., Jr. The Moscow Stoglav (Hundred Chapters) Church Council of 1551. Ph.D. dissertation, University of Michigan, 1978; Bushkovitch P. Religion and Society in Russia: The Sixteenth and Seventeenth Centuries. New York and Oxford: Oxford University Press, 1992; Crummey R. The Orthodox Church and Schism // The Cambridge History of Russia. Vol. 1 / Ed. by M. Perrie. Cambridge: Cambridge University Press, 2006. P. 618–639; Crummey R. Ecclesiastical Elites and Popular Belief and Practice in Seventeenth-Century Russia // Religion and the Early Modern State / Ed. by J. Tracey, M. Ragnow. Cambridge: Cambridge University Press, 2004. P. 52–79.

О старообрядчестве см. фундаментальный труд Роберта Круммея: Crummey R. The Old Believers & the World of Antichrist: The Vyg Community & the Russian State, 1694–1855. Madison: University of Wisconsin Press, 1970. См. также статьи в сборнике: Old Believers in a Changing World. DeKalb, Ill.: Northern Illinois University Press, 2011. Георг Майклз исследует социальные и политические аспекты церковного раскола в своей книге: Michels G. At War with the Church: Religious Dissent in Seventeenth-Century Russia. Stanford, Calif.: Stanford University Press, 1999; и в статье: Michels G. Ruling without Mercy: Seventeenth-Century Bishops and their Officials // Kritika: Explorations in Russian and Eurasian History. 2003. № 4. P. 515–542.

Часть III

ВЕК ИМПЕРИИ: РОССИЯ В XVIII СТОЛЕТИИ

Глава 13
Имперское воображаемое и политический центр

Чтобы оставаться жизнеспособными, империи должны сохранять динамику. Необходимо постоянно обновлять условия «договоров» с покоренными народами, корректировать финансовую политику, чтобы оплачивать государственное строительство и военные реформы, не подрывая при этом систему имперской власти, организованной по принципу «ступицы и спиц». Необходимо успешно интегрировать новые народы и применять новые практики, не расшатывая имперские структуры. Необходимо, чтобы центр оставался сильным, регулярно проводить административные реформы или обеспечивать устойчивый рост, не утрачивать источники доходов, следить за порядком наследования внутри правящей династии; необходимо предотвращать возникновение соперничающих политических центров. Наконец, необходимо постоянно модернизировать или изменять господствующую идеологию с учетом новых тенденций, новых слагаемых ситуации и/или новых потребностей. Российская империя в XVIII веке чрезвычайно успешно решала все эти проблемы, не в последнюю очередь благодаря переосмыслению своего имперского воображаемого.

ОБНОВЛЕНИЕ ИМПЕРСКОГО ВООБРАЖАЕМОГО

Имперское воображаемое в том виде, в каком оно существовало в XVIII веке, удобно изучать, поскольку оно декларировалось открыто. Как говорилось в главе 6, Московское государство не породило политических философов, а политическая философия редко находила в нем открытое выражение. Поэтому о том, как виделись цель существования государства и отношения государства с обществом, мы можем судить лишь по косвенными источникам — летописям, проповедям, церковным обрядам, зодчеству. Лишь с прибытием в Россию украинских и получивших образование в Украине священнослужителей — в начале XVII века это были «ревнители благочестия», с 1670-х годов на сцену вышли Симеон Полоцкий, Епифаний Славинецкий, Сильвестр Медведев и другие — начинает развиваться письменный политический дискурс, принявший вид барочных панегириков. Вышеперечисленные деятели составили ядро интеллектуальной элиты, хотя внутри этого ученого сообщества происходило мало споров. То были клирики на службе государства, ставившие целью вдохновлять и прославлять государство. Делая это, они создали модель литературного творчества, которая оставалась актуальной в течение как минимум двух третей XVIII века, когда писатели были тесно связаны с государством (часто находясь на государственной службе) и считали своей задачей восхваление добродетелей и достижений России и ее самодержавных правителей. На протяжении XVIII столетия литература секуляризовалась — это касалось и жанров (оды, эпические поэмы, панегирики, пьесы), и общественного положения сочинителей (дворяне, ученые). Но общий характер их деятельности и содержание произведений соответствовали образцам, созданным в конце XVII века.

То, что придворная элита узнавала от священнослужителей, выучившихся в Киеве, было сплавом античных теорий с православными догмами, почерпнутыми из византийских источников, и иезуитским учением, практиковавшимся в Киеве в те времена. Полоцкий, Славинецкий и прочие сочиняли панегирики и другие стихотворные произведения в честь регентши Софьи Алексеевны и царедворцев; Софью славословили как посланную Богом благочестивую монархиню, но отмечали в ней и более современные качества. Обыгрывая значение слова «София» (мудрость) (рис. 13.1), Карион Истомин истолковывал это как светское учение, противостоящее традиции, и воспевал мудрость прави-

Рис. 13.1. Граверы, учившиеся в Украине, во второй половине XVII века познакомили Москву с барочными книжными иллюстрациями, которые часто использовались в политических целях. На фронтисписе книги Лазаря Барановича «Благодать и истина» (Чернигов, 1689) гравер Иван Щирский изобразил соправителей — царей Иоанна и Петра Алексеевичей, в центре же композиции помещен Христос. Дева, коронацию которой мы видим в верхней части, олицетворяет Софию, Премудрость Божию — аллегорическая отсылка к регентше Софье Алексеевне. Нью-Йоркская публичная библиотека, Отдел общих исследований

тельницы, принесшей стране чисто мирские блага — мир, процветание, богатство. Проповедники, испытавшие украинское влияние, распространяли при дворе понятие «общего блага» и намечали для властителей скорее мирские, чем духовные цели. Пользуясь аристотелевской концепцией тирании, Полоцкий приводил пример из Библии, изображая доброго правителя, ведущего свой народ к лучшим пастбищам. Для всех этих сочинителей общество выглядело земным раем, государство же, по выражению Виктора Живова, было обязано обеспечить «космический порядок» в неспокойном мире, черпая идеи в арсенале православной мысли, давно уже не новом, и одновременно заимствуя кое-что у европейских политических теоретиков XVII века. Представление о правителе как гаранте общественной гармонии не просто вызывало интерес у московских самодержцев, но и отвечало их практическим потребностям, так как подразумевало, что государство создано по божественному образцу, стоит выше церкви (хотя это не проговаривалось явно) и не нуждается в коренных переменах.

С 1680-х годов российские правители, пытаясь усилить контроль над сферой политического слова, начинают в невиданных ранее масштабах использовать образы и наделенные символическим значением предметы. По случаю бракосочетания Федора Алексеевича были выпущены гравюры, а в 1678 году появились монеты в честь военной победы, одержанной царскими войсками. Софья Алексеевна заказывала собственные барочные портреты, где она изображалась в коронационном наряде; надписи на латинском и русском языках превозносили ее великодушие, снисходительность, благочестие, осторожность, целомудрие, справедливость, надежду на Бога. По ее повелению устраивались пиры и чеканились медали, прославлявшие крымские походы Голицына, хотя они окончились полной неудачей.

Петр I в момент воцарения был убежден в том, что России необходимо подражать Европе для успешного достижения своих геополитических целей. Это подразумевало самые различные преобразования — от военных реформ до создания принципиально новых общественных и культурных институтов. Вместе с немногочисленными советниками, европейцами и украинцами по происхождению, Петр разрабатывал действенную идеологию для государства и правителя. Особое значение имело то, что Виктор Живов и Борис Успенский называют сакрализацией монарха; кроме того, цели, ставившиеся перед государством и обществом, и средства выражения политических идей приобрели светский характер. Марк Раефф обращает внимание на центральное положение Polizeistaat, «хорошо упорядоченного полицейского государства», в петровской идеологии. Соответствующий набор идей, возникших главным образом в Бранденбургско-Прусском государстве, отражал ценности конца XVII века, порожденных пиетизмом и ранним Просвещением. Он включал в себя традиционные представления о богоданности монарха, но при этом границы и цель политической власти трактовались по-новому. Предполагалось, что правитель обязан создать процветающее, хорошо отлаженное государство, населенное благочестивыми, дисциплинированными подданными, которые ревностно служат Богу и для этого соблюдают порядок, усердно трудятся, включаются в общественное служение. Полицейское государство в прусском варианте подразумевало, что власть правителя абсолютна, но ограничивается служением, долгом и обязанностями. Монарх есть «первый слуга государства», все общественные силы сплачиваются вокруг него для улучшения положения подданных, усиления могущества государства, укрепления общественной дисциплины. Такой правитель вел камералистскую и меркантилистскую политику, позволявшую улучшить жизнь народа, ставил целью рост населения и экономики, увеличение территории государства.

Практическими последствиями этого в Пруссии стало привлечение дворян к сотрудничеству с властью, усиление бюрократии, издание указов и распоряжений, регулировавших общественную жизнь, здравоохранение, образование, налогообложение, торговлю, военную сферу. В России представления о Polizeistaat отличались радикальностью, так как потенциально влекли за собой перемены и прогресс — по контрасту со свойственным Московскому государству упором на традиции и стабильность. Кроме того, для построения Polizeistaat требовалось сотрудничество с «промежуточными институтами» общества — корпоративными группами, такими как дворянство, бюрократия, специалисты, буржуазия, священнослужители, местные власти, гильдии и тому подобными. В России, где эти корпоративные группы почти полностью отсутствовали, осуществить такую социальную мобилизацию не удавалось. Но в сфере идеологии светские теории, обосновывавшие Polizeistaat, дополняли свойственные православию представления о политической власти, действующей по Божьему благословению и, возможно, представляли собой более эффективный в практическом смысле вариант свойственного Просвещению поиска порядка и общественной гармонии при поддержке политической власти.

Среди создателей петровской идеологии наибольшим влиянием пользовались священнослужители, получившие образование на Украине, особенно Феофан Прокопович и Стефан Яворский.

По утверждению Живова, они приспособили современные им тенденции европейской просветительской мысли к православному учению, делавшему акцент на священном происхождении политической власти. Другие, как Петр Шафиров и европейские военные советники, в своих письменных произведениях предлагали идеи светского характера. Результатом был невиданный количественный рост политических тем и визуальных образов, призванных создать представление о высокой активности правителя, государства и империи. Для осуществления этой программы использовались разнообразные жанры и артефакты: написанные ученым слогом манифесты, вероятно, рассчитанные в первую очередь на европейскую аудиторию; законы и указы с комментариями относительно их целей; проповеди и панегирики; здания и сооружения; костюмы, празднества, ритуалы; пародирование религиозной символики и верований. Петровские идеологи прибегали как к религиозным, так и к светским оправданиям власти: так, Феофан Прокопович, защищая новый закон о престолонаследии (выбор наследника царствующим монархом) в своей «Правде воли монаршей» от 1722 года, опирался на православное учение (богоданность политической власти), естественное право и консервативную по своему духу теорию общественного договора Гуго Гроция. В своих указах Петр открыто порывал с московскими представлениями об обществе как собрании благочестивых и о политической власти как гарантии сохранения традиции и средстве достижения первозданной гармонии — взамен провозглашалась абсолютная, светская по своей природе власть правителя. Артикул воинский (1716) гласил: «...его величество есть самовластный монарх, который никому на свете о своих делах ответу дать не должен. Но силу и власть имеет свои государства и земли, яко христианский государь, по своей воле и благомнению управлять». Прокопович в «Правде воли монаршей» уверенно утверждал: «...сущие же власти от Бога учинены суть. <...> И того ради... Монаршии уставы и законы не требуют себе ни каковой от учительских доводов помощи».

Петровские идеологи предлагали более деятельный образ монарха, заявляя, что последнего оценивают в первую очередь по его достижениям, и политическую элиту следует также судить по заслугам и достижениям, а не происхождению. Ричард Уортмен считает, что они даже изменили основу легитимности суверена — отныне легитимным считался лишь монарх, непрерывно преобразующий свое царство. Постоянными символами петровской идеологии стали воинственный Марс и Минерва, оказывающая умеряющее воздействие благодаря своей справедливости, мудрости и образованности (но также и отваге). Изображения Марса и Минервы стали появляться на фасадах зданий, в парках, в ходе ритуальных действий, которые разворачивались в новой столице (рис. 13.2).

Петр также отказался от большинства религиозных придворных ритуалов, так занимавших прежних царей (примечательно, что сделал он это, из почтения к матери, лишь в 1694 году, после ее смерти), и заменил их светскими мероприятиями — например, торжественными процессиями, проходящими сквозь триумфальные ворота с римскими богами и символами. Придворный ритуал был реформирован по европейскому образцу, появились пиры, церемонии бракосочетания, танцы, рассчитанные на новую европеизированную элиту. Все это изображалось на гравюрах с подписями на русском и голландском языках. Петр и его приближенные сменили традиционную русскую одежду в пользу европейских кафтанов, камзолов и башмаков; для придворных дам обязательными стали женские бальные платья с глубоким вырезом и прически по последней моде. Еще бóльшую известность получили злые пародии и унизительные ритуалы, жертвами которых становились традиционно влиятельные персоны (священнослужители, бояре) — тем самым Петр подрывал их авторитет и сколачивал братство близких по духу людей, преданных идее преобразований. Иными словами, он применял все возможные средства для создания нового государства и новой элиты.

Частью новой системы образов стали, помимо изваяний Марса и Минервы, портреты монарха (рис. 13.3). Петр десятками заказывал собственные портреты: одни прославляли его как лидера империи или творца военных успехов, другие были проникнуты любовью и теплотой, неявно подрывая идею брака, заключаемого в интересах рода, и ставя на первое место личность. Как Тюдоры и османские правители столетием ранее, Петр щедро раздавал миниатюры со своими изображениями — дворяне и женщины носили их на видном месте, наподобие брошей.

Дерзко подражая своим европейским соперникам, Петр и его советники разработали новую терминологию правления. После победы в Северной войне (1721) Петр принял римские титулы — «отец отечества» и «император»; обратив внимание на то, что прусский король зовется «великим», он приказал Сенату добавить это слово к своей титулатуре. Появились новые имперские регалии, выполненные по европейскому образцу — троны, державы, скипетры, короны.

Политическая практика в режиме Polizeistaat стала менее патримониальной: запрет на прямое обращение к монарху, впервые изданный в 1649 году, был усилен — теперь ему можно было сообщать только о наиболее тяжких преступлениях. Изменилась риторика судебных процессов и правительственных документов: уничижительные формы, использовавшиеся в челобитных московского периода, были заменены более непосредственными формами обращения. Самосознание элиты укрепилось благодаря введению орденов (святого Андрея Первозванного, святой Екатерины и других) и заимствованных из Европы титулов. Формирование новой идентичности должно было происходить внутри нового физического пространства: Петр велел представителям знати строить городские дома в европейском стиле, с комнатами, предназначенными для общения и других социальных действий (танцы, карточная игра, чтение, любимые занятия) и саморазвития (художественные мастерские, библиотеки). Целью этих мероприятий было создание слоя убежденных строителей империи.

Петр и его приближенные, как указывает Джеймс Кракрафт, проецировали новый образ власти и другим способом — основав Санкт-Петербург как новый «символический центр» страны (рис. 13.4). В отличие от Кремля, окруженного стенами, тесно уставленного соборами и дворцами, Петербург открывался на реку, берега которой были застроены зданиями в классическом стиле. Город был задуман рационально — полурадиальная планировка с лучами-улицами и пересекающими их каналам. Первые постройки отражали петровскую идеологию: военная мощь (Петропавловская крепость), морская мощь и кораблестроение (Адмиралтейство), упорядоченное государственное устройство (Двенадцать коллегий), практическое обучение (Академия наук, Кунсткамера, Этнографический музей), Божье благословение, призываемое на царство (Петропавловский собор в крепости, Александро-Невский монастырь). Петр велел возвести два (летний и зимний) дворца в барочном стиле, но без излишеств, и роскошный, подражающий Версалю загородный дворец с садовым ансамблем, призванный впечатлять и развлекать гостей. Интерьеры дворцов были заполнены европейскими портретами и живописью (Петр любил морские пейзажи); вельможи следовали его примеру. Санкт-Петербург был военным, политическим и экономическим центром, созданным по европейскому образцу.

После смерти Петра I громадная энергия, заложенная в петровскую идеологию, стала ослабевать по нескольким причинам. В идеологическом плане, как указывает Уортман, петровское учение требовало от каждого монарха радикально преобразовывать свою страну, что создавало серьезную угрозу стабильности. Далее, как будет показано ниже, на протяжении всего XVIII столетия Российской империи так и не удалось разработать устойчивый порядок наследования, и в результате престол занимали преимущественно женщины — что требовало идеологии, в которой ведущую роль играла бы Минерва, а не Марс. В первой половине века риторика правления, свойственная правителям и их панегиристам, вращалась вокруг трех тем: одобрение монарха Богом, античные аллегории, подчеркивающие мудрость и военную мощь, преданность петровским реформам. В одах на воцарение монархов, вышедших из-под пера Сумарокова, Ломоносова и других поэтов, уделяется внимание главным образом преемственности, а не переменам.

Официальные одописцы, создававшие свои творения по случаю восшествия на престол, именин и военных триумфов импе-

Рис. 13.2. Сад перед Летним дворцом Петра I был полон статуй, символизировавших античные добродетели и умения. Здесь представлены Архитектура, Навигация и сова, символ мудрости, рядом с Ночью. Фото Джека Коллманна

Рис. 13.3. Современная гравюра с портрета царя Алексея Михайловича из Титулярника (собрания портретов монархов того времени) показывает царя в окружении религиозных символов легитимности. С ней резко контрастирует портрет сына Алексея Михайловича — Петра I, изображенного в кирасе, с синим поясом и орденом Андрея Первозванного. Помещенные рядом, они не позволяют оценить важность культурных преобразований, начатых Алексеем Михайловичем и сделавших возможным петровские реформы. Нью-Йоркская публичная библиотека, Отдел общих исследований, с разрешения Государственного музея, Амстердам

Рис. 13.4. Санкт-Петербург задумывался Петром как новая столица и новый символический центр страны, прославляющий ее европейскую культуру и геополитическую мощь через эффектный ансамбль классических зданий, воздвигнутых на берегах Невы. Здесь показаны Академия наук и Кунсткамера, где хранилась этнографическая коллекция Петра I. Фото Джека Коллманна

ратриц — Анны, Елизаветы, Екатерины, — пользовались языком общественной гармонии и умиротворенности, сколь бы бурными ни были исторические события. Наилучшим средством для создания положительного образа женщины-правительницы казалось обращение к античной мифологии. Три императрицы выступали в обличье Минервы, Астреи и Дидоны — богинь, правивших твердой рукой, совершавших ратные подвиги и умевших достичь первозданной гармонии.

Анна, Елизавета и Екатерина, как и Петр I, выписывали из Европы архитекторов и садовников, строили музеи (например, Кунсткамеру в 1727 году), академии (художеств и наук), дворцовые ансамбли (Петергоф, Екатерининский дворец в Царском селе, Павловск), демонстрировавшие не только богатство страны, но также ее культуру и утонченность. То были отсылки к образу рая, укорененному в религиозном учении и просветительской мысли того времени; разбивались обширные сады и парки, где имелись и пейзажи для осмотра, и уголки для размышлений. Богатые дворяне создавали в своих поместьях регулярные сады, где совершенный порядок и подчеркивание изобилия природы также должны были напоминать о земном рае. Вероятно, простому народу образ райского сада с его изобилием был малопонятен, но с точки зрения имперского воображаемого это стало умелым ходом. Тем самым обеспечивалась преемственность с идеологией московского периода (царство, благословенное Богом, имперское пространство, христианизированное царской властью, непрерывность династии) и связь с просвещенческим культурным багажом, позволявшая претендовать на равенство с ведущими державами той эпохи.

Из-за отсутствия четкого порядка престолонаследия предметом особой заботы в это столетие стала легитимность. Российские правители обосновывали свои претензии на легитимность, опираясь на идеологию московского периода. После воцарения они издавали манифесты (бывшие нововведением), оправдывая свой приход к власти традиционными — в целом — словами: родство с Петром Великим, ожидание участия народа в виде присяги и приветствий, утверждения о добросердечности правителя, верность петровскому замыслу (что не исключало перемен). Как указывает Виктор Живов, церковь, недовольная петровскими реформами, тем не менее охотно выполняла свою роль, защищая монарха как богоданного и священного властителя.

Екатерина II, подобно Петру I, уделяла большое внимание авторепрезентации. Не отличаясь большой религиозностью, она разыгрывала отведенную ей традиционную роль данного Богом московского монарха, покровительствовала церквям, посещала монастыри, давала милостыню и совершала помилования. Основополагающая для ее легитимности коронационная церемония прошла в московском Успенском соборе, как того требовал московский обычай. Екатерина примеряла и другие образы: подражая Минерве, она представала вершительницей справедливости и в этом качестве издала «Наказ» — этот документ предназначался для комиссии, призванной подготовить новое Уложение (1767). Живов справедливо отмечает, что тот представлял собой широковещательное — и не имевшее отношения к российской действительности — утверждение ценностей Просвещения, и что этот документ не имел никаких шансов быть проведенным в жизнь.

Одновременно Екатерина старалась выглядеть воительницей и завоевательницей, веля изображать себя в военном мундире, устраивая постановочные морские сражения, изображавшие реальные триумфы русского флота, заказывая портреты, которые устанавливали связь между ее победами над турками и деяниями Петра. Победы над турками отмечались с особой торжественностью — Екатерина видела себя наследницей Древней Греции и Византии, а кроме того, Османская империя была грозным соперником. К примеру, на картине Генриха Бухгольца «Аллегория побед русского флота в войне с Турцией 1768–1774 годов» восседающий в облаках Петр I с удовольствием наблюдает за тем, как турецкие пленники кладут знамена к подножию Медного всадника, воздвигнутого при Екатерине. Победу при Чесме Екатерина отпраздновала в церкви и в псевдотурецком дворце — и, как делали до нее Софья Алексеевна и Петр, раздала более 150 тысяч медалей, отчеканенных в честь ее победоносных генералов и адмиралов (Алексея Орлова, чесменского триумфатора, и Григория Потемкина, взявшего Очаков), а также в честь самой императрицы. На этих медалях нередко встречались надписи, восхвалявшие ее добросердечие, а отнюдь не могущество.

Всю эту идеологическую работу можно посчитать теорией, оторванной от действительности. Между тем Виктор Живов заявляет, что «мифология государства» в конечном счете уничтожила государство, поспособствовав передаче культурных полномочий от правителя к поэту, по мере того как государственная политика становилась все более консервативной и в качестве выразителей просвещенческих взглядов начинали выступать новые люди. Однако на уровне политической практики новые идеи, образы, одеяния и методы использования власти создавали новую политику, предназначенную для новых времен. Монархи XVIII века заметно освежили имперское воображаемое России. Прибегая к языку европейского Просвещения и римского классицизма, они позволили стране претендовать на место среди европейских народов и сформировали политический словарь, обеспечивший невиданный уровень самоопределения и мобилизации российских общественных элит. В то же время, уподобляясь европейским правителям и сохраняя верность российскому наследию, они продолжали строить свою идеологию на всеобъемлющей легитимности религиозного характера, произведя на свет могущественное сочетание священной, харизматической власти и полномочий светского характера.

РОЛЬ ЛИЧНОСТЕЙ

Возможно, один из самых поразительных фактов, связанных с политической легитимацией и властью в России XVIII века — это выдающаяся активность отдельных личностей. Не исключено, что проблема заключается в источниках — у нас попросту нет материалов, свидетельствующих о том, как цари (например, Иван IV и Алексей Михайлович, если брать наиболее активных из всех) осуществляли персональный контроль. Но очень вероятно, что громадное влияние монархов XVIII столетия (Петр I, Екатерина II) было новшеством в системе российской суверенной власти, обусловленным знакомством с европейскими теориями абсолютизма.

Не все монархи XVIII века проявляли активность, более того, в своем большинстве они не делали этого. То была эпоха власти дворянства, вырывавшего одну за одной уступки экономического характера. Далеко не всегда самодержцы окружали себя одаренными деятелями и удерживали своих фаворитов от взяточничества и кумовства. В этом смысле под огнем критики — заслуженной, но, к несчастью, гендерно окрашенной — чаще всего оказываются два монарха. Анну Иоанновну и Елизавету еще в XVIII столетии упрекали, и притом оправданно, в легкомысленности, мелочности или отсутствии интереса к власти. Ни та, ни другая не были подготовлены к царствованию и не получили должного образования и, в отличие от Екатерины II, видимо, не имели склонности к самообразованию и постоянному чтению. Аннинское окружение славилось коррупцией, фаворит императрицы Эрнст-Иоганн Бирон безжалостно отправлял своих противников в тюрьму и ссылку. Елизавету критиковали за чрезмерное увлечение нарядами (в ее гардеробе насчитывалось несколько тысяч платьев) и строительство дворцовых ансамблей, непосильное для казны. Действительно, она проявляла неумеренность и в том, и в другом, но внешняя репрезентация правления была важна для всех абсолютистских монархий Европы. Гендерные штампы, применявшиеся к российским императрицам с XVIII века и до сих пор бытующие в научной литературе, служат для того, чтобы доказать, что женщины неспособны управлять государством, и отвлечь внимание от достижений власти в целом. Окружавшие Анну казнокрады сумели привести в порядок государственный бюджет после беспорядочных трат при Петре, Елизавета же приблизила к себе деятелей, осуществивших военную и административную реформы и добившихся значительных успехов во время Семилетней войны. В то и другое царствование наблюдался непрерывный рост экономики и влияния России в Европе.

Из монархов XVIII века наибольшее внимание привлекают наиболее активные — Петр I и Екатерина II: на их царствования, взятые вместе, приходится 59 лет из 100. Оба проявили себя как компетентные, решительные и успешные деятели. Как уже говорилось, Петр реформировал многие российские институты и практики и вызвал чрезвычайно большой интерес со стороны историков. В России вплоть до конца XIX века его было принято восхвалять. Затем последовала критика со стороны таких влиятельных ученых, как Ключевский и Милюков, считавших, что он действовал необдуманно, не имея четкого плана, и принес больше несчастий, чем пользы. Современные исследователи вернулись к положительным оценкам. Марк Раефф, Джеймс Кракрафт, Пол Бушкович и другие помещают четвертьвековое царствование Петра, отмеченное бурными переменами, в более широкий контекст, считая, что в последние годы правления он выработал последовательную политику, вводя институты и практики, характерные для Polizeistaat. Они признают, что Петр пользовался достаточно широкой общественной поддержкой, что сделало его преобразования возможными, и отдают должное талантам, собравшимся вокруг него. Меншиков, близкий друг Петра, пользовавшийся его доверием, под конец жизни погряз в казнокрадстве, но многие приближенные императора проявляли компетентность и способность к новаторским решениям: дипломаты Борис Куракин, Андрей Матвеев и Петр Толстой, политические теоретики Прокопович, Яворский и Шафиров, верные товарищи из семейства Долгоруких, управленцы-самородки Андрей Виниус и Павел Ягужинский, иностранные советники Патрик Гордон, Франсуа Лефорт, Джеймс Брюс, Антон Девиер и десятки приехавших из других стран инженеров и предпринимателей.

Точно так же не подлежит сомнению величие Екатерины II как государственного деятеля (рис. 13.5). Она старалась представить себя как верную служительницу своего народа, прислушиваясь к нему, раздавая права и привилегии, покровительствуя искусствам. Екатерина напряженно работала — по много часов каждый день, — старалась все контролировать и держала в узде своих фаворитов. Умная и начитанная, она была также жестким управленцем и сумела подобрать превосходные военные и гражданские кадры для осуществления своих масштабных реформ. Эти способные люди хорошо справлялись с порученными заданиями — такими как управление обширными территориями (Потемкин) или новосозданной имперской бюрократией (Александр Вяземский, Яков Сиверс, Александр Безбородко). Достижения Екатерины бесчисленны: она осуществила административные преобразования в пределах всей империи, приобрела обширные территории, умело вела геополитические маневры, способствовала развитию культурных учреждений и индивидуального творчества.

Репутация Екатерины в еще большей мере, чем Анны и Елизаветы, пострадала из-за гендерных предрассудков. Европейские авторы того времени и многие современные исследователи упрекают ее в излишнем любвеобилии, упоминая имена многочисленных фаворитов императрицы. Действительно, у нее было немало любовников (всегда по одному в каждый конкретный момент), но такие связи имелись и у большинства европейских монархов, и, как указывает Джон Александр, Екатерина держала их на почтительном расстоянии от власти. Однако английская и французская пресса того времени обвиняла императрицу в разврате, чтобы очернить ее репутацию — подобная тактика в эпоху Просвещения применялась также против Марии-Антуанетты и Фридриха Великого. Российские современники выражали недовольство тем, что фавориты лишают остальных доступа к императрице, но «сексуальный» дискурс начал складываться лишь к концу ее царствования, опять же под влиянием французских сочинений эротического характера. Будущий баснописец Иван Крылов, который в 1789–1793 годах являлся редактором трех сатирико-публицистических журналов, закрытых один за другим, никак не мог оправиться после их запрета и в 1792–1793 годах опубликовал аллегорические рассказы и стихотворения с двойным смыслом, понятным каждому, кто был знаком с французской порнографической литературой; эти произведения были прямо направлены против стареющей Екатерины. Михаил Щербатов в это же время нападал на екатерининский двор за его распущенность, но не прибегал к открыто сексуальным терминам. Порнографические сочинения, в которых Романовы обличались за незаконный приход к власти и разврат, имели некоторую популярность среди людей, недовольных властями, в начале XIX века, но они, как и порнографические изображения, не получили широкого хождения в России. Официальная историография и общественное мнение были склонны превозносить Екатерину за ее достижения, просвещенческую культуру и преданность России. Этот образ культивировался и ее внуком Александром I. Памятник Екатерине в Петербурге можно рассматривать как прославление ее роли в русской культуре: императрицу окружают писатели, поэты, дипломаты и государственные деятели, выдвинувшиеся на первый план в течение ее блестящего царствования.

Вернемся к имперскому воображаемому: российские монархи XVIII века не изменили его, а лишь актуализировали. Московские

Рис. 13.5. Екатерина II, как и Петр, заказывала множество собственных портретов для формирования своего публичного образа. Данный портрет кисти Вигилиуса Эриксена (между 1749 и 1782 годами) подчеркивает ее культурность и утонченность. С разрешения Государственного музея, Амстердам

политические практики соединились с претензиями на абсолютную власть и отсылками к просвещенческим методам легитимизации власти; продолжалась «политика различий» применительно к подданным империи, монарх в данном случае играл лишь роль верховного судьи. Как и их предшественники в московский период, правители эпохи Просвещения проявляли щедрость в отношении дворян и простонародья, давая земли, крепостных, почести, подарки, милостыню и прощение. Православие подверглось реформам, но осталось государственной религией. Власти оказывали противодействие попыткам некоторых дворян (самая известная относится к 1730 году) узаконить совещание со знатью путем создания закрепленного законом особого органа, но при этом правили, опираясь на содействие тех или иных партий внутри дворянства, история которых восходила еще к московскому периоду. В целом Петр и его преемники оставались самодержцами внутри патримониальной системы и обновили имперское воображаемое, насытив его заимствованными из Европы целями и символами, дабы оправдать интенсивное государственное строительство, которого требовала геополитическая ситуация России в XVIII веке и стоявшие перед страной задачи.

ЛЕГИТИМИЗАЦИЯ ПРЕСТОЛОНАСЛЕДИЯ

Контроль над соперниками по престолонаследию был в XVIII веке так же важен, как и в московский период, но осуществлялся теперь совершенно по-другому. Теоретически престол передавался лицу, назначенному монархом, а не в порядке наследования, что усложняло дело; смерть потомков Петра мужского пола привела к последовательному воцарению нескольких незамужних императриц, у которых также не было прямых наследников мужского пола. Поэтому смена монархов происходила довольно бурно, что, в свою очередь, породило невиданное ранее явление — сочинения, оправдывающие престолонаследие по выбору монарха. Так в России впервые появилась политическая теория. Положение выправлялось благодаря долголетию правителей: на царствование всего трех из них пришлось 65 лет из 75, прошедших от кончины Петра I до начала XIX века.

После острого конфликта со своим сыном Алексеем — закончившегося смертью последнего в заключении (1718) — Петр I провозгласил (1722), что отныне монарх будет передавать престол по своему усмотрению, невзирая на права первородства и на пол. Впервые в русской истории принцип наследования престола был сформулирован в письменном виде. В то время Петр надеялся возвести на трон своего сына, тоже Петра (р. 1719), но тот скончался в 1723 году. У Петра остались лишь две дочери: Анна (р. 1708), позже вышедшая замуж за герцога Гольштейн-Готторпского (1725), и Елизавета, так и оставшаяся незамужней (р. 1709). Обе родились до заключения Петром официального брака с их матерью — его второй супругой и будущей императрицей Екатериной I, поэтому некоторые смотрели на них с сомнением. Как показывает Гэри Маркер, Петр заботился об укреплении легитимности Екатерины, распространяя культ Святой Екатерины, чтобы его жена ассоциировалась с благочестивой святой. После смерти сына Петр короновал ее как императрицу (1724), но не стал назначать своей наследницей. Тем не менее, в 1725 году она взошла на трон, приведя к власти партию Меншикова и продемонстрировав, что русская политическая культура не содержала ни юридических препятствий, ни глубинного неприятия, которые могли бы не допустить занятия престола женщиной.

Почва для такой терпимости была подготовлена еще в московский период, когда женщины почитались как заступницы государства: их молитвы были так же необходимы для сохранения порядка в стране, как политическое лидерство царя. Представительницы правящих династий несколько раз достигали высшей власти. Как указывает Изольда Тире, они реально управляли страной в нескольких случаях. Ирина Годунова издавала документы и председательствовала на официальных приемах при жизни супруга (1584–1598), Мария Милославская фактически правила Москвой во время вспышки чумы (1654–1655), Елена Глинская и Софья Алексеевна являлись регентшами (1533–1538 и 1682–1689 соответственно). Даже при жизни своих мужей царские жены распоряжались принадлежавшими им землями и людьми, примиряли различные придворные партии, играли роль посредников. Семилетнее правление Софьи Алексеевны стало особенно наглядным уроком для Петра I, который, будучи подростком, опасливо наблюдал за ее шагами к собственной коронации (которую удалось предотвратить). Софья дважды поднимала против Петра стрельцов, во второй раз — из монастыря, куда ее сослал брат. Петр относился к сводной сестре со страхом и уважением и не сомневался, что женщина может быть успешным и даже безжалостным правителем.

Екатерина I взошла на престол в 1725 году как супруга Петра; считалось, что ее поддерживают знать и народ. По этому случаю появилась роскошная гравюра, изображавшая ее окруженной всеми предыдущими российскими монархами, был написан коронационный портрет (жанр, ставший обязательным для последующих императоров) и вышел манифест, призванный свидетельствовать о широкой поддержке новой правительницы.

Кроме того, были разосланы 22 тысячи экземпляров «Правды воли монаршей» Феофана Прокоповича — защищавшей выбор наследника действующим монархом — для чтения вслух во время принятия присяги населением. Однако после смерти Екатерины и на протяжении всего оставшегося XVIII века придворные партии боролись, чтобы возвести на трон угодного им кандидата — это повлекло за собой несколько переворотов. Как указывает Джон Ледонн, борьба партий стала продолжением соперничества Милославских и Нарышкиных, хотя ведущую роль к тому времени играли уже другие семейства — типичное последствие круговорота элит. Партии находили различные обоснования для своего выбора: родственные связи с Петром Великим или его сводным братом Иваном, назначение наследника согласно манифесту от 1722 года, верность петровскому наследию, поддержка столичного дворянства в той или иной форме, присяга со стороны народа. Дворянство намеревалось играть определенную роль в выборе монарха, ссылаясь на московские традиции, согласно которым «хороший» царь прислушивался к советникам и созывал соборы для утверждения новой династии (Годуновых в 1598 году, Романовых в 1613 году).

В 1727 году партия Меншикова, получив предсмертное благословение Екатерины, сделала выбор в пользу одного из Нарышкиных — Петра II, 11-летнего внука Петра, сына Алексея. В манифесте выбор обосновывался как происхождением Петра, так и выбором предыдущего монарха. Последовала общеимперская присяга. Однако Петр скончался от оспы в 14 лет (1730), не назначив наследника. Меншиков добился обручения молодого царя со своей дочерью — эта демонстрация силы так обеспокоила его соперников из партии Салтыковых-Долгоруковых, что они отправили Меншикова в ссылку и возвели на престол дочь Ивана, сводного брата Петра, представителя рода Милославских. Анна Иоанновна (годы царствования 1730–1740) в 1710 году была выдана за герцога Курляндского, но почти сразу же овдовела.

Переход власти к Анне закрепил роль дворянства в «выборе» монарха: столичные дворяне, числом более тысячи, успешно отразили попытку аристократии навязать новой императрице конституционные ограничения. Этот консенсус стал основой ее легитимности, и в своей коронационной проповеди Феофан Прокопович подчеркнул, что долг Анны — править в согласии с дворянством. Анна совместно с партией Салтыковых попыталась упрочить свое положение, назначив преемником кого-либо из будущих сыновей своей 13-летней племянницы Анны Леопольдовны, дочери герцога Мекленбургского и внучки царя Ивана, которая в то время не была ни замужем, ни даже обручена. К моменту смерти Анны Иоанновны (1740) Анна Леопольдовна, в то время супруга герцога Брауншвейгского, уже родила ребенка, который в двухмесячном возрасте стал императором под именем Ивана VI, при регентстве матери. Манифест и гравюры, изданные по случаю его воцарения, обосновывали легитимность нового монарха через назначение. Однако Анна Иоанновна опиралась на сплоченную олигархическую партию, прославившуюся казнокрадством и при этом не добившуюся успехов во внешней политике: по словам Евгения Анисимова, территориальные приобретения, полученные в ходе русско-турецкой войны 1735–1737 годов, были утеряны. Многие желали смены «правящей» партии. В ноябре 1741 года верх взяла реинкарнация нарышкинской партии, свергнувшая Ивана VI в пользу Елизаветы, дочери Петра. Младенца Ивана отправили в заключение, где он и пребывал в течение всего елизаветинского царствования (1741–1761).

То было одно из редких насильственных свержений монарха в XVIII веке (всего их насчитывалось два — в 1741 и 1762 годах). Аналогичные события происходили и в московский период, когда боярские роды соперничали за первенство: во время несовершеннолетия Ивана IV (1533–1547), Смутного времени (1605–1613) и борьбы за престолонаследие в 1682 и 1689 годах. Как тогда, так и в XVIII веке все заканчивалось восстановлением равновесия: Елизавета, а позднее Екатерина, пришедшие к власти в результате переворотов, сразу же стали раздавать привилегии и деньги различным группам, чтобы примирить враждующие партии и править с согласия дворянства и при его участии.

Манифесты и оды эпохи Елизаветы — особенно стихотворные произведения Ломоносова, обласканного ею одописца, — содержали уже знакомые нам обоснования легитимности правления императрицы и ее приближенных: прямое происхождение от Петра, верность его преобразованиям, «выбор», сделанный дворянством, народная поддержка. В течение всего царствования панегирики прославляли ее мудрое правление, реформы в области просвещения, успехи в ратных и мирных делах — по образу и подобию ее отца. Кроме того, Елизавета немедленно назначила наследника, заручившись поддержкой знати и народной присягой (1742): то был сын ее сестры Анны, будущий Петр III (годы царствования 1761–1762), в то время герцог Гольштейн-Готторпский. В 1743 году Петра привезли в Петербург, в следующем году туда же доставили его невесту, также представительницу одной из малозначительных немецких династий, Софию, дочь князя Ангальт-Цербстского. Вскоре Петр и София (принявшая православие и имя Екатерины) заключили брак в Петербурге (1745).

Петр III сменил на троне Елизавету в декабре 1761 года и, по идее, должен был считаться легитимным правителем. Намного более компетентный, чем принято считать (репутация Петра сложилась на основе позднейших мемуаров супруги, всячески старавшейся его очернить), он предпринял реформы: конфискация церковных земель, освобождение дворян от обязательной службы, применение физиократических методов для уменьшения громадного государственного долга — все эти меры продолжали проводиться в жизнь и при Екатерине II. Но Петр III не обеспечил себе необходимой поддержки, управляя при помощи приказов и оттолкнув от себя дворянство, особенно офицерство, тем, что недальновидно выступил против Дании, преследуя местные голштинские интересы. В июне 1762 года гвардия с ведома Екатерины, заполучившей в итоге престол, устроила заговор и низложила Петра, который был убит сторонниками Екатерины в июле того же года. В 1764 году был убит и несчастный Иван VI, к тому времени 22-летний. Все это укрепило позиции Екатерины.

Екатерина не имела никаких родственных связей с Романовыми, но в течение всего своего царствования прилежно работала над авторепрезентацией. Первоначально упор делался на православие, дочернюю верность петровскому наследию и военную доблесть; многочисленные манифесты оправдывали ее приход к власти волей народа, недовольного тиранией ее супруга, опиравшегося на узкий круг советников. Екатерина провозгласила себя продолжательницей петровских реформ, оставленных при Петре III. При этом она выходила за пределы традиционной роли православной самодержицы: пышно короновалась в Успенском соборе, как Екатерина I; путешествовала по стране, посещая монастыри, раздавая милостыню и принимая прошения от подданных. Поклявшись править «по закону», она в 1766 году созвала для подготовки нового Уложения представителей всех сословий, кроме крепостных. Приблизительно на протяжении первого десятилетия ее царствования все это находило отклик в официальных одах. Василий Петров, ее любимейший одописец, провозглашал, что в императрицу вселился дух Петра I; Ломоносов объявил, что царский скипетр ей вручил сам Бог. Петров и другие уподобляли ее царицам амазонок, Астрее, Дидоне, даже императору Августу. Особенно много отсылок к Античности содержалось в одах, посвященных победам над турками.

Во время своего долгого правления Екатерина сознательно меняла свой имидж, особенно в течение длительного периода мира, ознаменовавшегося административными реформами — с 1774 года до конца 1780-х. Победительница турок, уверенная в прочности своих международных и внутренних позиций, вдохновленная просвещенческими поисками гармонии и счастья, она поощряла художников и поэтов создавать образ более человечной и близкой к людям правительницы. К примеру, портрет Екатерины в «храме богини правосудия» кисти Дмитрия Левицкого (1783) делает акцент на ее благодетельном правлении и издании законов, влекущем за собой изобилие всяческих благ. Позже Левицкий изобразил ее как пожилую даму, прогуливающуюся с собачкой в саду, подчеркивая радость и гармонию, которые императрица несет своему народу. В своем цикле стихотворений (1782–1789), центральное место в котором занимает ода «Фелица», Державин снижает высокий язык и синтаксис оды, прибегая к «среднему регистру» и диалогам, которые идут между Фелицей, мудрой правительницей, и ее верным подданным Мурзой, чтобы изобразить взаимодействие Екатерины со своим народом.

Более интересно, пожалуй, то, до какой степени Екатерина осмеливалась видоизменять уже ставший традиционным культ Петра I как героя. Как известно, она повелела воздвигнуть Медного всадника, впечатляющий монумент работы Фальконе — Петр I на коне, устремляющийся на борьбу со Швецией (рис. 13.6). Екатерина давала указания относительно облика статуи, предлагая не окружать ее барельефами со сценами из жизни Петра и изваяниями его сподвижников: памятник должен был символизировать силу природы, которую представлял Петр — конь и всадник на постаменте в виде грубо обтесанного валуна. Тем самым Екатерина тонко противопоставляла порядок и цивилизацию, принесенные ею в Россию, бешеной творческой энергии Петра. Императрица часто вспоминала слова Августа, который «принял Рим кирпичным, а оставил мраморным», придав ему красоту и цивилизованность. Эту цель она преследовала и в буквальном смысле, преобразив множество городов по всей стране — так, набережные Петербурга были одеты в гранит, но главное, в столице и ее пригородах появилось множество зданий классического стиля: Мраморный дворец, Малый Эрмитаж, Старый Эрмитаж, Эрмитажный театр, два крыла и Камеронова галерея в Екатерининском парке, Павловский дворец и другие. Екатерина даже сочинила басню на французском языке, критикуя в ней императрицу Анну за жестокость и Елизавету — за легкомыслие, что контрастировало с ее напряженной работой на благо государства. Более того, Екатерине Дашковой в 1783 году было разрешено выступить с осторожной критикой Петра.

В последние годы царствования Екатерина старалась представить Россию, которой управляла, цивилизованным, европейским государством. Дворянство одобрительно относилось к бурному брожению умов, отразившемуся в поэзии, романах и особенно сатирических пьесах и трагедиях, создание которых поощрялось императрицей до начала 1790-х годов. Сохраняя в целом верность

Рис. 13.6. Медный всадник был призван подчеркнуть связь между Екатериной II и Петром I. Намеренно скромная надпись гласит: «Петру Первому Екатерина Вторая». Фото Джека Коллманна

самодержавию, российская образованная элита хотела, чтобы на императорскую власть влияли сдерживающие силы — законодательство, традиция, согласие общества. То были отзвуки старомосковских представлений о добром царе, советующемся с боярами. После воцарения Павла, сына Екатерины, внутри элиты стали зреть опасения. В день коронации новый император объявил, что отныне престол будет передаваться по мужской линии в порядке первородства (в какой-то мере это было иронией судьбы — ходили слухи, что сам Павел являлся незаконнорожденным сыном, плодом одной из ранних связей Екатерины). Он рассчитывал поднять престиж династии в глазах дворянства, что находило выражение и в других шагах, таких как браки самого Павла с немецкими принцессами (первая его жена умерла при родах), притеснение дворянства (возвращение обязательной службы, ограничение прав, связанных с местным самоуправлением, и свободы передвижения) и наступление на интеллектуальные свободы, которыми оно пользовалось (цензура иностранных изданий). Придворная знать начала страшиться непредсказуемого, подверженного вспышкам гнева царя, способного уничтожить традиционные привилегии и статус дворянства. Рост недовольства привел к перевороту (1801), совершенному с ведома Александра, сына Павла. Александр ожидал, что отца заставят отречься и не более того, однако заговорщики убили императора в Михайловском замке, задуманном как надежное убежище и с этой целью снабженном рвом. По официальной версии, император скончался от апоплексического удара; испытывавшая чувство облегчения знать охотно приняла это объяснение. Взошедший на трон Александр обещал править в умеренно-реформистском духе, по заветам Екатерины, бабки, руководившей его воспитанием. С этих пор и до 1917 года престол передавался по мужской линии — обычно от отца к сыну, иногда от брата к брату.

ИМПЕРСКОЕ ВООБРАЖАЕМОЕ В АРХИТЕКТУРЕ

В XVIII веке имперское воображаемое преобразило внешний облик империи — обязательными стали светское искусство по европейскому образцу, портреты, классические здания. Как и в московский период, архитектура стала холстом, на который наносился образ государства. Петр I задумывал Петербург как город в стиле североевропейского барокко, без множества деталей и украшений, свойственных позднемосковским постройкам. Анна Иоанновна и Елизавета поощряли строительство зданий в стиле рококо, в духе тех, что возводились французскими и итальянскими архитекторами; это выразилось, например, в строительстве Екатерининского дворца в Царском Селе (Бартоломео Растрелли, 1748–1756), пышные, отделанные золотом фасады которого говорили о богатстве страны. К середине столетия, и особенно в царствование Екатерины II, на смену волнистым линиям и демонстрации роскоши пришел неоклассицизм, воплощавший рациональное, упорядоченное государство, содержавший аллюзии на Античность (понятные тем, кто имел классическое образование). Новые здания имели внушительные размеры. В классическом стиле возводились императорские дворцы, дома знати, общественные постройки: палладианский дворец в Павловске (Чарльз Камерон, 1782–1786), Академия наук (Джакомо Кваренги, 1783–1789) в Петербурге, усадьба Шереметевых в Кусково (1760-е годы; рис. 13.7). Всеимперский импульс к строительству зданий в классическом стиле дала Комиссия о каменном строении Санкт-Петербурга и Москвы: созданная в 1762 году для разработки регулярных планов обеих столиц, она вскоре распространила свою деятельность на всю страну и подготовила более трехсот планов городов, многие из которых стали воплощаться в жизнь.

Однако облик застройки по определению не может меняться быстро, и поэтому особенности культурной трансформации России и имперской экспансии имели различное, порой ограниченное воздействие на архитектуру. Города Среднего Поволжья, к примеру, отставали от столиц. Рост экономики в XVIII веке вызвал активное строительство каменных зданий в Казани — Благовещенский собор кремля (1736), Церковь московских чудотворцев, для которой был выбран московский «нарышкинский» стиль, а не петербургское барокко, стоявшее ближе к европейскому. Старые церкви увенчивались барочными куполами. Поразительный Петропавловский собор (1726) в русской части Казани также является примером нарышкинского барокко, но отделан еще богаче (рис. 13.8). Этот стиль пользовался популярностью и в северных городах. Классицизм пришел в Казань лишь под конец XVIII века; его проникновение облегчил пожар 1765 года, создавший возможности для разработчиков городских планов. В следующие несколько десятилетий город изменил свой облик: возводились неоклассические строения, включая здания присутственных мест (1770-е годы), городскую больницу и Гостиный двор (1800).

С 1990-х годов в Казанском кремле стоит величественная мечеть, дополнившая ансамбль зданий в русском и европейском стиле; много других мечетей построено по всему городу. Однако в прошлом татарское население Казани почти не имело значительных сооружений, свидетельствовавших о его присутствии.

Рис. 13.7. Кусково, одна из двух подмосковных резиденций Шереметевых (1760-е годы), демонстрирует склонность богатой знати к различным причудам при обустройстве поместий: здесь есть сады, статуи, оранжереи, гроты, искусственный пруд. Фото Джека Коллманна

Татар переселили из укрепленного центра частью за город, частью за реку Булак; в XVII веке строить мечети запрещалось (появилось лишь несколько деревянных, скромного вида). Центральная часть города в основном была отдана русским поселенцам, немногие сохранившиеся церкви того времени, необычным образом ориентированные на северо-восток, возведены на фундаментах мечетей. В XVIII веке уже существовало несколько густонаселенных татарских слобод, при Екатерине II запрет на строительство мечетей смягчили. В городе соорудили примерно десять мечетей, из которых сохранились две каменные — Апанаевская (1768–1771) и Марджани (1766–1770), выполненные в сдержанном барочном стиле без украшений.

Отставали от столиц и города Сибири. Тобольск, центр Сибирской епархии, где епископами были преимущественно украинцы, обзавелся храмами в пышном стиле украинского ба-

Рис. 13.8. Петропавловский собор в Казани (1726), построен в стиле пышного московского барокко конца XVII века. Фото Джека Коллманна

рокко — такими как церковь Святых Захария и Елизаветы (1757–1776), — господствовавшем в этом городе на протяжении большей части столетия. Деревянный Успенский собор XV века, в 1686 году перестроенный в камне (1686), но сохранивший оригинальный облик, в 1726 году получил «нарышкинские» купола. Петербургские классические стили стали внедряться лишь во второй половине столетия, но опять же, с временной задержкой. Церковь Михаила Архангела (1771) — пример сдержанного барокко, характерного для ранней петербургской архитектуры. Неоклассицизм нашел свое проявление в плане, разработанном для Тобольска (1763), в резиденции архиепископа (1773–1775) и соборной колокольне (1797). Городской ландшафт Тобольска, несомненно, говорил о присутствии русских, но до конца екатерининского царствования постройки далеко не соответствовали тому, что можно было бы назвать передним краем имперского

Рис. 13.9. Крестовоздвиженская церковь в Иркутске (1747–1758), украшена резными картушами, встречающимися по всей Сибири. Стиль — московское барокко XVII века; в центре в это время уже господствовал петербургский классицизм. Фото Джека Коллманна

зодчества. Точно так же в расположенной неподалеку Тюмени вырос Троицкий монастырь (начало XVIII века), которому киевские архитекторы придали черты украинского барокко.

Восточнее, в Сибири, эти тенденции были выражены еще более ярко. Крестовоздвиженская церковь в Иркутске (1747–1758; рис. 13.9) — типичный для XVIII века «корабль»: колокольня, неф, купольный храм. Пилястры и наличники украшены с чрезмерной пышностью. В Спасском монастыре Енисейска (центральная Сибирь) в 1750-х годах была воздвигнута церковь, отличающаяся строгим барочным стилем, характерным для XVIII века. Картуши, впервые появившиеся в Тотьме и Соликамске, добрались теперь до Иркутска и Байкала, уживаясь на фасадах православных церквей с самобытными местными символами. На стенах храмов можно было увидеть терракотовые колеса Дхармы и дверные рамы, характерные для буддийских ступ — в строительстве участвовали буряты, буддисты по вероисповеданию. Церкви, сооружавшиеся на протяжении XVIII столетия в Забайкалье, испытали все эти влияния и включают элементы нарышкинского барокко, тотьминские картуши, убранство, свойственное буддийским ступам — поразительное визуальное воплощение империи различий. Как и в Казани, к концу XVIII века здесь было разрешено строительство неправославных культовых сооружений, и началось возведение буддийских храмов и монастырей в характерном восточном стиле.

На новоприсоединенных западных землях имперский стиль видоизменялся по-другому. Так, к примеру, Смоленск находился во владении русских с 1660-х годов, и там возник свой вариант нарышкинского барокко, о чем свидетельствуют церкви, воздвигнутые купцами, монастырями и прихожанами. В 1787 году Екатерина II присутствовала на службе в смоленском Успенском соборе, построенном на месте обрушившегося храма XII века. Законченный в 1772 году, спустя столетие после начала работ, он олицетворяет собой елизаветинский имперский стиль — декоративное барокко с изящным оформлением окон, поразительный зелено-голубой цвет стен, богатство деталей, иконостас, над которым трудились резчики и иконописцы из Украины. Религиозная архитектура Смоленска выдает влияние имперского стиля, который, однако, пришел с запозданием.

Города Лифляндии и Эстляндии, приобретенных в 1710 году, теоретически могли бы преобразиться, обогатившись постройками, выполненными в свойственных для России стилях. Но воздействие последних оказалось ограниченным. Ревель и Рига были оживленными торговыми и культурными центрами, где заметным влиянием пользовались немецкие купцы и местная землевладельческая знать — их вкусы и определяли эволюцию архитектуры. Замки, соборы, частные дома в этих двух городах относились к периоду господства Ливонского ордена и отличались разнообразием стилей — готика, ренессанс, сдержанное североевропейское барокко. Храмы отражали многоконфессиональный состав населения, свойственный постреформационной Европе — здесь имелись лютеранские, кальвинистские, католические, униатские и православные соборы и приходские церкви, а также синагоги. Грациозные, устремленные ввысь ревельские храмы — Домский собор, церкви Святого Духа, Святого Николая, Святого Олафа — восходили к средневековой эпохе и были перестроены в позднеготическом стиле в XV веке. Ратуша (конец XIV — начало XV века) является образцом гражданской ренессансной архитектуры. Многие сохранившиеся здания торговых гильдий и жилые дома XVI–XVII веков свидетельствуют о тогдашнем богатстве города. Рига, как и Ревель, была прекрасным средневековым городом с величественными готическими соборами и многочисленными церквями более скромного вида: одни оставались католическими (Домский собор, церкви Святого Петра, Святого Иоанна, Святого Иакова), другие стали лютеранскими в XVI веке. Рижские светские здания, как и ревельские, говорят о богатстве местных гильдий и городского магистрата.

Русские власти не создавали значимых архитектурных акцентов в Лифляндии и Эстляндии вплоть до конца XVIII века, что отчасти объяснялось запрещением строить каменные здания где-либо, кроме Петербурга (1714–1741), а отчасти — либеральной политикой в отношении прибалтийских владений. Русское присутствие было более отчетливо выражено в Риге и ее окрестностях, чем в Ревеле, но и там, и там города и сельская местность сохранили свой немецкий по преимуществу облик. Здания, возводившиеся по инициативе русских властей, были выдержаны в стиле строгого барокко или раннего классицизма; кроме того, активное строительство вели представители местных немецкоязычных элит, столичных и провинциальных. Петр I, к примеру, велел возвести для своей супруги очаровательный летний дворец под Ревелем (1718; рис. 13.10), сдержанно-барочный снаружи, с роскошными интерьерами в итальянском духе (архитектор Никколо Микетти). Тот же стиль — раннее петербургское барокко — выбрал в 1730-е годы Бартоломео Растрелли, трудившийся над двумя курляндскими резиденциями Бирона, фаворита императрицы Анны: Курляндия еще не являлась частью империи, но входила в сферу ее влияния. В Риге российское влияние — если говорить о его раннем этапе — выразилось в загородных садах во французском стиле, разбитых по инициативе Петра I, и в оформлении церкви, переделанной из лютеран-

Рис. 13.10. Очаровательный дворец Екатериненталь, построенный Петром I для своей супруги Екатерины близ Ревеля (современный Таллинн) — образец сдержанного барокко. Фото Джека Коллманна

ской в православную, на территории городских укреплений (1725–1726). Петербургское барокко прослеживается в отделке дворцов и православных церквей, сооруженных в 1740–1750-х годах. Но рижские и ревельские купцы и дворяне также прибегали к петербургским стилям, примеры тому — рижская ратуша (1765) и церкви и купеческие дома, возведенные в те времена в Старом городе. Православные церкви и дворцы русской знати в этих городах не имели специфически русского облика.

Наиболее выдающиеся общественные здания, построенные русским властями, появились ближе к концу столетия, совпав по времени с реформами, направленными на русификацию Эстляндии и Лифляндии — введение губернского деления, как в остальной России, распространение на Прибалтику жалованных грамот дворянству и городам. Частью программы обновления городов в духе классицизма стала перестройка рижских укреплений, откуда осуществлялось управление краем, под руководством лифляндского губернского архитектора П. Бокка, назначенного

Петербургом (1781–1785). Была создана новая площадь, с одной стороны которой вырос грандиозный Петропавловский собор в стиле русского классицизма. В Ревеле для нового губернаторского дворца выбрали стиль сдержанного барокко — предшественник классицизма, который стал господствующим в последующие несколько десятилетий.

Имперская архитектура в Киеве также выглядела «приглушенной», хотя в этом столетии имперское присутствие России здесь было более ощутимым, чем в Прибалтике. После измены Мазепы (1709) Петр I сровнял с землей казацкую столицу Батурин и построил крепость в Киеве — на следующие 100 лет прилегавшее к крепости предместье Печерск сделалось для России административным и военным центром. Возводимые русскими властями здания в архитектурном отношении перекликались с теми, что строили для себя богатые монастыри, состоятельные горожане и представители казацкой элиты: в течение всего XVIII века речь шла о различных вариантах барокко. Надвратная Троицкая церковь Киево-Печерской лавры (1722–1729) отличается вычурным барочным орнаментом, однако в середине столетия монастырские постройки (колокольни, храмы) стали отличаться более строгой, но все еще достаточно декоративной отделкой. Елизаветинский придворный архитектор Бартоломео Растрелли построил в Киеве императорский дворец в стиле сдержанного барокко (1755). Ратуша на Подоле (1690-е годы) была выполнена в стиле рококо, Растрелли же возвел в этом районе Андреевскую церковь с элементами декоративного петербургского барокко, упорядоченного, но при этом энергичного благодаря ярко-голубому цвету, четким пилястрам и позолоченным орнаментальным деталям (рис. 13.11). Похожие пилястры и отделка были применены при перестройке колокольни Софийского собора в Старом городе (1788). Если говорить о загородных постройках, следует упомянуть неоклассический дворец в Батурине, заказанный Кириллом Разумовским, типичным представителем высшей имперской знати, Чарльзу Камерону, прославившемуся постройками в палладианском духе под Петербургом. В области архитектуры между Киевом и остальной Россией шло оживленное взаимодействие: петербургский архитектор И. Шедель вел здесь строительство, украинские мастера работали над украшением церквей в Петербурге, Смоленске и Москве — благодаря им в храмах появлялись красочные иконы и резные иконостасы. Следствием этого культурного обмена было то, что сооружения, призванные символизировать имперскую мощь России, так и не стали доминирующими в ландшафте Киева.

После захвата Крыма (1783) литературные и художественные круги сделали его своего рода холстом, на котором они изображали свое видение империи. Для Екатерины и ее идеологов — фактического хозяина новоприобретенных южных земель Потемкина, одописцев, других поэтов — Крым был сразу всем: райский сад, изобилующий плодовыми деревьями и виноградниками, экзотическое восточное место отдыха, прекрасное и расслабляющее, свидетельство этнического многообразия России, связь с античной «цивилизацией» благодаря присутствию величественных греческих и римских руин (многие географические объекты на полуострове к тому же получили греческие названия), малообжитый край с горными видами и нецивилизованным татарским населением, исповедующим ислам. Все это находило выражение в политическом дискурсе и зрительных образах.

Как предполагает Андреас Шёнле, на сложность и неоднозначность представлений Екатерины о Крыме указывает ее прославленная поездка по Новороссии и Крыму (1787), преследовавшая как политические, так и культурные цели. Основывая новые порты и города, Екатерина торжественно отмечала тем самым присоединение к империи стратегически важных территорий и поражение, нанесенное Турции. Кроме того, ей хотелось произвести впечатление на европейскую публику — в то время она вела горячие споры с французскими литераторами относительно того, является ли Россия нецивилизованной страной, где царит деспотизм, или нет. (В 1770 году она опубликовала — на французском языке — опровержение хлесткой критики в адрес России, высказанной совершившим путешествие в Сибирь ученым Жан-Батистом Шаппом д'Отрошем.) Для сопровождавших импера-

Рис. 13.11. Воплощением петербургского имперского барокко стала изящная Андреевская церковь в Киеве (Бартоломео Растрелли, 1747–1754). Фото Джека Коллманна

трицу знатных европейцев (австрийский император Иосиф II, путешествовавший инкогнито, французский граф Луи-Филипп де Сегюр и другие) Екатерина и Потемкин устраивали представления, демонстрировавшие давние связи России с греческой цивилизацией через посредство Византии (что позволяло отвергнуть утверждения французов о превосходстве их «цивилизации») и военные парады с участием представителей проживавших в империи народов: казаки, татары, калмыки, башкиры изображались живущими в согласии между собой и цивилизованными.

Осуществляя строительство в Крыму, и Екатерина, и Потемкин видели основным мотивом сад. Многозначный символ, сад мог означать Эдем и, следовательно, высшее благословение, отсылать к такому пространству, где подданные могут быть свободны, либо к такому, где они могут подвергнуться контролю и целенаправленному изменению. Для Екатерины Крым был садом, демонстрирующим изобилие природы (там следовало насадить фруктовые деревья, разбить парки), и ландшафтом, свидетельствующим об этническом многообразии ее страны. Богатую культурную среду Крыма следовало беречь. Общественные здания, принадлежавшие мусульманам, не сносились в открытую, хотя многие были разрушены до 1783 года, в ходе жестокой завоевательной кампании, после чего руины послужили источником строительных материалов. И напротив, российские монархи выявляли и сохраняли здания, имевшие значение с исторической точки зрения или важные для местных общин — христианских, мусульманских, греческих, армянских и других.

Имперское «клеймо» было особенно заметно на двух крупнейших крымских стройках того времени. На месте рыбацкой деревни начал возводиться порт Севастополь со зданиями в европейском стиле. Работа по созданию новой столицы — Симферополя — на месте оживленного татарского города с ханским дворцом имела меньше успеха. Согласно плану, Симферополь должен был получить упорядоченную неоклассическую планировку, с центральной площадью и кафедральным собором, но татарские кварталы остались в прежнем виде. Город оказался разделен надвое — на русскую и туземную части. В первой появились православные церкви классического облика, административные здания, радиальные улицы, соединявшие центральные площади с районами жилой застройки, запроектированной по европейскому образцу. В татарской части сохранялись извилистые улицы, окруженные стенами городские усадьбы, центром которых являлся внутренний двор, мечети традиционного вида, бойкие рынки. Как отмечает Келли О'Нил, мечеть Кебир «господствовала в визуальном ландшафте города» до 1830-х годов, когда был сооружен массивный собор Александра Невского с его строгими классическими линиями. Бахчисарай, религиозный и политический центр татар, нисколько не утратил своего восточного блеска и еще долго оставался сердцем татарского Крыма.

В целом имперское воображаемое на протяжении XVIII века выглядело более сложным, чем в московский период. Здания имперской архитектуры, возводимые по всей стране, символизировали предпринятый верхами культурный поворот к Европе, но постройки в местном стиле часто дополняли его, а не контрастировали с ним. Представление о власти в это столетие связывалось не столько с религиозностью и пиетизмом, сколько с действием. Монархи должны были служить государству ради общего блага и побуждать элиту делать то же самое. Во времена Петра I это служение выливалось в военные действия, завоевания, внутренние реформы. Позже ведущую роль стала играть меркантилистская экономическая политика. Монарху следовало умножать богатства страны, поощряя торговлю и промышленность, переселение жителей из других стран, колонизацию. Соединение идей французского Просвещения с немецким камерализмом дало универсалистское представление об империи как созданном по воле Бога сообществе людей, живущих в согласии. Авторепрезентация монархов по-прежнему основывалась главным образом на русской религии и культуре, но были разрешены и другие верования (кроме раскольничьих течений), а бок о бок с русскими проживали другие народы. Однако по своей сути российские императоры XVIII века оставались патримониальными правителями, властвовавшими на московский манер. Правление их было самодержавным: монархи обращались к подданным за советом, проявляли заботу об элитах, устанавливали законы, но никогда не поступались суверенитетом, не создавали конституционных учреждений, не передавали своих законодательных, исполнительных или финансовых полномочий. Образ самодержавия видоизменялся — место богоданного сообщества заступило другое, вселенское, рационально организованное, — но на практике государство продолжало управляться при помощи личных связей.

* * *

О политическом дискурсе при дворе Софьи Алексеевны: Bushkovitch P. Religion and Society in Russia: The Sixteenth and Seventeenth Centuries. New York and Oxford: Oxford University Press, 1992; Hughes L. Russia and the West: The Life of a SeventeenthCentury Westernizer, Prince Vasily Vasilievich Golitsyn (1643–1714). Newtonville, Mass.: Oriental Research Partners, 1984; Hughes L. Sophia, Regent of Russia, 1657–1704. New Haven and London: Yale University Press, 1990.

Об образе райского сада: Baehr S. The Paradise Myth in Eighteenth-Century Russia: Utopian Patterns in Early Secular Russian Literature and Culture. Stanford, Calif.: Stanford University Press, 1991; Schönle A. Garden of the Empire: Catherine's Appropriation of the Crimea // Slavic Review. 2001. № 60. P. 1–23; O'Neill K. Constructing Imperial Identity in the Borderland: Architecture, Islam and the Renovation of the Crimean Landscape // Ab Imperio. 2006. № 2. P. 163–192.

О женщинах из царских династий: Thyrêt I. Between God and Tsar: Religious Symbolism and the Royal Women of Muscovite Russia. DeKalb, Ill.: Northern Illinois University Press, 2001. О наследовании престола и репрезентации легитимности в XVIII веке: Whittaker C. Russian Monarchy: Eighteenth-Century Rulers and Writers in Political Dialogue. DeKalb, Ill.: Northern Illinois University Press, 2003; Wirtschafter E. The Play of Ideas in Russian Enlightenment Theater. DeKalb, Ill.: Northern Illinois University Press, 2003; Golburt L. The First Epoch: The Eighteenth Century and the Russian Cultural Imagination. Madison, Wis.: The University of Wisconsin Press, 2014; Proskurina V. Creating the Empress: Politics and Poetry in the Age of Catherine II. Boston: Academic Studies Press, 2011.

О Петре I: Hughes L. Russia in the Age of Peter the Great. New Haven and London: Yale University Press, 1998; Hughes L. Peter the Great: A Biography. New Haven: Yale University Press, 2002; Bushkovitch P. Peter the Great. Lanham, Md.: Rowman & Littlefield Publishers, 2001; Bushkovitch P. Peter the Great: The Struggle for Power, 1671–1725. Cambridge: Cambridge University Press, 2001. См. также портрет Петра в «Курсе русской истории» В. О. Ключевского, полный драгоценных деталей, что характерно для этого историка.

О культурных преобразованиях см. непревзойденную трилогию Джеймса Кракрафта: Cracraft J. The Petrine Revolution in Russian Architecture. Chicago: University of Chicago Press, 1988; Cracraft J. The Petrine Revolution in Russian Imagery. Chicago: University of Chicago Press, 1997; Cracraft J. The Petrine Revolution in Russian Culture. Cambridge, Mass.: The Belknap Press of Harvard University Press, 2004. В своей книге «The Revolution of Peter the Great» (Cambridge, Mass.: Harvard University Press, 2003) Кракрафт подчеркивает значение Петербурга как продукта «культурной революции».

Авторы, подчеркивающие роль светской составляющей в петровской идеологии: Raeff M. Understanding Imperial Russia: State and Society in the Old Regime, trans. Arthur Goldhammer. New York: Columbia University Press, 1984; Raeff M. The Well-Ordered Police State: Social and Institutional Change through Law in the Germanies and Russia, 1600–1800. New Haven: Yale University Press, 1983; Wortman R. Scenarios of Power: Myth and Ceremony in Russian Monarchy, 2 vols. Princeton: Princeton University Press, 1995–2000.

О долговечности религиозных оснований легитимности: Живов В. Государственный миф в эпоху Просвещения и его разрушение в России конца XVIII века // Из истории русской культуры. М.: Языки русской культуры, 2000. Т. 4 (XVIII — начало XIX века). С. 657–683; Marker G. Imperial Saint: The Cult of St. Catherine and the Dawn of Female Rule in Russia. DeKalb, Ill.: Northern Illinois University Press, 2007; Zitser E. The Transfigured Kingdom: Sacred Parody and Charismatic Authority at the Court of Peter the Great. Ithaca, NY: Cornell University Press, 2004. Об использовании пародии Петром: Zitser E. The Transfigured Kingdom: Sacred Parody and Charismatic Authority at the Court of Peter the Great. Ithaca, NY: Cornell University Press, 2004; Живов В. Культурные реформы в системе преобразований Петра I // Из истории русской культуры. М.: Языки русской культуры, 1996. Т. 3. (XVII — начало XVIII века). С. 528–583.

Е. В. Анисимов является автором многочисленных трудов о царствованиях русских монархов между Петром I и Екатериной II, в частности: Елизавета Петровна. М.: Молодая гвардия, 1999; Женщины на российском престоле. СПб.: Норинт, 2002. О восприятии Анны и Елизаветы как «легкомысленных» императриц см.: Proskurina V. Creating the Empress: Politics and Poetry in the Age of Catherine II. Boston: Academic Studies Press, 2011; вышеупомянутые книги Анисимова и: Florinsky M. Russia: A History and an Interpretation. New York: Macmillan, 1953.

О Петре III: Leonard C. Reform and Regicide: The Reign of Peter III of Russia. Bloomington: Indiana University Press, 1993. О Павле I: McGrew R. Paul I of Russia, 1754–1801. Oxford: Clarendon Press, 1992. О преемственности элит: LeDonne J. Ruling Families in the Russian Political Order, 1689–1825 // Cahiers du monde russe et soviétique. 1987. № 28. P. 233–322.

О Екатерине II см. всеобъемлющий труд: Мадариага И. Россия в эпоху Екатерины Великой. М.: Новое литературное обозрение. Другая работа, сугубо биографическая, этого же автора: Madariaga I. Catherine the Great: A Short History. New Haven: Yale University Press, 1990. См. также: Каменский А. Российская империя в XVIII в.: традиции и модернизация. М.: Новое литературное обозрение, 1999; LeDonne J. Ruling Russia: Politics and Administration in the Age of Absolutism, 1762–1796. Princeton: Princeton University Press, 1984; LeDonne J. Absolutism and Ruling Class: The Formation of the Russian Political Order, 1700–1825. New York and Oxford: Oxford University Press, 1991.

Саймон Диксон в своем великолепном труде рассматривает стратегии управления, к которым прибегала Екатерина II: Dixon S. Catherine the Great. Harlow: Longman, 2001. Он помогает понять толкование жизни Екатерины с точки зрения сексуальности. Также см. другие работы: Meehan-Waters B. Catherine the Great and the Problem of Female Rule // Russian Review. 1975. № 34. P. 293–307; Alexander J. Catherine the Great: Life and Legend. New York: Oxford University Press, 1989. Об эротической критике Крылова см.: Proskurina V. Creating the Empress: Politics and Poetry in the Age of Catherine II. Boston: Academic Studies Press, 2011. Эрнест Зитцер датирует порнографические образы русских правителей XVIII века первой половиной XIX века: Zitser E. A Full-Frontal History of the Romanov Dynasty: Pictorial 'Political Pornography' in Pre-Reform Russia // Russian Review. 2011. № 70. P. 557–583. См. также: Щербатов М. О повреждении нравов в России (любое издание).

О порнографии как средстве политической критики в эпоху Просвещения: Hunt L. Eroticism and the Body Politic. Baltimore: Johns Hopkins University Press, 1991; Wolff L. The Fantasy of Catherine in the Fiction of the Enlightenment: From Baron Munchausen to the Marquis de Sade // Эрос и порнография в русской культуре / Под ред. М. Левитта, А. Топоркова. М.: Ладомир, 1999; Hunt L. The Many Bodies of Marie-Antoinette: Political Pornography and the Problem of the Feminine / Marie-Antoinette: Writings on the Body of a Queen / Ed. by D. Goodman. New York: Routledge, 2003. P. 117–138; Thomas C. The Wicked Queen: The Origins of the Myth of Marie-Antoinette. New York: Zone Books, 1999. О слухах относительно сексуальных похождений и клевете на Елизавету I (Англия): Levin C. The Heart and Stomach of a King: Elizabeth I and the Politics of Sex and Power, 2nd edn. Philadelphia: University of Pennsylvania Press, 2013.

О визуальной репрезентации политической власти: Hughes L. From Tsar to Emperor: Portraits of Peter the Great // The Place of Russia in Eurasia / Ed. by G. Szvak. Budapest: Magyar Ruszisztikai Intézet, 2001. P. 221–232; Forbes I., Underhill W. Catherine the Great: Treasures of Imperial Russia from the State Hermitage Museum, Leningrad. London: Booth-Clibborn Editions, 1990. О России глазами иностранцев: Barkhatova E. Visual Russia: Catherine II's Russia through the Eyes of Foreign Graphic Artists // Russia Engages the World, 1453–1825 / Ed. by C. Whittaker. Cambridge, Mass.: Harvard University Press, 2003. P. 72–89.

О строительных проектах Екатерины: Shvidkovskii D. The Empress and the Architect: British Architecture and Gardens at the Court of Catherine the Great. New Haven: Yale University Press, 1996; Shvidkovskii D. Catherine the

Great's Field of Dreams: Architecture and Landscape in the Russian Enlightenment // Architectures of Russian Identity, 1500–Present / Ed. by J. Cracraft, D. Rowland. Ithaca, NY: Cornell University Press, 2003. P. 51–65.

Об архитектуре Казани, Ревеля, Риги см. библиографию к главе 6, а также: Brumfield W. Appointment in Dauria: George Kennan, George Frost, and the Architectural Context // The Harriman Review. 2012. Vol. 18. № 2–4. P. 3–71.

О Сибири см. серию фотографий северных и сибирских городов, изданную Уильямом Брумфилдом (глава 6): William C. Brumfield. Appointment in Dauria: George Kennan, George Frost, and the Architectural Context, *The Harriman Review* 18, № 2–4 (2012). P. 3–71. Современный отчет о путешествии по Сибири, с вниманием к сохранившимся зданиям прошлого: Haywood A. Siberia: A Cultural History. Oxford: Signal Books, 2010.

Глава 14
Армия и администрация

Количественное увеличение и качественное улучшение армии и администрации были предметом первостепенного внимания монархов XVIII века. Необходимо было соблюдать баланс между центральными и местными структурами, координировать деятельность множества учреждений, нуждавшихся в финансировании, управлять развитием общества, экономики и вооруженных сил. В основе реформ лежали идеи Просвещения, как немецкого (акцент на порядке и долге), так и французского (упор на рациональное мышление, правление с помощью закона, личностное совершенствование; как известно, Кант однажды обмолвился, что Просвещение — это «мужество использовать свой собственный разум»). Составляя головокружительные планы институциональных изменений, и Петр I, и Екатерина II выражали намерение не только максимально увеличить государственные доходы, но и обеспечить рост благополучия общества. Оба они стремились привлечь дворян на гражданскую службу, чтобы ее престиж сравнялся с престижем военной. Этих целей не удалось достичь в полной мере, но прогресс был налицо.

ВОЕННЫЕ РЕФОРМЫ

Одной из главных забот в это столетие была военная реформа. Проявив невероятную энергию, Петр I в течение жизни одного поколения с нуля создал флот и преобразил русскую армию. Хотя еще с середины XVII века создавались полки «нового строя», эти усилия совершенно бледнеют перед тем, что сделал Петр. Это касается размаха реформ (создание крупных по численности пехотных частей), их темпа (все было сделано за десятилетие) и боевых успехов (в ходе Северной войны Петр нанес поражение лучшей армии и лучшему флоту в Центральной и Восточной Европе, а именно шведским). Интерес к военному делу зародился у Петра еще в детстве. Живя за пределами Кремля с 10 до 17 лет — в селе Преображенском, рядом с Немецкой слободой, — Петр имел возможность встречаться с иностранными офицерами и создавал по европейскому образцу «потешные» полки, всерьез обучавшиеся ратному труду. Позднее на их основе были сформированы два гвардейских полка, Преображенский и Семеновский. Кроме того, Петр питал горячую любовь к морскому делу, и по его повелению с 1690 года на Переяславском озере стали строиться корабли — скорее всего (как это делалось в царствование его отца), для охраны каспийского судоходства.

Низложив Софью (1689), Петр вернулся в Кремль, но активно стал заниматься государственным управлением лишь около 1698 года. В соответствии с приоритетами, расставленными в московский период, внимание царя обратилось в первую очередь на Черное море. Галерный флот, построенный в Воронеже (1695–1696), принял участие в осаде Азова, принадлежавшего туркам и взятого в 1697 году; однако после неудачного Прутского похода (1711) Петру пришлось уничтожить базировавшийся в Азове флот и вернуть город Османской империи. В 1697–1698 годах в Европе побывало русское Великое посольство, членом которого был и Петр, не только проводивший дипломатические встречи, но и учившийся сооружению кораблей в Амстердаме и Лондоне. Для будущего Балтийского флота были наняты английские мастера. Первые балтийские корабли строились на Ладоге и пришли в Петербург в 1703 году, вскоре после основания города. В Гангутском сражении, где участвовали два галерных флота, русский и шведский, Петру удалось нанести поражение противнику. К концу его царствования Балтийский флот состоял из внушительных линейных кораблей, фрегатов и множества галер.

При Петре численность армии увеличилась более чем вдвое: 121 тысяча в полевых частях и 74 тысячи — в гарнизонах. Если в Западной Европе 75 % в количественном отношении приходилось на пехоту, то в России (как и в соседних странах — Османской империи, Швеции, Речи Посполитой) половину войска составляла конница, необходимая из-за наличия больших открытых пространств на территории современных Украины и Беларуси, а также степной границы. Благодаря Петру была улучшена артиллерия и усилена военная промышленность: к 1712 году Россия перестала зависеть от поставок вооружения других стран и производила большую часть тканей, необходимых для пошива сержантских мундиров.

Выходцы из старомосковского боярства и дворяне, служившие в армии, формировали единственные оставшиеся в ней конные части старого образца; рейтарские полки подверглись упразднению. Большинство дворян отныне служили в 33 легкоконных и драгунских полках, бок о бок с казаками, солдатами и даже крестьянами; беднейшие из них оказались в пехоте. Дворяне, владевшие крепостными, в основном влились в офицерский корпус; при этом флотская служба по престижу и привлекательности далеко уступала армейской. Офицеры получали жалованье — с характерным для московского периода вознаграждением в виде поместий и крепостных было покончено. К концу XVII века поместье фактически сделалось наследственным владением, что было закреплено законом в 1714 году. Отныне статус определялся офицерским чином, а не размером земельных владений.

Петровские военные реформы также способствовали упорядочению гарнизонной службы на границе, которую ранее несли казаки, стрельцы и однодворцы (обедневшие дворяне, владевшие лишь несколькими крепостными или даже сами обрабатывавшие принадлежащую им землю; см. главу 17). Теперь гарнизоны укреплений состояли из крепко сколоченных пехотных и драгунских полков, способных и к полевым действиям, и к защите границы; солдаты получали жалованье. Из однодворцев формировали ландмилицию, также организованную лучше прежних частей. Это позволило улучшить качество войск на границе и сделать их специализацию более гибкой.

В 1720-е годы русская армия, по сравнению с европейскими, являлась более разнообразной по составу, с большей долей кавалерии. Гарнизонные войска на южной границе и в Сибири стали более профессиональными. Однако эти достижения обходились недешево, и в течение 15 лет после Петра армия и флот находились в запущенном состоянии — его преемники старались навести порядок в государственных финансах. К моменту окончания Северной войны Россия имела 34 линейных корабля, 15 фрегатов, 77 галер, около десятка более мелких судов; во флоте служили около 27 тысяч матросов. Но после этого строительство кораблей практически прекратилось. В начале 1740-х годов флот насчитывал всего 20 пригодных к использованию линейных кораблей и около 50 менее крупных судов, которые находились в основном на Балтике, в Кронштадте и Ревеле.

При Елизавете началось возрождение армии. Численность полевых войск с 1740 года по 1756-й выросла со 140 до 344 тысяч; в Семилетней войне (1756–1763) армия хорошо проявила себя. В середине столетия состав армии отличался разнообразием, которого следовало ожидать от такой империи, как Россия: 172 тысячи в полевых войсках, 74 тысячи в гарнизонах, 27 тысяч в украинской ландмилиции, 12 тысяч в инженерных и артиллерийских частях и 43 тысячи — в иррегулярных, включая казаков. Военно-морской флот в царствование Елизаветы усилился: 21 линейный корабль, 5 фрегатов и 158 малых судов. Все это требовало от государства, как и прежде, развивать отечественную металлургию и текстильную промышленность.

Во второй половине столетия (и далее, вплоть до конца царствования Наполеона) Россия почти непрерывно вела войны и расширяла свою территорию, что вело к значительным военным расходам. Как ни парадоксально — на это обращает внимание Уолтер Пинтнер, — доля последних в расходах бюджета постоянно снижалась: 64 % в 1725 году, 46 % — в 1764-м, 37 % — в 1796-м. Это было связано главным образом с приращением территорий и населения, а также увеличением трат на императорский двор и имперскую администрацию. Но не следует обманываться: речь все же идет об очень больших цифрах. Пинтнер склонен сопоставлять военные расходы с поступлениями, а не тратами государства, и находит, что в 1791 году они превышали весь чистый доход (поступления за вычетом издержек). Численность полевой армии постоянно росла: около 105 тысяч в 1763 году, примерно 181 тысяча — в 1774-м, 279 тысяч — во время третьей турецкой войны (1787–1792). В конце века во всех частях состояло около 450 тысяч человек, что давало России самую большую армию в Европе.

При Екатерине II увеличилась доля легкой конницы, однако вооружения до конца столетия изменились мало. Пехота имела простые по конструкции, заряжающиеся с дула гладкоствольные ружья со штыками: такая «статичная технология» (пользуясь выражением Уолтера Пинтнера) позволяла России сохранять самодостаточность в обеспечении оружием. Кавалерия была вооружена в зависимости от своего назначения, например, разведывательные части (казаки, гусары) — легкими саблями и пистолетами. Некоторые подразделения тяжелой и легкой пехоты и конницы (драгуны, кирасиры, карабинеры) получали то, что было необходимо для полевых сражений — палаши, пистолеты, ружья со штыками. Легкая пехота, преследовавшая противника, имела менее массивное огнестрельное и холодное оружие.

В екатерининские времена возрос престиж русского флота: так, суда с Балтики были посланы в Средиземное море, где разгромили турецкую эскадру при Чесме (1770). Балтийский флот был усилен к 1788 году 37 линейными кораблями, 13 фрегатами и 30 малыми судами. Именно на Балтике морское присутствие России являлось наиболее ощутимым, но после приобретения причерноморских территорий центрами судостроения начали становиться такие города, как Воронеж, Павловск, Херсон, Севастополь и Николаев. В 1787 году Россия располагала на Черном море 4 линейными кораблями, 14 фрегатами, 3 бомбардирскими кораблями и 50 малыми судами. Небольшие силы появились также на Днепре и Буге. На юге в 1785 году служили около 13 500 человек: сравним эту цифру с 35 тысячами офицеров и матросов, которые имелись у России в 1764 году на Балтике. К 1790 году флот России (145 кораблей) превосходил датский (87) и шведский (48), но уступал французскому (324) и британскому (473).

РЕКРУТСКАЯ ПОВИННОСТЬ И ЕЕ СОЦИАЛЬНЫЕ ПОСЛЕДСТВИЯ

Создание Петром I крупных сухопутных и морских сил изменило жизнь крестьян — и, в меньшей степени, горожан — восточнославянского происхождения. Массовый набор в армию крестьян и горожан, плативших подати (а порой и чиновников — настолько велика была нужда в солдатах), во время Северной войны дал более четверти миллиона человек, причем его необходимо было осуществлять постоянно — из-за бегства, болезней, ранений и так далее. Потребность оставалась высокой в течение всего столетия: 90 рекрутских наборов в 1705–1825 годах принесли, по имеющимся оценкам, два миллиона новобранцев. При Петре одного рекрута брали с 20 дворов, но по мере роста населения тяжесть набора для населения уменьшалась: в 1730-х годах один рекрут приходился в среднем на 179 душ (нормы менялись в пределах 1:98–1:320). После губернской реформы 1775 года правилом стала отдача одного рекрута с 500 душ, причем набором отныне занимались местные власти под контролем губернского казначея. В военное время назначались дополнительные наборы: в ходе русско-турецкой войны 1787–1792 годов было осуществлено три набора из расчета 5 рекрутов на 500 душ мужского населения и один — из расчета 4 к 500.

Однако по подсчетам Уолтера Пинтнера, «на протяжении XVIII века в целом можно было ожидать, что за пять лет деревня в 100 жителей потеряет от одного до трех молодых мужчин», и лишь дважды за столетие пропорция возрастала до 4 к 100. Таким образом, повинность была тяжелее для самого рекрута, чем для общины. Обычно брали мужчин в возрасте от 17 до 35 лет, но встречаются упоминания и о более возрастных рекрутах. Наборы во флот были менее частыми и масштабными, ограничиваясь в географическом отношении территориями, прилегавшими к Балтийскому морю. Там набирали подростков в достаточно раннем возрасте, обучая их затем морскому делу во время службы на корабле.

Процесс набора напоминал вооруженный налет — команда врывалась в деревню, забирая силой не желавших служить юношей. В 1711 году фельдмаршал Шереметев ездил с передвижной виселицей, чтобы удержать своих людей от дезертирства, а после 1712 года рекрутам ставили клеймо на руке (замененное в 1738 году бритьем лба). Принудительные методы использовались на протяжении всего столетия; власти то угрожали смертью за дезертирство, то, отчаянно нуждаясь в солдатах, предлагали амнистию.

Бремя рекрутчины несли прежде всего православные жители империи восточнославянского происхождения: крестьяне, горожане, не рукоположенные сыновья священников, ямщики, ремесленники, фабричные рабочие, — но также некоторые представители местных народностей (например, татары). После занятия в конце XVII века земель, на которых проживали белорусскоязычные земледельцы, они были приравнены к русским крестьянам в том, что касается подушной подати и рекрутской повинности. Последняя в 1780-е годы была распространена и на крестьян Гетманщины и других населенных восточными славянами территорий, приобретенных в результате первого раздела Польши (1772), но срок службы для них установили в 15 лет. Жители городов могли откупиться, послав вместо себя кого-либо, иудеи до 1827 года вместо службы в армии платили двойную подать. Повинность касалась лишь очень немногих представителей нерусских народов — в частности, обитателей Среднего Поволжья, приравненных к государственным крестьянам. Со временем башкир и калмыков начали набирать в иррегулярные войска, не создавая из них при этом отдельные полки. Плательщики ясака, крестьяне Прибалтики, донские казаки, жители южных гарнизонов, иноземные колонисты были освобождены от наборов.

Рекрутская повинность имела многочисленные социальные последствия. На общины пало тяжелое бремя, так как солдаты несли службу круглый год и стояли постоем в городах и деревнях.

Теоретически они платили местным жителям деньгами и натурой, но требования военных и нарушение нормальной жизни в доме становились настоящим бичом. Кроме того, возникла новая категория — солдатские родственники. Служба была пожизненной (с 1793 года — 25 лет, что, возможно, стало эхом аналогичной реформы в Пруссии), так что рекрут навсегда расставался со своей семьей и своим домом. Его жена и дети обычно влачили жалкое существование, становясь обузой для родственников и общины, и часто начинали заниматься производственной деятельностью или работой по хозяйству. Повинность усилила влияние старших по возрасту внутри домохозяйств общины — именно они определяли, кого отдать в солдаты. Иногда жертвой становились небольшие домохозяйства, испытывавшие трудности с уплатой податей — часто они исчезали, а их земли распределялись между более успешными семьями. При выборе рекрута нередко играли роль мелкие разногласия между старейшинами, а также корыстные интересы общины: жители деревни и помещик старались отправлять в армию нарушителей порядка, бездельников, пьяниц и всех, кто не желал подчиняться установленным правилам.

Еще одно последствие имело причиной практику замены — вместо человека, взятого в рекруты, служить шел другой, купленный за деньги. В крупных помещичьих хозяйствах и относительно богатых деревнях соответствующая сумма распределялась между всеми семьями, причем (как и в случае с тяглом или податями) основная тяжесть падала на состоятельных крестьян. Как указывает Роберт Джонс, если взять типичную деревню с 200 государственными крестьянами мужского пола на 1780-е годы, расчетная подушная подать (140 рублей) меркнет по сравнению с другими обязательствами: 250 рублей — на общинные нужды, 512 рублей — оброк государству, от 400 до 500 рублей — на покупку замены для рекрутов. Взятые на замену мужчины происходили из обедневших семей и бродяг.

Из-за огромной регулярной армии и больших военных расходов Джон Кип, Ричард Хелли, Уолтер Пинтнер называют Россию XVIII века милитаризованным обществом или «государством-гарнизоном». Есть, однако, и возражения: военные надобности не определяли структуру экономики, политическое устройство и характер общества в масштабах империи; военная мобилизация неравномерно отражалась на населении империи, почти не чувствуясь вдали от стратегически важных точек и ощущаясь болезненно на границах и вблизи укрепленных пунктов, где солдаты стояли в мирное время и покупали либо реквизировали продовольствие. Идеи военного принуждения и дисциплины не проникли глубоко в общество: это касалось и крестьян, и дворян. Как отмечает Дженет Хартли, пожизненная служба приводила к тому, что опыт, полученный в армии молодыми крестьянами, почти не переносился на деревенскую общину. Солдаты не приносили домой новые идеи и привычки или военные традиции. Вековые общественные институты оставались нетронутыми. Дворянское же воспитание в XVIII столетии находилось под влиянием идей Просвещения в неменьшей степени, чем представлений о военной дисциплине. Уолтер Пинтнер приводит поразительный факт: на протяжении XVIII века в армии служило гораздо меньше дворян мужского пола, чем можно предположить (17 % от общего числа в 1755 году, около 35 % в 1795-м). Громадные усилия по созданию и поддержанию сухопутной армии (и, в меньшей степени, флота) не делали Россию милитаризованным государством ни в экономическом, ни в культурном отношении.

АДМИНИСТРАЦИЯ

Чтобы содержать армию в мирное время и вести войны, на протяжении всего столетия делались попытки провести различные административные реформы. При Петре I прошло три «волны» таких преобразований — осуществлялся поиск оптимальной структуры налогообложения. В московский период удельный вес центральной администрации был непомерно велик; поначалу Петр сохранял эту структуру, прибавляя к ней новосозданные канцелярии и затем объединяя их. Около 1708 года он взял курс на децентрализацию: страна отныне делилась на восемь губерний, большинство центральных канцелярий упразднились, а их функции перешли к губернским властям. Губернии отвечали за снабжение армейских полков всем необходимым — рекрутами, лошадями, мундирами, продовольствием и так далее, что на практике означало постоянное военное положение. Из этого ничего не вышло, и в 1718 году, когда обозначился близкий конец Северной войны, Петр стал проводить в жизнь свои наиболее долговечные реформы, адаптируя шведскую модель к российским реалиям. Восстанавливалась централизация; новый орган — Сенат (1711) надзирал за коллегиями, которым были подчинены губернаторы — теперь в стране насчитывалось 11 губерний, разделенных на 45 провинций и около 175 дистриктов. На этой стадии преобразований были, в частности, созданы судебные органы, независимые от исполнительной власти: нижние суды, надворные суды (первоначально — двенадцать на всю империю), наконец, Юстиц-коллегия, за деятельностью которой следил Сенат.

Петровский бюрократический аппарат разрастался: в 1700 году насчитывалось около 360 центральных и местных административных учреждений, в 1726 году — 1700, от коллегий до различных контор и канцелярий. В соответствии с московской традицией неоплачиваемой службы, низший персонал набирался из плательщиков податей, дворяне же служили «асессорами» в административных, финансовых и судебных органах. «Инструкция» губернаторам от 1719 года ставила перед ними далеко идущие цели в рамках программы построения Polizeistaat — создание общественных, медицинских, благотворительных и образовательных учреждений, помимо традиционной деятельности в административной, военной и судебной сферах. Эти усилия, направленные на достижение общественного благополучия, ни к чему не привели, и вопрос был вновь поставлен только при Екатерине II. Если говорить о неимущих, то государство предоставляло систематическую помощь лишь солдатам и членам их семей, об остальных же должны были заботиться монастыри, церкви, общины и родственники.

Одно из самых поразительных свидетельств того, как сильно преобразилась бюрократия, — это документооборот, где вводились более рациональные и профессиональные методы. От свитков («столбцов») отказались из-за большого расхода бумаги и невозможности их надлежащего хранения; взамен вводились сшитые дела. Следовало вести реестры документов различных видов (входящие указы, государственные расходы, судебные дела) и маркировать их для удобства поиска. Другим стал даже почерк, принятый при написании официальных документов — вероятно, вследствие введения упрощенного «гражданского» шрифта для печатных изданий. Униженная, персонализированная риторика бюрократических формул сменилась на твердую, декларативную. Произошел отказ от практики, характерной для судебных разбирательств московского периода — называть себя уничижительными именами. В 1720 году Петр выпустил Генеральный регламент, полностью проникнутый духом Polizeistaat и устанавливавший порядок взаимодействия внутри бюрократического аппарата, а также стандартизированные рабочие практики. Закон от 1724 года определял физическое устройство учреждения (персонал, материальная часть, кодексы, архивные документы). Такая перемена глубоко укоренившихся практик, от почерка и архивирования до управления канцелярией, обычно идет трудно, и тот факт, что петровским деятелям удалось переучить московскую бюрократию всего за одно поколение, говорит о форсированном темпе преобразований.

К 1720-м годам расходы только на центральную администрацию выросли в два-три раза, и государство начало экономить за счет чиновников. Уже в 1700 году, из-за начавшейся войны, жалованье служителей некоторых приказов было урезано. Часто жалованье выплачивали не полностью или не выдавали вовсе; писцы сами обеспечивали себя чернилами, свечами, песком (для присыпания чернил) и даже дровами. Государство нередко обкладывало канцелярских служителей чрезвычайными поборами в связи с войной, забирало низший персонал в армию или взимало большие суммы с писцов в обмен на освобождение от военной службы. Л. Ф. Писарькова красноречиво повествует о том, как губернаторы выпрашивали у московских властей жалованье для бедствующих канцеляристов. Петровские реформы упорядочили администрацию, но не создали необходимой материальной базы для ее содержания.

Нелегко было добиться и другой цели, поставленной Петром: сделать гражданскую службу настолько же престижной, как и военная. Он намеревался внедрить европейскую модель, согласно которой гражданские учреждения укомплектовываются профессионалами, но эти влиятельные представители среднего класса появились в результате многовекового развития университетов, судебных органов и специальностей, московские же приказные люди учились в процессе работы. В отсутствие университетов (первый из них, Московский, был создан лишь в 1755 году) возникали учебные заведения, более или менее замещавшие их: Навигацкая и Артиллерийская школы (1701), Госпитальная школа (1707), Инженерная школа (1712), Морская академия (1715), Горнозаводская школа (1716). Школа для изучения иностранных языков при Посольском приказе (с 1703) готовила специалистов для гражданской службы; в том же году немец, лютеранский пастор Эрнст Глюк (ум. 1705) основал аналогичное учебное заведение с более широкой программой обучения. На духовенство оказывалось давление с целью открытия церковноприходских школ для детей всех сословий, и такие школы стали появляться. Указы о введении Табели о рангах (1722) и Генерального регламента (1720) побуждали дворян посылать своих детей в учебные заведения и канцелярии для приобретения навыков административной деятельности; распоряжения, отданные в 1714–1716 годы, гласили, что дети военачальников и чиновников (секретарей коллегий и канцеляристов более низкого ранга) должны обучаться письму и арифметике. В ноябре 1721 года открылась школа, где дворян готовили к канцелярской службе.

Однако правительственная политика была противоречивой, в ключевых аспектах военным отдавалось предпочтение перед гражданскими. Указы 1715 и 1722 годов уравнивали жалованье тех и других, но на деле в декабре 1724 года жалованье чиновников коллегий и других центральных учреждений было вполовину меньше, чем у офицеров того же чина, а в провинции — вчетверо. Чтобы офицеры соглашались переходить на гражданскую службу, пришлось дать им обещание о сохранении армейского жалованья — так продолжалось до 1763 года. Кроме того, жалованье в течение десятилетий оставалось неизменным, цены же росли. Табель о рангах (см. подробнее о ней в главе 21) стала недвусмысленным свидетельством предпочтения, отдававшегося армейской службе. Согласно ей, создавалось три параллельные иерархии — военная, гражданская и придворная, — по 14 чинов в каждой, с почетными наименованиями (тайный советник и т. п.), причем каждый чин соответствовал определенной должности или должностям. В потомственное дворянство возводился каждый, кому присваивали низший военный чин (14-й), на гражданской же службе его можно было получить только с восьмого чина, обладателям низших чинов (с 14-го по 9-й) доставалось только личное дворянство, не переходившее на потомков. Кроме того, со старомосковской бюрократией обошлись несправедливо: думные дьяки получили 6-й и 8-й чины, что давало потомственное дворянство, но ставило их ниже обладателей других гражданских должностей. Дьяков переименовали в «секретарей», но статус их, согласно Табели о рангах, был двусмысленным; закон от 1724 года закреплял за ними потомственное дворянство, однако на протяжении всего столетия дворяне старались прикрыть эту лазейку. Прочие приказные служители, особенно подьячие, оказались за пределами системы чинов. Таким образом, администрация в России была далека от той, какой можно ожидать от хорошо устроенного полицейского государства.

РОССИЙСКАЯ БЮРОКРАТИЯ ОТ ПЕТРА ДО ЕКАТЕРИНЫ

С 1725 по 1762 годы российские монархи редко думали о гражданской администрации в конструктивном ключе, выжимая из нее ресурсы для удовлетворения неотложных надобностей. Как мы видели, за какой-нибудь год преемники Петра урезали его дорогостоящие программы, особенно не имевшие отношения к военной сфере. Судебная и административная власть вновь были объединены, что означало возврат к московской модели, когда воевода не был профессионалом и занимался всеми вопросами. Число губерний к 1728 году уменьшилось с 11 до 9, они делились на 28 провинций (вместо 45 ранее) и около 170 дистриктов. Еще большему сокращению подвергся персонал, что в особенности коснулось низших канцелярских служащих, игравших чрезвычайно важную роль — именно они были хранителями опыта. В конце XVII века их насчитывалось 1900, при Петре I — 1200, в конце 1720-х годов — лишь 660. Это сразу же вызвало острые последствия: в 1698 году в центральных учреждениях было втрое больше работников, чем в 1726-м, а в местных — в полтора раза больше; в целом, в правительственных учреждениях на 1698 год насчитывалось вдвое больше работников, чем на 1726-й.

Как и в московский период — но при еще худшем материальном обеспечении, — во главе дистриктов, провинций и губерний стояли представители государственной власти (именовавшиеся в это время по-разному — губернаторы, комиссары, воеводы и т. д.), имевшие в своем распоряжении небольшой гарнизон и пользовавшиеся широкой автономией: зависимость от начальства других уровней была невелика. Каждый разбирал уголовные дела на своей территории; до 1764 года военные начальники принимали подати у деревенских властей, которые делали раскладку и собирали деньги, затем данные полномочия перешли к представителям гражданской власти. Как и в московский период, последние опирались на местные силы для поддержания порядка в сельской местности (самоорганизация крестьян, помещичьи приказчики, приходское духовенство), а также надзирали за полицейской службой в городах, хотя всю работу выполняли сами жители, выставлявшие стражу у ворот, следившие за пожарной безопасностью и порядком на улицах.

Бюрократический аппарат, испытывавший нехватку средств и персонала, пользовался очень плохой славой — не только из-за того, что на нем экономили с самого начала, но и по той причине, что число чиновников в 1730–1750-е годы возрастало. Основными тенденциями были централизация, отражавшая концентрацию власти в центре, неумение центра заботиться о системе в целом и стремление дворян занимать престижные и денежные высшие должности. Наряду с коллегиями, появились департаменты Сената, обладавшие большими полномочиями и решавшие вопросы военного, финансового и юридического характера, а также проблемы приграничных областей. Возникали новые канцелярии и конторы, как по функциональному (уголовные и гражданские дела), так и по территориальному (Сибирь, Ливония) признаку. В 1726–1742 годах число служителей в центральных учреждениях увеличилось вчетверо, а чиновников, то есть тех, кто имел чин в соответствии с Табелью о рангах, — в 4,5 раза. Местные же органы власти страдали от нехватки персонала и не могли решать вопросы, спускавшиеся им из множества столичных канцелярий: один губернатор жаловался, что получает указания от 54 петербургских и московских учреждений.

Дворяне преобладали на высших постах, дававших деньги, престиж и статус, но, как будет сказано в этой главе, не имели профессиональной подготовки и трудились не слишком усердно. Два российских исследователя, С. М. Троицкий и Л. Ф. Писарькова, работали над созданием коллективного портрета российского гражданского служащего XVIII века. Сведения Писарьковой подтверждают те, которые приводил Троицкий: в 1730–1750-е годы на высших должностях находилось сравнительно мало недворян. В центральных учреждениях дворяне составляли 88 % обладателей первых четырех чинов и 77 % обладателей следующих четырех чинов. Недворяне, включая потомков московских приказных, разночинцев (об этой социальной группе, состоявшей из образованных горожан, говорится в главе 18), священнослужители и так далее, были в большинстве лишь среди обладателей чинов, не дававших права на потомственное дворянство (с 9-го по 14-й). Что касается персонала местных учреждений, то, по данным Писарьковой, в 1740 году он на 96 % состоял из дворян, а в 1755 году — на 83 %.

На службу шли небогатые дворяне, нуждавшиеся в жалованье и материальном обеспечении, которые предоставляла местная община. Как установила Писарькова, в 1727–1755 годах среди служащих преобладали мелкопоместные дворяне (имевшие менее ста крепостных), но к концу этого периода наблюдалась некоторая поляризация — стало больше крайне бедных и крайне богатых дворян, находившихся на разных концах служебной лестницы. Для подавляющего большинства служба являлась спокойной синекурой, тем более что манифест 1736 года, вводивший 25-летнюю службу вместо бессрочной, обещал определенные привилегии. Согласно Писарьковой, на протяжении 1730–1750-х годов в центральных учреждениях лишь четверть работников находились исключительно на гражданской службе, где они могли приобрести профессиональный опыт. Оставшиеся делились поровну между теми, кто состоял только на военной службе, и теми, кто занимал военные и гражданские должности. На местах же 87 % служащих были отставными офицерами. Таким образом, большинство дворян в центральных и местных учреждениях не имели ни должной подготовки, ни опыта, ни желания работать.

В эти годы почти ничего не было сделано для подготовки дворян к гражданской службе. Манифест 1736 года устанавливал срок службы в 25 лет вместо пожизненного, а возраст поступления на нее — в 20 лет вместо 15. Исходя из того, что нормой было домашнее обучение, предполагалось устраивать дворянским сыновьям проверку умения читать и писать в 12-летнем возрасте и познаний в области богословия, арифметики и геометрии — в 16-летнем. После этого они посылались в специализированные учебные заведения, готовившие к военной или гражданской службе. В 1731 году был основан престижный Кадетский корпус, где давали военное и общегуманитарное образование, но среди предметов были и такие, которые могли пригодиться на гражданской службе (юриспруденция). В 1730–1750-е годы при Сенате работали учебные заведения для дворян, выпускники которых определялись на гражданскую службу: школы коллежских юнкеров, куда принимали детей из состоятельных семей, владевших не менее чем сотней крепостных, и коллегии для выходцев из семей, обладавших как минимум 25 крепостными. Однако желающих поступить в эти учреждения было немного. В 1751 году из 182 мест, отведенных для дворян в этих школах, были заполнены лишь 95. С. М. Троицкий установил, что в 1750-е годы только 20 % служащих, имевших чин, получили официальное образование этого вида, в центральных учреждениях таких насчитывалось больше, чем в местных. В эти десятилетия назначение на высшие должности зависело от наличия покровителей, а на более низкие осуществлялось после восьмилетнего пребывания в предыдущей должности, причем заслуги почти не принимались во внимание. В результате не возникало стимулов для усердного труда и, как отмечает Писарькова, подрывались основы петровского замысла — создать иерархию на базе заслуг.

Итак, низший бюрократический персонал еще больше, чем в московский период, трудился ради благополучия своих начальников, у которых было много полномочий и мало опыта. Губернаторы и воеводы на местах располагали значительной властью, согласно исправленной «Инструкции» 1728 года, в которой уже не ставились задачи, связанные с благотворительностью, как в 1719 году. Им следовало поддерживать порядок, следить за сбором податей, вести уголовные разбирательства. Возможностей для взяточничества стало больше: продолжалось «кормление» властей за счет общин и, как указывает Джон Ледонн, губернаторы и воеводы утверждали государственные подряды, с которых могли поживиться.

В то же время многочисленные канцелярские работники, не охваченные Табелью о рангах, жили в нужде. В 1726 и 1727 годах произошли очередные урезания выплат: все чиновники и служители, за исключением президентов коллегий, отныне переставали получать жалованье: высший персонал должен был жить за счет коллегий, низший — за счет подношений в обмен на услуги. Эти шаги сопровождались предупреждениями о недопустимости брать слишком высокую плату и принимать подарки, но тем не менее положение стало безвыходным. Прокуроры, назначаемые столичными властями для надзора за работой учреждений, были слишком немногочисленны и имели слишком мало полномочий для контроля. Низших служителей было много: по подсчетам Троицкого, на 1755 год их насчитывалось впятеро больше, чем обладателей чинов. В целом они влачили жалкое существование, лишь 31 % владел крепостными (потомки дьяков и подьячих имели это право по закону), причем эти крепостные, взятые вместе, составляли только 2,3 % от крепостного населения страны. Эти служители выживали благодаря плате за услуги и подаркам.

Ряды их пополнялись за счет промежуточных социальных категорий. В 1755 году канцеляристы в подавляющем большинстве происходили из московских приказных семейств (около 71 %), остальные были выходцами из духовенства (7 %), безземельными пехотинцами и конниками, служившими в полках «нового строя» (8,26 %), крестьянами, казаками и разночинцами. Лишь 4 % имели дворянское происхождение. Закон запрещал поступать на службу представителям податных сословий, но некоторые все же делали это, особенно на Севере и в Сибири.

С отменой жалованья государство потеряло обученных, сравнительно хорошо оплачивавшихся профессионалов, которые составляли костяк администрации. Участились случаи взяточничества, особенно на местах; стали накапливаться нерассмотренные дела, особенно в Сенате. Губернаторы вели себя как сатрапы, несмотря на усилия правительства по восстановлению «московского» двухлетнего срока пребывания в должности (1730). Вследствие постоянного давления со стороны знати этот срок был продлен до пяти лет (1760). Власти также старались предотвратить покупку губернаторами и их родней собственности и крестьян в соответствующих губерниях, но данная практика, как и в XVII веке, была правилом, а не исключением, и в 1765 году от этого намерения пришлось отказаться. Ю. В. Готье, сделавший чрезвычайно много для изучения местной администрации, установил, что в XVIII столетии провинциальное дворянство постоянно несло гражданскую службу на местах.

В 1725–1762 годах для улучшения гражданских учреждений не было сделано почти ничего. При Анне в 1740 году было решено ввести подобающее жалованье для значительно числа служащих, но эти усилия не привели ни к чему из-за начавшейся вскоре войны со Швецией (1741–1743); более того, из-за военных расходов жалованье пришлось даже сократить. В 1754 году елизаветинский министр П. И. Шувалов вернулся к идее выплаты достойного жалованья и предложил, кроме того, создать четкую систему образования и продвижения по службе, но все это было отложено из-за Семилетней войны. Таким образом, с 1730-х годов власти поднимали этот вопрос, но мало что делали на практике.

ЕКАТЕРИНА II МЕЖДУ КАМЕРАЛИЗМОМ И ИМПЕРИЕЙ

Действуя в меркантилистском и камералистском духе и опираясь на рационалистические идеи Просвещения, Екатерина II решила добиться унификации в пределах империи (см. карту 5). В ее представлении следовало наделить всю имперскую знать одними и теми же привилегиями, институтами и законами, ввести в стране единообразный режим прямого налогообложения (для приграничных земель, где налоговое бремя традиционно было легким, оно увеличивалось) и единую административную систему. Но, сохраняя свой неизменный прагматизм, она не колеблясь оставляла различные налоговые и административные режимы там, где это было целесообразно с экономической или политической точки зрения.

В самом начале царствования Екатерина II обратила внимание на плачевное состояние местного управления, которое она приписывала географическому фактору и устарелой организации. По мере роста населения существовавшее территориальное деление теряло смысл: некоторые губернии были громадными по площади, а некоторые провинции по численности населения превосходили губернии. Кроме того, местные власти не реагировали на запросы центра и были неспособны удовлетворять местные нужды. С 1762 года создавались комиссии для проведения как неотложных изменений, так и более основательных реформ, и после более чем десятилетней работы было предложено повысить эффективность путем децентрализации.

В числе неотложных изменений (1763–1764) было окончательное формальное введение должностей вице-губернатора и помощника воеводы. Был определен круг обязанностей губернатора и воеводы, увеличились пенсии для дворян (те, кто достиг 50 лет и прослужил 25, увольнялись с половинным жалованьем) и жалованье для большинства должностей — почти вдвое. Английский путешественник Уильям Кокс в 1790 году так писал о судебной системе при Екатерине II: «Она подняла жалованье судьям, которые ранее, по недостаточности своего дохода, подвергались почти непреодолимому искушению брать мзду». Одновременно начались энергичные расследования случаев взяточничества со стороны чиновников, возросла роль прокуроров, сделавшихся совершенно независимыми от губернаторов. Усилился контроль со стороны центра, благодаря созданию нескольких департаментов Сената, дублировавших коллегии и снижавших их роль. Стремясь заручиться благосклонностью дворянства и стремясь в долгосрочном плане повысить его значение для государства, Екатерина изменила прежнюю политику, препятствовавшую дворянам пускать корни на местах: в 1764–1766 годах губернаторам и воеводам разрешили приобретать земли в местах службы. Еще в 1760 году, как уже говорилось, увеличился срок пребывания губернатора в должности.

Чтобы создать структуру из примерно одинаковых по площади и оправданных с географической точки зрения единиц, Екатерина дала старт крупному проекту, подразумевавшему картографирование территории и перепись населения. Как указывает Джон Ледонн, если предполагалось увеличить число служащих и платить им больше, каждая территориальная единица должна была быть достаточно населенной, чтобы обеспечивать им жалованье. Между 1764 годом и 1775-м, когда начала осуществляться административная реформа, были предприняты топографические работы, позволившие изменить административное деление империи; созданные на их основе карты образовали «Атлас» 1792 года. Многие губернии потеряли или, напротив, пробрели территории: иногда при этом нарушались местные связи, но часто создавались более устойчивые регионы, с учетом географических особенностей и естественных границ.

Еще до реформы 1775 года создавались новые губернии на приграничных территориях, новоприсоединенных или не имевших административного деления. Особенно урожайным выдался в этом смысле 1764 год. Огромная Сибирская губерния, управлявшаяся из Тобольска, была разделена на две; центром новой губернии стал Иркутск. Колонии Новая Сербия и Славяно-Сербия, основанные в причерноморских степях, вошли в Новороссийскую губернию. Восточнее ее Слободская Украина стала Харьковской губернией; Левобережная Гетманщина подверглась упразднению, на ее месте были созданы три наместничества. В Лифляндии, Эстляндии и Смоленске сидели генерал-губернаторы — фактически полувоенная форма управления.

Власти инициировали общеимперскую административную реформу 1775 года не только из-за своих просвещенческих убеждений: на это решение повлияли социальные волнения и военные успехи. На протяжении первого десятилетия правления Екатерины II периодически вспыхивало недовольство — восстания в Правобережной Украине, Новороссии и Запорожье в конце 1760-х годов, бегство калмыков (1771), бунт яицких казаков (1772). В 1773–1775 годах под предводительством Емельяна Пугачева поднялись башкиры, ногайцы, яицкие казаки и уральские крестьяне; обнажились слабость местных сил обороны и непрочность связей между центром и периферией. Катализатором изменений послужило и приобретение новых территорий (первый раздел Польши в 1772 году; русско-турецкая война 1768–1774 годов). Наконец, освобождение дворян от обязательной службы (1772) и сокращение армии после окончания войны привели к тому, что тысячи провинциальных дворян, оставшихся без дела, хотели получить какую-нибудь синекуру. В ответ на все это Екатерина издала «Учреждения для управления губерний Всероссийской империи» (1775) с целью «снабдить Империю нужными и полезными учреждениями для умножения порядка всякого рода, и для беспрепятственного течения правосудия». Реформа также включала меры по стимулированию торговли и сообщения, улучшению сбора налогов, созданию благотворительных институтов. Суды и другие местные учреждения становились ближе к населению. Провинциальное дворянство обеспечивалось должностями.

Согласно «Учреждениям», число губерний возрастало, они становились более однородными по размеру и отныне располагали одинаковыми институтами. Провинции упразднялись, оставались губернии (с населением в 300–400 тысяч душ мужского пола) и уезды (с населением в 20–30 тысяч душ мужского пола). Границы проводились с таким расчетом, чтобы создать устойчивые в географическом и экономическом отношении территориальные единицы, усилить связь между центром и периферией, с одной стороны, и центрами торговли и производства — с другой. Города, откуда управлялись губернии и уезды, должны были располагаться в их центре (управление при этом часто перемещалось в другие города или в новые, преобразованные из деревень). Упразднялась веками существовавшая должность всемогущего воеводы; губернатор отныне не располагал такой же непосредственной властью, как раньше. Возрождалось разделение властей — политическая, судебная и фискальная, — недолго имевшее место при Петре и затем упраздненное. Губернатор надзирал за судебными и политическими учреждениями, но обладал меньшими полномочиями в отношении учреждений фискальных, подчинявшихся губернскому прокурору и генерал-прокурору в Петербурге. Кроме того, прокуроры прикомандировывались ко всем органам власти, что неизбежно приводило к трениям между губернатором и генерал-прокурором. (С 1785 года трения существовали также между губернаторами и губернскими предводителями дворянства — их потенциальными соперниками, которые обладали, однако, меньшими полномочиями.)

На высшем уровне предусматривалось создание особых единиц — наместничеств, которые уже существовали в приграничных районах; правители наместничеств обладали большим могуществом, их власть распространялась на две губернии. В ходе реформы наместничества были сохранены на Левобережной Украине, в Новороссии и Оренбуржье — тех местах, где требовалась сильная власть для демонтажа локальных властных структур и/или для реорганизации новоприсоединенных земель и контроля над ними. В центральной России также стали назначаться генерал-губернаторы, присматривавшие за двумя губерниями, но эта должность являлась скорее политической, чем административной; те, кто назначался на нее, становились «глазами и ушами» Екатерины, представителями центра, тогда как за губернаторами оставалась текущая работа.

Назначение на новые должности отражало просвещенческие установки Екатерины: в региональном и местном управлении заметно усилилось участие всех социальных групп, что напоминало старомосковскую систему выборных представителей и привлечение Петром I местных дворян к делам управления. Новые должности нашли отражение в Табели о рангах — это касалось и чинов, и жалованья, — что сделало реформу крайне обременительной для государства и очень выгодной для дворян, которым отошла бóльшая часть мест.

Губернатор, назначаемый Сенатом, правил вместе с вице-губернатором, занимавшимся преимущественно финансовыми вопросами, и губернским правлением, членов которого назначал сам: два советника, пять секретарей, прокурор и два его товарища. Вероятно, главным из учреждений, создаваемых в рамках реформы, стала казенная плата, которую возглавлял вице-губернатор, отчитывавшийся непосредственно перед генерал-прокурором. Штат ее состоял из пяти чиновников; палата наблюдала за поступлением государственных доходов и занималась другими финансовыми делами. Большое внимание было обращено также на судебные органы. На уровне губернии предусматривался Верхний земский суд с уголовным и гражданским департаментами, в каждом из которых заседали шесть членов, назначенных из числа дворян. Департаменты рассматривали апелляции на решения уездных судов и жалобы местного дворянства, связанные со службой. Там, где проживали государственные крестьяне или нерусские народности, создавались так называемые Верхние расправы с председателем из дворян и заседателями из числа крестьян или представителей местных народов. При каждом суде имелся прокурор со своим аппаратом, надзиравший за процедурой и обеспечением законности. Выше этих судов стояла Палата уголовного и гражданского суда, также заседавшая в губернском городе в составе шести членов дворянского происхождения и выполнявшая роль апелляционного органа для всех сословий. Еще выше находился Сенат с департаментами в Петербурге и Москве.

В результате реформы появились два новых института. Первым был Совестный суд с председателем, назначавшимся из числа дворян, и заседателями, представлявшими различные сословия. Он разбирал малозначительные гражданские и уголовные дела, не подпадавшие под существующие законы, особенно те, в которые были замешаны малолетние и невменяемые. Так в русское законодательство было введено нечто вроде понятия habeas corpus — разрешалось расследование жалоб на незаконное задержание и заключение. По сути, это был арбитраж, который имел целью примирение сторон и рассматривал сложные семейные и личные проблемы, а также дела, находившиеся вне сферы компетенции обычных судов, включая дела о колдовстве (последнее отныне считалось не религиозным преступлением, а суеверием либо мошенничеством). Не менее новаторским шагом стало образование в губерниях Приказов общественного призрения, составленных из представителей от разных сословий. Получая деньги от государства, они действовали в качестве ссудных организаций, финансируя масштабные проекты. Задачей было предоставить каждому городу и крупному селу общественно значимые услуги, включая создание начальных школ. В крупных городах, кроме того, предусматривались больницы, а в центрах губерний — богадельни, работные дома, сиротские приюты и тюрьмы.

В уездах создавались казначейство и два суда — собственно суд для дворян и зависимых от них крестьян (из трех представителей местного дворянства), городовой магистрат для купечества и мещанства (из шести представителей данных сословий) и нижняя расправа для крестьян (в составе четырех заседателей). Государственные крестьяне, казаки и представители местных народностей избирали от каждой деревни по четыре заседателя, которые могли быть землевладельцами или крестьянами; председателя суда назначало губернское правление. Губернаторы старались подыскивать для судов тех, кто уже имел опыт административной деятельности, и приставляли к судам переводчиков, внимательно относясь к сложному этническому и религиозному составу общин. В Оренбургской области, к примеру, в члены низших судов регулярно избирались башкиры, мордвины, чуваши, марийцы и представители других меньшинств, что и являлось целью реформы.

Что касается полицейских сил, то они не располагали центральными органами ни до реформы 1775 года, ни после нее. Творцы реформы лишь усовершенствовали уже существовавшую модель: губернатор и малочисленный гарнизон вынуждены были полагаться на местные силы, когда речь шла о наведении порядка, задержании, тюремном заключении и других подобных действиях. В уезде создавался нижний земский суд, который, несмотря на название, был административно-полицейским органом, подчиненным губернским властям. Его возглавлял назначаемый капитан-исправник, в помощь которому придавались два земских заседателя. Нижний земский суд вел расследования, приводил в исполнение судебные решения, взыскивал недоимки по податям, задерживал правонарушителей. То была нелегкая работа, схожая с той, которую в московский период выполняли губные старосты. Появление должности капитан-исправника создавало возможность получения необходимого статуса и дохода для местных дворян, которые, как и в московский период, опирались на управляющих поместий и представителей деревень (сотников и десятников). И тем не менее сил для поддержания порядка в сельской местности не хватало. В некоторых крупных городах для этого можно было привлекать регулярные части, а в крепостях — гарнизонные войска, но по итогам реформы 1775 года последние были заменены местными подразделениями (штатными командами) в губерниях и уездах.

В губернских и уездных городах создавались магистраты, составленные из представителей купцов и мещан. Губернский магистрат слушал апелляции на городские магистраты и, в свою очередь, направлял апелляционные дела в гражданские и уголовные палаты. Магистрат каждого уровня состоял из двух бургомистров и четырех ратманов, которые избирались горожанами на три года и утверждались губернатором. Горожане также избирали заседателей Совестного суда. Все эти представители городского населения получали жалованье от государства, но в меньшем размере, чем другие чиновники на сходных должностях; это же относилось и к канцеляристам, имевшимся в их распоряжении. В 1784 году, когда действие реформы распространилось на большую часть империи, был упразднен созданный еще при Петре Главный магистрат, функции которого отошли к городским властям.

Авторы реформы и документа под названием «Устав благочиния или полицейский» (1782) обращали особое внимание на поддержание порядка в городах, где создавались Управы благочиния: в состав Управы входили городничий, два пристава — по гражданским и уголовным делам, — и два члена от городского магистрата. Города делились на части, в каждой из которых следовало иметь не менее двух полицейских, и, кроме того, чиновников более низкого ранга. Все они следили за порядком в том смысле, какой вкладывали в это создатели Polizeistaat: надзор за строительством, чистотой в общественных местах, пожарной безопасностью, предотвращение преступлений против нравственности и неподобающего поведения.

В связи с упразднением Главного магистрата обязанности, ранее возлагавшиеся на коллегии, отходили к губернатору и губернскому правлению; большинство коллегий также перестали существовать в 1780-е годы, кроме Военной, Морской, Иностранной и Коммерц-коллегии. Реформа должна была привести к сочетанию контроля со стороны центра и децентрализованного исполнения. Контроль со стороны центра поддерживался через генерал-губернаторов, через Первый департамент Сената и генерал-прокурора, руководившего прокурорами на местах. Губернаторы осуществляли централизованный контроль над уездными властями. Однако местная администрация оставалась глубоко децентрализованной.

Приведение в действия «Учреждений» 1775 года по всей стране заняло больше десятилетия. Когда оно закончилось, стали очевидными потрясающие различия внутри империи. До начала реформы в центральной России насчитывалось десять губерний со 188 уездами, в приграничье — девятнадцать губерний с 325 уездами или единицами аналогичного уровня. В 1790-е годы в Европейской России было двадцать шесть губерний с 321 уездом, в приграничье — 24 губернии с 264 уездами. Были созданы также восемь областей, с особым этническим составом или редким населением, с минимальной перекройкой границ территорий — пять возле границ, три в центре. В 1796 году в стране имелось пятьдесят губерний, делившихся на 585 более мелких единиц.

Россия стала существенно более однородной, но в приграничье административные реформы 1770–1780-х годов часто увековечивали имевшиеся ранее единицы уездного уровня, где сохранялись туземные суды, языки и элиты — под контролем русских властей. Реформы не коснулись земель, населенных донскими казаками: там сохранялись станицы и казацкое самоуправление под контролем генерал-губернатора Новороссии. Там, где не хватало дворян для назначения или выбора на должности, привлекалось нерусское дворянство (прибалтийско-немецкое, украинское, польское): так создавалось транснациональное имперское дворянство. В областях, отличавшихся этническим разнообразием (Сибирь, Башкирия, Северный Кавказ), реформа проводилась в упрощенном виде, так, чтобы необходимое число дворян было минимальным.

При комплектовании судов низшего уровня — расправ — в приграничье учитывались местные традиции. В Левобережье и Слобожанщине в основном сохранилось казацкое административное деление, на местном уровне продолжали применяться казацкие законы, хотя знать все больше сливалась с русским дворянством. На Северном Кавказе для судов низшего уровня было оставлено местное законодательство. В белорусских землях, полученных по первому разделу Польши, местные суды вели дела на польском языке, согласно польским законам, в той мере, в какой те не противоречили российскому праву. Что касается апелляционных органов в губерниях, Джон Ледонн предполагает следующее: «Формировались судебные учреждения... для которых комбинировались российские и местные нормы, чтобы заложить основы законодательства в некоторых важнейших сферах, таких как право собственности и семейное право». Схожей была ситуация в литовских землях и на Правобережной Украине, приобретенных в ходе последующих разделов: суды в шести новых губерниях продолжали пользоваться языком и правом, принятыми в Великом княжестве Литовском. В Лифляндии, Эстляндии и Выборге осуществление данной реформы и введение Жалованной грамоты дворянству 1785 года имели целью подорвать влияние местной юнкерской аристократии и допустить ненемецкую знать к местному управлению, а также позволить использование русского языка и права на уровне губерний. Однако на местном уровне сохранялись немецкий и шведский язык и соответствующие нормы.

БЮРОКРАТИЧЕСКИЙ ПЕРСОНАЛ

Согласно подсчетам Л. Ф. Писарьковой, к концу екатерининского царствования существовало более 3700 учреждений, в большинстве своем — низшего уровня и новосозданных (для сравнения, при Петре I — 700). Для их комплектации требовалось 10–11 тысяч коронных чиновников, 11–12 тысяч выборных представителей, 19 тысяч канцелярских служителей, 5–6 тысяч низших служителей. В 1786 году на губернском уровне 35 % должностей занимали дворяне, 26 % — купцы и мещане, 39 % — крестьяне, на уездном уровне — 33 , 42 и 25 % соответственно.

Канцелярские служители набирались из семинаристов и сыновей священников, представителей других неподатных сословий — и даже податных, несмотря на запреты. Особенно ярким примером может служить Яков Сиверс, новгородский и тверской генерал-губернатор, открыто бравший в канцелярии лиц податных состояний. Такое случалось повсеместно, и государству, по словам Писарьковой, приходилось закрывать на это глаза. Писарькова сухо отмечает, что если в XVII веке было трудно найти неграмотного среди приказных (исключением были воеводы), то в XVIII веке это явление стало нередким.

По мнению Джона Ледонна, главным бенефициаром реформ стало дворянство, что свидетельствовало о его торжестве как «правящего класса». Местное дворянство избирало из своего числа множество представителей в новые органы власти: десять членов Верхнего земского суда, двух членов Совестного суда, двух членов уездного суда, двух капитан-исправников, двух членов Нижнего земского суда. Высшие должности, занимавшиеся по назначению, также замещались дворянами, а после дарования Жалованной грамоты дворянству (1785) это сословие получило дополнительные должности там, где его численность уже была достаточно велика. В губерниях и уездах отныне избирались предводители дворянства, причем губернский предводитель назначался императором и отчитывался непосредственно перед ним. На местах дворяне следили за ведением родословных книг и решали общественные вопросы локального значения.

Привлечение выборных представителей на местах отражало представление Екатерины о необходимости более активного участия населения в делах управления. Качество бюрократического персонала возросло ровной в той степени, в какой дворяне имели образование и опыт, нужные для этих целей. Как мы видели, на местах преобладали отставные военные, и даже на более высоких должностях их насчитывалось 80 %. Но в XVIII веке образовательный уровень дворянства повысился по сравнению с предыдущим столетием, на административные должности приходило все больше талантливых и опытных людей, подтверждением чему служили усилия губернаторов по внедрению реформы местного управления.

Екатерина II сознавала необходимость в профессионалах; надеясь повысить социальную мобильность, она закрыла дворянские (юнкерские школы) для знати в Сенате и коллегиях из-за недостаточной посещаемости и инициировала создание разнообразных возможностей для недворян (училища при Академии наук и Академии художеств, Казанское главное народное училище, возможность обучаться в Московском университете на казенный счет). Кроме того, после отмены обязательной службы для дворян в 1762 году больше дворян стали выезжать за границу для получения образования, в том числе такого, которое готовило к гражданской службе. Однако движение в сторону большего профессионализма было медленным. Элис Виртшафтер утверждает, что с конца XVIII века начал складываться класс гражданских служащих, имевших дворянское происхождение, но ассоциировавших себя с государством и монархией. При этом она делает оговорку о том, что знатные семейства, представители которых в основном занимали высшие гражданские и военные должности, если рассматривать их как группу, считали себя скорее сельскими землевладельцами привилегированного сословия, нежели гражданскими служащими, независимо от их образования.

РЕФОРМЫ ПАВЛА I

Екатерининские реформы привели к более дробному делению обширной империи и, кроме того, были направлены на создание более рациональной и единообразной структуры управления. Не все проблемы удалось решить. Губернаторы и члены губернского правления, выходцы из дворян, сохранили немалые полномочия по надзору в финансовой и юридической сферах, а также в том, что касалось поддержания порядка; они утверждали государственные заказы и назначения на местные должности, рассматривали решения судов. По-прежнему процветала коррупция — еще и потому, что в конце столетия государство начало выпуск ничем не обеспеченных бумажных ассигнаций, и инфляция ударила по жалованью служащих (см. главу 15). Контроль над персоналом был слабым.

Придя к власти (1796), Павел I унаследовал огромный государственный долг и программу реформ в децентрализаторском духе, которую решительно не одобрял. По его мнению, Екатерина II отдала слишком много власти местным органам и дворянству, раздув государственный аппарат, ставший дорогостоящим и неэффективным. Павел предпринял собственные реформы, основанные на упорядочении и централизации. Принимая меры, отчасти уже намеченные до него, он восстановил некоторые коллегии, прежде всего «экономические» (Коммерц-коллегию, Камер-коллегию и другие), упразднил наместничества за ненадобностью и по той причине, что они выглядели недешевой подачкой знати, сократил число губерний с 50 до 41 (плюс Область Войска Донского): в Сибири стало меньше на одну губернию, в Причерноморье — на три, на Украине — на две, на севере — на одну. Кроме того, подверглись упразднению 143 уезда, в результате чего их осталось 429 (многие были восстановлены при Александре I).

Отвергая заложенный в реформы принцип выборности, Павел упростил систему государственной власти, сосредоточив ее в руках назначаемых сверху чиновников. Из местных полицейских учреждений, включая расправы, были удалены крестьяне и коренные жители (однако при Александре I участие последних восстановили, исходя из реалистичного предположения о трудности создания стройной, единообразной системы в масштабе империи). Стремясь подорвать привилегированное положение дворянства, которое принесли тому екатерининские реформы, Павел заменил сословные суды всесословными, закрыл совестные суды и Приказы общественного призрения — место последних заняли медицинские учреждения — и упорядочил систему финансовых органов. Побуждая дворян проявлять больше профессионализма на службе, Павел ликвидировал губернские дворянские собрания и ограничил участие дворян в финансовых, юридических и полицейских учреждениях; оставшиеся отныне назначались, а не избирались. В городах не стало выборных представителей от местных общин, магистраты и городские советы были заменены ратгаузами, где сидели назначенные сверху чиновники, решавшие финансовые и юридические вопросы.

Но делались и шаги в другом направлении. Павел стал восстанавливать роль национальных традиций и местных элит, к которым относился с уважением, особенно на западных окраинах. Одиннадцать губерний в украинских, белорусских и прибалтийских землях (а затем и Область Войска Донского) получили особые права и привилегии: там вновь появились местные суды, в административной сфере стали применяться местные законы и языки. Если говорить о центральных учреждениях, то, чтобы разобрать накопившиеся дела, число сенаторов было увеличено с 46 до 90, а персонал Сената — с 272 до 782 человек. В целом Павел намеревался сделать чиновничество более профессиональным и менее сословным по характеру, а также усилить власть государства над дворянством и центра над провинциями.

Чтобы внедрить эти изменения, Павел заложил основы для создания корпуса профессиональных государственных служащих. Он пообещал поднять пенсии гражданским служащим и офицерам за счет удвоения сборов с канцелярских услуг: это стало самой быстрорастущей статьей государственных доходов в 1790-е годы. Были введены обязательное обучение служащих и требования относительно грамотности, созданы специальные школы для дворян. Указ 1798 года отменил законы 1744–1745 и 1771 годов о запрете приема на службу плательщиков подушной подати (грамотных государственных и монастырских крестьян, мещан) и освободил служащих от этой подати. Царствование Павла продолжалось слишком недолго, чтобы принятые меры дали немедленные результаты, но эти же тенденции преобладали при его преемниках. В первые годы царствования Александра I число университетов в империи увеличилось до пяти (Московский, Виленский, Казанский, Дерптский, Харьковский), при этом имелась в виду подготовка государственных служащих, следующее поколение которых отличалось намного более высоким уровнем образованности и профессионализма. Но не следует преувеличивать эти достижения: русские писатели XIX столетия постоянно обрушивались на продажную и неэффективную местную бюрократию. Родрик Маккрю, однако, ставит в заслугу Павлу то, что он заложил основы централизованного управления, которое сохранялось в течение всего XIX века.

В XIX веке власти поддерживали равновесие внутри системы, проявляя терпимость к различиям между местными сообществами и осуществляя централизованный контроль. Попытки Екатерины установить общеимперские стандарты, создать всеимперское дворянство, упорядочить управление неизменно заканчивались осознанием пределов того, что можно было сделать в местных условиях. К концу столетия государство стало проявлять больше активности (городское планирование, сооружение каналов и т. п.), но никогда не стремилось явным образом улучшить положение на местах, несмотря на заявления Петра I и Екатерины II относительно социальных вопросов. К концу XVIII века внутри империи все еще сохранялось заметное разнообразие административных структур, законодательства и институтов управления.

Тем не менее, государство оставляло институты, которые считало необходимыми для контроля над империей. Оно содержало централизованную бюрократическую систему, выполнявшую главные функции: сбор налогов, набор рекрутов, контроль на местах. Реформы 1775 года усилили стандартизацию в административной сфере и укрепили связь между властью и народом. Важным обстоятельством надо признать то, что, в отличие от Османской империи и Франции, Россия не отдавала должности на откуп и поэтому власть не утрачивала влияния на местах, хотя места там были в основном заняты дворянами. Политической коррупции не существовало. Все сферы, в центре и на периферии, находились под контролем губернаторов и генерал-губернаторов, все подданные платили вводимые императором налоги, подчинялись публикуемым им законам, соблюдали установленные им бюрократические процедуры. Даже после того, как Павел I вывел некоторые западные окраины из-под действия указов 1775 года, там по-прежнему правили назначаемые Петербургом губернаторы, действовали введенные центром налоги, удовлетворялись военные нужды империи. Такая сознательная проекция центрального контроля давала империи устойчивую власть.

* * *

О военной сфере в XVIII веке: Stevens C. Russia's Wars of Emergence, 1460–1730. Keep J. Soldiers of the Tsar: Army and Society in Russia, 1462–1874. Oxford: Clarendon Press, 1985; Fuller W. Strategy and Power in Russia, 1600–1914. New York: Free Press, 1992; Bushkovitch P. The Romanov Transformation, 1613–1725 // The Military History of Tsarist Russia / Ed. by F. Kagan, R. Higham. New York and Basingstoke: Palgrave, 2002; Menning B.

The Imperial Russian Army, 1725–1796 // The Military History of Tsarist Russia / Ed. by F. Kagan, R. Higham. New York and Basingstoke: Palgrave, 2002. Спор о «гарнизонном государстве»: Pintner W. The Burden of Defense in Imperial Russia, 1725–1914 // Russian Review. 1984. № 43. P. 231–259; Hellie R. The Economy and Material Culture of Russia, 1600–1725. Chicago: University of Chicago Press, 1999; Hartley J. Russia, 1762–1825: Military Power, the State, and the People. Westport, Conn.: Praeger, 2008.

О совокупной налоговой нагрузке на крестьянские хозяйства: Jones R. Bread upon the Waters: The St. Petersburg Grain Trade and the Russian Economy, 1703–1811. Pittsburgh: University of Pittsburgh Press, 2013.

О русской бюрократии, помимо классических работ Писарьковой и Демидовой (см. библиографию к главе 9): Троицкий С. Русский абсолютизм и дворянство в XVIII в. Формирование бюрократии. М.: Наука, 1974.

Выдающимся авторитетом в области русской государственной администрации XVIII века является Джон Ледонн: LeDonne J. Absolutism and Ruling Class: The Formation of the Russian Political Order, 1700–1825. New York and Oxford: Oxford University Press, 1991; LeDonne J. Ruling Russia: Politics and Administration in the Age of Absolutism, 1762–1796. Princeton: Princeton University Press, 1984; LeDonne J. The Territorial Reform of the Russian Empire 1775–1796. I: Central Russia, 1775–84 // Cahiers du monde russe et soviétique. 1982. Vol. 23. № 2. P. 147–285; II: The Borderlands, 1777–96 // Cahiers du monde russe et soviétique. 1983. Vol. 23. № 4. P. 411–457. См. также: Givens R. Eighteenth-Century Nobiliary Career Patterns and Provincial Government // Russian Officialdom: The Bureaucratization of Russian Society from the Seventeenth to the Twentieth Century / Ed. by W. McKenzie Pintner, D. K. Rowney. Chapel Hill: University of North Carolina Press, 1980. P. 106–129; Wirtschafter E. Russia's Age of Serfdom 1649–1861. Malden, Mass.: Blackwell Pub., 2008; McGrew R. Paul I of Russia, 1754–1801. Oxford: Clarendon Press, 1992.

Глава 15
Финансовая политика и торговля

В XVIII веке монархи постоянно думали о деньгах, за исключением случаев, когда вовсе не думали о них. Деньги тратились без учета доходов — до тех пор, пока острая необходимость (военные расходы, внешний долг) не вынуждали принимать радикальные меры финансового характера. Проблем насчитывалось немало, но ресурсы были потенциально доступны. Рост населения внутри страны и в Европе, а также подъем европейской экономики стимулировали спрос на российские товары; военные действия стимулировали производство; экспансия давала новые ресурсы. На протяжении всего столетия Россия отвечала при помощи не столько инноваций, сколько традиционных методов (прямые и косвенные налоги). Власти реагировали на бюджетные кризисы лишь постфактум, не принимая упреждающих мер, а потому реформы в налоговой сфере были нацелены в основном на получение доходов и не предусматривали никакой масштабной программы. При этом постановку целей и характер реформ определяла идеология, подразумевавшая как контроль меркантилистского образца, так и финансовую либерализацию в духе учения физиократов.

НА ПУТИ К ФОРМИРОВАНИЮ НАЛОГОВОЙ ПОЛИТИКИ: НАЛОГОВЫЕ УЧРЕЖДЕНИЯ В ЕКАТЕРИНИНСКОЕ ВРЕМЯ

Европейские монархи-абсолютисты XVIII века имели в своем распоряжении много свободных средств. В течение всего столетия в России, также как во Франции и Великобритании, бо́льшую часть государственного бюджета составляли военные расходы: в начале царствование Петра I они выросли с 50 % (1701) до 70 % (1724). В несколько последующих царствований — Екатерины I (1725–1727), Петра II (1727–1730) и Анны Иоанновны (1730–1741) — власти урезали местную администрацию, старались не вести внешних войн и уделяли мало внимания вооруженным силам. Зато продолжилась петровская традиция увеличения придворных расходов, причем суммы тех времен намного увеличились: императоры не жалели денег на строительство и отделку дворцов, церквей, административных зданий, разбивку садов и парков, культуру и развлечения при дворе. И. де Мадариага напоминает, что одним из оснований легитимности абсолютных монархов была демонстрация (культуры и цивилизации, богатства, власти), и во всей Европе имело место «правление посредством демонстрации». Елизавета (1741–1761) преуспела в тратах обоих видов: она восстановила армию и оплатила очень дорогостоящую Семилетнюю войну (1756–1763) и, кроме того, возводила роскошные дворцы и церкви в стиле рококо по всей стране. Цифры, относящиеся к бюджету, говорят сами за себя: в 1744 году армия поглощала 80 % государственных доходов, но в 1762 году, под конец царствования Елизаветы, ее доля упала до 74 %; высвободившиеся средства пошли на работу судов. Неудивительно, что в эту эпоху вырос и бюджетный дефицит: около 8 % в 1733 году, 40–45 % — в 1760-м.

При Екатерине II расходы государства еще больше превышали доходы, чем при Елизавете — из-за войн (с Османской империей, Польшей, Швецией), строительства дворцово-парковых ансамблей, собирания произведений искусства, щедрых раздач друзьям и фаворитам. К этому прибавились траты на административные преобразования: в 1763–1764 годах было введено или поднято жалованье для государственных служащих, как в центре, так и на местах, и увеличены пенсии для дворян. Ввиду резкого роста числа оплачиваемых должностей, предусмотренных реформой 1775 года, расходы на государственный аппарат с 1764 по 1782 годы выросли в 2,4 раза. В 1785 году около 36 % государственных расходов приходилось на армию, флот и гарнизонные войска,

36 % — на гражданскую администрацию, 10 % — на императорский двор. Все это были внебюджетные расходы: как уже говорилось в главе 14, по данным У. Пинтнера, в 1791 году только военные расходы превосходили все чистые поступления. По словам Дж. Хартли, российские монархи с петровских времен и до наполеоновских войн были настолько озабочены военной проблематикой, что предпринимавшиеся ими налоговые и административные реформы не могли быть систематическими.

В царствование Екатерины II различные финансовые органы действовали несогласованно. Петровские реформы дали довольно простой центральный государственный аппарат из десяти коллегий, Синода и небольшого числа центральных учреждений, над которыми стоял Сенат. После смерти Петра центральная администрация оказались чрезмерно раздутой: так, в 1760-е годы только сбором налогов занимались более 50 различных органов. Различные коллегии занимались сбором доходов от продажи водки и соли, таможни и торговли; военные коллегии ведали подушной податью, шедшей на нужды армии и флота; отдельные канцелярии управляли доходами и расходами двора и землями, находившимися в собственности императорской фамилии. Каждое ведомство имело свою бюджетную смету; не существовало ни министерства финансов, ни должности министра финансов, ни надзора в масштабах империи. Когда Петр III в 1761 году, а затем Екатерина II в 1762-м после прихода к власти затребовали отчеты по бюджету со всей империи, местные и центральные учреждения не смогли их предоставить. Екатерина II сразу же сосредоточилась на сборе информации, и по ее инициативе были составлены ведомости штатов и бюджетов — в 1763 году для гражданской администрации, а в 1765 году для военной. В 1769, 1773, 1776–1777 годах были составлены реалистичные отчеты о расходах, после чего они поступали ежегодно, а в 1780 году появился единый годовой бюджет для всей страны, включавший расходы на гражданское управление, армию, флот и императорский двор.

Екатерина понимала необходимость создания централизованной иерархии налоговых учреждений и корпорации бюрократов, способной заниматься сбором налогов, составлением бюджета и проверками. На протяжении всего своего царствования, и особенно в период между войнами (1774–1787), она осуществляла масштабные реформы. В 1773 году была создана Экспедиция о государственных доходах, вскоре ставшая крупнейшим казначейским ведомством империи, которое подчинялось Сенату и делилось на четыре экспедиции — «о доходах», «о расходах», «для свидетельства счетов», «для взыскания по начетам и недоимкам». В ходе реформ 1770–1780-х годов была унифицирована система финансового управления, большинство функций передавались при этом в губернии; центральные учреждения постепенно ликвидировались, а те, которые сохранили свое значение — в основном речь шла о ведомствах, имевших дело со двором и войском, — были поставлены под надзор генерал-прокурора. Основными учреждениями в губерниях и уездах стали казначейства, отчитывавшиеся перед генерал-прокурором, что должно было прекратить злоупотребления, наблюдавшиеся при воеводах. Основной задачей новых институтов стал контроль в форме сбора информации — о населении, местности (включая составление карт), урожаях, ценах на продовольствие и тому подобном. Уездные казначейства держали у себя податные ведомости и сведения о населении, надзирали за винными и соляными откупами и таможнями, за рудниками и заводами; проводили финансовые ревизии; управляли государственными землями, вели от имени государства судебные дела, связанные с финансами. В соответствии с предусмотренным реформой отделением суда от других ветвей власти, казначейство не имело судебных полномочий и передавало спорные дела в губернское правление или в суд.

Губернское казначейство возглавлялось вице-губернатором, назначаемым императрицей. Персонал состоял из пяти назначаемых чиновников, сведущих в финансовых вопросах, и канцеляристов. Уездный казначей, назначаемый генерал-прокурором, также имел в подчинении штат чиновников — обычно они выбирались из числа местных дворян, имевших знания и опыт в этой области. Благодаря приходу более или менее грамотных специалистов административные преобразования позволили улучшить сбор налогов, контроль над ресурсами и бюджетные возможности империи в целом. При Павле I данная структура сохранилась в общих чертах, однако были добавлены общеимперские центральные институты, такие как Мануфактур-коллегия, упраздненная при Екатерине II.

ПРОМЫШЛЕННОСТЬ, ПРОИЗВОДСТВО, ЭКСПОРТ

Столкнувшись с проблемой оплаты всех своих обязательств, российские власти вводили разнообразные налоги и монополии, брали займы, манипулировали национальной валютой. Основной целью европейских монархов в XVIII веке было максимальное развитие торговли, министры работали над увеличением внутреннего производства и расширением торговых связей. Политика в этой сфере по большому счету определялась меркантилизмом и поэтому была направлена на рост экономики и населения, достижение положительного торгового баланс путем развития производственных ресурсов, упрощение национальной экономики и защиту отечественной промышленности. Однако Аркадиус Кэхэн указывает, что способность России претворять в жизнь меркантилистские идеи была ограничена ее историческим опытом и социальной структурой. Успех меркантилистской политики в Европе обуславливался высоким уровнем экономического развития: требовалось иметь более или менее товарное сельское хозяйство, развитый рынок капитала, квалифицированный персонал и высокую организацию в промышленности, доступ к колониальным ресурсам и транспорт (торговый флот) для их перевозки, вымуштрованную бюрократию. В течение большей части XVIII века Россия работала над тем, чтобы довести эти компоненты до нужного состояния; особенно ощущалось отсутствие свободного рынка труда и капитала. Поэтому, по выражению Кэхэна, российские власти проводили «протомеркантилистскую политику»: в некоторых случаях они прагматично прибегали к контролю со стороны государства и прямым инвестициям, а там, где возможно, задействовали торговцев и свободный рынок.

В такой критически важной отрасли, как горнодобывающая, большинство фабрик и шахт изначально находились в собственности и управлении государства, которое сооружало необходимые для них сухопутные и водные пути. В других отраслях государство поддерживало частное предпринимательство и рынок. Так, Роберт Джонс указывает, что власти были крайне заинтересованы в стабильном снабжении хлебом Петербурга и страны в целом, но старались обеспечить его без прямого контроля над торговлей зерном (не считая создания запасов).

Промышленный рост в XVIII столетии был реакцией не столько на местный спрос, сколько на желание властей получить определенный вид сырья или готовой продукций. Так, Петр I вкладывал большие средства в отрасли, связанные с военным делом (добыча драгоценных металлов, судостроение, металлургия, производство вооружений, тканей, селитры и серы), используя принудительно набранную рабочую силу — рекрутов и посессионных крестьян. Однако казенные заводы и фабрики обеспечивали далеко не все промышленное производство; Петр и его преемники передавали предприятия в частные руки — иностранцам и собственным поданным, особенно дворянам, которым, из соображений политического фаворитизма либо руководствуясь экономической теорией, предоставляли субсидии и облегчали доступ к рабочей силе. В 1721 году купцам было разрешено приобретать крепостных крестьян для работы в промышленности целыми деревнями, прикрепляя их к фабрике; такие крестьяне назывались посессионными, как и крепостные, прикрепленные к казенным предприятиям. Рабочие из числа вольнонаемных (бродяг и представителей зарождавшегося класс разночинцев, о котором говорилось в главе 18), нанятые на работу, в 1736 году стали «вечноотданными», то есть фактически теми же крепостными. В 1762 году купцы лишились права приобретать деревни с крепостными, к выгоде предпринимателей из числа дворян, которые с 1740-х годов охотно шли в промышленную сферу. Елизавета отдала уральские железоделательные заводы и прибыльные монополии своим министрам-фаворитам, хотя многим из них не хватало опыта для управления сложным производством.

В 1779 году Екатерина II упразднила Мануфактур-коллегию, которая ранее выдавала разрешения на открытие производства: теперь этим могли заниматься представители всех социальных групп (дворяне, купцы, ремесленники). На предприятиях, принадлежавших богатых дворянам, состав рабочей силы был смешанным (крепостные и наемные); такие предприниматели без особой огласки сотрудничали с купцами и различными специалистами. Борис Ананьич отмечает, что количество фабрик с наемными рабочими (бродягами, крепостными и государственными крестьянами, покидавшими деревни для сезонной или постоянной работы) при Екатерине II увеличилось вчетверо и достигло примерно двух тысяч.

Металлургические предприятия могли быть государственными и частными. Еще в 1704 году близ Нерчинска были открыты залежи серебра, и там возникли принадлежавшие государству рудники, но когда на Алтае нашли медь (1720-е годы), монополию на ее добычу первоначально получил влиятельнейший уральский горнодобытчик Демидов. Когда в 1745 году там обнаружили золото и серебро, государство взяло их разработку в свои руки; так появились Колыванские месторождения. На этих сибирских металлургических комплексах работали высококвалифицированные саксонские инженеры в офицерских чинах (в течение столетия к ним присоединились русские кадеты, обучавшиеся в столицах). С 1722 года существовала система горных чинов, включенных в Табель о рангах; ниже обладателей чинов стояли мастера (вольнонаемные рабочие или государственные крестьяне, приписанные к заводам) — чертежники, сталевары, печники и другие квалифицированные рабочие, которым мог быть присвоен чин. В шахтах работали ссыльнокаторжные и местные крестьяне, а крестьяне из приписанных деревень рубили лес для плавильных печей, добывали уголь и древесный уголь, занимались извозом. Как отмечает Иэн Бленчард, все делалось в условиях военной дисциплины и непомерных нагрузок. Со временем Нерчинск и Колывань превратились в оживленные поселки: горные чиновники обладали административной, гражданской и уголовной юрисдикцией над населением, наблюдали за работой школ для детей мастеров и солдат местных гарнизонов, охранявших прииски, а также пожарной службы и больницы. По оценкам Кэхэна, к концу века в Нерчинске и Колывани были заняты около 16 тысяч квалифицированных рабочих (включая иностранных специалистов) и 115 тысяч ссыльнокаторжных и крестьян. В 1779–1783 годах управление имуществом императорской семьи было передано местным казначействам, и Колывань стала центром новой губернии, ориентированной на горнодобывающий район.

Уральская горнодобывающая промышленность в этом столетии по-прежнему процветала. Господствующее положение в ней занимали династии предпринимателей (Демидовы, Строгановы, Яковлевы, Баташевы); в царствование Елизаветы число промышленных предприятий на Урале более чем удвоилось. В 1740-х годах численность рабочих составляла около 100 тысяч человек, в 1770-е годы их стало вдвое больше. Условия труда были тяжелыми, цены на продовольствие росли, а повышение податей, коснувшееся государственных крестьян по всей империи в 1769 году, особенно сильно ударило по рабочим казенных заводов на Урале, которые присоединились к Пугачевскому восстанию (1773–1775). Восстание нанесло колоссальный ущерб предприятиям, восстановление которых продолжалось до конца 1780-х годов. После него Екатерина II распорядилась повысить жалованье и внедрить регулирование условий труда на Урале и в Сибири; неизвестно, выполнили ли это распоряжение владельцы частных горных заводов, но условия труда на казенных заводах несколько улучшились. Как и в Сибири, здесь сформировалась рабочая элита — квалифицированные мастера, которым лучше платили и для которых создавали более благоприятные условия труда.

На протяжении XVIII века в добыче полезных ископаемых и металлургии достигались огромные успехи: к середине 1760-х годов Россия производила в 2,5 раза больше чугуна, чем Великобритания, а к 1803 году стала крупнейшим экспортером железа в Европе, опередив Великобританию и Францию. При этом Петр I и его преемники развивали эти отрасли не только для получения прибыли от вывоза товаров, но и для обеспечения отечественной оружейной промышленности. Производство ручного огнестрельного оружия, сосредоточенное в Туле, всегда находилось в руках государства (правда, тульские частные предприятия славились производством более мелких металлических изделий); заводы по производству пушек, пороха и боеприпасов были казенными и частными, они располагались на Урале, на Севере (Олонец) и в низовьях Волги. Важную роль в обеспечении потребностей русской армии играла шерстяная промышленность, которая производила грубое сукно для солдатских мундиров (для офицерских требовалось более качественное, ввозившееся из-за границы). К концу века текстильная промышленность находилась по преимуществу в частных руках; фабрики принадлежали в основном дворянам, использовали крепостной труд и обслуживали как внутренний рынок, так и армию.

Государство играло активную роль в соледобыче и торговле солью. Производством занимались казенные варницы, частные предприниматели и обладатели полученных от государства монополий, такие как Строгановы, источником состояния которых стали земли вокруг Перми, в окрестностях городов с красноречивыми названиями — Сольвычегодск и Усолье. Государство также создавало или поддерживало, исходя из собственных интересов, льнопрядильные фабрики — лен требовался для выделки бумаги, а государство располагало монополией на производство гербовой бумаги для официальных документов. Казенные кирпичные заводы стали множиться после основания Петербурга. Для работы на этих заводах набирались солдаты, к ним приписывались деревни с крестьянами. В течение XVIII столетия производством кирпича стали заниматься и частные предприниматели. Медь была необходима как государству (для производства оружия и чеканки монет), так и населению (из нее изготавливались предметы домашнего обихода и церковные колокола); государство поддерживало владельцев медных заводов, предоставляя им печи, рабочих, земли и право на изыскания. К 1760-м годам Россия стала обеспечивать себя медью, а к концу столетия — экспортировать ее.

В XVIII веке сложились благоприятные условия для развития обрабатывающих отраслей. Дворяне нуждались в доходах для поддержания своей культуры, сложившейся под влиянием Европы, между тем как повинности крестьян в пользу государства и помещика возросли. Продвижение в черноземные территории открывало возможности для развития винокурения и других отраслей, а общеимперский рынок излишков зерна позволил крестьянам на севере с его малоплодородными почвами сосредоточиться на производстве. Крестьяне испокон века изготавливали мелкие изделия для местных нужд — предметы из железа и кожи, столовые приборы, мебель. Теперь же наметилось, пусть в общих чертах, разделение труда между регионами: на плодородном юге развивалось экспортоориентированное сельское хозяйство (особенно после 1774 года, когда было обеспечено безопасное плавание судов по Черному морю), а крестьяне на северо-западе, севере и в центре занимались ремеслом и производством продукции для рынка. Часто помещики основывали целые деревни вокруг предприятий той или иной отрасли (текстиль, металлообработка). Домашние хозяйства — по отдельности или в составе общины — занимались помолом зерна, варкой пива, производством сыра, масла, сала для мыла и свечей, льна, холстов и шерсти.

Производство для последующей продажи способствовало миграциям: крестьяне в центральных нечерноземных районах и на северо-западе часто переезжали, чтобы получить сезонную работу на фабрике или в городе (в качества извозчика или домашней прислуги). Помещики и общины выдавали паспорта и получали определенную долю от жалованья. Дворяне за деньги предоставляли своих крепостных владельцам мануфактур. В царствование Екатерины среди предпринимателей дворяне в целом стали преобладать над купцами, чему способствовали монополия на винокурение и владение крестьянами, возможность сдавать внаем крепостную рабочую силу, более широкий доступ к милостям со стороны монарха и придворных, а также субсидиям. Однако Кэхэн отмечает, что, отрезанные от крепостного труда, предприимчивые купцы, скорее всего, оказались в выигрыше, так как были вынуждены привлекать вольнонаемных рабочих, трудившихся более производительно и составлявших часть все более активного в экономическом плане населения. Тем самым закладывалась основа для будущих перемен в экономике.

РЫНКИ, ТОРГОВЛЯ, ГАВАНИ

В XVIII веке развивались региональные торговые сети, расширялся экспорт, пусть «общенациональный» рынок еще не сложился в полной мере. Несмотря на сооружение каналов и дорог — прежде всего ориентированных на Петербург, но также в Сибири и европейской части России, — коммуникации все еще не позволяли сделать империю единым пространством в смысле ценообразования и снабжения. Скорее, в ней существовало несколько процветающих торговых регионов, становым хребтом которых служили транзитные и экспортные торговые артерии.

Внутрирегиональное торговое единство обеспечивали ярмарки, базары и небольшие города, связанные с более крупными центрами. На низшем уровне системы стояли еженедельные базары, проводившиеся в городах и сельских центрах в определенный день; здесь можно было найти всевозможные товары. Более крупные партии товаров продавались на ярмарках, которые устраивались ежегодно и продолжались от трех до семи дней; здесь оптовые торговцы покупали местные товары и продавали то, что ввозилось из-за границы, а также промышленные изделия. Количество ярмарок на протяжении столетия неуклонно росло — около 625 в 1750-х годах, более 4000 в 1790-х годах; наибольший рост наблюдался в центральном нечерноземном районе, где бурно развивалось производство. Дворяне начали заниматься торговлей после освобождения от обязательной службы в 1762 году: в 1760 году 36 % всех ярмарок проводились в деревнях, принадлежавших дворянам, а к 1800 году — 51 %. Кое-что продавали странствующие торговцы-офени, а торговые «ряды» в городах продолжали обслуживать городское простонародье и купцов (рис. 15.1).

Удобно расположенные города и порты были центрами активности в наиболее успешных регионах. Средоточием всеимперской системы рынков оставалась Москва, благодаря расположению в центре страны, множеству отходящих торговых путей и наличию промышленного района вокруг нее. Москва служила перевалочной базой для товаров, поступавших со всей страны, а также ввозившихся из-за границы по Балтике и Волге. Окру-

Рис. 15.1. Перепланировка городов, предпринятая при Екатерине II, предполагала устройство площади с выходящими на нее зданиями церковного и светского назначения. Здесь показаны Красные ряды в Костроме. Фото Джека Коллманна

жающая город область постепенно меняла специализацию с сельского хозяйства на промышленность: здесь производились кожаные изделия, ткани, другая продукция, преимущественно для внутреннего рынка. На предприятиях работали платившие оброк крестьяне, чьи деревни теперь закупали хлеб на рынке.

В начале века вывоз товаров из страны резко увеличился благодаря приобретению (1710) Ливонии с ее центрами торговли, через которые отправлялась продукция, произведенная в Прибалтике, а также в Великом княжестве Литовском. Рига, столица Лифляндии, была крупнейшим портом империи и лишь к середине столетия уступила первенство Петербургу; но и после этого она сохраняла свое значение, как и другие балтийские порты (Нарва, Ревель). В экономическом смысле Эстляндия и Лифляндия не были полностью интегрированы в империю — в местных портах до 1773 года сохранялись свои тарифы, таможенные пошлины, системы мер и весов, чеканка монет и другие торговые практики. Лифляндия, издавна производившая и вывозившая зерно, по условиям Ништадского мира (1721) продолжала снабжать им Швецию, где не хватало своего хлеба. В Эстляндии излишки зерна, из-за слабости транзитной инфраструктуры, шли на производство спиртного, отправлявшегося в Европу и Россию. Кроме того, Лифляндия давала возможность вывоза пеньки, льна, кожи и все возрастающего количества промышленных изделий из бассейна Западной Двины (Псковская и Смоленская провинции).

Событием исключительной важности стало превращение Петербурга в главный экспортный порт. После прекращения военных действий в восточной части Балтийского моря (около 1710 года) город стал бурно развиваться. Петр I насильственно переселял в него купцов и дворян из Москвы, Ярославля и других городов Центральной России, а также перенаправил в новооснованный город торговые потоки из Архангельска, установив для него выгодные тарифы и попросту приказав доставлять туда товары еще тогда, когда молодая столица не была обеспечена подвозными путями. По мере строительства каналов Петербург стал главным международным портом империи, куда поступали товары с Волги, а также местная продукция (кожа, конопля, лен, рожь, необходимая для питания горожан) из Верхнего и Среднего Поволжья и близлежащих провинций — Новгородской, Олонецкой, Псковской.

Архангельск, основанный в 1584 году, после начала беломорской торговли с Англией, а позднее и с Голландией, достиг процветания благодаря экспорту товаров по волжскому пути, через Москву и Вологду. Однако у него имелись и серьезные недостатки: лед, стоявший в течение более полугода, значительная отдаленность — плавание из Европы в Архангельск длилось втрое дольше, чем в Петербург. В XVIII веке, ввиду роста петербургской торговли, роль Архангельска уменьшилась, но все же через него вывозилась продукция лесных областей, прилегавших к Северной Двине (изделия, необходимые для флота, меха, смола, деготь) и излишки зерна из Среднего Поволжья. В этом столетии Архангельск оставался третьим портом империи по товарообороту.

Четвертым по значению центром торговли была Астрахань, самый пестрый в этническом отношении город империи, куда стекались товары, привозимые по Волге и Черному морю. По мере расширения империи, однако, Астрахань утрачивала свое господствующее положение на юге. Как и в предыдущем столетии, здесь существовали предместья, населенные бухарскими, индийскими, персидскими и армянскими купцами, которым, в отличие от европейцев, было разрешено заниматься розничной торговлей (с 1745 года она облагалась пошлиной). Астрахань играла важную роль в импорте товаров из Персии (нередко этим занимались индийские купцы) и вывозе местной продукции — шелка, кожаных изделий, серебра (специализация армянских торговцев). Город служил также сборным пунктом для зерна из Нижнего Поволжья (области вокруг Казани, Симбирска, Пензы, Саратова, Тамбова и к югу от Рязани), слишком удаленного от Москвы и Петербурга, чтобы с выгодой отправлять этот хлеб на север.

Восточная торговля постепенно перемещалась из Астрахани на Урал. В XVII веке караванные пути из Китая и Средней Азии стали пролегать севернее, чем прежде, в обход беспокойной степи. Вместо маршрутов через степь к северу Каспия или через Северный Иран, Каспийское море и Астрахань, появился новый — через Тобольск и Верхотурье в Западной Сибири. Бухарцы привозили шелка и ткани, киргизы — лошадей, верблюжью шерсть и шкуры, шерсть и овец, другие степняки продавали лошадей тысячами голов. На протяжении XVIII столетия появились таможенные пункты, лучше Астрахани связанные с центральной Россией — Екатеринбург, Оренбург, Семипалатинск. Екатеринбург, основанный в 1723 году как горнопромышленный центр, застраивался по регулярному плану. В 1760-е годы он стал главным таможенным центром вместо Верхотурья — «окном в Азию», особенно после того, как через город пролег Сибирский тракт (1763). В 1730-е годы были основаны Оренбург на южном Урале, в башкирских землях, и Семипалатинск, восточнее его, на Иртышской линии; власти перенаправили торговые потоки из Астрахани в Оренбург. В 1740-е годы сюда переселились астраханские индийцы, город стал центром караванной торговли со Средней Азией: сюда привозили шелк, хлопок, шерсть, овец.

В этом столетии Россия стала ближе к достижению своей долгосрочной цели — наладить прямую торговлю с Китаем.

Власти последнего неохотно пускали в страну иноземных торговцев, но, тем не менее, по Кяхтинскому договору (1727) русским посольствам и караванам было разрешено раз в три года прибывать в Пекин. В 1727–1755 годах государство снарядило несколько таких караванов, однако потом нестабильное положение в регионе пресекло этот важный для России поток товаров и информации. Вокруг Кяхты стала вестись оживленная приграничная торговля, стимулировавшая добычу мехов и территориальную экспансию на восток и северо-восток Сибири, а также контрабанду. Русские караваны привозили в Китай меха и ткани (часто приобретенные в Европе), и возвращались с китайскими тканями, специями, чаем, целебным ревенем и предметами роскоши. Пути, по которым товары везлись в Китай и из него, проходили через сибирские остроги, и торговля была в первую очередь транзитной, хотя рост населения на Урале, в Западной и Восточной Сибири стимулировал формирование региональных рынков.

Победа в русско-турецкой войне 1768–1774 годов дала толчок развитию новых черноморских портов, таких как Азов, Керчь, Херсон, Таганрог и, наконец, Одесса (основанная в 1794 году). По Кючук-Кайнарджийскому миру (1774) Россия получила важнейшее для себя право — проводить суда через Босфор и Дарданеллы, что давало возможность судоходства в Эгейском и Средиземном морях; это положение договора в целом соблюдалось. При Екатерине II для черноморских портов был введен пониженный таможенный тариф, чтобы перенаправить туда торговые потоки. За этим сразу же последовал торговый бум — по Черному морю было удобно вывозить излишки зерна из Украины (Черниговская, Полтавская, Киевская провинции), плохо связанной с Балтикой, а также то, что выращивалось в Причерноморско-Каспийской степи. Вывоз основного продовольственного продукта — ржи — всегда контролировался, но дававшая обильный урожай пшеница массово шла на экспорт. В 1805 году 70 % российского экспорта зерна шло через порты Черного моря.

Экспортная торговля — один из источников дохода для казны — на протяжении XVIII века показала 15-кратный рост. В первой половине столетия наблюдалось изменение структуры экспорта: меньше лесных и сельскохозяйственных продуктов (смола, древесина, шкуры, сало), больше промышленных товаров (льняные ткани, кожа, железо); большим спросом по-прежнему пользовались лен и конопля. К концу века сельскохозяйственные культуры, такие как конопля и лен, по-прежнему составляли около 40 % всего экспорта, на железо и ткани приходилось еще 20 %, но первенство постепенно переходило к зерну и продуктам животноводства (сало, свечи, мясо, масло, кожа). Главным торговым партнером оставалась Великобритания, на рубеже веков поглощавшая около 65 % русского экспорта, в том числе две трети льна, конопли и шерсти, необходимых для снабжения армии. Более 80 % всего экспорта проходило через Петербург и Ригу. В страну ввозились колониальные товары (кофе, сахар), спиртные напитки, высококачественные предметы роскоши (шелк, ювелирные изделия) и сырье для текстильной промышленности. Торговый баланс России неизменно был положительным.

ТАРИФЫ

Тарифная политика в XVIII веке была направлена на замещение импорта (защиту отечественной промышленности от ввоза готовой продукции и сырья, которые можно было производить внутри страны), установление положительного торгового баланса и стимулирование поступления иностранной валюты — заграничные купцы платили таможенные пошлины серебряными талерами. Тарифные ставки взлетали дважды за столетие, оба раза во время войн (1724, 1757), но, как правило, были умеренными и часто варьировались в зависимости от значимости товара для внутрироссийского производства. Сделав много для развития важных в военном отношении отраслей промышленности (производство железа, угля, поташа, парусины), правительство Петра I в 1724 году установило высокие протекционистские пошлины на импортные товары, которые конкурировали с этой продукцией, но в 1731 году тарифы были снижены. В 1757 году елизаветинский министр Петр Шувалов, фактически заведовавший финансовыми и экономическими делами, прибег к протекционистскому тарифу преимущественно для увеличения доходов во время Семилетней войны. Тот касался и без того хорошо защищенных продуктов внутреннего производства, такие как железо, медь, лен и сахар; одновременно запрещался вывоз таких предметов первой необходимости, как рожь, лес, золото, серебро и шерсть. Введенные при Екатерине II тарифы 1766 и 1783 годов были умеренно протекционистскими, означавшими некоторые послабления в торговле; они не препятствовали импорту сырья для российской промышленности, но резко ограничивали ввоз товаров, которые могли бы конкурировать с российскими. Для увеличения государственных доходов особенно высокими пошлинами облагался импорт предметов роскоши, которыми пользовались дворяне. При этом таможенные поступления во второй половине XVIII века более чем удвоились, что говорит о процветании дворян и большой энергии предпринимателей.

С целью стимулирования экономического роста и торговли российские власти проводили либеральную политику, проявляя должный прагматизм. Так, Петр Шувалов сохранил действовавший с XVII века запрет на допуск иностранцев, особенно европейцев, к розничной торговле внутри России — вероятно, желая чем-то уравновесить упразднение внутренних таможен, произошедшее в 1753 году. Последняя мера упростила перевозку товаров, прежде всего в интересах дворян, которые стали продавать излишки зерна, а также создавать у себя в поместьях винокуренные и другие производства с крепостной рабочей силой. Кроме того, по инициативе Шувалова дворяне получили право продавать, оптом и в розницу, продукцию из своих имений, что ущемляло права купцов.

Помимо этого, Шувалов основал в 1754 году Дворянский заемный банк и Купеческий банк для выдачи кредитов — как долгосрочных, под залог имущества, так и краткосрочных, коммерческих. Ни один из банков не просуществовал долго (Коммерческий банк закрылся в 1782 году, Дворянский — в 1786-м): основными заемщиками того и другого были знатные вельможи, включая министров и самого Шувалова — заставить их возвратить взятые суммы оказалось невозможным. В царствование Екатерины II функции ссудных организаций и сберегательных касс выполняли еще несколько учреждений, в том числе воспитательные дома в обеих столицах и Приказы общественного призрения в губерниях. Но они мало что могли сделать для обеспечения нужного притока капиталовложений в промышленность. Можно было брать займы у частных лиц, но под большой процент (до 20 %), хотя при Шувалове максимальная ставка была установлена в 6 % (Уложение 1649 года запрещало какое бы то ни было ростовщичество). Однако у купцов имелся доступ к нескольким полезным коммерческим инструментам: надежность крупных покупок обеспечивала эффективная, регулируемая государством система векселей. Вексельный устав (1729) предусматривал возможность обращения в коммерческие суды (подконтрольные городским властям), которая сохранялась в течение всего столетия. Эти же суды защищали договорные права.

На протяжении всего XVIII века государство в той или иной мере зависело от монополий, претендуя на исключительный контроль над стратегическими и крайне прибыльными товарами, такими как драгоценные металлы, соль и спиртное. Монополия также накладывалась на продукцию отраслей, зависевших от предоставляемой государством рабочей силы (поташ, икра, деготь, смола, ворвань) или на товары, пользовавшиеся большим спросом (икра, ревень, табак), поставки которых государство могло без труда контролировать. Как напоминают Кэхэн и Ананьич, на казенные монополии приходилась лишь небольшая часть русского экспорта — 10–15 %. Государство никогда не стремилось установить контроль над большинством важных экспортных товаров, таких как лен, железо, сало и зерно, и на протяжении всего столетия в основном поощряло частных предпринимателей. Петр I, к примеру, в 1719 году упразднил монополию почти на все экспортные товары для поощрения частной торговли. В 1763 году, при Екатерине II, государство отказалось почти от всех монополий, исключением стали такие товары, как поташ и железо (их постигла та же участь в 1773 году), спиртное и соль.

Именно спиртное и соль были наиболее «постоянными» и прибыльными для государства монопольными товарами. Шувалов, несколько уменьшивший подушную подать — уступка крестьянам, — одновременно поднял цены на них; поступления от косвенных налогов выросли в 2,7 раза. Он также снискал расположение дворянства, предоставив ему монополию на винокурение (1754) — под нее не подпадали лишь государственные винокуренные заводы. До 1750-х годов производство было диверсифицировано, водка и соль продавались непосредственно в городах и деревнях; теперь же напитками, произведенными в дворянских имениях, стали торговать купцы. Если в 1749 году винная монополия давала 12,8 % всех государственных доходов, то через десять лет — 21,2 %. В 1760-х годах эта цифра составляла уже 25 %, еще 7–10 % приносила соляная монополия.

Существовало два способа управления монополиями со стороны государства: прямой контроль за продажами со стороны чиновников и отдача на откуп. При Елизавете многие вельможи получали доход с прибыльных монополий, но Екатерина II, считая, что откупа способствуют продажности и лишь в редких случаях приносят казне максимально возможную выгоду, упразднила все монополии, кроме винной и соляной. В 1763 году государство вернуло себе контроль над таможенными поступлениями — была создана Главная государственная над таможенными сборами канцелярия. Были предприняты и меры в направлении либерализации: в 1760-х годах виноторговля была разрешена представителям всех сословий (дворянам, мещанам, государственными крестьянам и даже крепостным), а после реформы 1775 года продажа спиртного перешла в ведение губернских казначейств, которые выдавали соответствующие права в пределах губернии и осуществляли более пристальный надзор. Еще одно послабление было сделано в 1795 году: помещики отныне могли продавать алкоголь напрямую казне, минуя посредников.

Таким образом, откупа не были повсеместно распространенным явлением; в отличие от Франции и Османской империи, Россия пользовалась этим средством с осторожностью (главным образом применительно к винной монополии) — и не случайно.

При такой системе бо́льшая часть дохода уходила откупщикам, народ становился жертвой разного рода злоупотреблений, а главное — размывался контроль центра над региональными элитами. Имелось и соображение практического свойства: в России не было элит, обладавших ресурсами, достаточными для вложения в различные откупа. Так или иначе, благодаря пресловутому контролю центра Россия в этом случае избежала ловушки, которая могла бы привести к ослаблению государства.

В своей экономической политике Екатерина II двигалась в сторону либерализации, открывая возможности для все новых социальных групп. В этом она следовала рекомендациям своих советников-физиократов, которые с 1750-х годов вели споры со сторонниками меркантилизма. Еще одним шагом в этом направлении, начиная с 1780-х годов, стал постепенный рост экспорта излишков зерна на европейский рынок, готовый поглощать продовольствие в огромных количествах. Это касалось в особенности пшеницы, поскольку она не была основным продуктом питания для населения российских деревень и городов. На протяжении второй половины века экспорт зерна, прежде всего пшеницы, вырос в 47 раз.

В то же время Екатерина, проявляя прагматизм, продолжала вести протекционистскую политику, особенно в отношении хлебного рынка. Еще при Петре I вывоз ржи был запрещен в интересах внутренней стабильности; Екатерина сохранила запрет, внимательно следя за ценами на хлеб и уменьшая количество экспортируемого зерна, когда его не хватало в стране (например, в 1785–1786 годах). Ее представления об идеальном обществе подразумевали, что выходцы из каждой социальной группы должны заниматься предназначенным для них делом (купцы — торговать, крестьяне — обрабатывать землю), и поэтому она поощряла создание небольших крестьянских мануфактур, не стремясь открывать рынок труда для промышленников. В ее «Наказе» 1767 года мы читаем: «Земледелие есть первый и главный труд, к которому поощрять людей должно; второй есть рукоделие из собственного произращения». При Павле I контроль со стороны властей вновь усилился. Павел оставил в силе сравнительно либеральные тарифы 1780-х годов, сохранил надзор над хлебным рынком, восстановил Коммерц-, Берг- и Мануфактур-коллегии.

Как бы то ни было, значение косвенных налогов в течение XVIII века возросло. При Елизавете поступления от экспорта выросли в 2,5 раза, а доходы казны от таможен — в три раза, благодаря росту спроса. К середине столетия косвенные налоги давали более половины государственных доходов, хотя до того преобладали прямые налоги. В 1762 году к косвенным поступлениям относились доходы от государственных монополий, соляной, но особенно винной (около трети от общей суммы), таможенные пошлины на ввоз и вывоз (около десятой части), поступления от сдачи в аренду государственной собственности и чеканки монет, налоги на промышленное производство (около четверти). В 1790-е годы на прямое налогообложение приходилось лишь 30 % доходов государства.

ИСТОЧНИКИ ДОХОДА: ПРЯМОЕ НАЛОГООБЛОЖЕНИЕ

Несмотря на то что доля прямого налогообложения в доходах казны падала на протяжении всего XVIII столетия (государство делало уступки дворянству), оно все же оставалось важным источником поступлений и тяжким бременем ложилось на крестьян. Петр I коренным образом изменил его основополагающие принципы, введя подушную подать. В начале Северной войны (1700–1721) меры, принимавшиеся в налоговой сфере, выглядели хаотичными и бессистемными. По требованию Петра, богатые землевладельцы, светские и духовные, взялись финансировать строительство военных судов. Были введены новые налоги и сборы (гербовый сбор, дополнительные подати для плательщиков ясака, десятина, дорожная и мостовая повинности, новый соляной налог). Рабочих насильно сгоняли на новые стройки — воронежские верфи, Петербург, азовская гавань. После победы в Полтавском сражении (1709) стали предприниматься более систематические инициативы. Так, в 1718 году была реализована идея, витавшая в воздухе с 1680-х годов: подворную подать заменили подушной, для целей которой учитывали всех налогоплательщиков мужского пола, как в деревне, так и в городе. Многие низшие социальные группы были причислены к податному населению (холопство подверглось упразднению, и холопы перешли в разряд крепостных крестьян; странствующие люди также сделались податными).

Размер подушной подати составлял 74 копейки с человека. Эта сумма была установлена в 1725 году, после проведения в 1718–1724 годах первой ревизии (переписи населения), но после смерти Петра снижена до 70 копеек и больше не менялась в течение столетия, несмотря на инфляцию и растущие потребности государства. Для посадских подать составляла 1 рубль 20 копеек. С 1736 года дополнительно взимались накладные деньги в размере двух копеек с рубля — для оплаты расходов по сбору подати. Как указывает Кэрол Стивенс, и в деревнях, и в городах подать уплачивали общины, поэтому чистый эффект был таким же, как при подворном обложении, но доходы казны увеличились. Подушная подать собиралась в два приема: осенью, после уборки урожая, и зимой.

Поднимая оброк для государственных крестьян, власти не решились повысить подушную плату для крепостных — это помешало бы их эксплуатации со стороны помещиков. В 1769 году, с началом русско-турецкой войны, подушная подать для посадских была поднята до двух рублей. Административные реформы 1775 года серьезно изменили характер налоговых обязательств городского населения: купцы, располагавшие капиталом определенного размера, освобождались от подушной подати, выплачивая взамен 1 % с объявленного капитала, для остальных же посадских ее снизили до 1 рубля 20 копеек. Однако в 1794 году, ввиду роста государственного долга, пришлось ввести единую для всех плательщиков двухрублевую подушную подать.

То был далеко не единственный прямой налог, взимавшийся с крестьян и горожан. Поскольку крепостные несли обязанности по отношению к помещикам, от которых был свободны государственные крестьяне, последние платили оброк. Для государственных крестьян и однодворцев он первоначально составлял 40 копеек, для посадских — 50 копеек. Эти суммы постепенно росли, хотя не так быстро, как выплаты помещикам: в 1760-м они составили один рубль, тогда как помещики требовали со своих крестьян от одного для двух рублей, а государству в это время приходилось нести расходы в связи с Семилетней войной. (Однако Аркадиус Кэхэн напоминает, что и рост выплат в пользу помещика отставал от инфляции, что заставляло их интенсивней эксплуатировать свои имения и крепостных.) В 1764 году повышение оброка коснулось однодворцев и крестьян Сибири, тогда же для крестьян, проживавших на церковных землях, недавно отобранных в казну (см. ниже), был установлен полуторарублевый оброк.

В 1768 году, накануне русско-турецкой войны, оброк в пользу государства (не уплачиваемый помещичьими крестьянами) подняли до двух рублей, в 1783-м — до трех рублей ассигнациями, ввиду роста государственного долга и расходов (помещики в это время брали с крестьян около четырех рублей). В 1769 году была увеличена подушная подать для посадских. В 1797 году оброк для государственных крестьян вновь вырос, составляя отныне от 3 рублей 50 копеек до 5 рублей; помещичьи крестьяне платили около 5 рублей. В течение столетия оброк сделался важной статьей доходов для казны, в 1783 году его сумма превзошла общий размер подушной подати — ставки для оброка были выше, и кроме того, к этому времени еще больше социальных групп были причислены к государственным крестьянам.

Значение же подушной подати для казны в XVIII веке падало. В 1724 году она давала около 55 % всех доходов. Прямые налоговые поступления можно было увеличить только за счет регулярных переписей населения — ревизий, проводившихся каждые пятнадцать лет, начиная с 1747 года, — которые фиксировали демографический прирост. В 1769 году подушная подать обеспечила 42,7 % поступлений, а в 1796-м — 33 % государственных доходов, но к этому времени она «съедалась» инфляцией (в последней трети столетия) и недоимками, настолько широко распространенными, что государство часто было вынуждено прощать их. Изначально, при Петре, подушная подать была призвана обеспечить содержание армии, но чем дальше, тем менее соответствовала нуждам государства. Франция и Великобритания в конце XVIII века обложили налогом дворянство, но русские власти отказались от этого, предпочтя косвенные налоги и другие источники поступлений.

Одним из последних стало церковное имущество. Петр I упразднил патриаршество, заменив его синодальной организацией, которой следовало усилить пастырское попечение о прихожанах. С этой целью государство отменило те налоговые льготы, которыми все еще пользовались церковные земли, подняло ставки налогов и принудило церковь и крупнейшие монастыри участвовать в сооружении триумфальных арок по случаю побед и строительстве Азовского флота (1696–1697). Петр также ограничил монастырское землевладение, а в 1701 году создал Монастырский приказ для более эффективного сбора денежных средств с церковных имений. Он выделил группу богатых монастырей и епископств, которые должны были выплачивать часть своих доходов непосредственно государству. При этом, однако, Петр не стал запрещать церкви владеть землей и не ликвидировал существовавшие в стране монастыри.

При Екатерине II церковь по-прежнему обладала немалым экономическим могуществом, пыталась, хотя и безуспешно, восстановить патриаршество и смело заявляла, что поскольку Петр I не предъявлял претензий на большинство церковных земель, то права церкви на владение землей тем самым подтверждены и ей следует вернуть отнятые льготы. Благодаря пожертвованиям и экономическом росту церковные и монастырские владения в 1762 году составляли около двух третей всех обрабатываемых земель, на которых проживало около седьмой части всего сельского населения империи (по преимуществу на севере и в центре). Для покрытия военных расходов Петр III — эта мера была намечена еще при Елизавете — решил изъять в пользу государства новую порцию церковных земель и передать их в ведение Коллегии экономии (ранее упраздненной и теперь воссозданной), которой управляли бы отставные дворяне. Таким образом, епископы и монахи получали бы жалованье от государства, а у монастырей оставалось бы достаточно земель для содержания монахов. Петр успел приступить к этой реформе; Екатерина, после некоторого колебания (императрица не хотела отталкивать церковь на фоне бурных событий, связанных с ее восшествием на престол), подхватила его начинание в 1764 году. Возможно, причиной были также крестьянские волнения, вспыхнувшие, когда претворение в жизнь реформы (получившей одобрение крестьян) было приостановлено. Большинство обителей закрылись: из 562 мужских монастырей остался только 161, из 217 женских — только 67. К 1770 году 17 тысяч монахов, оставшихся без места, были призваны в армию. Положение бывших церковных крестьян, ныне «экономических», было лучше, чем даже у государственных крестьян, поскольку в ходе реформы земли подверглись перераспределению и крестьянские наделы увеличились. Правда, оброк был поднят по сравнению с прежним, но тем не менее эти крестьяне преуспевали, государство же получило прибавление ежегодного дохода на сумму в миллион рублей.

НАЛОГОВАЯ ПОЛИТИКА И ИМПЕРИЯ

Многие этнические группы, проживавшие в стране, платили иные налоги и по иным ставкам, хотя в 1780-е годы были предприняты попытки налоговой гармонизации на западных окраинах (все это, однако, просуществовало недолго). В Сибири, к примеру, податные восточнославянского происхождения уплачивали подушную подать и оброк в том же размере, что был установлен для всей империи. Коренные жители платили ясак. В течение XVIII столетия власти предпочитали получать в качестве ясака меха, а не звонкую монету, но временами пытались ввести для них денежный эквивалент. Это вызвало проблему установления стоимости мехов; местные жители старались тайно продать лучшее, что у них имелось, купцам (хотя в принципе торговля мехами была запрещена). Екатерина II попыталась осуществить в Сибири административно-финансовую реформу, аналогичную той, что проводилась в остальной империи. Предусматривался коллективный сбор мехов с местного населения, стоимость ясака была зафиксирована, каждое сообщество выбирало старейшин, которые взаимодействовали с русскими сборщиками ясака. При неизменной стоимости ясака и растущих рыночных ценах доходы казны не росли, и, кроме того, не удалось создать эффективно работающий институт старейшин. Но для коренных жителей сохранялась особая система налогообложения, с большим количеством лазеек, чем та, которая применялась к русско- и украинскоговорящим крестьянам Сибири.

Перейдем к косвенным налогам. Вторым по значимости источником доходов государства, как и в Европейской России, являлась продажа водки. До 1767 года преобладала система продажи «на вере», через «выборных» — выбираемых местным населением чиновников. Затем были (теоретически) введены откупа. В Западной Сибири, однако, не было достаточного числа дворян, готовых стать откупщиками, поэтому водку производили на казенных и городских винокурнях. В Восточной Сибири коренные жители имели право производить и продавать арак — водку из кумыса. Поэтому рынок регулировался и водка продавалась в казенных лавках.

Своя система налогообложения существовала и в Башкирии. Здесь государственные крестьяне вносили подушную подать и оброк, а также поставляли рекрутов. Как говорилось в главе 4, к 1740-м годам мордвины и татары в Башкирии и Среднем Поволжье, ранее платившие ясак, были причислены к государственным крестьянам и обложены подушной податью — властям требовались деньги для строительства укрепленных линий в Башкирии. В то же время статус башкир-землевладельцев и мещеряков повысился: с 1754 года они не платили ясака и вообще прямых налогов, неся взамен этого военную службу на Оренбургской линии; в 1798 году им было позволено образовать собственное казачье войско. Находившиеся в зависимости от них тептяри (русские, арендовавшие и обрабатывавшие башкирские земли) и бобыли (безземельные батраки), по сравнению с государственными крестьянами, находились в привилегированном положении. В 1747 году они платили оброк в размере 80 копеек (не изменившийся во время всеобщего повышения в 1760 и 1783 годах). Благодаря этому они выглядели довольно зажиточными по сравнению с государственными крестьянами, которые с 1783 года платили трехрублевый оброк и 70-копеечную подать, а также поставляли рекрутов.

Донские казаки сохраняли свои вековые привилегии. Административная реформа 1775 года не распространилась на казацкие земли, обитатели которых не платили ни подушную подать, ни оброк. Однако принадлежавшие казакам крепостные, русские и украинцы, вносили подушную подать и давали рекрутов. Казаки также обладали монополией на производство водки и вина для продажи на их землях, хотя с 1770-х годов казенные продавцы составляли им конкуренцию.

На Северном Кавказе ни казаки, ни представители местных народов не уплачивали прямых личных налогов. Как отмечает Джон Ледонн, еще в 1794 году 61 % жителей редконаселенной Астраханской губернии, куда входили северокавказские земли, не подлежал прямому налогообложению. Немногочисленные государственные крестьяне платили подушную подать и оброк. Точно так же в самой Астрахани русские посадские люди уплачивали и то, и другое, оказывая разнообразные услуги — торговали водкой и солью, вели казенные счета, отправлялись в ночную стражу. Нерусские жители города — татары, армяне, индийцы и другие — не платили городских податей и не несли повинностей; вместо этого они облагались различными сборами.

Бурно развивавшиеся причерноморские земли создавали для властей громадные проблемы, связанные с налогообложением. Джон Ледонн пишет о том, что в 1764 году Новороссию разделили на 70 уездов, из которых 52 предназначались для военных поселенцев, 2 — для посадских, 16 — для иноземцев, староверов и выходцев из России; все они подпадали под различные режимы налогообложения. Военные поселенцы пользовались свободой от личных налогов, а государственные крестьяне и крепостные не облагались подушной податью, вместо которой была установлена поземельная (для крепостных — вдвое ниже, чем для государственных крестьян). Такая система существовала до 1796 года, с одним исключением — с 1776 года невоенные поселенцы поставляли рекрутов. Иноземцы — греки, армяне, валахи, немцы в поволжских колониях — пользовались налоговыми льготами, срок которых мог достигать 30 лет. Крымские татары не платили личных налогов. Там, где было в достатке зерна и топлива, развивалось винокурение; водку производили и продавали дворяне, поселенцы и казаки, доходы же для казны обеспечивали откупщики и государственные питейные заведения (где обычно продавали польскую водку).

На украиноязычных землях также действовали разнообразные налоговые режимы. В Слободской Украине, с 1764 года преобразованной в губернию, после ревизии были установлены налоговые ставки и привилегии сообразно социальному статусу. Казаки не платили прямых налогов и имели право изготовлять и продавать водку; для тех, кто стоял ниже их по социальной лестнице, были введены налоги различного размера, но не общеимперские, такие как подушная подать и оброк. В Левобережной Гетманщине сохранялась собственная налоговая система; крепостные, государственные и церковные крестьяне, горожане платили рублевый оброк, размер которого не увеличился во время общеимперских повышений (1760, 1768). В мае 1783 года украинские крестьяне Левобережной и Слободской Украины подверглись закрепощению; для них вводились рекрутская повинность, подушная подать и запрет на переход. Ставки были такими же, как и в России: для крестьян подушная подать составляла 70 копеек, для казаков и горожан — 1 рубль 20 копеек. Оброк был ниже, чем в России (1 рубль).

После первого раздела Речи Посполитой (1772) Россия принялась наводить единообразие в налоговой области, но с осторожностью. После ревизии крепостные были обложены подушной податью в размере всего 60 копеек; для евреев она равнялась 1 рублю, для горожан — 1 рублю 20 копейкам. Дворяне-землевладельцы польского и украинского происхождения, а также горожане сохраняли право на винокурение и виноторговлю, уплачивая небольшой сбор. Так продолжалось до мая 1783 года, когда императорским указом в этих землях, как и в Левобережье, были введены семидесятикопеечная подушная подать и рублевый оброк для дворцовых и государственных крестьян. В городах же после реформы 1775 года купцы платили однопроцентный налог с объявленного капитала, а мещане — подушную подать (1 рубль 20 копеек). Евреи записывались в одно из этих двух сословий. Вслед за третьим разделом Речи Посполитой (1795) евреи на западных окраинах и в Крыму стали платить двойную подушную подать, если записывались мещанами, и двойной налог на капитал, если были причислены к купцам.

В Прибалтике крестьяне — и крепостные, и свободные — платили налоги с земли в соответствии со шведскими правилами и книгами, составленными в XVII веке. В 1783 году здесь, так же как в украинских и белорусских землях, были введены подушная подать и пониженный, по сравнению с общероссийским, оброк. Горожане платили налоги в зависимости от своего статуса (купцы или мещане). Однако для финских крестьян, проживавших в окрестностях Выборга, в том же 1783 году была установлена более низкая подушная подать; кроме того, они сохранили традиционные привилегии, касавшиеся пивоварения. Все это было отменено при Павле I, который тем не менее оставил в силе реформу 1784 года, вводившую в этих областях русскую систему мер и весов.

После приобретения в 1793–1795 годах Правобережной Украины и других земель, входивших в Великое княжество Литовское, там началось наведение единообразия в налоговой сфере, но речь не шла о введении русских стандартов. Вводилась подушная подать в размере одного рубля. Винокурение и виноторговля регулировались законом 1783 года для Левобережной Украины и белорусских земель, более либеральным, чем для России, где откупа предоставлялись губернскими учреждениями: в белорусских землях шляхта сохраняла монополию на производство и продажу спиртного за небольшую плату, а также на держание трактиров. Цены устанавливались на местах землевладельцами и представителями губернатора. Городские жители могли заниматься винокурением и виноторговлей в обмен на уплату единовременной суммы государству.

ВАЛЮТА, ФИНАНСОВЫЕ ИНСТРУМЕНТЫ, ДОЛГ

Усилия по увеличению доходов через регулирование прямых и косвенных налогов, а также сборов оказались недостаточными, и российские власти применили еще одну стратегию увеличения доходов, ненадежность которой выяснилась еще в московский период, а именно манипуляции с валютой. К концу царствования Петра I экономика России была в основном монетизирована. Налоги уплачивались звонкой монетой везде, кроме тех областей, где помещики находили более выгодным требовать от крестьян выполнения повинностей. Основными валютами были серебряная — для крупномасштабных операций — и медная монета, которые на протяжении первой половины века не теряли в стоимости. При Елизавете обозначилась устойчивая тенденция к повышению цен, начиная с девальвации медной монеты в 1757 году; в 1763 году Екатерина II девальвировала серебряный рубль и отчеканила еще больше монет, так что в следующем десятилетии цены (особенно на зерно) выросли на 50 %.

Рост инфляции в первые годы царствования Екатерины II был усугублен рискованным в финансовом отношении шагом — началом выпуска в 1768 году бумажных денег (ассигнаций). Первоначально они использовались для замены серебряной монеты и выпускались в умеренном количестве при достаточных резервах. До 1788 года ассигнации обменивались на серебро по курсу 1:1. Затем они стали печататься в больших количествах, не будучи обеспечены резервами, и использовались для выдачи займов погрязшим в долгах дворянам, но главным образом — для оплаты расходов на войны со Швецией и Турцией в конце 1780-х. Как и следовало ожидать, наступила инфляция; к концу 1790-х годов стоимость бумажного рубля составляла лишь две трети номинальной. Цены на зерно в 1760–1790-х годах выросли вчетверо; жалованье гражданским чиновникам и солдатам, выплачиваемое в ассигнациях, фактически снижалось, как и поступления от прямых и косвенных налогов, также вносимых в ассигнациях. В 1790-х годах положение стало критическим.

То же самое можно сказать о внешнем долге. На протяжении всего столетия бюджетный дефицит возрастал, но до 1760-х годов Россия не могла занимать за рубежом, поскольку европейские кредиторы сомневались в ее платежеспособности. Успехи в Семилетней войне успокоили кредиторов, и Екатерина II стала активно использовать иностранный капитал, заняв в 1768 году более миллиона рублей у Пруссии для финансирования войны с Турцией, а в 1769–1773 годах — пять миллионов рублей, теперь у голландских и других кредиторов, но на эти же цели. Большую часть долга удалось погасить за счет контрибуции, наложенной на турок, но в 1780-х годах потребовались новые займы ввиду расходов на расширение империи, административную реформу, управление новыми территориями и очередную войну с Османской империей. По мере уменьшения реальной суммы фиксированных налогов и роста недоимок внешний долг стремительно увеличивался: на его обслуживание уходило около 80 % всех таможенных поступлений.

К 1794 году финансы России оказались в «чудовищном кризисе», по выражению Джона Ледонна, и не только из-за надвигавшейся войны с революционной Францией. Имелись более глубокие причины: неизменное отсутствие бюджетной дисциплины, кризис внешнего долга и галопирующая инфляция, которая проявлялась в росте цен на зерно, несмотря на постоянный рост предложения. В конце екатерининского и в течение всего павловского царствований государство принимало многочисленные меры по увеличению доходов. Большинство из них были привычными, некоторые мы уже рассматривали здесь: косвенные налоги были повышены за счет увеличения платы за всевозможные мелкие услуги; была проведена ревизия для выявления новых налогоплательщиков; вводился единовременный сбор с купцов; поднималась цена на спиртное, реорганизовывалась система винных монополий; повышался оброк для государственных крестьян, а также подушная подать (до одного рубля — 1794 год). Налог на объявленный капитал для купцов и налоги для евреев удваивались; вводились новые налоги — на наследство и промышленное производство. Но инфляция и малая стоимость бумажных и медных денег привели к тому, что реальные доходы почти не росли, расходы же увеличивались.

Павел I вел разумную политику, но без особого успеха. Его намерение заставить дворян финансировать деятельность местных органов управления (в которой они принимали непосредственное участие) оказалось настолько непопулярным, что так и не было проведено в жизнь. Попытка уменьшить количество находившихся в обращении ассигнаций провалилась. Предпринимались усилия по сокращению внешнего долга. Был создан Вспомогательный банк для дворянства, с целью помочь ему погасить задолженность, но капитал нового банка был израсходован всего за несколько лет. Кроме того, расходы Павла на армию и двор были сопоставимы с теми суммами, которые его мать тратила на двор. К началу XIX века государственный бюджет находился в состоянии хронического дефицита.

В начале XVIII столетия Россия являлась периферийной страной Европы и Евразии, игравшей в основном роль поставщика дорогих мехов и продуктов, связанных с эксплуатацией леса; к его концу она сделалась одним из важнейших партнеров в мировой торговле. Голландия в XVII веке стала крупнейшим в мире морским перевозчиком отчасти благодаря торговым связям с Россией; превосходство на море, которого Великобритания достигла к XVIII веку, было бы невозможно без импорта из России. Российское государство извлекало выгоду из эффективной защиты внутреннего производства и торговли. Благодаря крепостному праву в стране имелась дешевая рабочая сила; государство поощряло производство продукции на экспорт; установленные тарифы способствовали защите отечественной промышленности и притоку звонкой монеты. Положительный торговый баланс позволял держать постоянно растущую армию, которая, в свою очередь, завоевывала огромные территории, где государство развивало сельское хозяйство и промышленность, сооружало инфраструктуру (порты, каналы и т. п.).

Однако слабость российских финансов была очевидной. До Екатерины II не предпринималось систематических усилий по образованию государственного бюджета. Дефицит рос, тогда как расходы (на войны, на демонстративное потребление при дворе, на жалованье знатным чиновникам) никем не контролировались. Доходами от прямых налогов было трудно управлять. До XIX века Россия извлекала выгоду из того обстоятельства, что европейская промышленность сильно зависела импорта. Однако в следующем столетии, которое ознаменовалось бурным развитием индустрии и сельского хозяйства в Европе, Россия не смогла идти в ногу со временем, и ее экономические достижения XVIII века пропали впустую.

* * *

Об экономике в XVIII веке: Kahan A., Hellie R. The Plow, the Hammer, and the Knout: An Economic History of Eighteenth-Century Russia. Chicago: University of Chicago Press, 1985; Мадариага И. де. Россия в эпоху Екатерины Великой. М.: Новое литературное обозрение, 2002; Jones R. Bread upon the Waters: The St. Petersburg Grain Trade and the Russian Economy, 1703–1811. Pittsburgh: University of Pittsburgh Press, 2013; Blanchard I. Russia's Age of Silver: Precious Metal Production and Economic Growth in the Eighteenth Century. London: Routledge, 1989; Dixon S. The Modernisation of Russia, 1676–1825. Cambridge: Cambridge University Press, 1999; Ananich B. The Russian Economy and Banking System // The Cambridge History of Russia. Vol. 2: Imperial Russia: 1689–1917 / Ed. by D. C. B. Lieven. Cambridge: Cambridge University Press, 2006. P. 394–425. О железоделательной промышленности: Hudson H. The Rise of the Demidov Family and the Russian Iron Industry in the Eighteenth Century. Newtonville, Mass.: Oriental Research Partners, 1986.

Об экономических проблемах дворянства: Kahan A. The Costs of «Westernization» in Russia: The Gentry and the Economy in the Eighteenth Century // Slavic Review. 1966. № 25. P. 40–66.

О финансовых институтах и политике в отношении окраин при Екатерине II: LeDonne J. Ruling Russia: Politics and Administration in the Age of Absolutism, 1762–1796. О сборе ясака в Сибири: Lantzeff G. Siberia in the Seventeenth Century: A Study of the Colonial Administration. Berkeley: University of California Press, 1943.

Глава 16
Надзор и контроль при осуществлении имперской экспансии

Ранее мы рассмотрели вопрос о том, в какой степени Московское государство, при всей его терпимости к различиям и склонности не вмешиваться в дела местного управления, поддерживало сильный контроль со стороны центра. В этой главе мы почти не станем поднимать тему вооруженного насилия; совершенно ясно, что российское государство, которое в XVIII веке почти постоянно вело войны, использовало принуждение для покорения и усмирения народов. Достаточно привести несколько примеров. При расправе с восставшими донскими казаками Булавина (1708), как считается, погибло 90 % населения северной части земель войска Донского. По мере возведения новых укрепленных линий в степи такое же насилие употреблялось в отношении башкир, калмыков и казаков, совершавших набеги на них. Завоевание Крыма в 1770–1780-е годы сопровождалось громадными разрушениями и потерями. Войска Суворова, по имеющимся оценкам, истребили 20 тысяч жителей Праги, предместья Варшавы, при его штурме в 1794 году. В основе крепостного права лежали обыденное, повседневное насилие и угроза насилия. XVIII век не принес новых способов принуждения.

Не изменились и основные цели, связанные с имперским строительством и имперской экспансией; государство силой перемещало большие массы народа для работы на заводах и рудниках или для заселения новых земель, использовало наказания и ссылку для утверждения своей власти и обеспечения порядка. Но в этом столетии оно стало проявлять больше активности и сознательности. Россия прилагала много энергии для сбора данных, необходимых для проведения государственной политики, а также для формирования общества и укрепления его внутренних связей путем строительства дорог и водных путей, картографирования территорий, накопления знаний, создания запасов продовольствия и заботы об общественном здоровье.

НАСИЛЬСТВЕННОЕ ПЕРЕМЕЩЕНИЕ НАСЕЛЕНИЯ

В течение XVIII века государство часто прибегало к этой мере. Так, Петр I переселил 2750 ратных людей и более 6500 членов их семейств в Азов, где предполагалось создать поселение и порт (1698). К 1701 году более половины их бежали или умерли — задолго до того, как Россия была вынуждена вернуть город Османской империи по Адрианопольскому договору 1713 года. Кроме того, при Петре свыше 5000 государственных крестьян были перемещены на Урал для работы на металлургических заводах; в 1721 году недворянам разрешили покупать деревни с крепостными, чтобы обеспечить эти предприятия рабочей силой.

К данной практике возвращались не раз по мере выдвижения укрепленных линий все дальше и дальше в степь. Начиная с 1730-х годов государство переселило 12 300 русских из Воронежской и Курской губерний для сооружения и заселения линии, обводившей Слободскую Украину. То были предки однодворцев, служилых людей приграничья, ревниво оберегавшие свой статус владетельных дворян, но в XVIII веке причисленных к податному населению (см. главу 17). В 1740-х годах там же оказались семьи казаков со Слобожанщины, переведенных на границу близ Бахмута, где в следующем десятилетии стали возникать военные городки.

Казаки являлись почти универсальным ресурсом; им больше не удавалось в такой же степени, как прежде, сохранять свой особый образ жизни и находиться вне досягаемости государства. На протяжении XVIII века государство упраздняло, пополняло, переформировывало казачьи войска в причерноморских степях и на южном Урале, а также создавало новые. Как уже говорилось в главе 4, в 1770-х и 1790-х годах остатки запорожских казаков и ногайцев были переселены на Кубань, где образовали Черноморское казачье войско. Одновременно Россия поощряла создание казачьих частей на востоке Северного Кавказа: к примеру, в 1770-е годы из донских и волжских казаков был набран гарнизон Моздокской крепости. После Пугачевского восстания (1773–1775) Яицкое войско переименовали в Уральское. В 1770-е годы несколько полков перевели с перенаселенного Дона в долину Терека и на Оренбургскую линию, что привело к непродолжительному — и жестоко подавленному — мятежу тех, кто не желал переселяться (1792–1794).

Чтобы способствовать переселению, государство применяло не только насилие, но и материальные стимулы. Поощрялся приезд иностранцев: как мы видели в главе 5, в 1750-е годы Елизавета заселяла сербами и другими иноземцами новосозданные военные городки к югу от Левобережной и Слободской Украины. Екатерина II пригласила до 30 тысяч немцев, обосновавшихся на Волге, а также сербов, молдавских, валашских, болгарских и польских переселенцев, которые устремились в причерноморские степи и даже в Крым. Приезжие получали землю, налоговые послабления, продовольственное вспомоществование, гарантии религиозной и административной автономии. Такие же стимулы, но в меньшем объеме, предлагались переселенцам восточнославянского происхождения — государственным крестьянам, однодворцам, отставным и нетрудоспособным солдатам, казакам и даже старообрядцам — желавшим пополнить гарнизоны в приграничье. В 1730-х и 1740-х годах они направлялись на Среднюю Волгу, в 1760-е годы — на Сибирскую линию (южный Урал) и в астраханские степи, в 1780-е годы — на Северный Кавказ. В 1781 году воевод тех провинций, где наблюдалась нехватка земель, обязали выявить крестьян, подходящих для переселения в пустынные степные земли; с этих крестьян обещали не взимать податей в течение нескольких лет. Позже, в 1805 году — эта дата уже выходит за границы рассматриваемого нами периода, — была принята программа более систематического перемещения государственных крестьян из центра (Смоленск) и с перенаселенных черноземных земель (Полтавская, Курская, Черниговская губернии) в Новороссию, с установлением налоговых льгот и государственной помощью в процессе переезда.

КАРТЫ И ПЕРЕПИСИ НАСЕЛЕНИЯ

Как было сказано в главе 7, в конце XVII века государство усилило «надзор» над людскими и природными ресурсами империи, особенно в смысле налогообложения. До введения подушной подати при Петре I налоги взимались лишь с тягловых домохозяйств, деревенских и посадских, но не с привилегированных групп (служилые люди, духовенство) и коренных жителей, плативших ясак или пользовавшихся льготами. Учет населения империи после установления подушной подати стал более систематическим: в центре внимания находилось мужское податное население, но ревизии охватывали также представителей привилегированных сословий (дворян, духовных лиц, казаков) и нерусских народов. Первая ревизия была начата в 1719 году и закончена в 1724-м, далее предполагалось проводить их каждые 15–20 лет. Ревизии устраивались в 1744, 1763, 1782 и 1795 годах — по этим датам можно прослеживать демографические изменения. Поскольку задача административной реформы 1775 года состояла в том, чтобы сделать губернии и уезды приблизительно равными по численности населения, главной обязанностью губернских казначейств — самого важного и самого сильного в профессиональном отношении из новосозданных ведомств — было проведение регулярных демографических исследований.

При Петре I были созданы институты, призванные готовить собственных специалистов в области геодезии, навигации и картографии. Картографирование служило для экономической эксплуатации, военного планирования и сбора разведывательных данных. Как и в XVII веке, Россия собирала иностранные карты: Великое посольство 1697–1698 годов привезло коллекцию голландских глобусов; во время Азовского похода (1696) Петр заказал гидрографические съемки и карты, впоследствии опубликованные в мемуарах секретаря австрийского посольства Иоганна Георга Корба (1700) и собранные в атласе Донской области (Амстердам, 1704). На протяжении всего столетия Россия осуществляла разведку на границе с цинским Китаем и получала китайские и маньчжурские карты. Надежным источником информации стала Русская духовная миссия в Пекине, основанная в 1715 году, чтобы окормлять православных, взятых в плен и перешедших на китайскую службу. Русские студенты, направленные туда для изучения китайского и маньчжурского языков, тайно собирали карты и различные сведения, передавали корреспонденцию от пекинских иезуитов, собирали образцы растений и другие предметы, имевшие научную ценность, для отправки в Россию.

Широко известные усилия Петра, направленные на обучение дворян математике, имели целью привить им навыки в области не одной только навигации, но также геодезии и картографии. В Москве была учреждена (1701) Школа математических и навигацких наук, в Россию приглашались европейские астрономы, математики, мореплаватели, готовившие первых профессиональных русских топографов. Заметный толчок развитию картографии дало пленение нескольких тысяч шведских офицеров в сражении под Полтавой (1709), которые были отправлены в ссылку и оказались рассеяны по всей стране; многие использовали свои инженерные познания для составления карт Сибири и других территорий. На протяжении всего своего царствования Петр отправлял экспедиции для исследования, картографирования и сбора этнографической информации о Сибири и Дальнем Востоке. Об их результатах дают представление коллекции петербургской Кунсткамеры. По распоряжению Петра началось систематическое картографирование всех губерний России. В деле сбора и систематизации картографических знаний ему активно помогал Иван Кирилов, который обучался картографии и геодезии как в России, так и в Европе.

Российская академия наук, основанная в 1724 году, играла ведущую роль в картографии и научном исследовании империи.

В конце XVIII века академики составили две огромные естественнонаучные коллекции: Петр Симон Паллас в течение нескольких десятилетий собирал многочисленные образцы флоры и фауны империи, а Иоганн Готлиб Георги — этнографические материалы, описание которых вышло в 1776–1780 годах. Иван Кирилов возглавлял геодезическую службу и лично составил сотни карт различных регионов. Он участвовал в экспедиции, которая основала и нанесла на карту Оренбург, что позволило России установить контроль над центральной Башкирией. Собранные Кириловым сведения были обобщены в «Атласе Всероссийской империи» (1734) — первом полном собрании карт всех территорий страны. Десятилетием позже Академия наук под руководством Жозефа Никола Делиля опубликовала Atlas russicus, составленный в соответствии с более сложными геодезическими стандартами, чем у Кирилова.

В создании карт принимали участие военные инженеры. Во второй половине столетия они вместе с академиками составляли карты новых территорий на южном Урале и в казахской степи, на Дальнем Востоке, в Арктике, а также путей в Аляску и Северную Америку во второй половине века. Екатерина II учредила «собственный» Географический департамент Кабинета Ее Императорского Величества и усердно заказывала карты присоединенных в ее царствование земель — Новороссии, Крыма и Речи Посполитой. Павел I передал эту коллекцию в военное ведомство под названием Депо карт (1797–1800 годы), которое стало основой для Военно-топографического депо Военного министерства, ведущего учреждения, занимавшегося топографической съемкой и подготовкой карт в следующем столетии.

Картографирование в гражданских целях получило широкое распространение во второй половине XVIII века; в альманахах и календарях регулярно помещались различные карты — например, почтовых дорог. Потребность в точных кадастровых съемках земельных владений на местном уровне увеличивалась по мере укрепления дворянского землевладения и секуляризации церковных владений в 1764 году. В 1765 году было объявлено о генеральном межевании земель, принадлежавших дворянам и государству, для установления прав собственности и картографирования всей империи. Осуществлялось оно под руководством Сенатской межевой экспедиции. К концу столетия были составлены подробные карты девятнадцати губерний Европейской России, в которых проживало почти 70 % населения империи и находилась большая часть помещичьих владений. К 1843 году картографированных губерний стало уже 34. В ходе подготовки к реформам 1775 года границы губерний подверглись полному пересмотру, как отмечалось в главе 14. Существовавшие на тот момент губернии уменьшались в размерах, чтобы не выходить за установленные пределы численности населения, и, кроме того, создавались новые. Как указывает Ледонн, в процессе этого землемеры руководствовались естественными границами, географическими и культурными, так что пограничные уезды иногда перемещались из одной губернии в другую. Наряду с ревизорами, занимавшимися учетом населения, в ходе реформ 1775 года в каждой губернии была введена должность землемера, а в 1779 году в Москве была открыта землемерная школа. Результатом всех этих усилий стала новая генеральная карта империи (1785); было намечено составление подробных атласов каждой губернии, но эти работы завершить не удалось, их регулярность и точность варьировались в зависимости от губернии.

XVIII век стал временем более «территориального» подхода к государству, хотя России было еще далеко до европейских стран в том, что касалось получения данных о территориальных приобретениях. К примеру, границы не были окончательно установлены. Границу с Османской империей установили еще в XVII веке, помимо этого, было точно известно, какие именно территории Россия получила от Речи Посполитой в ходе Тринадцатилетней войны (1654–1667) и разделов Польши. Но сведения об остальных границах империи являлись приблизительными. Россия претендовала на территории до Аляски включительно, и этнографическая информация о населявших их народах — часто кочевых — была так же важна, как карты территорий; большие расстояния и суровый климат делали геодезическую съемку всех земель империи невозможной. Основное внимание уделялось стратегически важным областям — торговым путям, ведущим в Китай, укреплениям, городам, служившим центрами сбора налогов. Однако Петр I и его преемники создали важнейшие учреждения, занимавшиеся геодезией, картографией и сбором разведывательных данных; это дало плоды в следующем столетии, позволив осуществлять все более систематическое картографирование территорий, входивших в состав империи.

ДОРОГИ, ЯМСКАЯ СЛУЖБА, ПОЧТА

Российская система сухопутных сообщений — сеть дорог с ямскими дворами, — первоначально довольно примитивная, постепенно усовершенствовалась. Для осуществления военных реформ Петра I требовались более качественные дороги, поэтому был создан корпус военных инженеров и соответствующие учебные заведения. Улучшалось дорожное покрытие, строились мосты, дороги снабжались верстовыми столбами. Началось строительство шоссе между Петербургом и Москвой. Почтовые отправления в Западную Сибирь и обратно стали совершаться ежемесячно (1724), было установлено регулярное сообщение между Петербургом и Архангельском, а также с Ливонией, при том что со столицами других стран Балтики оно уже существовало.

В 1722 году были узаконены уже бывшие в ходу практики строительства и починки дорог: в сухое время, после осенней и весенней распутицы, все, кто проживал на расстоянии до 50 верст от будущей дороги, были обязаны участвовать в ее строительстве и починке, а также предоставлять лошадей и телеги в случае проезда посольств и военных обозов. Для ямской гоньбы устанавливались новые правила: в 1752 году минимальное число ямщиков для каждой станции определялось в 28 человек (хотя эта норма редко соблюдалась), вводился максимально допустимый вес повозки. С 1740-х годов при почтовых станциях появляются гостиницы и трактиры, а по указу 1773 года гостиницы стали обязательными и, кроме того, ямская станция должна была предоставлять почтовые услуги.

Ямская гоньба охватывала все новые территории по мере расширения дорожной сети: к середине столетия насчитывалось 16–17 тысяч километров дорог, используемых ямской и почтовой службой. Как и при Петре I, основное внимание уделялось главным путям сообщения — между двумя столицами и тем, которые вели из Петербурга на запад, играя важную роль в торговом и дипломатическом отношении. Согласно указу 1740 года, во всех губерниях и уездах создавались почтовые станции, расстояние между ними на главных дорогах предполагалось в 20–50 верст. Такая система могла эффективно работать и в зимнее, и в летнее время.

Ямские и почтовые службы часто выполняли одни и те же функции. С 1717 года все ямские дворы обязаны были оказывать услуги по перевозке почты; ямские и почтовые подводы, если не были заняты, могли сдаваться внаем частным лицам. Тем не менее, ямщики как обособленная социальная группа просуществовали до екатерининских времен. В 1714 году ямщики, как и чиновники, перестали получать жалованье от государства и с тех пор жили, беря пассажиров на стороне и обрабатывая свои наделы. До реформ 1775 года ямская гоньба и почтовая служба существовали отдельно друг от друга. В 1723 году вместо упраздненного ранее Ямского приказа были созданы Ямская канцелярия в Петербурге и подчиненная ей Ямская контора в Москве, которая ведала ямской гоньбой в центральной России. Эти два учреждения управляли всеми аспектами жизни ямщиков, исключая случаи уголовного преследования, и надзирали за сооружением новых ямских дворов. Почту же возглавлял генерал-почт-директор, в подчинении которого находились почтовые конторы в городах, стоявших на главных дорогах; в 1723 году насчитывалось четыре такие конторы, к концу столетия — 95. Конторы заведовали местными почтовыми станциями. Строительством и починкой дорог должны были заниматься губернские и провинциальные чиновники, за которыми надзирали общегосударственные учреждения, такие как Канцелярия от строения государственных дорог, созданная в 1755 году.

В течение столетия государство направляло усилия на усовершенствование дорог. В 1740 и 1741 годах были введены новые, более жесткие правила их сооружения членами общин и технические стандарты для дорожного покрытия. В 1746 году была улучшена «перспективная» дорога Петербург — Москва, строительство которой растянулось на десятилетия. К середине века власти стали нанимать крестьян для ее починки осенью и поздней весной. Помещики нередко поощряли строительство и ремонт местных дорог, служивших для вывоза продукции из их имений на рынки или в порты. Лучшие дороги (например, первые участки трассы Петербург — Москва) мостились обтесанными бревнами, поверх которых насыпался слой щебня. Но обычно дороги либо были немощеными, либо выстилались бревнами, лишь слегка присыпанными щебнем и песком: езда была тряской, а покрытие быстро приходило в негодность. Почти все они, кроме важнейших (даже те, которые соединяли большие города), весной и осенью представляли собой непролазную трясину. В XVIII веке некоторые московские и петербургские улицы стали мостить булыжником, однако первые дороги с макадамовым покрытием (щебень, связующим материалом для которого часто служит гудрон и асфальт) начали появляться только в первой четверти XIX столетия.

Налаживание коммуникаций стало важнейшим дополнением к екатерининской программе имперского строительства. Сразу же после восхождения на престол Екатерина возобновила деятельность Канцелярии от строения государственных дорог (1764) и велела приступить к более систематическому картографированию существующих дорог. Еще в 1748 году Академия наук составила атлас дорог страны, а в 1786–1788 годах была подготовлена и издана карта всех почтовых дорог империи. В ходе Генерального межевания были установлены более жесткие — по сравнению с нормами 1730–1740-х годов — требования к строительству дорог: основные дороги должны были иметь полотно в 10 саженей (примерно 21 метр) для проезда лошадей и телег и по 25 саженей (примерно 53 метра) с каждой стороны для прогона скота; менее важные дороги (например, в Сибири) должны были иметь три полосы, по 10 саженей каждая; необходимая ширина деревенских дорог определялась в три сажени (около 6,5 метра).

По итогам реформы 1775 года губернские казначейства, помимо картографирования и учета населения, стали заниматься строительством и починкой дорог; в каждую губернию назначался почт-директор, надзиравший за ямскими дворами и почтовыми станциями. Вводились единая система тарифов и единое устройство станций. Ямщики потеряли свои социальные привилегии (право выбора должностных лиц, особая подсудность) и были подчинены губернским почтовым чиновникам.

Передвижение, как и прежде, было непредсказуемым и медленным. Перевозка грузов по Вышневолоцкой водной системе между Тверью и Санкт-Петербургом к концу века занимала от 57 до 79 дней; от одной столицы до другой (640 км) к концу XVIII века благодаря усовершенствованию шоссе можно было доехать за два дня, вместо пяти дней столетием ранее (сегодня такое путешествие по железной дороге можно осуществить за четыре часа). Самую густую дорожную сеть составляли 13 «трактов», отходивших от Москвы на север, запад и юг. После приобретения западных территорий существовавшие там коммуникации, проложенные шведскими, немецкими, украинскими или польскими властями, были соединены с русскими дорогами и почтовыми трактами. Генерал-губернатор Петр Румянцев создал разветвленную почтовую службу в Левобережной Украине в 1760-х годах, после упразднения гетманства (1764). Эта система, предназначенная для пересылки государственной и частной корреспонденции, включала девять маршрутов и более 70 почтовых станций; к 1770-м годам дороги протянулись из Гетманщины в Крым и Новороссию. В 1782 году центральные административные учреждения Гетманщины перестали существовать, и систему объединили с общеимперской. Почтовая служба в масштабах всей империи была улучшена в 1799 году с созданием шести почтамтов в Москве, Петербурге, Левобережной и Правобережной Украине, на бывших литовских землях, в Тамбове и Казани. Службы, доставлявшие почту за границу, в Константинополь, Вену и Польшу, расширялись по мере расширения границ империи.

Связь с восточными областями страны была не такой прочной. После замирения территорий вдоль южной границы маршрута через Верхотурье его заменили другим, пролегавшим южнее (и спрямлявшим путь к Москве) — через Екатеринбург, который стал важным таможенным постом для сибирских товаров. С 1760-х годов и до конца века от Екатеринбурга до Якутска прокладывали Великий Сибирский тракт; вдоль него насильственным образом селили крестьян из Европейской России, чтобы они занимались земледелием и ямским промыслом. Еще южнее, в Барабинской степи между Омском и Красноярском, дороги сооружались параллельно с принудительным переселением крестьян в этот район в 1750-х и 1770-х годах. В 1780-е годы была построена новая 790-верстная дорога в центральной Сибири, протянувшаяся до Иркутска. В 1790-х годах Павел I приказал увеличить число станций в Восточной Сибири, по аналогии с Европейской Россией. Однако российская система дорог, ямских дворов и почтовых станций в первую очередь ориентировалась на военные и торговые коммуникации, существовавшие в Европейской России; это же относилось и к новопроложенным водным путям.

ВОДНЫЕ ПУТИ

По замечанию Роберта Джонса, в раннее Новое время зерно было аналогом нефти, товаром, необходимым для нормального функционирования общества. К этому можно прибавить, что для России транзитная торговля была одним из важнейших источников государственного дохода. Перевозки товаров, прежде всего зерна, требовали надежных и доступных средств сообщения, и ландшафт России — обширная, низменная равнина, пересекаемая крупными реками, — благоприятствовал этому. Сухопутные перевозки обходились дорого именно тогда, когда совершать их было проще всего, то есть зимой, поскольку лошадям (не имевшим возможности пастись на заснеженных полях) требовался недешевый корм. А во время весенней и осенней распутицы ездить было нелегко. Таким образом, использование рек было насущной необходимостью. В XVIII веке, когда росли и население, и города, и амбиции государства, власти предприняли строительство каналов для улучшения речной системы страны.

Петр I, заинтересованный в росте экспорта не меньше, чем в военных подвигах, сразу же приступил к сооружению каналов. Вначале строительство, как и военные кампании, велось на юге: в конце 1690-х годов, после Азовских походов, Петр вознамерился соединить Волгу и Дон. Английский инженер Джон Перри, под руководством которого велись работы, в своих воспоминаниях выражает разочарование русскими рабочими, на которых нельзя было положиться, и продажным чиновничеством. Проект был окончательно оставлен после потери Азова в 1713 году. Проекты каналов, соединяющих Дон и Оку, а также Оку и Волгу, также не были реализованы. Более успешной оказалась программа подведения водных путей к новой столице. После основания Петербурга (1703) началось создание Вышневолоцкой водной системы, которая позволила бы соединить город с Волгой через реки и озера (Ильмень, Ладога). Работы были закончены в 1722 году. В 1731 году завершилось строительство канала в обход Ладожского озера. Все эти пути были необходимы для снабжения новой столицы зерном и транзита экспортных товаров; к 1725 году петербургский экспорт превзошел по стоимости архангельский, а к концу века — экспорт из всех остальных портов, если считать по объему вывоза.

Елизаветинский министр Петр Шувалов, придерживавшийся меркантилистских убеждений, предложил прорыть новые каналы, но планы были отложены ввиду начала Семилетней войны. При Екатерине была существенно усовершенствована Вышневолоцкая система, поскольку часть входивших в нее рек отличались небольшой глубиной, на Мсте имелись пороги, а озера бывали неспокойными. В 1770-х годах молодой купец Иван Толченов проплыл по ней с хлебными баржами, которые постоянно тонули или садились на мель, где и оставались всю зиму. В 1773 году была учреждена должность Главного директора водяных коммуникаций, в 1782-м — Корпус гидравликов; под их руководством и наблюдением сооружались акведуки и водохранилища в Вышневолоцкой системе, деревянные шлюзы перестраивались в камне, был усовершенствован Ладожский канал и уничтожены самые опасные пороги. Путешествие по системе стало более быстрым и безопасным; за царствование Екатерины объем перевозимых по ней грузов удвоился.

Павел I приступил к масштабному строительству каналов, законченному лишь в 1820-е годы, благодаря чему Россия стала обладать «одной из самых разветвленных и эффективных систем внутренних водных сообщений в мире» (Роберт Джонс). Помимо улучшения Вышневолоцкой системы (1797–1802), была сооружена новая, Мариинская (1799–1810), включавшая Белое озеро, приладожские и прионежские каналы. По сравнению с Вышневолоцкой, она была короче почти на 300 километров; третья система, Тихвинская (1802–1811), сокращала путь еще на 200 километров. Павел и его преемники предприняли также несколько менее успешных проектов (каналы между Волгой и Белым морем, между Днепром и Балтикой).

При Екатерине появились многочисленные новые порты. Петр не смог построить гавань и создать порт в Азове, зато добился успехов в Петербурге и Кронштадте. Но самый серьезный толчок был дан в конце века — с приобретением черноморского побережья. В 1774 году, после победы над Турцией, Россия получила новые порты — Таганрог, Керчь, Николаев и Херсон, — однако все они были мелководными. По Ясскому мирному договору 1792 года к России отходило побережье от Днестра до Днепра, что позволило основать здесь крупный глубоководный порт — Одессу (1794). Взлет этого порта, который обслуживал обширные степные территории на юге, был феноменальным: в начале XIX века через него вывозилось 40 % русского зерна.

ПАСПОРТА

Колоссальная мобильность населения, свойственная этому столетию, грозила подорвать усилия государства в самых важных областях, таких как налогообложение и набор рекрутов. Как мы видели, еще в московский период предпринимались попытки наладить контроль над поездками. Для использования ямских лошадей и карет следовало показать письменный документ, подтверждавший, что его предъявитель едет по поручению властей; некоторых ссыльных преступников клеймили; стражники следили за пересечением границ. В царствование Петра I были предприняты дополнительные усилия по контролю за передвижением. Указ 1719 года, направленный на борьбу с дезертирами, требовал предъявления подорожной, из чего ясно, что эта практика уже применялась. Закон, вводивший подушную подать (1724), предусматривал более сложный подход. Власти, озабоченные тем, чтобы податные не покидали места своего проживания, ввели следующее правило: крестьянин, отъезжавший на расстояние до 30 верст от своей деревни, должен был получить письменное разрешение управляющего поместьем (или старейших членов общины), а для более дальних поездок — разрешение уездного исправника. В начале этого века стало использоваться и слово «паспорт», наряду с множеством других, более старых терминов, обозначавших документы для проезда и прохода (проезжая грамота, проездная, пропускное письмо). Джон Ледонн предполагает, что в XVIII веке все горожане имели при себе паспорта, так как их проверяли у городских ворот.

Вскоре после этого для борьбы с поддельными документами был издан указ от 1726 года: паспорта для дальних поездок следовало выписывать на печатных бланках, которые рассылались по местным учреждениям. Саймон Франклин отмечает, что в условиях, когда государство контролировало печатную продукцию, эти усилия были вполне разумными. В Германии, Франции и других европейских странах для предотвращения дезертирства и уклонения от уплаты налогов также выдавались документы, разрешавшие проезд, но благодаря централизованной бюрократической системе Россия ввела стандартные бланки на несколько десятилетий раньше, чем они появились в Европе. Однако обеспечение достаточного количества бланков стало хронической проблемой: об этом свидетельствуют неоднократно издававшиеся указы относительно того, что все путешественники должны иметь при себе паспорт на бланке (1744, 1801). Выдача этих документов, начиная с 1775 года, была поручена, как и многие другие задачи, губернским казначействам. Пошлины за выдачу паспортов стали важным источником дохода для государства и были заметно подняты в 1763 году. Поскольку паспорт содержал сведения об уголовном преследовании его носителя (если они имелись), он служил также целям слежки, но не слишком эффективно — число обладателей паспортов в этом столетии было еще невелико.

Для заграничной поездки требовалось разрешение властей и особый паспорт, но для дворян в этом фактически не существовало ограничений (поездки с образовательным целями даже поощрялись). Те, кто служил, получали паспорта в соответствующих учреждениях, остальные — у местных властей или предводителя дворянства, духовные лица — у Синода и епископов, купцы и мещане — у городских магистратов. Как и прежде, иностранцы, приезжавшие в Россию, должны были регистрироваться и получать документы для поездок внутри страны, а при выезде — получать разрешение от властей (чтобы не оставлять за собой долгов и судебных разбирательств).

ВОЕННОЕ СНАБЖЕНИЕ

Военное снабжение в XVIII веке улучшилось, но систематические усилия для обеспечения всем необходимым полевой армии — как в мирное, так и в военное время — и гарнизонных войск были затруднены из-за больших размеров империи, низкой урожайности и плохой дорожной сети. Создание при Петре I регулярной армии, солдаты и офицеры которой получали жалованье (деньгами и натурой) и были расквартированы в городах и деревнях, увеличило обязательства государства в сфере снабжения. В случае расквартирования (от шести до восьми месяцев в году) припасы доставляли местные жители: теоретически они брали их из армейских магазинов, на практике же часто привозили свои продукты. Это бремя тяжелее всего чувствовалось в Прибалтике, где на протяжении XVIII столетия находилась большая часть армии, хотя некоторые полки в 1780-х годах были перемещены в причерноморские земли. На поступления от подушной подати покупались зерно, мясо, овощи. С 1731 года эти закупки стали совершаться централизованно — сначала ими ведал Генеральный кригс-комиссариат, позже его провиантская контора. Представители этих учреждений заключали долгосрочные контракты с помещиками и купцами. В столицах провиантская контора держала хлебные склады для снабжения гарнизонов.

Сложнее становилось, когда войско выступало в поход: Россия пыталась внедрить европейскую практику и создавать пятидневный запас зерна на территориях, где ожидались военные действия. Хлебных магазинов для полевых и гарнизонных войск было немного: 14 крупных складов в 1731 году, 135 — в 1766-м. Постоянная нехватка продовольствия и фуража во время Семилетней войны обнажила недостатки системы, но решения в масштабах всей страны так и не было найдено. При этом наблюдались отдельные улучшения. В ходе продолжительных русско-турецких войн Потемкин создал в районе Днепра и Буга впечатляющую сеть хлебных складов, располагавшихся на расстоянии шести-, семи- и восьмидневных переходов от основных дорог. Кроме того, армия возила с собой месячный запас муки и крупы. В то время эта система считалась более совершенной, чем турецкая.

Продовольствие покупалось и на марше, что нередко приводило к локальному повышению цен на зерно: население страдало, состоятельные помещики же обогащались. Когда все эти средства оказывались недостаточными, прибегали к реквизициям. Все эти последствия острее всего ощущались в сибирских гарнизонных городах, а также на западных и южных окраинах. И все же, как указывает Джон Кип, в XVIII веке Россия применяла «импровизированные средства, плохо дополнявшие друг друга», так что нехватка продовольствия во время военных кампаний чувствовалась на протяжении значительной части XIX века.

ЗАПАСЫ И ПОСТАВКИ ЗЕРНА

На протяжении многих столетий снабжение крупных городов зерном и его хранение было серьезной проблемой для самых населенных и урбанизированных регионов планеты; запасы позволяли стабилизировать цены и обеспечить жителей продовольствием в голодные времена. В Китае, благодаря давним традициям, существовала обширная сеть городских и сельских зернохранилищ. Константинополь снабжали хлебом генуэзские купцы; впоследствии, при Османах, были созданы государственные хлебные склады и налажены поставки в столицу, так что в XVIII веке ее население редко страдало от голода. В Италии с конца XV века крупные города создавали хлебные запасы, в XVIII столетии Франция и Пруссия создали общенациональные системы снабжения основных городов.

Петербург, основанный в отдаленном месте и почти не обслуживавшийся торговыми путями, сразу же столкнулся с нехваткой зерна. Ввиду этого Петр I в 1703 году ввел хлебные реквизиции для снабжения города, а с 1720 года был установлен соответствующий денежный налог. Однако, по словам Джорджа Манроу, система была непродуманной. Как уже говорилось, в этом смысле большое значение имело строительство каналов.

В середине столетия, когда помещичьи имения начали поставлять продукты на продажу, волжская хлеботорговля стала обеспечивать прилегающие области и обе столицы. Предполагалось, что помещики держат запасы зерна для раздачи своим крестьянам в случае неурожая, но, судя по неоднократным указам, напоминавшим об этой обязанности (начиная с 1734 года), правило соблюдалось не всегда. Однако к 1760-м годам, благодаря росту населения, развитию городов и проникновению меркантилистской идеологии, государство стало предпринимать более систематические меры. Екатерина постановила, что все города, а также деревни, находившиеся в собственности государства и императорской фамилии, должны иметь зернохранилища, ежегодно пополняемые самими крестьянами и горожанами. Это требование было повторено в Жалованной грамоте городам

(1785); множились и напоминания, обращенные к помещикам. В 1780-е годы зернохранилища появились в Москве, что же касается Петербурга, там еще в 1766 году были построены каменные склады (вместо деревянных), а в 1780-е годы в городе и окрестностях существовала уже целая сеть хранилищ. Благодаря этому во время неурожая 1785 года российская столица избежала волнений, вспыхнувших в европейских странах.

В провинции дело обстояло не так хорошо. Крестьяне и горожане воспринимали повеления о строительстве складов как очередную повинность, помещики же рассчитывали, что этим займется государство. В итоге не делалось почти ничего. Лишь при Павле I удалось создать систему хранилищ на помещичьих, государственных и коронных землях, которая пригодилась во время наполеоновских войн. Особенно остро вопрос снабжения стоял в Сибири. Там, как и в XVII веке, губернаторы и воеводы старались создавать запасы с учетом сурового климата, для чего привлекались частные крестьянские хозяйства, которым, среди прочего, выдавались субсидии. В Якутске государственные хлебные магазины существовали с 1740-х годов; якутам, кочевникам, разводившим лошадей, было велено заниматься перевозками провизии на восток. Однако в других частях империи наладить такую службу не удавалось из-за проблем с контролем и трудностей с прогнозированием количества продовольствия.

ЗДРАВООХРАНЕНИЕ

В XVIII веке государство проводило более последовательный подход в отношении вспышек инфекционных заболеваний, о которых говорилось в главе 1 применительно к московскому периоду. «Наказ губернаторам и воеводам» (1728) задал стандарты, действовавшие в течение всего столетия. В нем обобщались меры, применявшиеся в XVII веке (выставление караулов, помещение в карантин инфицированных, уничтожение зараженных домов, имущества и скота и т. п.), и предусматривалось более систематическое их применение в масштабах всей страны. Для защиты от эпидемии чумы 1738–1739 годов, вспыхнувшей в украинских землях и Причерноморье, в Москве была создана «чумная комиссия», которая координировала действия по борьбе с заболеванием. В 1740-х годах государство создало сеть постоянных карантинных застав, укомплектованных врачами — в крупных городах и на пограничных переходах. Первые такие заставы появились вблизи южной границы — в Киеве и в Смоленской губернии — в 1755 году, в Прибалтике, располагавшейся неподалеку от Петербурга, — в 1786-м, в Иркутске — в 1788-м, в Екатеринославской губернии и в Крыму — в 1793-м. В целом эти меры позволяли не допустить распространения чумы внутри страны, локализуя ее вспышки в пограничных районах. После очередной вспышки заболевания (1770–1773) был учрежден ряд центральных комиссий, стали внедряться практики по борьбе с эпидемиями. С этого началась официальная история российской эпидемиологии — на карантинные заставы послали специально обученных врачей. В июле 1800 года был издан пространный (179 пунктов) «Устав пограничных и портовых карантинов».

Тем не менее, привычные болезни не отступали. Так, в 1715–1717, 1738, 1758–1759 и 1769 годах армия становилась жертвой вспышек тифа. Власти подготовили особое руководство для военных с целью предотвратить распространение болезни путем соблюдения правил гигиены, но первый значительный успех в этом отношении был достигнут только в 1792 году, когда Суворов стал систематически применять эти методы во время польской кампании. Гражданское население также страдало от тифа, который в 1718 году бушевал в Петербурге, в 1730-х годах — на северо-западе, в 1743-м и 1760-х годах — в центре. Тем не менее, эти вспышки обычно носили региональный характер, эффективно сдерживались карантинными мерами и даже, как утверждают некоторые, полезной с гигиенической точки зрения привычкой крестьян еженедельно посещать баню.

Чума также приносила с собой тяжелые испытания. В первые десятилетия XVIII века большие по численности российские войска стали жертвой инфекций во время турецких кампаний, а также войн со Швецией и Польшей. Волна чумы прокатилась по Прибалтике, где русские войска стояли в 1710–1711 годах, накрыла Псковщину и Новгородчину и пошла на юг, в литовские и украинские земли. В 1711–1712 годах чума продолжала свирепствовать в Польше, Украине и Причерноморье, а в 1718 году вновь появилась в Киеве, Азове и причерноморских степях. Карантинные мероприятия не позволили ей проникнуть в Москву, но Астрахань в 1727 году потеряла половину населения. Точно так же чума, вспыхнувшая в украинских землях и Крыму в 1738–1739 годах, во время войны с Турцией, не распространилась дальше на север. Однако Москва серьезно пострадала от эпидемии 1770–1773 годов, изначально возникшей в Молдавии, в расположении турецких войск. Чума быстро достигла Киева в августе 1770 года, Севска, расположенного юго-западнее Москвы — в сентябре того же года и, наконец, Москвы — в декабре. В Москве всплеск заболеваемости наблюдался в сентябре 1771 года, когда умерло почти 20 тысяч человек и разразился бунт, направленный против принимаемых властям мер. Эпидемия затухла в 1772 году; к этому времени половина населения покинула Москву, а три четверти оставшихся (до 70 000 человек) скончались. В Петербурге был устроен чумной госпиталь (1770), но благодаря жестким карантинным мерам столица избежала эпидемии. Постоянный карантинный госпиталь появился там в 1783 году.

В России, как и в Европе, оспа продолжала оставаться эндемичным заболеванием; смертность была выше всего среди детей до десяти лет. Крупная вспышка произошла в Санкт-Петербурге в начале 1770-х годов. Сибирь пережила крупные эпидемии в 1710-х, 1730-х и 1760-х годах, более мелкие случались там каждые пять-шесть лет. Оспа пришла и на Тихоокеанское побережье, уничтожив две трети коренного населения Камчатки (1768–1769); в 1770-х годах она выкосила калмыков. Жертвами этой болезни становились даже члены правящей династии: молодой император Петр II скончался от нее в 1730 году, а Петр III, будущий супруг Екатерины II, заразился оспой еще в детстве, когда проживал в Голштинии, и выжил, но на лице его остались безобразные шрамы.

Прививать оспу в России начали в конце века. В народе с ней издавна боролись, обеспечивая физический контакт младенцев с теми, у кого болезнь проявлялась в слабой форме, но крестьяне не практиковали прививки, как это делали в Китае и Индии с древнейших времен. Екатерина II ввела в стране современную практику оспопрививания, вызвала в Санкт-Петербург британского врача Томаса Димсдейла, который пропагандировал ту по всей Европе. Он сделал прививки самой Екатерине и ее сыну Павлу в 1768 году и вернулся в 1781 году, чтобы привить двух ее внуков. Екатерина настояла на том, чтобы все придворные привились, и в течение следующих трех десятилетий «оспенные дома» — центры оспопрививания — открылись в Петербурге, Москве, Киеве, Иркутске и Казани; просвещенные дворяне создавали их в своих поместьях. По имеющимся оценкам, привились 20 тысяч человек (по некоторым данным — гораздо больше), но в России не существовало развитой сети учреждений здравоохранения, которая позволила бы всерьез изменить обстановку в масштабах империи.

Последние слова можно отнести ко всей системе предупреждения эпидемий в XVIII веке. Не хватало учреждений здравоохранения, современных медицинских и эпидемиологических исследований, средств распространения информации, которые эффективно охватывали бы население в случае эпидемии. На протяжении всего раннего Нового времени население постоянно страдало от последствий болезней, многие умирали от них. Это было одним из обстоятельств повседневной жизни — не считая периодических вспышек инфекционных заболеваний.

ЗАКОНОДАТЕЛЬСТВО

По воздействию на повседневную жизнь людей законодательство занимало второе место после системы налогообложения, затрагивая такие важнейшие вопросы, как владение землей и собственностью в целом, торговля, личное достоинство, тяжкие преступления, включая политические. Государство ревностно оберегало свою монополию на насилие, примером чему может служить статья о поединках в Артикуле воинском 1716 года. Дуэли как проявление частного насилия осуждались с тех пор, как эту практику в Московском государстве ввели европейцы (конец XVII века); вместо вызова на поединок следовало подавать в суд иск о бесчестье. Артикул воинский относился к поединкам еще более нетерпимо: «...Как вызыватель, так и кто выйдет, имеет быть казнен, а именно повешен, хотя из них кто будет ранен или умерщвлен, или хотя оба не ранены от того отойдут. И ежели случитца, что оба или один из них в таком поединке останетца, то их и по смерти за ноги повесить». В течение XVIII века государство тщательно контролировало основные вопросы, связанные с судопроизводством. Как говорилось в главе 14, судебные институты подверглись серьезным преобразованиям при Петре I и Екатерине II, но базовые законы и практики изменились мало.

«Упорядоченное полицейское государство», сложившееся в России, издавало множество указов и распоряжений, но своды законов в этом столетии почти не появлялись, несмотря на многочисленные попытки составить их. При Петре I были составлены Артикул воинский (1716) и Устав морской (1720). За образец взяли шведские уставы, предусматривавшие подсудность военным трибуналам, более сложные процедуры и намного более суровые наказания. При этом гражданские суды по-прежнему пользовались Уложением 1649 года. На протяжении всего XVIII века власти выражали намерение создать полный свод законов. В царствование Петра I уложенные комиссии собирались трижды (между 1700 и 1719 годами) — и всякий раз неудачно, прежде всего из-за нехватки профессиональных юристов, способных вести столь масштабный проект. Указы о созыве комиссий издавались и после Петра — в 1726, 1728, 1729, 1730 годах, — но это ни к чему не привело. При Елизавете, в 1754 году, было дано начало кодификации уголовного и имущественного законодательства; собранная с этой целью комиссия сделала кое-что в области уголовного права, но так и не закончила работы, что, возможно, было связано со вступлением России в Семилетнюю войну. Это проект утратил актуальность в связи с началом еще одного, инициированного Екатериной II: императрица решила созвать представителей всех сословий (исключая крепостных) для участия в работе новой Уложенной комиссии (1767). Чтобы дать ориентиры комиссии (и показать европейской публике свою приверженность идеям Просвещения), Екатерина лично составила для нее «Наказ» в духе новейших на то время европейских теорий. В 1767–1797 годах «Наказ» выдержал 25 изданий на девяти языках. Избиратели, посылавшие депутатов в комиссию, снабжали их своими наказами, которые являются ценными источниками о состоянии дел на местах. Однако работу комиссии, прерванную сначала Русско-турецкой войной 1768–1774 годов, а затем Пугачевским восстанием 1773–1775 годов, так и не удалось довести до конца. Лишь при Николае I, благодаря усилиям Сперанского, удалось составить Полное собрание законов Российской империи (1830), охватывавшее период с 1649 по 1825 годы, и Действующий свод законов Российской империи (1832). После этого издавалось полное собрание законов за каждый отдельный год.

Как отмечает Саймон Франклин, провал кодификационных попыток можно принять за глубинную слабость всей системы управления государством. Он приводит тезис Виктора Живова: провозглашенное в XVIII веке верховенство закона так мало воплощалось на практике, что представляло собой скорее «культурную фикцию», нежели реальность. Разумеется, неразвитость бюрократической системы и нехватка компетентных юристов приводили к тому, что в разных частях страны осведомленность о законе и практики его применения были неодинаковыми, и все же правовая система являлась частью повседневной реальности. Франклин не согласен с пессимистической оценкой Живова и в еще одном отношении: он напоминает, что в течение столетия были достигнуты немалые успехи в распространении печатных изданий законодательных актов. Согласно закону 1714 года, указы царя и Сената должны были выходить в печатном виде (помимо традиционных форм — устного оглашения и вывешивания в общественных местах), чтобы шире распространяться в народе. Это позволяло предотвратить намеренные или ненамеренные изменения текстов указов. Вероятно, было и еще более важное соображение — государство проецировало свое могущество и свою власть при помощи «ауры» печатного слова. Екатерина II издала аналогичные наказы в 1764 и 1773 годах. Печатные материалы не заменили рукописных версий законов, указов и других актов, исходивших от государства, но давали ему дополнительный инструмент для осуществления важнейших проектов.

В целом судебные учреждения XVII века сохранялись до реформ 1775 года, несмотря на период успешных, но недолговечных (1718–1724) преобразований, когда судебные органы были отделены от гражданской администрации и финансовых учреждений. Последнюю систему сочли слишком дорогостоящей, и после Петра вернулись к старомосковской модели (1727). Судебный персонал, вместе с финансовым, военным и административным, помещался в резиденции губернатора или воеводы. Апелляционными органами в теории служили Юстиц-коллегия (с 1717) и Сенат (1711). На практике же состязающиеся часто сами выбирали судебную инстанцию — обращались в суды более высокого уровня, минуя низшие, являлись в столицу, пренебрегая местным судом, и так далее.

Судебная практика страдала от такого же, если не большего, недостатка профессионализма у персонала. Судьи не имели подготовки и зависели от грамотных писцов. По мере роста судебного аппарата — и империи в целом — становилось все труднее укомплектовывать местные суды знающими дело чиновниками. А главное, в 1726 и 1727 годах жалованье было отменено для всех, кроме высших чинов гражданской администрации, — персоналу местных чиновников пришлось жить на деньги, получаемые в качестве платы за услуги. Неизбежным следствием этого стала коррупция. Неудивительно, что в конце XVIII века стали появляться народные сказки и повести, высмеивающие взяточничество судейских, а в следующем столетии они приобрели широкую популярность. В «Повести о Шемякином суде», распространявшейся в виде лубочных изданий, выведен находчивый крестьянин, берущий верх над продажным судьей (рис. 16.1); в «Повести о Ерше Ершовиче», высмеивающей судебные тяжбы, рыбы собираются на суд в Ростовском озере.

В ходе реформ 1775 года судебная система была существенно усовершенствована. Возникла стройная иерархия судебных учреждений на уровне губерний и уездов в каждой из 50 губерний и восьми областей. Реформа привела к обособлению судебной ветви власти, чего и добивался Петр I. Как указывалось в главе 14, коренные народы пользовались своими правовыми системами при рассмотрении дел в расправах, тогда как в судах более высокого уровня применялось русское право, часто сочетавшееся с местными обычаями. Последнее касалось в особенности западных окраин, где издавна действовало немецкое, шведское или польско-литовское право. Реформы 1775 года не требовали от судей профессиональных познаний — в судах заседали дворяне, назначенные сверху, или местные выборные представители, но так как дворяне получали относительно качественное образование, уровень компетенции судей, возможно, повысился по сравнению с московским периодом. Семен Десницкий, учившийся в Глазго, в 1767–1787 годах преподавал право в Московском университете. Его ученики получали основательные знания в области юриспруденции, но как таковое формальное образование в этой сфере появилось лишь в XIX веке.

Судебные полномочия государства расширялись за счет православной церкви, права которой при Петре I были ограничены (1692 — урезание судебной автономии патриарших владений, 1701 — создание Монастырского приказа с юрисдикцией в отношении светских и духовных лиц, проживавших на церковных землях всех видов — патриарших, епископских, приходских и монастырских). В 1721 году был создан Святейший Синод и принят Духовный Регламент, подтвердившие судебные полномочия церкви в отношении религиозных преступлений — богохульства, ереси, колдовства, — а также браков и разводов. Однако прочие дела передавались в светские суды, например, преступления сексуального характера (изнасилование, блуд, кровосмешение), дела о незаконнорожденных детях и отчасти о незаконных браках. Тяжбы о наследовании рассматривали совместные церковные и светские суды.

Рис. 16.1. Дешевые издания XVIII века, как правило, избегали политических тем, но критика продажных чиновников допускалась, как в этом популярном лубке о Шемякином суде: умный крестьянин торжествует над чиновниками-взяточниками. Нью-Йоркская публичная библиотека, Отдел общих исследований

Что касается лиц других вероисповеданий (католиков, лютеран, мусульман, буддистов), то религиозные дела с их участием рассматривались в соответствии с конфессиональными обычаями.

В действительности же в сфере уголовного права сохранялись процедуры и наказания, характерные для XVII века. Юридическая практика развивалась по двум направлениям. Для самых тяжких государственных преступлений вводились новые виды смертной казни — прежде всего при Петре I, который усердно преследовал взяточников и изменников. Как отмечалось в главе 7, в Московском государстве казни, как правило, были несложными (отсечение головы, повешение), совершались безотлагательно, а обряд был чрезвычайно простым. Все это оставалось в силе при приведении в исполнение обычных приговоров, но для особо тяжких преступлений, когда требовалось демонстративно покарать взяточника или предателя, Петр I ввел «казни-спектакли», наподобие той, которую он наблюдал в Амстердаме в 1697 году. Бой барабанов собирал толпы людей со всего города, высокопоставленные лица и чиновники прибывали в обязательном порядке, сооружались эшафоты и смотровые площадки, издавались листовки, клеймившие деяния казнимых, а тела и их части становились предметом всеобщего обозрения на долгие годы.

Такая жестокость, однако, редко наблюдались в XVIII веке благодаря противоположной тенденции. При Петре I применение смертной казни стало ограничиваться: все предусматривавшие ее преступления должны были разбираться и утверждаться высшими судами, а для рецидивистов количество преступлений, при котором допускался смертный приговор, было увеличено. Пожизненная ссылка стала использоваться чаще, приговоренные к ней отправлялись на поселение в новоприсоединенные земли (прежде всего в Сибирь) и на каторжные работы: женщины часто работали на производстве тканей, мужчины выполняли строительные работы. В этом столетии Россия не смогла создать тюремную систему европейского образца: тюрьмы использовались для краткосрочного содержания под стражей и в редких случаях — для пожизненного заключения религиозных преступников, которых бросали в монастырские застенки, часто подземные.

Как отмечалось в главе 7, ссылка виновных в совершении преступлений, каравшихся смертью, создавала проблему их содержания. После приговора их сопровождали под охраной до места ссылки, где они жили и работали в поселениях, не будучи заключенными. Тех, кто совершал наиболее тяжкие преступления, клеймили, чтобы удержать от побега: на лбу выжигали первую букву слова, указывавшего на совершенное преступление («вор», «тать» или обозначение места ссылки — «Тобольск» и др.). Иногда это дополнялось обезображиванием лица (вырывание ноздрей). Если такой человек появлялся в центральной России, сразу становилось видно, что он подлежит казни за побег из ссылки.

Переход от смертной казни к ссылке можно рассматривать как прагматический шаг, проистекавший из желания использовать преступников в качестве рабочей силы, а не из стремления снизить количество насилия в судебной сфере. Телесные наказания, прежде всего порка кнутом, сохранялись до середины XIX века, по наблюдениям Эбби Шрайдер. Но эта эволюция происходила также под влиянием гуманистических ценностей, свойственных как православию, так и Просвещению. Вероятно, за отменой смертной казни при Елизавете I стояли религиозные соображения. В 1743 году она выразила недовольство этой практикой, и сенатские указы 1751 и 1753 годов заменили казнь ссылкой, оставив ее лишь для наиболее тяжких преступлений. Казни в этом столетии совершались редко: Екатерина II будто бы колебалась насчет того, стоит ли доставлять Пугачева в Москву и устраивать театрализованную казнь, но в конце концов он подвергся отсечению головы и четвертованию на Болотной площади в Москве, к югу от Кремля (1775). Труды Чезаре Беккариа, видного деятеля эпохи Просвещения, повлияли на ее «Наказ» 1767 года, где осуждались судебные пытки. В XVIII веке пытки в России использовались реже, чем раньше, а их применение было упорядочено указами 1740–1750-х годов. Павел I, известный любовью к военному делу и дисциплине, во время своего недолгого царствования возродил публичные казни и судебные пытки, а также ограничил право дворян на свободу от телесных наказаний, но при Александре I было восстановлено прежнее положение дел (отмена судебных пыток — 1801 год).

В XVIII веке, и особенно во второй его половине, общеимперский контроль со стороны властей стал более целенаправленным и эффективным. Сооружались новые дороги и другие средства коммуникации, улучшалось снабжение армии и населения, предпринимались более методичные действия в области здравоохранения. Благодаря реформам 1775 года финансовые, административные и судебные органы увеличились в числе и обрели более упорядоченную структуру, а их полномочия были разделены; более систематической стала работа благотворительных и надзорных учреждений на губернском уровне, что отразилось на картографировании, учете населения, строительстве дорог, развитии почтовой службы. Разумеется, расстояние от центра по-прежнему играло большую роль: Европейская Россия была обеспечена дорогами и прочими средствами коммуникации куда лучше окраин, Восточная Сибирь же оставалась огромной, малозаселенной территорией, где почти не чувствовалось работы органов власти. И тем не менее, как в представлениях, так и на деле, империя к концу века стала более целостной, а ее части — лучше связанными между собой.

* * *

О дорогах и коммуникациях см. библиографию к главе 7, а также статью: Randolph J. The Singing Coachman or, The Road and Russia's Ethnographic Invention in Early Modern Times // Journal of Early Modern History. 2007. № 11. P. 33–61.

О водных путях: Jones R. Bread upon the Waters: The St. Petersburg Grain Trade and the Russian Economy, 1703–1811. Pittsburgh: University of Pittsburgh Press, 2013; French R. Canals in Pre-Revolutionary Russia // Studies in Russian Historical Geography, 2 vols / Ed. by J. Bater, R. French. London: Academic Press, 1983. Vol. 2. P. 451–481. О поездках по дорогам: Busch T. Connecting an Empire: Eighteenth-Century Russian Roads, from Peter to Catherine // Journal of Transport History. 2008. № 29. P. 240–258; Bekasova A. The Making of Passengers in the Russian Empire: Coach-Transport Companies, Guidebooks, and National Identity in Russia, 1820–1860 // Russia in Motion: Cultures of Human Mobility since 1850 / Ed. by J. Randolph, E. Avrutin. Urbana, Ill.: University of Illinois Press, 2012. P. 199–217. Русский перевод сочинения Джона Перри: Перри Д. Состояние России при нынешнем царе / Пер. О. М. Дондуковой-Корсаковой // Чтения императорского Общества Истории и Древностей Российских. № 1. М., 1871.

О военном снабжении: Fuller W. Strategy and Power in Russia, 1600–1914. New York: Free Press, 1992; John L. H. Keep, Soldiers of the Tsar: Army and Society in Russia, 1462–1874. Oxford: Clarendon Press, 1985; Wirtschafter E. From Serf to Russian Soldier. Princeton: Princeton University Press, 1990; Keep J. Feeding the Troops: Russian Army Supply Policies during the Seven Years War // Canadian Slavonic Papers. 1987. № 29. P. 24–44.

О снабжении зерном населения и хлебных магазинах: Jones R. Bread upon the Waters: The St. Petersburg Grain Trade and the Russian Economy, 1703–1811. Pittsburgh: University of Pittsburgh Press, 2013; Munro G. Feeding the Multitudes: Grain Supply to St. Petersburg in the Era of Catherine the Great // Jahrbücher für Geschichte Osteuropas. 1987. № 35. P. 481–508; Munro G. The Most Intentional City: St. Petersburg in the Reign of Catherine the Great. Madison, NJ: Fairleigh Dickinson University Press, 2008; Gibson J. Feeding the Russian Fur Trade: Provisionment of the Okhotsk Seaboard and the Kamchatka Peninsula, 1639–1856. Madison: University of Wisconsin Press, 1969. О снабжении Константинополя/Стамбула: Inalcik H., Quataert D. An Economic and Social History of the Ottoman Empire, 1300–1914. Cambridge: Cambridge University Press, 1994.

О практике в области уголовного права при Петре I: Kollmann N. Crime and Punishment in Early Modern Russia. Cambridge: Cambridge University Press, 2012. О судебных учреждениях и реформах в XVIII веке: LeDonne J. Ruling Russia: Politics and Administration in the Age of Absolutism, 1762–1796. Princeton: Princeton University Press, 1984; Schrader A. Languages of the Lash: Corporal Punishment and Identity in Imperial Russia. DeKalb, Ill: Northern Illinois University Press, 2002. О печатных текстах законов и указов: Franklin S. Printing and Social Control in Russia 2: Decrees // Russian History. 2011. Vol. 38. P. 467–492. О ссылке в Сибирь: Gentes A. Exile to Siberia, 1590–1822. Basingstoke: Palgrave Macmillan, 2008.

О церковном праве: Cracraft J. The Church Reform of Peter the Great. Stanford, Calif.: Stanford University Press, 1971.

О картографии: Багров Л. История русской картографии. М.: Центрполиграф, 2005; Постников А. Карты земель российских: очерк истории географического изучения и картографирования нашего отечества. М.: Наш дом — L Age d Homme, 1996. О технических аспектах картографии: Goldenberg L., Postnikov A. Development of Mapping Methods in Russia in the Eighteenth Century // Imago mundi. 1985. № 37. P. 63–80; Perdue P. Boundaries, Maps and Movement: Chinese, Russian, and Mongolian Empires in

Early Modern Central Eurasia // The International History Review. 1998. Vol. 20. № 2. P. 253–286; Tolmacheva M. The Early Russian Exploration and Mapping of the Chinese Frontier // Cahiers du monde russe. 2000. № 41. P. 41–56. Стивен Сигел исследовал вопрос о том, как использовались карты для оправдания имперской экспансии после разделов Польши: Seegel S. Mapping Europe's Borderlands: Russian Cartography in the Age of Empire. Chicago: The University of Chicago Press, 2012. Джон Ледонн проанализировал изменение границ губерний после реформ 1775 года: LeDonne J. The Territorial Reform of the Russian Empire 1775–1796. I: Central Russia, 1775–84 // Cahiers du monde russe et soviétique. 1982. Vol. 23. № 2. P. 147–285; II: The Borderlands, 1777–96 // Cahiers du monde russe et soviétique. 1983. Vol. 23. № 4. P. 411–457. О роли натуралистов в исследовании северного побережья Тихого океана: Jones R. Empire of Extinction: Russians and the North Pacific's Strange Beasts of the Sea, 1741–1867. Oxford and New York: Oxford University Press, 2014. Выполненные Иоганном Георгом Корбом карты и иллюстрации вошли в издание: Korb J. Tagebuch der Reise nach Russland / Ed. by G. Korb. Graz: Akademische Druck- u. Verlagsanstalt, 1968.

О насильственных перемещениях населения: Sunderland W. Peasants on the Move: State Peasant Resettlement in Imperial Russia, 1805–1830s // Russian Review. 1993. № 52. P. 472–485; Donnelly A. The Mobile Steppe Frontier: The Russian Conquest and Colonization of Bashkiria and Kazakhstan to 1850 // Russian Colonial Expansion to 1917 / Ed. by M. Rywkin. London: Mansell, 1988. P. 189–207; Lazzerini E. The Crimea under Russian Rule: 1783 to the Great Reforms // Russian Colonial Expansion to 1917 / Ed. by M. Rywkin. London: Mansell, 1988. P. 123–138.

О печати: Franklin S. The Russian Graphosphere, 1450–1850. Cambridge: Cambridge University Press, 2019.

О паспортах: Franklin S. Printing and Social Control in Russia 1: Passports // Russian History. 2010. Vol. 37. P. 208–237, а также, вкратце: LeDonne J. Ruling Russia: Politics and Administration in the Age of Absolutism, 1762–1796. Princeton: Princeton University Press, 1984; Matthews M. The Passport Society: Controlling Movement in Russia and the USSR. Boulder, Colo.: Westview Press, 1993.

Об эпидемиях: Alexander J. Bubonic Plague in Early Modern Russia: Public Health and Urban Disaster. Oxford: Oxford University Press, 2003; Clendenning P. Dr. Thomas Dimsdale and Smallpox Inoculation in Russia // Journal of the History of Medicine and Allied Sciences. 1973. № 28. P. 109–125; Crosby A. Ecological Imperialism: The Biological Expansion of Europe, 900–1900. Cambridge: Cambridge University Press, 2004.

Глава 17
Сословия, крепостные и общество в движении

Общественное развитие в России XVIII века было отмечено многочисленными противоречиями. С одной стороны, если в Европе сословные структуры ослаблялись, то в России государство, напротив, целенаправленно создавало привилегированные сословия. После введения подушной подати при Петре I все подданные, ради удобства налогообложения, были отнесены к одной из немногочисленных социальных категорий. Массовые рекрутские наборы привели к появлению категории «солдат», неподатных, но уязвимых в социальном плане (в нее входили и дети военнослужащих). Религиозные реформы положили начало складыванию наследственного духовного сословия. Введение Табели о рангах и городские реформы дали толчок формированию отчетливого самосознания у дворянства и буржуазии. К концу XVIII века слово «сословие» определяло если не все, то большинство социальных групп внутри империи; принадлежность к сословию зависела от служебных обязанностей, налогового статуса, места проживания, общины, к которой относился человек, и его мобильности.

С другой стороны, происходившие в это время резкие перемены размывали установленные законом категории. Имперская экспансия привела к тому, что в границах страны оказались десятки групп, уникальных по своей этнической, классовой или конфессиональной принадлежности. Демографический и экономический рост склонял людей заниматься торговлей и производством, не соблюдая сословных границ: крепостные и государственные крестьяне торговали, купцы приобретали крепостных через посредников-дворян, дворяне вкладывали капитал в рудники и заводы. Как обнаружила Элисон Смит, некоторые подавали прошения о переходе в другое сословие, но большинство просто пользовалось открывавшимися возможностями. Исследователи старались понять, как разрешить эти противоречия. Имела ли значение сословная принадлежность? Являлись ли сословия аналогом европейских «штатов» (estates, états)? К чему приводило деление общества на сословия — к повышению его сплоченности или к торможению перемен?

Исследования в области социальной и культурной истории, микроистории, местной и региональной истории, другие подходы, которые позволяют оставить в стороне величественные конструкции и пронаблюдать за жизнью людей, демонстрируют колоссальную изменчивость общества и идентичности в русской империи раннего Нового времени. Возникали все новые правовые категории и признанные группы: дворяне, купцы и духовенство, солдаты, крестьяне и крепостные, плательщики ясака, прибалтийские юнкеры, казаки, немцы-колонисты, индийские и бухарские купцы. Но и внутри этих социальных групп царило огромное разнообразие, связанное с неодинаковостью жизненных обстоятельств — таких, как регион, этническая принадлежность, религия, экономическая деятельность. И крестьяне, и крепостные, и горожане не были сколь-нибудь однородными группами. Часто экономические возможности и образование были важнее правовых категорий: у провинциального дворянина имелось больше общего с образованным местным купцом, чем с обедневшим дворянином. В этой и следующей главах мы исследуем социальное разнообразие России и начнем с крупных демографических сдвигов в масштабах всей империи.

РОСТ И МОБИЛЬНОСТЬ НАСЕЛЕНИЯ

В XVIII веке население России находилось в постоянном движении: с 1646 по 1796 год территория империи увеличилась с 14,1 до 16,6 миллиона квадратных километров, и на этом пространстве проживало свыше 25 этнических групп. Большинство жителей страны были официально прикреплены к месту своего обитания (помещичье имение, государственная деревня, город), но, несмотря на это, перемещались. Крепостные втайне бежали от хозяев; власти отправляли подданных в приграничье и прикрепляли их к заводам, поощряли въезд иноземцев; помещики переселяли своих крепостных в черноземные районы; как государственные, так и помещичьи крестьяне находили сезонную работу в городах и на заводах. В основе этого движения лежали поступательное экономическое развитие и бурный рост населения.

Это столетие в России, как и в Европе, было ознаменовано демографическим подъемом. Население страны увеличилось за 100 лет на 75 %, согласно данным ревизий (начиная с 1718–1724 годов, они проводились каждые 15–20 лет). В 1724 году оно составляло, по оценкам, от 14 до 15,6 миллиона человек; в 1744 году — 18,2 миллиона, в 1762-м — 23,2 миллиона, а в 1796-м — 37,4 миллиона. Население Европейской России с 1718 по 1762 год — еще до крупных территориальных приобретений — выросло почти на 34 %. Во второй половине века темпы роста составили 66 % (как в Великобритании и намного больше, чем во Франции), что приблизительно на треть было связано с захватами земель (значительная часть их была редконаселенной, следует учитывать и смертность в результате войн), остальное — с естественным приростом.

Движение населения определялось преимущественно сельскохозяйственными соображениями. Черноземные области стали доступны именно тогда, когда на востоке Украины и в центральной России стала чувствоваться нехватка земли: средний надел государственного крестьянина сократился до четырех десятин или даже меньше, тогда как оптимальным размером считалось 15. В 1696–1796 годах благодаря внешней экспансии количество пахотной земли в Европейской России более чем удвоилось. В черноземных районах вокруг Тамбова, Воронежа, Рязани и Курска площадь обрабатываемых земель выросла на 60–100 %. Таким образом, территориальное перераспределение населения происходило естественным путем.

В какой-то степени миграция имела место всегда — низкое плодородие почвы в центре и на севере вело к интенсивному сведению лесов. Но тогда речь шла о небольших группах крестьян, не передвигавшихся на большое расстояние от исходного пункта. В XVIII веке процесс стал более систематическим, ввиду действий помещиков и государства — последнее методично заселяло территории близ засечных черт, затем отодвигало их. Как отмечает Брайан Бек, в интересах государства было ограничить свободное передвижение населения. К примеру, в первые десятилетия XVIII века русские власти предписывали башкирам возвращать русских и украинских крестьян, бежавших на южный Урал, поскольку такое бегство приводило к снижению числа налогоплательщиков. К 1730-м годам Россия усилила свой контроль над южным Уралом, и попытки возвратить на место переселенцев из числа восточных славян прекратились. В это же время российские чиновники препятствовали бегству крестьян-налогоплательщиков из Слободской Украины в причерноморские степи, которые Россия еще не контролировала. Несколько десятилетий спустя, когда Россия заявила свои права на эту территорию, такое переселение начало приветствоваться. В то же время, когда степь открылась для миграций, следить за передвижениями стало труднее.

В первые десятилетия XVIII века, по мере того как укрепленные линии продвигались на юг, в лесистую степь между Днепром и Волгой, и на восток, в южные районы Урала, население устремлялось туда из центральных и северных губерний и Левобережной Украины; в этих районах наблюдался демографический застой или даже спад. Люди направлялись в лесостепные и черноземные области (Воронежская, Рязанская, Тамбовская, Орловская, Курская и Тульская губернии), в Среднее и Нижнее Поволжье, на Северный Урал (Вятская и Пермская губернии) и Южный Урал. В первой половине столетия — если говорить о всей империи — наибольшая концентрация новых поселений наблюдалась в Нижнем Поволжье. Примерно треть переселенцев были беглецами, остальных перемещали власти (разрешая государственным крестьянам переселяться либо принуждая их к этому) или помещики, заинтересованные в том, чтобы их крепостные обрабатывали более плодородные земли.

Во второй половине столетия число жителей Воронежской губернии, с ее плодородными почвами, более чем удвоилось; миграция в прикаспийские и причерноморские земли усилилась — успешные войны против Османской империи дали возможность устроиться на черноморском побережье между Днестром и Доном. В царствование Екатерины II там обосновалось более полумиллиона человек. В их числе были иностранцы (см. главу 5): молдаване с 1760-х годов двигались на восток, в Очаковскую степь (будущая Херсонская губерния), как и русские старообрядцы, приглашенные вернуться в пределы империи; немецкие меннониты в 1790-х годах поселились в Екатеринославской губернии (низовья Днепра). К 1790-м годам население Новороссии (Херсонская и Екатеринославская губернии) примерно наполовину состояло из украинских и русских крестьян, на долю молдаван приходилось около 40 %. В последней четверти XVIII века степь между Прутом и Днестром, будущая Бессарабия (отошедшая к России в 1812 году), была заселена болгарами, гагаузами (тюркоязычный народ, исповедующий православие), русскими старообрядцами и украинскими крестьянами.

Крестьяне восточнославянского происхождения направлялись также на восток, в Сибирь, коренное население которой к 1790 году, по оценкам, составляло лишь около 300 тысяч человек: весьма скромный рост (в 1709 году — примерно 230 тысяч) был связан с опустошительными последствиями русского завоевания. Благодаря миграции население Сибири выросло более чем на 77 %, при этом 700 тысяч восточных славян заселили узкую полосу пахотной земли в западносибирском приграничье. В этом столетии наблюдалось также движение на северо-восток, от Москвы к Петербургу. В 1719 году Петр I издал указ, согласно которому все землевладельцы, имевшие не менее 40 крепостных, должны были построить дом в Петербурге и переехать туда. В Петербург перевели правительственные учреждения, сюда перенаправили торговлю из Архангельска и Риги; тысячи крестьян, забранных в рекруты, каторжников и шведских военнопленных осушали болота, прокладывали дороги, строили верфи, возводили здания. В 1710 году население города составляло около 8000 человек, к 1725 году оно достигло 40 тысяч. В течение столетия Петербург стал центром промышленного района благодаря бурному росту экспорта и переселению крестьян из соседних губерний в город и его окрестности. Население региона с 1750 по 1825 год увеличилось в шесть раз, а самого города с 1764 по 1782 год — со 150 тысяч до 185 тысяч человек.

Происходило и географическое перераспределение населения. Из статистических данных за 1782–1795 годы видно, что 18 % всех новопоселенцев выбрали Нижнее Поволжье, куда переезжали не только русские и украинские крестьяне, но и немецкие колонисты. На Северный Кавказ приходилось 16 % (здесь селились преимущественно украинские казаки и крестьяне), на Южный Урал и Западную Сибирь — 10 % (более половины их — русские крестьяне, остальные — татары и представители других народов Среднего Поволжья). Но самыми желанными были причерноморские степи, куда устремилось 56 % поселенцев. В целом население лесостепных районов, по сведениям Бориса Миронова, увеличилось с 27,9 % от общего числа (если брать данные по всем учтенным взрослым мужчинам) в 1678 году до 44,3 % в 1719 году и 44,5 % в 1856 году, а в степи наблюдался еще более значительный рост (2,3 % всего населения в 1678 году, 2,6 % в 1719-м, 13,5 % в 1856-м). В центре же и на севере наблюдалось пропорциональное сокращение численности населения: с 57 % в 1678 году до 40,1 % в 1719-м и 30,9 % в 1856-м.

СОСТАВ НАСЕЛЕНИЯ

Несмотря на постоянный рост разнообразия внутри русской империи в течение XVIII века, процент населения, принадлежавшего к основным социальным группам, с 1678 по 1795 годы почти не менялся (данные Бориса Миронова): на неподатную светскую элиту приходилось, соответственно, 1,7–2 % населения; на духовенство — 0,9–1,2 %; на тех, кто нес военную службу, — также

0,9–1,2 %. Численность горожан снизилась в начале XVIII века, но возросла к концу столетия в связи с урбанизацией: они составляли 4,2 % населения в 1678 году, 3,9 % в 1719-м, 2,8 % в 1762-м и 4,2 % в 1795-м. Крестьянство неизменно составляло 88,8 % населения или около того. Незначительные процентные уменьшения внутри различных категорий были компенсированы появлением новой категории — разночинцев, образованных свободных людей, согласно данным ревизии 1719 года, на них приходилось 1,6 % населения, а в 1795 году — 2,6 %.

В этническом отношении подавляющее большинство населения составляли восточные славяне. Больше всего среди них было русскоговорящих, доля которых, однако, снизилась с приблизительно 70 % в 1720-х годах до чуть менее 50 % в 1795 году. Русские были сосредоточены в центре, а также на севере и северозападе, но по мере переселения стали преобладать и в других районах: население Нижнего Поволжья в 1795 году было на 70 % русским, Сибири — на 68 %, Среднего Поволжья — на 64 %, Северного Кавказа — на 53 %. Русские также составляли значительную часть или даже большинство населения на Южном Урале и в Новороссии.

Украинцы и белорусы также относились к восточным славянам. Белорусов было довольно много, а их доля увеличилась с 2,4 % в 1719 году до приблизительно 8 % в 1795-м. Как правило, они не эмигрировали и проживали компактно в районе Минска, Полоцка и Смоленска, в то время как украинские крестьяне отличались мобильностью. Украинцы составляли вторую по численности этническую группу империи в XVIII веке и также преимущественно занимались крестьянским трудом. Их доля выросла с 13 % в 1719 году до почти что 20 % в 1795-м, после разделов Польши. Большинство проживало в Левобережной (где они составляли 93 % населения в 1795 году) и Правобережной Украине (87 %), но, как мы уже видели, во второй половине века многие бежали в другие регионы, спасаясь от перенаселения и крепостного права. В Воронежской и Курской губерниях и на Крымском полуострове они составляли к концу века около 12 % населения; в Новороссии их доля увеличилась с 24 % в 1760-х годах до 52 % в 1795 году. Украинцы проникали и в земли донских казаков, где к концу столетия составляли примерно треть населения, а также в Нижнее Поволжье (около 7 % в то же время).

На каждую из остальных этнических групп — таких как эстонцы, татары, чуваши, башкиры, финно-угорские народы Урала, якуты и другие — в XVIII веке приходилось менее 2 % от общей численности населения. Лишь немногие из них активно мигрировали, за исключением народов Среднего Поволжья, столь же динамичных, как украинцы и русские, хотя и менее многочисленных. Татары жили во всех частях империи, начав с конца XVI столетия покидать исконные места своего обитания в Среднем Поволжье. В XVIII веке они составляли значительную часть населения на Южном Урале (около 14 %) и в Нижнем Поволжье. Крымские татары составляли абсолютное большинство в Крыму (около 76 % в 1796 году), несмотря даже на то, что многие из них ушли в Османскую империю после присоединения полуострова к России. Что касается других народов Среднего Поволжья, то мордвины направлялись на Южный Урал, в Нижнее Поволжье и на запад, в Тамбовскую и Нижегородскую губернии. Многие из тех, кто поселился на Южном Урале, попали в экономическую зависимость от татар и восприняли их культуру. Черемисы (марийцы), менее многочисленные, также мигрировали на Урал и в Нижегородскую губернию. Чуваши по-прежнему компактно проживали в Среднем Поволжье, несмотря на некоторый отток населения в Нижнее Поволжье и в Оренбургскую губернию в конце XVIII века.

Башкиры, как и раньше, были сосредоточены на Южном Урале, но в течение XVIII века их доля среди местных жителей сокращалась. Соответствующие цифры говорят о скорости заселения пришлыми районов вокруг Оренбурга: в 1719 году башкиры составляли 71 % населения Южного Урала, в 1740-е годы — уже 33 %, а с 1760-х по 1790-е годы доля башкир в исконном регионе их обитания упала с 25 % до 20 % населения. Евреи и немцы компактно проживали на западных окраинах империи. Первые составляли 10 % населения на украинских и белорусских территориях, полученных в результате разделов Польши, концентрируясь прежде всего в Правобережной Украине, приобретенной в 1790-х годах; к концу века они устремились также в Левобережную Украину и Новороссию. Немцы были сосредоточены в нескольких регионах. В Прибалтике немецкое юнкерство господствовало в политическом отношении, но при этом составляло только 7 % населения в Лифляндии и 4 % в Эстляндии. В Нижнем Поволжье немецкие крестьяне-колонисты составляли около 5 % населения Саратовской губернии в 1780–1790-х годах. Эстонские и латышские крестьяне находились в крепостной зависимости, и лишь небольшое число их переселялось куда-либо.

Крестьяне восточнославянского происхождения были крупнейшей социальной группой в империи на протяжении XVIII века, и кроме того, именно среди них наблюдалось наибольшее разнообразие жизненных укладов. Поэтому в настоящей главе им будет уделяться основное внимание. Первым делом мы исследуем положение однодворцев на южных окраинах.

ОДНОДВОРЦЫ

Однодворцы, проживавшие в сельской местности на южных окраинах, на социальной лестнице располагались между помещиками и крепостными. Эти мелкие землевладельцы происходили от московских детей боярских и других социальных групп, от казаков до беглых крепостных, представители которых в XVII веке пополняли гарнизоны в степной черноземной полосе вокруг Курска, Орла, Тамбова и Воронежа. Государство раздавало тем из них, кто имел дворянство (а часто и другим), поместья и право владеть крепостными. Но рабочая сила была настолько дефицитной, что со временем многие сами стали обрабатывать свои наделы. Ситуация в степи понемногу становилась спокойной, граница отодвигалась на юг и восток, однодворцы перемещались вместе с ней, стараясь сохранить свои привилегии и свой статус. Многие обедневшие дворянские семейства были причислены к однодворцам, когда Петр I формировал гарнизонные войска. Власти рассматривали их по преимуществу как государственных крестьян. В 1679 году для целей подворного налогообложения они были включены в число тягловых крестьян, а при Петре платили подушную подать и подлежали рекрутскому набору.

Сами же однодворцы претендовали на полное или почти полное равенство с дворянами, основываясь на своем историческом праве владеть землей и крепостными. Поскольку они выполняли важные функции по поддержанию порядка в пограничье и обходились государству недорого, живя за счет своих наделов, требования однодворцев постепенно удовлетворялись, и они образовали особую прослойку, уплачивая подати, но при этом сохраняя право владеть крепостными (хотя не все могли себе это позволить), а также покупать и продавать земли. К середине столетия на гарнизонную службу стали привлекаться представители низших сословий (солдаты, артиллеристы), которые стали претендовать на статус однодворца. Государство попыталось создать сплоченную социальную группу, запретив однодворцам продавать свои наделы пришлым, чтобы не дать им оказаться в зависимости от владельцев крупных поместий. Мало-помалу эти мелкие землевладельцы обрели групповую идентичность, что видно из их наказов Уложенной комиссии (1767). После реформ 1775 года и издания Жалованной грамоты дворянству в 1785 году дворянский статус стал более четко очерченным и привлекательным, и многие однодворцы старались продвинуться по служебной лестнице, чтобы попасть в ряды дворян, но мало кто из них добился успеха. В 1780-х годах примерно 750 тысяч однодворцев владели только 22 тысячами крепостных мужского пола; многие фактически были безземельными. В XVIII веке и в течение значительной части XIX века они с трудом балансировали на границе между сословиями, не будучи ни крестьянами, ни служилыми людьми.

НАЛОГООБЛОЖЕНИЕ И ТРУД: КРЕСТЬЯНСКИЕ ПОВИННОСТИ В XVIII СТОЛЕТИИ

Однодворцы стремились избавиться от податей, которые были признаком низкого статуса и одновременно — бременем для большинства подданных империи. В конце столетия 89 % ее населения составляли крестьяне различного статуса, платившие налоги. После того как в 1764 году тысячи крестьян перестали быть подчинены церкви, около 56 % от общего числа крестьян принадлежали дворянству, остальные находились в зависимости от государства. Все крестьяне платили подушную подать государству и оброк помещику, а также вносили денежные платежи общине в рамках выполнения коллективных обязанностей. Прямые налоги были наименее тяжелыми из всех.

Как говорилось в главе 15, в 1724–1794 годах подушная подать в пользу дворян оставалась на одном уровне (70 копеек). Однако оброк менялся, как и цели, на которые он употреблялся помещиками. В начале XVIII века размер оброка для государственных и помещичьих крестьян был примерно одинаковым, но далее землевладельцы поднимали его быстрее государства. В 1760-х годах помещики требовали с крестьян в виде оброка один-два рубля, власти — полтора. В 1770-е годы помещики получали от двух до трех рублей, государство же довольствовалось прежней суммой. В 1780-е годы, когда наблюдался рост инфляции, оброк помещичьих крестьян равнялся приблизительно четырем рублям, государственных — от трех с половиной до пяти рублей (ставки разнились в зависимости от благосостояния местности). Кроме того, была поднята и подушная подать (в 1769–1775 годах для посадских она составляла от 1 рубля 20 копеек до 2 рублей, с 1794 года все платили два рубля).

Все это подталкивало крестьян к поиску дополнительного дохода — приходилось наниматься на промышленные предприятия или на сезонные работы; особенно это касалось менее плодородных центральных и северо-западных районов. В центре, включая Владимирскую, Московскую, Калужскую, Ярославскую, Костромскую, Нижегородскую и Тверскую губернии, площадь обрабатываемых земель в XVIII веке увеличилась незначительно, при том что население росло. Две трети жителей этих областей были заняты в производстве льняных изделий, веревок и канатов, парусины, другой продукции. Московская и Владимирская губернии были лидерами по производству тканей. Между тем на западе (в белорусскоязычных землях, Новгородской, Псковской и Тверской губерниях) роль производства льна и конопли снижалась на протяжении столетия: перенаселенность толкала крестьян к выращиванию зерновых в ущерб скотоводству и садоводству. К концу века от 20 до 33 % взрослых мужчин занимались несельскохозяйственной деятельностью, формально оставаясь крестьянами. Как отмечает Бланшар, экономические изменения происходили «внутри крестьянского общества, а не вовне». На севере проживали главным образом государственные крестьяне, издавна предпочитавшие получать доход не с земли, а от рыболовства, охоты, изготовления продукции, экспортировавшейся через Архангельск; производство там росло, как и в центре.

Иначе обстояло дело на новоприобретенных территориях, где земледелие было выгодным. В 1696 году обрабатываемые земли занимали 20 % площади страны, в 1796-м — 31 %: впечатляющий прирост за одно столетие (на 55 %), даже с учетом расширения империи. Начиная с царствования Петра I, дворяне приобретали (или получали от государства) земли в лесостепной зоне. При Екатерине II обширные завоевания и отодвигание укрепленных линий вызвали у дворян «земельную лихорадку» (по выражению Аркадиуса Кэхэна) — власти получали множество просьб о предоставлении поместий. Генеральное межевание 1760-х годов еще больше усилило этот процесс в центре, позволив выявить свободные земли, занятие которых увеличило перенаселенность в этих районах. В черноземной полосе (Тамбовщина, Воронежщина) площадь обрабатываемых земель в последние десятилетия XVIII века выросла на 60 % (на новых полях выращивали в основном пшеницу), а вокруг Рязани и Курска удвоилась. Чтобы получить наибольшую выгоду в эпоху растущих цен на зерно, бума экспортной торговли и высокой инфляции, помещики стали заменять оброк барщиной. В последней трети XVIII века на черноземных территориях 26 % крестьян платили оброк и 74 % отрабатывали барщину — обычно более трех дней в неделю. И напротив, в нечерноземных губерниях 55 % крестьян были оброчными, а 45 % — барщинными, причем последние, как правило, работали на помещика два дня в неделю (максимальное число, согласно Уложению 1649 года — три). Будучи в курсе злоупотреблений, Павел I издал указ о трехдневной барщине и запрещении работ по воскресеньям (и поскольку в некоторых местах барщина ограничивалась двумя днями, напуганные крестьяне решили, что их ждет увеличение срока).

Повсюду крестьяне занимались и земледелием, и отхожими промыслами — производством либо торговлей. Лишь 1,4 % населения целиком посвящали себя коммерции, но и при этом в 1780-е годы в Москве имелось более 6400 лавок, по всей стране устраивались сотни еженедельных ярмарок, где можно было увидеть главным образом крепостных и государственных крестьян. Сельские жители нанимались на различные работы, тянули баржи вверх по Волге, строили суда для отправки зерна по каналам в Петербург, работали на фабриках, держали лавки, вели лоточную торговлю на городских и деревенских ярмарках. С наступлением в 1780-е годы аграрного кризиса — по причине засухи, снижения урожаев в центре из-за чрезмерно интенсивной эксплуатации земель, инфляции и денежного кризиса — сельскохозяйственный сектор адаптировался к нему привычным для себя образом: помещики стали выделять больше ресурсов для экспортного земледелия, крестьяне обращались к ремеслу и производству (в центре преимущественно текстильному и железоделательному), а освоение причерноморских и прикаспийских областей позволило направлять на экспорт значительное количество сала и мяса. Крестьяне пострадали из-за ухудшения рациона и снижения доходов, но к XIX веку наметился новый экономический подъем.

Крепостная экономика была выгодна для землевладельцев. Цены на взрослых крепостных и поместья с крестьянами в XVIII веке постоянно росли — быстрее, чем, например, цены на зерно и промышленные товары. Борис Миронов выяснил, что с начала XVIII по середину XIX века оброк и прямые налоги, уплачиваемые государственными крестьянами, выросли в 2,8 раза, а цена на крепостных — вчетверо. Неудивительно, что, поднимая восстание в 1774 году, Пугачев обещал освободить крестьян от помещиков.

Подати, оброк и барщина были лишь наиболее заметными из крестьянских обязательств в этом столетии. Все податные люди —

посадские, крепостные, государственные крестьяне — выполняли также различные повинности в пользу общины, города, помещика и государства: в их число входили перевозка припасов для армии при передвижении войск, предоставление помещений для расквартирования воинских частей (на шесть-восемь месяцев в году), строительство и починка дорог и мостов и так далее.

НЕЗАКРЕПОЩЕННЫЕ КРЕСТЬЯНЕ

Нельзя сказать, что крепостничество определяло облик Российское империи. Крепостные составляли около половины от общего числа крестьян, проживая главным образом в центре (зона смешанных лесов) и в центрально-черноземных регионах. Остальные же крестьяне зависели не от помещиков, а от короны, церкви, Коллегии экономии (после 1764 года) либо государства; мы, однако, будем называть всех их для удобства «государственными крестьянами». Сосредотачивались они преимущественно на окраинах империи. В зоне хвойных лесов — на севере, Северном Урале, в Сибири, — где крепостное хозяйство не могло обеспечить дворян должным образом, крепостное право было экономически несостоятельным. Здесь жили свободные (черносошные) крестьяне различного происхождения, включая представителей народов Поволжья и Северного Урала (татары, вотяки (удмурты), мордвины, чуваши, черемисы (марийцы)), которые уплачивали подати и несли повинности только в пользу государства. Значительная концентрация государственных крестьян наблюдалась также в южных степях, по мере того как к крестьянам причислялись различные категории лиц, несших военную службу: однодворцы, дворяне, стрельцы, провинциальные казаки и другие лица, причастные к военному делу, но слишком бедные, чтобы содержать себя самостоятельно. Крестьян, находившихся в собственности царствующей фамилии, становилось все меньше (9 % всех крестьян в начале столетия, 5 % — в конце) по мере раздачи земель императорским фаворитам, и они были рассеяны по всей стране, как и «экономические крестьяне» (бывшие монастырские и церковные). В Левобережной Гетманщине крестьянские переходы разрешались до 1783 года; в южных степях (Новороссия, Крым, Северный Кавказ) в конце XVIII века введение крепостного права обычно наталкивалось на трудности. Учитывая дефицит рабочей силы в этих краях, даже русские помещики, переселявшие крепостных, эксплуатировали их на довольно мягких условиях, остальные же поселенцы (иностранные колонисты, русские крестьяне, мигрировавшие по своей воле, однодворцы, татары, казаки) оставались лично свободными. К концу XVIII века государственные крестьяне составляли 20 % от всего крестьянского населения в зоне смешанных лесов центра России, почти половину — на севере и на южных окраинах.

Начиная с XVIII века, государственные крестьяне, как и все тягловое население, заносились в писцовые книги и после 1649 года обязаны были оставаться на том месте, к которому были прикреплены. Тем не менее, они, как правило, отличались большей мобильностью, чем крепостные. В условиях экономического подъема государственные крестьяне переезжали в города или фабричные районы, нанимаясь на сезонные работы; некоторые отправлялись на рынки торговать товарами, произведенными в деревне. Несмотря на то что для государственных крестьян устанавливались те же налоги и повинности, что и для крепостных (подушная подать, рекрутский набор, оброк, повинности в пользу государства), они были свободны от прихотей помещиков и платили более низкий оброк. Об их статусе говорил следующий факт: после 1741 года подчинение крепостных помещикам считалось настолько абсолютным, что от них не требовали присяги новому монарху, между тем как государственные крестьяне приносили ее. Екатерина II включила государственных крестьян в Уложенную комиссию 1767 года и подготовила проект Жалованной грамоты для них. Их представители участвовали в работе судов низшего уровня, учрежденных в ходе административной реформы 1775 года, в то время как дела крепостных крестьян по-прежнему рассматривали помещичьи и общинные суды.

У государственных крестьян на Севере существовали особенно прочные общинные институты, которые, вместе с низовыми чиновниками, обеспечивали эффективное самоуправление. Их личная неприкосновенность была лучше защищена в отсутствие помещиков, продававших своих крестьян, будь то с землей или без нее, и нередко чинивших препятствия их бракам. К концу XVIII века ослабли ограничения, связанные с заключением договоров, арендой, занятием торговлей и промышленностью, а также со свободой передвижения: так, в 1782 году была отменена плата для женщин, покидавших общину при выходе замуж. Но все же не стоит представлять их положение в розовом свете. Государственных крестьян могли «приписывать» к заводам и рудникам на Урале, Алтае, в Нерчинске, обрекая на чрезвычайно тяжелый труд. Кроме того, они подвергались насильственному перемещению — в 1721–1762 годах дворяне и купцы могли покупать их целыми деревнями для работы на фабриках, фактически низводя до положения крепостных. Затем, до 1798 года, этим правом пользовались только дворяне, но Павел I вернул его купцам, которые теперь могли приобретать крестьян для своих предприятий, с землей или без земли.

Сосредоточенные на менее плодородных северных землях, государственные крестьяне в большей степени, чем помещичьи, посвящали себя промышленной и торговой деятельности. Некоторые, особенно сообразительные и предприимчивые, путем удачной женитьбы или уговоров пополняли число посадских или даже добивались более высокого социального статуса. Некоторые основывали свое дело и владели крепостными, обходя законодательные ограничения. Восемнадцатое столетие было веком крестьянской торговли, и многие из тех, кто занимались ею, принадлежали к государственным крестьянам.

ПОМЕЩИК И КРЕСТЬЯНИН

Крепостных усиление мобильности и перемены затронули в меньшей степени. Согласно В. М. Кабузану, в 1719–1744 годах доля крепостных в населении империи выросла с 48,4 до 50,4 %. Местами их проживания были в основном лесные районы центра и северо-запада, а к 1762 году — также Южный Урал и Новороссия. К концу века крепостные составляли более 70 % населения центральных лесных и лесостепных областей. В прибалтийских землях (Лифляндия, Эстляндия), которые Россия приобрела в XVIII веке, зависимые от немецких помещиков крестьяне были закрепощены еще в XVI веке, и это положение сохранилось в Российской империи (хотя финские крестьяне, проживавшие севернее, не были крепостными). Поскольку в Великом княжестве Литовском и Правобережной Украине с XVI века также шел процесс закрепощения, после разделов Польши (1772, 1793, 1795) проживавшие в ней крестьяне стали российскими подданными в качестве крепостных. Однако в Гетманщине крестьяне пользовались, по крайней мере формально, правом на переход вплоть до 1783 года. Во второй половине столетия, несмотря на ограничение переходов в Левобережной Украине (1783), доля крепостных в населении империи снизилась до менее чем 50 % в связи с демографическим ростом и заселением степей преимущественно свободными крестьянами и представителями других сословий.

Власть помещиков над крестьянами в XVIII веке усилилась, отчасти потому, что Уложение 1649 года и последующие законы, как отмечает Элиза Виртшафтер, не касались прямо отношений между теми и другими. Уложение теоретически прикрепляло крестьян и посадских к месту их жительства, особенно первых, поскольку поместья, принадлежавшие служилым людям, следовало обеспечить рабочей силой. Во многих случаях оно разрешало рассматривать крестьян как движимое имущество. Землевладелец мог переселять крестьян из одного поместья (или вотчины) в другое, требовать себе жену и детей возвращенного беглого крестьянина, если тот женился после бегства. В некоторых случаях он обязан был передать определенное количество крестьян жертве уголовного преступления. Все, что имел крепостной, считалось принадлежащим его хозяину и могло быть отобрано для покрытия долгов последнего. При этом крепостной в какой-то мере сохранял правоспособность: он мог выступить свидетелем в суде или получить возмещение за бесчестье, на него распространялось действие уголовного законодательства. Однако во многих случаях, когда дело происходило за пределами поместья, крепостного представлял его хозяин: любое договорное обязательство, в которое вступал крепостной (связанное с торговлей, ремеслом, наймом работников, покупкой земли или даже крепостных), заключалось от имени владельца поместья. В XVIII столетии эта двусмысленность, заложенная в законодательстве, принесла свои плоды.

В XVIII веке лишь немногие владельцы поместий жили в них, а потому положение крепостных в разных местах существенно различалось. До 1762 года дворяне, достигнув совершеннолетия, служили в течение всей остальной жизни или большей ее части (с 1736 года — 35 лет), пребывая вдали от своих имений, которые к тому же нередко были рассеяны по всей стране. Когда служба стала необязательной, некоторые из них выбрали сельскую жизнь, и к концу столетия появился слой «просвещенных» землевладельцев, особенно много их было в черноземных регионах. Такие дворяне расширяли свои владения, вводили разнообразные трудовые повинности и технические новшества — более сложные методы севооборота, посев трав и бобовых, использование новых удобрений, внедрение новых, более питательных или прибыльных культур (картофель и табак на черноземных территориях), использование плугов и других сельскохозяйственных инструментов более совершенной конструкции. Эти нововведения имели массовый успех только в Прибалтике, где имения были меньше по размерам и владельцы, как правило, непосредственно участвовали в управлении ими. В России большинство крестьян не проявляло желания чередовать культуры или вводить новые методы обработки земли, особенно на тех полях, где они работали без непосредственного контроля со стороны помещика. При этом вполне обоснованные опасения крестьян лишь укрепляли в сознании помещиков образ крепостных как отсталых, примитивных существ, нуждающихся в присмотре со стороны хозяина. Многие крестьяне находились на грани выживания, неурожай означал голод, и они предпочитали хорошо проверенные способы хозяйствования. Кроме того, у крепостных не было особых стимулов добиваться увеличения производительности, которое шло на пользу одному помещику. Недоверие к новшествам было не только разновидностью сопротивления, но и залогом самосохранения.

Физическое и культурное расстояние, разделявшее помещиков и крепостных, могло уменьшить непосредственную нагрузку на последних, но дворяне как представители своего сословия нуждались в доходе, получаемом за счет крестьянского труда. Необходимость вести образ жизни, близкий к европейскому, — платить за одежду, образование, дом и его обстановку, путешествия, развлечения, проявлять щедрость по отношению к нижестоящим и равным себе — часто оказывалась разорительной для среднепоместного и мелкопоместного дворянства. Аркадиус Кэхэн прямо связывает «затраты на западный стиль жизни», которые несли дворяне в XVIII веке, с увеличением площади принадлежавших им земель и более интенсивной эксплуатацией крестьян, а также задействованием крепостных в мануфактурном производстве.

В этом столетии дворяне сполна использовали достигнутое ими политическое господство, чтобы законодательно закрепить свой контроль над экономикой, в том числе над крепостными. Первоначально подушная подать собиралась крестьянской общиной, но закон 1731 года прямо возлагал эту обязанность на помещика. Как отмечает Пол Бушкович, прибегнув к такому непрямому способа сбора подати, государство лишилось потенциального дохода, но обрело верного союзника в лице дворянства. Помещики и общины руководили рекрутским набором на местах; в 1727 году крепостным запретили добровольно поступать на армейскую службу без согласия хозяина — так исчезла еще одна возможность уйти из деревни. Помещики получили больше контроля над личной жизнью крестьян: с 1754 года они имели право требовать возмещения, если женщина-крепостная выходила замуж за пределами поместья. Законы давали помещику право карать крестьян за мелкие проступки (1736), ссылать крепостных на каторжные работы в Сибирь (1760) и на адмиралтейские верфи (1765). Некоторые землевладельцы присваивали себе дополнительные права, расследуя уголовные дела в своих имениях и назначая наказания по ним, хотя закон требовал передавать их в суд. Иногда помещики освобождали старых и больных крестьян — это было явно циничным жестом. Помещики могли избавлять своих любимцев от рекрутского набора. К концу XVIII века крепостные, согласно закону, не имели права брать ссуды, нанимать работников, вступать в какие бы то ни было договорные отношения без согласия хозяина.

Особенно тяжело на крестьянах сказывалось то, что со временем помещики все больше игнорировали запрет покупать и продавать крепостных без земли или отдельно от семьи. Петр I осудил эту практику, что подтверждали и последующие законы (1721, 1771). Но все же она распространялась — отчасти потому, что другие установления и обычаи неявно поощряли ее. В 1714 году Петр I приравнял поместье к вотчине (военные и чиновники одновременно с этим начали получать жалованье). Отныне землевладельцы стали уверенно считать крестьян своей наследственной собственностью и переселять их из одного имения в другое. Издавались законы, разрешавшие откупаться от рекрутской повинности, выставляя вместо себя другого человека, и устанавливавшие соответствующие ставки (1717, 1720, 1747), что косвенным образом побуждало помещиков разделять крестьянские семьи. Торговля крепостными достигла наибольшего размаха при Екатерине II. Помещики продавали и закладывали крепостных, отдавали их в качестве приданого, без земли и даже по отдельности, покупали крестьян без земли, чтобы те выполняли полевые работы, прислуживали по дому, занимались ремеслом, участвовали в театральных представлениях, оказывали сексуальные услуги. К примеру, у Дугласа Смита можно найти снабженный едкими комментариями рассказ о любовной связи сказочно богатого графа Николая Петровича Шереметева с оперной певицей из крепостного театра его семейства — Прасковьей Ковалевой, которой Шереметевы дали фамилию Жемчугова (все остальные певцы и актеры театра, по прихоти графа Петра Шереметева, также носили фамилии, образованные от названий драгоценных камней). Впоследствии они вступили в брак, но не следует забывать, что Жемчугова была собственностью Шереметевых и, следовательно, в основе их связи изначально лежало принуждение.

В это столетие вышло немало указов, предостерегавших от жестокого обращения с крепостными. Уложение 1649 года и закон от 1734 года постановляли, что хозяева крепостных и холопов обязаны оказывать им помощь во время голода и других бедствий, но контроль над исполнением этих распоряжений не был жестким. Государство никак не вмешивалось в обращение с крепостными в ходе их переселения. Петр I осуждал излишнюю жестокость помещиков, Екатерина II немало писала о дурном обращении с крепостными в главе 12 своего «Наказа» (1767), но за все ее 34-летнее царствование лишь несколько дворян подверглись наказанию за это. Некоторые указы 1770-х годов проникнуты идеями Просвещения: в 1773 году помещикам запретили наказывать крепостных кнутом за мелкие кражи, а реформа 1775 года предусматривала переход к государству земель тех, кто жестоко обращается с крестьянами. Особый интерес к положению крестьянства проявлял Павел I, настаивавший, что помещики должны создавать запасы зерна для крестьян на случай голода, в 1797 году запретивший продавать с молотка крестьян и дворовых людей без земли, а в 1798 году — крестьян на Украине. В декабре 1797 года были прощены недоимки по подушной подати. Павел также установил максимальную продолжительность барщины в три дня еженедельно. Кроме того, при коронации он велел крепостным приносить присягу наравне с остальными подданными.

И все же в распоряжении помещичьих крестьян почти не было средств правовой защиты. Многочисленные указы, издававшиеся с 1649 года и до конца XVIII века, запрещали направлять челобитные непосредственно монарху — для этого существовали соответствующие суды. В 1767 году крестьянам запретили подавать жалобы на господ под страхом телесного наказания и ссылки. Если же такую жалобу удавалось подать, местные власти не давали ей хода. К примеру, в 1720-е годы арзамасский дворянин Андрей Лопатин был обвинен в убийстве десяти своих крестьян и приговорен к смертной казни, но в примечательном деле Андрея Никифорова (1710-е годы), проживавшего вблизи Шацка, крестьяне несколько раз подавали челобитные, прежде чем местные чиновники обратили внимание на их жалобы. Никифорова признали виновным в убийстве нескольких крепостных, но ему удалось затягивать дело в течение 30 лет, пока он не скончался в преклонном возрасте. Самым же громким стало дело Дарьи Салтыковой, которую суд признал виновной (1768) в убийстве 38 крепостных и замешанной в смерти еще более чем 100; она умерла в 1801 году, проведя в заключении 33 года. Но такие случаи были исключением в отношении как жестокости помещиков, так и судебного преследования. Большинство владельцев крепостных прибегали к принуждению, но не совершали убийств — в их интересах было сохранять для себя рабочую силу.

Как полагает Виртшафтер, высокая социальная динамика XVIII века имела и обратную сторону: еще большее распространение крепостничества и фактическое сохранение рабства в форме долговой кабалы. Крепостными фактически владели не одни только дворяне, по закону имевшие на это исключительное право: предприимчивые крепостные сами покупали крепостных при посредничестве дворян, дворяне же сдавали своих слуг внаем другим владельцам поместий. Александр Каменский выявил несколько случаев в Бежецке (начало XVIII века), когда посадские пытались с помощью властей вернуть своих беглых крепостных, приобретенных у местных дворян. О масштабе проблемы говорит тот факт, что Жалованная грамота дворянству прямо отказывала недворянам в праве собственности на крепостных. Впадая в бедность, люди оказывались в долговой кабале, как и в московский период. Сироты, незаконнорожденные дети, солдатские жены, обедневшие крестьяне — все они могли оказаться в зависимости от тех, кто имел возможность их содержать: дворян, государственных крестьян, разночинцев, купцов, горожан. Это фактическое рабство оставалось незамеченным.

РАЗЛИЧИЯ В ПОЛОЖЕНИИ КРЕПОСТНЫХ

Безусловно, крепостничество было позором с нравственной точки зрения и источником страданий для более чем половины населения страны. Но, как считают исследователи, в данном случае важно не упрощать картину слишком. Разумеется, в зависимости этого рода не было ничего хорошего — крепостные спасались бегством, оказывали сопротивление — пассивное, а порой и насильственное. Положение крепостных было весьма различным, как и формальный статус крестьян (государственные, экономические, императорские). Крепостничество принимало разные формы в зависимости от региональных особенностей, и поэтому историки делают акцент на его разнообразии и изменчивости. По мнению Стивена Хока, это была «не система, а сильно варьировавшийся набор практик», по мнению Трейси Деннисон — «свод самых общих правил, в рамках которых можно было прибегать к самым разным практикам управления поместьем». Дэвид Мун приходит к выводу, что крепостничество позволило «достичь баланса, хотя и неудовлетворительного, между принуждением и эксплуатацией крестьян правящей группировкой», что, в свою очередь, «обеспечило приемлемое существование» для крестьян. Деннисон соглашается с этим: крепостничество, по ее утверждению, породило «более открытое и динамичное общество, чем принято считать». На взгляд Алессандро Станциани, в России вообще не было крепостного права — по крайней мере, оно не вводилось официально. Он утверждает, что государство было озабочено в основном определением прав собственности для целей налогообложения и созданием соответствующих кадастров, и хотя в процессе этого крестьяне оказались прикреплены к земле, их повинности никогда не устанавливались и не регулировались законом. Эта точка зрения, провокационная сама по себе, перекликается с тем, что пишут другие: «мир, созданный крестьянами» (говоря словами Дэвида Муна) в России раннего Нового времени отличался разнообразием и был полон непредсказуемых возможностей для крестьян.

Разумеется, на всех крестьян накладывалось ощутимое ограничение, связанное с финансовыми обязательствами перед общиной; кроме того, помещик имел право покупать, продавать и переселять крестьян. Но внутри этих рамок крестьяне старались заполучить контроль над ситуацией. Стивен Хок и другие продемонстрировали (см. главу 10), что общины постоянно стремились не допустить вмешательства хозяйских управляющих в свои дела. Власть общины была суровой и во многом представляла собой тираническое господство старших над младшими, мужчин — над женщинами. Однако наряду с этим община помогала своим членам в трудные времена, а на собраниях отдельные общинники и семьи могли принять участие в обсуждении судьбоносных для себя вопросов. Более того, крестьяне и общинное руководство могли выкроить для себя сферы, где их предприимчивость и решимость находили наилучшее применение. Трейси Деннисон на примере крепостных из имений Шереметевых показывает, как крестьяне учились работать с учетом ограничений, накладываемых помещиками, и обходить эти ограничения. Шереметевы, владевшие поместьями по всей стране, создали административную систему, снабженную «прозрачными» и надежными механизмами, которые позволяли крестьянам покупать землю, основывать свое дело, нанимать работников и даже обогащаться. Конечно, достижение намеченных целей сдерживалось и осложнялось общегосударственным порядком, покоившимся на крепостничестве и рекрутчине, а также требованиями помещиков и их управляющих: приходилось тратить время на изобретение различных уловок, выделять большие средства на подкуп. Успеху всегда сопутствовало беспокойство по поводу того, что плоды трудов может присвоить помещик или государство. И все же многим крестьянам удавалось найти сферу применения своих усилий.

В целом за столетие уровень жизни крестьян вырос. По данным Иэна Бленчарда, с 1720-х годов по 1788-й душевой доход в Российской империи достиг размеров, непредставимых в петровское время: с 1720 по 1762 год он увеличился на 70 %, с 1762-го по 1802-й — еще на 70 %, несмотря на сельскохозяйственные кризисы в последние десятилетия века. Этот подъем был обусловлен так называемой «аграрной революцией» XVIII века: изменились не только методы обработки земли, но также физическое состояние почв и орудия производства. Россия продвигалась в более плодородные лесостепные и черноземные области, росло валовое производство зерна, мяса и овощей. Опираясь на статистику

1788 года, Бленчард отмечает, что в центре — зоне смешанных лесов — было сосредоточено 40 % всей пахотной земли, однако они давали лишь треть урожая зерна в масштабах страны; на черноземные области также приходилось 40 % пахотной земли, и они приносили половину урожая; сравнительно небольшая по площади Левобережная Украина давала оставшиеся 20 %.

В среднем треть урожая уходила на обеспечение крестьян хлебом, остальное шло на прокорм скота и на винокурение. Примерно 40 % зерна уходило на экспорт; сначала оно вывозилось преимущественно через Ригу, которую к концу столетия сменили в этой роли черноморские порты. Если в Европе хлеб утвердился в качестве основного продукта питания сельских жителей с XVI века, то в России картина была иной: крестьяне получали с хлебом 3,1 % необходимых им калорий, остальное давали овощи, фрукты, мед, рыба, говядина, баранина и молочные продукты. Британский путешественник Уильям Кокс отмечал, что в распоряжении русских крестьян есть «много здоровой пищи». В 1780-е годы из-за экономических трудностей рацион крестьянина сделался менее разнообразным, но мясо по-прежнему было его частью.

Расширение сети рек и каналов облегчило перевозку товаров. Едва ли не каждый крестьянин держал огород; на севере ловили рыбу, собирали мед и ягоды, которые шли не только на крестьянский стол, но и на рынок. На южных равнинах, от Новороссии до Башкирии, паслись большие стада крупного рогатого скота и овец (на востоке, в местах проживания ногайцев и калмыков, — также кони). Ежегодно на север по Волге, Дону и дорогам на территории современных Украины и Беларуси отправляли более миллиона голов скота, благодаря чему по всему пути следования не было недостатка в мясе. В украинских и прибалтийских землях эти стада питались побочными продуктами винокурения, на которое шла большая часть местного урожая зерновых. К концу столетия в Петербурге на Рождество и Масленицу стали устраивать ярмарки, где продавали мороженое мясо и дичь — на льду Невы и в других местах. По замечанию Бленчарда, смешанный тип хозяйствования (земледелие и скотоводство), характерный для лесостепной и степной зон, позволял поддерживать плодородие почвы на высоком уровне и обеспечивал калорийный рацион.

Борис Миронов утверждает, что уровень жизни крестьян в течение XVIII века падал, так как средний рост рекрутов (в основном крестьян восточнославянского происхождения) снизился на 3,2 сантиметра. Он приписывает это ухудшению питания, причинами которого были нарастание экспорта зерна, винокурение и постоянное увеличение численности армии, приводившее к повышению цен. Но большинство исследователей не соглашается с ним, ссылаясь на разнообразие крестьянского рациона (см. выше). Кроме того, как полагает Стивен Хок, по рекрутам нельзя делать выводов о населении в целом (общины старались не посылать в армию самых крепких и здоровых). Пол Бушкович указывает на то, что население России на протяжении этого столетия росло быстрее, чем в любой другой стране Европы или Евразии, и считает понижение роста рекрутов «незначительным» фактом на фоне общего демографического подъема.

СОПРОТИВЛЕНИЕ

В своем впечатляющем труде, посвященном евразийскому пограничью, Артур Райбер устанавливает связь между сопротивлением и приспособлением. Он исследует, каким образом некоторые группы и отдельные люди «приспосабливались» к имперской власти: элиты пополняли состав дворянства, образованные слои становились частью чиновничества или служили государству по-другому, в соответствии со своими способностями. Были те, кто шел на пассивное сотрудничество, и те, кто ассимилировался в культурном и религиозном отношении. В тех случаях, когда центральная власть умело привлекала к сотрудничеству региональные элиты и власти, это облегчало контроль над низами. У налогоплательщиков было немного возможностей для приспособления, и сопротивление представляло собой один из вариантов.

Уровень жизни крестьян в XVIII веке рос, но это было одним из второстепенных следствий развития экономики, ориентированной на дворянство и основанной на службе — государству и часто помещику. Недовольство народа было постоянным, хотя и скрытым: крестьяне в России, как и во всем мире, считали неприемлемым свое зависимое положение. Причин было несколько: повышение налогов и увеличение повинностей, приписывание крестьян к заводам и рудникам, массовая раздача крепостных императорским фаворитам при Елизавете, Екатерине и Павле. Для нерусских народов существовала еще одна причина — утрата земель, которые они традиционно использовали для выпаса животных или охоты (в Сибири). Как указывалось в главе 10, сопротивление принимало традиционные формы: бегство, работа спустя рукава, отказ от внедрения сельскохозяйственных новшеств, временами — бунты.

Мелкие бунты случались часто, в отличие от крупных, требовавших организационных усилий, которые крестьяне могли приложить лишь в редких случаях. XVIII век начался с жестоко подавленного восстания донских казаков под предводительством Кондратия Булавина (1707–1709). Следует упомянуть также восстания башкир (около полудесятка крупных выступлений с 1640-х по 1770-е годы), регулярно случавшиеся бунты рабочих на уральских заводах, постоянные нападения сибирских племен, набеги казахов, калмыков и татар. Освобождение дворянства от обязательной службы, дарованное Петром III в 1762 году, породило надежды на отмену крепостного права и принесло этому императору незаслуженную популярность среди крестьян. Эти надежды не оправдались, а виновниками сочли дворян, в результате чего начались крестьянские волнения — более 40 серьезных выступлений между 1762 и 1772 годами и восстание яицких казаков в 1772 году. За недолгое царствование Павла I в 32 южных губерниях произошло более трехсот крестьянских волнений.

Одно восстание в этом столетии было сравнимо по размаху с разинским 1670–1671 годов, а именно Пугачевское (1773–1775). Сходство между ними достаточно велико: и Разин, и Пугачев были донскими казаками с богатым жизненным опытом и военной подготовкой — достаточной, чтобы возглавить вооруженный мятеж. Оба стремились узаконить свои выступления, выдвигая идеологию, прямо противоположную официальной. При Разине состояло два самозванца, лжецаревич и лже патриарх Никон, Пугачев же провозгласил себя Петром III, претендуя на престол, незаконно занятый его «супругой» Екатериной. Таким образом, он стал одним из более чем 20 Лже-Петров III, появившихся в екатерининское царствование.

Пугачевское восстание, подобно разинскому, началось как мятеж яицких казаков, недовольных снижением своего статуса и упразднением вольностей — процесс, который шел уже несколько десятилетий. Пугачев немало послужил империи: он участвовал в Семилетней войне (военные действия в Пруссии) и Русско-турецкой войне (1769–1771), а в промежутке между ними выполнял служебное поручение в Польше. Затем он дезертировал и нашел приют у старообрядцев Речи Посполитой. На Яик Пугачев прибыл в конце 1772 года — он увлек за собой местных казаков, назвавшись Петром III и объявив себя защитником старой веры, приверженцами которой были многие из них. К восстанию присоединились и представители других социальных групп: на Урале — заводские рабочие, работавшие в невыносимых условиях, а также башкиры, татары, калмыки, казахи, желавшие сохранить свои земли, кочевой образ жизни и статус. По мере продвижения восставших в Среднее Поволжье и степи, населенные кочевниками, в их ряды влились крестьяне, протестовавшие против увеличения налогов и повинностей, однодворцы, которым угрожали потеря статуса и переселение дворян в эти края, представители нерусских народов (чуваши, вотяки и другие), которых власть стремилась превратить в податных крестьян. В разгар восстания пугачевское войско насчитывало от 10 до 15 тысяч человек, в том числе 1500 казаков с более чем ста пушками и другим оружием, предоставленным мятежными рабочими с железоделательных заводов.

В 1773–1774 годах восстание распространилось с Урала на запад, вплоть до Казани, и на юг, вдоль Волги, вплоть до Астрахани. Пугачев создал довольно сложный центральный аппарат, военный и политический, пародировавший, по сути и по названиям, российские имперские институты. Несмотря на контроль со стороны предводителя, восстание оказалось хаотичным по своему ходу и чрезвычайно разрушительным. Восставшие были разобщены: на Урале рабочие громили заводы и нападали на руководство, в то время как башкиры действовали против рабочих, а также против крестьян и казаков, справедливо считая их угрозой для своего статуса и образа жизни. В Поволжье крестьяне и представители местных народов нападали на помещиков и немецких колонистов. Люди и имущество повсюду становились жертвами жестокого насилия: более половины из примерно 120 уральских заводов на Урале получили серьезные повреждения; восставшие грабили церкви и амбары, жгли имения; предместья городов, особенно Казани, были разорены и преданы огню. На заводах, в крупных селах и дворянских усадьбах толпы мятежников не только убивали помещиков, но и (как и во время восстания Разина) уничтожали документы, свидетельствовавшие об их зависимом положении, — списки податных людей, документы на право собственности, счетные книги, журналы работ. Летом 1774 года восстание охватило крупнейшие поволжские регионы, включая такие города, как Казань, Нижний Новгород, Арзамас, Алатырь, Симбирск, Пенза, Саранск, Тамбов, Воронеж. По одной из оценок того времени, было убито 1572 дворянина, 1037 государственных чиновников, 237 священнослужителей, а всего жертвами стали 22 тысячи человек, в основном повстанцы. В итоге Пугачев не захватил ни одного крупного административного центра, кроме Челябинска (ненадолго), но охваченный восстанием регион при этом подвергся огромным разрушениям.

К концу 1774 года регулярные войска разгромили повстанцев, Пугачев был взят в плен (как и Разина, его сдали верные властям донские казаки). Восставших ждало жестокое возмездие. Сотни вожаков были повешены, рядовые участники — биты кнутом и сосланы. Пугачева доставили в Москву, судили и казнили в январе 1775 года; Екатерина II проявила милосердие, запретив применять пытки на суде и приказав обезглавить его перед четвертованием. После этого она попыталась стереть память о восстании, переименовав реку Яик в Урал, а Яицкое казачье войско — в Уральское. В марте 1775 года она распорядилась предать «все прошедшее вечному забвению и глубокому молчанию» — точно так же, как 20 лет спустя она и другие участники раздела Польши договорились предать забвению само название «Королевство Польское» и не употреблять его в своей титулатуре. Что важнее, по всей империи началось наступление на казацкие вольности; как уже говорилось в главах 4 и 5, центральная власть ужесточила контроль над казаками от Запорожья до Кубани. Было также введено новое трудовое законодательство для горной отрасли. Новая сеть сельских органов власти, учрежденных в рамках административной реформы 1775 года, стала намного гуще и осуществляла более пристальный надзор (см. главу 14).

Никто, однако, не задумывался всерьез об упразднении крепостного права, и тем более это не рассматривали как возможную реакцию на крестьянское восстание. Екатерина II обдумывала освобождение крестьян в теоретическом плане, имея в виду стимулирование роста населения и соблюдение принципов естественного права, что могло бы обеспечить крестьянству процветание и привести к росту сельскохозяйственного производства. В «Наказе» 1767 года обличаются дворяне, которые «не быв вовсе или мало в деревнях своих, обложат каждую душу по рублю, по два и даже до пяти рублей», ввиду того что это «уменьшает народ и земледелие»: крестьяне вынуждены покидать свои деревни ради отхожих промыслов. По инициативе императрицы Вольное экономическое общество обсуждало проблему крепостного права и в 1768 году опубликовало сочинение, призывавшее к его отмене (оно победило на конкурсе работ, посвященном улучшению условий жизни крестьян). В 1780-е годы был подготовлен проект Жалованной грамоты государственным крестьянам (по аналогии с грамотой городам 1785 года), предусматривавшей правовое оформление их статуса, наделение крестьян имущественными правами, дарование им органов самоуправления. Это документ так и не был опубликован — возможно, из боязни волнений крепостных, подобных тем, которые вспыхнули после провозглашения вольности для дворянства.

Настроения дворянства между тем сильно расходились с отвлеченными просвещенческими идеалами императрицы. По словам Колама Леки, русские дворяне, в отличие от американских рабовладельцев, не выдвигали сколь-нибудь последовательных доводов против освобождения крестьян, но и те, и другие придерживались патриархальных взглядов на общество. В той мере, в какой дискуссия по аграрным вопросам была возможна на страницах «Трудов Вольного экономического общества», издатели которых избегали касаться политических вопросов, дворяне изображали себя цивилизующей силой по отношению к крепостным. Предлагались программы постепенного улучшения методов сельскохозяйственного производства, повышения культуры и нравственности крестьян, но все это должно было происходить в условиях проверенного временем крепостничества. Если брать дворян, один лишь Радищев осудил крепостничество как нарушение исконных прав человека; его «Путешествие из Петербурга в Москву», вышедшее через год после Великой Французской революции, оказалось слишком радикальным для Екатерины, и расплатой стала ссылка в Сибирь. Лишь в 1850-е годы советникам Николая I, а затем Александра II удалось настоять на том, что отмена крепостного права необходима с экономической и военной точки зрения, и в 1861 году она, наконец, состоялась. Что же касается XVIII века, то отношения между помещиком и крестьянином, а также крестьянином и государством развивались внутри заданных рамок — проявления мобильности и различные возможности возникали в зазорах системы.

Социальная мобильность этого столетия, безусловно, усложняет понятие «сословия». Принадлежность к нему играла важную роль в повседневной жизни, определяя порядок налогообложения, юридический статус, подчиненность тем или иным властям, служебные обязанности и мобильность человека. Дворяне и купцы получали привилегии, а перспективы для податных людей города и деревни сужались. Но границы между сословиями были преодолимыми: купцы надеялись получить дворянство, беглые крестьяне — записаться в гарнизонные войска и получить надел. Порой этими границами пренебрегали: крестьяне и дворяне, казаки и ясачные люди занимались торговлей, нарушая права посадских. Социальная динамика преодолевала структурировавшие общество формальные правовые категории, что обеспечило колоссальный экономический рост в течение столетия.

Границы между сословиями сделались более четкими в XIX веке; как полагают некоторые, такой подход позволил создать в России то, что теоретически можно назвать «корпоративным обществом» — совокупность институтов, групп и социальных слоев, связанных с государством и относительно сплоченных. Но этому еще только предстояло случиться. В XVIII веке индивидуальная и коллективная идентичность формировалась на основе других признаков, таких как этническая принадлежность, язык, религия, регион, политическая экономия. Социальная сплоченность, наблюдавшаяся в империи, обуславливалась прямой вертикальной связью индивидов и групп с центральной властью — связью, которая порождалась службой, налогообложением, законодательством и подчинением малоразвитому административному аппарату. В остальном же это было имперское «общество различий».

* * *

Грегори Фриз инициировал дискуссию о сословиях, опубликовав свою статью: Freeze G. The Soslovie (Estate) Paradigm and Russian Social History // American Historical Review. 1986. № 91. P. 11–36. В ее рамках вышли следующие статьи: Confino M. The Soslovie (Estate) Paradigm: Reflections on some Open Questions // Cahiers du monde russe. 2008. № 49. P. 681–704; Wirtschafter E. Social Categories in Russian Imperial History // Cahiers du monde russe. 2009. № 50. P. 213–250; Ransel D. Implicit Questions in Michael Confino's Essay: Corporate State and Vertical Relationships // Cahiers du monde russe. 2010. № 51. P. 195–210. Среди монографий назовем следующие: Wirtschafter E. Social Identity in Imperial Russia. DeKalb, Ill.: Northern Illinois University Press, 1997; Smith A. For the Common Good and their Own Well-Being: Social Estates in Imperial Russia. New York: Oxford University Press, 2014.

О демографической истории мира в целом см. работы Кабузана, Горской и Водарского, упомянутые в главе 1; McEvedy C., Jones R. Atlas of World Population History. Harmondsworth: Penguin Books, 1978; Миронов Б. Социальная история России периода империи (XVIII — начало XX века). В 2-х т. СПб.: Дмитрий Буланин, 2003. Краткий обзор содержится в книге: Kahan A., Hellie R. The Plow, the Hammer, and the Knout: An Economic History of Eighteenth-Century Russia. Chicago: University of Chicago Press, 1985. Классические труды русских авторов цитируются в главе 1. Помимо этого, В. М. Кабузан создал ряд ценных трудов по демографии, посвященных конкретным проблемам и охватывающих период с XVIII по XX век; в географическом плане они касаются Новороссии, Дальнего Востока, Крыма, немецких, русских, украинских и молдавских переселенцев. Он обобщил свои работы в книгах: Народы России в XVIII веке: Численность и этнический состав. М.: Наука, 1990; Эмиграция и реэмиграция в России в XVIII — начале XX в. М.: Наука, 1998.

О движении населения: Boeck B. Containment vs. Colonization: Muscovite Approaches to Settling the Steppe // Peopling the Russian Periphery: Borderland Colonization in Eurasian History / Ed. by N. Breyfogle, A. Shrader, W. Sunderland. London, New York: Routledge, 2007. P. 41–60; Moon D. The Russian Peasantry, 1600–1930: The World the Peasants Made. London: Longman, 1999; Shaw D. Southern Frontiers in Muscovy, 1550–1700 // Studies in Russian Historical Geography, 2 vols / Ed. by J. Bater, R. French. London: Academic Press, 1983. Vol. 1. P. 117–142; Donnelly A. The Mobile Steppe Frontier: The Russian Conquest and Colonization of Bashkiria and Kazakhstan to 1850 // Russian Colonial Expansion to 1917 / Ed. by M. Rywkin. London: Mansell, 1988. P. 189–207; Pallot J., Shaw D. Landscape and Settlement in Romanov Russia, 1613–1917. Oxford: Clarendon Press, 1990.

О социально-экономической истории крестьянства: Moon D. The Russian Peasantry, 1600–1930: The World the Peasants Made. London: Longman, 1999; Moon D. Reassessing Russian Serfdom // European History Quarterly. 1996. № 26. P. 483–526; Bartlett R. Serfdom and State Power in Imperial Russia // European History Quarterly. 2003. № 33. P. 29–64; Wirtschafter E. Russia's Age of Serfdom 1649–1861. Malden, Mass.: Blackwell Pub., 2008; Dennison T. The Institutional Framework of Russian Serfdom. Cambridge: Cambridge University Press, 2011; Hoch S. Serfdom and Social Control in Russia: Petrovskoe, a Village in Tambov. Chicago: University of Chicago Press, 1986; Stanziani A. Bondage: Labor and Rights in Eurasia from the Sixteenth to the Early Twentieth Centuries. New York and Oxford: Berghahn Books, 2014. Классические труды, посвященные крестьянству: Blum J. Lord and Peasant in Russia: From the Ninth to the Nineteenth Century. Princeton: Princeton University Press, 1971; Shanin T. The Awkward Class: Political Sociology of Peasantry in a Developing Society: Russia 1910–1925. Oxford: Clarendon Press, 1972. Об однодворцах: Esper T. The Odnodvortsy and the Russian Nobility // Slavonic and East European Review. 1967. № 45. P. 124–134.

О крестьянском рационе и крестьянской экономике: Миронов Б. Социальная история России периода империи (XVIII — начало XX в.). В 2-х т. СПб.: Дмитрий Буланин, 2003; Mironov B. The Standard of Living and Revolutions in Russia, 1700–1917. London: Routledge, 2012; Blanchard I. Russia's Age of Silver: Precious Metal Production and Economic Growth in the Eighteenth Century. London: Routledge, 1989. О быстрых переменах в XVIII веке: Bushkovitch P. Change and Culture in Early Modern Russia // Kritika: Explorations in Russian and Eurasian History. 2015. № 16. P. 291–316; Kollmann N. A Deeper Early Modern // Kritika: Explorations in Russian and Eurasian History. 2015. № 16. P. 317–329.

Об экономике и экономических дискуссиях при Екатерине II: Leckey C. Patrons of Enlightenment: The Free Economic Society in Eighteenth-Century Russia. Newark, Del.: University of Delaware Press, 2011; Bartlett R. Catherine II's Draft Charter to the State Peasantry // Canadian-American Slavic Studies. 1989. № 23. P. 36–57; Kahan A. The Costs of «Westernization» in Russia: The Gentry and the Economy in the Eighteenth Century // Slavic Review. 1966. № 25. P. 40–66.

О запретной связи графа Шереметева: Smith D. The Pearl: A True Tale of Forbidden Love in Catherine the Great's Russia. New Haven: Yale University Press, 2008. Эта же тема на материале XIX века: Stites R. Serfdom, Society, and the Arts in Imperial Russia: The Pleasure and the Power. New Haven: Yale University Press, 2005.

О сопротивлении крестьян: Scott J. Weapons of the Weak: Everyday Forms of Peasant Resistance. New Haven: Yale University Press, 1985; Rieber A. The Struggle for the Eurasian Borderlands: From the Rise of Early Modern Empires to the End of the First World War. Cambridge: Cambridge University Press, 2014. История крестьянских восстаний от Болотникова до Пугачева: Avrich P. Russian Rebels, 1600–1800. New York: Schocken Books, 1972; Raeff M. Pugachev's Rebellion // Preconditions of Revolution in Early Modern Europe / Ed. by R. Forster, J. Greene. Baltimore and London: Johns Hopkins University Press, 1970. P. 161–202.

Глава 18
Города, горожане, городская реформа

Российские монархи XVIII века полагали, что города и среднее сословие имеют важнейшее значение для процветания экономики. По итогам своей поездки с Великим посольством (1697–1698) Петр I проникся убеждением, что России необходимы автономия городов и бюргерское сословие, наподобие тех, что он наблюдал в Европе. Концепция «хорошо упорядоченного полицейского государства», которую отстаивали его советники, предусматривала в явно выраженной форме наличие промежуточных социальных групп, поддерживающих политику государства. Екатерина II лично написала раздел «Наказа» 1767 года, где восхваляются достоинства «среднего рода людей», занимающих «основанное на добронравии и трудолюбии и к оным ведущее положение». Далее идет пояснение: «К сему роду людей причесть должно всех тех, кои не быв дворянином, ни хлебопашцем, упражняются в художествах, в науках, в мореплавании, в торговле и ремеслах». Правители страны старались сделать города и буржуазию более развитыми и активными, исходя из идей Просвещения, благосклонного к третьему сословию, а также из прагматических соображений, таких как желание создать оптимальную налоговую систему для производительных субъектов (в частности городов).

Однако политические и экономические реалии затрудняли достижение этих целей. Население империи издавна рассматривалось как состоящее из отдельных, отграниченных друг от друга социальных групп: крестьяне обрабатывают землю, посадские и купцы обладают исключительным правом на торговлю, владельцы земли и крепостных несут военную службу, местные народы платят ясак и ведут традиционный образ жизни. Как отмечалось в главе 17, социальные изменения, происходившие в XVIII веке, размывали эти категории, способствуя образованию новых групп, таких как разночинцы. Но в стране не образовалось сильного среднего класса и не случилось сколь-нибудь заметной урбанизации, отчасти потому, что дворяне получали права, некогда дарованные лишь купцам — на занятие торговлей, на открытие промышленных заведений, на обладание монополиями. Население каждого города было соткано из множества групп, различавшихся в социальном, этническом и правовом отношении: их представители занимались торговлей и разнообразными общественными делами, но не кооперировались друг с другом для образования подлинной муниципальной власти.

РАЗНОЧИНЦЫ

Одним из важнейших событий в России XVIII века стало возникновение прослойки специалистов — купцов, ведущих внутреннюю и международную торговлю, предпринимателей, изобретателей, ученых, картографов, учителей и интеллектуалов. Армия и флот, подвергавшиеся преобразованию, горное дело, металлургия и другие отрасли промышленности, промышленное производство, базировавшееся в деревне, расширение бюрократического аппарата, европеизация культуры — все это приводило к появлению людей с особыми навыками, которых нельзя было уместить в прежние категории. Екатерина II старалась соблюсти баланс между контролем над существующими группами налогоплательщиков и поощрением новых, активных элементов общества.

На протяжении всего московского периода существовали те, кто противился получению четкого социального статуса, несмотря на усилия государства по их учету и обложению налогами —

«гулящие люди» либо «люди разных чинов». В большинстве своем это были нищие бродяги. В начале XVIII века возникает новое понятие — «разночинцы», сперва имевшее пренебрежительный оттенок, но затем ставшее официальным. В документах, относящихся к 1701–1718 годам, этот термин применяется к представителям низших классов, не принадлежащих ни к налогоплательщикам, ни к духовенству. Будучи выходцами из неподатных сословий, они, как правило, не уплачивали подушную подать. Это были получившие образование сыновья духовных лиц, зачастую семинаристы; обладатели чинов, не дававших права на получение дворянства; сыновья личных дворян и так далее. К разночинцам относились также отставные солдаты, солдатские жены и сыновья, хотя формально они образовывали особую категорию; солдатские сыновья могли служить в армии либо заниматься ремеслом или канцелярской работой для надобностей войска. Намного более сложным было положение солдатских жен: будучи официально «свободными», на что указывает Элис Виртшафтер, они откалывались от общин и от местного общества в целом, что обычно обрекало их на нищету, заставляя заниматься трудом на промышленных предприятиях и даже проституцией. Разночинцами называли даже сибирских ясачных людей. Но со временем это слово стало использоваться преимущественно в отношении образованных людей, не принадлежащих к дворянству и ведущих самую разнообразную деятельность — бродячих торговцев, приказчиков в лавках, подсобных рабочих, успешных торговцев, университетских профессоров, художников. Термин так и не получил законодательного определения, но, тем не менее, упоминается в «Наказе» 1767 года. К началу первой ревизии (1719) разночинцы составляли 1,6 % всего населения, в 1795 году — 2,6 % (см. главу 17).

Эти социальные изменения ощущались даже в небольших городах: Александр Каменский обнаружил небольшое число разночинцев в Бежецке на начало XVIII века, включая крестьян и бобылей (безземельных крестьян), прибывших из близлежащих монастырских деревень, отставных солдат, солдатских вдов, чиновников в отставке, сыновей духовных лиц: все они находились в поисках места, работы на посадских или возможности заняться торговлей. Особенно благоприятную почву для таких социальных перемен создавала европеизация культуры. Несмотря на создание учебных заведений для дворянства (кадетские школы и другие военные училища), а также домашнее и заграничное образование, которое получали дворянские сыновья, образовательная система ни в коей мере не была рассчитана только на благородное сословие. Технические учебные заведения, появившиеся при Петре I, выпускали инженеров и топографов. Прекрасную подготовку давала основанная Елизаветой в 1757 году Академия художеств, что во многом обуславливалось спросом на художников при дворе и в среде богатых аристократов; требовались, кроме того, музыканты, певцы, актеры, архитекторы, поэты, панегиристы. С середины XVIII века, особенно при Екатерине II, продвигавшей идеи Просвещения, возможностей для книгопечатания и устройства театральных представления стало намного больше.

Многие ведущие российские литераторы — Александр Сумароков, Денис Фонвизин, Александр Радищев — и большинство интеллектуалов в столицах и в крупных провинциальных городах были дворянами, но эта прослойка пополнялась теми, кто вышел за рамки социальных категорий, определенных им при рождении. Известный поэт и литературный теоретик В. К. Тредиаковский (1703–1769) был сыном астраханского священника и получил образование в католической латинской школе. Затем он учился в московской Славяно-греко-латинской академии, а после этого — в Гааге и Париже, что позволило ему стать переводчиком и преподавателем при Академии наук в Петербурге. Романист и поэт Михаил Чулков (1734(?)–1792), относившийся уже к следующему поколению, был по происхождению московским разночинцем, подвизался в Петербурге в качестве придворного актера и лакея, затем поступил на гражданскую службу, попутно занимаясь сочинительством. Поэт Василий Петров (1736–1799) родился в семье священника, учился в московской Славяно-греко-латинской академии, затем стал в ней преподавать, а впоследствии сделался любимым одописцем Екатерины II. Великий поэт

Гавриил Державин (1743–1813) был сыном офицера, находился на гражданской и военной службе, написав при этом ряд превосходных од, преобразовавших систему русского стихосложения. Среди других литераторов скромного происхождения упомянем М. Н. Муравьева (1757–1807), родившегося в семье военного инженера, и С. С. Боброва (1763–1810), сына священника.

В науке человек незнатного происхождения также мог сделать выдающуюся карьеру. Иван Кирилов, путешественник, геодезист и картограф, составитель первого атласа России, родился в 1689 году в семье подьячего и, будучи грамотным, получил образование в Навигацкой школе. Родившийся на полвека позже (1750) Иван Комов был сыном сельского священника, окончил Славяно-греко-латинскую академию в Москве, изучал сельское хозяйство в Англии, затем вернулся в Россию и занялся распространением полученных знаний, будучи членом Вольного экономического общества. Еще более впечатляющей оказалась судьба знаменитого ученого-энциклопедиста М. В. Ломоносова (1711–1765), которая иллюстрирует возможности продвижения по социальной лестнице в ту эпоху. Сын зажиточного рыбака-помора, он выучился грамоте у дьячка местной церкви, а затем, состоя в статусе государственного крестьянина, отправился в Москву, где выдал себя за дворянина и поступил в Славяно-греко-латинскую академию. К счастью, когда обман вскрылся, он добился таких успехов в учении, что его не отчислили. Напротив, он был послан для продолжения образования в Киев, затем в Петербург и Марбург. После этого его карьера была связана с петербургской Академией наук. Ломоносов внес вклад в физику, химию, геологию, географию и астрономию, вместе с Тредиаковским стал основоположником классического русского стихосложения, писал оды и панегирики, вел острую полемику с Герхардом Фридрихом Мюллером, сторонником норманнской теории происхождения русского государства, которому возражал с патриотических позиций. Труды Ломоносова комментировались и обсуждались в парижских и лондонских научных журналах. Мало кому удавалось так далеко зайти за определяемые происхождением границы возможностей.

ГОРОДСКИЕ РЕФОРМЫ: ОТ ПЕТРА I ДО ЕКАТЕРИНЫ II

Разночинцы, способные и энергичные, были преимущественно городским феноменом: в 1782 году пять городов в стране имели население свыше 20 тысяч человек, в Москве и Петербурге проживало более 100 тысяч. Но в целом империя на протяжении этого столетия была мало затронута урбанизацией. Как уже говорилось в главе 11, к концу XVII века лишь 2 % всего населения империи проживало в городах, по сравнению с 40 % в Голландской республике и 20 % в Англии. Как и прежде, города представляли собой разросшиеся селения, состоявшие из усадеб с внутренним двором, садами, домашним скотом. Борис Миронов замечает, что в 54 % всех городов Европейской России в XVIII веке, независимо от их размера, большинство населения занималось сельским хозяйством, а не производством или торговлей. Как и в Восточной Европе, здесь преобладали малые города: в 1678 году 93 % городов насчитывали менее 5000 жителей, в 1782 году — 72 %. Многие города были гораздо меньше, но демографический подъем XVIII века все же дал о себе знать: в 1678 году 35,5 % городского населения проживало в городах с населением менее тысячи человек, а в 1782 году — 12,9 %.

В XVIII столетии число городов увеличилось, но это не всегда было связано с экономическим ростом. На 1727 год в России насчитывалось примерно 340 городов; как ни парадоксально, дальнейшую прибавку в наибольшей степени обеспечили завоевания и административная реформа 1775 года. В ходе последней число губерний более чем удвоилось (с 19 до 50), число уездов возросло с 513 до 585, и в каждой из таких единиц отныне должен был иметься центр в виде города. Если его не существовало, он возникал по решению властей, часто переводивших деревни в разряд городов; жители их, таким образом, становились горожанами. С 1775 по 1785 годы было основано 216 новых городов, в основном уездных центров, что составило почти 40 % всех поселений, имевших статус города в 1780-х годах. К 1800 году, благодаря территориальному росту империи в результате разделов Польши и реформам Павла I, в России имелось 46 губерний и примерно 550 уездных городов; большинство новых городов выжили и стали небольшими региональными центрами, торговыми и административными.

Как и ранее, города представляли собой «лоскутные одеяла» из участков, относившихся к различным юрисдикциям. Автономного городского пространства европейского образца не существовало, если не считать живших по магдебургскому праву городов бывшей Речи Посполитой, а также Прибалтики. После двух безуспешных попыток ввести городское самоуправление (1699, 1708) были созданы городовые магистраты, продержавшиеся до реформ 1775 года. В какой-то мере городские власти представляли собой параллель губернским и уездным, будучи полностью независимы от них (кроме периода 1727–1743 годов, когда после упразднения Главного магистрата города подчинили губернаторам и воеводам). В ведении магистрата состояли только купцы и городское податное население; он состоял из совета, где заседали бургомистр и ратманы, избиравшиеся из числа состоятельных купцов податными посадскими людьми. Служба в магистрате была обузой, но одновременно возможностью защитить свои деловые интересы. Размер магистрата зависел от численности податного населения.

При магистрате существовал словесный (коммерческий) суд, ведавший делами о контрактах, векселях, банкротствах и т. д. Главный магистрат в Петербурге служил апелляционной инстанцией. Данная реформа оказалась одной из самых успешных. В своих наказах Уложенной комиссии (1767) купцы со всей страны подчеркивали необходимость расширения полномочий словесных судов, тогда как дворяне (как и в XVII веке) жаловались на продажность и неэффективность судов, в которые они обращались.

В соответствии с идеей «хорошо упорядоченного полицейского государства» ожидалось, что городские власти будут основывать общественно значимые учреждения — школы, больницы, приюты для незаконнорожденных детей, откуда те по достижении соответствующего возраста будут выпускаться в армию или во флот, — все то, что губернаторы и воеводы, как предполагалось, должны делать в сельской местности. Осознание этих потребностей в 1720-е годы отражает более общую, всеевропейскую проблему, связанную с городскими бедняками (незаконнорожденные дети, незамужние матери, пожилые люди, инвалиды и другие нуждающиеся); во многих странах, прежде всего католических, за счет церкви и государства создавались приюты, детские дома и различные службы, тогда как в протестантских странах принимались «законы о бедняках», предусматривавшие взносы на их содержание со стороны членов местных общин. В России на это не находилось средств ни у городов, ни у губернаторов с воеводами.

При введении магистратов городские налогоплательщики формально получили новый статус, не менявший, однако, их положения по существу. В московский период посадские люди делились на три группы в зависимости от состояния, а в крупных центрах торговли были еще стоявшие выше них купеческие корпорации — гости и две сотни. Реформа предполагала включение всех «регулярных граждан» (ремесленников, торговцев) в одну из трех гильдий, смотря по их состоянию и роду занятий. То были торговые сообщества, а не ремесленные гильдии европейского вида, поскольку в России отсутствовала подобная традиция. Ниже стояли «подлые граждане» (наемные работники, чернорабочие и т. п.). В первую гильдию входили богатейшие купцы — аналог бывших гостей; они вели крупную торговлю внутри страны и за границей, обретаясь преимущественно в Москве, Петербурге и Туле с ее заводами. Члены гильдий имели право откупиться от рекрутской повинности, но платили подушную подать, налоги на лавки и продажи, принимали на постой войска, несли обременительные служебные обязанности.

Городское население, как и прежде, состояло из людей различного социального положения с различными правами и привилегиями — дворян, солдат, военных разного рода. В XVIII веке податные составляли около 40 % населения городов, дворяне и духовные лица — менее 5 % на каждую категорию, военные и разночинцы — менее 15 % на каждую категорию, крестьян, живших в городах, становилось все больше, и по своей численности они почти сравнялись с податными горожанами. Как уже говорилось, представители всех этих групп присваивали себе право занятия торговлей и производством, ранее принадлежавшее исключительно посадским. В 1755 году дворяне получили монополию на производство и оптовую продажу спиртного, хотя купцы держали трактиры; в 1762-м последние утратили в пользу дворян принадлежавшее им с 1721 года право покупать деревни с крестьянами, приписывая их к фабрикам, и нанимать работников (которые зачастую были крепостными и оброчными государственными крестьянами). Некоторые меры Екатерины II, проникнутые духом физиократии, также подрывали привилегии торговцев: указ от мая 1755 года позволял всем устраивать промышленные предприятия без государственного разрешения, в 1782 году всем, кроме крепостных, было позволено заниматься розничной торговлей, а в конце 1790-х годов это право получили и крепостные (в столичных городах и за плату), что узаконивало существующую практику.

Таким образом, в «магистратских» городах не существовало единого муниципального пространства, что хорошо демонстрируют проблемы, связанные с повседневным управлением и охраной правопорядка. Многие центральные учреждения надзирали за теми или иными сторонами городской жизни: к примеру, Мануфактур-коллегия и Коммерц-коллегия ведали промышленными предприятиями и рынками соответственно, другие ведомства — определенными категориями населения (почтовыми служащими и т. п.). Охраной порядка формально занимались полицейские, подчинявшиеся воеводе, на практике же ее осуществляли посадские люди в рамках государственной повинности, не получая за это денег. Основной обязанностью была ночная стража, в которую назначались выборные общинники. Стражники следили главным образом за безопасностью на улицах, соблюдением закона и поддержанием порядка (задерживали пьяных, преследовали воров), но также выявляли случаи незаконного винокурения, наблюдали за тем, чтобы в сухие периоды не зажигали печей: это вело к пожарам, губительным для деревянных русских городов. Пожарной службы как таковой не имелось: снаряжение хранилось у магистрата, и в случае тревоги на борьбу с огнем должны были вставать все способные к этому горожане. Жители города, кроме того, поддерживали инфраструктуру (уличное покрытие, мосты), убирали мусор в своем предместье; магистраты заботились о гигиене, разрешая мясникам работать лишь на окраинах. Торговцы, обладавшие необходимыми умениями и возможностями, служили в качестве государственных счетоводов, оценщиков, инспекторов, управляющих водочными и соляными монополиями, помощников по сбору податей и таможенных пошлин. По оценке Бориса Миронова, в первой половине XVIII века четверть всех податных горожан отвлекались от основной деятельности ради выполнения этих государственных повинностей. После 1754 года, когда упразднили внутренние таможни, тысячи купцов и ремесленников смогли посвящать больше времени своим непосредственным занятиям. Но прочие повинности сохранялись, как видно из жалоб горожан, отраженных в наказах Уложенной комиссии.

Магистратская реформа 1720-х годов не создала ни автономного городского пространства в физическом смысле, ни среднего класса. Горожане, как и раньше, находились на службе государства; город был мозаикой юрисдикций и экономических иммунитетов; городские власти в общем и целом проводили политику, диктуемую государством. Но одновременно некоторые купцы, ремесленники и города в целом добились в этом столетии процветания благодаря росту экономики. Предприимчивые торговцы участвовали в государственных делах, получая контракты на изготовление или поставку различных товаров — оружия, мундиров, припасов для армии. Некоторые добились успеха в промышленном производстве (семейства Демидовых, Евреиновых, Третьяковых). Иностранные купцы благодаря более значительным капиталам и более совершенным материальным средствам все еще составляли конкуренцию русским, но последних защищали протекционистские тарифы.

При Екатерине II города играли важнейшую роль в достижении меркантилистской цели, поставленной императрицей: создать процветающую экономику. Поэтому реформы 1775 года предусматривали для них большую автономию. Согласно им, горожане делились на категории по богатству, а не социальному положению. Члены трех купеческих гильдий платили ежегодно один процент с объявленного капитала вместо подушной подати. Для попадания в первую гильдию необходимо было обладать капиталом в 10 тысяч рублей или больше, во вторую — от 1 до 10 тысяч, в третью — от 500 до 1000. Купцы также освобождались от рекрутской повинности. Ниже них стояли «цеховые», ремесленники, имевшие свои корпоративные организации и поддерживавшие собственные стандарты производства; они вносили подушную подать и не избавлялись от рекрутчины. Екатерина хотела отделить предпринимателей буржуазного склада от мелких торговцев и ремесленников — и преуспела в этом: лишь 11 % тех, кто ранее состоял в купеческих гильдиях, отныне значился купцом в соответствии с размером объявленного капитала. В среде купечества заметно повысилась социальная мобильность: те, кто накапливал достаточный капитал, делались членами этого сословия, те же, кто не мог пережить трудные времена, становились податными; богатые крестьяне-предприниматели записывали себя купцами, не входя в гильдии, так как не имели необходимых для этого навыков. Но и после реформы в большинстве городов население принадлежало к различным сословиям.

Кроме этого, в рамках реформы были сформированы занимавшиеся повседневным управлением «шестигласные» городские думы, куда входили представители купцов и ремесленников. Губернатор осуществлял общий надзор за административными, финансовыми и судебными учреждениями, создаваемыми в соответствии с реформой. «Устав благочиния или полицейский» 1782 года предусматривал усиление и упорядочение деятельности полиции в городах, которые разделялись на равные по размеру «части» и далее на «кварталы», находившиеся в ведении Управы благочиния. Полицейские в небольших «кварталах» должны были оказывать разнообразные услуги, от разрешения споров до патрулирования улиц и обеспечения общественного благосостояния. Раз в три года горожане собирались на заседание общей городской думы, где избирали судей и членов Управы благочиния.

Шестигласная дума финансировала Управу и наблюдала за ее работой.

Жалованная грамота городам (1785) предусматривала создание однородного городского общества: все жители считались гражданами и делились на шесть «разрядов», согласно своему состоянию и роли в городской жизни (домовладельцы, купцы, ремесленники, иногородние и иностранцы, именитые граждане, посадские люди (рабочие)), причем «разряды» являлись межсословными категориями. От каждого разряда в шестигласную думу входил один гласный. Эта дума ведала всеми городскими делами: финансами, судебными разбирательствами, обеспечением законности, торговлей. Мы видим, что Екатерина II мыслила города как автономные образования с высокой гражданской активностью.

Екатерина также занялась еще одной нерешенной проблемой городов, которая за предшествующее столетие только усугубилась: из-за массовых рекрутских наборов солдатские жены и дети часто оставлялись на произвол судьбы; перемещение тысяч крестьян, приписываемых к фабрикам и заводам, также разрушало социальные связи и способствовало увеличению числа бродяг. Магистратам и губернаторам вменялось в обязанность заботиться о неимущих, монастыри и приходские церкви предоставляли им самое необходимое, но никаких систематических усилий не предпринималось. Желая провести в жизнь широкую программу образования российского юношества в духе идей Просвещения и гражданской ответственности, императрица поручила Ивану Бецкому создать ряд образовательных учреждений. Среди них были школы для девочек из дворянского и мещанского сословий, училище для обучения купеческих детей, училище при Академии художеств, Воспитательные дома в Москве и Петербурге; кроме того, Бецкой реформировал петербургский кадетский корпус. (Воспитательные дома обеспечивали себя средствами, успешно управляя банковскими учреждениями — Ссудной, Сохранной и Вдовьей казнами, обслуживавшими вдов и детей.) В те времена путь, который выбрал Бецкой со своими двумя воспитательными домами, в свете европейского опыта казался рискованным: он подразумевал создание громадных учреждений, существующих на государственные и частные средства, вместо местного налогообложения, позволяющего наладить помощь и контроль на уровне общин. Как указывает Д. Рэнсел, руководство домов не смогло добиться удовлетворительной выживаемости (в первые 36 лет из более чем 42 тысяч принятых детей выжило лишь 13 %) и сделать из детей представителей среднего класса, полезных членов общества. В XIX веке стал применяться другой подход, более успешный: в воспитательные дома принимали лишь небольшое число подкидышей и незаконнорожденных, остальных отправляли в деревни на воспитание государственным крестьянам, получавшим за это плату.

Петербург и Москва были не единственными городами, где остро стояли социальные проблемы; Бецкой попытался создать аналогичные дома в 30 провинциальных городах, но не смог из-за отсутствия достаточного количества частных пожертвований. Приступив в 1775 году к административным реформам, власти вновь озаботились этим вопросом и сформировали в губернских центрах Приказы общественного призрения для создания больниц, работных домов, школ и прочих социальных учреждений. Здесь успех зависел от энергии губернских властей и ресурсов, которыми они располагали.

Несмотря на определенный прогресс в деле укрепления автономии, русские города в XVIII веке сохраняли прежнюю социальную пестроту, будучи встроенными в централизованные бюрократические структуры империи. Так, например, полицейская власть в большинстве городов после 1775 года принадлежала назначаемому сверху городничему, обычно из числа дворян; города номинально подчинялись губернаторам и воеводам. Проживавшие в городах дворяне и духовные лица в большинстве своем не принимали участия в городском самоуправлении, предпочитая им сословные институты, такие как дворянские собрания. Однако купцы — верхушка городского населения — были выведены из подчинения общин, освобождены от подушной подати и рекрутской повинности. Что еще важнее, в течение столетия расширялись их права на владение собственностью. В 1700-м купцам было разрешено владеть домами в городах, а также лавками, мастерскими и другими заведениями. Эти права собственности закрепила Жалованная грамота городам (1785). В 1801 году жителям городов было позволено покупать деревенские земли без крепостных, что вело к фактическому владению последними, поскольку в течение всего столетия купцы приобретали земли и крепостных через посредников.

ГОРОДСКАЯ ЖИЗНЬ И УПРАВЛЕНИЕ

Городская жизнь далеко не ограничивалась деятельностью магистрата с его «гражданами» — русские города XVIII века, шумные и многосоставные, отражали свойственное империи разнообразие. В них жили дворяне и чиновники, выполнявшие служебные обязанности, солдаты и офицеры, которых было особенно много в столицах. Трудовой люд проживал в густонаселенных слободах, занимаясь извозом и строительством. Крестьяне, без которых в деревнях могли обойтись, нанимались на поденную и фабричную работу либо шли в бурлаки. Некоторые обретали статус податных посадских людей; в результате екатерининских реформ наиболее предприимчивые крестьяне могли записываться в купеческие гильдии, если обладали достаточным капиталом. Но большинство просто занималось торговлей, не меняя сословной принадлежности. Вполне объяснимо, что в наказах 1767 года купцы и посадские жаловались на недобросовестную конкуренцию со стороны этих крестьян. В России XVIII века не существовало единого понятия города, а было множество разновидностей городов, о чем свидетельствуют конкретные примеры.

Александр Каменский исследовал повседневную жизнь в Бежецке (примерно 300 километров к северо-востоку от Москвы) перед екатерининскими реформами. Перед нами предстает скромный провинциальный городок, население которого на протяжении всего столетия, вероятно, не превышало двух тысяч человек: половина — посадские, остальные — солдаты, крестьяне, разночинцы; примерно треть этих «остальных» не платила податей за неимением объявленной собственности. Город имел сугубо сельский вид — жители выращивали овощи на огородах, в небольшом количестве держали птицу, коз и овец. В Бежецке не было крупных производств, но отдельные семейства производили продукты питания и мелкие предметы для продажи на рынке. Около четверти домохозяйств торговали мясом, рыбой, творогом, хлебными изделиями, квасом, овощами, шкурами, обувью, одеждой и воском. Прочие горожане занимались охотой и рыболовством, но не торговали сами; многие были чернорабочими.

И напротив, Вологда, Великий Устюг и Тула в последние десятилетия XVIII века были далеко не такими сонными, о чем сообщают географы Джудит Пэллот и Деннис Шоу. Вологда, старинный русский город на дороге из Москвы в Архангельск, оставалась важным центром торговли: в конце столетия через нее проходило 38,7 % всего российского экспорта и 16,8 % импорта. Как и Великий Устюг, второй значительный город в северной части страны, она была невелика по размерам — в ней жили от 7,5 до 10 тысяч человек (в Великом Устюге — менее 7 тысяч). И там, и там имелась процветающая легкая промышленность — крашение тканей, дубление, пивоварение, производство мыла, саловарение, прядение и ткачество льна, помол ржи, производство древесины, металлообработка, строительство лодок. Великоустюжские ремесленники славились искусными изделиями из серебра и других металлов. Сельское хозяйство удовлетворяло потребности в таких продуктах, как рожь, ячмень, овес, лен; добываемая охотниками дичь дополняла рацион горожан.

Что касается Тулы, то она несколько десятилетий была центром провинции, южная оконечность которой принадлежала к Черноземью; 80 % сельского населения в этих местах были крепостными, отрабатывавшими барщину у помещика (а не платившими оброк). Северная же часть провинции, где располагалась Тула, тяготела к промышленной экономике лесистой центральной зоны, где преобладало ремесло, а не земледелие. Тула была известна своими металлургическими и оружейными заводами, которые начали появляться еще в конце XVI века. В 1780-х годах ее население составляло около 25 тысяч человек; многие из них работали на предприятиях, производивших знаменитые тульские самовары, прочие декоративные изделия, инструменты и оружие. Была и легкая промышленность (изготовление шляп, перчаток, шелковых тканей, канатов, черепицы), где работали посадские и крестьяне из деревень провинции.

Подобных небольших городов было много в Европейской России и Сибири, но имперские завоевания привели к включению в состав страны крупных оживленных центров, таких как прибалтийские столицы, Киев на Днепре, Казань и Астрахань на Волге, Бахчисарай в Крыму. Им была свойственна уникальность во всем: это касалось исторического прошлого, этнического состава (часто очень пестрого), религии, политических структур окружавших их регионов. Вот несколько примеров разнообразия, присущего городам империи. Рига и Ревель были известными с давних пор портами на Балтике: первая — в устье Западной Двины, второй — на южном побережье Финского залива. Начиная со Средневековья, они последовательно находились во владении различных держав (Ливонский орден — до 1561 года, Речь Посполитая — в 1581–1621 годах, Швеция — в 1621–1710 годах и, наконец, Россия), но при этом сохраняли самоуправление и свои привилегии, подтверждавшиеся каждым новым монархом.

Будучи немецкими торговыми портами, в 1280-х годах Рига и Ревель присоединились к Ганзейскому союзу; через них вывозили пеньку, лен, масло, пчелиный воск, древесину и меха. В сельской местности Эстляндии и Лифляндии всем заправляли немецкие помещики-юнкеры, в городах — немецкие купцы, пользовавшиеся германским правом. В Риге, как и в большинстве центрально- и восточноевропейских торговых городов, действовало магдебургское право, в Ревеле — любекское, больше подходившее для прибрежных центров, ориентированных на морскую торговлю. То и другое стали основой для возникновения автономных самоуправляющихся муниципалитетов во главе с городским советом, члены которого избирались из числа купцов, владевших недвижимостью. В Ревеле на протяжении раннего Нового времени этот совет состоял примерно из 15 человек;

были также четыре бургомистра, ведавшие теми или иными сферами (бюджет, финансы, судопроизводство, сбор налогов, учет земельной собственности). Совет имел широкие полномочия: он занимался обороной города (организовывал милицию, в Средние века также приглашал князей) и внешней политикой, надзирал за судами по гражданским и уголовным делам, особенно за тяжбами, касавшимися собственности и коммерческого права, вел учет земельной собственности, следил за починкой дорог, общественной гигиеной и т. п.

Находясь в составе Российской империи с 1710 года (Петр I выдал грамоты, подтверждавшие права и привилегии обоих городов), Ревель и Рига стали преуспевающими центрами. В Риге процветали искусство и культура, имелись немецкий театр, опера, симфонические оркестры, музей естественной истории, а также крупные сахарные заводы и текстильные фабрики. На десять лет (1786–1796) существовавшие издавна структуры городского самоуправления были, в соответствии с Жалованной грамотой городам, заменены новыми, но Павел I вернул прежний порядок в 1796 году. В 1840-е годы законы, которые применялись немецкими дворянами и купцами, были включены в Свод законов Российской империи. Монопольное положение немецкоязычной элиты во властных учреждениях Ревеля и Риги пошатнулось лишь в 1877 году и после этого слабело вплоть до упразднения обоих городских советов (1889).

Киев, совершенно непохожий на них с точки зрения истории и этнического состава, также располагал автономией и самоуправлением, следуя общеевропейскому пути развития городов. В XV веке польские короли даровали ему магдебургское право, и с тех пор горожане — в большинстве своем православного вероисповедания — избирали городской совет, ведавший местным управлением. В XVIII столетии Киев превратился в процветающий политический и торговый центр, которым был некогда, но кроме того, стал важным форпостом для продвижения России в сторону Крыма и османских владений. При населении в 15 тысяч человек он был по европейским меркам невелик и делился на три части: Подол, низменный район на берегу Днепра (около

8000 жителей); более возвышенный Печерск (около 8000 жителей), где находились казацкие административные учреждения (до 1782 года), русская крепость с гарнизоном, основанная при Петре I, и древняя и богатая Киево-Печерская лавра; третьей частью был почти обезлюдевший Старый город с Софийским собором XI века и Михайловским Златоверхим монастырем, которые лежали в руинах.

После образования Гетманщины поляки и другие католики, армяне и евреи были изгнаны из Киева, который, однако, быстро вернул себе мультиэтнический облик. Греческие и армянские купцы в XVIII веке стали селиться на Подоле; в городе была сербская колония, обитатели которой занимались виноградарством и шелководством, стоял полк черногорских гусар, а с екатерининских времен начали встречаться немцы-колонисты. На шумном Подоле располагались государственные учреждения и торговые заведения; здесь стояла барочная ратуша 1690-х годов и более половины православных церквей города, армянская церковь XV века, многочисленные лавки и рынки. Этот район был настолько густонаселенным, подверженным затоплению и эпидемиям, а также столь славился беспорядками, что в 1787 году, при разработке нового плана развития Киева, его предложили уничтожить, а жителей переселить на менее низменное место. Проект остался нереализованным, современники продолжали описывать предместье как сугубо городское и преуспевающее: в местных лавках продавались новейшие модные изделия, мебель, фарфор, предметы роскоши. На Подоле в течение года проводилось не менее шести крупных ярмарок, куда съезжались купцы со всего Причерноморья. После перевода в Киев Контрактовой ярмарки из Дубно (1797) его торговое значение еще усилилось. Здесь совершались самые разнообразные сделки, в том числе велась торговля скотом. На ярмарку съезжались евреи, поляки и русские, армяне и греки, татары, бухарцы и турки, персы и индийцы, помещики и купцы, разносчики и крестьяне, цыгане и бродячие артисты. Названия ее проездов и лавок были заимствованы из русского, украинского, польского, турецкого, греческого, немецкого, еврейского (идиш) и персидского языков.

В течение XVIII века среднее городское сословие Киева упорно отстаивало свои политические привилегии против казацкой старшины, купцов и русских чиновников. Магдебургское право, подтверждавшееся императорами в 1654, 1700, 1710 и 1802 годах, подразумевало исключительный доступ представителей этого сословия к денежным должностям в городском управлении, право содержать городскую милицию (хотя эту роль обычно брал на себя русский гарнизон), свободу от некоторых налогов и повинностей, а также от постоя, главное же — монополию на винокурение и торговлю вином (основной источник дохода городских властей). Эти привилегии постоянно подвергались угрозам, прежде всего винная монополия: казаки, монастыри, крестьяне в деревнях — все хотели заниматься этим выгодным делом. Особенно сильно городская автономия сузилась при Екатерине II: с упразднением гетманства в 1764 году высшая власть в Киеве стала принадлежать генерал-губернатору; Жалованная грамота городам (1785) предусматривала создание нового городского совета, но прежние отцы города сумели удержать контроль над должностями и финансами, затем Павел отменил некоторые реформы своей предшественницы, и наконец, привилегии города по магдебургскому праву были подтверждены в 1802 году. После второго и третьего разделов Речи Посполитой (1793, 1795) и вхождения Правобережной Украины в состав Российской империи среди жителей и представителей городской администрации появилось немало поляков.

Поговорим о двух столицах: несмотря на разную историю и разный облик, для обеих в XVIII веке были свойственны такие явления, как экономическое процветание, социальные изменения и городское планирование. Екатерина II на словах предпочитала Петербург Москве, но с неприязнью относилась к тому, что было присуще обоим городам: беспорядку, немощеным грязным улицам, полным мусора рекам и каналам, густонаселенным предместьям, всегда готовым взбунтоваться. И действительно, во время эпидемии чумы (1771–1772) в Москве вспыхнуло восстание, что побудило императрицу еще активнее внедрять городские реформы и преобразования, основанные на идеях Просвещения.

Москва в XVIII веке мало соответствовала просвещенческой модели идеального города, которую держала в уме Екатерина. Дело было не только в беспорядке, зловонии и грязи: город рос, но при этом сохранял свою средневековую кольцевую структуру — улицы расходились от Кремля на правом берегу Москвы-реки. На извилистых, узких улицах тесно стояли деревянные дома, строй которых прерывался лишь стенами, разделявшими основные кварталы города — Кремль, Китай-город (место проживания знати и расположения многих правительственных зданий), Белый город (где селились зажиточные люди, в частности купцы), Земляной город (где обитали ремесленники и другие податные). Далее шли торговый район за рекой, предместья, где жили стрельцы, ямщики и т. д. В XVIII веке город бурно рос: численность населения в 1763 году составляла около 200 тысяч человек, во время чумы 1771–1772 годов оно сократилось на 70 тысяч человек, но в 1790-х годах увеличилось до 300 тысяч (а зимой в связи с повышенной рыночной, политической и социальной активностью возрастало, как предполагается, до 400 тысяч). Он поглощал близлежащие деревни, становясь огромным и одновременно рыхлым, полудеревенским, что отмечали иностранцы. Вместе с окрестностями Москва являлась основным регионом страны, производившим ткани; ремесленные предприятия и фабрики (льно- и шелкоткацкие) концентрировались прежде всего в северо-восточных предместьях (Покровская, Преображенская, Семеновская слободы). В 1778 году в городе насчитывалось свыше 300 мануфактур и фабрик, к концу столетия — около 500. Промышленному буму способствовал массовый приток крестьян; в 1730-х годах, по официальным данным, их было приблизительно 54 тысячи, в 1780-х — более 115 тысяч, или 60 % населения города.

Для рационально мыслившей Екатерины управление Москвой казалось настоящим кошмаром, но на самом деле за бьющим в глаза разнообразием старой столицы скрывался определенный порядок, в соответствии с которым велись дела и который поддерживался в течение большей части столетия. В подчинении магистрата находились посадские и купцы; он приносил пользу в качестве судебной инстанции, но мало вмешивался в управление. Центральные учреждения ведали отдельными группами населения или родами занятий, губернатор имел в своем распоряжении полицию, которая привлекала в каждом из 18 полицейских участков местных жителей, следивших за состоянием освещения, дорог и мостов, чистотой на улицах, пожарной безопасностью, соблюдением закона и порядка на низовом уровне. В целом же до екатерининских реформ город делился на более чем 150 территориальных единиц (слобод или сотен), внутри которых существовали свои органы управления. Некоторые были официально приписаны к тем или иным приказам, как Ямская слобода или Дворцовая слобода, где селились люди, так или иначе связанные с дворцом. Остальные формально подчинялись губернатору, но фактически имели самоуправление в духе старых общинных традиций, избирая советы старейшин, которые занимались вопросами охраны порядка и общественных работ, сбором податей, выставлением ночной стражи у ворот и печей, починкой городских зданий и дорог, разрешением мелких споров. Как показывает Линдси Мартин, то была близкая к людям, откликавшаяся на их нужды власть, соответствовавшая общинным нормам. При этом у горожан было достаточно инстанций, куда они могли обратиться в случае споров. В московских слободах порядок и стабильность поддерживались даже в отсутствие центральной городской администрации и общегородской идентичности.

При восшествии на престол в 1762 году Екатерина II уже имела собственную концепцию городского управления, заметно отличавшуюся от существующего порядка — головокружительного разнообразия автономных слобод. Устав Благочиния 1768 года предусматривал ужесточение контроля над слободами, и его проведение в жизнь встретило заметное сопротивление, иногда ожесточенное и в некоторых случаях обоснованное. Московские депутаты Уложенной комиссии, к примеру, просили сохранить особый статус и привилегии слобод, приветствуя при этом инициативы, касавшиеся общественных служб, санитарии, строительства. И тем не менее, екатерининские реформы 1780–

1790-х годов вместе с социально-экономическими преобразованиями способствовали формированию единого городского пространства. Как мы видели, реформа 1775 года и Жалованная грамота городам 1785 года создали единый класс горожан (подразделявшийся на группы в зависимости от состояния) и предусматривали создание общегородских институтов управления.

С 1770-х годов обитатели московских слобод стали благосклоннее относиться к активизации деятельности и расширению полномочий городских органов власти, ввиду того что за эпидемией 1771–1772 годов последовали и другие преобразования. По итогам реформы 1775 года почти все слободы и сотни, зависевшие от центральных учреждений, были напрямую подчинены городским властям. Кроме того, отток населения и прибытие новопоселенцев разрушало старые структуры и традиции, так что предместья в большей степени зависели от новых городских учреждений. Наконец, новое социально-экономическое законодательство — например, указ 1782 года, разрешавший государственным крестьянам записываться в купечество и приобретать соответствующие привилегии, — улучшало отношение москвичей к городской власти. Практики, связанные со слободской автономией, утрачивались, в сознании людей укоренялась идея единого городского пространства и общегородской идентичности.

Реформы Екатерины II способствовали также складыванию представления о едином городском пространстве Москвы. Главным элементом реконструкции Москвы с целью сделать ее образцовым городом эпохи Просвещения был снос стен, отделявших части города друг от друга. Рвы засыпались, улицы расширялись и мостились, появились планы уничтожения стен Белого города и устройства на их месте бульвара (которые впоследствии реализовывались долго, начиная с царствования Павла I). Александр Мартин говорит о «троякой модернизации»: Москва должна располагать инфраструктурой, присущей современном европейскому городу (улучшение охраны правопорядка, больше школ и больниц, мощеные улицы с освещением); среди ее жителей должны иметься представители европеизированного среднего класса; она должна выглядеть более современной в глазах всего мира. И действительно, к концу столетия Москва догнала европейские столицы в некоторых сферах благоустройства: в 1779 году началось строительство водопровода (законченное в 1804-м), стали устанавливаться в большем количестве фонари, заправлявшиеся конопляным маслом (число их к 1801 году увеличилось с 3500 до 7000). Сооружались каменные здания в неоклассическом стиле, общественные и жилые, усовершенствовалось уличное мощение.

Вероятно, Москва была не настолько многонациональным городом, как Петербург, где проживало много иностранных дипломатов и купцов. В 1790-е годы ее население на 14 % состояло из дворян, духовных лиц и представителей неблагородной элиты, на 15 % — из посадских, на 4 % — из солдат (в Петербурге — на 20 %), на 1 % — из иностранцев, на 65 % — из крестьян и представителей других податных сословий. В XVIII веке Москва являлась крупнейшим торговым центром империи, но кроме того, элита считала ее сердцем России, и это ощущение еще более усилилось с приходом романтизма и формированием национального самосознания в первые десятилетия XIX века. Как указывает Мартин, в Москве проживало намного больше духовенства, чем военных, здесь располагался единственный в России университет (основанный в 1755 году) и печаталось около 40 % от общего числа выходивших в стране книг. С 1756 года издавалась еженедельная газета «Московские новости». Москва также могла гордиться небольшой по численности, но блестящей знатью, строившей роскошные городские дворцы и пригородные дома. Кольцо дворянских усадеб вокруг Москвы могло сравниться с поясом императорских резиденций вокруг Петербурга. У Шереметьевых было как минимум два великолепных имения в предместьях: Кусково с искусственным прудом (см. рис. 13.7), гротом, оранжерей, регулярным садами, неоклассическим деревянным дворцом, отделанным под камень, и Останкино, знаменитое своим крепостным театром. Голицыны возвели в Архангельском дом в палладианском стиле, Салтыковым принадлежало Марфино с особняком классического вида, перестроенным в неоготическом стиле после пожара 1812 года. В XVIII столетии окрестности Москвы были полны подобных жемчужин.

Однако по роскоши ни один город в это время не мог стоять рядом с Петербургом — только из-за присутствия там императорского двора. Новая столица задумывалась как образцовый пример городского планирования («самый умышленный город», как назвал его Достоевский). Основанный в 1703 году, в разгар войны, на шведских землях, он был призван, по мысли Петра, воплощать рациональное, практическое, европейское начало, так необходимое России. Архитектор Ж.-Б. Леблон, которому поручили создать план новой столицы, запроектировал прямые бульвары, упорядоченную сетку улиц в предместьях, типовые каменные дома. Однако за образом четкого, рационального города, который намечали петровские зодчие, скрывался сложный конгломерат, образовавшийся в течение столетия.

К концу XVIII века Петербург был одним из крупнейших городов империи по населению и по площади. В 1750-е годы он занимал 20 квадратных километров, но к 1790-м заметно разросся, поглотив часть предместий. Как отмечает Джордж Монро, протяженность самого города в поперечнике составляла 8 километров, а его территории вместе с пригородами — 26 километров. Его население к 1796 году выросло до 250 тысяч, при этом четверть всех жителей составляли крестьяне. Как и в Москве, они работали на заводах, верфях и в ремесленных мастерских, на стройках и в портах, поступали в услужение или торговали на открытых рынках. По своему составу население было более разнообразным, чем в Москве: на военных (с семьями, которые у них нередко были) стабильно приходилось около 25 %, казармы гвардии располагались у Марсова поля, остальные полки размещались в Петропавловской крепости или по городу. Третьей по численности группой были разночинцы, которые служили в государственных учреждениях, преподавали в школах, вели научную работу в академиях, занимались ремеслом и торговлей. По официальным данным, ремесленники и торговцы составляли 19 % населения, слуги — 13 %, дворяне — 6,5 %, духовные лица — всего 0,5 % (резкий контраст с Москвой). В Петербурге имелся крупный монастырь (Александро-Невский) и множество церквей, но все же город был далеко не настолько православным по облику и духу, как старая Москва.

В отличие от городов с традиционной концентрической планировкой, Петербург был ориентирован на Неву: предполагалось создать целостный городской ансамбль, центром которого послужат впечатляющие неоклассические здания на обоих берегах реки. Петропавловская крепость, над которой возвышался шпиль Петропавловского же собора, располагалась напротив еще более протяженного фасада Зимнего дворца в стиле рококо, к которому при Екатерине II были пристроены здания более классического облика — Малый Эрмитаж, Большой Эрмитаж, Эрмитажный театр. Восточная оконечность Васильевского острова и его набережная с великолепными постройками — Академией художеств, Меншиковским дворцом, Двенадцатью коллегиями, Академией наук и Кунсткамерой — находились напротив огромного по длине Адмиралтейства с действующей верфью, зданием Сената и воздвигнутым при Екатерине II памятником Петру I — Медным всадником (1782). Если посмотреть на план, город имел четкую сетку радиальных и полукольцевых улиц, но в действительности развитие предместий во многом зависело от водных путей и преград. В течение столетия город состоял из пяти частей, окруженных зонами менее плотной застройки. Наиболее престижной была Адмиралтейская часть, между Невой и Фонтанкой, где находились верфи, но также блестящие императорские резиденции, дворцы знати, Английская набережная с богатыми особняками английских торговцев. Большинство же иностранцев проживало по ту сторону реки, на Васильевском острове, где находились порты, биржа, таможня и склады для торговых операций с заграницей. Здесь же находились учебные заведения и Академия наук, дома, где жили многие их сотрудники. Вдоль Невского проспекта располагались Литейная и Московская части: здесь помещались промышленные предприятия, склады, обслуживавшие внутреннюю торговлю, обитали купцы и дворяне среднего достатка. К северу от Невы, в Петербургской и Выборгской частях, также были предприятия и жилища людей среднего состояния.

Как и в Москве, центр окружало множество районов с менее отчетливой планировкой. На севере было много открытых пространств с придворными садами, пастбищами, усадьбами знати;

некоторые слободы, приписанные к центральным учреждениям, в царствование Екатерины были поглощены городом. На юге и востоке вдоль Невы тянулись жалкого вида предместья, населенные ремесленниками и крестьянами — последние занимались черными работами и оказывали разнообразные услуги. Промышленные предприятия были разбросаны по всему городу — в Адмиралтейской и Литейной частях, на Васильевском острове, а к концу века все больше их стало появляться в Московской части.

Управление городом было централизовано еще в меньшей степени, чем в Москве, так как в Петербурге не имелось традиционных посадов, где обитали ремесленники и торговцы — а именно на их основе создавались городские органы власти. Предместья были более рыхлыми по составу из-за постоянного притока и оттока населения. Но, как и в Москве, основными структурами на протяжении большей части столетия являлись Магистрат (для торговцев и ремесленников) и органы самоуправления в предместьях, которые выполняли уже знакомые нам задачи: мощение и освещение улиц, ночная стража, забота о санитарии. При Екатерине II, однако, стали применяться более эффективные походы: так, в 1760-е годы были введены налоги, чтобы платить за вывоз мусора, а также за освобождение горожан от рекрутской повинности и обязанностей, возлагавшихся на жителей предместий. Реформы 1770-х годов позволили создать более действенные финансовые, судебные и другие органы, улучшить охрану порядка. Вместо пяти частей город отныне делился на десять частей, а те — на кварталы, общим числом 40, во главе с квартальным надзирателем. В каждом квартале были назначавшиеся властями с согласия местных жителей трубочисты и работники, которые занимались поддержанием в порядке улиц и освещением.

Петербургу немало помогло то, что Екатерина лично следила за введением новшеств в своей любимой столице. После разрушительных пожаров и наводнений, случившихся в начале ее царствования, каждому предместью и домохозяйству вменили в обязанность принимать противопожарные меры, а в низменных местах были созданы службы оповещения и спасения при наводнениях. Комиссия о каменном строении Санкт-Петербурга и Москвы (1762) активно работала над застройкой Петербурга, представив в начале 1770-х годов не менее четырех планов развития города. Были достигнуты впечатляющие результаты: спрямление улиц согласно первоначальным планам, разработанным при Петре, уплотнение застройки для размещения растущего населения и придания столице менее сельского вида. По эстетическим и функциональным соображениям составители планов установили стандарты высоты для зданий, располагавшихся по красной линии улицы. С целью предотвращения пожаров было велено возводить постройки из кирпича или камня и с крышами из листового металла. Если на 1765 год в Петербурге насчитывалось 460 каменных зданий, то к концу екатерининского царствования — 1800; деревянных тоже стало больше, но ненамного.

Назовем еще одно немаловажное достижение, заметно улучшившее вид города при Екатерине: облицовку гранитом набережных Невы, а также основных рек и каналов, предпринятую из эстетических и гигиенических соображений. Некоторые каналы были расширены, углублены либо спрямлены, многие деревянные мосты, переброшенные через них, перестроили в граните. Через Неву были перекинуты плашкоутные мосты улучшенной конструкции, Петербургскую сторону с Выборгской и с Васильевским островом связали постоянные мосты. Основным предметом заботы стала общественная гигиена: каналы и реки были вычищены, с 1770-х годов появлялись канализационные и дренажные системы, подземные и надземные, начали работать службы по удалению отходов. Издавались указы, упорядочивавшие плавание по каналам, забитым торговыми судами. Число фонарей по всему городу удвоилось, достигнув примерно 3000, стали наниматься за плату специальные фонарщики. Болотистая почва и влажный климат создавали серьезные препятствия для мощения улиц, и Вольное экономическое общество в 1792 году даже устроило конкурс на лучший материал. Ничего удовлетворительного предложено не было, но масштабные работы по мощению (и возобновлению покрытия), начиная с 1770-х годов, постепенно облегчали поездки по городу.

В течение столетия Петербург сделался важным политическим центром с роскошными дворцами царской фамилии и знати, а также впечатляющими императорскими резиденциями поблизости от него, возведенными или перестроенными в стиле барокко (который предпочитала Елизавета) или классицизма (на котором остановила выбор Екатерина): Петергоф, Екатерининский дворец в Царском Селе (названный Елизаветой в честь своей матери Екатерины I и сделавшийся любимым местопребыванием Екатерины II), Ораниенбаум, Павловск. Для приезжих из Европы Петербург выглядел привычно, здесь можно было посещать аристократические салоны и балы, как дома (о чем пишет Джон Паркинсон, наставник юного Эдуарда Уилбрахама-Бутла во время Гран-тура 1792–1794 годов). То был интернациональный город со значительными европейскими и азиатскими общинами. Здесь имелись немецкая, финская, английская, шведская, польская и армянская церкви; при Екатерине в Петербурге стала издаваться газета на немецком языке, появились немецко- и англоязычные театры.

Наконец, Комиссия о каменном строении определила облик городов по всей стране. Со времен Петра I российские монархи сознавали важность упорядочения городской застройки, хотя бы только ради борьбы с пожарами. По приказу Петра, отстроенные после пожара города должны были обладать более широкими и прямыми, чем прежде, улицами, каменными домами с черепичными крышами — так было удобнее и безопаснее. Екатерина хотела, чтобы русские города служили отражением просвещенческих ценностей — рационализма, нравственности, цивилизованности. Пожары дали ей возможность реализовать свои планы уже в самом начале царствования.

После того как огонь опустошил Тверь (1763), только что созданная Комиссия о каменном строении Санкт-Петербурга и Москвы решила применить свои правила ко всем городам империи и, отталкиваясь от планов восстановления Твери, разработала типовой планировочный документ, предусматривавший уничтожение характерной для Средневековья радиально-кольцевой сетки улиц; то же самое делалось тогда в Европе. Предла-

Рис. 18.1. Переустройство Ярославля привело к созданию открытого пространства, позволявшего как следует оценить красоту церкви Илии Пророка XVII века; фрески внутри нее выполнены в относительно реалистичном, по сравнению с иконописной манерой, стиле, выдавая влияние европейских книжных иллюстраций и предметов искусства. Фото Джека Коллманна

галось срывать стены, создавать на их месте широкие бульвары, прокладывать улицы, проходящие через весь город. Некоторые кварталы предместий, особенно с деревянной застройкой, предназначались к сносу, чтобы открыть вид на важнейший ориентир города (часто им был средневековый собор). Рядом с последним разбивалась площадь, соединенная с другой площадью, где стояли присутственные места и гостиный двор. Там, где возможно, создавались предместья для зажиточных граждан или знати, выделявшиеся в архитектурном отношении. Планировалось, что центр будет плотно застроен впечатляющими общественными зданиями и храмами, а на новопроложенных городских артериях богатые купцы и дворяне, живущие в отведенных им предместьях, станут воздвигать двухэтажные особняки в единообразном стиле (после сноса принадлежавших им старых домов). За пределами центра, в одноэтажных деревянных домах, должны были селиться менее состоятельные горожане; фабрики — источники отходов, — конюшни, кладбища и тому подобные объекты выносились на окраины города.

План Комиссии по созданию предместий, населенных представителями одной социальной группы, не был реализован, но многие города подверглись преобразованию согласно ее проектам — например, Тверь, где появились неоклассический дворец и церковь Вознесения. Воплощением екатерининских идей стал Ярославль с прекрасным парком для прогулок на возвышенном берегу Волги и обширной площадью с видом на церковь Илии Пророка XVII века (рис. 18.1). Если планы переустройства города воплощались в жизнь после крупного пожара, процесс был относительно упорядоченным; если же основой было повеление свыше, начинались бесконечные проволочки и иски об отъеме собственности. Многие города были перепланированы лишь частично — из-за нехватки средств и недостаточной заинтересованности властей; к примеру, дмитровский воевода в 1782 году получил план, предусматривавший образование регулярной уличной сетки в средневековом центре города, но к работам приступили лишь в 1790 году, когда на этом решительно настоял новый генерал-губернатор провинции. Так или иначе, планы разрабатывались и в той или иной мере воплощались — для обеих столиц и остальных 416 городов страны.

КУПЕЧЕСКАЯ КУЛЬТУРА

Как уже говорилось, московские купцы немало страдали от конкуренции со стороны государственных крестьян и крепостных, дворян и иностранцев. Они так и не смогли сравняться по богатству и статусу с европейскими торговцами и финансистами. Многие обличали русских купцов за отсталость, неграмотность, неразборчивость в средствах. Иностранные путешественники, такие как британский посланник Джайлз Флетчер в XVI веке и немецкий ученый Адам Олеарий в XVII веке, способствовали закреплению стереотипа о нечестности русских в торговле; дворяне в XVIII столетии смотрели на купцов свысока, считая их недостаточно культурными. Но Элис Виртшафтер убедительно показывает, что в России раннего Нового времени буржуазия не столько отсутствовала, сколько была «нерешительной и плохо очерченной». Заниматься торговлей мог каждый — дворяне, крестьяне, разночинцы; типичным отражением этого несоблюдения социальных границ является тот факт, что в 1785 году Екатерина II попыталась дать законодательное определение буржуазному сословию и одновременно открыла доступ к торговле для новых социальных групп.

Стандартный образ русского купечества как изжившего себя, отсталого класса следует отбросить. Слабость его заключалась не в личных качествах купцов, а в отсутствии нужной инфраструктуры — законодательства, регулирующего контракты, собственность и банкротство, страхование, банковское дело и кредит, системы связи. При этом купцы могли отстаивать в словесном суде свои права, связанные с векселями, контрактами, в меньшей степени — с банкротствами, что позволяло вести крупномасштабную торговлю. Часто на этом пути их ждал успех. В сказках и пословицах того времени купцы изображаются честными и трудолюбивыми, возможно, пронырливыми, но не мошенниками. Купец — один из главных персонажей народных сказок XVIII века. Возьмем одну из них, типичную, с сюжетом, распространенным в мировой литературе: верная жена купца Карпа Сутулова отвергает бесчестных ухажеров, пока ее муж находится в отлучке по торговым делам, совершая выгодные сделки. В русских пословицах превозносится умение торговать: «Был бы ум, будет и рубль; не будет ума, не будет и рубля». Купеческая культура отличалась от дворянской; купцы получали не теоретическое, а практическое образование, занимаясь своим делом, и одевались скромно. При заказе портретов они отдавали предпочтение «плоскому стилю» (Дэвид Рэнсел) — почти двухмерным изображениям, представая в одежде черного цвета, с бородой и простой стрижкой (по контрасту с пудреными париками и шелковыми одеяниями с орденами на портретах дворян, выполненных в академическом стиле). Купцы были умны и успешны, предприимчивы и энергичны — и незаменимы для поддержания сложных, бурно развивавшихся торговых сетей, которые существовали в России XVIII века.

Поскольку европейцам было официально запрещено вести розничную торговлю в России, а держать оптовые предприятия они могли лишь в немногих крупных городах, им требовались местные контрагенты. Те, кто достиг преуспеяния, гордились своим родным городом, поддерживали существовавшие там культурные учреждения, участвовали в общественной жизни. По словам Элис Виртшафтер, купцы тесно сотрудничали с государством, отстаивая свои интересы и участвуя в проведении реформ. В конце XVIII века деловые люди, проживавшие в губернских и уездных городах, вместе с дворянами создавали театры, устраивали салоны, давали балы. В московском Купеческом клубе (позднее — Московское купеческое собрание) шло оживленное социальное и политическое взаимодействие. Как считает Роберт Джонс, русских купцов вполне можно поставить рядом с польскими, прусскими или австрийскими; купеческие династии в России и в Европе существовали примерно одинаковое время, и перед их представителями стояли одни и те же проблемы. Дэвид Рэнсел рисует портрет типичного купца, Ивана Алексеевича Толчёнова, чья жизнь во многих отношениях была иной, чем у Василия Шорина и Гаврила Никитина (см. главу 11).

Толчёнов родился (1754) в семье зажиточных купцов-хлеботорговцев в Дмитрове (80 километров к северу от Москвы). Его отец Алексей Ильич, зачисленный в первую гильдию, пользовался уважением на родине, работал в Уложенной комиссии 1767 года и какое-то время был городским головой Дмитрова. Иван пошел по его стопам. Когда ему было 11 лет или около того, он стал отправляться в поездки вместе с отцом, а с 14 лет (1768 год) помогал ему в торговле. Под бдительным присмотром отцовских людей он ездил зимой по Среднему Поволжью, закупая зерно, а летом сопровождал караваны барж, посылаемых в Петербург. Он наблюдал за торговлей на рынке, возил зерно на мельницы, принадлежавшие Алексею Ильичу, доставлял на рынок пшеницу; в голодные времена отец отправлял его искать самое дешевое зерно в обычных районах поставок. Иван прожил трудную, полную превратностей жизнь и отмечал в своем дневнике, что в молодые годы, на заре своей деятельности, провел более половины времени вне дома, в обстановке, сопряженной с лишениями и даже опасностями (ему не раз приходилось прыгать в мелкие реки и каналы, стаскивая баржи с мели). До 1780-х годов он успешно вел хлебную торговлю, достиг высокого положения — купец первой гильдии, член магистрата, городской голова, как и его отец.

Вместе с тем Толчёнов, подобно Шорину, терпел неудачи в делах, и не столько из-за новой обузы, появившейся в XVIII веке, — необходимости вести дорогостоящий образ жизни при недостатке средств, — сколько из-за невезения или плохого чутья. Толчёнов был состоятельным и благоразумным купцом, но его нередко преследовали несчастья. Он вложился в доходную карточную фабрику, после чего государство забрало производство карт в свои руки, и монополию получил его конкурент. Он несколько раз пытался получить право на винокурение — безуспешно. Он опрометчиво доверил неспособному управляющему в Петербурге право распоряжаться своими деньгами. Он тратил слишком много на атрибуты роскошной жизни (игорные долги, великолепный дом, превосходное образование для старшего сына). В 1790-е годы, когда с ростом долгов нарисовалась перспектива банкротства, он совершил сомнительные в этическом плане шаги, использовав различные известные ему приемы для защиты своих средств: переписал дом на родственников, официально отделил домохозяйство жены и малолетних детей от своего собственного, включил в него женатого старшего сына, чтобы того не преследовали кредиторы. Судьба сыновей оказалась разной: старший, воспитывавшийся в годы наибольших деловых успехов, хорошо образованный, знакомый с торговлей, стал преуспевающим купцом, второй сделался садовником и работал в дворянских усадьбах, третий — актером. С Толчёновым случилось ровно то, что предусматривали екатерининские реформы: с уменьшением капитала его статус понижался. Он закончил жизнь простым горожанином, плательщиком податей, трудясь управляющим на фабрике.

Потрясающее разнообразие городской жизни и пример Ивана Толчёнова — свидетельства экономического подъема и быстрых социальных изменений в Российской империи XVIII века. Толчёнов был одним из многих людей, прямо или косвенно выигравших от екатерининских реформ. Накапливая капитал, он повысил свой социальный статус. Алексей и Иван Толчёновы в течение нескольких десятилетий способствовали росту и усложнению торговых сетей в центральной России. Иван Толчёнов пользовался инструментами для предпринимательской деятельности, совершая покупку или обмен, брал займы, хотя и под высокий процент, играл видную роль в торговле важнейшим продуктом — зерном. Он участвовал в работе органов власти, пользовавшихся наибольшей независимостью за всю историю России (на тот момент) — заметный шаг на пути к муниципальной автономии. Многие крестьяне, горожане и дворяне, как и он, делали состояния, но становились жертвами слабого развития кредитных и страховых учреждений, средств сообщения и испытывали прочие трудности, с которыми сталкивалась сильно уязвимая аграрная экономика. XVIII век ознаменовался взлетом отдельных предпринимателей, но не предпринимательского класса. Кроме того, благодаря развитию городских институтов, возникновению понятия городской автономии, экономической политики властей и появлению новых возможностей создавались предпосылки для нарождения более сплоченного среднего класса, включая торговцев. Это произошло уже в следующем веке.

* * *

О разночинцах: Wirtschafter E. Social Identity in Imperial Russia. DeKalb, Ill.: Northern Illinois University Press, 1997. Краткая биография Ломоносова: Gordin M. Mikhail Lomonosov (1711–1765) // Russia's People of Empire / Ed. by S. Norris, W. Sunderland. Bloomington, Indiana: Indiana University Press, 2012. P. 71–79. О городах и горожанах: Hittle J. The Service City. State and Townsmen in Russia, 1600–1800. Cambridge, Mass.: MIT Press, 1979; Mironov B., Eklof B. The Social History of Imperial Russia, 1700–1917.

О Москве и ее окрестностях: Martin A. Enlightened Metropolis: Constructing Imperial Moscow, 1762–1855. Oxford: Oxford University Press, 2013; Martin L. Policing and the Creation of an Early Modern City: Moscow under Catherine the Great, 1762–1796. Ph.D. dissertation, Stanford University, 2015; Roosevelt P. Life on the Russian Country Estate: A Social and Cultural History. New Haven: Yale University Press, 1995. О Петербурге: Munro G. The Most Intentional City: St. Petersburg in the Reign of Catherine the Great. Madison, NJ: Fairleigh Dickinson University Press, 2008. Майкл Хэмм дает краткое описание Киева в XVIII веке: Hamm M. Kiev: A Portrait 1800–1917. Princeton: Princeton University Press, 2014.

О малых городах: Каменский А. Повседневность русских городских обывателей: Исторические анекдоты из провинциальной жизни XVIII века. М.: РГГУ, 2006; Pallot J., Shaw D. Landscape and Settlement in Romanov Russia, 1613–1917. Oxford: Clarendon Press, 1990.

Об экономике: Jones R. Bread upon the Waters: The St. Petersburg Grain Trade and the Russian Economy, 1703–1811. Pittsburgh: University of Pittsburgh Press, 2013; Kahan A., Hellie R. The Plow, the Hammer, and the Knout: An Economic History of Eighteenth-Century Russia. Chicago: University of Chicago Press, 1985; Rozman G. Urban Networks in Russia, 1750–1800 and Premodern Periodization. Princeton: Princeton University Press, 1976.

О горожанах и купцах: Ransel D. A Russian Merchant's Tale: The Life and Adventures of Ivan Alekseevich Tolchënov, Based on his Diary. Bloomington, Ind.: Indiana University Press, 2009 (Рансел основывается на: Журнал или Записка жизни и приключений Ивана Алексеевича Толченова. М.: Институт истории АН СССР, 1974). См. также: Ransel D. Neither Nobles nor Peasants: Plain Painting and the Emergence of the Merchant Estate// Picturing Russia: Explorations in Visual Culture / Ed. by V. Kivelson, J. Neuberger. New Haven and London: Yale University Press, 2008. P. 76–80; Jones R. Bread upon the Waters: The St. Petersburg Grain Trade and the Russian Economy, 1703–1811. Pittsburgh: University of Pittsburgh Press, 2013. О воспитательных домах: Ransel D. Mothers of Misery: Child Abandonment in Russia. Princeton: Princeton University Press, 1988. Воспоминания Джона Паркинсона: Parkinson J. A Tour of Russia, Siberia and the Crimea, 1792–1794. London: Cass, 1971.

Глава 19

Конфессионализация в многонациональной империи

Далеко не все население русской империи исповедовало христианство — по меньшей мере со времени взятия Казани. В XVIII веке эта многоконфессиональность стала еще более выраженной. По мере продвижения на запад и в степные области среди подданных России оказывались лютеране, католики, баптисты, евреи и другие. Как и прежде, власти предоставляли им институциональную автономию — местные сообщества сами определяли свое устройство и следили за поддержанием внутреннего порядка — рассчитывая тем самым предотвратить внутриэтнические и межконфессиональные конфликты. Всех принуждали обращаться в царские суды, когда речь шла об уголовных делах, и поощряли делать это в остальных случаях, вместо того чтобы прибегать к собственным судам.

Политику властей не следует приравнивать к подлинной религиозной толерантности: о ней церковные идеологи на протяжении XVIII века практически не задумывались, проявляя, как и раньше, нетерпимость ко всему, что отличалось от официального православия (и считая все это ересью). Православие оставалось государственной религией, с присутствием других верований приходилось считаться, но это не означает, что оно было желательным. По замечанию Гэри Хэмбурга, хваленая религиозная терпимость Екатерины II, выраженная в «Наказе», в действительности была довольно умеренной. На нее повлияли теория

Монтескье о культурных различиях и четкое представление о главенствующей роли христианства: «В столь великом Государстве, распространяющем свое владение над столь многими разными народами, весьма бы вредный для спокойства и безопасности своих граждан был порок — запрещение или недозволение их различных вер. И нет подлинно иного средства, кроме разумного иных законов дозволения, православною нашею верою и политикою неотвергаемого, которым бы можно всех сих заблудших овец паки привести к истинному верных стаду». Иными словами, Екатерина теоретически признавала, что различные народы могут иметь законы и обычаи, наиболее подходящие для них, но демонстрировала, что православие является нравственной основой ее государства.

Однако под воздействием просветительских идей образованная часть русского общества согласилась с концепцией религиозного многообразия, укорененной в универсалистском по своей сути интересе ко всем знаниям, накопленным человечеством, и различиям между людьми. Читая патриотические проповеди во время войн, епископы, затронутые влиянием Просвещения, не упоминали о противниках России — европейских католиках и протестантах — как о еретиках. В этих проповедях скорее можно разглядеть экуменический подход: их авторы говорили о справедливых и несправедливых войнах, а не о религиозной вражде. Уже под конец столетия некоторые русские писатели, вдохновленные сочинениями французских вольнодумцев и масонов, — Новиков, Радищев, Щербатов, Карамзин — даже выступали за полноценную религиозную терпимость. В 1760-е годы Петр III, а за ним Екатерина II положили конец некоторым практикам, направленным на религиозную дискриминацию и принудительное обращение в православие. Уловив смену акцентов, старообрядцы и евреи в своих наказах Уложенной комиссии просили признать права, связанные с их религией (как обрядового, так и социального характера). Идеи Просвещения позволили проводить более определенную «конфессиональную» политику; власти империи считали любую официальную конфессию фактором поддержания политической стабильности, если она находилась под административным надзором государства и держалась под контролем выгодным для него способом.

При такой политике к каждой конфессии применялся особый подход, хотя все они подчинялись вышестоящей управленческой структуре. Уклонения от официального православия (староверия, униатство) встречали жесткую реакцию, о чем подробнее говорится в главе 20. Лютеране Прибалтики пользовались уважением — у российских чиновников вызывали восхищение административное устройство этих окраин, подконтрольных немецкоязычной знати, и их экономические успехи. Другие же религии вызывали беспокойство, основанное на внешнеполитических соображениях. Так, государство относилось с недоверием к католикам из-за их верности папе и потенциальной лояльности европейским католическим державам. Это беспокойство становилось еще более явным в случае мусульман (из-за страха их объединения между собой или с другими мусульманскими государствами и народами — турками, крымчанами, казахами, ногайцами и т. д.) и буддистов, проживавших на востоке, в степном приграничье, рядом с Монголией и Китаем. Меньше озабоченности вызывали не столь значительные по размерам группы, принадлежавшие к различным ветвям христианства — греки, армяне, баптисты. Отношения конфессий с государством на протяжении столетия становились все более формализованными.

ИСЛАМ

Ислам был первой мировой «религией Книги», приверженцы которой оказались в пределах России в значительном количестве. К концу XVIII века империя расширилась за счет земель, образующих дугу от Черного моря до Сибири и населенных кочевниками, многие из которых приняли ислам суннитской ветви при монголах или раньше. Далее к югу лежали мусульманские государства — Османская империя и Крымское ханство (оба суннитские), сефевидский Иран (шиитский). Опасаясь, что мусульмане могут объединиться друг с другом, власти чрезвычайно разборчиво подходили к своим подданным, исповедовавшим ислам, применяя в отношении них разнообразные политики, от предоставления привилегий до принуждения.

Московские великие князья приступили к интеграции средневолжских народностей — в политическом отношении, а также в военном, набирая их в войско как «служилых татар», — с конца XIV века, в результате чего сложился субэтнос мишарей (мещеряков). В XV веке образовалось зависевшее от Москвы Касимовское ханство (1452–1681) — для поддержки чингизидов, претендовавших на казанский престол. То было чисто мусульманское государство, возникшее на берегах Оки, близ Рязани. В Касимове и других населенных пунктах строились мечети. После взятия Казани (см. главу 3) русские власти выселили из города мусульман и разрушили там мечети; это не коснулось, однако, предместий. В бывшем Казанском ханстве продолжало существовать активное мусульманское сообщество, здесь сохранялись татарские и другие элиты, мусульманские суды, местные институты. Представители татарской знати, желавшие выдвинуться на русской службе, принимали православие, но многие служилые татары этого не делали; основную массу населения креститься не принуждали. С конца XVI века разрешения на строительство новых мечетей выдавало государство, а не православная церковь, и они предоставлялись исходя из прагматических интересов (поддержание стабильности внутри мусульманских общин).

В первой половине XVIII века политика на время изменилась: правительство перешло к насильственному обращению в православие мусульман и язычников Среднего Поволжья и Сибири, а также к преследованию старообрядцев по всей стране. Существует несколько объяснений этого разрыва с традицией сравнительной религиозной терпимости, которая была присуща России. Пол Бушкович считает, что причина жестоких преследований — украинское происхождение большинства епископов, чье мировоззрение определила активная борьба украинских православных против протестантизма и католической Контрреформации в XVII веке. Эти епископы были сторонниками более агрессивного подхода к крещению, чем уроженцы великорусских областей.

Рикарда Вульпиус напоминает еще о двух обстоятельствах: Петр I, а затем Анна Иоанновна и Елизавета опасались, что усилия иезуитов по обращению в католичество в землях, граничивших с Китаем, приведут к поглощению им этих территорий; внутри же страны европеизация по-петровски требовала включения подданных, исповедовавших анимизм — и, в меньшей степени, остальных неправославных, — в состав более культурных, цивилизованных религиозных общин. Можно добавить сюда прагматические соображения экономического и социального порядка: насильственное обращение происходило там, где наблюдался приток русского населения и усиливался контроль со стороны российских властей (Среднее Поволжье, окрестности старых сибирских острогов). Все это, несомненно, играло свою роль.

С 1680-х годов и до конца первой четверти XVIII века по Среднему Поволжью, Башкирии, калмыцким землям прокатились две волны обращения в православие: в первом случае крещение было принудительным и, более того, насильственным, во время второй волны (1720-е годы) средствами служили религиозное образование и проповедь. Землевладельцев заставляли креститься под угрозой лишения собственности и перевода в крестьяне. Одновременно насильственное крещение совершалось над тысячами анимистов (остяками, вогулами) в Сибири и мусульманами-татарами; в 1720-х годах тобольский архиепископ с особым усердием крестил местных жителей, мусульман и немусульман, и приказал снести 25 мечетей в одном только Тобольске, что вызвало недовольство в Сибирском приказе. Между тем восстания башкир на Южном Урале (1681–1683, 1704–1711) предотвратили принятие наиболее жестких мер. Так или иначе, как замечает Майкл Ходарковский, христианизация «шла небыстро» и, как правило, была поверхностной.

Православная церковь действовала в этом отношении неэффективно, так и не создав, в отличие от католиков, протестантов или буддистов, миссионерских обществ, состоявших из священников или монахов. Она не тратила ни сил, ни средств на обучение священнослужителей местным языкам, перевод вероучительных и богослужебных текстов, устройство школ, монастырей, приходов. Обращение всегда совершалось совместными усилиями церкви и государства, обычно при помощи материальных стимулов или силы, а не путем терпеливого проповедничества и внушения новокрещеным понятия о вере. Тем не менее, в 1740-х годах государство вновь предприняло кампании по обращению в этих же землях, чтобы ускорить их ассимиляцию. Башкирское восстание 1735–1740 годов, во время которого русские войска уничтожили 12–14 % всего башкирского населения и разрушили множество мечетей, побудило власти действовать более настойчиво. В 1740 году была создана Контора новокрещенских дел (Новокрещенская контора), целью которой было обращать в православие жителей Среднего и Нижнего Поволжья и Урала, особенно тех, кто исповедовал анимизм и ислам. Контора прибегала к материальным стимулам (освобождение на три года от подушной подати и рекрутской повинности) и насильственным действиям (разрушив более 400 из 518 мечетей в Казанской провинции). Ее действия встретили упорное сопротивление, и, несмотря на насильственное обращение приблизительно 400 тысяч представителей финно-угорских народностей и 7 тысяч татар, победа оказалась бесплодной. Православная церковь не дала своим новым членам надлежащего образования и приходской организации. Положение в Башкирии оставалось настолько неустойчивым, что местный губернатор не допустил туда сотрудников Конторы. После очередного восстания башкир (1756) государство в какой-то мере отступило, разрешив строить в Среднем и Нижнем Поволжье и на Урале новые мечети общинам, где насчитывалось более 200 мужчин. Как бы то ни было, В. М. Кабузан заключает, что прирост числа православных на вышеуказанных землях (Казанская, Нижегородская, Воронежская и Оренбургская губернии) происходил в основном за счет анимистов. Мусульмане же оказывали сопротивление, доля их в общей численности населения (около 12 %) не менялась на протяжении первой половины столетия.

Указ «О терпимости всех вероисповеданий» (1773), нацеленный именно на мусульман, предусматривал закрытие Новокрещенской конторы и провозглашал терпимость в отношении всех вероисповеданий; под действие его не попадали атеисты, вольнодумцы и еретики. Изданный в то время, когда Екатерина была занята покорением Крыма и причерноморских степей, он разрешал неограниченное строительство мечетей и свободу отправления культа для мусульман. Как указывает Роберт Крюс, вслед за этим Екатерина II приступила к реорганизации исламских религиозных институтов в Крыму и Среднем Поволжье, чтобы добиться от мусульман лояльности к царской власти. В 1784 году Россия установила контроль над духовенством Крыма (муфтиями и низшими духовными чинами), назначив на должности лиц, лояльных России, и отдав в их ведение всех мусульман полуострова и Причерноморья. В 1784 году аналогичная структура — Оренбургское магометанское духовное собрание — была создана для мусульман Среднего Поволжья, Сибири и крупнейших городов империи. Несмотря на название, он находилось в Уфе (в Оренбурге — лишь в течение краткого периода 1797–1802 годов). В него входили муфтии и кадии — мусульманские судьи.

Предполагалось, что данные институты будут назначать на местах имамов и учителей и следить за их деятельностью, отдавая предпочтение тем, кто получил образование внутри страны (в Казани и Оренбурге), а не мусульманам из-за рубежа, чья лояльность вызывала сомнения. Духовенство на местах должно было следить за религиозным образованием, разрешать конфликты, касавшиеся браков и разводов, и (самая чувствительная область) давать правильное толкование религиозных правил там, где существовало несколько интерпретаций — нередкий случай для ислама с его отсутствием центральной духовной власти. Оренбургские губернские власти наблюдали за деятельностью собрания. Первый муфтий, Мухаммеджан Хусаинов, был опытным политиком и верным слугой императрицы; он потребовал и получил от русских властей разнообразные льготы и привилегии, включая высокое жалованье и право на владение землей. Хусаинов возглавлял дипломатические миссии, направлявшиеся к сопредельным мусульманским народам (казахам, кабардинцам), подавлял оппозицию со стороны местного исламского духовенства, у которого новая структура вызывала беспокойство. После смерти Хусаинова российские власти постарались, чтобы муфтии не получали такой огромной власти. При Екатерине II государство покровительствовало своим мусульманским подданным: предоставляло средства на строительство некоторых мечетей в Среднем Поволжье, на Урале и в Сибири, платило жалованье не только муфтиям, но и другим мусульманским должностным лицам, наблюдало за постройкой мусульманских школ, издавало Коран и книги религиозного содержания в русских и татарских переводах, не давало православной церкви разворачивать миссионерскую деятельность среди мусульманского населения. Эта политика не менялась до 1820-х годов.

Фактически Екатерина создавала для своих мусульманских подданных иерархию духовных лиц и некое подобие приходской системы, не существовавшие до этого. В обычных условиях ислам не является иерархической религией, мусульмане создают самоорганизацию на местах, не испытывая необходимости в высшей духовной власти. Мечеть во главе с имамом служит центром жизни общины, строится и поддерживается на ее деньги; и хотя исламскому миру известен так называемый вакф — имущество, передаваемое на религиозные цели, — он не был распространен в России до конца XIX века, так как подобная собственность не освобождалась от налогов. Имама выбирала и содержала община. Взятые вместе имамы (улема) не образовывали особой социальной группы, сравнимой с православным духовенством: каждый платил налоги в соответствии со своим общественным статусом, полученным при рождении (правда, в этот период духовные лица освобождались от военной службы). Как правило, при мечети имелась начальная школа, в большинстве регионов существовали также школы второй ступени — медресе.

Религиозное знание и религиозный авторитет в исламе не исходят из какого-либо центра. Все мусульманские дети, даже девочки, в идеале должны были уметь читать и знать основы Корана; имамы выделялись лишь своим благочестием и своей ученостью, а не особыми тайными знаниями или специальной подготовкой. Учителя в медресе пользовались уважением членов общины. Имелись также ахунды, знатоки шариатского права, известные в том или ином регионе. При мечети мог состоять муэдзин, аналог диакона в христианстве: он помогал имаму и также был сведущ в теории и практике ислама. В принципе, каждая община следовала указаниям своих духовных лидеров, навести единообразие в исламе никто не пытался, тем более что это было нереалистично. Мусульманские общины нельзя сравнивать с приходами — они пользовались самостоятельностью, среди имамов не существовало иерархии, своих епископов и архиепископов.

Даже среди кочевников-казахов ислам успешно распространялся, порождая особые местные институты. Духовное руководство вместо имамов осуществляли «священные» кланы, религиозное образование часто давали татарские учителя из Казани во время зимнего выпаса скота. Мусульмане в России создали так называемый исламский дискурс благодаря базовому религиозному образованию, которое получали члены общины; связь с остальным исламским миром поддерживалась через местные святилища, разбросанные по всем землям, где обитали мусульмане. Самые состоятельные совершали традиционный хадж в Мекку и Медину.

Таким образом, российские власти, создавая мусульманские духовные собрания в Крыму и на Урале с целью ввести упорядоченные административные и религиозные структуры, шли против установившегося порядка вещей. Ахунды ошибочно считались специалистами по праву, аналогом благочинных в православии; муфтиев наделяли полномочиями для закрепления единообразного вероучения, невзирая на плюрализм, характерный для исламской традиции; наконец, несмотря на многообразие источников религиозного образования и религиозной власти, правительство пыталось отыскать некий мусульманский эквивалент христианского духовенства.

Не вполне сумев сделать ислам «понятным» для себя в институциональном отношении, власти при Екатерине II, тем не менее, сформировали структуры, способствовавшие его расцвету в Российской империи. В конце XVIII века мусульмане составляли около 5 % ее населения, проживая на территории от Крыма до Иркутска. Существовало несколько центров распространения исламского учения. Самым старым из них был Крым (и близлежащие территории): в таких городах, как Бахчисарай, Аккерман, Бендеры, Килия, имелись крупные школы и уважаемые учителя. Судя по воспоминаниям принца из династии Гиреев, в середине столетия в Крыму насчитывалось свыше полусотни почитаемых ученых, шейхов и духовных лидеров. Другим центром в XVIII веке стала Казань, где выходили печатные издания (религиозного и светского содержания) и готовились исламские богословы для всей России. С 1740-х годов исламское образование также давали в Каргалах близ Оренбурга, здесь было четыре мечети и несколько религиозных школ. В 1803 году Духовное собрание, вместе с высшими органами других нехристианских религий, было подчинено Синоду, а в 1832 году, с усилением контроля в религиозной сфере при Николае I — Департаменту духовных дел иностранных исповеданий Министерства внутренних дел.

БУДДИЗМ

В конце XVII века ламаизм (тибетский буддизм, махаяна) быстро распространялся среди двух народов расширявшейся русской империи — калмыков, обитавших в прикаспийских степях, и бурятов, проживавших вокруг Байкала. Буддизм легко обогащался элементами традиционного для них шаманизма; его проповедовали монахи, учившие новообращенных чтению священных текстов. В восточной Сибири вырастали монастыри (одиннадцать к концу XVIII века) и храмы. К 1831 году половина бурятов исповедовали буддизм, прочие оставались анимистами.

Тем не менее, эти народы все больше подпадали под контроль российских властей: казаки начали проникать в бурятские земли с 1640-х годов, калмыки были постепенно подчинены в течение XVII–XVIII веков. Как уже говорилось в главе 4, в 1771 году большинство калмыков переселилось в джунгарские степи к северу от Китая. Оставшиеся оказались под властью России, и основные проблемы с буддистами возникали в Бурятии

Рис. 19.1. Собор Преображения Господня в Посольском, Бурятия (XVIII век). Наличие ступ и других буддистских мотивов, вероятно, объясняется работой строителей-бурят. Фото Уильяма Брамфилда

(рис. 19.1), граничившей с буддистской Монголией и с Китаем, в 1720 году захватившим Тибет, духовный центр ламаистов.

Перспектива установления политических отношений между бурятами и их единоверцами в Монголии, Китае и Тибете вызывала у российских властей такое же беспокойство, как и в случае с мусульманами. В 1720-х годах они попытались ограничить число новых лам, прибывающих к бурятам, но затем, при Елизавете, смягчили позицию: было разрешено принимать новых лам и строить новые храмы, исходя из того, что обращение местных шаманистов в буддизм способствует поддержанию стабильности. При Екатерине (1764) было решено создать буддистскую иерархию во главе с Бандидо Хамбо-ламой, который, как предполагалось, будет независим от Тибета и подчинен России. Православная церковь, использовавшая обычное сочетание материальных стимулов и насилия, не имела успеха среди калмыков и бурят. Лишь в 1830-е годы государство начало сдерживать распространение буддизма и более настойчиво занялось обращением в православие.

Стоит упомянуть и о попытках насильственного крещения анимистов Восточной и Западной Сибири в 1780–1790-х годах, когда увеличился поток русских переселенцев в эти края. Православие принимали целые народы: в 1780-е годы — остяки (ханты), вогулы (манси) и якуты, в 1790-е — алеуты, камчадалы, юкагиры, проживавшие на побережье Тихого океана или поблизости от него. По оценке Кабузана, доля анимистов в населении Сибири сократилась за вторую половину столетия с 30 до 20 %.

ЛЮТЕРАНСТВО

Протестанты в конце XVIII века составляли около 5,5 % населения империи, и в большинстве своем это были лютеране. Немцы-лютеране — солдаты-наемники, инженеры, купцы, различные специалисты — селились в городах Центральной России с XVI века и пользовались свободой отправления культа. Часто они жили в отдельных предместьях (в Москве с середины XVII века — в Немецкой слободе, в обязательном порядке). Это была процветающая община с собственной лютеранской церковью, органом самоуправления, судами, другими общественными институтами. В 1702 году Петр I особым указом гарантировал лютеранам религиозную свободу — в это время он приглашал из Европы офицеров, инженеров, торговцев, и кроме того, Россия недавно заняла часть шведской Карелии, населенную финнами-лютеранами. После присоединения Эстляндии и Лифляндии всем неправославным была дарована свобода вероисповедания, закрепленная Ништадтским миром (1721).

Обращение с лютеранами Прибалтики служит хорошим примером конфессиональной политики империи в этом столетии. Государство предпочитало иметь дело с устоявшимися религиями, предполагая, что они соотносятся с целыми этническими или культурными сообществами; государственная политика была направлена на коллектив, а не личность — право человека на выбор иной религии, кроме данной от рождения, не признавалось. Особенное недовольство вызывали религиозные расколы.

Вскоре после того, как среди лютеран стало приобретать популярность пиетистское учение гернгутеров, они были изгнаны из Ливонии (1743) — за разжигание недовольства среди крестьян. В то же время Анна Иоанновна издала указ (1735), подтверждавший свободу вероисповедания для приверженцев признанных ветвей христианства (лютеранской, реформатской (кальвинистской), католической) в Прибалтике; позднее это же сделали Петр III и Екатерина II.

Положение лютеран в империи было вполне благополучным. В XVIII веке существовало восемь епископств, самая многочисленная паства была в Эстляндии и Лифляндии (а также в Курляндии, присоединенной в 1795 году). Основную массу лютеран составляли немецкоязычные дворяне и бюргеры в городах, латышско- и финноязычные крестьяне в сельской местности. В 1710 году жителям прибалтийских земель гарантировали сохранение традиционных институтов и социальных привилегий, включая систему местного управления, где господствовала знать, и представительные учреждения (а также крепостное право для эстонских и латышских крестьян), самоуправление городов, права евангелическо-лютеранской церкви с ее епархиями, приходами, школами, где дети получали начальные знания и узнавали об основах вероучения. Прибалтика в целом и местная лютеранская церковь в частности находились под надзором — довольно слабым — Юстиц-коллегии лифляндских, эстляндских и финляндских дел, созданной около 1720 года. В ведении этой коллегии находились суды немецкого права, гражданская администрация, финансы, налогообложения, отношения между крестьянами и помещиками; в основном она лишь закрепила преобладание немецкоязычной знати в общественной жизни Прибалтики. Ни екатерининские реформы, ни их частичная отмена Павлом не затронули первенствующего положения лютеранской церкви в этих землях.

Лютеранство распространялось и в других регионах страны. Крупные общины и приходы существовали в Москве, Санкт-Петербурге, Казани, Астрахани и многих других торговых центрах. Немало финноязычных лютеран проживало в Карелии;

тысячи приверженцев этой религии населяли 117 немецких колоний в Самарской и Саратовской губерниях. Около трех четвертей немецких колонистов в Поволжье были лютеранами, остальные — католиками и реформатами. Колонисты сохраняли немецкий язык, одежду, повседневные обычаи, избегая контактов с русскими и ассимиляции. Пасторов туда присылали преимущественно из Прибалтики (Дерптский университет готовил священнослужителей, занимался публикацией богослужебных и вероучительных текстов на немецком языке), а также из Швейцарии, Саксонии, Пруссии и Голландии. Члены общин регулярно посещали воскресные богослужения, содержали приходские школы. Вся жизнь общины строилась вокруг прихода.

В течение XVIII века так и не появилось отдельного государственного учреждения, которое надзирало бы за этими лютеранскими общинами, но при Николае I лютеранская церковь оказалась в ведении Департамента духовных дел иностранных исповеданий Министерства внутренних дел. Была создана всеимперская административная структура из пяти консисторий — три в Прибалтике, по одной в Москве и Петербурге; лютеране, проживавшие в городах империи и в Поволжье, поступили под контроль одной из этих последних. Консистории, в свою очередь, делились на епископства и группы приходов. Лютеранские школы продолжили существовать при новой структуре.

КАТОЛИЧЕСТВО

Католичество было преобладающей религией среди этнических поляков в Речи Посполитой. Россия с 1760-х годов начала разрабатывать политику взаимодействия с католиками внутри империи (сосредоточенными тогда главным образом в Прибалтике), чтобы не допустить вмешательства польского короля Станислава-Августа Понятовского и австрийской императрицы Марии Терезии в пользу их единоверцев. Екатерина II разрешила приходам оставить за собой принадлежавшую им собственность и не препятствовала отправлению культа, но все же наложила на католиков ощутимые ограничения. Как и всем неправославным, им запрещалось заниматься миссионерством, что же касается верховенства папы в пределах империи, то оно признавалось только в области богословия. Власти не позволяли создавать католические епархии, отказывались публиковать папские буллы. В 1766 году католические приходы стали подчиняться не Ватикану, а Юстиц-коллегии лифляндских, эстляндских и финляндских дел (как ранее лютеранские). В 1769 году контроль еще более усилился: был выпущен регламент для приходов, касавшийся их собственности, управления и финансов. В 1772 году, после первого раздела Польши, католиков в России стало заметно больше; была учреждена Белорусская епархия (Могилевский диоцез), главу которого назначила императрица, невзирая на протест Святого Престола. Через десять лет (1782) ее преобразовали в Могилевскую архиепархию (архидиоцез). Папе пришлось смириться со всем этим. В юрисдикцию епархии попали все приходы империи, перестав, таким образом, находиться в ведении Юстиц-коллегии лифляндских, эстляндских и финляндских дел. После второго и третьего разделов Польши (1793, 1795) доля католиков и униатов в населении страны увеличилась до 14 %. Павел I относился к ним сравнительно терпимо, создав Департамент Римско-католических дел при Юстиц-коллегии. В 1801 году департамент был преобразован в Римско-католическую духовную коллегию, надзиравшую за католиками и униатами.

ИУДАИЗМ

В раннее Новое время главные центры еврейского образования, культуры и творчества находились на территориях Речи Посполитой, которые в конце XVIII века вошли в состав Российской империи. Как уже говорилось в главе 5, XVI век стал временем, когда ашкеназские евреи достигли наибольших успехов в изучении Талмуда. В основе иудаизма, как и христианства, лежит милленаризм, но повседневные практики этой «религии Книги» сводились по преимуществу к изучению Писания и еврейского закона.

Между 1772 и 1795 годами подданными России стали свыше 650 тысяч евреев (2 % от всего населения). После первого раздела Речи Посполитой Екатерина II увидела в системе кагалов (органов еврейского общинного самоуправления) готовую административную структуру и велела создать кагалы на местном, региональном и провинциальном уровнях, но решила не назначать главного раввина наподобие муфтия, возглавлявшего магометанское духовное собрание. Кагалы занимались раскладкой и сбором податей, вынесением решений по мелким искам, взаимодействием с русскими властями. Но помимо этого они выполняли конфессиональные обязанности, улаживая религиозные споры и управляя школами. При Павле I возник план «модернизации» иудаизма путем уничтожения кагалов, создания более обширной сети образовательных учреждений и усиления надзора со стороны духовенства, но после смерти императора он был положен под сукно.

На протяжении XVII–XVIII веков в среде восточноевропейского еврейства возникали динамичные секты, учение которых расходилось с талмудическим иудаизмом — по преимуществу милленаристские, как и протестантские или католические движения того времени. Эти секты отвергали книжное учение, еврейское право и догматику, считая их слишком профанными, в пользу более личностного, духовного поклонения Богу. Начиная с XVII века в Украине, особенно в ее беднейшей части — Подолье, набрали силу три таких движения.

Вождем первого стал Шабтай Цви, еврей из Смирны (Османская империя), провозгласивший себя в 1648 году спасителем еврейского народа, а позже — и Мессией. Авторитет Шабтая Цви заметно подорвало кратковременное обращение в ислам, но, несмотря на это, его идеи нашли отклик в Подолии и стали распространяться там в небольших еврейских общинах начиная с 1660-х годов. Более радикальным было движение Иосифа Франка (начало XVIII века), объявившего себя пророком и создававшего замкнутые общины, которыми правил почти деспотически; впоследствии он начал склонять своих приверженцев к переходу в католичество. Франк приобрел некоторое число последователей в Подолии, но его успехи были кратковременными. Третье важнейшее течение — хасидизм, основанный Исраэлем Бештом (1700–1759), — также возникло в начале XVIII века, все в той же Подолии. Хасиды подчеркивали превосходство личного религиозного опыта над интеллектуальным пониманием. В отличие от Франка с его деспотической натурой, Бешт был скромным человеком, проявлявшим соучастие к другим; он совершал добрые дела, проповедовал вездесущность Бога и возможность установить мистическое единение с ним посредством экстатической молитвы, сопровождающейся танцами, прыжками и кружением. Хасиды порвали с традиционной раввинской ученостью, основанной на Торе, а созданные ими тексты имеют вид притч, аллегорий и метафор, толкование которым дают духовные вожди, считающиеся пророками. В хасидизме есть немало сходства с пиетистскими движениями XVIII века в католичестве, православии и протестантстве, направленными на возрождение религии, — в них также делался акцент на личной связи с Богом, внутреннем свете, пророчествах и эмоциях. Еврейское духовенство в польско-литовских землях, начиная с 1772 года, неоднократно критиковало и запрещало хасидизм (как и учение Франка), что замедляло, но не останавливало его распространение.

Эти три движения возникли и получили популярность на территории Галиции и Подолии, в самых бедных и замкнутых еврейских общинах Речи Посполитой. Таким образом, они соответствуют модели милленаризма, предложенной Норманом Коном, который связывает антирационалистические, мессианские религиозные течения с социальным неблагополучием. Предлагая надежду — приход мессии — и динамичный, доступный каждому культ, они привлекают бедняков и неудачников, в данном случае — проживавших в сельской местности евреев, ставших объектом преследования во время войн XVII века и сильно пострадавших от экономической стагнации XVII–XVIII веков внутри польско-литовского государства.

С появлением в стране евреев из бывшей Речи Посполитой, раввинистов и хасидов, российские власти начали более систематически — и более жестко — формулировать свою политику по отношению к еврейству. В 1794 году евреев обложили подушной податью, а в 1804-м было издано подробное положение «о устройстве евреев» (см. главу 5). В соответствии с ним, устанавливалась черта оседлости, ограничивавшая мобильность евреев — географическую, социальную и экономическую. Сохранялась кагальная организация — евреи не получили муниципального самоуправления в духе реформ 1775 года. Империя не предприняла никаких усилий по борьбе с хасидами, даже напротив — признала за ними право устраивать места для отправления культа. Однако при этом авторы Положения исходили из нереалистического допущения о том, что хасиды станут участвовать в деятельности кагалов, где преобладали раввинисты. Условия Положения подвергли евреев наибольшей сегрегации, по сравнению со всеми другими группами внутри империи.

КОНФЕССИОНАЛИЗАЦИЯ В МАСШТАБАХ ИМПЕРИИ

Контроль над религиями подданных был одной из главных задач империи. Ее правители нуждались в существовании господствующей религии и социальном контроле над религиозными общинами. Самой распространенной религией в Российской империи всегда оставалось православие, приверженцы которого составляли 85 % населения в 1719 году и 72 % в 1795-м. Всего же на долю христиан в 1795 году приходилось 92 % населения страны. Остальные группы были представлены намного скромнее: мусульман было 5 %, евреев — около 2 %. Тем не менее, уровень грамотности среди православных русских был ниже, чем среди представителей многих других религий: лютеране, католики, мусульмане и ламаисты в XVIII веке располагали более совершенными системами школьного образования. Православие добилось меньших успехов в конфессионализации, неразрывно связанной с грамотностью. Наведение единообразия в религиозных практиках, предпринимавшееся в ходе конфессионализации, в немалой степени зависело от проникнутого пиетизмом образования, основанного на чтении текстов: последние перерабатывались таким образом, чтобы служить иллюстрацией вероучения.

Мы видели, какие усилия по конфессионализации предпринимались в России и на присоединенных к ней территориях. Католическая и лютеранская церкви занимались этой дисциплинирующей, в религиозном и социальном отношении, работой в польско-литовских землях. Затем по этому пути пошли и православные (возникновение униатства в 1596 году; возрождение украинского православия в середине XVII века, особенно деятельность Петра Могилы; реформы Никона). В главе 20 будут рассмотрены действия Петра I по реорганизации Русской православной церкви, работа выговских старцев, поморцев и федосеевцев по созданию корпуса текстов для старообрядцев (XVIII век), обновление и стандартизация униатской обрядовой практики (XVIII век). Успехи в каждом случае были неодинаковыми. Старообрядцы и униаты образовали сплоченные сообщества, русскому же православию не хватало ресурсов, чтобы сколь-нибудь существенно изменить приходскую жизнь. Иудеи, как говорилось выше, создали развитую систему, подразумевавшую наличие представительных органов, контроль со стороны раввинов и религиозное обучение; в исламе продолжали существовать ученое духовенство и религиозные школы.

Часто говорят, что конфессионализация ведет к наступлению современности и временами — но не всегда — к секуляризации. Конфессионализация позволяет привести к единообразию богослужение и вероучение, распространять обновленную веру в семинариях для духовных лиц и школах для мирян, усовершенствовать церковную администрацию, усилить надзор за духовенством и его паствой. Повышается уровень грамотности, улучшается социальное вспомоществование, приходы становятся более сплоченными. Государство также извлекает выгоду из этого благодаря усилению общественной дисциплины, борьбе с оскорблениями нравственности, искоренению ересей, магии, суеверий. В период формирования национальных государств Европы церковь и государство сотрудничали в деле создания единой национальной церкви, члены которой должны были отличаться благочестием и лояльностью властям.

Однако в контексте империи конфессионализация служила иным целям: более сплоченные общины означали повышение социальной стабильности, государство обзаводилось административными средствами для контроля над обществом. Имперские власти не собирались создавать единой национальной церкви, но могли настаивать на том, чтобы духовенство всех религий проповедовало и поощряло верность монарху, законопослушное поведение, личную нравственную дисциплину. Чем лучше они делали это, тем больше выгоды получало государство. В империи, где у светских властей недоставало ресурсов для социального обеспечения и образования, реформированная вера могла принести немалую пользу.

Таким образом, власти Российской империи поощряли реформирование религий, существовавших в ее пределах, и ускоряли его, когда считали это необходимым. Создание иерархий исламского и буддистского духовенства при Екатерине II расширило ее возможности по взаимодействию с тысячами новых подданных. Твердая политика императрицы, направленная на ограничение влияния папства внутри страны, избавила Россию от нежелательных внешних сношений. Но решение проблем, связанных с появлением множества новых религий, продолжалось еще в течение нескольких десятилетий XIX века. Поэтому мы совершим краткий экскурс за пределы 1801 года, чтобы показать, как заложенные до того тенденции определили конфессиональную политику империи.

При Александре I продолжилась работа по упорядочению административного устройства религий: в 1810 году было создано Главное управление духовных дел иностранных исповеданий, разрешавшее внутриконфессиональные споры и повышавшее авторитет религиозных институтов и духовенства, признаваемых государством. В царствование Николая I (1825–1855) наметился решительный поворот к тому, что Крюс называет «конфессиональным государством». Православие все настойчивее объявлялось господствующей религией; Русская православная церковь укрепила свою административную структуру и активнее стала заниматься миссионерством. Новые епархии и архиепископства создавались там, где было много лютеран, мусульман и католиков (Олонец, Петрозаводск, Саратов, Царицын, Дон — в частности, Новочеркасск, Симбирск, Уфа, Екатеринбург, Винница в Правобережной Украине, Рига, Старица, Херсон, Брест, Ковно, Северный Кавказ). Государство и православная церковь вместе принимали меры против тех, кого считали раскольниками (униаты, старообрядцы, сектанты).

Что касается неправославных конфессий, то государство подчинило различных чиновников, которых стало много со времен Екатерины — в Синоде, Министерстве внутренних дел и губерниях, — Департаменту духовных дел иностранных исповеданий Министерства внутренних дел. Было постановлено, что каждый должен исповедовать какую-либо религию, и с 1830-х годов государство приступило к конфессионализации, направленной «сверху вниз», усиливая институциональные структуры основных религий (ислам, буддизм, протестантские конфессии, католичество) и насаждая «правоверие» внутри них. Для протестантов в 1832 году был подготовлен Устав Евангелическо-лютеранской церкви (как ясно из названия, государство отдавало предпочтение лютеранству); Оренбургское магометанское духовное собрание получило право разрешать религиозные диспуты между мусульманами и таким образом сдерживать соперничество между представителями различных школ (например, ханафитами и суфиями); в 1848 году появилась Раввинская комиссия, призванная, наподобие Оренбургского собрания, разрешать религиозные споры между иудеями; в 1853 году вышло «Положение о ламайском духовенстве в Восточной Сибири», регулировавшее деятельность буддистов в империи. Духовенство всех конфессий было обременено новыми повинностями (ведение приходских книг, наблюдение за рекрутским набором и так далее). Все эти события уже не относятся к раннему Новому времени, но тенденции наметились до 1801 года.

* * *

О понятии конфессионализации: A. Brüning, Confessionalization in the Slavia Orthodoxa (Belorussia, Ukraine, Russia): Potential and Limits of a Western Historiographical Concept // Religion and the Conceptual Boundary in Central and Eastern Europe: Encounters of Faiths / Ed. by T. Bremer. Houndmills: Palgrave Macmillan, 2008. P. 66–97. О религиозной политике в XIX веке: Crews R. Empire and the Confessional State: Islam and Religious Policies in Nineteenth-Century Russia // American Historical Review. 2003. № 108. P. 50–83; Werth P. The Tsar's Foreign Faiths: Toleration and the Fate of Religious Freedom in Imperial Russia. Oxford: Oxford University Press, 2014.

Об обращении в веру и православии: Bushkovitch P. Orthodoxy and Islam in Russia 988–1725 // Forschungen zur osteuropäischen Geschichte. 2010. № 76. P. 117–143; Vulpius R. The Empire's Civilizing Mission in the Eighteenth Century: A Comparative Perspective // Asiatic Russia: Imperial Power in Regional and International Contexts / Ed. by Tomohiko Uyama. London and New York: Routledge, 2012. P. 13–31; Hamburg G. Religious Toleration in Russian Thought, 1520–1825 // Kritika: Explorations in Russian and Eurasian History. 2012. № 13. P. 515–559; Кабузан В. Распространение православия и других конфессий в России в XVIII — начале XX века. М.: ИРИ РАН, 2008.

О лютеранстве: Freeze G. Lutheranism in Russia // Luther zwischen den Kulturen: Zeitgenossenschaft—Weltwirkung / Ed. by P. Schmidt, H. Medick. Göttingen: Vandenhoeck & Ruprecht, 2004. P. 297–317.

Об исламе: Crews R. For Prophet and Tsar: Islam and Empire in Russia and Central Asia. Cambridge, Mass.: Harvard University Press, 2006; Kellner-Heinkele B. Crimean Tatar and Nogay Scholars of the 18th Century // Muslim Culture in Russia and Central Asia from the 18th to the Early 20th Centuries / Ed. by M. Kemper, A. von Kügelgen, D. Yermakov. Berlin: Schwarz, 1996. P. 279–296; Azamatov D. Russian Administration and Islam in Bashkiria (18th–19th centuries) // Muslim Culture in Russia and Central Asia from the 18th to the Early 20th Centuries / Ed. by M. Kemper, A. von Kügelgen, D. Yermakov. Berlin: Schwarz, 1996. P. 91–111; Frank A. Muslim Religious Institutions in Imperial Russia: The Islamic World of Novouzensk District and the Kazakh Inner Horde, 1780–1910. Leiden: Brill, 2001; Khodarkovsky M. The Conversion of Non-Christians in Early Modern Russia // Of Religion and Empire: Missions, Conversion, and Tolerance in Tsarist Russia / Ed. by R. Geraci, M. Khodarkovsky. Ithaca, NY: Cornell University Press, 2001.

P. 115–243; Mustafa Tuna. Imperial Russia's Muslims: Islam, Empire and European Modernity, 1788–1914. Cambridge: Cambridge University Press, 2015.

О евреях: Hundert G. D. Jews in Poland-Lithuania in the Eighteenth Century: A Genealogy of Modernity. Berkeley: University of California Press, 2004; Klier J. Russia Gathers her Jews: The Origins of the «Jewish Question» in Russia, 1772–1825. DeKalb, Ill.: Northern Illinois University Press, 1986. Классические труды: Weinryb B. The Jews of Poland: A Social and Economic History of the Jewish Community in Poland from 1100 to 1800. Philadelphia: Jewish Publication Society of America, 1973; Baron S. A Social and Religious History of the Jews. Vol. 16: Poland-Lithuania 1500–1650. New York, London: Columbia University Press, 1976. О милленаризме: Cohn N. The Pursuit of the Millennium: Revolutionary Millenarians and Mystical Anarchists of the Middle Ages. New York: Oxford University Press, 1970.

О религиях Сибири: Schorkowitz D. The Orthodox Church, Lamaism, and Shamanism among the Buriats and Kalmyks, 1825–1925 // Of Religion and Empire: Missions, Conversion, and Tolerance in Tsarist Russia / Ed. by R. Geraci, M. Khodarkovsky. Ithaca, NY: Cornell University Press, 2001. P. 201–225; Hundley H. Defending the Periphery: Tsarist Management of Buriat Buddhism // Russian Review. 2010. № 69. P. 231–250.

Глава 20
Защита позиций православия

XVIII век стал достаточно бурным для православной церкви: это касается и внутренней ситуации, и ее непосредственного окружения. Государство осуществляло реформы с целью лишить церковь земли и доходов, а также перенаправить ее внимание на исполнение пастырского долга, между тем как церковные иерархи вводили новые духовные приоритеты, заимствуя их из арсенала идей Просвещения и тенденций, проявлявшихся в других христианских религиях (если эти тенденции были совместимы с православием). В социальном плане духовенство образовало особую касту. Церковь и государство усовершенствовали вероучение, выступая единым фронтом перед верующими и агрессивно реагируя на внутренние вызовы со стороны униатов и старообрядцев. К концу столетия православие ослабло экономически, но усложнилось в духовном отношении.

РЕФОРМИРОВАНИЕ ПРАВОСЛАВНОЙ ЦЕРКВИ

В начале XVIII века Русская православная церковь подверглась значительному преобразованию. С одной стороны, Петр I видел в церкви полезный инструмент и рассчитывал, что она поможет реализовать его смелые проекты, предоставив денежные и людские ресурсы, а также — по образцу знакомых ему протестантских церквей Швеции и Пруссии — проповедовать среди своей паствы лояльность государству, образовывать верующих, заботиться об улучшении нравственности священников. Состояние церкви в то время во многом не устраивало его: он отрицательно относился к монахам и земельным владениям церкви, считая, что от тех и других нет никакой пользы, и находил неприемлемым полное отсутствие семинарий и приходских школ — потому что чиновникам, которые требовались ему, негде было получать образование.

С другой стороны, церковь как институт сталкивалась с внутренними вызовами. Старообрядцы увели из нее тысячи верующих, возникали и другие секты, бродячие проповедники говорили о наступлении конца времен, недовольные властями монахи распространяли сектантские настроения, на громких процессах о «воровстве» (Тверитинова, Талицкого) звучали обвинения в колдовстве или еретичестве. К счастью, у церкви имелись активные деятели из числа духовенства, получившие образование на Украине и способные дать ответ на вызовы того времени — политические, идеологические и связанные с пастырскими обязанностями священников. Петр собрал вокруг себя группу видных епископов, приступивших к реформированию и укреплению православия.

Среди них были Димитрий Ростовский (в миру Даниил Туптало), Иоасаф Кроковский, Лазарь Баранович и самые известные — Стефан Яворский и Феофан Прокопович. Получив образование в Киеве (Киево-Могилянская академия), Чернигове или Львове — городах, где господствовало реформированное украинское православие, — они принесли оттуда новые идеи, стили и институциональные модели. Многое было сказано о двух группах, которые якобы существовали в их среде, — одни симпатизировали католичеству, другие — протестантизму, — но резких границ проводить не следует. Эти деятели с осторожностью применяли принципы, взятые у всех современных им течений в христианстве, для нужд православия: каждое течение давало что-нибудь для оправдания тех или иных сторон петровской религиозной реформы. Стефан Яворский, к примеру, упорно отстаивал независимость церкви от государства и в связи с этим был сторонником патриаршества; кроме того, он защищал те аспекты православия, которые обычно критиковались протестантами (иконы, таинства). Эта позиция была обусловлена не только опытом учебы в польских иезуитских коллегиях — Яворский также наблюдал за попытками преобразовать украинское православие в ответ на вызовы со стороны протестантизма и католической Контрреформации. Называть этот подход «филокатолическим» — значит давать ему слишком узкую трактовку.

То же самое можно сказать о Феофане Прокоповиче, который, как считается, сочувствовал протестантизму и который был приглашен в Петербург в 1716 году. Он действительно испытал влияние трудов Лютера, когда учился во Львове, Кракове и Риме (отчасти из-за неприятия католических аспектов учебной программы в римской иезуитской коллегии святого Афанасия). Будучи ректором Киево-Могилянской академии, он прибавил к иезуитским принципам элементы протестантской теологии (оправдание верой, эсхатология), считая их дополнением к православному вероучению, ввел изучение трудов Галилея, Коперника, Браге.

Хороший пример того, как эти деятели обогатили русское православие благодаря своему знакомству с современным им христианством и новыми интеллектуальными тенденциями, — катехизисы, созданные при Петре I. Катехизис Петра Могилы стал основным в России с 1684 года, но был слишком схоластичным, дидактичным и обширным и подходил скорее для священнослужителей, чем для рядовых верующих. Около 1718 года Феофан Прокопович выпустил учебник с катехизисом, частично основанным на Большом катехизисе Мартина Лютера; в нем подчеркивались те стороны православия, которые соответствовали популярной тогда тенденции к построению полицейского государства. Это было решительное заявление о верности церкви, государству и Богу-Отцу; Прокопович осуждал суеверия, магию и отступления от веры. К 1740-м годам учебник с катехизисом Прокоповича стал основным пособием такого рода в семинариях и в течение XVIII века выдержал шестнадцать изданий. Между тем ростовский митрополит Димитрий, также получивший образование на Украине, написал катехизис для своей религиозной школы (примерно 1702–1709 годы); как и катехизис Прокоповича, он сделался популярным к середине столетия и до его конца переиздавался несколько раз. Димитрий Ростовский делает упор на другие стороны православной веры по сравнению с Прокоповичем; как отмечает Маркер, Прокопович акцентирует внимание на духовной и светской власти, Димитрий же — на вероучительных вопросах, уделяя внимание прежде всего Евангелиям, воплощению Бога, искуплению, прощению и особенно заступничеству Богоматери. Оба катехизиса являются современными по стилю (для той эпохи), ни один не уклоняется в католичество или протестантизм, хотя элементы того и другого используются для обогащения православного вероучения и обрядовой практики. Позднее церковные историки пренебрежительно отзывались о церкви петровского времени и обо всем историческом опыте православия в XVIII веке, считая их чуждыми православной традиции. И однако эти образованные епископы модернизировали и оживили православную веру, предприняв кампанию по конфессионализации с опорой на внутренние ресурсы православия.

Если ученых епископов волновали вопросы, связанные с пастырским попечением, то для государства церковь была по преимуществу орудием. После смерти патриарха Адриана (1700) Петр не стал назначать нового. Некоторые реформы этого периода были нацелены только на увеличение государственных доходов: в 1701 году воссоздается Монастырский приказ; вводятся подати для ранее свободного от них духовенства (до 1722 года); со значительной части монастырского и епархиального имущества решено взимать особые налоги (хотя формально церковные земли пока что не подвергаются конфискации). Самое же главное — в 1722 году церковь получила новую организационную структуру, что, по мнению Петра и некоторых его сподвижников из числа духовных лиц, должно было позволить ей лучше справляться с окормлением паствы. Эту реформу провели в соответствии с воззрениями Феофана Прокоповича.

Прокопович в своих трудах опирался на теорию общественного договора, идущую от Гуго Гроция, чтобы оправдать передачу престола по назначению монарха («Правда воли монаршей», 1722), а в «Духовном регламенте» (1721), как утверждают некоторые, отдал дань протестантской коллегиальности. Документ отмечен влиянием консисторского принципа церковной организации в его прусском и шведском вариантах, но соблюдает православную традицию церковной автономии. Первоначально Петр I намеревался сделать церковь одним из институтов внутри светского государства, на правах коллегии, но Прокопович убедил его, что ей необходимы более высокий статус и автономия. По его предложению, высший орган управления церковью — 12 епископов и стоящий над ними обер-прокурор, светское лицо — был поставлен над коллегиями и получил название Святейшего правительствующего синода. Реформа 1722 года официально закрепила фактическое упразднение патриаршества, но Прокопович настаивал на том, чтобы Синод по своему статусу стоял наравне с Сенатом. В «Духовном регламенте» упор делается на пасторскую роль церкви и перечисляются цели реформы, которые обсуждались с XVI века: регулирование жизни монахов, осуждение народных верований, отклоняющихся от официального православия, а также сложившегося обращения с мощами и иконами. Прокопович ввел новые практики, выработанные европейскими церквями в процессе конфессионализации: создание семинарий и школ для мирян, ведение священниками записей и отправка ими отчетов о присутствии прихожан на основных церковных праздниках и приобщении их к таинствам. Широко известен тот факт, что, согласно «Регламенту», священники обязаны были докладывать обо всех противоправительственных признаниях, услышанных на исповеди, но к концу столетия эта обязанность фактически отпала: приходские священники оказались в этом смысле ненадежными, и данную функцию мог выполнять усовершенствованный к тому времени государственный аппарат. Несмотря на внедрение Прокоповичем практик, кажущихся протестантскими, его представления о церкви соответствовали православной традиции — достаточно сказать об энергичной защите им почитания икон, святых и мощей. «Духовный регламент» определял внутреннюю организацию и деятельность церкви вплоть до 1917 года.

В течение двух следующих поколений большинство епископов Русской православной церкви были украинского или белорусского происхождения (свыше 67 % в 1700–1762 годах); они вносили в православие живую струю, что видно по составленным ими семинарским учебным программам, их трудам и проповедям. Как указывает Андрей Иванов, русское духовенство очевидным образом уклонялось от того, что считало крайностями европейской религиозной мысли эпохи Просвещения — деизма, антиклерикализма, чрезмерного рационализма. Но многие тенденции казались ему привлекательными. В пиетизме и англиканстве оно находило просвещенную духовность, попытку объединить науку и рациональное мышление с верой, не отрицая откровения. Нравственная философия православия требовала уделять особое внимание личной нравственности и личному благочестию; епископы переводили труды, посвященные созерцательной молитве — авторами их были католики (Игнатий Лойола), протестанты (Иоганн Арндт, Якоб Бёме, Джозеф Холл, Джеймс Херви) и православные, — и включали фрагменты этих работ в свои проповеди.

К моменту воцарения Екатерины русские православные епископы создали развитую теологию и нравственную философию, адаптировав просвещенческий гуманизм к принципам православия и реалиям русской жизни. Основной упор делался на проповеди и наставления, где говорилось не только о благочестии, но и о социальной ответственности. Элис Виртшафтер и Гэри Маркер проследили за тем, как один из виднейших религиозных деятелей эпохи Просвещения Платон Левшин, придворный проповедник при Екатерине, а впоследствии — московский митрополит, привносил в православие характерные для Просвещения понятия. Маркер подробно рассказывает о катехизисе Платона, вытеснившем к концу столетия предыдущие (Прокоповича и Димитрия Ростовского): заимствуя много из светской мысли, его автор неизменно держится главных ориентиров — Бог, спасение, искупление. Виртшафтер показывает, что в своих проповедях, обращенных к придворной знати, Платон использовал просвещенческую концепцию рационального человека для защиты социальных ценностей, свойственных православию.

Для знатнейших дворян такие проповеди в устах людей, равных им по интеллектуальным качествам, укрепляли их собственные убеждения: основой последних служили немецкий пиетизм и философия Просвещения, встроенные в православие, которое мало кто решался отвергать.

Эти интеллектуальные тенденции все больше проявляли себя в Русской православной церкви благодаря институциональным реформам XVIII века. Начиная с 1740-х годов и до конца столетия Синод осуществлял то, что Грегори Фриз назвал второй петровской революцией в управлении церковью, предпочитая говорить не о секуляризации, а о «спиритуализации». Преследуя уже знакомые нам цели, которые издавна ставились церковными реформаторами, иерархи занялись наведением порядка в религиозном быте мирян. Количество епархий в 1780-е годы достигло 26, в 1790-е прибавилось еще десять (в основном за счет черноземных областей с их бурно растущим населением и причерноморских степей). Надзор за епархиями был усилен путем создания духовных консисторий (совещательных учреждений при правящем архиерее, в составе трех-пяти членов) и различных надзорных органов и должностей на уездном уровне. Их главы наблюдали за порядком в приходах. Благодаря использованию петровского Генерального регламента совершенствовались административная организация и ведение отчетности. Наконец, велась работа по улучшению нравственного облика и повышению образовательного уровня приходских священников.

Кое в чем церковь завершила работу, намеченную, но не выполненную реформаторами XVII века. В 1770-х годах она регулярно рассылала в приходы свежеотпечатанные богослужебные книги, а также нотные книги с новыми распевами. Здесь она встретила сопротивление, но ничего подобного расколу XVII века не произошло, и стандартизация продолжилась. Кроме того, церковь стала касаться — осторожно — народной духовности, ужесточая контроль над областью священного, ограничивая распространение местных культов святых и икон, преследуя магию, следя за соблюдением правил совершения литургии и крестных ходов.

Царствовавшие в этом столетии монархи — Петр I, Елизавета, Петр III, Екатерина II — видели в церковной собственности источник доходов для государства, но, кроме того, рассматривали ее с точки зрения религиозной реформы. В христианстве издавна укоренилось мнение, что церковные институты должны служить обществу, а не накапливать богатство. Таким образом, масштабная секуляризация монастырских и церковных доходов и владений при Екатерине II в некотором смысле означала завершение начавшейся за столетие до этого религиозной реформы. Епархии и оставшиеся монастыри отныне находились на содержании государства; контроль над их финансовым состоянием и поступлениями усилили, чтобы сохранившиеся институты стали более жизнеспособны и в большей мере ориентировались на нужды паствы. В краткосрочном плане физические ресурсы и богатство церкви катастрофически уменьшились: было потеряно свыше 8,5 миллиона десятин земли и около миллиона крестьян, которые разом перешли в разряд «экономических». Две трети всех монастырей были закрыты, остался лишь 161 мужской монастырь и 67 женских. Дальнейший постриг оказался под запретом, и в итоге между 1725 и 1825 годами число монахов, монахинь, послушников и послушниц сократилось вдвое. «Излишние» представители духовного сословия (оставшиеся без дела монахи, священники, причетники и их сыновья) пополнили ряды армии.

В долгосрочном плане утрата монашеством его традиционных функций совпала с новыми тенденциями в духовной сфере, что обусловило возрождение монастырской жизни в конце столетия. Одним из признаков этого стало движение в пользу созерцательной духовности, которое возглавил монах украинского происхождения Паисий Величковский. Обучавшийся некоторое время в Киево-Могилянской академии, он в конце концов оставил ее, несогласный со схоластическими методами обучения, и несколько лет вел созерцательную жизнь на Афоне. Величковский был не единственным, кто стремился вернуться к средневековой медитативной традиции, в течение многих столетий пребывавшей как бы на обочине и западного, и восточного христианства. Протестанты, католики, православные возрождали практику созерцательной молитвы, одновременно обращаясь к ее древнейшим источникам. Греческие богословы составили сборник духовных произведений раннехристианских отцов-пустынников и византийских исихастов, назвав его «Филокалия» и опубликовав в Венеции (1782). Никодим Святогорец, один из тех, кто готовил этот труд, переводил также аналогичные сочинения Игнатия Лойолы и других католических авторов. Величковский использовал подобные тексты при работе над своим вариантом «Филокалии» на славянском языке («Добротолюбие»). Он стал основателем нескольких обителей в Молдавии и на юге России, «Добротолюбие» же распространялось в крупнейших русских монастырях, выдержав к середине XIX века шесть изданий. Под влиянием Величковского возник своего рода «новый исихазм», центральное место в котором заняли старцы — духовные авторитеты, наставлявшие мирян в созерцательной практике. С этим течением были тесно связаны славянофилы 1830–1840-х годов, а также Достоевский.

После упразднения многих монастырей в 1764 году началось также возрождение женской религиозной духовности, испытавшей воздействие «нового исихазма» и просвещенного православия. Если раньше многие женщины обращались к старообрядчеству, то теперь они, не порывая с официальным православием, стали находить духовное утешение и социальную поддержку в неформальных религиозных сообществах. Они создавали благотворительные учреждения (детские дома, богадельни, больницы), а их общины становились убежищами для вдовых, престарелых и обедневших женщин.

Образованные духовные лица и миряне, таким образом, имели дело с живым, динамичным православием, в котором традиционно высокая роль откровения и мистической стороны веры сочеталась с рационализмом, характерным для века науки и Просвещения. Однако большинство представителей духовного сословия в этом столетии не обладало образованностью и широтой взглядов епископов, а церковь как институт не распространяла эти идеи среди мирян. Духовенство в основной своей массе состояло из женатых приходских священников и дьяконов, нерукоположенных причетников и прочих церковнослужителей, а также их семей. На протяжении XVIII века они образовали сплоченную социальную группу, во многом контрастировавшую с прочими, довольно «рыхлыми» сословиями. В каком-то смысле их можно было считать привилегированным слоем: представители духовенства, рукоположенные и нерукоположенные, не платили подушную подать и не подлежали отдаче в рекруты (правда, периодически безместных священников и членов их семей государство объявляло «излишними» и переводило в разряд податных либо определяло на военную службу); как и в московский период, они подлежали церковному суду, за исключением самых тяжких преступлений. Но особый статус вел также к исключению священно- и церковнослужителей из светского общества. Духовенство никак не учитывалось в Табели о рангах (1722), его представители не были приглашены в Уложенную комиссию (1767), оно не получило корпоративных привилегий, как дворяне и горожане (1785). Находясь под надзором Синода, оно не смогло извлечь никаких преимуществ из своей особости. Главной причиной была нехватка ресурсов. В течение всего столетия государство подрывало экономическое положение церкви: прямые государственные выплаты духовенству (руга) были отменены, средств, которые поступали после конфискации 1764 года, недоставало, приходские священники не получали жалованья от государства, хотя в 1790-е годы появлялись соответствующие проекты.

Эта нехватка ресурсов сводила на нет усилия Синода по улучшению пастырского служения. Несмотря на повеления Петра I и Екатерины II, система приходских школ так и не была создана, хотя в последние десятилетия XVIII века появились епархиальные духовные школы, готовившие сыновей священнослужителей к поступлению в семинарию. В 1780-е годы большинство епархий уже располагали семинариями, но поступавшие в них, как правило, бросали учиться после двух лет или даже раньше (на 1805 год только 15 % приходских священников прошли полный семинарский курс). К тому же семинарское образование было узконаправленным и не отвечало существовавшим потребностям. Программа, трудная и далекая от практики, была составлена на основе католической схоластики и протестантской теологии, обучение велось на латыни, языке европейских богословских диспутов. Преподавались основы философии Просвещения, но православию как таковому уделялось на удивление мало внимания, а тем более — специфическим для России богословским проблемам, пастырским потребностям и практическим познаниям. Петр I предполагал, что семинарии будут давать религиозные и практические знания умножающемуся чиновничеству, но Синод воспротивился принятию в них мирян: тем самым была упущена возможность создать образованный класс, представители которого могли бы выбирать между гражданской или церковной карьерой. Семинарии не только выпускали священников, лишенных необходимой эрудиции, но и наделяли их особенностями, ограничивающими социальную мобильность: европейские манеры отдаляли их от крестьян и горожан, бедность — от дворян. Недостаточные навыки обращения с паствой не позволяли священникам становиться духовными лидерами. Мещанские взгляды, продажность, грубость — такими были, по общему мнению, отличительные черты служителей алтаря, взимавших непомерную плату за требы и препиравшихся между собой по поводу назначений в приходы. Чтобы поднять их репутацию, Синод во второй половине столетия предпринял меры по улучшению религиозного образования и повышению достоинства священнослужителей, велев им носить подобающие одеяния (ни в коем случае не крестьянское платье) и вести себя цивилизованным образом.

Проблемой, однако, оставалась бедность приходского духовенства (исключая тех, кто служил в богатых городских приходах). Сельские священники оказывались во власти крестьянских общин, которые выбирали их, наделяли землей, давали содержание, платили за требы. Их возможности для искоренения народных обычаев, катехизации, борьбы с местными порядками были весьма скромны. В течение столетия бедность фактически сделала из приходского священства наследственное сословие — свободных приходов было немного, и они все чаще передавались от отца к сыну. Синод, неспособный предоставить жалованье и пенсии для священников, а также содержание для членов их семей, молчаливо соглашался с этим. Между тем, наилучшим выходом с его стороны было бы назначение на должности самых подготовленных выпускников семинарий, что улучшило бы ситуацию в приходах. К концу столетия с практикой выбора священников общинами было покончено, но они все еще во многом зависели от своих прихожан.

На рубеже XVIII и XIX веков православная церковь вновь стала предпринимать усилия по подготовке приходского духовенства к пастырской деятельности. Семинарскую программу переориентировали на православие и российские реалии, стали уделять больше внимания взаимодействию с верующими, чтению проповедей, катехизации и светскому образованию на приходском уровне. Опасаясь соперничества со стороны старообрядцев и различных сект, стремясь воспитывать крестьянство так, чтобы оно служило оплотом политической стабильности, церковные иерархи ослабили борьбу с народными верованиями, поощряя прихожан участвовать в обрядах и празднествах с учетом сложной по своему характеру религиозности мирян.

Социальные последствия институциональных реформ XVIII века можно разделить на две основные группы. Во-первых, прекратилось типичное для московского периода пополнение духовенства за счет выходцев из различных социальных групп: это касалось и высшего, и приходского духовенства. Законодательство 1760–1770-х годов закрыло эту возможность для податного населения, покончив тем самым с вертикальной общественной мобильностью, тогда как дворяне пренебрежительно относились к церковному служению. Епископы по большей части вели образ жизни, характерный для просвещенных дворян того времени, но в следующем веке, с углублением разрыва между двумя сословиями, это прекратилось. Духовенство, в силу образовательной и культурной слабости, оказалось отделено от остальных групп образованного населения, потенциально способных захватить лидерство. Во-вторых, бурные экономические перемены создавали новые перспективы для образованных, но лишенных места выпускников семинарий: они становились университетскими преподавателями, торговцами, чиновниками в качестве разночинцев.

СТАРООБРЯДЦЫ

Раскол XVII века привел к разделению православных в России на меньшинство, придерживавшееся традиционалистских взглядов, и сторонников официальной церкви, но кроме того, открыл обширные возможности для появления доктринальных различий и дальнейшего разделения православного сообщества, которое выразилось в возникновении множества сект. К середине XIX века, согласно оценкам, от официальной церкви отпала шестая часть всех православных. И все же самым устойчивым из раскольничьих течений оставалось старообрядчество, которое разделилось по меньшей мере на две ветви, но сохранило общность вероучения и обряда, существующую по сей день.

В 1690-е годы основные споры в среде старообрядцев велись относительно возможности для православных вести церковную жизнь и совершать литургию в условиях конца времен, когда все рукоположенные священники запятнали себя согласием с никонианской реформой. Так называемые поповцы сохранили духовенство и прежнюю догматику, принимая беглых священников, перекрещивая их и переучивая по своим книгам. Отвергая епископскую иерархию (до середины XIX века, когда некоторые перешли к митрополиту Босно-Сараевскому из Константинопольского патриархата, принявшему старообрядчество), они признавали только пресвитеров. Поповцы пользовались дониконианскими богослужебными книгами, соблюдали дониконианские обряды, почитали святых, признавали все церковные таинства. Первоначально они были сосредоточены на юге и югозападе, в том числе в местах проживания донских и яицких казаков и в долине Иргиза, где в начале 1770-х годов их поддержкой заручился Пугачев. В эпоху религиозной веротерпимости, начиная от воцарения Екатерины II и приблизительно до 1820 года, поповцы создали полнокровную общину в Рогожской слободе (Москва).

Но были и те, кто занял более радикальную позицию, отвергая скомпрометировавших себя епископов и священников. Эти старообрядцы — беспоповцы — отказались от большинства таинств, включая причащение, и проводили жизнь в молитвах, ожидая Второго Пришествия. Можно уподобить их протестантам: они сохранили только Литургию Слова (не относящуюся к таинствам), совершаемую чтецами из числа мирян. Со временем беспоповцы стали выделяться своим строгим образом жизни, трудолюбием, высоким уровнем грамотности, неукоснительным посещением молитвенных собраний. Как многие протестанты в раннюю эпоху, они полагали, что не создают новую веру, а лишь оберегают старую. Беспоповцы продолжали почитать святых, не отвергали мистических аспектов веры, считали, что через иконы можно таинственным образом ощутить присутствие Бога. Из таинств у них остались только два, которые могли совершаться мирянами, — крещение и покаяние (рассматриваемое не как таинство отпущения грехов, а как личное сожаление о них). Спонтанная, визионерская религиозность не поощрялась — главное место занимало чтение старообрядческих книг; но при этом вера не сводилась к персональному контакту верующего с Богом посредством Писания. Благочестивые, глубоко религиозные, объединенные — в отсутствие традиционного богослужения и большинства таинств — молитвенной практикой, беспоповцы демонстрировали противоречивый подход к духовной жизни, полупротестантский, полуправославный.

В 1690-е годы возникли два крупных беспоповских согласия, большинство приверженцев которых проживало на Севере. Одно — поморское — появилось на берегах реки Выг (современная Карелия) и затем распространилось по окраинным областям страны. Другое — федосеевское (по имени его основателя Феодосия Васильева) — приобрело последователей по обе стороны границы с Великим княжеством Литовским и Ливонией; при Екатерине федосеевцы выстроили для себя городок в московской Преображенской слободе. Остальные беспоповцы жили замкнутыми общинами на Урале и в Сибири.

Беспоповские согласия к середине XIX века объединяли примерно половину всех раскольников, считая сектантов. Как и поповцы, со временем они достигли высокой степени сплочения благодаря своим текстам и обрядам. Роберт Крамми характеризует раскольников как «текстовое сообщество» — их вероучение определялось корпусом текстов. Старообрядцы бережно сохраняли дониконианские книги — богослужебные, жития святых, псалтири и т. п. — и часто почитали их как священные предметы, а не только как совокупность боговдохновенных текстов. Вожди старообрядцев вели жаркую полемику с защитниками официальной церкви, создавали сочинения для верующих, в том числе жития Аввакума и Епифания и светское жизнеописание боярыни Феодосии Морозовой, хранили основополагающие документы раскола, включая «Щит веры» и челобитную иеромонаха Авраамия. В 1690-х годах братья Денисовы в Выговской пустыни провели работу по систематизации и расширению корпуса старообрядческих текстов. Денисовы и другие старообрядцы создавали жизнеописания мучеников, чтобы иметь своих, не признанных официальной церковью святых, полемические сочинения и труды по истории старообрядчества, включая «Историю Выговской старообрядческой пустыни» Ивана Филиппова, «Виноград российский» Семена Денисова и «Историю об отцах и страдальцах Соловецких» Андрея Денисова. Благодаря им развивалась культура так называемых «духовных стихов», служивших для распространения веры вместе с рукописями и иконами, написанными в старом стиле или даже литыми (меньше подверженные изменениям, они считались более действенными).

Установление строгих обрядовых правил и норм поведения в обществе позволило старообрядцам создать сплоченные общины. Выговская пустынь с 1702 года стала известна своей суровой, практически монастырской жизнью; за ней последовали и другие. Как поповцы, так и беспоповцы тщательно соблюдали ритуалы (количество поясных и земных поклонов и т. п.) и внимательно следили за отступлениями от них со стороны официальной церкви. Если в «никонианских» храмах прихожане обоих полов стояли друг рядом с другом и могли свободно ходить по церкви, то в старообрядческих для мужчин и женщин отводились особые места, и все были обязаны стоять неподвижно. Государственная церковь вводила многогласное пение, старообрядцы же придерживались единогласия. Беспоповцы настаивали на перекрещивании (мирянами) всех, кто присоединялся к ним. Старообрядцы сохраняли двуперстие (что отразилось также в иконографии), написанные ими иконы не испытали влияния итальянской живописи, в то время как в «официальных» иконах XVIII века оно заметно чувствовалось. Во внутреннее убранство своих моленных старообрядцы не вносили особых изменений, кроме того, что в конечном счете престол был заменен иконостасом, а алтарь был отделен от ризницы. Приверженность к старым книгам привела к тому, что обычно уровень грамотности среди старообрядцев был выше, чем у населения в целом: то были общины, принадлежность к которым определялась текстами в неменьшей степени, чем ритуалами. Как и официальная церковь — и, пожалуй, еще успешнее, — они боролись с народными обычаями и старались исправлять нравственность мирян в духе постановления Стоглавого собора 1551 года.

Особость старообрядцев проявлялась также в одежде, повседневной жизни, моральных нормах. Одеваться было принято скромно, по-крестьянски: кафтаны (и непременная длинная борода) у мужчин, свободные сарафаны у женщин, даже если это были состоятельные купеческие семейства из столиц. У беспоповцев существовали запреты на контакты с иноверцами, особенно строгие по части пищи: каждый, кто ел с ними за одним столом, подлежал покаянию, а приобретенные у них продукты ритуально очищались с помощью молитвы. Староверы образовывали сплоченные общины, регулярно совершали совместные молебны, проповедовали аскетический образ жизни, особенно в сексуальной сфере. Среди них выработалась этика, основой которой служили самоконтроль и умеренность. И мужчинам, и женщинам полагалось много работать, заботиться о своих близких, подавать пример верности и высокой нравственности, быть бережливыми и набожными. Употребление спиртного не одобрялось. Поощрялось проведение времени в кругу домашних, а не в местах, где шло светское общение (трактиры, воскресные гуляния и пирушки). Во всех этих случаях община отграничивала себя, физически и символически, от основной части общества.

Старообрядцы сумели выжить в империи, создавая небольшие общины и выбирая отдаленные места, и обычно избегали политических преследований. Петр I наказывал тех, кого считал опасными для государства, но, исходя из прагматических соображений, не трогал большинство старообрядческих общин в обмен на двойную подушную подать и прочие выплаты. Его преемники, вплоть до 1762 года, порой обрушивали гонения на старообрядцев, но это не привело к их исчезновению. При Петре III и Екатерине II началась, в духе Просвещения, эра терпимости. Петр III полагал, что старообрядцы — всего лишь жертвы суеверия и не должны подвергаться насильственному обращению в православие. При Павле, в виде компромисса, была создана единоверческая церковь: принимавшие единоверие присоединялись к господствующей церкви, но сохраняли свое богослужение и жизненный уклад. Вначале это привлекло многих, но вскоре единоверие стало клониться к упадку.

Такая общинная жизнь создавала проблемы для староверов, о чем пишет Ирина Перт. Богословие было неразрывно связано с повседневным существованием. Первоначально старообрядцы — и поповцы, и беспоповцы — считали, что присутствуют при конце времен, и, как капитоновцы в XVII веке, обратились к древним православным традициям: монашеское устройство общин, аскетизм, безбрачие, созерцательная молитвенная жизнь. Сексуальность была одной из основных проблем. У поповцев вступавшим в брак рекомендовалось сдерживать себя, для беспоповцев же не существовало иного выбора, кроме безбрачия (поскольку таинство брака совершиться не могло). Поэтому в ранний период у беспоповцев, как у монахов, женские и мужские общины были отделены друг от друга; за теми и другими надзирали духовные вожди из числа мирян. Тем не менее, их численность росла за счет присоединения православных, усыновления сирот и детей из воспитательных домов и деторождения, которое происходило, несмотря на запреты.

Рожденное в атмосфере милленаристских ожиданий старообрядчество стало меняться, когда выяснилось, что апокалипсис не наступает. Беспоповцы поморского согласия стали толковать текст Откровения в более метафорическом духе и соответственно изменили обряд — к примеру, включили в богослужение видоизмененную молитву за царя; к концу века большинство старообрядцев приняло идею брака как необходимого средства для обуздания сексуальной энергии у тех, для кого мирское безбрачие было непереносимым. Брак считался не таинством, а «приверженностью сердца», которое подтверждалось затем согласием супругов, их родителей и общины; возникли свадебные ритуалы, где заимствования из народных традиций (сватовство, обручение, приданое, пиры) сочетались с надзором со стороны старейшин-мирян. Однако беспоповцы-федосеевцы, после горячих споров с поморцами в последние десятилетия века, оставили в силе принцип безбрачия. Эта непримиримая позиция вынудила их в конце концов оправдать деторождение для тех, кто вступил в общину, уже состоя в браке, и новых членов (и признать детей, рожденных ранее в браке); но в дальнейшем оно запрещалось, требовалось соблюдать воздержание.

Таким образом, старообрядческие общины, даже если они относились терпимо к супружеским отношениям, предлагали русским альтернативную модель социального устройства, где мужчины и женщины проживали отдельно в одном и том же поселении. В Выговской пустыни это оставалось нормой, даже когда в близлежащих деревнях обосновались супружеские пары. С 1760-х годов представителям всех основных старообрядческих согласий было разрешено компактно селиться в Москве и Петербурге. Под видом благотворительных учреждений создавались целые комплексы, включавшие в себя богадельни, детские дома, кладбища, дома для престарелых и немощных, мужские и женские общежития, а главное — приходские церкви и залы молитв, куда следовало приходить на службы (часто ежедневные). Вокруг этих комплексов формировались аналоги приходов из верующих, живших супружеской и безбрачной жизнью; иногда такие группы состояли целиком из женщин. В 1790-е годы около тысячи старообрядцев населяли федосеевский «городок» в Преображенском. В этих общинах находили приют многие обездоленные, включая крепостных крестьян — и особенно женщины.

Женщины с самого начала играли видную роль в старообрядчестве. Богатые представительницы знати, такие как Феодосия Морозова, предоставляли средства и покровительство проповедникам-мужчинам, прежде чем привлечь внимание государства и отправиться в застенок, а затем на смерть. Со временем женщины начали возглавлять общины, обычно составляя в них большинство. Привлекательность старообрядчества для женщин легко объяснить: то была возможность избежать тягот, связанных с крепостным правом, рождением и воспитанием детей, контролем внутри патриархального сообщества. В поповских общинах им разрешалось присутствовать на службах, в беспоповских она даже могли совершать крещение и исповедовать грехи. И все же, в соответствии с московской патриархальной традицией, женщины не допускались до высших должностей.

Старообрядческие общины, даже поповские, обычно управлялись выборными старейшинами-мирянами. Некоторые, выдвинувшиеся благодаря своим практическим навыкам, ведали продовольствием, производством, финансами и т. д. Беспоповцы избирали духовных вождей-наставников, известных своим благочестием, начитанностью и пастырскими талантами; многие проходили обучение у таких наставников, чтобы завоевать всеобщее уважение. Наставники руководили молебнами, выполняли обязанности духовников, назначали покаяния за правонарушения. Жизнь домохозяйств также определялась в первую очередь молитвой, у беспоповцев домашняя часовня часто занимала самое обширное помещение в избе.

Многие центры старообрядчества, включая Выговскую пустынь и московские поселения, поповские и беспоповские, были закрыты в 1850-х годах при Николае I. Старообрядчество продолжало существовать в крошечных, изолированных общинах на окраинах страны. В пореформенной (после 1861 года) России старообрядчество возродилось; некоторые старообрядцы эмигрировали в Турцию, Европу, Канаду и США, отдельным группам удалось пережить советские репрессии в глухих уголках Сибири.

УНИАТСКАЯ ЦЕРКОВЬ

Униатская церковь возникла в Речи Посполитой после Брестской унии (1596). То была вторая серьезная попытка поглотить русское православие, предпринятая католической церковью. Ферраро-Флорентийская уния 1444 года, обусловленная желанием папы заручиться поддержкой против турок, так и не вступила в силу, отвергнутая Москвой в 1448 году и потерявшая всякое значение после взятия Константинополя турками в 1453 году. Брестская же уния оказалась жизнеспособной. Ее заключили Святой Престол с одной стороны и митрополит Киевский вместе с подчиненными ему украинскими и белорусскими епископами — с другой, в то время, когда православие в польско-литовском государстве остро нуждалось в обновлении.

К концу XVI века православие в Украине было неспособно конкурировать с обновленным протестантством и посттридентским католицизмом. На Тридентском соборе (1545–1563) католическая церковь, вслед за протестантами, приняла масштабный план конфессионализации. Были определены основные принципы вероучения, подтверждено сохранение обрядов, таинств, догмата о благодати, представлены новый катехизис, новое издание Библии, наставительные и другие религиозные труды, некоторые — на местных языках. Новая учебная программа — преподавание велось на латыни — включала современные дисциплины и языки, что отражало новое положение уверенной в себе церкви. Стали посылаться миссионеры в различные страны Восточной и Западной Европы. Православие же в Украине пребывало в спячке: духовенство получало недостаточное образование, современные учебные заведения отсутствовали, верующие в своей массе были неграмотными. По этой причине оно выглядело малопривлекательным для украинской и белорусской элиты — и в интеллектуальном, и в духовном отношении.

Украинские православные иерархи рассматривали унию с католичеством как возможность для обновления церкви. Речь шла не о доктринальных, а о чисто практических изменениях: усилить контроль высшего духовенства над приходами и приходскими священниками, улучшить пастырское образование, добиться для православных епископов такого же политического статуса, какой имели католические (прежде всего членства в Сенате), а для священства — освобождения от налогов и судебных привилегий, которым пользовались католические пресвитеры. Предполагалось признать высшую власть папы при сохранении основных особенностей православия (возможность вступать в брак для священников, обряды, таинства, богослужение на церковнославянском языке, причащение вином и хлебом). В отношении немногих догматических расхождений между церквями были применены положения Ферраро-Флорентийской унии, включая компромиссную интерпретацию филиокве (в католической церкви догмат о Троице был изменен с указанием, что Святой Дух исходит не только от Отца, но и от Сына (filioque), в документах унии был закреплен вариант «через Сына») и принятие учения о чистилище. Отдельные недавние новшества (Праздник Тела и Крови Христовых, некоторые новые святые) отвергались. Однако в конечном счете Святой Престол потребовал принять все постановления Тридентского собора в обмен на сохранение восточного обряда. Оказавшись в безвыходном положении, большинство украинских епископов признали Брестскую унию. На нее дал согласие король Сигизмунд III, объявив униатство единственной законной разновидностью православия в Речи Посполитой. Собственность православной церкви были конфискована, на священников оказывали давление, чтобы те приняли унию. Православие в его традиционном виде оказалось под запретом.

Уния вызвала у православных чрезвычайно резкую реакцию. Два епископа из западной Украины заявили, что не признают ее. Могущественный магнат князь Константин Острожский, православный по вероисповеданию, выражал несогласие с ней в польском сейме и в судах. Он нашел поддержку не у дворян (многие из которых обращались в католичество), а у горожан. Православные братства во Львове, Киеве и других городах стали открывать школы и типографии, чтобы защитить свою веру. Запорожские казаки оказали военную поддержку; православные иерархи, обучавшиеся в иезуитских коллегиях и умевшие бить противника его же оружием, приступили к возрождению своего православия, что в данном случае означало преимущественно конфессионализацию. Во главе их встал митрополит Петр Могила, основавший в 1632 году Киевскую (позднее Киево-Могилянскую) коллегию по образцу иезуитских школ. Петр Могила преобразовал церковное управление для усиления надзора за священниками и улучшения пастырского попечения, проводил в своей епархии визитации по примеру католиков, опубликовал на местном языке переработанный служебник (1629, 1639), Номоканон (1629) и требник (1646). Его катехизис — «Православное исповедание Кафолической и Апостольской Церкви Восточной» — был составлен в форме вопросов и ответов наподобие католических катехизисов и содержал много католических понятий (семь смертных грехов, главные добродетели, идея чистилища). Одобренный церковным собором в 1640 году и изданный в 1646 году, он вскоре стал основным для всех православных церквей, кроме русской. В 1684 году русский патриарх Иоаким одобрил его применение в русских церквях, и он оставался основным до появления катехизиса Прокоповича в 1740 году.

Православная церковь постепенно возвратила себе право владеть имуществом и сохранять независимость от униатской церкви в украинских землях (1607, 1609, 1632). В 1620 году иерусалимский патриарх тайно посетил Киев для рукоположения нового митрополита, архиепископа и нескольких епископов. Вторая половина XVII века в Гетманщине ознаменовалась расцветом православия. Украинские и белорусские священники, представлявшие модернизированное православие, с 1630-х годов руководили церковными реформами и изданием необходимой для этого религиозной литературы в Московском государстве.

Тем не менее, в течение большей части XVII века униатство выдерживало натиск. В белорусских и западноукраинских землях большинство приходов и епископов приняли унию, но на востоке Украины картина была иной. Унию официально поддержали власти Речи Посполитой и Святой Престол, возникли униатские приходы, но ее сторонники на Украине не достигли своих политических целей. Униатские епископы не были допущены в Сенат

Речи Посполитой, униатское духовенство не получило освобождения от налогов и судебных привилегий, которыми пользовались польские католические священники. Иосиф Рутский, второй униатский митрополит (1613–1637), предпринял, как и Петр Могила, шаги в сторону конфессионализации, рассчитывая, что униатская церковь будет отличаться и от католической, и от православной. Рутский реорганизовал основанный в 1615 году Василианский монашеский орден по иезуитскому образцу и предпринимал усилия по выработке особого униатского обряда. К концу XVII века в украинских и белорусских землях насчитывалось около 30 василианских монастырей, из которых выходили хорошо образованные униатские епископы. В 1623 году появились новый катехизис и «Правила для униатских пресвитеров», но в целом для унификации вероучения до конца XVII — начала XVIII века делалось немного. В 1670 году униаты обзавелись типографией в Вильне; львовский епископ Иосиф Шумлянский издал там наставления для священников (1687).

На протяжении XVIII столетия конфессионализация заметно продвинулась. В 1720 году собрался униатский Замойский собор. Собравшиеся на него епископы и священники, как и участники Тридентского собора (а также московские «ревнители благочестия» и Никон, чьи усилия, однако, не увенчались таким же успехом) решили унифицировать богослужение. Новые литургические книги вскоре были изданы и посланы в приходы. Собор принял также меры для улучшения образования священников и их попечения о прихожанах, усилил надзор за епархиями и приходами, постановил, что епископ обязан посещать каждый свой приход не реже одного раза в два года. В каждой епархии отныне должна была иметься семинария, в приходах — школы. Не все из намеченного удалось выполнить сразу, но прогресс был налицо.

Как показала Б. Скиннер, в XVIII веке униатская церковь на территории Речи Посполитой благодаря новому руководству и исповеданию веры обрела отчетливую идентичность. Православное вероучение и обряды в основном сохранились: в богослужении и при издании религиозных текстов использовался церковнославянский язык, приходские священники могли вступать в брак, производилось причащение вином и хлебом. Но имелись доктринальные отличия: униаты принимали тезис о двойном исхождении Святого Духа, молились за римского папу на литургии, крестили, по латинскому обряду, обливанием, а не погружением, причащали детей лишь по достижении сознательного возраста (тогда как в православии возраст не имеет значения). Со временем униаты стали читать литургические тексты, наряду с произнесением нараспев, по православной традиции, начали отмечать католический Праздник Тела и Крови Христовых, ввели почитание латинских святых и собственных, униатских, уделяли особое внимание поклонению Богородице в различных формах, что было характерно для посттридентского католичества. Изменился и внутренний вид церквей: во многих исчезли иконостасы, так что священник и верующие все время видели друг друга, как на католических мессах; церковная живопись стала выполняться в постренессансном реалистическом стиле, иконы иногда писались на холсте, а не на досках. Антиминс был, по латинскому обычаю, заменен табернаклем, кое-где даже появились исповедальни и органы.

В XVIII столетии униатство широко распространилось в Речи Посполитой, хотя в Правобережной Украине сохранялись очаги сопротивления. Униатские священники, окончившие семинарии или василианские школы, были лучше образованы, свободно говорили на латыни, польском и церковнославянском, а кроме того, на местных языках — украинском или белорусском. Наблюдалось и большее разнообразие в происхождении, по сравнению с русским и украинским православным духовенством того времени: наряду с сыновьями священников, были выходцы из дворянства и городских сословий. После приобретения Россией Левобережной Украины и части белорусских земель (1654–1667) выяснилось, что в Левобережье нет униатских приходов; белорусских же униатов насильно обратили в православие.

По результатам первого раздела Польши (1772) Россия приобрела обширные территории со значительным населением (включая 800 тысяч униатов, а также католиков и иудеев), и Екатерина II не могла поступать так же бесцеремонно, как ее предшественники в XVII веке. В первые годы после раздела она выставляла себя защитницей религиозной свободы и вместе с прусским королем Фридрихом II оказывала давление на польский сейм, чтобы тот признал права «диссидентов» (то есть протестантского и православного меньшинств) в польско-литовских землях. В своем «Наказе» императрица высказывалась в пользу религиозной терпимости. После раздела, опасаясь, что польский король будет вмешиваться в дела империи, чтобы оказать поддержку католикам, она первоначально вела в белорусских землях довольно осторожную религиозную политику, которую православные иерархи оценили по достоинству. Екатерина запретила насильственное обращение униатов, пообещала оберегать религиозные права католиков обоих обрядов (латинского и униатского) и создала для униатов единую епархию. При этом переходить из униатства в православие разрешалось, хотя Святой Престол считал это отступничеством; русские власти в принципе не желали признавать власть папства в пределах своей страны, как над католиками, так и над униатами.

В то же время позиция Екатерины II как защитницы православия оказалась полезной для обоснования имперской экспансии. Приводя доводы, впервые выдвинутые киевскими деятелями православного возрождения в начале XVII века, императрица и ее идеологи изображали униатов как преследователей православия в Речи Посполитой. Более того, провозглашалось, что униатство — вообще не религия, а хитроумная уловка, с помощью которой поляки навязали свою волю православным. С этой точки зрения все восточные славяне — украинцы, белорусы и русские — являлись одним народом, объединенным языком, культурой, религией и историей. Шестисотлетний период, в течение которого белорусские и украинские земли принадлежали к государству, в 1569 году принявшему название Речи Посполитой, считался малозначительным обстоятельством. Эти воззрения стали идеологической основой для запугивания униатов в 1780-е годы и для открыто принудительной политики после окончательного уничтожения Речи Посполитой в 1790-е годы.

По итогам второго раздела Польши (1793) граница России стала проходить на 400 километров западнее. Империя включала теперь большую часть украинских земель. На новоприобретенных территориях проживало более трех миллионов человек, в том числе около двух миллионов униатов. После третьего раздела (1795) в составе России оказались все украинские земли, западная Белоруссия и территории, населенные литовцами. Это дало 1,2 миллиона новых подданных, включая множество униатов. Время было напряженным: три державы — участницы разделов стерли Польшу с географической карты, несмотря на ожесточенное сопротивление поляков, и образовали союз против революционной Франции; все попытки восстания со стороны поляков в дальнейшем решительно подавлялись. Униатские приходы, находившиеся под сильным польским и католическим влиянием, попали под подозрение. В этих обстоятельствах Екатерина была готова применять насилие в большей мере, чем ранее, и в 1794 году началась «миссионерская» кампания, сводившаяся к насильственному обращению. Собственность всех униатских епархий, кроме одной (Полоцкой), подверглась конфискации. В Правобережье, где давно существовало сопротивление униатской церкви (поощряемое русскими православными иерархами и монастырями Левобережья), эта кампания привела к переходу в православие более миллиона человек. Но в остальных местах она встретила отпор. Униатское духовенство отказывалось принимать православие, русских же священников, которые могли бы сравниться с униатскими по образованности и знанию языков, было немного. Местные землевладельцы и чиновники, как и прихожане, отказывались участвовать в переосвящении униатских церквей и восстановлении православных обрядов. Многие в знак протеста продолжали совершать униатские богослужения, теперь уже подпольно. Православная же церковь, со своей стороны, не располагала необходимыми средствами для выполнения этой масштабной задачи: не хватало не только священников, но и религиозных книг на местных языках, чтобы знакомить униатов с православным вероучением, которое заметно изменилось с 1596 года.

Ларри Волф проводит тезис, что целью Екатерины II было не уничтожение униатской церкви, а достаточно плотный контроль над этим средоточием политической оппозиции. Уже в 1795 году кампания по обращению в православие сбавила обороты, а в землях, приобретенных после третьего раздела, она так и не была развернута. В момент воцарения Павла I (1796) в империи все еще насчитывалось 1,4 миллиона униатов и несколько василианских монастырей, преимущественно в западной Белоруссии и на Волыни. Униатство удалось более или менее искоренить только в Правобережной Украине. Павел, будучи сторонником свободы вероисповедания, прекратил насильственное обращение и восстановил некоторые епископские кафедры; в скором времени многие униатские приходы открылись вновь. Политика терпимости в отношении униатства проводилась до 1830-х годов, когда началось наступление на многие разновидности православия, не совпадавшие с официальным: старообрядчество, секты, униатство. В 1839 году оставшиеся униатские монастыри, церкви и приходы, вместе с духовенством, отошли к Русской православной церкви. Униатство продолжило существовать (и весьма активно) лишь на западноукраинских землях, занятых в 1772 году Австрией; униаты были известны там под именем «греко-католиков». Оттуда часть верующих эмигрировала в Северную Америку. После распада СССР униатство стало возрождаться в России и на Украине.

Как бы то ни было, в XVIII веке в связи с распространением староверия и появлением в пределах страны множества униатских приходов у русских властей возникла необходимость тщательно контролировать православие. В этом столетии, отмеченном реформами и другими переменами в религиозной сфере, конец русского православия как единого целого, возможно, облегчил для монархов, испытавших влияние европейской культуры, смену имперской идеологии, ранее основанной на благочестии, а теперь в более прагматичном духе — на служении государству.

* * *

О реформах Петра I: Cracraft J. The Church Reform of Peter the Great. Stanford, Calif.: Stanford University Press, 1971; Muller A. The Spiritual Regulation of Peter the Great. Seattle and London: University of Washington Press, 1872. Об интеллектуальных течениях и богословских направлениях в русском православии: Wirtschafter E. Religion and Enlightenment in Catherinian Russia: The Teachings of Metropolitan Platon. DeKalb, Ill.: Northern Illinois University Press, 2013; Marker G. Between Enlightenment and Orthodoxy: The Primers of Platon (Levshin) and the Ascent of Secular Russian in the Late Eighteenth Century // History of Education and Children's Literature. 2014. № 9. P. 71–87; Marker G. Catechizing in the Diocese: The Place of Mary in Dimitrij Rostovskij's Questions and Answers // Russian Literature. 2014. № 75. P. 391–413; Ivanov A. A Spiritual Revolution: The Impact of Reformation and Enlightenment in Orthodox Russia, 1700–1825. Madison: University of Wisconsin Press, 2020.

Грегори Фриз исследовал социальные и институциональные изменения в русском православии на протяжении XVIII–XIX веков: Freeze G. The Russian Levites: Parish Clergy in the Eighteenth Century. Cambridge, Mass.: Harvard University Press, 1977; Freeze G. The Rechristianization of Russia: The Church and Popular Religion, 1750–1850 // Studia Slavica Findlandensia. 1990. № 7. P. 101–136; Freeze G. Institutionalizing Piety: The Church and Popular Religion, 1750–1850 // Imperial Russia: New Histories for the Empire / Ed. by J. Burbank, D. Ransel. Bloomington and Indianapolis: Indiana University Press, 1998. P. 210–249; Freeze G. Handmaiden of the State? The Church in Imperial Russia Reconsidered // Journal of Ecclesiastical History. 1985. № 36. P. 82–102; Freeze G. Russian Orthodoxy: Church, People and Politics in Imperial Russia // The Cambridge History of Russia. Vol. 2: Imperial Russia: 1689–1917 / Ed. by D. C. B. Lieven. Cambridge: Cambridge University Press, 2006. P. 284–305.

О православном обряде: Paert I. Spiritual Elders: Charisma and Tradition in Russian Orthodoxy. De Kalb, Ill.: Northern Illinois University Press, 2010; Nichols R. The Orthodox Elders (startsy) of Imperial Russia // Modern Greek Studies Yearbook. 1985. № 1. P. 1–30; Nichols R. Orthodoxy and Russia's Enlightenment, 1762–1825 // Russian Orthodoxy under the Old Regime / Ed. by R. Nichols, T. G. Stavrou. Minneapolis: University of Minnesota Press, 1978; Meehan B. Holy Women of Russia: The Lives of Five Orthodox Women Offer Spiritual Guidance for Today. San Francisco: Harper San Francisco, 1993; Marker G. God of our Mothers: Reflections on Lay Female

Spirituality in Late Eighteenth- and Early Nineteenth-Century Russia // Orthodox Russia: Belief and Practice under the Tsars / Ed. by V. Kivelson, R. Greene. University Park, Pa.: Pennsylvania State University Press, 2003. P. 193–209.

Георг Майклз исследует начало раскола в своей книге: Michels G. At War with the Church: Religious Dissent in Seventeenth-Century Russia. Stanford, Calif.: Stanford University Press, 1999 и в статьях: Michels G. Ruling without Mercy: Seventeenth-Century Bishops and their Officials // Kritika: Explorations in Russian and Eurasian History. 2003. № 4. P. 515–542; Michels G. Muscovite Elite Women and Old Belief // Harvard Ukrainian Studies. 1997. № 19. P. 428–450; Michels G. The Violent Old Belief: An Examination of Religious Dissent on the Karelian Frontier // Russian History. 1992. № 19. P. 203–230. О духовной и институциональной эволюции старообрядчества: Crummey R. Old Believers in a Changing World. DeKalb, Ill.: Northern Illinois University Press, 2011; Crummey R. The Old Believers & the World of Antichrist: The Vyg Community & the Russian State, 1694–1855. Madison: University of Wisconsin Press, 1970; Paert I. Old Believers: Religious Dissent and Gender in Russia, 1760–1850. Manchester: Manchester University Press, 2003; Robson R. Old Believers in Modern Russia. DeKalb, Ill.: Northern Illinois University Press, 1995.

Биографии Аввакума и Морозовой содержатся в книге: Памятники литературы Древней Руси. XVII век. Книга вторая. М.: Художественная литература, 1989. С. 351–484.

Об униатской церкви под контролем русских властей: Skinner B. The Western Front of the Eastern Church: Uniate and Orthodox Conflict in Eighteenth-Century Poland, Ukraine, Belarus, and Russia. DeKalb, Ill.: Northern Illinois University Press, 2009; Wolff L. The Uniate Church and the Partitions of Poland: Religious Survival in an Age of Enlightened Absolutism // Harvard Ukrainian Studies. 2002–2003. № 26. P. 153–244.

Глава 21

Дворянство, культура, интеллектуальная жизнь

Восемнадцатое столетие называют «золотым веком дворянства». Но кто в России относился к дворянству? Как и элита во многих империях, русское дворянское сословие было открытым, проницаемым и крайне неоднородным. Не стоит забывать, что, согласно петровской Табели о рангах, дворянство получал каждый обладатель чина, даже самого низшего. Это может показаться несовместимым с социальной исключительностью, которую предполагает дворянский титул, но элите постоянно приходится устранять такого рода трения. Циркуляция элит происходит все время: вымирают семейства, меняются династии, для пребывания у власти требуются новые навыки. Чтобы существовать в течение длительного времени, элите необходимо выработать солидарность и создать собственную идентичность. Эта проблема стояла особенно остро для российского дворянства ввиду быстроты социальных и экономических изменений в XVIII веке, когда образовалось это сословие, а также из-за обстоятельства, которое можно охарактеризовать как размытость социальных категорий в России.

Элис Виртшафтер указывает на глубокую двусмысленность понятия «дворянство» в России XVIII века. Мало какие его признаки можно назвать исключительными, относящимися лишь к этому сословию. Свобода от подушной подати была основной привилегией, но ею пользовались, кроме дворян, купцы, духовенство, некоторые военные-недворяне, часть чиновников и разночинцев. Наряду с дворянством, в этом столетии появилась образованная элита недворянского происхождения. Желание дворян обладать исключительным правом на владение землей и крепостными было удовлетворено лишь в середине XVIII века, причем это право часто нарушалось. Тот, кто провел всю жизнь на гражданской службе, получал потомственное дворянство, не владея ни тем, ни другим. Только после издания Жалованной грамоты дворянству (1785) стали вестись родословные книги, но механизмы удовлетворения претензий на принадлежность к дворянству функционировали слабо, и это сословие отличалось непостоянством состава, пополняясь за счет тех, кто продвигался по службе и получал дворянство по указу монарха, и теряя тех, кто беднел или впадал в немилость. Государство, даже освободив дворян от обязательной службы, поощряло их становиться военными или чиновниками, чтобы оправдать дворянские привилегии.

По причине такой неоднородности объединяющими факторами для русского дворянства служили политические и экономические привилегии, но прежде всего — культура. В течение XVIII века дворян отличали европейская одежда, повседневные привычки, образование, творческая активность и философские раздумья. Присущую дворянам культуру в целом именуют просвещенческой, но Элис Виртшафтер мудро напоминает о том, что в Европе XVIII века существовало множество «просвещений», которые не сводятся к общеизвестному французскому, отличавшемуся радикализмом. Каждая культура, испытавшая воздействие Просвещения, приспосабливала его главные аспекты — рациональное мышление, универсальные ценности, открытость новому — к собственной системе ценностей. Именно так в Европе началось религиозное Просвещение, принципиальная попытка совместить веру (откровение и догматику) с научным знанием, критическим мышлением и свободой совести. Именно этот подход был по большей части свойствен русскому Просвещению: внимание к «достоинству и возможности совершенствования человека», присущее и христианству, и Просвещению, плюс стремление давать нравственную оценку вопросам социального и политического порядка. В этом образованные дворяне сходились с разночинцами: результатом стала «интеллектуальная жизнь», участников которой заботило то же, что и современных им европейских литераторов.

ИМПЕРСКОЕ ДВОРЯНСТВО: НЕЗАМКНУТОЕ СОСЛОВИЕ

До XVIII века в России, безусловно, существовала элита, но не было дворянства как сословия, обладающего самосознанием и законными привилегиями. Представление о таком дворянстве появилось в России благодаря Петру I. Общение с европейцами в юности и, конечно, путешествия по ведущим в экономическом и политическом смысле странам Европы (Голландия, Англия, Пруссия, Франция, Австрия) заставили Петра осознать значение промежуточных социальных групп — дворянства, буржуазии, городских советов, духовенства, нотариусов, юристов, университетских профессоров. Эти группы, сплотившиеся на основе социальных привилегий и/или продолжавшихся на протяжении нескольких столетий корпоративных традиций, выдвигали из своей среды общественных лидеров, на которых абсолютные монархи-реформаторы опирались при осуществлении государственного строительства — того самого, которое Петр собирался реализовать в России. Он именовал себя «первым слугой государства», побуждал военных и чиновников служить «общему благу» и быть открытым переменам, а не держаться традиций. Тем не менее, как указывает М. Раефф, в России плохо обстояло дело с корпоративными группами: не имелось независимых муниципалитетов, привилегированной знати, профессиональных нотариусов и законников, ученых. Те группы, которые существовали, — украинцы, донские и яицкие казаки, старообрядцы — не были общенациональными и далеко не всегда преследовали государственные интересы. По этой причине Петр принялся создавать такие корпоративные группы. Три реформы, в ходе которых предполагалось создать независимое городское сословие, потерпели неудачу, зато с дворянством самодержец добился успеха.

С самого начала царствования Петр охотно выдвигал на видные должности способных людей независимо от их происхождения, но в первую очередь опирался на существующую военную элиту — бояр и поместную знать, — а также на приказных; вместе они должны были составить ядро новой элиты. В конечном счете все эти социальные группы знали об «общем благе» и пользе службы стране с 1680-х годов, когда придворное духовенство, получившее образование на Украине, стало распространять данные идеи. Петр стремился институционализировать самоощущение элиты, давая ее представителям статус и привилегии: в 1714 году поместье приравняли к вотчине, так что держатели земли отныне могли быть спокойны за свои владения; государство стало платить жалованье за службу; в 1718 году для них была подтверждена свобода от налогов (в виде освобождения от подушной подати). Что важно, Петр поместил само понятие «дворянства» в контекст определения служебных обязанностей (1722).

В Табели о рангах заметно множество противоречий между привилегированным статусом представителя благородного сословия и доступом к службе. Табель определяла высшие чины, которые должны были составить элиту государства, но при этом уничтожала характерное для московского периода статусное различие между гражданской и военной службой: теперь статус и связанные с ним привилегии получали все, кто достиг этих высоких чинов. Устанавливались три иерархии чинов — военная, гражданская и придворная, по 14 чинов в каждой. Разумеется, существовало множество военных и гражданских должностей, обладатели которых стояли ниже этой иерархической лестницы. Чины с первого по третий занимали сенаторы, министры и т. п.; с четвертого по шестой — генерал-майоры, полковники, президенты коллегий, губернаторы и другие высокопоставленные гражданские руководители; с седьмого по восьмой — старшие офицеры и уездное начальство; далее шли младшие офицеры и чиновники на менее важных должностях. С каждым чином были сопряжены определенные привилегии, но при этом в названии соответствующего указа имелись слова «однако ж воинские [чины] выше прочих»: даже самый низший, 14-й, военный чин давал право на потомственное дворянство, тогда как на гражданской и придворной службе его можно было получить лишь начиная с восьмого чина (со временем этим статусом стали наделять лишь обладателей еще более высоких чинов, и, таким образом, получение потомственного дворянства усложнилось).

В указе, вводившем Табель, делалась попытка приучить русских к истинному значению слова «дворянство». Признавалось, что некоторые получают его по рождению: «Сыновьям... князей, графов, баронов, знатнейшего дворянства» полагалось оказывать уважение на публике (статья 8), но при этом подчеркивалось, что дворяне должны служить и их ряды будут пополняться за счет нижестоящих: «...Мы для того никому никакого рангу не позволяем, пока они нам и отечеству никаких услуг не покажут» (статья 8). «Все служители российские или чужестранные, которые восьми первых рангов находятся, или действительно были, имеют оных законные дети и потомки в вечные времена лучшему старшему дворянству во всяких достоинствах и авантажах равно почтены быть, хотя б они и низкой породы были» (статья 11). Постоянно указывалось на необходимость служить («Надлежит дворянских детей в коллегиях производить снизу» — статья 14), но одновременно учреждалась должность герольдмейстера, определявшего законность претензий на дворянское достоинство (статья 16). Табель о рангах, таким образом, обещала дворянам (которые с самого начала были обязаны служить) неопределенные блага — статус и привилегии — в обмен на службу. В течение оставшейся части столетия дворянство добивалось от монархов, чтобы те четко определили и расширили его привилегии, а также закрыли доступ в ряды сословия, появившийся благодаря Табели и имперской экспансии.

Одной из очевидных целей Табели о рангах было предоставление доступа к дворянству в зависимости от заслуг. Как это происходит со всеми элитами, особенно в империях, жизнеспособность дворянства определялась возможностью принимать и перерабатывать выходцев из низших сословий и представителей различных национальностей, сохраняя при этом сплоченность и дух аристократизма. И здесь оно достигло успеха: составляя ничтожную часть населения (около 0,5 % с 1680-х годов до конца XVIII века), дворянство, тем не менее, было разнообразным в социальном и этническом отношении. К примеру, под конец правления Петра I (1721) 62 % высших офицеров происходили из московских служилых людей и социальных групп, стоявших выше последних, 11 % — из менее привилегированных слоев (казаки, пушкари), 14 % — из посадских и крестьян. Чиновники получали дворянство, служа в коллегиях и местных учреждениях и продвигаясь по служебной лестнице согласно Табели о рангах. Почти не прекратившиеся на протяжении всего века военные действия, большая полевая армия, расширение империи, увеличение числа гражданских должностей в результате административных реформ 1770-х годов — все это создавало разные возможности для военных и чиновников. Унтер-офицеры, не принадлежавшие к числу дворян, производились в офицеры благодаря заслугам и милости вышестоящих; точно так же на гражданской службе таланты, умения, опыт и/или взятки и покровительство способствовали социальной мобильности. Так, в 1752 году лишь четыре губернских секретаря (чин XII класса) были дворянами по происхождению. Некоторые достижения — например, получение образования — автоматически приносили чин. Выпускники университета получали чин XII класса, академики и профессора — более высокие, учителя в губерниях — чин IX класса, в уездах — XII класса.

Русское дворянство было открыто не только для людей незнатного происхождения, но и для представителей различных народов империи. Еще в конце XV века московские великие князья пополняли боярство за счет влиятельных кланов из покоренных восточнославянских княжеств, Литвы и Казанского ханства. Касимовское ханство было создано специально для того, чтобы поддержать татарских князей, претендовавших на казанский трон; они и члены их свиты получали поместья и служили в составе отдельных подразделений русского войска. Некоторые обращались в православие, в частности, Худай-Кул, принявший имя Петра и женившийся в 1506 году на сестре Василия III, а двумя поколениями позже — Саин-Булат (после крещения — Симеон Бекбулатович). Вслед за взятием Казани (1552) некоторые из знатнейших местных князей и мурз начинали служить московскому царю, причем без крещения. По мере увеличения территории России на службу к Москве переходили большие группы нерусской знати, в том числе прибалтийские немцы, а также украинские казаки и шляхтичи. Некоторые из тех и других заняли высокое положение, пример тому — ближайшие советники Екатерины II Яков Сиверс и Александр Безбородко. После разделов Польши в империи оказалось столько новых дворян, что власти потребовали от них подтвердить благородное происхождение либо право владения землей. Но даже при выдвижении таких условий число дворян в стране к концу столетия удвоилось.

Россия не настаивала на обращении в православие для повышения статуса и продвижения по службе: прибалтийские немцы, как правило, оставались лютеранами, поляки — католиками. Тем не менее, как указывает Андреас Каппелер, власти благосклонно смотрели только на институционализированные религии (ислам, лютеранство, католицизм); это не относилось к анимистическим верованиям, которые исповедовали народы Сибири и отчасти — Среднего Поволжья. Отдельные представители нерусской знати — русины, казаки Левобережья, смоленские поляки — усваивали русскую культуру, но многие не делали этого: так по мере расширения империи в XVIII веке внутри нее образовалось немецкое, польское, украинское, татарское и другие дворянства.

Российское имперское дворянство было чудом почти в буквальном смысле слова. При Екатерине II у каждой группы внутри этого сословия имелись особые военные мундиры и церемониальные наряды, разработанные в соответствии с национальными традициями; все это ослепляло иностранцев, оказывавшихся при петербургском дворе. Европейцы удивлялись экзотическому виду русских, татар, казаков, румын, греков, киргизов и представителей других народов, несших почетную службу при императрице, их красочным одеяниям, саблям и другому оружию. Андреас Шёнле утверждает, что Екатерина настойчиво демонстрировала своих подданных высокопоставленным гостям, например графу Луи-Филиппу де Сегюру и австрийскому императору Иосифу II во время посещения ею Крыма (1787): им приходилось смотреть на национальные танцы, казачьи верховые упражнения, дервишские пляски. То был способ продемонстрировать европейцам, питавшим типичное для эпохи Просвещения пренебрежение к России, что эти экзотические народы могут стать дисциплинированными и «цивилизованными». Несмотря на различия в одежде и традициях, имперское дворянство было сплоченным и единым. Все дворяне приобретали чины согласно одной и той же Табели о рангах, воспитывались в соответствии с идеями Просвещения, получали классическое образование, говорили (в столицах и крупнейших городах) на французском, немецком или русском языке, устраивали одни и те же развлечения — карточная игра, танцы, театральные представления, масонские собрания. Главным объединяющим фактором была служба российскому монарху, который в ответ щедро вознаграждал дворянское сословие.

ДВОРЯНСТВО: ИМУЩЕСТВЕННЫЕ РАЗЛИЧИЯ

Однако корпоративную солидарность, как представляется, подтачивали имущественные различия. Между теми, кто заявлял о своем дворянстве в XVIII веке, наблюдалось колоссальное неравенство. Те, кто владел менее чем 25 душами мужского пола, считались бедными — чтобы жить достойно, требовалось иметь 100 душ, богатство же начиналось от 500 душ. При таких критериях, вероятно, половина дворян жила в бедности. Общеимперская статистика за 1762 год говорит о том, что 51 % дворян владели менее чем 21 крепостным, 31 % — от 21 до 100, 15 % — от 100 до 500, всего 2 % — от 500 до 1000, и лишь 1 % — более чем 1000. Даже в условиях экономического подъема в некоторых губерниях, как показывают данные за 1777 год, более половины дворян имели 20 душ или меньше: в Черниговской и Полтавской губерниях таких было 65 %, в Курской — 60 %, в Харьковской, Смоленской, Новгородской и Воронежской — около 50 %. Те, кто мог вести по-настоящему дворянскую жизнь — одеваться, обеспечивать себе досуг, посещать столицы во время светского сезона, — составляли лишь 1,1 % от всех дворян в 1720-е годы, 3 % — в 1762-м, 4 % — в 1777-м. Ярким представителем этого круга был граф Н. П. Шереметев, обладатель свыше 185 тысяч душ мужского и женского пола, известный своими роскошными поместьями, развлечениями, оперными и драматическими представлениями, где играли крепостные.

Одной из причин этого неравенства была вековая практика дробления вотчин, сохранявшаяся, несмотря на петровский указ о единонаследии (1714). Дворяне попросту игнорировали его (что было разумным выбором — других источников дохода у них почти не имелось), и в конце концов он был отменен Анной Иоанновной в 1731 году. После этого все сыновья могли претендовать на равные доли земельных владений; дочери и вдовы получали меньшие по размерам наделы. Ввиду таких разделов дворянские состояния уменьшались. Обычно русские дворяне жили не по средствам, стараясь содержать имения должным образом, давать детям европейское образование, изящно одеваться. Как следствие, во второй половине столетия большинство оказалось в долгах. Созданный в 1754 году Дворянский заемный банк предоставлял ссуды под залог крепостных и имений; деньги можно было взять в долг и у других учреждений — московского и петербургского Воспитательных домов, Вспомогательного банка для дворянства, губернских Приказов общественного призрения (после 1775 года). Условия были мягкими (займы давались под 6 %), залог редко переходил к банку — в интересах государства было поддерживать жизнеспособность сословия, поставлявшего армейских офицеров и чиновников. Но общая задолженность постоянно росла. Поступать на службу не имело особого смысла — жалованье было небольшим.

Возможно, этим процессам способствовал тот факт, что часть собственности находилась в руках женщин; но он же открывал перспективы выхода из положения. Статус женщин внутри дворянских семейств рос на протяжении всего столетия — не только по причине европеизации культуры и стремления Петра I предотвратить союзы между знатными родами, заключаемые посредством браков (время между помолвкой и бракосочетанием увеличилось, чтобы молодые могли пересмотреть решение, принятое родителями; был также затруднен развод). Положение женщины в обществе укрепилось благодаря расширению ее имущественных прав. Как показала Мишель Маррезе, приданое женщин стало юридически определяться как наследство, а не как пособие на жизнь, право женщин на контроль над своей собственностью было защищено законом, женщины все чаще участвовали в покупке и передаче земель и крепостных, совершая сделки от своего имени. Все это делалось отчасти для того, чтобы собственность оставалась в руках дворян; некоторые семейства дальновидно пользовались этими правами женщин, чтобы защитить имущество от долгов, которыми обрастали мужчины, и смягчить последствия разделов. Замужние и вдовые женщины выступали в качестве независимых экономических субъектов. Многие дворянки, когда их мужья отправлялись на войну, добросовестно управляли поместьями, наподобие своих предшественниц в XVII веке. Стоит почитать хотя бы воспоминания княгини Екатерины Дашковой — женщины, которая умело распоряжалась своим состоянием, познав и богатство, и нужду. И Маррезе заключает: в XVIII веке женщины владели почти таким же количеством земли, как мужчины, управляли своим имуществом точно так же, заботились об интересах своих сыновей и дочерей.

УКРЕПЛЕНИЕ ДВОРЯНСКОГО СОСЛОВИЯ

При таких различиях в имущественном положении и в идентичности российское дворянство прибегало к проверенным стратегиям, издавна использовавшимся аристократией для поддержания внутрисословного единства. По утверждению Джонатана Поуиса, для сохранения элиты на протяжении длительного времени имеют значение не только грамоты и хартии (английская Великая хартия вольностей 1215 года, аналогичная венгерская хартия 1222 года, множество польских грамот дворянству), но и — возможно, даже в большей степени — политические, социальные и культурные стратегии. Последние включают преимущественный или исключительный доступ к политической власти и экономическим ресурсам, выработка социальных практик, подчеркивающих исключительность (таких как внутрисословные браки) и культурные маркеры, отличающие данную социальную группу от других (одежда, досуг). Элита Московского государства взяла на вооружение немало таких стратегий (см. главу 9), и дворянство, недавно обретшее сословное самосознание, продолжало прибегать к ним в XVIII веке.

В течение всего столетия власти старались оберегать экономические интересы дворян, не поднимая подушную подать с 1724 по 1796 годы (к тому времени инфляция свела на нет эффект от повышения), несмотря на рост государственных расходов. Как уже говорилось, помещики постепенно увеличивали размер оброка и взысканий, налагаемых на крепостных — быстрее, чем это делало государство в отношении зависимых от него крестьян. Кроме того, между 1740 и 1801 годами дворяне получили от императоров более миллиона душ мужского пола с семьями. Анна Иоанновна и Елизавета Петровна исправно подтверждали исключительное право дворян владеть землей и крепостными в указах 1730, 1743, 1746, 1754, 1758, 1760 годов. (Здесь они просчитались: такие покупки на имя дворян часто совершали купцы, разночинцы и даже крепостные.) На протяжении XVIII века дворяне перекрывали для купцов экономические перспективы или вторгались в их традиционные сферы деятельности — торговлю и промышленное производство. Так, к примеру, в 1721–1762 годах купцы имели право владеть крепостными, работавшими на фабриках, но те были приписаны к предприятию, а не к купцу. При Петре III это право было отнято (и возвращено при Павле в 1797 году). Только дворяне могли заниматься винокурением (указы 1715, 1765 годов); обычно они отдавали это право на откуп и продавали спиртное в принадлежавшие государству трактиры. В 1782 году они получили в собственность леса и недра в пределах своих имений.

Дворянство получало и политические привилегии, главной из которых при Екатерине II стала почти полная монополия на занятие государственных должностей, что замедлило формирование других профессиональных групп. В 1760-е годы законы официально давали дворянам преимущество при назначении на гражданские и военные должности, один из них (1765) затруднял чиновникам-недворянам получение чина восьмого класса, дававшего право на потомственное дворянство, и устанавливал для них более жесткие требования. В результате реформы 1775 года появились сотни должностей, которые стали занимать отставные военные, несмотря на нехватку опыта.

Дворяне умело использовали Табель о рангах. Знатнейшие семейства с рождения записывали сыновей в гвардию и Кадетский корпус, элитное учебное заведение в Петербурге (основан в 1732 году), что гарантировало начало службы в качестве младшего офицера, то есть в классном чине. Менее состоятельные записывали детей в полк, где служили их отцы, и, таким образом, по достижении зрелости те продвигались по службе до первого офицерского чина. Требования к службе постепенно ослаблялись: в 1736 году Анна Иоанновна сократила ее срок с пожизненного до 25-летнего, а в 1762-м Петр III вообще сделал ее необязательной (отчасти это было связано с массовым сокращением армии после Семилетней войны). После этого часть дворян стала проживать в своих поместьях. Некоторые принялись поправлять пришедшее в упадок хозяйство в своих скудных владениях; другие, состоятельные, приступили к интенсивной эксплуатации своих земель и крепостных в условиях промышленного и сельскохозяйственного подъема. Были и такие, кто выбрал пасторальную жизнь, к которой их склоняло классическое образование. Тем не менее, большинство дворян по-прежнему служили ради положения в обществе или жалованья. Такая ситуация сохранялась и после того, как Александр I вновь отменил обязательную службу после ее кратковременного восстановления Павлом (1796–1801).

Служба, в свою очередь, способствовала складыванию корпоративной солидарности. Тесные связи поддерживали между собой, например, выпускники Кадетского корпуса, другие дворяне сближались на почве получения заграничного образования или вращения в столичных придворных кругах. Дворянская общность определялась также образовательными нормами. После введения 25-летней службы (1736) и разрешения одному из сыновей семейства не служить, чтобы заботиться о фамильных владениях, власти подняли образовательные стандарты для всех юношей из дворянских родов (недорослей). В возрасте от 7 до 20 лет те проходили четыре проверки, позволявшие выявить навыки чтения и письма, познания в области Закона Божьего, арифметики, геометрии, географии, истории и фортификации. Как показывают екатерининские проекты реформ в этой сфере, государство продолжало придерживаться функционального подхода к образованию.

Поиски оптимальных методов воспитания и образования были животрепещущим вопросом для философов Просвещения, в частности, Локка и Руссо. Как отмечает Ян Кусбер, русские мыслители активно участвовали в этих дискуссиях. Некоторые, включая Василия Татищева (1733), Андрея Болотова и саму Екатерину II, оставили руководства по воспитанию детей — в отличие от французских, польских и других интеллектуалов, они уделяли долгу и службе больше внимания, чем личностному развитию. Екатерина II инициировала по меньшей мере два проекта образовательных реформ. В начале царствования она поручила Ивану Бецкому разработать планы создания различных школ для представителей растущего среднего класса, с упором на гуманитарные дисциплины, Закон Божий и практические навыки. Бецкой подошел к вопросу излишне теоретически (по его мысли, детей в закрытых учебных заведениях следовало полностью изолировать от родительского влияния), и его неспособность наладить дело заставила императрицу принять во время реализации реформ 1775 года и в 1780-х годах более прагматический подход. Моделью послужила образовательная реформа во владениях Габсбургов, рассчитанная на православное меньшинство. Речь шла о внедрении современного для той эпохи европейского учебного плана, включавшего естественные науки и математику, историю и географию, религиозное обучение. Немецкому языку, как более полезному для будущих чиновников, отдавалось предпочтение перед французским. Ученикам внушали правила поведения в обществе, нацеленные на то, чтобы сделать из них «граждан своего отечества». Краеугольным камнем была верность государству и соответствие своему социальному положению. Имея в виду практические потребности государственной службы, авторы реформы предусмотрели преподавание иностранных языков, необходимых в тех или иных частях империи: греческий — в Новороссии и Крыму, китайский — в Иркутске, арабский и татарский — в Казани и Астрахани. Такие школы были рассчитаны на сыновей мелких дворян, готовившихся стать чиновниками. Лишь обладатели крупных состояний могли дать своим детям законченное классическое образование, для чего тех отправляли в Европу. Так или иначе, в основе обучения дворян и образованной элиты на протяжении этого столетия лежали европейские стандарты, скорректированные с учетом первостепенного внимания к долгу, практическим соображениям и религии.

Жалованная грамота дворянству (1785) определяла многие преимущества статуса дворян в масштабах всей империи, независимо от этнической принадлежности. В документе подтверждались прежние привилегии: свобода от службы, от телесных наказаний, от податей; неприкосновенность собственности, право служить иностранным государствам, не враждебным России, право покупать земли с крестьянами, основывать фабрики, вести оптовую торговлю. Предусматривались созыв дворянских собраний во всех губерниях и создание многочисленных выборных должностей для дворян, что способствовало укреплению корпоративной солидарности. Дворянам поручалось наблюдение за рекрутским набором, сбором податей, правопорядком, общественными работами. В каждой губернии заводились новые родословные книги, чтобы контролировать прием в члены сословия. Важно перечислить ограничения, свойственные Грамоте, в отличие от европейских хартий: российские дворяне не получали законодательных или финансовых полномочий, а также представительных учреждений, права на легальное сопротивление, гарантий против произвольного обыска и ареста — всего того, что завоевали английские и венгерские дворяне в XIII веке и польские в XV веке. Тем не менее, Грамота обеспечила формирование сплоченного привилегированного сословия, хотя и отличавшегося большим внутренним разнообразием.

В течение короткого царствования Павла I статусу дворянства был нанесен урон. Император восстановил обязательную службу, внес поправки в Жалованную грамоту, урезав полномочия дворян на губернском и уездном уровне, восстановил для них телесные наказания. С целью исключить соперничество придворных партий, был издан указ о престолонаследии. Александр I отменил эти решения, но продолжил переустройство органов власти и насыщение их профессионалами, что стало определяющим обстоятельством для судеб дворянства в XIX веке.

КУЛЬТУРА, СПЛОЧЕННОСТЬ, ГОСУДАРСТВЕННАЯ ПОЛИТИКА

Джонатан Поуис напоминает о том, как важен стиль жизни для поддержания сплоченности той или иной социальной группы. Это понятие может включать в себя одежду, образование, модели брака, язык, досуг, а также объединяющий миф или чувство собственного достоинства. Все вышеперечисленное имело особую важность для складывания дворянского сословия в условиях экономического и этнического разнообразия, которым отличалась Россия. Проблема не была чисто российской: в XVII веке польско-литовская шляхта (католическая, православная, польская, литовская, украинская) выработала идею собственной идентичности, выражавшейся в одежде и идеологии, чтобы замаскировать громадное экономическое неравенство и региональное разнообразие. Согласно этой идеологии, получившей название «сарматизм», польские шляхтичи происходили от древних сарматских воинов и сохраняли братское единство, независимо от своего достатка. В сейме магнаты и бедные сельские дворяне (часто находившиеся в патрон-клиентских отношениях) именовали друг друга «братьями»; из одежды предпочитались кафтаны в турецком стиле и широкие пояса. В XVIII веке многие шляхтичи, видя в сарматизме консервативное мировоззрение, препятствующее переменам, носили европейские сюртуки, проникались культурой Просвещения, брали на вооружение риторику национального сопротивления. Для русского дворянства в этом столетии идея идентичности основывалась на принадлежности к европейской культуре.

По одежде, языку и образованию дворянство отличалось не только от податного населения, но также от духовенства и купечества. Как говорилось выше, русские епископы в XVIII веке были высокообразованными людьми, испытавшими влияние Просвещения, стоявшими в социальном и культурном отношении на одном уровне с придворной знатью, приходское же духовенство, хуже образованное, представляло собой более замкнутую социальную группу. Точно так же многие купцы перенимали европейскую одежду и культуру, стремились сделаться дворянами. Но в большинстве своем они получали более практическое образование, носили более строгую одежду, вели в своих усадьбах (не имея обширных поместий и не используя крепостного труда) хозяйство, близкое к натуральному. Лишь немногие высокообразованные разночинцы, наподобие Ломоносова и Тредиаковского, могли стать наравне с дворянами благодаря научному или литературному таланту.

На протяжении всего столетия государство способствовало европеизации элиты. С точки зрения Петра I, европейское образование и европейский образ жизни позволяли сформировать элиту, ориентированную на службу. По словам Яна Кусбера, для Екатерины II усвоение дворянами идей Просвещения и светских манер помогало создать упорядоченное всеимперское дворянство, по аналогии с рационально спланированными городами и садами ее империи и в соответствии с основополагающим мифом об империи как гармонично устроенном саде. Законодательство и институты, призванные привить европейскую культуру, учреждались центральной властью. Уже в 1697 и 1700–1702 годах были изданы указы, требовавшие от представителей высших слоев общества (то есть тех, кто не относился к крестьянам), как мужчин, так и женщин, носить североевропейскую одежду. «Юности честное зерцало» (1717), руководство по этикету, составленное на основе европейских трудов того времени, знакомило молодых российских дворян с европейской культурой поведения. Предполагалось, что они научатся должным образом вести себя при дворе, танцевать, принимать пищу за столом, обходительно беседовать, говорить на иностранных языках. Следовало уважительно относиться к старшим, особенно покровителям. В отличие от «Домостроя» XVI века благочестию и религиозности уделялось мало внимания — во всяком случае, когда речь шла о мужчинах. Что касается женщин, то они должны были усвоить европейские манеры, приобрести навыки беседы, научиться танцевать — но, кроме того, соответствовать традиционным стандартам. Благочестие для авторов «Зерцала» было важнейшей женской добродетелью, за ним следовали смирение, целомудрие, и — главное — молчаливость.

Тем не менее, петровская эпоха стала началом новой жизни для женщин — как и мужчин — из высших слоев общества. В 1718 году Петр ввел новый вид общественного времяпровождения — ассамблеи, покончив (не без сопротивления) с традиционным для Московского государства принципом физического разделения мужчин и женщин в частной и общественной жизни. Соответствующий указ определял, чего следует ждать от ассамблей, которые были обязаны устраивать дворянские семейства: гости съезжаются к определенному времени, после чего общаются, играют в карты и танцуют. Пример подавали Наталья, сестра царя, его супруга Екатерина и дочери — Анна и Елизавета: они одевались по европейской моде и танцевали; Наталья, кроме того, создала придворный театр. Знать быстро приспособилась к новым порядкам: в 1720-е годы голштинский дворянин Берхгольц отмечал «учтивость манер и хорошее воспитание» русских дворян, а также тот факт, что русская культурная повестка оказалась хорошо знакомой ему.

Боярская и поместная знать превращалась в дворянство европейского типа благодаря не только новой одежде и европейским танцам, устраиваемым для общения, но также новым жилищам. Петр повелел, чтобы его приближенные возводили в Петербурге «образцовые» дома одного из трех видов, в зависимости от достатка семейства. Моделью послужили европейские усадебные здания и особняки. Если для московских боярских палат были характерны низкие потолки, небольшие помещения и узкие окна, то для этих зданий — просторные комнаты, предназначенные для светского времяпровождения в европейском духе, кабинеты. Власти побуждали устраивать библиотеки, музыкальные и бальные залы, украшенные светскими портретами, пейзажами и аллегорическими потолочными фресками. За столетие дворяне приобрели привычку к чтению, письму, уходу за садом, танцам и музыке; встречаясь друг у друга, они обменивались мнениями, танцевали и пели.

В течение XVIII века государство знакомило дворян с новыми идеями, стилями, жизненными укладами, которые те узнавали еще основательнее, получая европейское образование (для выходцев из богатейших семейств — учителя-иностранцы, немцы и французы, и университеты Германии, для менее состоятельных — те преподаватели и школы, которые они могли себе позволить). Дворяне читали запоем произведения на французском, немецком и итальянском языках и их же — в русских переводах, а также зарождавшуюся русскую литературу: стихи, прозу, драмы. Путешествовавшие по Европе дворяне и книготорговцы привозили оттуда книги, расширялось и отечественное книгоиздание. В газетах помещали в основном указы и политические новости. На протяжении XVIII века нерегулярно и небольшим тиражом выходили такие газеты, как «Ведомости», на русском и немецком языках. В них публиковались разнообразные статьи научного, практического и литературного содержания, переводы произведений европейских авторов и материалы зарубежных периодических изданий. Частные типографии не разрешалось заводить до 1783 года, но официальные органы (Академии наук, Московского университета, Синода) способствовали появлению и умножению читающей публики. Тредиаковский, к примеру, занимался для Академии не только исследованиями в области русского языка и стихосложения, но и переводами новейших европейских литературных произведений и исторических трудов. Академия публиковала их наряду с одами и пьесами Ломоносова, Василия Петрова, Державина, Сумарокова, а также научными работами — переводными или созданными членами Академии.

Это была эпоха колоссальных сдвигов в том, что касается литературных жанров, языка и стиля. В России интеллектуальные перемены, занявшие в Европе два столетия, произошли всего за одно, при этом жанры и темы, характерные для европейской литературы XVII и XVIII веков, здесь смешались. «Трансплантация» и усвоение европейской литературы происходили с небывалой интенсивностью. Начиная с 1730-х годов — это продолжалось еще и в XIX веке — русские интеллектуалы сознательно занимались созданием «новой» русской литературы, как отмечают И. Рейфман, Люба Голберт и другие. Ставки были высокими, вопросы — чрезвычайно сложными. Какую форму стихосложения предпочесть? Какой язык выбрать — церковнославянский или русский? Какие термины следует использовать в современных научных, философских и литературных текстах? Нужно ли прибегать к различным языковым регистрам для разных жанров? Насколько далеко следует заходить в подражании классикам при создании стихов, прозы и пьес — часто через посредничество французских или английских авторов? До какой степени, творя в духе европейского Просвещения, можно подвергаться влиянию светского деистского свободомыслия?

Три великих русских писателя середины XVIII века — Василий Тредиаковский (1703–1769), Михаил Ломоносов (1711–1765) и Александр Сумароков (1717–1777) — активно решали эти и другие задачи, связанные с языком, лингвистикой и поэтикой, оставив внушительное наследие писателям начала XIX века, таким как Карамзин и Пушкин, которые также участвовали в создании «новой русской литературы». Ирина Рейфман характеризует этот процесс как формирование мифа о «сотворении», в ходе которого необходимо было найти недвусмысленные ответы и установить канон. Шла горячая полемика, но в конце концов было признано, что эти три автора уступают гигантам XIX века — мнение, которое продержалось большую часть XX столетия. В свое время Ломоносов и его сторонники одержали победу в споре о стихосложении, заняв первенствующее место в литературе: Тредиаковский еще при жизни приобрел репутацию шута, Сумароков также был оттеснен на обочину. Критики XIX века были склонны отвергать все достижения предыдущего столетия, считая тогдашние барочные и классицистические произведения не вполне русскими по форме и языку: в этом отношении все лавры достались романтикам и реалистам — Пушкину и его последователям. Это пренебрежение к авторам XVIII века, пожалуй, даже укрепилось в XX веке — советские исследователи видели в Ломоносове крестьянского самородка и ученого ренессансного типа, преуменьшая значение его литературного творчества.

Авторы современных научных трудов, изучая вопросы складывания мифа и литературных парадигм, отдают должное огромной работе в области языка и литературы, проделанной Тредиаковским, Ломоносовым, Сумароковым и их современниками. Тредиаковский и Ломоносов заложили основы русского стихосложения, а второй, кроме того, составил «Российскую грамматику»; все трое разработали язык, пригодный для создания литературных произведений. Сумароков стал отцом российского театра, написав девять коротких комедий, девять трагедий, четыре оперы и балета, одну религиозную драму, создал особый стиль русской трагедии, в которой подчеркивалась роль православных ценностей перед лицом французского просвещенческого скептицизма. Он также стал издателем одного из первых литературных журналов — «Трудолюбивая пчела» (1759). Ломоносов стал автором множества прославленных стихов, особенно од. Тредиаковский, Сумароков и другие знакомили образованную русскую публику с европейской литературой через свои переводы и адаптации французских, английских, итальянских и немецких романов, исторических трудов, пьес и стихотворений. Особенно широкий диапазон был у Сумарокова (которого Аманда Эвингтон называет «вольтерьянцем»): он публиковал религиозные и светские поэтические произведения и очерки, популяризируя новейшие тенденции в европейской философии и литературе, а также писал драмы на сюжеты из русской истории. Язык этих трех авторов, особенно в поэзии, был сложным, порой трудным для понимания; они стремились вложить национальное содержание в классические жанры, такие как ода. С 1780-х более «легкую» прозу создавал Державин, проложивший дорогу Н. М. Карамзину и Пушкину, чей язык стоял ближе к народному.

В середине века стали издаваться журналы, где печатались произведения литературного и общественного характера; большинство их вскоре закрылось, но готовность издателей к новым попыткам свидетельствует о постоянном интересе публики. В 1759 году начали выходить сумароковская «Трудолюбивая пчела» и «Праздное время, в пользу употребленное» — журнал кадетского корпуса; оба страдали от недостатка читателей и отсутствия каналов распространения. Читатели, способные финансово поддержать издание периодики, появились во второй половине столетия; к этому времени они отдавали предпочтение современной европейской беллетристике и текстам, посвященным воспитанию. Гэри Маркер, исследовавший печатное дело и «интеллектуальную жизнь» в XVIII веке, выяснил, что доля публикаций на религиозные темы неуклонно снижалась (46 % от общего числа в 1725–1755 годах, 20 % в 1756–1775 годах, 17 % в 1787-м), зато становилось все больше беллетристики (16, 17 и 30 % соответственно), сочинений по истории и географии (6, 10 и 14 %) и светских трудов по философии (1, 11 и 16 %).

При Екатерине II само государство создавало условия для расцвета интеллектуальной и литературной жизни, проходившей под знаком Просвещения. Начиная с 1769 года, при открытом содействии императрицы, возрождались и основывались литературные и сатирические журналы. В течение 1770-х годов она и сама писала в них, часто под псевдонимами, ведя споры на темы нравственности и недостатков общества. Екатерина была автором множества произведений, обычно нравоучительных, которым придавалась аллегорическая форма. В «Сказке о царевиче Хлоре» (1781), написанной для внука, мудрая ханша Фелица показывает юному царевичу достоинства, проистекающие от сдерживания страстей и торжества разума; в ряде пьес сатирически обличаются продажные чиновники и неучтивые дворяне, разоблачаются масонские «суеверия». Екатерина поощряла оживленные дискуссии в печати и в салонах, разрешая даже сатиру и шутливую критику в свой адрес, пока это не выливалось в политическую оппозицию. Николай Новиков и другие спорили с ней на страницах сатирических журналов. Взяв в аренду московскую университетскую типографию, Новиков начал публиковать сочинения по географии и истории, словари, источники по истории России, детскую, медицинскую и педагогическую литературу. Развивался театр, ставший одним из средств формирования просвещенческой культуры: комедии Фонвизина — «Бригадир» (1769) и «Недоросль» (1783) — были проникнуты моралью, основанной на религии, воспитании и служебном долге.

На протяжении 1770-х годов книгопечатание в основном находилось под контролем Синода, Академии наук и Московского университета. В конце десятилетия было разрешено открыть несколько частных типографий, и, наконец, в 1783 году последовал указ, позволявший всем частным лицам устраивать такие предприятия. Возможности для цензуры сохранялись — владельцы типографий были обязаны сообщать о своих изданиях в полицию. Однако соответствующие нормы не были определены, и цензурная активность властей то усиливалась, то ослаблялась. В 1780-е годы церковь стала оказывать давление на государство, желая, чтобы оно ужесточило надзор за частными типографиями; в 1785-м книжная лавка Новикова, чья масонская деятельность вызвала подозрения, была подвергнута обыску, но в итоге он отделался предупреждением. Между тем круг читающей публики расширился: теперь к ней принадлежали не только высокоученые поклонники литературных журналов, но и скромные жители провинциальных городов и деревень.

Процветала и народная литература, что свидетельствовало об увеличении числа грамотных. Существовали две ее разновидности. Иллюстрированные книги объемом от 20 до 100 страниц содержали адаптированные европейские романы и приключенческие повести, часто непристойные; они продавались по умеренным ценам, будучи рассчитаны на городских читателей. Дешевые лубочные издания были общедоступными, их можно было вешать на стены, а тексты — зачитывать перед скоплением народа либо петь на кухне и в жилых помещениях. Так же как гравюры на дереве и меди, лубок пришел из Украины в конце XVII века, получил широкое распространение в XVIII веке и стал массовым явлением в XIX столетии. В России преобладали лубки религиозного содержания, но были также нравоучительные сочинения и народные сказки, героями которых являлись люди самого разного положения, от крестьян до дворян. Как и более элитарный театр, лубки часто критиковали общественные недостатки в мягкой форме. В них осуждались продажные судьи и мужья-рогоносцы, пьянство и безнравственность, прославлялись такие добродетели, как умеренность, трудолюбие и строгость к себе.

Народная литература в России, в отличие от европейской, не содержала иллюстраций и текстов откровенно политического характера. В Европе власти издавали листки с гравированными изображениями и описаниями казней, чтобы заручиться народной поддержкой; антиправительственные листовки и брошюры, напротив, восхваляли социальных бандитов или бичевали политиков. В России же ни официальные, ни частные издания не касались политической сферы. Некоторые затрагивали ее, но лишь в аллегорической форме: так, многократно воспроизводившийся лубок «Как мыши кота хоронили» считался сатирой на Петра I, другой же — «Славное побоище царя Александра Македонского с Пором царем Индийским» — считался, наоборот, славословием в адрес Петра. Отсутствие явно выраженных политических тем — наказание, бунт, восстания — может быть объяснено цензурой, прямой или скрытой. Религиозные лубки должны были одобряться синодальными цензорами, светские — владельцами типографий, и хотя за этим следили иногда более, а иногда менее строго, все, похоже, понимали, где проходят границы дозволенного.

ЕВРОПЕИЗИРОВАННАЯ ЭЛИТА И «КУЛЬТУРА СОВЕТА»

Российская элита, состоявшая главным образом из дворян, но включавшая также разночинцев и высшее духовенство, усвоила европейскую культуру благодаря искусству и литературе, которые поддерживались государством, и образованию, которое она обеспечивала собственными силами. От процесса преображения элиты — по крайней мере той ее части (18 %), которая в екатерининские времена обладала достаточным количеством крепостных, чтобы жить богато, если не роскошно, — остались наглядные свидетельства. Искусство светского портрета начало проникать в Россию с 1680-х годов через Гетманщину и поэтому носило следы польского влияния. Позируя, русские дворяне облачались в кафтаны, как польские шляхтичи-«сарматы», и выглядели на портретах церемонными, облагороженными, едва ли не как на иконах, часто в окружении пышных барочных панегириков. Из двух заграничных поездок (1697–1698, 1717–1718) Петр I привез десятки морских видов, пейзажей, собственных портретов, заказанных в европейских странах. При нем в Россию приезжали европейские художники, началось обучение собственных живописцев и граверов. К концу петровского царствования русские мастера стали способны производить на свет шедевры — такие, как очаровательный портрет семейной четы кисти Андрея Матвеева (1729), на котором, мы, возможно, видим самого художника и его жену.

Матвеевское полотно ясно показывает, чего хотела от живописи русская знать: увековечить себя и свои достижения при помощи портретов. Имея поместья в сельской местности, дворяне предавались полезному и приятному времяпрепровождению — разведению садов, благоустройству своих имений, охоте. Жан-Марк Натье сознательно изобразил князя Александра Куракина в непарадном виде, с охотничьей собакой и ружьем (1728); на портрете работы Дмитрия Левицкого (1773) промышленник и ботаник-любитель Прокофий Алексеевич Демидов стоит рядом с цветущими растениями (рис. 21.1). Но даже такие портреты подчеркивали политический статус дворян, находившихся на царской службе. На охотничьем камзоле Куракина зачем-то красуется орден; портрет другого представителя того же рода, тоже князя Александра Куракина, написанный Владимиром Боровиковским в 1801 году (рис. 21.2), напоминает о его службе императору Павлу I (бюст и вензель Павла на колонне, многочисленные ордена и регалии на камзоле и на лежащей рядом накидке). Граф Карл Сиверс (1710–1774) на портрете, выполненном Георгом Каспаром фон Преннером, гордо демонстрирует российские ордена и брошь с изображением Петра III. Левицкий уделил такое же пристальное внимание медалям и регалиям, трудясь над портретом (1790-е) генерала Отто Генриха (Осипа) Игельстрома, представителя шведского дворянского рода, поступившего на русскую службу. Женщин писали с орденом Святой Екатерины (на портрете княгини Дашковой работы Левицкого, созданном в 1784 году, она носит брошь с изображением Екатерины II, хотя ее отношения с императрицей к тому времени охладели) или же они позировали в образе русских крестьянок, в духе сентиментализма конца XVIII века. Независимо от происхождения (русские, шведы, немцы), все дворяне выставляли себя верными слугами империи.

Образованные дворяне и интеллектуалы испытывали влияние идей Просвещения в двух их вариантах, французском и немецком: все начиналось с поиска порядка и рационального познания человека и материального мира, затем шло знакомство со свободомыслящими французскими философами второй половины XVIII века. К примеру, Сумароков, несмотря на сходство его интеллектуальных интересов с интересами обожаемого им Вольтера, в своих трагедиях утверждал о вездесущности и всевластии Бога — по контрасту с вольтеровским деизмом. Прибегая к разнообразным жанрам — мемуары, исторические сочинения, беллетристика, оды, панегирики, сатирическая поэзия, драматургия (где эти темы звучали едва ли не громче всего), — авторы выстраивали групповую идентичность на основе таких ценностей, как честная служба, приверженность институту самодержавия и лояльность монарху. Синтия Уиттакер называет это «литературой совета» — подразумевалось, что совет обращен к монархам и коллегам по ремеслу. Поскольку писатели служили государству, либо занимая официальные должности поэтов и переводчиков при Академии наук и дворе, либо в качестве военных и чиновников, для всего этого существовали свои ограничения. Чем ближе автор подбирался к политике, тем более

Рис. 21.1. Портрет князя Демидова, ботаника-любителя, кисти Левицкого демонстрирует, как изменилось дворянство, получившее доступ к европейскому образованию и свободу от службы (отнятую в 1762 году). Демидов гордо указывает на выращенные им растения. Нью-Йоркская публичная библиотека, Отдел общих исследований

аллегорическими становились «советы», в которых слышалось все больше позитива.

Усвоив православную нравственность и идеи Просвещения, дворяне сосредоточились на универсальных ценностях, разрабатывая высокие нравственные стандарты для идеального государства, монарха и подданных. К концу века некоторые стали проявлять характерный для предромантизма и сентиментализма интерес к человеческим эмоциям и самоанализу, но социальная тема никуда не исчезла. Как отмечают те, кто исследовал «психологию» дворян, — Уиттакер, Элис Виртшафтер, Елена Марасинова и другие, — они сталкивались с противоречием между усвоенными ими ценностями и политической ситуацией, в которой они находились. Веру в трансцендентное социальное устройство, созданное Богом и контролируемое на земле церковью и монархом, было нелегко примирить с просвещенческим идеалом, ставящим во главу угла действия человека. У слуг государства не имелось освященных законом традиций политического плюра-

Рис. 21.2. На этом портрете работы Боровиковского князь Александр Куракин демонстрирует свои политические пристрастия и достижения: на груди — российские ордена, рядом с ним — бюст его повелителя Павла I. Нью-Йоркская публичная библиотека, Отдел общих исследований

лизма, и лишь немногие переходили к оппозиционными высказываниям, ратуя за радикальные перемены (когда это случилось в 1790-е годы, на них обрушились кары). Наблюдая за конфликтом между свободой и справедливостью, они стремились достичь уверенности и спокойствия, совершенствуя личную нравственность и не подвергая сомнению основополагающие для их общества структуры и представления.

Интеллектуалы гордились своей лояльностью к государству и личной связью с самодержцем. Марасинова и Уиттакер пишут о том, что представители российской элиты видели в самодержавии единственно правильную форму правления для России и считали себя партнерами императора. Как говорилось в главе 13, они полагали, что акт престолонаследия требует их участия и одобрения, хотя и не желали выборной монархии. В соответствии со старомосковской моделью (бояре — советники царя), видоизмененной в духе Просвещения, они считали законным монархом лишь того, кто прислушивался к их советам. Верные слуги правителя, они ощущали личную связь с ним. В течение века тональность советов претерпела изменения: от высокопарных барочных од Тредиаковского — к слегка шутливым и очень личным стихотворениям Державина, где Екатерина выведена под именем Фелицы. Екатерина поощряла такое культивирование собственного образа, где она выступала покровительницей и защитницей. Возможно, самым ярким свидетельством личных отношений между подданными и правителем стали письма, адресованные Николаю I некоторыми офицерами-декабристами: кажется, они верили, что он с пониманием отнесется к их страстной убежденности. А. А. Бестужев-Марлинский писал: «Уверенный, что вы, государь, любите истину, я... буду говорить с полной откровенностию... ибо долг верноподданного есть говорить монарху правду без прикраски».

Российские интеллектуалы полагали, что социальные и политические вопросы следует решать при помощи укрощения страстей, а не изменения учреждения и законов. В пьесах хорошие правители прославлялись за их дальновидность и великодушие, плохие — бичевались (в аллегорической форме) как обладатели тех или иных пороков, но институт монархии не ставился под вопрос. Продажность в судах изображалась как следствие слабых нравственных устоев отдельных судей, а не как качество, присущее судебной системе в целом. Владельцев крепостных хвалили за доброту и просвещенно-патриархальное отношение к крестьянам, не подвергая сомнению институт крепостного права. Патриархальные нравы внутри семьи следовало смягчать при помощи любви и сыновнего повиновения. Отдельно следует упомянуть о нападках сатириков (например, Фонвизина) на галломанию, которая будто бы влекла за собой любовь к чрезмерной роскоши и моральную неустойчивость; этим нападкам сопутствовало восхваление всего русского, которое ассоциировалось с долгом, службой и порядком. Современный национализм был еще делом будущего.

Интеллектуалы XVIII века понимали, что они живут в «новой» эпохе, требующей сознательного формирования собственной личности, и, работая в жанрах, свойственных Просвещению, привносили в них российскую специфику. Дворяне, жившие в собственных поместьях (Петр Шереметев, Василий Татищев), писали руководства по управлению имением, делая упор на дисциплину военного образца и контроль над нравственностью, а не на повышение урожайности, усовершенствование сельскохозяйственных орудий и освоение новых методов производства. Дневники, письма, воспоминания — такие как откровенные мемуары Дашковой или карамзинские «Письма русского путешественника» — содержали критику беспорядка и конфликтов, которые авторы наблюдали в странах Европы. Анна Лабзина, вспоминая (поколение спустя, находясь под влиянием мужа-масона) о своей юности, пришедшейся на 1790-е годы, рисует себя провинциальной дворянкой, глубоко набожной, независимой в суждениях и просвещенной. Сергей Аксаков в своей семейной хронике изображает жизнь всем довольного помещика. В комедиях высмеивались жестокие крепостники, франтоватая молодежь, чиновники-взяточники и невежество во всех его проявлениях. Исторические произведения разнообразных жанров — неоконченная поэма Ломоносова «Петр Великий» (1760), исторические трагедии Сумарокова, «Росслав» (1783) и «Вадим Новгородский» (1793) Якова Княжнина, «Россиада» Михаила Хераскова (1779) — использовали русскую историю для создания национального мифа и разработки — в аллегорической форме — тем, связанных с вождями и государственным управлением.

В течение 1780-х годов интеллектуальная жизнь в России была кипучей и характеризовалась критическим настроем. Элис Виртшафтер в особенности выделяет театр — площадку, на которой «русские сознательно представляли себя членами общественного коллектива». То же самое происходило и в других странах Европы: так, в Польше в период революционных волнений 1788–1792 годов комедия «Возвращение депутата» Юлиана Урсына Немцевича, даваемая в провинции, подстегивала оппозиционные настроения. В России театральные постановки не приводили к открыто политическим дискуссиям, вдохновляя вместо этого на самосовершенствование. В Петербурге спектакли ставились в частных театрах, особняках знати и императорских дворцах. Елизавета покровительствовала драматическому и оперному театру, Екатерина выстроила великолепный Эрмитажный театр (1787). Большой (Каменный) театр в Москве (1783) вмещал более тысячи зрителей. С 1760-х годов до середины XIX века, по имеющимся оценкам, в России насчитывалось 155 театров; они располагались в крупных провинциальных городах — Ярославле, Калуге, Вологде, Тамбове, Рязани, Иркутске — и в дворянских усадьбах, сделавшись для провинциальной публики основным местом общения. Интеллектуальная жизнь в провинции проходила в салонах, клубах, кружках для чтения. В последней четверти столетия провинциальная пресса помещала материалы примерно такого же характера, что и столичная: прежде всего беллетристику, затем сочинения по религии, истории, географии, философии.

Литературная элита пользовалась и другими институтами. Масонские ложи служили местами общения и политических дискуссий для русских и иностранцев. Такую же роль играли клубы — например, Английский, основанный в Петербурге в 1790 году, членами которого были русские и англичане — дворяне, купцы, различные специалисты. Власти поощряли деятельность Вольного экономического общества, где политические споры звучали куда более приглушенно. Колам Лики пишет о конкурсе, объявленном Обществом в 1766 году: темой стали имущественные права крестьян. Громадное большинство участников и победителей были иностранцами, ратовавшими за отмену крепостного права по нравственным и экономическим соображениям. Но большинство его членов — русские дворяне — возмутились работой, занявшей первое место, и попытались воспрепятствовать ее публикации. В конце концов она, по настоянию императрицы, вышла, но без открытых призывов к упразднению крепостничества. Только один участник из числа русских, Алексей Поленов, выступил за ликвидацию крепостного права, опираясь на естественный закон, и предложил программу постепенного освобождения крестьян, главным элементом которой являлось улучшение крестьянского быта (заведение в деревнях школ, лекарей, полиции, пожарной службы). Однако сочувствие Поленова к крепостным шло вразрез со взглядами дворян, считавших крестьян примитивными существами, нуждающимися в отеческой заботе помещиков. Лишь под влиянием сентиментализма, распространившегося в конце XVIII века, — самым ярким примером здесь служит «вопль души» Радищева («Путешествие из Петербурга в Москву», 1790) — в печати начинают отражаться иные представления о крестьянах. Показательно, что после жарких дебатов внутри Вольного экономического общества относительно публикации конкурсных работ оно вообще перестало затрагивать политические темы: в течение следующего столетия его «Труды» содержали лишь работы практического характера, посвященные улучшениям методов ведения сельского хозяйства и экономике.

ПУБЛИЧНАЯ СФЕРА: БЫЛА ЛИ ОНА?

Вся эта деятельность заставила исследователей поставить вопрос о том, возникла ли в России «публичная сфера». Здесь они следовали за Юргеном Хабермасом, утверждавшим, что Великая французская революция стала возможной благодаря появлению «публичной сферы» — пространства, где зарождалось независимое «общественное мнение», которое касалось политической и общественной жизни и к которому политики отныне были вынуждены прислушиваться. Публичная сфера успешно развивалась благодаря тому, что в дискуссиях принимали участие широкие слои населения, а это стало возможным благодаря распространению грамотности, увеличению числа публикаций, улучшению средств коммуникации и главное — формированию институтов, служивших для установления социальных связей. Во Франции и Англии XVIII века существовали институты, рассчитанные на различные социальные группы — от салонов для элиты, масонских лож и добровольных объединений до кофеен, пивных и таверн. Особенностью публичной сферы было то, что она служила пространством для критики политического порядка.

В России конца XVIII века не хватало интеллектуальной энергии, чтобы преодолеть этот высокий порог. Открытая критика политического порядка встречалась редко, интеллектуалы искренне и энергично поддерживали статус-кво; гражданского общества, независимого от государства, так и не возникло. Театры в столицах работали при государственной поддержке; многие добровольные объединения существовали под эгидой короны, государство обладало достаточной силой, чтобы прекратить публичные дискуссии, как это случилось в 1790-е годы. Из-за давления со стороны православной церкви, собственного подозрительного отношения к просвещенческому вольнодумству и потрясения, которое вызвал разгул жестокости в годы французской революции, Екатерина II пресекала все, что напоминало публикации и собрания политического характера. В 1792 году подвергся аресту Николай Новиков, его типографию закрыли под предлогом издания там опасных для власти масонских книг. Новикова приговорили к 15-летнему заключению, но выпустили в 1796 году, после кончины императрицы. Когда «Вадим Новгородский» Княжнина вышел в многотомном издании, предпринятом по инициативе Дашковой, Екатерина велела сжечь весь тираж, после чего Дашковой пришлось уйти в отставку — только из-за того, что тема трагедии (но не ее посыл) была «революционной». Лучше всего известен случай Радищева, когда он в своей собственной типографии напечатал «Путешествие из Петербурга в Москву», одну из немногих российских работ эпохи Просвещения, содержавших открытую политическую критику. Образцом для него послужило «Сентиментальное путешествие» Лоренса Стерна. Герой последовательно останавливается в различных населенных пунктах, повествование об этих остановках служит для того, чтобы рассказать о злоупотреблениях крепостников и продажных чиновников. Автор, в духе сентиментализма, направляет властям взволнованные призывы к отмене крепостного права и восстановлению справедливости. Радищев не проповедовал открытое неповиновение, но Екатерина истолковала его произведение именно в таком ключе и приговорила его к десятилетней ссылке в Сибирь. В 1796 году частные типографии оказались под запретом, в крупнейших городах была введена цензура для книг, ввозимых из-за рубежа; позднее законодательство еще больше ужесточалось (1804, 1811, 1828, 1839, 1851).

Открытая критика, наподобие радищевской, была редкостью, можно вспомнить лишь еще один такой случай. Князь М. М. Щербатов язвительно отозвался о взяточничестве и фаворитизме, процветавшим при дворе Екатерины, в своем памфлете «О повреждении нравов в России», но оставил рукопись членам своего семейства, и она увидела свет в России лишь в 1896 году. Оба, и Радищев, и Щербатов, довели просвещенческую мысль до логического предела: французское Просвещение, под влиянием которого они находились, само по себе не подразумевало борьбу за справедливость и социальное равенство. Но такие люди были исключением. Многие дворяне и интеллектуалы того времени были обеспокоены злоупотреблениями владельцев крепостных, взяточничеством судейских, продажностью придворных, замкнувшихся в своей среде. Однако лишь немногие ставили под вопрос институты империи — самодержавие, церковь, крепостничество, сословную организацию общества. Как уже говорилось, они ратовали за нравственное усовершенствование конкретного человека, помещика или монарха.

Марк Раефф, блестящий ученый, специалист по XVIII веку, утверждает, что жизненный уклад тогдашних дворян — воспитывавшихся почти без участия родителей, безраздельно властвовавших над своими крепостными, служивших, как и их отцы, то в одном, то в другом регионе империи, — порождал психологическое отчуждение. Когда люди вроде Радищева и Щербатова, обучавшиеся в Лейпциге, Берлине, Париже, верившие в универсальные человеческие права и необходимость служения человечеству, возвращались в Россию, они обнаруживали, что такие мечтания были неуместны. Раефф захватывающе повествует о том, как это фатальное противоречие привело в XIX веке к появлению интеллигенции, критически настроенной в отношении властей. Юрий Лотман и Борис Успенский дополняют тезис Раеффа о психологическом отчуждении, рассматривая XVIII век через призму следующего. Образ «лишнего» человека, выведенный русскими писателями — Пушкиным, Лермонтовым и другими, — означает, что роль дворянства стало чисто декоративной.

Эти плодотворные теории на десятилетия определили пути изучения дворянства. Майкл Конфино и Борис Миронов, Дуглас Смит и Ольга Глаголева, Виртшафтер и Уиттакер, а также многие другие исследовали мемуары, прозу и поэзию, культурные привычки, одежду и портреты, характер общения с крепостными, провинциальную помещичью жизнь. В целом они отвергают тезис о психологической «потерянности» российского дворянства XVIII века: в их трудах оно предстает как крепко укорененное сословие, преданное государству и службе, связанное с семьей и корпоративной группой, приверженное идее установления социальной справедливости через улучшение нравственности. Есть труды, посвященные тому, как интеллектуалы XVIII века восприняли свойственный православию образ России как земного рая, придав ему пасторальный оттенок. Русское царство изображалось как хорошо устроенный сад, благословенный Богом, но, кроме того, владельцы усадеб разводили в них собственные сады, удовлетворяя своей интерес к ботанике или поддаваясь окрашенной в сентиментальные тона рефлексии. Обитание в такой гармоничной среде выражало принятие — на базовом уровне — государства, общества и самого себя.

Следует отметить, что русское дворянство не было однородным в том, что касается политических предпочтений, культуры, повседневного поведения. Кое-кто желал установления социальной справедливости, о чем свидетельствовало большое количество масонских лож, где политические дискуссии, как правило, велись достаточно свободно. Разумеется, как продемонстрировали Присцилла Рузвельт и Дуглас Смит, некоторые дворяне манипулировали своими крепостными как объектами в воображаемых мирах. Но эти крайности в целом нехарактерны для дворянства и образованной элиты в Российской империи XVIII века. Российская элита была консервативной по своей сути и без труда сочетала просвещенческое учение о свободе и саморазвитии с нравственными императивами «просвещенного православия», подразумевавшими естественные изменения, которые происходят в душе человека, семье и обществе. Уже тогда русские дворяне сожалели о культурной пропасти между ними, представителями европеизированной элиты, и крестьянами, приверженными традиции; Карамзин позволял себе нехарактерную для того времени критику петровских реформ, приведших к европеизации. Но преодолеть эту пропасть они надеялись через личное совершенствование, а не через институциональные изменения.

Не стоит преувеличивать «тревожность» российской образованной элиты в XVIII веке. То было столетие уверенности. Дворяне гордились империей и самодержцем, считали себя благородной элитой общества, верили, что Россия — европейское государство, идущее по пути прогресса, хранили православную веру. И дворяне, и представители образованной элиты смотрели в будущее с уверенностью и оптимизмом.

* * *

О Просвещении в России: Raeff M. The Enlightenment in Russia and Russian Thought in the Enlightenment // The Eighteenth Century in Russia / Ed. by J. G. Garrard. New York: Oxford University Press, 1973. P. 25–47; Wirtschafter E. Thoughts on the Enlightenment and Enlightenment in Russia // Journal of Modern Russian History and Historiography. 2009. № 2. P. 1–26; Wirtschafter E. Religion and Enlightenment in Catherinian Russia: The Teachings of Metropolitan Platon. DeKalb, IL : NIU Press, 2013.

О дворянстве как отражении многообразия империи: Kappeler A. The Russian Empire: A Multiethnic History. Harlow, England: Longman, 2001. Биографии представителей нерусских народностей на царской службе: Ostrowski D. Semeon Bekulatovich (?–1616); Pollock S. Petr Ivanovich Bagration (1765–1812) // Russia's People of Empire / Ed. by S. Norris, W. Sunderland. Bloomington, Indiana: Indiana University Press, 2012. P. 26–35, 92–103. О долговечности элит: Powis J. Aristocracy. Oxford: Basil Blackwell, 1984.

О культурных переменах в царствование Петра I: Cracraft J. The Petrine Revolution in Russian Culture. Cambridge, Mass.: The Belknap Press of Harvard University Press, 2004; Elizabeth Sander C. Social Dancing in Peter the Great's Russia: Observations by Holstein Nobleman Friedrich Wilhelm Von Bergholz, 1721 to 1725. Hildesheim: G. Olms, 2007; Hughes L.

«The Crown of Maidenly Honour and Virtue»: Redefining Femininity in Peter I's Russia // Women and Gender in 18th-Century Russia / Ed. by W. Rosslyn. Burlington, Vt.: Ashgate, 2003. P. 35–49.

О российском дворянстве в XVIII веке: Blum J. Lord and Peasant in Russia: From the Ninth to the Nineteenth Century. Princeton: Princeton University Press, 1971; LeDonne J. Absolutism and Ruling Class: The Formation of the Russian Political Order, 1700–1825. New York and Oxford: Oxford University Press, 1991; LeDonne J. Ruling Russia: Politics and Administration in the Age of Absolutism, 1762–1796. Princeton: Princeton University Press, 1984; Jones R. The Emancipation of the Russian Nobility, 1762–1785. Princeton: Princeton University Press, 1973; Lamarche Marrese M. A Woman's Kingdom: Noblewomen and the Control of Property in Russia, 1700–1861. Ithaca, NY: Cornell University Press, 2002; Mironov B., Eklof B. The Social History of Imperial Russia, 1700–1917. Boulder: Westview Press, 2000.

Фундаментальный труд Марка Раеффа, посвященный России XVIII века, включает следующие части: Raeff M. Origins of the Russian Intelligentsia: The Eighteenth Century Nobility. New York: Harcourt, Brace & World, 1966; Raeff M. Understanding Imperial Russia: State and Society in the Old Regime, trans. Arthur Goldhammer. New York: Columbia University Press, 1984; Raeff M. The Well-Ordered Police State: Social and Institutional Change through Law in the Germanies and Russia, 1600–1800. New Haven: Yale University Press, 1983. См. также статьи Ю. Лотмана и Б. Успенского, оказавшие значительное влияние: Лотман Ю. Избранные статьи в трех томах. Таллинн: Александра, 1992; Успенский Б. Избранные труды. В 3-х т. М.: Гнозис, 1994–1997. Статьи В. Живова: Успенский Б., Живов В. Царь и Бог (Семиотические аспекты сакрализации монарха в России // Успенский Б. Избранные труды. Т. I. М.: Школа «Языки русской культуры», 1996. С. 205–337; Живов В. Разыскания в области истории и предыстории русской культуры. М.: Языки славянской культуры, 2002.

Реакция на эти и дальнейшие исследования: Confino M. Histoire et psychologie: à propos de la noblesse russe au XVIIIe siècle // Annales: Èconomies—Sociètès—Civilisation. 1967. № 22. P. 1163–1205 (статья написана в ответ на появление трудов М. Раеффа); Wirtschafter E. The Play of Ideas in Russian Enlightenment Theater. DeKalb, Ill.: Northern Illinois University Press, 2003; Wirtschafter E. Russia's Age of Serfdom 1649–1861. Malden, Mass.: Blackwell Pub., 2008; Wirtschafter E. Religion and Enlightenment in Catherinian Russia: The Teachings of Metropolitan Platon. DeKalb, Ill.: Northern Illinois University Press, 2013; Whittaker C. Russian Monarchy:

Eighteenth-Century Rulers and Writers in Political Dialogue. DeKalb, Ill.: Northern Illinois University Press, 2003; Glagoleva O. Dream and Reality of Russian Provincial Young Ladies, 1700–1850. Pittsburgh: Center for Russian & Eastern European Studies, University of Pittsburgh, 2000; Rustemeyer A. Dissens und Ehre: Majestätsverbrechen in Russland (1600–1800). Wiesbaden: Harrassowitz Verlag, 2006; Newlin T. The Voice in the Garden: Andrei Bolotov and the Anxieties of Russian Pastoral, 1738–1833. Evanston, Ill.: Northwestern University Press, 2001; Baehr S. The Paradise Myth in Eighteenth-Century Russia: Utopian Patterns in Early Secular Russian Literature and Culture. Stanford, Calif.: Stanford University Press, 1991; Schönle A. Garden of the Empire: Catherine's Appropriation of the Crimea // Slavic Review. 2001. № 60. P. 1–23.

О помещиках и крепостных: Roosevelt P. Life on the Russian Country Estate: A Social and Cultural History. New Haven: Yale University Press, 1995; Smith D. The Pearl: A True Tale of Forbidden Love in Catherine the Great's Russia. New Haven: Yale University Press, 2008.

Об образовании: Kusber J. Individual, Subject, and Empire: Toward a Discourse on Upbringing, Education, and Schooling in the Time of Catherine II // Ab Imperio. 2008. № 2. P. 125–156; Kuxhausen A. From the Womb to the Body Politic: Raising the Nation in Enlightenment Russia. Madison: The University of Wisconsin Press, 2013. Black J. Citizens for the Fatherland: Education, Educators, and Pedagogical Ideals in Eighteenth Century Russia. Boulder, Colo.: East European Quarterly, 1979. Работа Катрионы Келли посвящена трудам по этикету: Kelly C. Refining Russia: Advice Literature, Polite Culture, and Gender from Catherine to Yeltsin. Oxford and New York: Oxford University Press, 2001. Chap. 1.

Об институтах, служивших для установления социальных связей в публичной сфере: Smith D. Working the Rough Stone: Freemasonry and Society in Eighteenth-Century Russia. DeKalb, Ill.: Northern Illinois University Press, 1999; Faggionato R. A Rosicrucian Utopia in Eighteenth-Century Russia: The Masonic Circle of N. I. Novikov. Dordrecht: Springer, 2005; Leckey C. Patrons of Enlightenment: The Free Economic Society in Eighteenth-Century Russia. Newark, Del.: University of Delaware Press, 2011. Об издательской деятельности и интеллектуальной жизни: Marker G. Publishing, Printing, and the Origins of Intellectual Life in Russia, 1700–1800. Princeton: Princeton University Press, 1985.

Литературные произведения екатерининского времени: Щербатов М. О повреждении нравов в России: избранные произведения. Нижний Новгород: [б. и.], 2021; Радищев А. Путешествие из Петербурга в Москву // Радищев А. Полное собрание сочинений в 3 томах. М.–Л.: Издательство АН СССР. Т. 1. 1938; Екатерина II. О время!; Шаман Сибирский // Сочинения императрицы Екатерины II. Издание Императорской Академии наук. Том I. Драматические сочинения. СПб.: 1901; Фонвизин Д. Собрание сочинений в 2 томах. М.–Л.: Государственное издательство художественной литературы, 1959. Мемуарные сочинения русских дворян второй половины XVIII века: Дашкова Е. Записки, 1743–1810. Л.: Наука, 1985; Лабзина А. Воспоминания Анны Евдокимовны Лабзиной (1758–1828). М.: Гос. публичная ист. б-ка России, 2010; Карамзин Н. Письма русского путешественника. Л.: Наука, 1987.

О русской литературе XVIII века: Reyfman I. Vasilii Trediakovsky: The Fool of the «New» Russian Literature. Stanford, Calif.: Stanford University Press, 1990; Ewington A. A Voltaire for Russia: A. P. Sumarokov's Journey from Poet-Critic to Russian Philosophe. Evanston, Ill.: Northwestern University Press, 2010; Proskurina V. Creating the Empress: Politics and Poetry in the Age of Catherine II. Boston: Academic Studies Press, 2011; Golburt L. The First Epoch: The Eighteenth Century and the Russian Cultural Imagination. Madison, Wis.: The University of Wisconsin Press, 2014. Обзорные труды: Wachtel A., Vinitsky I. Russian Literature. Cambridge: Polity, 2009; Cambridge History of Russian Literature, rev. edn. Cambridge: Cambridge University Press, 1992.

Заключение

Создание империи и формирование представлений о ней

К концу XVIII века правители страны и ее элита начали задумываться о сущности России и ее имперском статусе. Импульс шел с самого верха: Петр I привлек множество ученых для описания и классификации народов страны, Екатерина II старалась понять, что представляет собой «российская империя», и писала об этом. Образованные русские — историки, драматурги, этнографы, мемуаристы — также задавались вопросами о том, что следует думать об империи и что значит быть русским внутри нее.

В России раннего Нового времени, в отличие от Европы XVI–XVII веков, не появлялось рассуждений о «национальном самосознании» — и не случайно. В Англии, Франции, Италии, Польше это происходило по мере становления монархий, городских и аристократических республик, национальных рынков, распространения грамотности и образования, вытеснения латыни местными языками, возникновения национальных церквей в бурях Реформации и Контрреформации, знакомства европейцев с многообразием мира в ходе заокеанской экспансии. Отталкиваясь от всего этого, европейские авторы приступили к выработке того, что историки называют национальным самосознанием: еще не национализм, но важный шаг к нему. В России эти обстоятельства отсутствовали или не приобрели такой же важности. Здесь не было потрясений, связанных с Реформацией, не было стимулов для распространения грамотности, развития печати, экономического прогресса, повышения социальной мобильности и создания национальной монархии, не было столкновения с экзотическим Другим, которое в европейцах порождало чувство культурного и религиозного превосходства.

Экспансия не приводила русских в неведомые земли, как это было с Колумбом и Магелланом. В Великом княжестве Московском еще до его возвышения восточные славяне проживали бок о бок с народами, отличающимися от них по религии, этническому происхождению и культуре, а новые торговые пути, новые ресурсы, новые народы, которые предстояло подчинить, не были отделены от восточных славян океанами, но обитали рядом; межкультурные контакты были постоянными. Контроль над покоренными Россией народами предполагал обмен подарками, привлечение элит к сотрудничеству, наем переводчиков и крепостной стражи, взятие заложников, приведение к присяге, сбор налогов в виде мехов или в другой форме. Соответственно, русским не было свойственно ощущение «чуда» или «открытия», которое европейцы испытывали при встрече с народами Нового Света. В XVI веке, несмотря на экспансию, в России не возникло рассуждений о «русскости», которые противопоставляли бы русских иностранцам или нерусским подданным царя. Разумеется, можно отыскать отдельные источники, где туземцы Сибири клеймятся «варварами», а мусульмане — «неверными», но речь идет лишь о шаблонах монастырского летописания. На протяжении всего московского периода не существовало сколь-нибудь сознательного или последовательного представления о превосходстве русских или хотя бы об их заметном отличии от других этнических групп. Как показала Валери Кивельсон, московские цари видели в разнообразии подвластных им земель доказательство своего могущества.

Культурная европеизация элиты, осуществленная Петром I, запустила сложный процесс, продолжавшийся в течение всего XVIII века. Суть его заключалась в выяснении того, что следует считать русским и как русские должны относиться к Западу, с одной стороны, и к подвластным им народам — с другой. Как установили Юрий Слезкин, Елена Вишленкова, Рикарда Вульпиус и многие другие, русские авторы старались отождествить Россию с просвещенной европейской «цивилизацией». В «литературе совета», создававшейся с середины XVIII столетия до конца царствования Екатерины II, — журнальной полемике, пьесах, исторических сочинениях, панегириках, одах — выражалась уверенность в том, что русская культура стоит не ниже европейской, хотя французские просветители считали Россию и ее империю «нецивилизованными», как отмечает Ларри Вольфф.

В XVIII веке русские авторы и государственные деятели применяли эти понятия к покоренным народам. Как уже говорилось, концепция «хорошо упорядоченного полицейского государства» побуждала Петра и его окружение к оценке ресурсов государства; при Петре и его преемниках начались научные экспедиции с целью составления карт и сбора различных образцов, продолжавшиеся в течение всего столетия. Демонстрация одежды, корзин, обрядовых предметов и орудий труда коренных народов империи — примером служат коллекции Петра, до сих пор выставленные в Музее антропологии и этнографии, и его собрание природных редкостей, находящееся в Кунсткамере, — свидетельствовала о том, как далеко простирается власть царя. Сознательно сравнивая свою империю с испанской (в Новом Свете) или голландской (на Тихом океане), негодуя из-за угнетения британцами кельтских народов, русские авторы заявляли, что нехристианские подданные императора не только нуждаются в укреплении нравственности и порядка, которое обеспечит русская цивилизация, но и обладают необходимыми для этого качествами. Важно, что они не клеймили эти народы как «варварские», предлагая цивилизовать их; предлагаемый ими цивилизаторский проект предусматривал повышение культурных стандартов без осуждающих высказываний в адрес какой-либо этнической группы. Даже в XIX веке, когда начали раздаваться националистические высказывания, подразумевавшие превосходство русской нации, в России не возникло «расистского мышления», получившего широкое распространение в Европе того времени. Вульпиус и Давид Схиммельпеннинк ван дер Ойе утверждают, что русские чувствовали себя уязвимыми, когда заводили речь о цивилизации: в конечном счете Россия, по сравнению с европейскими странами, не обладала некоторыми из ее важнейших атрибутов — такими как равенство всех граждан перед законом и политический плюрализм. Поэтому то, в какой степени она цивилизовывала подвластные ей «азиатские» народы, свидетельствовало о ее собственной просвещенности.

Политика в отношении покоренных народов в XVIII веке рассматривалась не как русификация, а как Просвещение с большой буквы «П»: речь скорее шла об интеграции, чем об установлении иерархии. Вульпиус убедительно замечает: «Цивилизующая миссия такого рода, направленная на полную интеграцию новоприсоединенных народов, означала сознательный курс на слияние русского ядра с территорией империи». Подобный подход к имперскому строительству в какой-то мере означал сохранение старой традиции терпимости к различиям; камералистские проекты и даже просвещенческий универсализм породили жестокие кампании по насильственному обращению в православие нехристианских народов, особенно тех, что исповедовали анимизм, — но к концу столетия русское «имперское» мышление стало куда менее дискриминационным, причем данный курс был выбран сознательно.

Об этом говорит вполне ясно поставленная Екатериной II цель — определить сущность империи через, среди прочего, подвластные ей народы. Московские правители считали, что все подчиненные ими народы — свидетельство многоликой Божьей благодати; подобным же образом и Екатерина — только в светской просвещенческой тональности — гордо представляла иностранным гостям своих разнонациональных подданных как культурных, приверженных порядку, «цивилизованных» граждан. Ее многочисленные поездки по стране были призваны решить несколько задач. Физически перемещаясь по империи, она показывала, что считает ее единым образованием, и выполняла ту же патриархальную роль, что некогда московские цари — встречалась с народом, узнавала о его нуждах, посещала церкви и монастыри, раздавала милостыню и милости. Во время путешествий она также собирала важные для нее сведения. Так, например, решая вопросы городского планирования и обеспечения экономического роста, она осмотрела Новоладожский канал (1765), по пути заезжая на фабрики и беседуя с торговцами. Накануне созыва Уложенной комиссии, представлявшей всю империю, Екатерина посетила Казань (1767), где встретилась с монахами, купцами и дворянами, наблюдала за плясками татар, чувашей, мордвинов, черемисов и вотяков, принимала татар, казахов, представителей сибирских народов, беседовала со староверами и мусульманами. В 1780 году она совершила поездку по белорусским землям, приобретенным в ходе первого раздела Речи Посполитой, выслушивая приветствия выстроившихся вдоль дороги крестьян (наскоро собранных по этому случаю) и встречаясь с польскими шляхтичами, евреями, иезуитами и доминиканцами.

В противоположность этому прославленное шестимесячное путешествие на юг (1787), совершенное после блестящих побед над Османской империей и готовившееся четыре года, носило преимущественно показной характер. Целью было продемонстрировать иностранным гостям, а через них — всем, кто определял европейское общественное мнение, могущество империи и царящую в ней гармонию, основанную на различиях. В Смоленске, в Киеве, во время плавания по Днепру на галере — напоминавшего перемещения древнеримских правителей — и в Крыму она присутствовала на театральных представлениях, балах, пирах, дававшихся верными ей дворянами, реконструкциях боев (Потемкин воспроизвел на Днепре Чесменскую битву 1770 года, состоявшуюся при Екатерине, а в Полтаве — Полтавское сражение 1709 года, закончившееся победой Петра), празднествах и приемах, показывая, сколько народов верно несут ей службу. Для московских царей разнообразие вверенной им страны было признаком Божьего благословения, снизошедшего на них, для Екатерины же, в соответствии со светскими установками Просвещения, — способом выставить напоказ свою силу и могущество, а также плоды своего милостивого правления.

Как и Петр I, Екатерина собирала сведения о подвластных ей землях и народах, а также различные предметы, имевшие отно-

Рис. С.1. Зарисовки этнических типов, сделанные академиком Иоганном Готлибом Георги по итогам его путешествия 1770-х годов, вошли в состав одной из многих публикаций, способствовавших усилению интереса к народам империи. Тем не менее, эти работы — такие как это изображение охотника-якута — были стилизованными и часто перерабатывались в последующих изданиях (иллюстрация взята из издания Академии наук 1799 года). Нью-Йоркская публичная библиотека, Отдел общих исследований

шение к ним. Императрица горячо защищала Россию от критики французского ученого Жана Шаппа д'Отроша, называвшего страну унылой и однообразной, расхваливала огромное этническое и природное разнообразие своих обширных владений. В состав этнографических и научных экспедиций, отправляемых Академией наук, входили художники-портретисты, которые возвращались с изображениями представителей коренных народов, их костюмов и сцен повседневной жизни. Иностранные путешественники, очарованные экзотическими народами России, выпускали посвященные им альбомы, которые пользовались огромной популярностью в Европе и в самой России. Жан-Батист Лепренс писал жанровые сцены, часто романтизированные, основываясь на своих впечатлениях от путешествий по Прибалтике, Сибири и европейской части России. Немецкие натуралисты Иоганн Готлиб Георги и Петер Симон Паллас возглавляли экспедиции Академии наук (1768–1774) на Среднюю Волгу, Урал и в Сибирь, собирая образцы флоры и фауны и делая зарисовки этнографического характера (рис. С.1). Результатом экспедиции Палласа в Крым и другие южные земли (1793–1794) стали поразительные изображения представителей местных народов (калмыков, татар, казаков), горные пейзажи, виды городов совершенно неевропейского облика. На основе всех этих сведений Екатерина повелела изготовить серию фарфоровых фигурок, представляющих русские и другие национальные «типы».

Этот сбор информации способствовал формированию представления об империи, согласно которому быть «русским» означало не обладать определенными этническими корнями, а быть хорошим подданным, «жить по-русски», по выражению Елены Вишленковой. Финны, поляки, чуваши, татары, русские — все они могли считаться «русскими» (при Петре I появился и всеохватывающий, «имперский» термин — «российский»), вне этого определения оставались лишь кочевые, менее «цивилизованные» народы; к концу века некоторые авторы даже начали идеализировать кочевников и казаков, «благородных дикарей». Основное внимание России направлялось на покорение народов, а не захват пространства. Как указывает Мартина Винклер, русские даже не выработали ритуалов, связанных с предъявлением требования на территории, вплоть до встречи с соперниками из числа европейцев (испанцами) в Америке — речь идет о начале XIX века. До того физические и ритуальные маркеры, свидетельствующие о государственном завоевании (флаги, церемонии), слабо присутствовали в национальном сознании русских — в отличие от взаимодействия с покоренными народами. В начале XIX века Карамзин, официальный историограф, прославлял Россию в «имперских», а не «национальных», терминах: для него Россия была великолепным сочетанием контроля со стороны российских властей и обширной, этнически разнообразной, изобильной страны.

Ранее мы видели, как русское имперское присутствие выражалось и распространялось визуальными средствами — через архитектуру. В главе 13 говорилось о том, как неоклассическая архитектура проецировала просвещенческий образ империи, объединенной на началах рациональности и порядка, в крупнейших городах Европейской России, тогда как в остальных частях империи это не было выражено так ярко. В некоторых местностях классицизм стал появляться лишь к концу столетия; в Сибири и Среднем Поволжье сохранялось узорчатое нарышкинское барокко, резко контрастировавшее со стилем местных мечетей и других культовых зданий. По мере продвижения России на запад русский имперский стиль смешивался с местными архитектурными традициями или дополнял их. Богатые купцы и гильдии, муниципалитеты, лютеранские и католические приходы, богатые православные монастыри, казацкая знать, другие группы, объединенные корпоративным духом, возводили в западном пограничье барочные и классицистические здания в подражание императорским дворцам. Имперский стиль с его рациональностью хорошо усваивался на новоприобретенных территориях.

Лишь в XIX веке, с подъемом национализма, центральная власть приступила к осуществлению крупных архитектурных проектов, недвусмысленно свидетельствовавших о могуществе России, по всей империи. Р. Уортмен отмечает, что первые шаги в этом направлении начали делаться в 1830-е годы, с возникновением стиля, сочетавшего неоклассические элементы с византийскими и традиционно русскими. Именно он был выбран для монументального Александро-Невского собора (Симферополь, 1829), возведенного в знак активизации российского присутствия. После начала сознательной русификации в 1880-е годы император и его окружение стали внедрять в широких масштабах откровенно русский стиль, включавший луковичные купола и декоративное убранство, свойственное московским и ярославским храмам XVII века. В Петербурге строили громадные неорусские соборы (рис. С.2), разительно контрастировавшие с отчасти барочным, отчасти классицистическим обликом города. Такие же церкви возводились дворянами и великими князьями в их имениях, а владельцами фабрик — в промышленных центрах (Петербург, Иваново-Вознесенск, Гусев во Владимирской губернии), чтобы перед глазами рабочих были образы, напоминавшие о существующем режиме и православной вере.

Рис. С.2. Собор Воскресения Христова в Петербурге (построен в 1883–1907 годах) известен в народе как «Спас на Крови», поскольку он стоит на месте, где Александр II в 1881 году получил смертельное ранение. Это пример архитектуры «русского возрождения», возникшей в конце XIX века, после того как русификация стала частью имперской политики. Пышное убранство и луковичные купола резко контрастируют с европейским, классицистическим обликом столицы. Фото Джека Коллманна

Грандиозные соборы в неорусском стиле становились архитектурными доминантами в административных центрах территорий с нерусским населением, таких как Хельсинки (Успенский собор, 1868), Вильно (Пречистенский собор, 1860-е), Рига (собор Рождества Христова, 1876–1884) и Ревель (Александро-Невский собор, 1894–1900; рис. С.3). Некоторые из этих храмов были названы в честь Александра Невского, небесного покровителя Александра III. В 1880-х годах по всей Эстляндии строились незатейливые приходские церкви в неорусском стиле; в 1890-х годах в Варшаве было возведено почти 20 таких храмов, олицетворявших российское господство. Церкви в русском стиле появлялись также на юге и в более отдаленных областях: в Астрахани (1904), в Кременце (1912) на Украине, близ австрийской границы, в Ялте, морском курорте, где отдыхали члены императорской фамилии (1902). Градостроительные проекты изменяли облик городов с нерусским населением. Примером служит Ташкент, разделенный, по сути, на мусульманскую и русскую части; в последней

Рис. С.3. Александро-Невский собор в русском стиле, построенный в 1894–1900 годах в Ревеле (современный Таллинн), резко контрастирует с барочной колокольней (XVIII век) одного из самых древних и значительных храмов города — лютеранского Домского собора, построенного на фундаменте католической церкви XIII века. Фото Джека Коллманна

соорудили огромный Спасо-Преображенский собор (1888) и административные здания, проложили продуманную сеть бульваров, создали несколько открытых пространств. Даже в зарубежных городах — Карлсбаде, Вене, Копенгагене, Порт-Артуре, Иерусалиме — на рубеже веков стали вырастать православные церкви в неорусском стиле, подчеркивавшие национальное своеобразие и уникальность Российской империи.

Но эти попытки примешать к имперской идее русский национализм отстоят на несколько десятилетий от свойственных XVIII веку представлений об империи, которыми мы завершаем наш рассказ. К 1801 году и монархи, и элита обладали космополитическим самосознанием — не противопоставляя русских своим «нецивилизованным» подданным, они отдавали должное всем народам империи, признавая, в соответствии с идеями Просвещения, важность любого человеческого опыта. Сталкиваясь с национализмом в более узком смысле — например, у украинцев и поляков, боровшихся за региональную автономию, — российские монархи без колебаний расправлялись с этими движениями, чтобы сохранять жесткий контроль, всегда скрывавшийся за благообразным фасадом. Последний, разумеется, относился к сфере «воображаемого», был полезным вымыслом, способствовавшим сплочению столь различающихся жителей империи: сплочение достигалось с помощью принуждения, склонения к сотрудничеству и идеологии. Но это «воображаемое» также давало российским мультиэтничным элитам и образованной части населения возможность понять «империю различий», отождествлять себя с ней и участвовать в ее начинаниях.

* * *

Можно утверждать, что становление России как геополитической силы в период между 1450 и 1801 годами обмануло любые ожидания. В XV веке Великое княжество Московское было затерянным среди лесов отсталым государством: отсюда было далеко и до урбанизированной Центральной Европы, и до полосы между Средиземноморьем и Китаем, внутри которой происходил оживленный торговый обмен и возникали империи античного мира и раннего Нового времени. Взлет Москвы произошел на важнейшем для государственного и имперского строительства историческом этапе. Аграрные империи с оседлым населением обрели не только способность завоевывать друг друга, но и — в той части света, где находилась Россия, — возможность занять степные области. Такие действия означали, что скрытые в лесах княжества, участие которых в глобальной экономике до того сводилась к транзиту товаров, могли теперь обогащаться напрямую, контролируя центры торговли и порты на транзитных путях. В случае с Россией речь шла о Волге, портах на Черном и Каспийском морях, сибирских городках, где велась торговля с Востоком. Присоединение степных территорий давало плодородные земли, пригодные для обработки, а до того столетиями использовавшиеся кочевниками для выпаса скота: освоение их позволило выращивать зерно с целью продажи и винокурения, разводить скот, производить другие товары, которые потреблялись как бурно растущим населением самой России, так и европейцами. Присоединение степных территорий требовало выполнения ряда задач в области государственного строительства: проведения военной реформы, бюрократического контроля, политической централизации, мобилизации финансовых средств. А это, в свою очередь, создало условия для экспансии в западном направлении — на Балтике.

История становления русской империи — это история строительства сильного государства. Россия проводила военные реформы, создавала бюрократический аппарат, осуществляла централизацию наравне со своими соседями и даже опережала их. Как и могущественные европейские державы, а также Османская империя, Россия в эти столетия была способна к экспансии в любом направлении, стоило лишь представиться удобному случаю: на восток, где она присоединяла сибирские земли, и на запад, где она отнимала территории у Речи Посполитой. Последняя, прежде бывшая грозной соперницей России, в XVII веке ослабла из-за отсутствия военных реформ и мощной центральной власти; к XVIII веку эти же проблемы — задержка с преобразованиями в военной сфере и децентрализация политической власти — сделали уязвимой Османскую империю. Как Россия смогла накопить столько энергии, необходимой для государственного строительства? Несомненно, здесь сыграло роль сочетание географических и геополитических факторов, а также твердая решимость добиться как можно большего со скудными ресурсами.

Если сравнить задачи, которые приходилось решать в XV веке московским великим князьям, уже достигшим немалого могущества на региональном уровне, с теми, которые встали примерно тогда же перед династией Османов, можно заключить, что России пришлось легче. Османы завладели землями, где производилась разнообразная сельскохозяйственная и промышленная продукция, активно велась торговля, местами была высока плотность населения, разнообразного к тому же по социальному составу. Это, конечно, способствовало процветанию и могуществу государства, но одновременно порождало проблемы. Продвигаясь на Балканы, в Анатолию, в Египет, в земли, населенные арабами, турки встречали там представителей сословий, сосредоточивших в своих руках денежные средства и территории — достаточные, чтобы иметь возможность бросить вызов центру. К XVIII веку эти центробежные силы подорвали центральную власть; империя фактически была поделена между влиятельными особами, чье могущество покоилось на богатстве. Они держали налоговые откупа, были кредиторами, поддерживали местную экономику на обширных территориях в Анатолии, Египте, на Балканах. Набиравшей силу Османской империи пришлось иметь дело с намного более сложной ситуацией, и к началу XVIII века в ней шла борьба за сохранение центральной власти.

Московские правители могли завидовать богатству торговых городов Османской империи, ее купеческих семейств и знатных родов, но им удалось избежать связанных с этим неприятностей. Здешние великие князья и цари по необходимости создавали империю с малыми затратами: военные содержали себя за счет поместий с крепостными, обязанности властей сводились к минимуму, основные услуги оказывались в рамках общин, различия встречали терпимое отношение, чтобы избежать затрат на местное управление, и даже в XVIII веке, когда на словах отдавалась дань идее всеобщего блага, социально значимые структуры не были развиты. Относительная бедность приводила к тому, что система управления оставалась на зачаточном уровне, но зато центр сохранял сильные рычаги влияния.

На землях, приобретенных с XV по XVIII век в центре, в Сибири, в степной зоне, не было сильных туземных элит, которые могли бы эффективно сопротивляться, обладая прочной организацией и большими ресурсами. Разумеется, завоевания встречали неприятие: сибирские народы и степные кочевники постоянно нападали на русские остроги. На западе, начиная с XVI века, велись непрерывные войны с польско-литовским государством, и победить его смогли лишь три империи, объединившие свои силы и обладавшие более совершенными технологиями. Тем не менее, Россия накапливала военную и морскую мощь, чтобы осуществлять экспансию. О ее влиянии лучше всего свидетельствует привлечение к сотрудничеству местных элит, необходимое для управления государством. На территориях с малоплодородными почвами царь был единственным источником богатства. Делая земли с сопутствующими ресурсами своим семейным достоянием, постоянно присоединяя новые территории и увеличивая тем самым земельный фонд, численность населения и богатства, предназначенные для раздачи верным сторонникам, цари привлекли на свою сторону честолюбивых представителей политических элит. Им удалось навязать элитам представление об обязательности военной или гражданской службы, поскольку те едва ли могли самостоятельно создать опору для своей власти, вложив куда-либо капиталы или найдя себе еще какое-нибудь занятие.

Большинство тех, в ком нуждалась Россия для поддержания контроля на местах (русские служилые люди, казаки, привлеченные к сотрудничеству сибирские элиты), не разделяли европейских воззрений, согласно которым населению следует участвовать в деятельности властных структур — посредством конституционных органов и других институтов. Они стремились приобщиться к самодержавной культуре, в которой положение царского «раба» было высшим социальным достижением. Когда в состав России вошли элиты, которые могли бы проявить недовольство из-за отсутствия привычных для них законных прав и институтов, близких к европейским (прибалтийские немцы-юнкеры, украинские казаки, польская шляхта, жители городов магдебургского права), центральная власть по большей части не трогала их автономию (законы, самоуправление, язык, религию), а попытки Екатерины II добиться социальной и политической однородности на западных окраинах были пресечены ее преемником.

Стараясь оказывать поддержку элитам, российские монархи силой контролировали крестьян (крепостное право) и упорно придерживались принципа: выделять ровно столько ресурсов, сколько было необходимо для работы существовавшей примитивной инфраструктуры. Ими была создана армия, достаточно могущественная для того, чтобы завоевывать приносящие доход территории; изначально она содержалась за счет пожалований землями и крестьянами. Бюрократический аппарат был способен осуществлять контроль над населением и собирать налоги, но ресурсы для него выделялись скупо. Большую часть XVIII века солдатам и офицерам платили жалованье, чиновники же жили за счет вознаграждений со стороны населения, и число их было совсем небольшим. Лишь в конце столетия, благодаря ужесточению контроля над финансами, империя приблизилась к тому, чтобы содержать и армию, и администрацию при помощи жалованья.

Между тем местное управление пребывало в зачаточном состоянии; в соответствии с «политикой различий», разрешение конфликтов, социальное обеспечение, организация общественно важных работ, поддержание порядка и многие другие повседневные задачи возлагались на частные группы — крестьянские общины, помещиков, туземные сообщества, официальные институты и благотворительные учреждения, создаваемые христианами, мусульманами, буддистами и т. д. Со многими сообществами заключались особые соглашения; среди них были донские казаки, армянские и индийские торговцы, немцы-меннониты в Новороссии. Внутри общин существовало самоуправление того или иного вида, собственными институтами обладали мусульмане Среднего Поволжья, крымские татары, сибирские племена, казацкие полки Гетманщины, прибалтийские юнкеры, помещики и государственные крестьяне восточнославянского происхождения.

От групп, находившихся на нижних ступенях социальной лестницы, государство требовало неоплачиваемых услуг, выполнение которых регулировалось давними традициями коллективной ответственности; при этом в ходе судебных процессов и социального взаимодействия оно давало достаточно милостей и щедрот, чтобы поддерживать миф о справедливом царе. Московским властям постоянно приходилось прибегать к содействию покоренных народов. Строительство империи было долгим и разнохарактерным процессом; на то, чтобы отодвинуть границы или утвердить власть центра на местах, уходили десятилетия. Требовалось подавлять часто вспыхивавшие восстания, привлекать элиты к сотрудничеству, действовать таким образом, чтобы население приспособилось к имперской власти. Следовало налаживать отношения с местными жителями, брать их на службу в качестве переводчиков, чиновников, казаков. Государство всецелом зависело от того, насколько минималистичной будет «политика различий». Было необходимо создать подходящую для всех идеологическую модель, в центре которой находился царь — великодушный патриархальный отец всего своего народа. Кроме того, имперское строительство подразумевало, по крайней мере, для высшей элиты — и в значительно большей мере после петровских реформ, — что имперская идентичность определяется европейской культурой, европейским образованием, европейской одеждой, европейскими привычками. Каждая «евразийская империя» и каждая «империя различий» имела свои особенности, но такой подход к политическому контролю хорошо сработал в случае России.

Рассказывая о России как империи, мы не употребляли по отношению к ней других общепринятых понятий, таких как деспотизм. С нашей точки зрения, это было самодержавное государство — с неделимым суверенитетом, исходящим от единственного монарха, — и мы выясняли, каким образом функционировала самодержавная власть. В XVI–XVII веках Россия смогла сохранять контроль над своими отдаленными владениями — вплоть до Тихого океана, — а в начале XVII века, кроме того, справилась с династическим кризисом, чуть не оказавшимся для нее роковым. Сибирские меха обеспечили приток средств, и Россия начала медленное продвижение в степь, создавая во всей стране стабильно работавшие, хотя и крайне несложные органы власти. В XVIII веке Россия сделалась богатой и сильной в военном отношении империей, не уступая в некоторых важных сферах другим крупным державам. Как Александр Мартин, так и Доминик Ливен отмечают, что многие екатерининские реформы — в частности направленные на усовершенствование коммуникаций, развитие городов, преобразование армии, диверсификацию экономики — соответствовали тому, что делалось в Европе в это же время. Наряду с Алексеем Миллером они указывают, однако, что эти успехи не следует преувеличивать. Достижения России вскоре померкли на фоне стремительной индустриализации европейских стран в XIX веке. России мешали крепостническая экономика, неудовлетворительная инфраструктура, самодержавное правление, становившееся все менее гибким. Во многих отношениях успехи России как империи — геополитические достижения, внутренние институты, экономическая динамика — достигли своего максимума на рубеже XVIII и XIX веков. Нельзя также не отметить, что создание и сохранение империи осуществлялись за счет насильственных завоеваний, жесточайшего крепостничества, нищеты и несвободы основной массы населения. В какой-то мере данное утверждение можно отнести к любой стране мира в тот период — к Америке с ее рабством, к европейским колониальным империям, основанным на рабовладении, к Османской империи с ее системой «девширме» (изъятие мальчиков из христианских семей для службы при дворе, что способствовало активной работорговле), — но от этого оно не становится менее верным.

В заключение следует обратить особое внимание на один феномен, свойственный империи XVIII века. Многие политические, интеллектуальные и социальные изменения, произошедшие в этом столетии, позволили обеспечить Россию квалифицированными специалистами и инфраструктурой, при помощи которой власти могли эффективно управлять страной. Появилась научная подготовка в области истории, этнографии, картографии и естественных наук. Увеличивалось число грамотных, русский язык стал обзаводиться современными средствами выражения. Каждой губернии после реформ 1775 года требовались обладатели практических навыков — таких как ведение налогового учета, перепись населения, картографирование, планирование городов, строительство инфраструктуры (дорог, каналов, канализации). Все больше административного персонала среднего звена приобретало опыт работы, хотя реформы 1775 года привели к тому, что отставные военные получали преимущество перед профессиональными чиновниками. При Павле I была улучшена подготовка чиновников.

Благодаря этим переменам стало возможно наступление примечательной и пока недооцененной эпохи в истории России, занявшей первую половину XIX века. Ее можно назвать переходной — в это время старое сочеталось с новым. Некоторые аспекты давно привлекли внимание исследователей: недовольство интеллигенцией своей неспособностью осуществить политические изменения; жесткое самодержавное правление Николая I, воплотившееся в создании Третьего отделения, усилении цензуры и преследовании религиозного инакомыслия. Но в эти же десятилетия шли такие процессы, как административная реорганизация, повышение профессионализма чиновников, кодификация законов. Михаил Сперанский и его преемники составили монументальный свод законов — прежде всего Полное собрание законов Российской империи с 1649 по 1825 год (более 40 томов, опубликованных одновременно, в 1830 году), но также своды гражданского и уголовного законодательства, кодексы, предназначенные для различных народов империи (прибалтийских немцев, немцев-колонистов, евреев, инородцев-нехристиан). Продолжались картографирование и научное исследование страны. В 1830–1840-е годы отношения верховной власти с иноверцами стали более формализованными. По инициативе правительства появилось множество ученых обществ. Отделения Академии наук в Петербурге, Москве, Киеве, Вильно и крупных провинциальных городах собирали исторические источники и публиковали их в объемистых сборниках. Историки (Н. М. Карамзин, М. П. Погодин, С. М. Соловьев и другие) создавали труды по истории России, соответствовавшие европейским стандартам того времени. Закреплялись нормы литературного языка, выходили академические словари. В результате всего этого Россия обрела специалистов, способных инициировать переход к более интегрированному и плюралистичному режиму. Создание условий для проявления такой социальной энергии — возможно, лучшее наследство, которое эпоха раннего Нового времени оставила современной России.

* * *

Различные взгляды на «успех» русской империи: Martin A. Enlightened Metropolis: Constructing Imperial Moscow, 1762–1855. Oxford: Oxford University Press, 2013; Lieven D. Empire: The Russian Empire and its Rivals.

London: J. Murray, 2000; Hosking G. Russia: People and Empire, 1552–1917. Cambridge, Mass.: Harvard University Press, 1997; Rieber A. The Struggle for the Eurasian Borderlands: From the Rise of Early Modern Empires to the End of the First World War. Cambridge: Cambridge University Press, 2014; Stanziani A. After Oriental Despotism: Eurasian Growth in a Global Perspective. London, 2014; Miller A. The History of the Russian Empire: In Search for Scope and Paradigm // Miller A. The Romanov Empire and Nationalism: Essays in the Methodology of Historical Research. Budapest: Central European University Press, 2008. P. 9–43.

О слабых местах Османской империи: Barkey K. Empire of Difference: The Ottomans in Comparative Perspective. Cambridge: Cambridge University Press, 2008; Yaycioglu A. Partners of the Empire: The Crisis of the Ottoman Order in the Age of Revolutions. Stanford, Calif.: Stanford University Press, 2016.

Шаблонные представления европейцев о России в XVIII веке: Wolff L. Inventing Eastern Europe: The Map of Civilization on the Mind of the Enlightenment. Stanford, Calif.: Stanford University Press, 1994.

Об отношении к нерусским народам до Петра I: Kivelson V. Cartographies of Tsardom: The Land and its Meanings in Seventeenth-Century Russia. Ithaca, NY: Cornell University Press, 2006; Kivelson V. Claiming Siberia: Colonial Possession and Property Holding in the Seventeenth and Early Eighteenth Centuries // Peopling the Russian Periphery: Borderland Colonization in Eurasian History / Ed. by N. Breyfogle, A. Shrader, W. Sunderland. London, New York: Routledge, 2007. P. 21–40; Schimmelpenninck van der Oye D. Russian Orientalism: Asia in the Russian Mind from Peter the Great to the Emigration. New Haven: Yale University Press, 2010; Khodarkovsky M. «Ignoble Savages and Unfaithful Subjects»: Constructing Non-Christian Identities in Early Modern Russia // Russia's Orient: Imperial Borderlands and Peoples, 1700–1917 / Ed. by D. Brower, E. Lazzerini. Bloomington, Ind.: Indiana University Press, 1997. P. 9–26.

Представления европейцев о России в XVIII веке: Winkler M. From Ruling People to Owning Land: Russian Concepts of Imperial Possession... // Jahrbücher für Geschichte Osteuropas. 2011. № 59. P. 321–353; Vulpius R. The Empire's Civilizing Mission in the Eighteenth Century: A Comparative Perspective // Asiatic Russia: Imperial Power in Regional and International Contexts / Ed. by Tomohiko Uyama. London and New York: Routledge, 2012. P. 13–31; Baehr S. The Paradise Myth in Eighteenth-Century Russia: Utopian Patterns in Early Secular Russian Literature and Culture. Stanford, Calif.: Stanford University Press, 1991; Rogger H. National Consciousness in

Eighteenth-Century Russia. Cambridge, Mass.: Harvard University Press, 1960; Slezkine Y. Naturalists versus Nations: Eighteenth-Century Russian Scholars Confront Ethnic Diversity // Russia's Orient: Imperial Borderlands and Peoples, 1700–1917 / Ed. by D. Brower, E. Lazzerini. Bloomington, Ind.: Indiana University Press, 1997. P. 27–57; Jones R. Empire of Extinction: Russians and the North Pacific's Strange Beasts of the Sea, 1741–1867. Oxford and New York: Oxford University Press, 2014; Barkhatova E. Visual Russia: Catherine II's Russia through the Eyes of Foreign Graphic Artists // Russia Engages the World, 1453–1825 / Ed. by C. Whittaker. Cambridge, Mass.: Harvard University Press, 2003. P. 72–89; Martin A. The Invention of «Russianness» in the Late 18th–Early 19th Century // Ab Imperio. 2003. № 3. По этой теме существуют два важных труда на русском языке: Вишленкова Е. Визуальное народоведение империи, или «Увидеть русского дано не каждому». М.: Новое литературное обозрение, 2011; Ибнеева Г. Имперская политика Екатерины II в зеркале венценосных путешествий. М.: Памятники исторической мысли, 2009.

О городском планировании и империализме в области архитектуры: O'Neill K. Constructing Imperial Identity in the Borderland: Architecture, Islam and the Renovation of the Crimean Landscape // Ab Imperio. 2006. № 2. P. 163–192. См. также три статьи в чрезвычайно важном сборнике: Shvidkovskii D. Catherine the Great's Field of Dreams: Architecture and Landscape in the Russian Enlightenment; Crews R. Civilization in the City: Architecture, Urbanism and the Colonization of Tashkent; Wortman R. The «Russian Style» in Church Architecture as Imperial Symbol after 1881 // Architectures of Russian Identity, 1500–Present / Ed. by J. Cracraft, D. Rowland. Ithaca, NY: Cornell University Press, 2003. Press, 2003. P. 51–65, 117–132, 101–116.

Назовем лишь несколько из множества превосходных работ, посвященных развитию административной системы при Александре I и Николае I: Bruce Lincoln W. In the Vanguard of Reform: Russia's Enlightened Bureaucrats, 1825–1861. DeKalb, Ill.: Northern Illinois University Press, 1982; Werth P. The Tsar's Foreign Faiths: Toleration and the Fate of Religious Freedom in Imperial Russia. Oxford: Oxford University Press, 2014; Raeff M. Michael Speransky: Statesman of Imperial Russia, 1772–1839. The Hague: M. Nijhoff, 1957; Whisenhunt W. In Search of Legality: Mikhail M. Speranskii and the Codification of Russian Law. Boulder, Colo.: East European Monographs, 2001; Schimmelpenninck van der Oye D. Russian Orientalism: Asia in the Russian Mind from Peter the Great to the Emigration. New Haven: Yale University Press, 2010; Knight N. Science, Empire and Nationality: Ethnography in the Russian Geographical Society, 1845–1855 // Imperial Russia: New Histories for the Empire / Ed. by J. Burbank, D. Ransel. Bloomington and Indianapolis: Indiana University Press, 1998. P. 108–141; Wirtschafter E. Social Identity in Imperial Russia. DeKalb, Ill.: Northern Illinois University Press, 1997; Wirtschafter E. Russia's Age of Serfdom 1649–1861. Malden, Mass.: Blackwell Pub., 2008; Pravilova E. A Public Empire: Property and the Quest for the Common Good in Imperial Russia. Princeton: Princeton University Press, 2014. О Карамзине: Offord D. Nation-Building and Nationalism in Karamzin's History of the Russian State // Journal of Modern Russian History and Historiography. 2010. № 3. P. 1–50.

Предметно-именной указатель

Оглавление

Часть III. ВЕК ИМПЕРИИ: РОССИЯ В XVIII СТОЛЕТИИ

Научное издание

Нэнси Шилдс Коллманн

РОССИЯ И ЕЕ ИМПЕРИЯ
1450–1801

Директор издательства *И. В. Немировский*
Ответственный редактор *И. Белецкий*
Куратор серии *В. Кучерявенко*
Заведующая редакцией *О. Петрова*

Дизайн *И. Граве*
Редактор *Г. Каневский*
Корректоры *А. Филимонова, И. Манлыбаева*
Верстка *Е. Падалки*

Подписано в печать 26.09.2022.
Формат издания 60 × 90 $^{1}/_{16}$. Усл. печ. л. 49,0.
Тираж 300 экз.

Academic Studies Press
1577 Beacon Street, Brookline, MA 02446 USA
https://www.academicstudiespress.com

ООО «Библиороссика».
190005, Санкт-Петербург, 7-я Красноармейская ул., д. 25а

Эксклюзивные дистрибьюторы:
ООО «Караван»
ООО «КНИЖНЫЙ КЛУБ 36.6»
http://www.club366.ru
Тел./факс: 8(495)9264544
e-mail: club366@club366.ru

Книги издательства можно купить
в интернет-магазине: www.bibliorossicapress.com
e-mail: sales@bibliorossicapress.ru

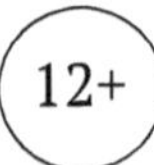

Знак информационной продукции согласно
Федеральному закону от 29.12.2010 № 436-ФЗ

www.ingramcontent.com/pod-product-compliance
Lightning Source LLC
LaVergne TN
LVHW010551100826
845148LV00014B/2689
9798897837199